계약과 영성으로 이야기하는

마 태 복 음

길동무 저

케노시스영성원
Κένωσις Spiritual House

저자 소개

감리교신학대학교 신학과 졸업
감리교신학대학교 대학원 졸업
케노시스영성원 원장
감리교회 목사

계약과 영성으로 이야기하는

마 태 복 음

길동무 저

케노시스영성원
Κένωσις Spiritual House

계약과 영성으로 이야기하는

마 태 복 음

초판인쇄 2019년 8월 15일
개정판인쇄| 2020년 2월 1일
펴낸 곳| 케노시스 영성원
경기도 군포시 둔대로 11번길 15
0502-111-1937 010-3311-1937
Homepage www.kenosis.or.kr
Email kenosis@hanmail.net

등록번호
ISBN 979-11-87682-07-3 03230
printed in korea

*파본 및 낙장은 교환해드립니다.

값 20,000원

CONTENTS

제 4 부 〈 세 번째 설교 〉

4

제 5 부 〈 네 번째 설교 〉

5

제 6 부 〈 다섯 번째 설교 〉

6

제 7 부 〈 수난 죽으심 부활 승천 〉

7

〈표 차례〉

〈그림 차례〉

머리글

서양에서 17세기 계몽주의가 등장한 이후 복음서만큼 쟁점의 대상이 된 책은 없다. 이성주의와 과학기술의 등장은 전통적인 기독교 신앙과 교리에 대하여 의문을 제기했다. 특히 성경의 계시와 기적에 대하여 반대 입장을 분명히 함으로써 많은 논란을 불러왔다. 이런 논란은 기독교 내부에서 합리적인 접근을 시도한 자유주의와 기존의 정통교리를 지키려는 보수주의와의 분열을 초래했다. 성경 전반에서 의견충돌이 있었지만 복음서는 단연 그 쟁점의 대상이었다.

계몽주의 이후 복음서에 대하여 다양한 접근과 해석이 시도되었으며, 수많은 연구서들이 발간되었다. 근래에도 어떤 연구들이 어떻게 진행되고 있는지를 파악하는 것조차 불가능할 만큼 너무 많은 연구서들이 쏟아져 나오고 있다. 이제는 더 이상 복음서에 대하여 새로운 접근과 해석을 할 여지가 없다고 할 만큼 전문적인 연구가 진행되었다. 아마도 복음서에 대한 그간의 연구서들을 다 모아놓는다면 웬만한 도서관을 채우고도 남을 것이다.

1. 다른 접근 방법

그런데 왜 또 복음서 해석을 시도하는가? 더구나 복음서 전문가도 아니면서 무엇을 쓰겠다고 나서는가? 역설적으로 신약성서 전문가가 아니기 때문에 다른 시각에서 복음서를 볼 수 있는 여지가 생겼다. 필자는 본래 교회사가 관심 분야였는데, 어떤 계기로 고대 영성가들이 걸어갔던 영성의 길을 답습하면서 하나님을 직접 경험하게 되었다. 이 경험을 통하여 영성의 세계에 눈을 뜨고 난 후 성경과 세상이 전혀 다르게 보였다. 특히 근현대에 쟁점이 되고 있는 자연과 초자연, 계시와 이성의 문제들이 전혀 새롭게 보였다. 초자연과 계시의 이야기로 가득 차있는 복음서를 과학과 철학의 시각으로 해석하면 난관에 부딪힐 수밖에 없다. 초자연과 계시는 과학과 철학의 대상이 아니라 영성신학의 대상이다. 영성신학은 신학의 경험을 다루기 때문이다. 성경, 특히 복음서를 해석하면서 초자연적인 기적의 문제는 피할 길이 없는데, 그 접근은 영성신학이어야 한다. 그런데 영성신학으로 복음서를 해석한 것을 찾아보기가 어렵고, 또 이런 해석이 필요하다고 생각되어서 복음서 중에서 마태복음을 먼저 해석하게 되었다.

본서에서 마태복음을 접근하는 방법과 특징은 다음과 같다.

1) 영성(靈性) 신학의 시각

1990년대에 접어들어 영성에 대한 관심이 높아지면서 '영성신학'이라는 용어가 등장했다. 서양의 이성주의가 한계에 도달하면서 나타난 현상인데, 교부들과 특히 중세 수도사들의 영성에 관심을 가졌다. 깊은 기도와 영성에 이르기 위하여 다양한 영성수련법을 동원했으나 그 결과가 미흡하자 초기의 열기가 식어버리고 말았다. 영성수련의 성과가 지지부진한 이유는 중세 수도사들을 영성의 표본으로 삼았기 때문이다. 수도사들은 헬라문화가 배출한 은둔가들을 모방하여 현실로부터의 초월을 추구했다. 그 결과 성경의 영성에서 벗어나고 말았다. 성경의 영성은 은둔, 고행, 금욕 등의 방법으로 현실로부터의 초월을 추구하지 않을 뿐만 아니라 반대로 뜻이 하늘에서 이루어진 것처럼 땅에서의 실현을 시도한다.

기독교 영성가의 표본은 성경에 등장하는 하나님의 사람들이다. 구약에서는 아브라함과 이삭, 야곱, 모세, 여호수아, 갈렙, 사사들, 사무엘 등과, 엘리야, 엘리사 등의 예언자들이 영성가들이고, 신약에서는 사도들이다. 이들 중 예언자들은 일인칭 화법으로 계약의 입장에서 성경과 계약의 역사를 해석했을 뿐만 아니라 계약법의 실천을 촉구하였기 때문에 주목할 필요가 있다. 예언자들의 이런 독특한 활동은 하나님을 대면하는 경험 때문에 가능했다. 영성경험에서 하나님 대면의 상태는 가장 깊은 단계인데, 이들이 이런 경험을 했다는 증거는 일인칭 화법으로 하나님의 말씀을 선포했다는 사실이다. 가장 이상적인 설교는 예언자들처럼 일인칭 화법으로 선포하는 것인데, 이는 설교자의 영성의 상태가 하나님과 일치되었을 때에만 가능하다. 예언자들이 일인칭 화법을 사용한 이유는 그 당시의 거짓 예언자들과 구분 짓기 위해서였다. 예수님은 계약법(율법)과 예언자들을 완성시키러 오셨으며, 그 맥은 사도들에게로 이어졌다. 사도들은 예수님에게 직접 교육받았고 또 변화산의 체험과 오순절의 성령 강림 등을 통하여 독특한 영성의 상태에 있었기 때문에 초기 교회가 그들을 통해 탄생할 수 있었다.

사도들의 영성은 속사도(사도의 제자)들과 교부(教父 교회의 지도자)들에게 이어져 박해의 시대를 승리로 이끌었다. 그러나 박해가 종식된 밀란칙령(313년) 이후에는 이런 정신을 잃어버렸고, 이런 교회에 실망한 젊은이들이 헬라문화의 은둔자를 모방하는 수도사운동을 일으켰는데 대대적인 호응을 얻게 되었고, 그 결과 계약법, 예언자, 사도들을 잇는 영성의 맥이 중단되고 말았다. 헬라문화에 기초하여 수도사들이 추구한 초월적인 영성과 성경의 영성은 그 성격이 서로 판이해서 융합 될 수 없다. 서양기독교의 한계는 중세의 길목에서 헬라문화에 익숙한 교부들과 수도사들에 의해 신학과 영성이 지나치게 헬라화 된 것이며, 우리의 과제는 다시 본래 성경의 토대인 헤브라이즘으로 돌아가는 데에 있다.

성경해석과 신앙 경험을 다루는 영성신학은 서로 뗄 수 없는 관계다. 신앙은 본래 하나님 경험에서 출발한다. 경험이 있고 난 뒤에 이를 종합 분석하여 객관화, 이론화한 것이 신학이고 교리이다. 성경은 신앙의 책이다. "성경은 영감으로 기록되었다."라는 말은 기록자가 신앙 경험을 바탕으로 기록했다는 뜻이다. 그렇다면 성경해석의 일차적인 접근방법은 신앙 경험이어야 한다. 성경이 영감으로 기록되었다면 해석 역시 영감으로 해야 한다.

그런데 문제는 영감, 즉 신앙 경험은 전적으로 주관적이며, 또 정도와 깊이의 차이가 있다는 점이다. 이와 관련되는 문제들을 다루는 분야가 영성신학이다. 기독교는 긴 영성신학의 역사를 가지고 있다. 앞에서 언급한 바와 같이 구약의 인물들이 영성가들이었고, 예언자들은 계약법과 그 역사의 해석자들이었으며, 그 흐름은 예수님과 사도들로 이어졌다. 비록 수도사들의 영성이 여기서 빗나가기는 했지만 그들 역시 좋은 참고 자료가 된다.

성경을 해석할 때 해석자가 성경의 기록자와 성경에 등장하는 인물들이 도달했던 신앙 경험의 수준에서 성경을 읽는다면 가장 정확하게 해석할 수 있을 것이다. 저자들이 성경을 기록할 때에는 여러 가지 신학적인 의도들을 가지고 있었기 때문에 사건 당시와 기록 당시의 상황과 더불어 기록자들의 신학적인 의도에 대한 기본적인 이해가 필요한 것은 말할 필요도 없으며, 이에 대해서는 많은 연구들이 되어있다. 그런데 성경 기록자 수준의 영성경험을 바탕으로 성경을 해석하려는 시도는 찾아보기 어렵다. 아마도 그런 영성경험이 쉽지 않기 때문이라고 생각된다.

대단히 조심스럽지만 본서는 이런 시도를 했다. 이런 시도는 의도된 것이 아니었다. 돌이켜 놓고 보면 이런 해석은 내가 의도한다고 될 일도 아니라고 생각된다. 어떤 기회에 내 의도와는 달리 영성가들이 걸어간 길을 걷게 되었고, 영성의 세계 전반에 대하여 경험할 기회가 있었다. 이 경험 이후 나타난 뚜렷한 현상은 성경이 기록자의 입장이나 또는 등장 인물의 입장에서 보였다는 점이다. 영성수련의 기간과 이를 기초로 성경 강좌를 진행해 온 기간이 30여년 가까이 되었다. 본서는 이런 과정의 결정체이며, 주요 접근 방법이

영성의 시각이다

2) 계약신학의 시각

영성의 시각이 내가 의도해서 생긴 것이 아니었던 것처럼, 계약신학의 관점 역시 내가 의도한 바가 아니었다. 영성의 경험을 하고 나서 성경을 읽을 때 기록자, 또는 등장인물의 입장에서 성경과 그 역사가 보이면서 자연스럽게 계약의 흐름을 파악하게 되었다. 왜냐하면 성경의 주요 책들인 율법서, 예언서, 복음서 등이 하나님과 계약공동체 사이의 계약 사건과 그 역사를 다루고 있기 때문이다. 구약(舊約), 신약(新約)이라는 이름 자체가 성경이 계약의 책이라는 것을 말한다. 따라서 계약의 관점은 성경해석에 우선이며 기본이어야 한다.

그런데 개신교 신학에서는 계약을 뜻하는 베리트(ברית)와 디아데케(διαθήκη)를 '언약(言約)'으로 번역하여 '약속(約束)'의 개념으로 사용하고 있다. 이런 사실은 대부분의 한글역본에서 원어를 계약이 아닌 언약으로 번역한 사실에서도 찾아볼 수 있다.[1] 개신교에서 쌍방의 계약보다는 일방적인 은총의 언약과 약속에 치중하는 이유는 십자가신학 때문이라고 생각된다. 언약신학에서는 예수님의 십자가에서 인간구원이 완성되었다고 보기 때문에, 구약성경은 이에 대한 언약이며, 예수 그리스도 사건에서 그 약속이 성취되었다고 생각한다. 언약신학에서는 하나님의 사랑이 예수님께서 십자가에서 인간의 죄를 용서하시기 위하여 대신 죽으신 대속(代贖)의 사건에서 나타났다고 한다, 이런 언약신학은 구약의 율법과 예언서 등은 십자가 사건에 대한 약속과 예언이라는 점과, 십자가 사건에서 나타난 대속

1) 구약의 베리트(ברית)와 디아데케(διαθήκη)를 계약으로 번역한 한글성경 역본은 현대어, 현대인의 성경, 공동번역, 가톨릭성경 등이고 나머지는 언약으로 번역했다. 영어성경은 대부분 covenant 로 번역했다.

의 은총을 강조한다.

그러나 예언자들이 주장하는 계약신학에서는 계약의 쌍방성과 계약조건의 실천을 강조한다. 얼핏 보면 쌍방계약과 계약조건 실천이 큰 부담으로 느껴질 수 있다. 그런데 다시 살펴보면 부담이 아니라 가장 큰 사랑이며 은총이다. 무엇보다도 하나님께서 인간을 쌍방계약의 대상으로 삼으셨다는 것 자체가 인간에 대한 전적인 신뢰이며 사랑이다. 인간이 어찌 하나님과 동등한 계약의 대상이 될 수 있겠는가? 은총이 아니고서는 설명이 되지 않는다. 그런데 그 계약의 내용은 더 놀랍다.

> 너희가 나를 대신하여 이 세상을 하나님나라의 모형으로 만들고 또 관리해라. 내가 적극 도와주리라. 이제부터 너희는 내 상속자이다.

이보다 더 큰 사랑과 은혜가 있을 수 있을까? 계약신학의 이와 같은 사랑은 십자가에서 일방적으로 베푸시는 용서의 은총을 강조하는 언약신학의 사랑과는 비교가 되지 않을 만큼 더 크다. 그러면 언약신학과 계약신학은 서로 어떤 관계인가? 계약신학에서는 십자가의 사죄의 은총을 배제하지 않는다. 십자가를 통해서 사죄의 은총을 경험한 사람이 비로소 계약을 실천할 수 있다고 보기 때문이다. 십자가를 통한 회심은 구원의 완성이 아니라 시작인 셈이다. 계약신학 속에 언약신학이 들어있다.

계약신학에서는 하나님께서 일하시는 방법이 계약이라고 한다. 하나님은 이 세상과 계약관계이고, 세상 모든 사람들과 계약관계이고, 계약공동체와 계약관계이고, 인류의 역사와 계약관계이다.[2] 하나님께서는 사람을 통해서, 계약공동체를 통해서, 계약의 방식으로

---

2) 구약학자 가운데서 계약의 관점에서 해석하는 이가 아이히로트(Walther Eichrodt 1890~1878)이다. 「구약성서 신학」 Theologie des Alten Testaments (2권, 1933~35)이 그의 대표적인 저서이며, 구약성서신학의 새로운 지평을 연 책으로 평가를 받고 있다. 그는 이 책을 3부로 나누어 1부에서는 하나님과 그의 백성, 2부는 하나님과 세계, 3부는 하나님과 인간 등 세 측면에서 계약을 다루고 있다.

일하시기 때문에 계약의 대상은 이 세상에서 하나님의 대행자가 된다. 인간의 가치가 이보다 더 격상될 수가 있을까?

하나님을 경험하고 나서 성경을 읽어나갈 때 예수님의 십자가 사건은 구원의 완성이 아니라 시작으로 다시 다가왔다. 십자가 사건을 경험하고 예수님을 그리스도로 고백하며 구원의 확신이 주어지는 사건은 이제 새로운 계약을 실천할 조건이 갖추어졌다는 뜻이다. 이는 새로운 계약공동체인 교회를 통하여 구원을 완성시키기 위한 출발이다.

복음서 중에서도 마태복음에는 유독 계약의 성격이 명확하게 나타나고 있다. 그 이유는 마태복음이 옛 계약공동체인 유대인들을 대상으로 쓰여졌기 때문이다. 마태복음은 유대인들이 계약을 어겼기 때문에 예수님께서 옛 계약의 폐지를 선언하고 죄인들을 대상으로 새로운 계약을 체결하셨음을 선언하는 책이다.

3) 계약사(契約史)의 시각

영성에 대한 경험과 계약에 대한 이해는 지나간 역사를 계약의 관점에서 보게 했다. 본래 관심분야였던 교회사를 공부할 때는 사건과 인물, 사상과 연대 등을 파악하기에 급급했을 뿐이며, 그 많은 내용을 어떤 관점에서 본다는 것은 엄두조차 내지 못했을 뿐만 아니라 그런 생각조차도 하지 못했다. 그런데 앞에서 말한 경험들은 이스라엘 역사와 교회 역사를 비롯한 세계역사를 계약의 관점에서 보는 것을 가능하게 했다. 이런 시각을 처음 접할 때는 너무 의외여서 어리둥절했다. 그런데 구약의 설교자이며 성경 해석자들이었던 예언자들은 계약의 관점에서 이스라엘 역사는 물론이고 세계역사를 해석했다. 하나님과 세상, 하나님과 인간, 하나님과 이스라엘은 계약 관계였기 때문이다.

마태복음을 해석하면서 이런 계약의 역사, 즉 계약사를 적극 활용했다. 마태복음에는 계약의 관점이 명확하게 드러나 있기 때문이다. 특히 계약사를 개신교 신학의 중심인 구속사와 대비시키면서 구속사를 계약사의 관점에서 다시 해석하려고 했다. 계약사(契約史)와 구속사(救贖史)를 비교 분석해보면 구속사 중심인 구원론의 한계가 명확해지며, 구원론을 다시 해석하지 않을 수 없게 된다.

2. 성서해석학과의 관계

성서신학에서는 해석학의 여러 방법들이 동원되었다. 고대로부터 사본을 비교 분석하여 성서의 원문을 추적하는 본문비평(Text Criticism)이 시도되었고, 근대에 이르러서는 성경이 쓰여지는 과정과 자료들의 삶의 자리(sitz im leben)를 추적하는 역사비평(His-torical Criticism)이 활발하게 전개되었다. 양식비평(Form Criti-cism), 편집비평(Redaction Criticism), 사회학비평(Sociological Criticism) 등이 대표적인 역사비평의 방법들이다.

역사비평이 한계에 이르자 쓰여진 본문의 의미를 추적하는 문학비평(Literary Criticism)이 등장했다. 문학비평에도 다양한 시도들이 있는데, 그중에서 '이야기 신학'(Narrative Theology)이 있다.[3] 이야기 신학은 성경의 대부분이 이야기로 구성되어 있음을 주목하면서 이야기하기(Story Telling)로 전개한다. 여기에서는 성경의 이야기를 이야기하는 이야기꾼(Story Teller)의 역할이 중요하다. 하나님과 인간, 개인과 공동체에 대하여 자유롭게 이야기로 접근할 수 있다. 이야기 신학의 과제는 이야기꾼이 성경의 이야기를 신앙 경험에 기초하여 얼마나 정확하게 해석하여 합리적으로 말할 수 있는가에 있다.[4]

3) Narrative Theology에 대해서는 Stanley J. Grantz & Roger E. Olson, *20th Century Theology*, InterVarsity Press, 1992. pp.271~285에서 비교적 자세히 설명하고 있음.

4) 위의 책, p. 285.

본서의 마태복음 해석방법을 성서해석학과 연관시킨다면 이야기 신학과 유사하다고 할 수 있다. 본문을 영성의 경험과 계약신학과, 역사의 흐름 속에서 해석하여 이야기 형태로 말하려고 시도했다. 본문의 구절 하나하나를 주석(註釋)하려고 하지 않고 마태복음 전체를 하나의 이야기로 보고, 그 핵심과 줄거리를 이야기로 엮어보려고 했다. 그러나 어떤 독특한 주제나 신학적인 관계 등에 대해서는 설명을 하지 않을 수 없어서 이야기의 맥이 자주 끊어질 수밖에 없었다.

이야기로 접근했기 때문에 가능하면 전문용어나 문어체를 쓰지 않고 구어체를 사용했다. 또 경험을 기초로 접근한 결과 본문의 많은 부분이 구약의 예언자들이 활용했던 일인칭 화법(여호와께서 가라사대)으로 해석되고 또 선포되었는데, 대부분은 간접화법으로 처리했다. 마무리 부분에서 간혹 일인칭 화법의 흔적을 남겼는데, 그 내용들은 대부분 오늘의 성경 해석자와 설교자들을 향한 책망과 더불어 저주의 말씀이었다. 이 말씀들은 예수님께서 서기관과 바리새인들을 향하여 저주를 선포하셨던 말씀들보다 훨씬 더 강노가 높은 심판과 저주의 말씀이었고, 너무나 두렵게 느껴져서 와 닿은 그대로를 싣지 못하고 최대한 순화시켜 기록했다. 하나님의 심한 책망과 저주의 말씀은 멸망이 아니라 구원을 촉구하시는 탄식이며 절규라는 점을 염두에 두어야 한다. 이런 책망의 말씀들이 아마도 읽는 이들에게 거북하게 느껴질 수도 있다고 생각되는데, 돌이키는 기회가 되기를 바라는 바이다.

3. 본서의 목적

영성과 계약의 관점에서 이야기 형식으로 마태복음을 해석하면서, 무엇에 초점을 맞춰서 무엇을 위해 이런 해석을 하는가? 바꾸어 말하면 이 책을 쓰는 목적은 무엇인가? 왜 마태복음을 이런 방식으로 쓰려고 했는가? 과거의 역사, 특히 지난 500년의 현대사에 대한 시대인식 때문이다. 하나님 경험은 역사, 특히 우리가 현재 살고 있는 시대에 대하여 다음과 같이 새롭게 느껴지게 했다.

1) 계시와 이적

기독교 문화권에서 계몽주의와 더불어 시작된 현대의 첫 과제는 중세 기독교로부터의 탈출이었다. 인간주의, 이성주의를 표방한 계몽주의는 중세 기독교의 계시와 교리의 권위를 거부했고, 새로 부각된 과학지식을 기초로 성경의 초자연적인 이적들을 부정했다. 현대인들은 성경의 초자연적인 계시와 이적들에 대하여 거부하거나 아니면 합리적인 이해를 추구했다. 계시와 기적의 문제는 철학자와 기독교와의 갈등으로 시작되었는데, 시간이 지나면서 기독교 내부에서 보수와 진보의 갈등으로 이어졌다.

계시와 이적에 대한 이런 문제는 아직 해결되지 않고 있으며, 또 해결을 쉽게 기대할 수도 없다. 계시와 이적의 문제는 과학과 철학의 방법으로는 해결되지 않는다. 종교적인, 다시 말하면 영성적인 방법이 적용되어야 한다. 이런 쟁점들을 살펴보면서 마침 일련의 영성경험을 했기에 모른 채 지나칠 수 없었다. 미흡하지만 영성경험을 기초로 최대한 합리적인 설명을 시도했다.

2) 하나님나라

복음서의 주제가 하나님나라라는 데에는 이론의 여지가 없다. 복음서뿐만 아니라 성경의 주제가 하나님나라이다. 구약은 하나님과 계약을 맺은 이스라엘이 가나안에 하나님나라의 모형인 거룩한 나라를 세우는 이야기이다. 이스라엘이 우여곡절 끝에 결국 실패하여 버림받고 예수님을 통하여 새로운 계약이 체결되어 하나님나라를 다시 시작하는 이야기가 복음서이다. 그런데 중세 교회로 접어들면서 하나님나라의 개념이 죽음 이후에 가는 나라로 변질되었고, 종교개혁 이후의 개신교 역시 십자가 구속사 위주로 해석하여 영혼구원과 내세 천국에서 벗어나지 못했다. 그 결과 뜻이 하늘에서 이루어진 것 같이 땅에서도 이루어져야 할 하나님나라 개념이 사라지는 모순에 빠지고 말았다.

그 빈자리를 현대의 세속적인 하나님나라 운동이 차지했었다. 중세 기독교의 내세 천국을 거부한 계몽주의는 기독교에서 말하는 내세 천국을 지금 여기서 인간이 실현하려고 시도했다. 기독교의 계시를 거부하고 인간의 이성을 깨운 결과 철학과 사상에서, 시민의식에서, 과학기술에서 혁명이 일어났고, 인간이 지상에서 천국을 실현할 수 있다는 환상을 가지게 되었다. 그러나 1차와 2차 세계대전을 겪으면서 낙관적인 인간에 대한 환상은 깨지고 말았지만 지상 천국 운동으로 인간에게 많은 문화적인 혜택이 주어졌다. 전염병과 만성적인 기아로부터의 해방, 시민혁명으로 말미암은 자유민주주의 국가의 등장, 과학기술로 말미암은 실생활의 혜택 등의 기적적인 변화가 일어났지만 그 반대급부로 인해 더 심각한 상황에 이르고 말았다.

대량살상무기의 등장과 끝을 모르는 군비경쟁과 국지적인 전쟁, 국가와 개인 간의 빈부 격차와 양극화, 그리고 무엇보다도 자연환경의 파괴 등은 인류를 멸종위기로 몰아가고 있다. 그러나 뚜렷한 해결방법은 아직 없으며, 또 대책이 없을 만큼 심각한 상황이다. 전문가들은 인류의 멸종을 기정사실화하며, 이를 막을 수 있는 방법은 없다고 단정짓는다.

하나님을 배제하고 인간주의를 선언하며 출발한 현대의 목표는 지상천국 건설이었다. 그러나 인간의 힘으로는 해결할 수 없는 문제가 등장하면서 세속적인 하나님나라 운동은 막을 내리고 말았다. 이제는 어느 누구도 더 이상 하나님나라를 운운할 수조차 없는 상황이 되었다.

지난 현대 500년과 기독교는 같은 '하늘나라' 라는 같은 주제와 목표를 가지고 있었으나 둘 다 실패하고 말았다. 이제 무엇을 어떻게 해야 하나? 우리가 물려받은 시대적인 과제는 바로 이 문제이므로 여기에 초점을 맞추며 영성의 측면에서 그 해결책을 모색하고자 했다.

3) 시대의 징조

기독교 역사 내내 주기도문에서 기도한 **뜻이 하늘에서 이루어진 것처럼 땅에서도 이루어지는 하늘나라 실현**은 절대명제이기 때문에 포기될 수가 없다. 지난날의 시행착오를 거울삼아 다시 시작해야만 한다. 현대의 지상천국 운동은 인간의 한계 때문에 실패했다. 따라서 인간적인 방법만으로는 불가능하다는 교훈을 얻었다. 기독교는 천국의 개념 설정을 내세에 두었기 때문에 현세적인 하나님나라 개념이 사라지고 말았다. 현대 자유주의 신학에서 내재적인 하나님나라를 말하고 있으나, 전통적인 신론과 기독론을 거부하고 예수님을 인간으로 보기 때문에 사실상 현대의 인간적인 하나님나라 운동과 별로 다를 바가 없다.

남은 방법은 전통적인 기독교 신학을 재해석하여 타계적인 하나님나라 운동을 현세적인 하나님나라 운동으로 방향을 바꾸는 것이다. 이것이 본래 성경에서 말하는 하나님나라 운동이므로 결국 성경으로 돌아가는 셈이다. 그 구체적인 방법은 계약신학의 회복이다. 중세로 접어들면서 구속사에 기초한 언약신학으로 기울었는데, 이제 다시 계약사에 기초한 구속사로 돌아가야 한다. 이런 계약신학에는 하나님과 인간, 초월과 내재, 초자연과 자연, 계시와 이성, 신앙과 이해 등이 조화를 이룰 수 있다.

현대 인간주의가 빚어낸 상처는 하나님과 초자연이 아니고서는 치유될 수 없다. 과학기술의 남용과 자연환경의 파괴는 이미 인간의 노력으로 수습할 단계를 넘어서고 말았다. 하나님의 도우심과 은총만이 유일한 해결책이다. 하나님께서 현실에 초자연으로 개입하시는 통로가 계약신학의 회복이다.

계약신학의 회복은 초자연 사건의 재현을 가능하게 한다. 성경에 기록된 초자연 사건의 대부분은 계약체결이나 회복 또는 계약공동체의 활동과 관련이 있기 때문이다. 오늘 우리가 맞이한 시대는 계약회복기에 해당되므로 하나님의 초자연적인 개입이 가능할 수 있다. 또 하나님의 초자연적인 은총이 아니고서는 환경회복이 불가능하다. 현대가 그토록 거부했던 하나님과 계시, 교회와 신학, 신앙과 은총, 초자연과 기적이 현대가 파생시킨 치유불가능의 문제들을 해결할 유일한 길이 되고 말았다. 이제 교회가 해결해야할 과제와 방향은 여기에 있다.

4) 교회의 갈 방향

'교회'라는 용어는 복음서 중에서 마태복음에서만 사용되고 있다. 마태복음은 옛 계약공동체였던 유대인들을 대상으로 쓰여졌기 때문에 어떤 복음서보다도 계약에 대한 성격이 잘 드러나 있다. 따라서 마태복음에는 계약에 대한 이해와 새 계약공동체인 교회에 대한 상세한 설명이 들어있다. 마태복음의 본문들을 계약의 관점에서 접근하며 해석하면 구원론과 교회론은 물론이고 신론과 기독론, 종말론 등 기독교 신학 전반에 대하여 재검토를 하게 된다. 더불어 교회가 우리 시대가 당면한 심각한 문제의 해결을 위하여 무슨 일을 어떻게 해야하는 지에 대하여 눈을 뜨게 된다. 마태복음을 통하여 계약신학이 재발견되고 우리 시대가 안고 있는 문제의 해결에 대한 서광이 비춰오기를 간절히 빌고 또 빌 뿐이다.

이 책이 나오기까지 많은 관심을 가지고 세미나 등에 참여해주신

분들과 교정 등에 큰 수고를 아끼지 않으신 분들에게 진심으로 감사를 드리는 바이다.

2019년 8월 15일,

길동무

1부 : 탄생 준비 시작

(1 ~ 4 장)

탄생준비시작

물음 01

창조, 계약, 구속 서로 어떤 관계일까?

성경이 말하려는 핵심은 무엇일까?
성경에서 말하는 구원은 어떤 것일까?
왜 예수님을 통해서만 구원받을 수 있을까?

잘 아는 것 같지만 대답이 쉽지 않은 질문들이다. 이에 대하여 창조와 계약과 구속(救贖)의 상호 관계를 통하여 간략히 설명하고자 한다.

1. 창조

성경은 하나님께서 세상을 만드시는 이야기로 시작하고 있다. 하나님께서는 발씀으로 먼저 빛을 만드신 후 하늘과 땅, 바다와 육지 등을 비롯하여 만물을 만드시면서 각각의 위치와 자리를 정해 주셨다. 이로 인하여 우주 만물에는 질서와 조화가 깃들게 되었다. 만물의 질서와 조화를 다른 말로 하면 자연을 지배하는 법(法)이다. 만물은 하나님께서 만드신 법질서에 따라 각각 존재 양식을 가지게 되었다.

만물을 만드신 다음에 마지막으로 사람을 만드셨다. 사람을 나중에 만드신 이유는 사람이 살아갈 환경이 필요했기 때문이다. 사람은 하나님의 모양과 형상을 따라 만드셨는데, 이를 위해 직접 흙으로 육체를 빚으시고 코에 생기를 불어 넣으셨다. 최초의 인간을 '아담'(אָדָם)이라고 했는데 '사람'을 뜻한다. 즉 아담은 고유명사이자 보통명사이며, 흙에서 나왔다는 뜻이다.

하나님께서는 아담에게 동물들의 이름을 짓게 하시고, 하나님을 대신해서 만물을 관리하고 다스리게 하셨다. 인간과 자연환경의 관계에서 자연환경은 인간을 위해서 만들어졌고 인간의 지배를 받게 되어있다. 이것이 본래의 창조 질서이다.

하나님께서는 사람 즉 아담을 에덴동산이라는 낙원에 살게 하셨는데, 그 동산 한가운데 선악과(善惡果)라는 과일나무를 만드시고 선악과만은 먹지 말라고 하셨다. 선악과는 문자 그대로 선과 악의 열매이며, 사람이 에덴동산에서 살아가면서 지켜야 할 법도를 말한다. 본능에 따라 살아가는 다른 피조물과는 달리 사람에게는 악을 멀리하며 선을 행해야 할 법, 즉 윤리와 도덕이 주어진 것이다. 선악과를 먹지 말라는 뜻은 사람에게 주어진 법을 지키라는 뜻이다.

그런데 아담(사람)은 선악과를 먹음으로써, 즉 지켜야 할 도리와 법을 지키지 않음으로 낙원에서 쫓겨나 온갖 고생을 하며 살다 죽은 후 다시 흙으로 돌아가게 되었다.

이상은 성경의 첫 책인 창세기 1~3장의 이야기를 간추린 것이다. 이 이야기는 계약과 어떤 관련이 있을까?

2. 계약

'계약'(베리트 ברית 디아데케 διαθήκη)이라는 용어는 쌍방 관계의 용어이다.[5] 창조주와 피조물의 관계, 그리고 구약과 신약성경은 계약이라는 용어로 설명해야 그 의미가 명확해지는데 이를 세분하여 간략히 설명하고자 한다.[6]

---

5) 베리트(ברית)는 '쪼개다' 라는 뜻인데 계약을 체결할 때 짐승을 쪼개 놓고 그 사이에서 계약을 체결했는데, 계약을 어기면 짐승처럼 쪼개어 죽임을 당한다는 뜻을 담고 있다.

6) 아이히로트(Walther Eichrodt 1890~1878)은 계약의 관점에서 구약신학을 전개했다. 그의 대표적인 저서인 「구약성서 신학」 Theologie des Alten Testaments (2권, 1933~35)은 구약성서신학의 새로운 지평을 연 책으로 평가를 받고 있다. 그는 이 책을 3부로 나누어 1부에서는 하나님과 그의 백성, 2부는 하나님과 세계, 3부는 하나님과 인

❶ 세상과의 계약

창조 이야기에 의하면 하나님께서 세상 만물을 지으실 때 그들에게 존재의 법을 주시고 그 법대로 살게 하셨다. 따라서 하나님과 세상의 모든 피조물은 서로 계약 관계이다. 하나님도 창조의 법을 지키실 뿐만 아니라 법 자체이시다. 자유의지가 없는 피조물은 선택의 여지가 없으므로 본능에 의해 주어진 법대로 존재한다. 이들과 창조주와의 계약 관계는 비인격적이며 일방적인 계약이다. 인격과 자유의지가 없는 피조물은 본능에 따라 존재하기 때문에 계약 파기란 있을 수가 없다.

❷ 사람과의 계약

그러나 사람의 경우는 다르다. 하나님께서는 사람을 하나님의 모양과 형상대로 만드시고 자유의지와 인격을 주셨다. 따라서 하나님과 사람의 관계는 특별한 관계이며, 인간에게만 주어진 선악과는 이런 특별한 계약 관계를 말해준다. 사람에게는 인격과 선택의 자유가 주어져 있으므로 하나님과 사람의 계약은 서로 계약 조건을 이행해야 하는 쌍방 계약이다.

계약 파기

그런데 아담이 선악과를 먹음으로 인해 계약이 파기되었다. 인격에 기초한 쌍방 계약은 어느 한쪽이 계약을 어기면 당연히 파기되게 마련이다. 계약을 파기한 아담은 에덴동산에서 쫓겨났으며 모진 고생을 하다 죽어갈 운명에 처해 졌다.

아담의 계약 파기는 자연에도 영향을 주어 땅은 저주를 받았다. 아담의 계약 파기가 자연환경에 영향을 준 이유는 자연환경이 본래 인간을 위하여 만들어졌고 아담은 동물의 이름을 짓고 또 관리하는

간 등 세 측면에서 계약을 다루고 있다.

등 창조에 일정 부분 동참했기 때문이다. 창조 질서와 계약에 의하면 인간은 단순히 피조물이 아니라 창조의 동역자이고 피조물을 관리해야 할 하나님의 대리자이다. 그런데 계약 파기로 인하여 사람은 죄의 지배를 받는 죄인으로 전락했으며, 또 자연환경을 바르게 관리하는 것이 아니라 반대로 자연의 지배를 받거나 파괴하다가 흙이 되어 자연으로 돌아가게 되었다.

형벌

계약을 파기한 사람에게 주어진 형벌은 구체적으로 무엇일까? 이렇게 기록되어 있다.

> 아담에게 이르시되 … 땅은 너로 말미암아 저주를 받고 **너는 네 평생에 수고하여야 그 소산을 먹으리라 땅이 네게 가시덤불과 엉겅퀴를 낼 것이라**_… 네가 흙으로 돌아갈 때까지 **얼굴에 땀을 흘려야 먹을 것을 먹으리니** 네가 그것에서 취함을 입었음이라(창3:17~19)

사람에게 주어진 가장 큰 형벌은 양식을 얻기 위한 수고였다. 그 이유는 땅이 저주를 받아 이제는 더 이상 양식을 내어주지 않았기 때문이다. 육체는 양식을 매일 먹어야만 하는데 이제 땅은 가시덤불과 엉겅퀴를 내며 양식을 주지 않아서 땀을 흘리며 땅에서 일을 해야 먹고 살 수밖에 없었다. 그러면 이런 형벌 이전에는 양식을 어떻게 얻었을까?

> 하나님이 이르시되 **내가 온 지면의 씨 맺는 모든 채소와 씨 가진 열매 맺는 모든 나무를 너희에게 주노니 너희의 먹을 거리가 되리라**(창1:29)

이 말씀은 사람을 만드신 후에 주신 말씀인데 타락 이전에는 여러 가지 곡식과 열매, 채소 등이 늘 먹거리로 주어져 있어 아무 때나 어디에서든지 먹고 싶은 것을 마음대로 먹을 수 있었다. 그런데 에덴동산에서 쫓겨난 이후에는 이런 자연적인 먹거리가 사라지고 땀을 흘려 일해야 겨우 먹거리를 구할 수 있었다.

자연환경의 여러 문제에 시달리며 살아가다가 흙으로 돌아가야 하는 인간의 불행을 지켜보시던 하나님께서는 사람을 이런 불행에서 구해내실 계획을 세우셨다. 그 방법이 무엇일까?

구원의 방법과 계약 실천

아담이 계약을 지키지 않아 계약이 파기되어 불행이 왔으므로 그 불행을 근원적으로 해결하는 방법은 계약을 회복시키는 길뿐이다. 다른 방법은 있을 수 없다. 인간의 구원과 계약 준수는 뗄 수 없는 관계이다. 따라서 그 어떤 경우에도 계약 실천을 제외하고 구원을 운운하는 것은 이치에 맞지 않다. 그런데 계약을 회복시키기 위해서는 계약으로 돌아가서 계약을 다시 지켜야만 한다.

계약의 실현성

하지만 계약을 통해서만 구원을 받을 수 있다고 할 때 다음과 같은 의문이 생긴다.

첫째, 하나님께서는 인간이 계약을 지키지 못할 것을 다 아시면서 왜 계약을 맺으셨는가?

흔히 이런 질문을 한다. 미리 다 아시는 하나님께서 아담이 선악과를 먹을 것을 알면서 왜 만들어 놓으셨을까? 누구나 물을 수 있는 질문이다. 이 질문에 대답하려면 먼저 하나님의 인격에 대하여 기본적인 이해가 있어야 한다. 하나님은 우리 인간과 비슷한 수준이 아니라 완전하신 분이시다. 그 완전성 중의 하나가 인격이다. 완전하신 하나님의 인격은 어떤 것일까? 하나님의 완전성은 그 존재의 본성에서만이 아니라 다른 인격체인 사람과의 관계에서도 완전하시다. 불완전한 인격을 지닌 인간은 약속을 완전하게 지킬 수 없다. 아무리 지키려고 해도 지킬 수 없는 상황이 생기 기 때문이다. 따라서 상대방을 완전하게 신뢰할 수 없다. 서로가 불완전하기 때문이다.

하지만 완전한 인격이신 하나님은 사람을 완전하게 신뢰하신다. 따라서 아담과 계약을 맺으실 때 선악과를 먹을 것을 하나님께서 미리 아셨다는 말은 하나님에게는 성립되지 않는다. 그런 생각은 불완전한 인격을 지닌 사람의 의심에서 나오는 생각일 뿐이다. 하나님께서는 지금도 모든 사람을 완전하게 믿으시며 누구도 결코 의심하지 않으신다.

예수님과 가룟 유다와의 관계도 마찬가지이다. "유다가 배반할 것을 아시면서 왜 제자로 삼으셨는가?"라는 물음은 성립되지 않는다. 배반할 가능성은 유다만이 아니라 자유의지를 가진 인간 모두에게 동일하게 있다. 그런데 하나님께서는 인간에게서 실패하고 배반할 가능성이 아닌 완전해질 가능성만을 보신다. 비록 유다가 잘못된 길을 선택했을 때에도 끝까지 신뢰하시며, 안타까워하시며 마지막 순간까지 호소하고, 기다리시며, 믿으셨다. 유다만이 아니라 베드로도 그렇게 대하셨다. 하나님께서는 모든 인간을 이렇게 대해 주신다.

하나님의 인격은 본성에서만이 아니라 사람과의 관계에서도 완전하셔서 인간의 인격을 완전히 믿으시기 때문에 인간과 계약을 맺으신다. 그리고 끝까지 인격으로 대해주신다. 완전하신 하나님에게는 의심이란 있을 수 없다.

둘째, 불완전한 인간이 완전하신 하나님과 쌍방 계약을 맺는 것이 가능한가?

자유의지와 인격이 없는 동식물과는 쌍방 계약을 맺을 수 없다. 하나님의 법에 따라 주어진 본능대로 사는 일방 계약이 있을 뿐이다. 그러나 하나님의 형상대로, 즉 자유의지와 인격을 지닌 인간과의 관계는 쌍방 관계가 된다. 선택할 수 있는 자유의지와 인격이 있다는 말은 동시에 책임이 있다는 뜻이다. 따라서 해야 할 도리는 반드시 지켜야 한다. 인격적인 관계에서 지키지 않고도 없었던 일로 할 수는 없으며 또 대신해 줄 수도 없다. 자기 일은 자신이 해야 한다. 인격체 사이의 관계는 곧 쌍방 관계이며, 관계의 유지는 곧 계약 실천에 있다. 따라서 하나님과 인간의 관계는 쌍방 계약 관계이다.

셋째, 타락 이전의 아담도 지키지 못한 계약을 죄의 지배를 받는 우리가 어떻게 지킬 수 있는가?

하나님께서는 사람을 누구보다 잘 아신다. 완전하신 하나님께서 불완전한 인간에게 지키지 못할 조건을 요구하지 않으신다. 지킬 수 있는 것을 지키라고 하신다. 아담의 불순종 이후 비록 인간의 인격과 도덕성이 크게 손상되었지만 아직 자유의지와 합리적인 판단력이 어느 정도 남아있기 때문에 실천 가능한 범위에서 요구하신다. 모세에게 사명을 주실 때에 "네가 가진 것이 무엇이냐?"라고 물으셨으며, 모세가 가지고 있던 양치는 지팡이를 가지고 시작하게 하셨다. 후일 이스라엘에 주신 계약법도 마음만 먹으면 지킬 수 있는 조항들이었다. 하나님께서는 사람에게 할 수 있는 정도까지만 요구하신다. 그러면 사람이 한 일로 계약의 목적이 완성될 수 있는가? 전혀 아니다. 그러면 어떻게 되는가?

그 나머지는 다 하나님 몫이다. 인간이 할 수 없는 부분은 하나님께서 책임지고 완성시키신다. 따라서 하나님께서 인간과 맺어주시는 쌍방 계약은 결국 은총의 계약이다. 사람에게 할 수 있는데 까지를 요구하시고 나머지는 다 하나님께서 하시기 때문이다. 오병이어의 이야기를 보면 사람이 한 일은 가진 것의 전부인 보리떡 다섯 개, 물고기 두 마리를 드리는 것이었고, 예수님께서 축사하신 다음에 시키시는 대로 사람들에게 나누어 주었을 뿐이다. 그 나머지는 예수님께서 남자만 오천 명 이상의 사람들이 먹고도 열두 바구니에 남게 하셨다. 성경에 등장하는 초자연적인 기적의 이야기들은 하나님께서 계약을 지키시는 이야기들이다. 성경의 초자연적인 이야기들은 다 계약과 관련이 있다.

하나님과 인간의 계약이 쌍방 관계이지만 인간에게 지킬 수 있는 데까지만 요구하실 뿐만 아니라 또 지킬 수 있도록 도와주시기 때문에 사실상 은총으로 맺어진 계약이다.

❸ 시내산 계약

하나님께서 인간과 계약을 체결하심으로써 인간을 구원하신다. 그런데 누구와 어떻게 계약을 체결해야 하나? 계약이 잘 지켜질 수 있는 가장 현실적인 방법은 무엇일까?

한 사람의 선택

계약 대상이 갖추어야 할 우선적인 조건은 그 계약 정신에 동의할 뿐만 아니라 기꺼이 실천하기를 원하는 사람이어야 한다. 하나님께서는 그런 사람을 찾으시기로 하셨다. 계약 정신은 이기적인 욕심을 버리고 모든 사람이 같이 잘 살게 하려는 마음이다. 성경에서는 이런 선을 실천하려는 사람을 가리켜 '의인'이라고 한다.

세상 사람들을 지켜보시던 하나님께서는 드디어 한 사람을 찾으셨다. 그 사람이 누구일까? 아브라함이다. 그래서 아브라함을 '믿음의 조상, 복의 근원'이라고 한다. 아브라함에게 "너와 네 후손을 통하여 모든 민족이 복을 받으리라."(창12:3)라고 말씀하신 이유는 그가 모든 사람이 복 받고 행복하게 살기를 바랐기 때문이며, '네 후손을 통하여'라고 하신 이유는 아브라함의 그 큰 뜻을 그 후손들이 이어받았기 때문이다.[7)]

그 후손과 계약 체결

아브라함의 후손인 이스라엘 사람들은 애굽에서 400년간 종살이

7) 창조의 이야기와 선악과, 아브라함, 이삭, 야곱, 요셉 등에 대해서는 졸저 「창세기」에서 상세하게 설명했다.

를 하고 있었는데, 하나님께서는 약속대로 이스라엘을 해방시킨 후 시내산에서 그들과 세상 구원을 위한 계약을 체결하시며 계약법을 주셨다. 하나님께서는 그들에게 가나안에 들어가서 신분, 지위, 빈부의 격차가 없는 이상적인 나라를 만들라고 당부하셨다.

보여주는 선교

계약공동체가 할 일은 무슨 특별한 어떤 것을 하라는 것이 아니라 가나안에서 공동체원끼리 서로 도우며 이상적인 삶을 살기만 하면 된다. 그러면 무슨 일이 일어나는가? 주변에 있는 다른 민족과 나라들이 보고 따라 배울 수밖에 없다. 지극히 단순한 방법이다.

이같이 하나님께서 이스라엘과 계약을 맺으심으로써 아담의 불순종으로 파기된 계약이 다시 회복되고 이 땅에 하나님 나라의 모형을 실현할 수 있는 길이 열렸다. 이스라엘과 하나님이 시내산에서 맺은 계약을 옛계약이라고 하며, 구약성경은 옛계약공동체의 이야기이다.

❹ 계약 실현 방법

하나님과 인간이 맺은 계약은 인격과 자유의지에 기초한 쌍방계약이다. 성경은 계약의 책인데 계약 실천은 무엇을 어떻게 하는 것일까?

계약공동체

하나님께서 사람과 맺으신 계약의 대상은 개인이 아니라 공동체다. 그 이유는 계약공동체가 이상적인 나라를 만들어 세상에 보여주는 방법이 가장 현실적이기 때문이다. 따라서 사람이 실천해야 할 계약법의 특징과 실천 방법은 이상적인 나라를 만드는 데에 있다. 구약의 율법서는 이를 위한 법이다. 계약공동체의 실천 범위는 일차적으로 계약공동체 내에 국한된다. 세상 모든 사람을 향해서 이상적인 윤리를 실천한다는 것은 불가능하기 때문이다.

계약공동체가 만들어야 할 나라는 신분, 지위, 빈부의 격차가 없는 공평한 나라인데, 이런 나라를 성경에서는 '거룩한 나라'라고 한다. 구약의 율법은 이를 위한 계약법인데, 십계명을 비롯한 안식일, 안식년, 희년 등은 이런 거룩한 나라를 만들기 위한 법이다. 계약공동체 신앙의 특징은 특별히 구별된 성전에서 제사와 화려한 종교의식으로 하나님을 섬기는 데 있지 않고, 계약법을 똑바로 배우고 가르쳐서 공동체의 모든 사람들이 골고루 행복하게 잘살게 하는 데에 있다. 예수님께서 말씀하신 이웃사랑은 계약공동체 내에서 실천해야 할 계약법의 실천을 말한다.

계약공동체가 해야 할 일은 이런 거룩한 하나님 나라의 모형을 만들어 세상에 보여주어 세상으로 구원받게 하는 '보여주는 선교'이다.

하나님

하나님께서는 계약을 맺은 공동체가 이 땅에서 하나님 나라의 모형을 만들도록 구체적으로 도우신다. 우선 계약공동체가 계약을 실천하여 하나님 나라의 모형을 만들 수 있도록 땅을 주신다. 옛계약공동체인 이스라엘에는 가나안을 주셨고, 새계약공동체인 교회에는 로마제국을 주셨다. 그러나 계약공동체가 이 땅에서 사람의 힘만으로 하나님 나라의 모형을 만드는 것은 불가능하다. 이런 사실을 잘 아시는 하나님께서는 필요할 때 초자연적인 방법으로 도우셔서 계약공동체에는 용기와 힘을 주시며, 세상 사람들에게는 살아계신 하나님께서 계약공동체와 함께하심을 알려 주신다.

계약과 경제정의

구약의 계약법인 율법서의 중심은 안식년과 희년의 실천이다. 예수님께서는 희년(주님의 은혜의 해)을 실현하러 오셨고(눅4:18~19), 복음의 대상은 가난한 자들이며(마11:5, 눅7:22), 예루살렘에서 교회가 시작되면서 경제 공유를 실천으로 옮기는 등 새계약에서도 경제 문제가 핵심이다. 계약법에서 경제 문제가 중심인 이유는 창세기에서 아담이 계약을 어겨 에덴동산에서 쫓겨날 때 받은 형벌과 관련이 있다. 아담에게 주어진 형벌은 먹거리 자력 해결이었으며,[8] 그 결과 경제 문제가 인간이 해결하기 가장 어려운 문제가 되었다. 이런 이유로 계약 회복을 시도하는 계약공동체에서는 먹거리 문제 해결이 일차적인 과제가 된다. 주기도문에서도 일용할 양식의 해결이 가장 중요한 기도이며, 구약 예언자들의 화두인 "공의가 강같이 흐르게 하라!"의 공의는 경제정의를 말한다.

경제 문제 해결은 개인과 가정, 사회와 국가에서 기본이지만 해결하기 가장 어려운 문제이며, 인류 역사의 과제이다. 공동체에서 계약법 실천과 경제정의 실현은 뗄 수 없는 관계이며, 가장 중요한 과제다. 국가도 해결하기 어렵고 역사의 과제인 경제정의를 어떻게 실현해야 하나?

계약과 초사연

경제정의 실현은 사람의 힘만으로는 불가능하다는 것을 하나님께서 더 잘 아시기 때문에 하나님께서는 계약공동체와 함께하시며, 필요한 경우에는 초자연을 동원하셔서 그 일이 반드시 되게 하신다. 성경에 기록된 초자연의 이야기 모두가 계약 체결이나 계약 실천과 관련된 이유는 여기에 있다. 자연을 대상으로 하는 기적 이야기는 하나님께서 계약공동체로 하여금 계약을 실천해서 세상을 구원하도록 도우시는 구체적인 방법이다.

구약에는 이스라엘 민족이 애굽에서 탈출하여 계약의 땅인 가나

---

8) 아담에게 이르시되 … 땅은 너로 말미암아 저주를 받고 너는 **네 평생에 수고하여야 그 소산을 먹으리라** 땅이 네게 가시덤불과 엉겅퀴를 낼 것이라 … **네가 흙으로 돌아갈 때까지 얼굴에 땀을 흘려야 먹을 것을 먹으리니** 네가 그것에서 취함을 입었음이라(창 3:17~19)

안에 들어가는 과정에 많은 기적의 이야기들이 있다. 그다음에는 계약대로 살도록 이끌어가는 사사와 선지자들의 활동에 기적의 사건들이 집중되어 있다. 신약에는 새로운 계약을 체결하시는 예수님의 활동과 예루살렘에서 교회가 탄생하여 로마제국으로 확산되는 과정에 많은 기적의 이야기들이 있다.

근대 이후 역사비평에서는 성경의 이적 이야기들을 신화로 취급하였고, 또 사실성보다는 비유처럼 그 의미에 초점을 맞추어 해석하고 있다. 현대에 이르러 성경 해석에서 가장 큰 논란의 대상은 늘 기적의 문제였다. 그런데 계약의 입장에서 보면 전혀 다르게 보인다. 성경의 초자연적인 사건들은 계약이 실현되도록 도우시는 하나님의 손길이다.

계약과 자연환경

자연환경은 본래 인간을 위하여 먼저 만들어졌으며, 아담이 관리했지만 아담이 계약을 어기므로 인간은 자연환경에 대한 통제력을 잃어버리고, 반대로 자연환경의 지배를 받게 되고 말았다. 그런데 이제 사람이 계약을 잘 지키면 본래의 질서가 회복되어 자연환경이 인간에게 적합한 환경으로 바뀌어질 수 있다. 예언자들은 동풍(더운 바람), 기근, 가뭄, 메뚜기, 황충 등을 하나님의 징계라고 했다. 또 예수님께서 폭풍과 풍랑이는 바다 등 자연환경을 다스리는 이적을 보여주신 이야기들도 계약의 맥락에서 보아야 명확하게 이해된다. 자연환경과 인간은 다 같이 하나님과 계약 관계에 있기 때문에 인간이 계약을 충실히 지키면 인간과 자연환경이 서로 공존하는 길이 열려질 수 있다.

❺ 옛계약(구약) 파기

옛계약 공동체인 이스라엘은 가나안에 정착한 후 왕정기에 이르러 계약을 저버리고 말았다. 그 결과 BC 586년 나라가 멸망하고 포로로 끌려가 다시 노예로 전락했다. 그러나 신명기 예언자들의 헌신으로 유대인들[9]이 회개하고 다시 율법(계약법)을 지키려고 하자 하나님께서는 다시 한번 기회를 주셔서 BC 538년 귀환할 수 있었다. 그러나 귀환한 유대인들은 계약을 지키려고 했으나 안타깝게도 잘못된 방법으로 지켜 또 계약이 파기될 지경에 이르고 말았다. 포로기 이전의 왕정기에는 계약법을 소홀히 여기며 지키지 않다가 계약이 파기되었지만, 포루기 이후에는 계약을 철저히 지키려고 하다가 잘못 지켜서 계약이 파기되었다. 오늘 우리는 유대인의 시행착오에서 무엇이 문제였는지를 배워야 한다.

계약법을 잘못 이해하여 잘못 지키던 유대인들이 결국 돌이키지 않음으로 인해 AD 70년에 옛계약은 파기되고 말았다. 유대인은 다시 로마제국에 나라가 멸망 당하고 저항하던 사람들은 포로로 잡혀갔으며, 나머지는 쫓겨나 전 세계로 흩어지고 말았다.

이스라엘(유대인)의 실패는 이스라엘만의 문제가 아니라 이스라엘을 통한 세상 구원의 실패였다. 아담의 불순종과 이스라엘의 불순종으로 말미암아 계약은 완전히 파기되었으며, 이제는 세상이 구원받을 길이 사라지고 말았다. 하나님께서 세상을 구원하시는 방법은 계약이다. 왜냐하면 본래 하나님께서 세상을 만드신 관계가 계약 관계이기 때문이다. 따라서 계약이 아니고서는 구원이 성립될 수 없다.

아담의 불순종(계약 파기)을 해결하기 위하여 아브라함의 후손 이스라엘과 맺었던 계약이 수포로 돌아감으로써 더 이상 계약을 추진할 수 없게 되었고, 동시에 세상 구원의 길이 사라졌다. 이 문제를 어떻게 풀어야 하나?

---

9) 솔로몬 이후 이스라엘은 북왕국 이스라엘과 남왕국 유다로 분열되었는데, 북 이스라엘은 BC 721년 앗수르에 멸망 당했고, 남유다는 BC 586년 바벨론에 멸망 당한 후 포로로 끌려갔다. 그 이후 바벨론 포로에서 귀환한 이스라엘 사람들을 유다인(유대인)이라 부른다.

3. 예수님의 구속(救贖)

예수님의 구원 사역을 이해하려면 앞에서 설명한 구원과 계약의 관계를 먼저 이해해야 한다. 다시 말하지만 구원은 곧 계약 조건의 실천이며, 구원과 계약은 뗄 수 없는 관계이기 때문이다.

계약공동체인 이스라엘과 맺으셨던 계약이 이스라엘의 불순종으로 말미암아 폐기되어 인간이 구원받을 길이 사라져 더 이상 추진할 수 없게 되고 말았다. 그러자 이제 하나님께서 하실 수 있는 마지막 수단을 사용하셨다. 그 마지막 방법이 무엇일까?

❶ 인간으로 오심(成肉身)

계약의 한 축이던 하나님께서는 인간이 지키지 못한 계약 파기의 책임을 떠안으시고 계약 파기의 댓가인 죽음을 대신 죽기로 하셨다. 달리는 방법이 없기 때문이다. 이를 위해서는 하나님께서 인간의 죽음을 죽으셔야 하므로 먼저 인간으로 오셔서 인간과 똑같은 삶을 사셨다. 하나님께서 인간으로 태어나시는 방법이 동정녀에게 성령으로 잉태되어 탄생하시는 것이었다. 성령잉태와 동정녀탄생이 사도신경에 들어가 있는 이유는 이 교리가 인간의 구원과 직접 관련이 있기 때문이다. 이런 이유로 성경에서는 인간의 구원을 위하여 하나님께서 인간으로 태어나셨다고 말한다. 그분이 예수님이시다.

❷ 십자가의 대속(代贖)

하나님이시면서 인간으로 오신 예수님께서는 인간이 계약을 지키지 못한 죄를 위하여 대신 죽으시되 가장 고통스러운 죽음, 지옥의 형벌을 대신하는 죽음을 죽으셨다. 그 죽음이 십자가 형벌이었다. 십자가형은 로마제국에서 반역자를 가장 참혹하게 죽이는 방법이었다. 예수님께서는 십자가에서 인간이 계약을 지키지 못한 죄의 댓가를 대신 치르셨다. 예수님의 십자가 대속은 옛계약공동체가 지키지 못한 '계약을 파기한 죄'를 대신 받으심을 말한다. 예수님께서 십자가에서 대신 죽으심으로 계약과 상관없이 개인의 죄들이 다 용서되고 구원이 완성된다는 뜻이 아니다. 이 부분에서 오해하지 말아야 한다.

❸ 새로운 계약의 길

예수님의 십자가 대속으로 말미암아 파기된 계약을 다시 체결할 길이 열렸다. 이에 대해서는 예수님께서 성만찬 예식사에서 분명하게 말씀하셨다. 요한복음에는 성만찬 예식사가 제자들의 발을 씻기시는 이야기로 대신 되어있으며, 공관복음에 기록된 본문을 보면 다음과 같다.

> 이것은 죄 사함을 얻게 하려고 많은 사람을 위하여 흘리는 바 나의 피 곧 언약의 피니라(마26:28)
>
> 이것은 많은 사람을 위하여 흘리는 **나의 피 곧 언약의 피니라**(막14:24)
>
> 이 잔은 **내 피로 세우는 새 언약이니** 곧 너희를 위하여 붓는 것이라(눅22:20)

십자가를 앞두고 예수님은 대속의 죽으심이 계약 체결을 위한 피라고 하셨다. 누가복음의 기록과 같이 예수님의 대속의 죽으심으로 새로운 계약이 가능해졌으며, 예수님은 새로운 계약을 체결하기 위하여 피를 흘리셨다. 이스라엘과 맺은 옛계약이 파기되어 더 이상 구원받을 길이 없어졌는데, 이제 예수님의 대신 죽으심으로 새로운 계약, 즉 구원의 길이 열렸다. 계약과 상관없이 구원의 길이 열린 것이 아니다. 이 부분을 오해하지 말아야 한다.

❹ 죄 사함의 방법

마태복음의 "죄 사함을 얻게 하려고 많은 사람을 위하여 흘리는 바"라는 구절은 십자가로 말미암아 개인의 죄가 무조건 용서받는다는 뜻이 아니라 이제 계약을 지킴으로 죄 용서함을 받을 길이 열려졌다는 뜻이다. 복음서 어디에도 십자가를 통해서 직접 죄 사함을 받는다고 말씀하신 구절이 단 한 곳도 없는 이유는 여기에 있다. 세례 요한은 예수님께서 사역을 시작하기도 전에 '죄 사함을 받게 하는 회개의 세례'를 주었다.[10] 요한이 시작한 세례는 회개하고 새로운 계약공동체의 일원이 되는 의식이다. 예수님께서 말씀하신 죄 사함과 관련된 말씀을 열거해보면 다음과 같다.

> 우리가 우리에게 죄 지은 자를 사하여 준 것 같이 우리 죄를 사하여 주시옵고(마6:12)
>
> 너희가 사람의 잘못을 용서하면 너희 하늘 아버지께서도 너희 잘못을 용서하시려니와 너희가 사람의 잘못을 용서하지 아니하면 너희 아버지께서도 너희 잘못을 용서하지 아니하시리라(마6:14~15)
>
> 진실로 너희에게 이르노니 무엇이든지 너희가 땅에서 매면 하늘에서도 매일 것이요 무엇이든지 땅에서 풀면 하늘에서도 풀리리라(마18:18)
>
> 서서 기도할 때에 아무에게나 혐의가 있거든 용서하라 그리하여야 하늘에 계신 너희 아버지도 너희 허물을 사하여 주시리라 하셨더라(막11:25)
>
> 비판치 말라 그리하면 너희가 비판을 받지 않을 것이요 정죄하지 말라 그리하면 너희가 정죄를 받지 않을 것이요 용서하라 그리하면 너희가 용서를 받을 것이요(눅6:37)
>
> 너희는 스스로 조심하라 만일 네 형제가 죄를 범하거든 경계하고 회개하거든 용서하라 만일 하루 일곱번이라도 네게 죄를 얻고 일곱번 네게 돌아와 내가 회개하노라 하거든 너는 용서하라(눅17:3~4)
>
> 너희가 누구의 죄든지 사하면 사하여질 것이요 누구의 죄든지 그대로 두면 그대로 있으리라(요20:23)

예수님께서 언급하신 죄 사함의 방법은 모두가 사람들과의 관계를 통한 용서다. 다시 말하면 계약공동체에서 사람들과의 관계와 죄의 용서는 직접 관련이 있다. 왜냐하면 사람이 짓는 죄의 대부분은 사람에게 지은 죄이기 때문이다. 사람에게 먼저 용서하고 용서받지

---

10) 세례 요한이 광야에 이르러 죄 사함을 받게 하는 회개의 세례를 전파하니(막1:4, 눅3:3)

않으면서 하나님께만 용서를 받는다면 이는 모순이다. 다시 말하건대, 복음서에는 예수님의 십자가를 통하여 죄 사함을 받는다는 말씀이 단 한 구절도 없다는 사실을 명심해야 한다. 우리 기독교는 그동안 이 부분에서 큰 착오를 빚었다.

❺ 구원의 방법

한 율법사가 예수님을 찾아와서 "내가 무엇을 하여야 영생을 얻으리이까?"라고 물었다. 이 질문은 중요하기에 세 복음서(마19:16~26, 막10:17~27, 눅18:18~30)에서 상세하게 기록해 놓고 있는데 예수님께서는 무어라고 대답하셨는가?

> 네가 생명에 들어가려면 계명들을 지키라 이르되 어느 계명이오니이까 예수님께서 이르시되 살인하지 말라, 간음하지 말라, 도둑질하지 말라, 거짓 증언 하지 말라, 네 부모를 공경하라, 네 이웃을 네 자신과 같이 사랑하라 하신 것이니라(마19:18~19)

예수님께서는 영생에 이르는 길은 십계명 즉 계약의 말씀을 지키는 데에 있다고 하셨다. 영생을 얻는 방법에 대해서는 더 이상 논란의 여지가 없을 만큼 명확하게 말씀하셨다. 그런데 왜 그동안 우리는 이에 대하여 침묵했을까? 기독교 역사 2천 년의 가장 큰 수수께끼는 여기에 있다. 이에 대하여 무어라고 대답해야 하나?

4. 구속사와 계약사

구속사와 계약사의 관계는 대단히 중요하며, 또 기독교 역사에서 가장 큰 오류를 빚은 부분이므로 이를 다시 정리해보면 다음과 같다.

❶ 구속사(救贖史)

기독교 구원론의 기초는 예수님의 십자가구속 사건이었으며, 구속사를 중심으로 성경과 역사의 전반을 해석했다. 구속사로 성경을 보면서 구약성경의 사건들과 말씀들을 예수님에 대한 예표나 예언으로 해석했다. 즉 구약성경은 오실 예수님에 대한 예언과 언약의 책이며, 예수님의 오심과 십자가의 죽으심으로 구약의 모든 예표와 예언은 성취되고 구원은 완성되었다고 보고 있다.

구속사에서는 예수님께서 우리 모두의 죄와 형벌을 대신 짊어지시고 십자가에서 죽으셨다는 사실을 믿음으로 받아들이면 누구에게나 구원은 이미 주어졌으며, 이 믿음으로 세상을 살다가 죽은 다음 천국에 가게 된다. 십자가를 통해서 값없이 주시는 은혜로 사죄(赦罪)와 구원이 주어지며, 어떤 행위로 구원을 받는 게 아니라고 한다.

교회는 이미 구원받은 사람들이 모인 친교와 선교 공동체이며, 교회가 해야 할 지상과제는 온 세상으로 나가 사람들에게 예수님을 영접시키는 영혼 구원을 위한 선교와 이웃을 사랑하는 사랑의 실천이다. 이 세상은 죄로 말미암아 심판받을 멸망의 대상이다. 구속사에 기초한 이런 세계관 때문에 교회가 아무리 많아져도 세상은 변화되지 않았다. 세상의 변화는 고사하고 중세기독교 시대는 암흑기가 되었고 기독교 국가에서 계몽주의가 등장하는 모순이 벌어졌다. 역사의 교훈을 똑똑히 살펴보아야 한다.

구속사에서 보면 인간은 아담의 범죄로 말미암아 원죄를 지녔기 때문에 십자가를 통한 사죄와 구원의 대상이다. 또 하나님은 인간을 무한히 사랑하셔서 구원하시기 위하여 예수님을 통해 한없는 용서의 은총을 베푸시고 죽음 이후에 천국으로 인도하셔서 영원한 삶과 복락을 누리게 하신다. 인간은 하나님에게 용서와 구원과 사랑의 대상에 불과하다.

그런데 계약사에서 보면 어떻게 보일까?

❷ 계약사(契約史)

앞에서 이미 본 바와 같이 계약사에서 보면 기독교 신학과 구원론이 전혀 다르게 보인다.

하나님의 창조 자체가 계약 체결이었고, 아담의 타락은 계약 위반이며, 하나님께서 죄의 지배 가운데 있는 인간을 구원하시는 방법은 계약을 지킬 기회를 주시는 것이었다. 구약성경의 아브라함과 그 후손 이스라엘의 이야기는 하나님께서 그들에게 계약을 지킬 기회를 주시고 그들을 통해서 세상을 구원하시는 이야기이다.

복음서에 의하면 예수님께서는 계약을 위반하여 파기 직전에 이른 이스라엘에 마지막으로 경고하셨다. 그러나 이스라엘이 받아들이지 않아 그들은 버림받고 인류 구원의 길이 사라지고 말았다. 이에 예수님께서는 계약 위반의 형벌을 대신 받으시고 죽으심으로써 새로운 계약 체결의 길을 열어 놓으셨다. 그리고 예수님의 대속으로 말미암아 새로운 계약공동체인 교회가 탄생되었다. 이제 교회를 통하여 계약을 지키는 사람들에게 구원이 주어진다.

교회가 할 일은 이스라엘이 실패한 하나님의 나라를 이 땅에 실현하기 위하여 최선을 다하는 것이다. 이 큰 일을 위하여 교인들은 누구나 자기를 부인하고 자기 십자가를 지고 죽기까지 예수님을 따라가야 한다. 사도들을 비롯한 초기 교인들은 복음을 위하여 순교의 길을 가거나 순교적인 삶을 살았다. 그 결과 AD 313년 로마제국이 계약 실천의 땅으로 주어졌다.

교회는 이 땅에 하나님 나라를 실현하기 위한 계약공동체이며, 하나님을 대신하여 역사와 세상을 이끌어가야 할 하나님의 대행 기관이다. "진실로 너희에게 이르노니 무엇이든지 너희가 땅에서 매면 하늘에서도 매일 것이요 무엇이든지 땅에서 풀면 하늘에서도 풀리리라."(마18:18) 는 예수님의 말씀은 이런 뜻이다. 하나님은 교회를 통해서, 교회의 기도를 통해서 세상과 역사를 이끌어 가신다.

구속사에서 인간은 단순히 구원과 사죄와 사랑의 대상에 불과하다. 그러나 계약사에서 보면 인간은 역사와 세계를 이끌어가는 하나님의 대행자이며 이 세상을 유업으로 이어받을 하나님의 아들과 딸이다.

❸ 계약사와 구속사의 관계

계약사는 예수님의 구속사를 배제하지 않는다. 단지 계약사 속에서 구속사를 해석할 뿐이다. 예수님의 구속사가 없으면 새계약이 불가능하기 때문에 대속의 사건은 가장 중요하다. 구속사 자체가 문제가 아니라 계약 실천과 상관없이 예수님의 십자가 대속으로 용서받아 구원에 이른다고 해석하는, 계약이 배제된 구속사가 문제일 뿐이다.

회심 경험과 계약사

구속사의 핵심에는 회심의 경험이 들어있다. 이 경험을 통해서 사죄의 경험과 구원의 확신이 주어진다. 계약사에서도 이 경험은 대단히 중요하다. 왜냐하면 이 경험을 통해서 비로소 계약공동체에 들어와서 계약을 실천할 수 있다. 이 경험없이 구원공동체가 형성된다면 신앙공동체가 아니라 사회운동 공동체로 흘러가게 된다.

지난 교회사에서 빚은 오류의 근본 원인은 계약이 배제된 구속사에 있었다. 이제 이것을 바로잡는 것이 우리의 시급한 과제다.

5. 창조와 계약과 구원의 원리

창조주 하나님과 모든 피조물의 관계는 계약 관계이며, 계약은 모든 피조물의 존재 원리이자 창조의 원리이다. 자연 만물에 들어있는 질서와 조화는 만물에 들어있는 존재 양식의 법 때문이며, 이 법이 곧 계약법이다. 계약이 파기되면 피조물은 존재할 수 없다. 죄는 계약이 파기된 상태를 말한다. 이런 계약 파기의 죄는 자유의지를 지닌 인격체만 지을 수 있다. 인간이 피조물 중에서 최상위에 있는 이유는 자유의지와 인격 때문이다. 그런데 아담(사람)이 죄를 지으므로 계약이 파기되고 죄의 지배를 받으며 멸망에 이르게 되었다.

이런 인간이 구원을 받으려면 계약으로 돌아가서 계약을 지키는 길 뿐이다. 하나님께서 세상을 구원하기 위하여 먼저 이스라엘과 계약을 맺을 기회를 주셨으나 그들이 계약을 파기하여 인간이 구원받을 길이 사라지고 말았다. 이 문제를 해결하기 위하여 하나님께서 인간으로 오셔서 계약을 파기한 죄를 짊어지고 대신 죽으심으로 이제 마지막으로 계약이 한 번 더 체결되어 구원받을 길이 열렸다. 예수님으로만 구원받는다는 말씀은 예수님으로 말미암아 새로운 계약 체결이 가능해졌다는 뜻이다.

구원의 법은 곧 계약 실천이며 계약 실천과 구원은 뗄 수 없다. 계약은 창조의 원리이자 만물의 존재원리며 구원의 원리이다. 따라서 계약 실천을 제외하고 구원을 말하면 창조의 원리와 어긋나며 모순이다.

물음 02

복음서의 순서, 서로 어떤 연관성이 있을까?

성경은 인간 역사에서 수천 년 동안 수십 명의 사람들에 의해 기록되었는데 왜 성경을 하나님의 말씀이라고 할까? 이에 대하여 기독교에서는 하나님께서 기록자에게 영감을 주셨기 때문이라고 설명한다. 이 영감설(靈感說)은 현대의 역사비평[11]이 등장하기 이전에는 이론(異論)의 여지가 없었으며, 지금도 기독교 정통신앙에서는 그대로 받아들여지고 있다. 성경의 기록 과정에 하나님께서 영감으로 개입하셨다면 정경화(定經化)[12] 과정에도 영감이 작용했다고 인

11) 성경이 쓰여진 역사적인 과정을 연구하는 학문

12) 쓰여진 여러 문서중에서 경전으로 결정하는 작업. 구약성경은 대략 2세기 중엽에 유

정해야 한다.

신약의 복음서는 수십여 권이 기록되었지만[13] 우여곡절 끝에 마태복음, 마가복음, 누가복음, 요한복음 등 네 권만 성경으로 인정되었다. 그러면 복음서의 배열 순서에도 어떤 의미를 부여할 수 있을까? 마태복음을 맨 먼저 배열한 이유는 정경화 당시에는 마태복음이 가장 먼저 기록되었다고 생각했기 때문이며, 마가복음은 마태복음의 축소판이라고 보아서 그 다음에 놓았다. 요한복음이 맨 뒤에 놓인 이유는 가장 늦게 쓰여지기도 했거니와 공관복음서와는 판이하게 내용이 다르기 때문이었다. 역사를 이끌어가시는 하나님께서는 비명시적인 섭리를 통해 자연스럽게 하나님의 뜻을 실현시키신다. 복음서가 현재의 순서대로 배열되는 과정에도 하나님의 섭리를 인정한다면 그 배열에 담겨있는 의미를 물어볼 필요가 있다. 네 복음서의 핵심을 간추리면서 그 의미를 물어보면 다음과 같다.

1. 마태복음 – 새계약의 복음서

마태복음은 유대인을 대상으로 쓰였다고 알려졌다. 따라서 마태복음은 옛계약의 대상들에게 쓰였기 때문에 계약의 관점에서 보아야 그 핵심이 명확하게 파악된다. 구약과 신약성경을 해석할 때 계약의 시각은 가장 중요하다. 성경은 계약의 책이며, 구약(옛계약)과

대인들에 의해 결정되었고, 신약성경은 동방교회에서는 367년 알렉산드리아의 교부 아타나시우스(Athanasius)때에, 그리고 서방교회에서는 405년 로마교황 이노센스(Innozenz) 1세 때 결정되었다.

13) 외경(外經)으로 남아있는 복음서는 다음과 같다. 「나사렛인들의 복음서」(*The Gospel of the Nazaraeans*), 「에비온 복음서」(*The Gospel of the Ebionites*), 「히브리인의 복음서」(*The Gospel of the Hebrews*), 「이집트인의 복음서」(*The Gospel of the Egyptians*), 「베드로 복음서」(*The Gospel of Peter*), 「진리의 복음서」(*The Gospel of Truth*), 「도마 복음서」(*The Gospel of Thomas*), 「빌립 복음서」(*The Gospel of Philip*), 「마가의 비밀복음서」(*The Secret Gospel of Mark*), 「니고데모 복음서」(*The Gospel of Nicodemus*), 「야고보의 원복음서」(*Protevangelium of James*), 「유다 복음서」(*The Gospel of Judas*), 「마리아의 복음서」(*The Gospel of Mary*), 「도마의 유아복음서」(*The Infancy Gospel of Thomas*)

신약(새계약)을 중심으로 이야기와 그 역사가 전개된다. 구약(옛계약)은 하나님께서 이스라엘과 시내산에서 맺으신 계약이다. 계약 조건은 이스라엘 공동체의 모든 구성원이 신분과 지위, 빈부의 격차없이 행복하게 살면서, 이 땅에 하나님 나라의 모형을 만들어 모든 사람들이 이스라엘을 보고 구원받게 하려는 것이었다. 그러나 이스라엘이 계약의 땅인 가나안에 입주한 후 다윗과 솔로몬에 이르러 성전을 지은 후 그 계약을 지키지 않아 나라가 분열되었다가 계약이 파기되어 앗수르와 바벨론에 멸망 당하고 포로로 끌려갔다. 예언자들의 각고의 노력으로 포로 현장에서 가까스로 회개하자 하나님께서 다시 기회를 주셔서 본국으로 돌아왔으나 결국 또 계약에서 빗나가 AD 70년 로마제국에 다시 멸망 당하고 말았다. 나라의 멸망은 계약 파기의 증거였다.

마태복음은 이런 유대인들을 향해 그들이 계약을 지키지 않아 다시 파기되었으며, 이제 예수님으로 말미암아 새로운 계약이 체결되었음을 설명하고 있다. 마태복음에는 예수님의 설교가 다섯 편으로 편집되어 있다. 이는 구약성경의 모세오경을 염두에 두면서, 예수님의 설교는 모세오경의 재해석이자 새계약법이라는 의미이다. 이런 이유로 첫 설교에서 예수님께서는 "나는 너희에게 이르노니"라는 형식으로 구약의 계약법을 다시 해석하셨다. 따라서 마태복음의 다섯 편의 설교는 새로운 계약법인 셈이다. 마태복음을 비롯한 복음서의 주제가 하나님 나라라는 데에는 대부분의 학자들이 동의한다. 그러나 불행하게도 그 하나님 나라는 하늘에 있으며, 죽은 다음에 간다고 해석되어 왔다.

그런데 마태복음을 다시 해석해보면 하나님 나라는 내세에서가 아니라 지금 여기서 계약공동체인 교회를 통해서 실현되는 나라이다.[14] 세례 요한과 예수님께서 "회개하라 천국이 가까이 왔다."라

14) 졸저 「마태복음」은 계약의 관점에서 이렇게 해석했다.

고 선언한 말씀은 옛계약이 폐기되고 새로운 계약을 통하여 지금 여기서 하나님 나라가 시작되고 있다는 뜻이다. 그러나 그 나라는 이 땅에서 사람에 의해 시작되지만 사람에 의해 완성되지는 않으며, 하나님의 초자연적인 개입에 의해 완성된다. 그때를 성경에서는 종말이라고 하는데, 종말은 이 세상의 파멸이 아니라 이 땅에 하나님 나라가 세워지는 것을 방해하는 악한 세력의 종말을 말하며, 그때에 계약공동체를 통해 시작된 하나님 나라는 완성에 이르게 된다.

마태복음은 옛계약의 폐지로 인한 이스라엘의 멸망을 다루면서 예수님으로 말미암은 새로운 계약공동체인 교회의 등장을 선언하고 있다.[15)]

2. 마가복음 – 이적의 복음서

마가복음은 일명 '이적의 복음서'라고 한다. 그 이유는 전체 16장 중 8장까지는 예수님께서 행하신 20여 가지의 이적을 중심으로 기록되었기 때문이고, 9장 이후에는 수난사로 이어진다. 마가복음에서는 왜 예수님의 행적을 이적 중심으로 기록했는지에 대하여 많은 연구가 진행되었고, 또 다양한 의견들이 제시되었다. 그런데 그 의미를 마태복음의 연장 선상에서 생각해 보면 단순하게 이해된다.

마태복음의 주제인 계약공동체가 지상에서 시도하는 하나님 나라의 실현은 사람의 힘만으로는 불가능하며 하나님의 초자연적인 개입이 있어야만 가능한데, 마태복음 다음의 책인 마가복음의 이적은 이것을 말하고 있다. 죄악이 지배하는 이 땅에서 하나님 나라의 실현은 하나님의 초자연적인 도움없이는 불가능하다. 서양의 계몽주의 이후 현대에 이르러 하나님을 배제하고 혁명과 과학기술로 지상천국을 시도했으나 결국 실패하고 말았다. 현대문명이 많은 혜택을 주었지만 연이은 세계대전과 대량살상무기, 빈부격차 등의 문제를

15) 이에 대해서는 졸저 「마태복음」에서 상세하게 설명했다.

해결하지 못했을 뿐만 아니라 자연환경을 파괴하여 인류의 생존이 심각한 위기를 맞고 있다.

마가복음은 전반부의 이적 이야기에 이어 나머지 절반은 예수님의 수난사로 채워져 있다. 그동안 예수님의 십자가는 인간의 죄를 용서하기 위한 대속의 죽으심으로 해석했다. 그런데 복음서 순서에 따른 이야기의 연결 과정으로 보면 다르게 해석된다. 마가복음 전반부의 예수님의 이적 이야기가 하나님의 초자연적인 도우심과 개입이라면, 후반부의 예수님께서 가시는 십자가의 길은 이제 계약공동체가 이 땅에 하나님 나라를 실현하기 위하여 걸어가야 할 길이다. 이 땅에서 하나님 나라라는 가장 큰 가치를 실현하려면 계약공동체는 자기 십자가를 지고 예수님을 따라가야만 한다. 이제 십자가는 예수님에게만 해당 사항이 아니라 계약공동체 모든 구성원이 따르고 가야 할 길이다. 가장 큰 가치의 실현을 위해서는 가장 귀한 생명을 바쳐야만 한다. "누구든지 나를 따라오려거든 자기를 부인하고 자기 십자가를 지고 나를 따를 것이니라."(막8:34)라는 말씀은 이를 말한다.

마가복음을 마태복음과의 관계와 배열 순서에서 보면 이런 해석이 가능해진다. 인간의 방법으로 시도했던 지상천국 운동이 수포로 돌아가고 인류의 멸종이 거론되는 이 시점에서 마가복음은 우리에게 중요한 의미를 줄 수 있다. 필자가 마태복음에 이어 마가복음을 쓰는 이유는 여기에 있다.

3. 누가복음 - **경제의 복음서**

마가복음 뒤에 나오는 누가복음에서는 경제 문제를 가장 중요하게 다루고 있다. 누가복음에 의하면 예수님께서 이 세상에 오신 목적은 경제정의의 대명사인 희년(禧年)을 실현하시기 위함이었다. 그러므로 다음과 같이 선언하셨다.

주님의 성령이 내게 임하셨으니 이는 가난한 자에게 복음을 전하게 하시려고 내게 기름을 부으시고 나를 보내사 포로 된 자에게 자유를, 눈 먼 자에게 다시 보게 함을 전파하며 눌린 자를 자유롭게 하고 주의 은혜의 해(희년)를 전파하게 하려 하심이라(눅4:18~19)

이런 이유로 누가복음에는 부자와 나사로, 두 아들(탕자), 불의한 청지기 등 경제와 관련된 비유와 말씀들이 많다. 누가복음에서 중요하게 다루는 경제 문제는 복음서의 배열에서는 어떤 의미를 지닐까?

마태복음에서는 계약공동체가 이 땅에서 실현해야 할 하나님 나라를 다루고 있고, 마가복음에서는 그 나라의 실현은 하나님의 초자연적인 이적의 개입과 공동체원들이 이 일을 위해 생명을 내놓고 십자가의 길을 갈 때 실현된다고 말하고 있다. 그런데 이제 누가복음에서는 이 땅에 실현될 하나님 나라의 중심에는 경제 문제 해결 즉 희년의 성취가 있다고 말한다. 지나간 인류 역사의 경험에 의하면 경제정의의 실현이 여전히 가장 어려운 과제로 남아있다. 현대에 이르러 신분과 인권의 문제는 어느 정도 해결되었지만 경제정의의 실현은 날이 갈수록 더 요원해지고 있다. 그런데 누가복음에서는 경제정의의 실현을 하나님 나라의 핵심으로 다루면서 그 실현은 오직 신앙의 차원 즉 계약공동체에서만 가능하다고 말한다. 이런 측면에서 마태복음과 마가복음 다음에 놓인 누가복음의 위치는 대단히 중요하다.

4. 요한복음 - 진리의 복음서

요한복음을 이해하려면 구약의 신명기(申命記)[16]를 먼저 이해할 필요가 있다. 40년 광야생활의 경험을 기초로 하는 신명기는 모세의 세 편의 설교이다. 신명기는 이스라엘 사람들이 애굽의 종살이에

16) 신명기(申命記, 히브리어 데바림 דְּבָרִים, 그리스어 데우테로노미온 Δευτερονόμιον)은 '설교'로 보는 것이 본래의 뜻에 가장 가깝다.

서 탈출하여 시내산에서 하나님과 계약을 맺을 때 받은 출애굽기의 계약법전(20:22~23:33)과, 성막 봉헌식 말씀으로 주어진 레위기의 성결법전(17~26장)에 대한 모세의 재해석인데, 모세는 신명기에서 가나안을 향하는 이스라엘 사람들에게 지금 자기가 다시 해석해주는 말씀대로 살아야 한다고 누누이 강조한다. 즉 가나안에 입주한 후에, 출애굽기와 레위기와 민수기에 있는 말씀이 아니라 모세가 신명기에서 다시 해석해준 말씀대로 살아야 한다는 뜻이다. 이런 사실은 출애굽기에 기록된 십계명(20:1~17)과 신명기(5:6~21)의 십계명을 비교해보면 모세의 재해석이 잘 드러나는데, 4계명과 5계명에서 많은 차이가 있다. 모세는 시내산과 광야에서 출애굽 세대와 맺었던 계약의 말씀을 40년 뒤에 광야세대들에게 다시 해석해주면서, 자신이 다시 해석해준 말씀대로 살아야 함을 반복해서 강조하고 있다.

이런 측면에서 볼 때 요한복음은 신약의 신명기에 해당된다. 사도들 중 가장 늦게까지 살았던 요한은 바울서신과 복음서들이 다 쓰여진 후 사도시대를 마감하는 시점에서 1세기의 신앙을 총정리하며 교회가 나아갈 방향을 제시하고 있다. 요한복음은 공관복음에 대한 재해석이기 때문에 공관복음과 많은 차이가 난다. 따라서 오늘 우리가 복음서를 해석할 때에는 이런 배열과 요한복음의 재해석을 염두에 두어야 한다.

요한복음에 의하면 예수님은 하나님과 동일한 분(독생자)이며, 우주의 원리이자 법(말씀 λογος)이시고 진리이다. 성령의 역할은 이 진리를 깨닫게 하시며 또 믿게 하시는 진리의 영이시다. 요한복음에 의하면 예수님을 그리스도라고 고백하는 믿음에서 더 나아가 하나님 자신이시며, 만물의 근원과 원리, 우주적인 진리로 깨달아야 한다. 성령은 이를 도와주시는 분(보혜사)이시다. 부활하신 주님을 만난 도마는 "나의 주님이시요, 나의 하나님이시니이다."라고 고백했다. 요한복음에서는 계약법을 가능하게 하신 예수님이 곧 우주의 원리이자 근본이고 진리이며, 성령은 계약법을 올바로 깨달아 실천하게 하시는 분이시다. 예수님은 이를 가능하게 하시려고 이 땅에 오셨던 하나님이시다.

5. 사도행전 - 경제공동체 탄생의 복음서

사도행전은 본래 누가복음과 한 책이었으므로 복음서의 한 부분으로 보아야 한다. 이런 이유로 누가복음과 사도행전을 합쳐서 누가행전이라고 부른다. 누가복음에서는 계약공동체인 교회가 지상에서 하나님 나라를 실현하는 방법이 희년 실천이라고 했는데, 누가복음 후편인 사도행전에서는 그 희년이 교회를 통해서 어떻게 실천되어 확산되고 있는가를 보여주고 있다.

최초의 교회인 예루살렘 교회에서는 교인들이 삼천 명, 오천 명이 회심한 후 사도들의 가르침을 따라 서로 떡(양식)을 나누어 먹으며 재산 공유를 실천으로 옮겼다. 예루살렘 교회의 이런 전통은 그 후 박해시대에도 계속 이어져 교회에 나오는 사람들은 재산을 공유하며 순교의 길을 갔다.

6. 율법서와 복음서

구약성경의 시작에 모세오경이라 불리는 다섯권(창세기, 출애굽기, 레위기, 민수기, 신명기)의 옛계약법이 있다면 신약성경에는 복음서 다섯권(마태복음, 마가복음, 누가복음, 요한복음, 사도행전)의 새계약법이 있다. 구약성경과 신약성경에 이와 같이 율법서와 복음서가 배열된 것은 결코 우연이 아니다. 하나님의 섭리와 영감으로 인정해야 한다.

이상에서 간략히 복음서의 배열 순서에 들어있는 그 의미를 살펴보았다. 역사의 현장에서 여러 가지 사건들이 얽히면서 자연스럽게 복음서가 선택되고 또 순서가 정해졌는데, 그 배열에 들어있는 의미를 살펴볼 때 이는 결코 우연이라고 할 수 없다. 성경 본문의 한 구절구절의 치밀한 해석도 중요하지만 그 역사적인 정황과 흐름 속에 들어있는 전체적인 의미도 놓치지 말아야 한다. 전체를 먼저 알아야 부분의 의미를 정확하게 파악할 수 있다.

물음

복음서, 왜 네 권이며 서로 차이 날까? 03

신약성경에는 27권의 책이 있는데 처음 네 권은 마태복음, 마가복음, 누가복음, 요한복음이며, '복음'이라는 단어가 들어있어서 '복음서'(福音書)라고 한다.[17] 네 권의 책에 복음서라는 이름을 붙인 이유는 당시의 사람들이 예수님에 관한 이야기를 이 세상에서 찾을 수 있는 가장 기쁜 소식으로 받아들였기 때문이다. 복음서를 순서대로 읽다보면 거의 같은 내용이 중복되고 있어서 "왜 같은 내용을 반복하고 있을까?"라는 의문이 생겨난다. 특히 마태, 마가, 누가 등 세 권이 그러한데, 내용과 관점이 서로 공통되는 부분이 많아서 '공관(共觀)복음서'라고 부른다. 그러나 요한복음은 공관복음서와는 전혀 다른 느낌을 준다. 요한복음과 공관복음서는 내용과 관점이 서로 너무 다르고, 또 공관복음서 안에서도 서로 다르거나 또는 모순되는 내용들이 있어서 "어느 내용이 사실일까?"라는 의문이 든다. 실제로 복음서들의 이런 차이 때문에 현대로 넘어오면서 많은 논란이 일어났다. 왜 성경에는 복음서가 네 권이나 들어있으며, 또

17) 기쁜 소식을 뜻하는 '복음'(유앙겔리온 εὐαγγέλιον) 은 본래 로마제국에서 황제의 생일이나 대관식, 승전보 등을 뜻했다. 말을 타고 다니며 이런 소식을 전하는 전령관을 케루스(κήρυξ)라 하고 전한 내용을 케류그마(κήρὐγμα)라고 한다.

내용들이 서로 차이 날까?

이 물음에 대답을 하려면 신약성경이 기록되던 당시의 상황에 대한 이해가 필요하다. 예수님께서 죽으셨다가 부활 승천 하신 후 제자들을 중심으로 시작된 교회와 선교활동은 로마제국 전역으로 급속히 확산되어 나가기 시작했다. 초기부터 유대교와 로마제국의 심한 박해가 있었지만 오히려 복음은 박해기간 동안 더 확산되어 로마제국 인구의 10% 이상이 기독교인이 되었으며, 결국 밀란 칙령(313년)[18]으로 기독교가 공인되고 마침내 로마제국의 국교(國敎)가 되는 역사적인 기적이 일어났다. 더 놀라운 것은 300여년에 이르는 이런 박해기간 동안 교회를 총괄하는 어떤 조직이나 통제 기구없이 각 교회가 자율적으로 운영되면서 교회 전체가 통일성을 유지했다는 점이다.

신약성경은 이런 과정에서 어떤 필요에 의해 순차적으로 기록되었고 또 시간이 지나면서 자연스럽게 경전으로 인정되었다. 가장 먼저 등장한 것은 사도 바울이 선교 과정에서 교회와 개인에게 보낸 편지들이며, 50년대 초반부터 쓰여졌다. 바울은 성경을 쓰겠다는 생각으로 쓴 것이 아니라 편지를 썼을 뿐인데 후일 그 서신들이 교회에서 성경으로 인정되었다. 예수님에 관한 기록인 복음서는 예수님을 따르던 사도들과 그 제자들에 의해 그들의 생애 말엽에 기록되기 시작했다. 그 외에도 많은 사람들이 기록해서 현재 남아있는 복음서의 숫자는 열권이 훨씬 넘는다.[19] 밀란칙령 이후에 가서야 교

18) 로마제국의 황제 콘스탄티누스(Constantinus)가 당시 로마제국의 행정수도인 밀란(Milan)에서 기독교를 공인한 칙령.

19) 외경(外經)으로 남아있는 복음서는 다음과 같다.
「나사렛인들의 복음서」(The Gospel of the Nazaraeans), 「에비온 복음서」(The Gospel of the Ebionites), 「히브리인의 복음서」(The Gospel of the Hebrews), 「이집트인의 복음서」(The Gospel of the Egyptians), 「베드로 복음서」(The Gospel of Peter), 「진리의 복음서」(The Gospel of Truth), 「도마 복음서」(The Gospel of Thomas), 「빌립 복음서」(The Gospel of Philip), 「마가의 비밀복음서」(The Secret Gospel of Mark), 「니고데모 복음서」(The Gospel of Nicodemus), 「야고보의 원복음서」(Protevangelium of James), 「유다 복

회 전체를 총괄하는 회의나 조직이 등장하여 성경에 대한 최종적인 결정을 내렸다.[20] 그러나 그 이전에 이미 여러 복음서 중에서 마태, 마가, 누가, 요한 등 네 복음서가 대부분의 교회에서 자연스럽게 성경으로 인정되고 있었다. 교회회의에서는 단지 이를 공인했을 뿐이다. 성경을 결정하는 기준은 사도성(使徒性), 정통성, 보편성 등이었다.

반면에 이와 다른 움직임도 있었다. 2세기 중엽에 영지(靈知)주의와 이원론 경향을 지닌 마르시온(Marcion)은 누가복음만을 인정하고 다른 복음서는 거부했다. 그런가 하면 타티안(Tatian 120~172)은 150년경 네 개의 복음서를 묶어 하나로 편집한 후 「디아테사론」(Diatessaron)이라고 했으며[21], 일부 지역에서 한동안 크게 각광받기도 했다. 그러나 교회는 서로 차이가 있고 또 보는 관점이 다름에도 불구하고 여러 복음서 중에서 네 개의 복음서를 성경으로 인정했다. 누가 주도하지 않았음에도 대부분의 교회들이 네 권의 복음서를 자연스럽게 성경으로 받아들였다는 것은 참으로 놀라울 뿐이다. 당시 교회에는 서로 다름과 다양함을 인정하고 포용하는 열린 마음이 있었기에 이런 일이 가능했다.

왜 복음서 사이에 서로 차이가 날까? 몇 가지 이유를 생각해 볼 수 있다. 첫째, 복음서는 예수님 당시에 기록된 것이 아니다. 예수님에 관한 이야기들은 일부 문서가 있었지만 대부분 제자들에 의해 구전으로 전달되다가 수십 년 뒤에 기록되었기 때문에 차이가 생겼다. 성경에는 사건 당시와 기록 당시가 다른 경우가 많다. 구약의

음서」(The Gospel of Judas), 「마리아의 복음서」(The Gospel of Mary), 「도마의 유아복음서」(The Infancy Gospel of Thomas)

20) 2세기 중엽에 이단들에 의해 정경의 문제가 대두되어 활발한 논의를 거친 후 동방교회에서는 367년 알렉산드리아의 교부 아타나시우스(Athanasiu)때에, 그리고 서방교회에서는 405년 로마교황 이노센스(Innozenz) 1세 때 결정되었다

21) 디아테사론은 '네 개의 복음서들을 통하여'(Through the four Gospels)란 뜻이며, 5세기까지 시리아지역에서 사용되었다고 한다.

역사서는 실제 사건 당시로부터 500~1000여 년 뒤에 기록되었다. 따라서 성경을 해석할 때는 사건 당시와 기록 당시가 다른 경우에는 두 상황을 동시에 고려하면서 해석해야 한다. 둘째, 기록 목적이 예수님 당시에 있었던 일들을 순서대로 전달하려는데 있지 않고, 기록 당시의 사람들에게 필요한 내용을 중심으로 기록했기 때문이다. 복음서 기록자들은 각기 다른 상황에서 다른 사람들에게 예수님께서 하신 일들과 말씀들을 전했고 또 기록했다. 따라서 서로 사소한 부분에서 차이가 나는 것이 당연하며, 아무런 차이가 없다면 그 자체가 이상한 일이다. 초기 교회는 이런 사실을 잘 알았기 때문에 네 권의 복음서를, 또 그 차이를 있는 그대로 받아들였다.

이런 차이점 때문에 근대에 이르러 복음서의 진위(眞僞)에 대한 큰 논란이 일어났다. 그러나 기록 당시부터 이런 차이점들을 잘 알면서도 그대로 인정한 이유는 복음서에 기록된 내용들이 역사적으로 사실이라는 것에 대하여 전혀 의심하지 않았기 때문이다. 각 복음서들의 차이점들은 역설적으로 그 내용의 진실성을 증거하고 있을 뿐만 아니라, 또 초기 신앙공동체가 각기 다른 환경에서 무엇을 중요하게 여기며 어떻게 신앙 생활했는지를 알려주기 때문에, 오히려 오늘 우리에게 많은 유익을 주고 있다. 회교의 경전 코란(Qur'an)의 경우에는 아무런 차이가 없고 또 논란의 여지가 없다. 이유는 제3대 칼리프(Caliph 지도자)인 오트만(Othmann)이 650년에 다른 사본들을 다 제거하고 하나만 남겨놓았기 때문이다. 그러나 초기 교회는 성경에 대하여 인위적인 작업을 전혀 하지 않은 채 차이점들을 그대로 받아들였을 뿐만 아니라 그 차이를 소중하게 여기며 보존하였다.

물음 04

마태복음 첫 구절, 무엇을 말하고 있을까?

본문 : 〈 1장 〉

1 아브라함과 다윗의 자손 예수 그리스도의 계보(라)

헬라어 원문에 의하면 마태복음 1:1에는 동사가 없다.[22] 따라서 이 구절은 '제목' 또는 '표제어'인데, 2절부터 이어지는 족보의 제목으로 볼 것인가 아니면 마태복음 전체의 제목으로 볼 것인가가 논의의 대상이었다. 개정 개역을 비롯한 대부분의 한글 성경은 동사를 넣어서 '비블로스 게네세오스'(Βίβλος γενέσεως)를 '계보라' 또는 '족보이다'로 번역을 했는데 이는 정확한 번역이 아니다.

1:1을 족보의 표제어로 보는 것은 어울리지 않는다. 족보는 겨우 1:2~17에 불과하기 때문이다. 따라서 이 구절은 마태복음 전체의 제목으로 보아야 한다. 그렇다면 '족보'로 번역된 '비블로스 게네세오스'(Βίβλος γενέσεως) 역시 마태복음 전체의 제목으로는 어울리지 않는다. 게네세오스는(γενέσεως) '근원', '기원', '탄생' 등의 의미이므로 '창세기'가 가장 적절한 번역이라고 할 수 있다. 1:1을 다시 번역하면 "아브라함과 다윗의 자손인 예수 그리스도의 창세기"이다.[23]

마태복음은 예수 그리스도에 의한 새로운 창조의 책인데, 이는 마태복음의 내용과도 부합한다. 마태복음에는 예수님의 설교 다섯 편이 들어있는데, 이는 구약의 모세오경을 염두에 둔 편집이다. 또

---

22) Βίβλος γενέσεως Ἰησοῦ χριστοῦ υἱοῦ Δαυὶδ υἱοῦ Ἀβραάμ.

23) 김득중, 「복음서 연구」, 동연, 2019. pp. 32~42.

예수님께서는 성령으로 잉태되어 인간으로 오신 하나님이시며, 옛 계약을 폐지하고 새계약을 체결하시기 위하여 십자가의 길을 가셔서 세상 구원의 길을 열어 놓으셨다. 모세오경의 첫 책인 창세기가 창조의 책이다. 그런데 유대인들을 대상으로 쓰여진 마태복음의 첫 구절에서 저자 마태는 예수님에 의한 새로운 창조를 선언하고 있다.

물음 05 마태복음, 왜 족보로 시작할까?

본문 : 〈 1장 〉

2 아브라함이 이삭을 낳고 이삭은 야곱을 낳고 야곱은 유다와 그의 형제들
을 낳고 3 유다는 다말에게서 베레스와 세라를 낳고 베레스는 헤스론을
낳고 헤스론은 람을 낳고 4 람은 아미나답을 낳고 아미나답은 나손을 낳
고 나손은 살몬을 낳고 5 살몬은 라합에게서 보아스를 낳고 보아스는 룻
에게서 오벳을 낳고 오벳은 이새를 낳고 6 이새는 다윗 왕을 낳으니라
다윗은 우리아의 아내에게서 솔로몬을 낳고 7 솔로몬은 르호보암을 낳고
르호보암은 아비야를 낳고 아비야는 아사를 낳고 8 아사는 여호사밧을
낳고 여호사밧은 요람을 낳고 요람은 웃시야를 낳고 9 웃시야는 요담을
낳고 요담은 아하스를 낳고 아하스는 히스기야를 낳고 10 히스기야는 므
낫세를 낳고 므낫세는 아몬을 낳고 아몬은 요시야를 낳고 11 바벨론으로
사로잡혀 갈 때에 요시야는 여고냐와 그의 형제들을 낳으니라

12 바벨론으로 사로잡혀 간 후에 여고냐는 스알디엘을 낳고 스알디엘은 스
룹바벨을 낳고 13 스룹바벨은 아비훗을 낳고 아비훗은 엘리아김을 낳고
엘리아김은 아소르를 낳고 14 아소르는 사독을 낳고 사독은 아킴을 낳고
아킴은 엘리웃을 낳고 15 엘리웃은 엘르아살을 낳고 엘르아살은 맛단을
낳고 맛단은 야곱을 낳고 16 야곱은 마리아의 남편 요셉을 낳았으니 마
리아에게서 그리스도라 칭하는 예수가 나시니라

17 그런즉 모든 대 수가 아브라함부터 다윗까지 열네 대요 다윗부터 바벨론으로 사로잡혀 갈 때까지 열네 대요 바벨론으로 사로잡혀 간 후부터 그리스도까지 열네 대더라

글을 쓰는 사람의 입장에서는 처음 시작하는 말에 큰 비중을 두게 된다. 그런데 신약성경 첫 책인 마태복음은 아무런 의미도 없어

보이는 긴 족보로 시작되고 있어 독자를 당혹스럽게 한다. 도대체 저자는 왜 예수님의 이야기를 족보로 시작하고 있을까? 그 이유는 단순하다. 마태복음을 기록할 당시에는 독자들에게 이 족보가 충격으로 다가갈 만큼 중요한 내용이었기 때문이다. 단지 오늘 우리에게는 그렇게 느껴지지 않을 뿐이다. 예수님 족보의 어디에 그렇게 중요한 내용이 들어있을까?

마태복음의 저자는 예수님의 12사도 중 하나인 마태이며, 독자들은 주로 '유대인' 즉 이스라엘 사람들이었다.[24] 헬라제국에 이어 등장한 로마제국은 주변 나라들을 식민지배 했다. 수많은 약소국들은 식민지배에 순응했는데, 로마의 식민정책이 국가 간의 전쟁을 막아주어 비자없이 국경을 넘나들며 자유롭게 통상을 하는 등 유리한 점이 더 많았다. 또 로마의 세금이 저렴했으며 지진 등 재앙을 당하면 중앙정부에서 지원해 주어서 식민지배를 받는 국가들은 아무런 불평이 없었음은 물론 로마제국에 오히려 감사하는 마음을 가지고 있었다. 이런 이유로 로마제국은 600여 년간 평화(Pax Romana)를 누릴 수 있었다.

그러나 유대인들은 BC 8세기부터 앗수르, 바벨론, 페르시아, 헬라제국, 로마제국과 같은 초강대국들에게 지배를 받아왔는데, 식민지 국가 중에서 유일하게 로마제국의 식민지배에 끝까지 저항했다. 그 이유는 그들의 독특한 신앙 때문이었는데, 그 중심에는 '메시야 사상'이 있었다.[25] 강대국에 무력으로 맞서던 유대인들은 독립이

24) 유대인과 이스라엘인이라는 용어는 그들의 역사와 밀접한 관련이 있다. 구약성경을 보면 이스라엘이 이집트에서 노예살이를 하다가 모세의 인도로 현재의 이스라엘 땅인 가나안에 들어가 살게 되었다. 그 이후 그들에게 가장 큰 영향을 주는 사건이 일어났는데, 나라가 남유다와 북이스라엘로 분리되었다가 메소포타미아지역에 등장한 강대국인 앗수르에 북이스라엘이 BC 721년에 멸망했으며, 남유다 역시 바벨론에게 BC 586년에 멸망하고 메소포타미아 지역으로 끌려가 약 70여 년 간 포로생활을 하다가 귀환하게 된다. 이들을 유다인이라고 부르는데, 포로기간 동안 큰 변화가 일어나서 그 이전과는 많이 다른 신앙생활을 하게 된다. 이런 이유로 이스라엘인과 유다인(유대인) 이라는 두 용어가 쓰이고 있는데, 신약성경에는 유대인이라고 기록되어 있다.

현실적으로 불가능해졌을 때에도 이를 포기하지 않고 그 한계를 신앙으로 극복하려고 했는데 그것을 메시야신앙이라고 한다. 하나님께서 언젠가 초자연적인 능력을 지닌 메시야(Messiah Christ, 구세주)를 보내주셔서 초자연적인 방법으로 이스라엘을 해방시키실 뿐만 아니라 유대인들이 세상을 지배하게 하시리라는 것이 메시야신앙의 핵심이다. 유대인들은 이렇게 생각하며 수백여 년 동안 메시야를 기다리고 있었는데, 예수님 당시는 이런 메시야 대망(待望)이 절정에 달해 있었다.

그들이 기다리던 대로 메시야(그리스도)이신 예수님께서 오셨지만 문제는 예수님은 유대인들이 기대하던 메시야와는 너무 달랐다는 것이다. 유대인들이 기대하던 메시야는 로마제국으로부터 정치, 군사적으로 유대인을 해방시킬 뿐만 아니라, 더 나아가 유대인으로 하여금 전 세계를 지배하게 하는 민족 해방자였다. 그러나 예수님의 관심은 인간을 지배하고 있는 죄로부터 모든 인간들을 구원해내고 그들로 하여금 뜻이 하늘에서 이루어진 것처럼 땅에서도 이루어지는 하나님나라를 실현시키는 데에 있었다. 민족해방이 최대 관심사였던 유대인들로서는 이런 예수님을 도무지 메시야로 인정할 수 없었다. 복음서에서 나타난 예수님의 활동과 유대인들의 반응을 이해하는 데에 있어서 이 메시야사상은 가장 중요한 핵심이다.

복음서를 비롯한 신약성경은 예수님이 그리스도라고 증언하는 것을 목표로 하고 있는데, 그 중에서도 마태복음의 기록 목적은 예수님을 메시야로 받아들이지 않고 있는 유대인들에게 예수님이야말로 그들이 그토록 염원하던 바로 그 메시야라고 입증하는 데에 있었다. 마태는 이를 위하여 여러 방법을 동원하는데 그 첫 방법이 족보였다.

---

25) 히브리어 메시야(Meshiah)는 헬라어 그리스도(Χριστός)와 동의어이며 구세주라는 뜻이다.

그렇다면 마태는 족보를 통해서 어떻게 예수님이 그리스도라는 것을 증언하고 있는지 본문으로 들어가서 살펴보고자 한다.

【1】 1 아브라함과 다윗의 자손 예수 그리스도의 계보(라)

2~16 아브라함은 이삭을 낳고 … 이새는 다윗 왕을 낳으니라 … 야곱은 마리아의 남편 요셉을 낳았으니 마리아에게서 그리스도라 칭하는 예수님이 나시니라.

왜 마태복음의 첫 구절에서 예수님을 아브라함과 다윗의 후손이라고 말하고 있으며, 또 무슨 뜻일까?

수백여 년 동안 메시야를 기다리면서 유대인들은 구약성경의 예언들을 기초로 메시야에 대하여 많은 연구를 했다. 연구 중에서 가장 두드러지는 부분은 메시야는 다윗왕의 후손으로 오시리라는 것이었다. 그 이유는 다윗(BC 1040~979)은 이스라엘 역사에서 유일하게 주변 나라들을 통합하고 제국을 건설했던 왕이었기 때문이다. 수백 년 동안 독립을 꿈꾸던 유대인들은 메시야가 자신들을 해방시킬 뿐만 아니라 다윗처럼 주변 나라들을 지배하는 황제가 되기를 기대했다. 지금도 유대인들에게 다윗은 독립된 국가의 상징이며, 아직도 다윗과 같은 메시야를 기다리고 있기 때문에 다윗의 별을 국기로 정해놓고 있다. 유대인들이 메시야를 다윗의 후손이라고 생각한 것은 민족의 해방을 바라는 간절한 염원의 표현이었다. 당시 유대인들에게 메시야와 다윗의 후손은 같은 칭호였다. 복음서를 보면 유대인들이 예수님을 실제로 '다윗의 후손'이라고 부르고 있다.

아브라함은 유대인의 시조이기 때문에 메시야는 당연히 아브라함의 후손이어야 했다. 유대인이었던 마태는 유대인들의 이런 메시야 신앙을 잘 알고 있었기 때문에 예수님 족보에서 그를 '아브라함과 다윗의 후손'이라고 소개하면서 예수님이 바로 그들이 기다리던 메시야라고 말하고 있다. 그리고 이어서 자세한 족보를 통하여 예수님이 아브라함과 다윗의 후손임을 밝히고 있다. 이런 사실은 마가복음 첫 구절인 "하나님의 아들 예수 그리스도의 복음의 시작이라."와 비교해보면 잘 드러난다. 이방인들을 위하여 로마에서 쓰여진 마가 복음에는 예수님을 하나님의 아들로 기록하고 있다. 이방인들에게 아브라함이나 다윗은 중요하지 않기 때문에 마가는 예수님을 '하나님의 아들'이라고 소개했다.

예수님을 소개하면서 마태복음과 마가복음은 이렇게 차이가 난다. 이런 차이는 각기 기록 대상과 기록 목적이 다르기 때문이다. 네 복음서에서 서로 모순처럼 보일 수도 있는 차이와 다양성은 이런 중요한 의미를 지니고 있다. 이런 이유로 초대교회는 네 복음서를 통합하지 않고 그대로 받아들였다.

【2】 3 유다는 다말에게서 베레스와 세라를 낳고

5 살몬은 라합에게서 보아스를 낳고 보아스는 룻에게서 오벳을 낳고 오벳은 이새를 낳고 6 이새는 다윗 왕을 낳으니라 다윗은 우리야의 아내에게서 솔로몬을 낳고

예수님의 족보를 읽어 내려가다 보면 위의 본문에서 표시한 바와 같이 '~에게서'라는 독특한 구절이 네 번 반복되고 있는데 이는 무엇을 의미할까? 이를 위해서는 먼저 이와 관련된 다말, 라합, 룻, 우리야의 아내(밧세바) 등이 어떤 사람들인지 살펴 볼 필요가 있다.

첫째, 이들은 모두가 여인들이다. 구약성경에는 수시로 족보가 등장한다. 이는 당시 유대인들이 족보를 대단히 중요하게 여겼다는 증거다. 대부분 족보에는 여인들이 등장하지 않는데 마태는 메시야의 족보에 여인을, 그것도 여러 명을 등장시키고 있다. 이는 결코 우연이 아니다. 마태는 이 여인들을 통하여 무엇인가 특별한 것을 말하고 있다. 그것이 무엇일까?

둘째, 네 여인들은 모두 이방 여인들이다. 유대인들은 세상을 지배하시는 하나님 여호와로부터 아브라함의 후손인 자신들만 특별하게 선택받았고 나머지 이방인들은 선택받지 못했을 뿐만 아니라 지

옥의 땔감에 불과하다고 생각했다. 이런 이유로 당시 유대인들은 이방인과는 아예 상종하지 않았다. 하물며 이방 여인은 더 말할 필요도 없었다. 유대인들은 부부 사이에도 집 밖에서는 서로 대화를 나누지 않았으며, 여인이 길거리에서 다른 남자와 이야기를 나누면 이혼 사유에 해당되었다. 여자들은 인구수에 포함되지 않았음은 물론이며, "여인에게도 영혼이 있는가?", "여인도 구원을 받을 수 있는가?"라는 문제가 논란의 대상이 될 정도였다. 그런데 메시야의 족보에 여인이, 그것도 이방 여인이 등장한다는 것은 있을 수 없는 일이다. 그런데 문제는 여기서 끝나지 않는다.

셋째, 이들의 결혼 관계는 비정상이다. 유다와 다말은 시아버지와 며느리의 관계이며(창세기 38장), 라합은 여리고성의 기생이었으며(여호수아 2장), 룻은 모압 여인으로 남편이 죽은 후 보아스와 재혼했고(룻기 4장), 우리야는 이방인으로 다윗의 충실한 부하였는데, 다윗은 그의 아내인 밧세바의 미모에 반하여 우리야를 비열한 방법으로 죽이고 밧세바를 후궁으로 삼았다.(사무엘하 11장)

왜 마태는 메시야의 족보에 이런 문제의 여인들을 의도적으로 등장시키고 있을까? 유대인들이 생각하는 메시야 사상에 심각한 오류가 있음을 지적하기 위해서다. 메시야가 아브라함과 다윗의 후손으로 오셨지만 메시야는 당시 유대인들이 예상하던 메시야와 전혀 다르다는 사실을 지적하기 위하여 족보에 이 여인들을 등장시켰다.

당시 유대인의 주요 교리에 선민(選民)신앙과 더불어 의인(義人)신앙이 있었다. 의인의 조건은 유대교에서 정해놓은 율법 준수인데 그 중 하나가 순수한 유대 혈통이었다. 정통 유대인들은 결혼할 때 서로 자신들의 족보를 주고받으며 조상들의 혈통이 순수함을 증명해야 했다. 이런 유대인들을 향하여 마태는 메시야의 족보를 통해 그들의 선민의식과 메시야사상이 얼마나 잘못되었는가를 지적하고 있다. 예수님은 유대인들이 생각하는 의인(義人)의 메시야가 아니라 죄인(罪人)의 메시야로 오셨음을 마태는 강조하고 있다.

마태복음을 비롯한 복음서에서는 유대인들의 메시야사상이 잘못되었음을 도처에서 지적하고 있다. 유대인들을 대상으로 복음을 전하던 마태는 예수님을 그리스도로 받아들이지 못하는 유대인들에게 복음서 첫 머리에서 족보를 통하여 그들의 메시야사상이 잘못되어서 예수님을 메시야로 받아들이지 못하고 있음을 특별히 지적하고 있다. 그리고 주요 사건들을 해석할 때에는 구약성경의 예언들이 "~하게 이루어졌다."라고 후렴구처럼 반복하고 있다.

마태복음의 이런 문제 제기는 오늘 우리에게도 시사하는 바가 크다. 예수님을 그리스도라고 믿고 있는 우리들도 어쩌면 예수님에 대해 크게 오해하고 있을 지도 모른다. 지금 내가 생각하는 예수님은 본래 성경에서 말하는 예수님 모습과 얼마나 일치할까? 유대인이 범했던 오류를 반복하고 있지는 않을까? 마태복음을 해석해 나가다보면 오늘 우리 기독교인들은 유대인과 전혀 다를 바 없을 뿐만 아니라 더 큰 오류를 빚고 있음을 발견하게 된다. 이는 참으로 안타까운 일이다. 관련 본문을 해석할 때 이에 대하여 구체적으로 언급하고자 한다.

【3】 17 그런즉 모든 대 수가 아브라함부터 다윗까지 열네 대요 다윗부터 바벨론으로 사로잡혀 갈 때까지 열네 대요 바벨론으로 사로잡혀 간 후부터 그리스도까지 열네 대더라

마태는 아브라함부터 예수님까지 이스라엘 역사를 3등분하여 각기 열네 대씩이라고 말하고 있다. 누가복음에 기록된 예수님의 족보(3:23~38)와 비교해보면 14대씩 구분하는 것은 무리임을 알게 된다. 그런데도 마태는 왜 이렇게 14대씩 구분했을까? 이 역시 이유는 단순하다. 오늘 우리는 느끼지 못하지만 당시 유대인들에게 이 구분은 중요한 의미를 주기 때문이다.

히브리어 자음 알파벳에는 각기 고유한 숫자가 주어졌는데 다윗

(דָוִד)의 히브리어 자음의 숫자(ד=4, ו=6, ד=4)를 합하면 14가 된다. 오늘 우리는 이런 계산이 생소하지만 당시 유대인들에게는 누구나 아는 상식이며, 이런 표현을 흔히 사용했다. 요한계시록(13:6)에서 적그리스도를 666이라고 말하는데 네로의 이름을 이런 식으로 계산한 숫자이다.

유대인들에게 다윗의 후손과 메시야는 동의어였다. 따라서 예수님을 메시야로 인정하지 않는 유대인들을 설득하기 위해서 족보에서 14라는 숫자를 세 번이나 반복하며 강조하고 있다.

물음 06

성령잉태, 실화(實話)일까 신화(神話)일까?

본문 : 〈 1장 〉

18 예수 그리스도의 나심은 이러하니라 그의 어머니 마리아가 요셉과 약혼
하고 동거하기 전에 **성령으로 잉태된 것이 나타났더니** 19 그의 남편 요
셉은 의로운 사람이라 그를 드러내지 아니하고 가만히 끊고자 하여 20
이 일을 생각할 때에 주의 사자가 현몽하여 이르되 다윗의 자손 요셉아
네 아내 마리아 데려오기를 무서워하지 말라 그에게 잉태된 자는 성령으
로 된 것이라 21 아들을 낳으리니 이름을 예수라 하라 **이는 그가 자기
백성을 그들의 죄에서 구원할 자이심이라** 하니라

22 이 모든 일이 된 것은 주께서 선지자로 하신 말씀을 이루려 하심이니
이르시되 23 보라 처녀가 잉태하여 아들을 낳을 것이요 그의 이름은 임
마누엘이라 하리라 하셨으니 이를 번역한즉 하나님이 우리와 함께 계시
다 함이라

24 요셉이 잠에서 깨어 일어나 주의 사자의 분부대로 행하여 그의 아내를
데려왔으나 25 아들을 낳기까지 동침하지 아니하더니 낳으매 이름을 예
수라 하니라

【1】 20 … 다윗의 자손 요셉아 네 아내 마리아 데려오기를 무서워하지 말라 그에게 잉태된 자는 성령으로 된 것이라

예수님 탄생과정을 다루는 이 본문과 누가복음(1:26~38)[26]에서는 예수님께서 다른 사람들과 달리 성령으로 잉태되어 동정녀에게서 태어나셨다고 분명하게 말하고 있다. 이런 본문들을 기초로 예수님의 본성에는 완전한 신성(神性)과 완전한 인성(人性)이 들어있다는 양성(兩性) 기독론과, 예수님은 인간으로 오신 하나님이라는 삼위일체(三位一體) 신론과, 예수님은 죄가 없으시면서 모든 인간의 죄를 사하셨다는 대속(代贖) 구원론 등 기독교의 가장 중요한 교리들이 만들어졌다. 따라서 성령잉태 이야기는 기독교의 근본 교리와 직결된다.

성경을 읽다 보면 기적에 해당되는 이야기들이 많아서 의문이 들 수 있다. 특히 복음서를 보면 예수님께서는 단순한 인간이 아니라 성령으로 잉태되셨으며, 죽으신 지 삼 일만에 부활하시고 또 승천하셨으며, 살아계시는 동안에는 수많은 기적을 행하셨다. 이런 초자연 사건들을 어떻게 이해해야 할까? 어려운 문제지만 이에 대하여 최대한으로 설명해보고자 한다.

1. 초자연적인 이야기의 사실 여부

기독교 역사에서 중세기까지는 성경에 기록된 기적 이야기에 대해 아무런 의심도 이론의 여지도 없이 그대로 믿고 받아들였다. 그런데 근대에 이르러 인간의 지식과 과학 기술에서 혁명이 일어나기 시작한 이후에는 상황이 완전히 달라졌다. 합리적으로 즉 과학적으

---

26) 여섯째 달에 천사 가브리엘이 하나님의 보내심을 받아 갈릴리 나사렛이란 동네에 가서 다윗의 자손 요셉이라 하는 사람과 약혼한 처녀에게 이르니 그 처녀의 이름은 마리아라 천사가 이르되 마리아여 무서워하지 말라 네가 하나님께 은혜를 입었느니라 보라 네가 잉태하여 아들을 낳으리니 그 이름을 예수라 하라… 마리아가 천사에게 말하되 나는 남자를 알지 못하니 어찌 이 일이 있으리이까 천사가 대답하여 이르되 성령이 네게 임하시고 지극히 높으신 이의 능력이 너를 덮으시리니 이러므로 나실 바 거룩한 이는 하나님의 아들이라 일컬어지리라… 대저 하나님의 모든 말씀은 능하지 못하심이 없느니라 마리아가 이르되 주의 여종이오니 말씀대로 내게 이루어지이다 하매 천사가 떠나가니라

로 입증되지 않으면 믿지 못하는 시대가 도래한 것이다. 이로 인해서 성경의 기적에 대하여 찬반 의견이 대립되었지만 아직 결론나지 않고 있다. 먼저 양측 입장을 간략히 살피고자 한다.

1) 인정하는 입장

성경의 기적을 기록된 그대로 인정하는 이들은 주로 보수주의자들인데, 그들은 성경의 기록을 사실로 믿어야한다고 주장한다. 왜 이렇게 주장할까? 믿어지기 때문이다. 믿어지지 않는다면 이런 주장을 할 수 없다. 그런데 과학의 시대에, 과학으로 설명되지 않는 기적이 어떻게 하면 믿어질까? 하나님에 대한 경험 때문이다. 신앙생활하는 과정 가운데 하나님을 만나는, 즉 회심(중생, 거듭남, 신생)의 경험이 있는데, 이 경험을 뚜렷하게 하고 나면 신앙생활에서 일대 변혁이 일어난다. 예수님의 십자가를 통한 사죄의 경험이 실제로 일어나면서 예수님의 죽으심과 부활을 비롯하여 성경의 초자연 사건이 아무런 의심 없이 믿어진다. 과학적으로 설명되지 않고 또 합리적으로 이해되지 않지만 성경에 대한 절대적인 신뢰와 더불어 초자연적인 이야기들을 의심하지 않고 받아들인다. 이들은 성경의 초자연적인 이야기들은 사실의 기록이라고 주장한다.

과학기술이 발전하고 이성주의, 인간주의가 전 세계를 지배하던 시대에 개신교가 쇠퇴하지 않고 오히려 전 세계에서 교세가 급증한 이유는 여기에 있다. 수많은 지성인들과 과학자들이 일반인들보다 오히려 더 하나님과 성경에 대해 철저한 신뢰를 가진 이유는 그들에게 하나님을 직접 경험하는 사건이 일어났기 때문이다. 이런 경험을 한 사람들은 이성적이고 과학적인 설명보다는 신앙 경험과 믿음을 강조하며 그 주장을 굽히지 않는다. 보수주의 신앙의 생명력은 여기에 있었고 과학의 시대에 오히려 선교가 더 큰 열기를 띠었고, 큰 성과를 거두었다.

2) 반대하는 입장

과학과 이성을 더 중요시하는 비기독교인들은 아무런 거리낌 없이 성경의 기적들을 인정하지 않을 뿐만 아니라 심지어 언급할 가치조차 없다고 생각한다. 어쩌면 이는 당연할 수 있으며 탓할 일도 아니라고 생각된다. 그런데 문제는 기독교인 중에서 그것도 신학자들 가운데서 성경의 기적을 인정하지 않으며, 성경의 기록은 사실과 다르다고 생각하는 이들이 의외로 많을 뿐만 아니라 대세를 이루고 있다는 사실이다. 이런 현상을 어떻게 설명해야 할까? 이들은 성경의 기적은 인정하지 않으면서 어떻게 하나님을 믿는 신앙생활을 할 수 있을까? 또 이들 중의 대부분은 기독교 이외에도 구원의 길이 있다는 다원주의를 인정한다. 그렇다면 왜 기독교인으로 남아 있을까? 이들을 자유주의 신학자들이라고 하는데 이들의 관심과 입장은 다음과 같다.

먼저 이들의 주요 관심은 현대 지성인들에 대한 지적인 변증이다. 철학과 과학에 익숙하며 합리적 사고를 지닌 현대 지성인들에게 어떻게 기독교 신앙을 납득시킬 것인가라는 문제에 관심을 가지면서 그들이 이해하고 납득할 수 있게 해야 한다고 생각한다. 사실 여기까지는 보수주의에서도 많은 관심을 가진다. 그런데 양자의 차이는 그 접근 방법에 있다.

현대 지성인들에게 성경을 이야기할 때 가장 큰 문제에 봉착하는 것은 초자연의 문제다. 자유주의(진보주의)에서는 이런 이야기들은 사실이 아니므로 제거하거나 아니면 재해석해야 한다고 주장하는데 후자가 대세를 이룬다. 이들은 초자연적인 이야기는 사실의 기록이 아니라 신화적인 기록이라고 하며, 신화에 대하여 재해석해야한다고 주장한다. 이를 비신화화(非神話化)라고 하는데 무슨 뜻일까? 과학을 알지 못하던 고대인들은 어떤 사건에 대하여 신화적으로 해석하고 표현했다고 생각한다. 고대 문헌 가운데에는 여러 나라의 건국 신화에서 보듯이 이런 경향이 있는 것은 사실이다. 이들은 성경의 기적들도 이런 신화이므로 이를 그대로 받아들일 것이 아니라 신화 이전의 실상과 본래 그 신화가 말하려는 의도를 찾아내야 한다고 주장한다. 이를 위하여 성경에서 신화를 제거하는 것이므로 비신화화라고 한다.

복음서에서 이렇게 신화를 제거하면 무엇이 남을까? 예수님께서 실천하신 사랑과 모범적인 삶, 윤리와 도덕, 교훈이 남는다. 예수님이 실현하고자 한 하나님나라는 가장 큰 가치이며, 인류역사의 목표이고 동시에 하나님의 목적이다. 기독교는 이런 하나님나라를 이 땅에 실현해야 하며 그것이 기독교의 존재 이유라고 진보에서는 말한다.

보수주의의 타계적(他界的)인 하나님나라와 구원은 일반인들의 관심을 끌지 못했지만, 반대로 진보주의의 이런 주장은 큰 설득력이 있어서 신학의 흐름에서 대세를 이뤘다. 이를 실천에 옮긴 대표적인 신학자는 슈바이처(Albert Schweitzer 1875~1965)이며, 1952년 노벨평화상을 수상했다.

3) 비판적인 검토

보수와 진보 양쪽의 입장을 보면 양쪽 모두 일장일단(一長一短)이 있다. 이에 대한 해결방법은 양쪽에서 단점을 최대한 제거하는 게 아닐까 한다. 장단점을 짚어보면서 그 방법을 모색하고자 한다.

❶ 보수주의

보수주의에서 경험에 중점을 두는 것은 옳은 방법이며 기본에 해당된다. 신앙의 출발은 경험이며 교리는 경험을 기초로 만들어진다. 교리는 단순한 이론의 산물이 아니라 경험의 결과물이다. 보수주의에서 회심의 경험을 강조하는 성령운동으로 이성주의, 인간주의의 온갖 장애물을 극복했을 뿐만 아니라 오히려 복음을 확산시킨 공로는 아무리 높이 평가해도 지나치지 않다. 그런데 보수주의에 몇 가지 약점이 있다.

첫째, 지성의 시대에 학문적인 변증에서 실패했다. 그 결과 기독교 밖에는 물론이고 기독교 안에서도 신학의 주도권이 자유주의로 넘어가고 말았다. 경험의 대상인 신앙을 학문적으로 변증한다는 것은 사실상 불가능하다고 할 수 있지만, 지성의 시대에 부응하는 변증적인 노력을 너무 소홀하면서 믿음을 만능시한 부분에 대해서는 비판의 여지가 많이 있다.

둘째, 성경과 신학에 대한 해석에 많은 오류가 있었다. 그 이유는 고대 교리와 해석을 전통과 정통이라는 이름으로 답습하다가 나타난 현상이다. 새 술을 새 부대에 담아야 한다는 예수님의 교훈을 무시하고 유대인이 빠졌던 함정보다 더 깊은 구덩이에 빠지고 말았다. 이에 대한 구체적인 사례는 본문을 해석하면서 지적하고자 한다.

셋째, 초월과 내세에 치우쳤다. 구원의 문제를 영혼 구원과 내세 천국에 초점을 맞추었으며, 그 구원에 이르는 길은 십자가의 대속에 대한 믿음과 하나님의 사죄의 은혜에 있다고 강조했다. 그 결과 실천의 삶은 구원과 무관해져서 등한시되고 이 세상은 심판의 대상이 되었으며, 내세를 지향하면서 주님의 재림을 기다리는 종말론이 활성화되고 말았다. 이런 신앙은 지성인들에게 거부감을 증폭시켰고, 자유주의 신학이 확산되는 발판을 만들어 주었다.

넷째, 경험이 부실했다. 보수주의의 최대 공헌이 회심이라는 신앙 경험에 있는데, 그런데 그 경험이 최대 약점이 되고 말았다. 왜냐하면 회심이라는 신앙 경험은 영성체험의 긴 여정에서 겨우 첫 걸음에 불과하기 때문이다. 이 첫 걸음은 대단히 중요한 역할을 하는

데, 도무지 믿을 수 없었던 성경의 기록들이 확실하게 믿어지기 때문이다. 이런 경험을 한 사람들은 의문을 품거나 질문하지 말고 믿으라고 말하는데, 믿으라는 말은 회심을 경험해야 한다는 말이다. 그런데 이것이 약점이 되는 이유를 설명하는데 있어 이런 비유가 적절하지 않을까 한다.

회심경험은 마치 수학에서 덧셈, 뺄셈의 수준에 불과하다. 아직 곱하기, 나누기도 모르면서 인수분해와 미적분 등 어려운 문제들을 풀려고 하니 그 풀이 과정은 전혀 이해가 되지 않지만 해답집의 답을 보니 정답이 틀림없다는 확신이 들었다. 그 후 사람들에게 풀이 과정은 필요 없고 답만 외우면 된다고 말하는 것과 같다.

이와 같이 믿기만 하면 된다는 보수주의의 한계를 극복하려면 풀이 과정을 설명해야 된다. 그런데 그 과정을 설명하려면 영성의 긴 과정을 다 겪어봐야 가능해진다. 하지만 안타깝게도 성경을 해석하는 이들에게 그 경험이 흔하지 않다보니 한계가 극복되지 않고 있다.

성경의 초자연 사건들과 정통신앙 교리들이 도무지 믿어지지 않다가 뚜렷한 회심을 하고 나면 한 순간에 믿어지는 것은 사실이다. 이런 사례들은 얼마든지 있다. 또 교회를 오래 다니고 성경을 읽고 공부하다보면 자신도 모르게 서서히 믿어질 수도 있다. 한순간이던 점차적이던 중요한 것은 믿어지지 않다가 믿어진다는 사실이다. 성경과 교리에 대하여 충분히 이해되지 않으면서도 그 내용을 인정하게 되고 동의되면서 믿어진다. 그런데 영성의 길을 좀 더 가다 보면 믿어지는 믿음에서 믿는 믿음으로 성장한다. 이는 성경에 기록된 초자연 사건들과 초자연적인 교리들을 직접 경험하고 경험으로 이해하기 때문에 이제는 믿는 믿음이 가능해진다. 경험한 만큼 이해하게 되고 이해한 만큼 믿게 된다. 이해하지 못해도 믿어질 수는 있지만 이해하고 믿는 믿음에까지 이르지는 못한다.

이해하지 못하면 설명할 수가 없으므로, 신앙을 설명하려면 먼저 이해가 되어야 한다. 그런데 신앙의 세계에 대한 이해는 합리적으로는 한계가 있어서 경험으로 이해해야 한다. 이런 이유로 성경과 교리를 해석하고 설명하는 데 있어서 경험을 통한 이해는 대단히 중요하다.

경험을 중요시하는 보수주의에서는 그 경험이 회심의 경험에 머물렀기 때문에 초자연 사건들과 교리들을 설명하는 데 한계가 있었고, 경험과 믿음을 강조하는 데 치중했다. 특히 성경을 해석하면서 믿음을 강조하고 충분한 이해와 설명을 등한히 한 결과 많은 지성들이 성경과 기독교 신앙에 대하여 등을 돌리게 되었다.

❷ 진보주의

진보주의는 보수주의의 초월, 내세 지향적인 신앙의 한계를 지적하고, 그 반대의 방향(내재, 현세)에 대하여 관심을 가졌다는 부분에는 대단히 큰 공헌을 했다. 특히 하나님나라를 지금 여기서 이 땅에 세워야 한다는 내재적 하나님나라를 강조한 것은 바른 방향을 제시했다고 평가할 수 있으며, 많은 지성인들에게 공감을 주었다. 그러나 진보주의에도 많은 문제점들이 있다.

첫째, 경험의 부재다. 적어도 회심에 대한 뚜렷한 경험이라도 있었다면 성경의 초자연 사건들과 전통적인 삼위일체와 기독론을 쉽게 부정하지 못한다. 하나님이 두려워지기 때문이다. 신학이 극단적인 자유주의로 흐르는 것은 경험의 부재 때문이다. 자유주의 신학을 공부하고 목회현장에서 실패한 후 성경을 읽다가 신앙 경험으로 인한 변화를 체험하고 자유주의에서 정반대로 돌아선 칼 바르트의 일화가 이를 잘 말해준다.

둘째, 지성적인 변증의 실패다. 현대 지성인들에게 복음을 알게 하기 위하여 합리적인 설명, 철학적 신학, 문화적 접근을 시도했지만, 과연 얼마나 성과를 거두었는지 의문이다. 적지 않은 성과가 있었겠지만 기독교에 대한 거부감이 팽배하던 시기에 기독교 선교에 큰 성과를 거둔 것은 보수주의의 성령운동과 은사운동 등이었다. 오히려 진보적인 해석이 지성인들에게는 물론이고 신앙을 가진 사람들에게 신앙의 생명력을 상실하게 하는 경우가 많았다. 자유주의 신학이 가는 곳에는 있던 교인도 사라지는 현상이 나타난 것이 그 증거다. 지성인들을 위하여 초자연적인 신화들을 제거한다고 하지만 사실은 자신들이 믿어지지 않기 때문에 자신들을 위하여 합리적이고 철학적인 신학을 전개했다고 생각된다. 신학을 강의하면서 교회 출석을 하지 않고 말년에 죽음의 공포에 시달렸다는 틸리히(Paul Tillich)가 대표적인 경우이다. 예수님에게서 신성을 배제하고 모범적인 인간으로 보게 되면 예배와 기도의 필요성이 사라지고 만다. 그런 자유주의 신학에 어떤 신앙심을 기대한다는 것은 무리이다.

셋째, 종교문화로 전락한다. 합리주의와 철학적 신학을 전개하는 자유주의에서는 신앙심은 사라지고 종교 문화만 남게 된다. 명목상으로는 기독교인이라고 하지만 기독교 신앙인이라고 할 수는 없다. 역사적인 예수님을 초자연적인 그리스도라고 믿는 종교가 기독교인데 예수님에게서 신성과 그리스도를 배제하고 예수님을 단순히 인간으로 보는데 어떻게 진정한 기독교인이라고 할 수 있는가? 명목상의 기독교인이며 문화적인 기독교인일 뿐이다.

넷째, 비합리적이다. 성경의 초자연적인 이야기들은 과학으로 설명할 수 없으므로 비합리적인 신화라고 생각하며, 신화를 제거해야 한다고 말한다. 성경이 수천 년 전의 고문서이고 수많은 기적 이야기들이 있다 보니 신화적으로 표현된 부분이 있을 가능성도 배제할 수는 없을 것이다. 그러나 구약성경의 주요 초자연 사건들과 복음서의 초자연적인 이야기들이 다 신화일까? 수많은 병자들을 고치고 귀신들을 쫓아내며, 죽은 자들을 살리는 이야기, 오병이어, 예수님 부활과 승천 등의 이야기가 실제로 일어난 사건이 아니라 신화에 불과할까?

편집비평이나 사회학비평에서 말하듯이, 복음서의 기록자들이나 초기 공동체가 교인들의 믿음을 북돋아주기 위해 신화적으로 꾸며낸 이야기에 불과할까? 그 당시 사람들은 실화와 신화조차 구분하지 못하고 생명을 내놓고 믿을 만큼 무지몽매하며 어리석었을까? 복음서 기자들과 초기 교회 지도자들은 신화를 날조할 만큼 비양심적인 위선자들이었을까? 이런 주장이 오히려 비합리적이지 않을까?

일반법이 있다면 특별법이, 자연이 있다면 초자연이 있을 수밖에 없고, 유한이 있다면 무한이 있고, 시간이 있다면 영원이 있고, 하나님이 계시다면 그분에게는 자연과 초자연이 동시에 가능하다는 것을 믿는 것이 합리적이지 않을까? 유한한 인간의 어설픈 과학이라는 잣대로 무한과 영원과 초자연을 잴 수 있을까? 신앙의 세계에서 초자연을 부정하고 과학으로 이해되지 않으니 비합리적이라고 말하는 것이야말로 비합리적이라고 생각된다.

2. 영성적인 변증

보수신앙과 진보신앙의 분기점은 결국 초자연에 대한 인정 여부인 셈이다. 이 문제를 덮어두고 넘어간다면 핵심을 피해가는 소극적인 방법에 불과하다. 이에 대하여 적극적인 방식으로 대처할 필요가 있다.

1) 다양한 시도들

비신화화 외에도 이런 문제를 설명하기 위한 다양한 방법들이 있었다. 대표적인 것은 기적의 사건들이 지닌 의미에 초점을 맞추는 것이다. 사건이 사실이었느냐 아니냐는 묻지 않으면서 기록된 본문이 가지는 의미가 무엇인가를 묻는다. 이는 마치 복음서의 비유의 말씀을 해석하면서 비유의 의미를 묻듯이, 예수님 당시가 아니라 기록 당시에 기록자는 이런 기적 이야기를 통하여 무엇을 말하려고 했는가를 묻는다. 또 다른 하나는 기적을 사실로 인정하면서 그 영적인 의미를 묻는다. 이를 흔히 알레고리 해석(Allegorical inter-pretation)이라 하는데 은유(隱喩)의 방법이며 초기 교부시대부터 많이 활용되었는데, 이 방법 역시 기적의 의미를 묻는 것이다.

현대에 이르러 진보 보수 양측에서 가장 많이 사용한 방식은 과학적인 방법과 신학적인 방법을 분리하여 접근하는 방식이다. 성경은 과학의 책이 아니고 신앙의 책이므로 성경을 과학의 잣대로 잴 수 없으니, 성경은 신앙으로 해석해야 한다는 것이다. 그런데 문제는 복음서의 기록 중 동정녀 탄생과 부활, 승천 등 비과학적이라고 보이는 부분에 대해서는 신학적으로 설명해도 과학에 익숙한 사람들이 받아들이지 않는다는 데 있다. 결국 초자연에 대하여 신학적인 해석을 하면서 보수와 진보는 다시 분리되고 만다.

사실 그동안 초자연의 문제를 풀기 위하여 할 수 있는 모든 방법은 모두 동원했다고 해도 과언이 아니다. 더 이상 새로운 방법이 있을까?

2) 영성의 방법

현대에 이르러 초자연과 관련된 보수와 진보의 쟁점은 다음의 두 명제로 집약된다.

- **이해하기 위해서는 먼저 믿으라.**
- **이해되지 않으면 믿을 수 없다.**

이 두 명제는 결국 '이해'의 문제다. 두 명제를 충족시키려면 이해의 문제를 해결해야 한다. 그러면 어떻게 해야 이해할 수 있을까?

이성을 지닌 인간은 경험한 만큼 이해하고 이해한 만큼 믿는다. 회심을 통해서 초자연 사건이 믿어지는 이유는 경험을 통해서 먼저 이해가 되었기 때문이다. 또 초자연 사건이 믿어지지 않는 이유는 그것을 믿을 만큼 경험으로 이해되지 않았기 때문이다.

여기서 말하는 영성의 방법이란 위의 두 명제를 둘 다, 좀 더 심화시키는 방식이다. 즉 이성적인 이해와 경험적인 이해 둘 다를 위하여 최선의 노력을 기울이는 방식이다. 영성의 방법은 **이성적인 것을 배제하지 않고 오히려 더 적극적으로 활용하면서 영성의 경험을 통해 합리적으로 설명하는 방식**이다. 이 방식이 가능하다고 생각하는 이유는 영성의 세계를 직접 경험으로 접근해 본 결과 물질의 세계와 영성의 세계에는 같은 원리가 지배하고 있기 때문에 합리적인 설명이 가능하다고 생각하기 때문이다.

필자는 20대 초반에 뚜렷한 회심을 경험하고 신학을 공부했으며, 30대 후반에 목회현장에서 어떤 기회에 성경을 읽다가 마음이 뜨거워지는 경험을 한 후, 이를 기회로 수년 동안 아침과 저녁에는 기도에 집중하고 낮에는 성경과 경건서적을 읽고 묵상하면서 영성수련의 전 과정을 직접 체험했다.[27] 그 후 하나님과 성경이 영성의 시각에서 보이게 되었다. 이제부터 이런 영성경험에 기초하여 가능한 범위에서 설명해보고자 한다.

3) 과학과 철학과 신학의 관계

우리가 살아가는 세계는 **감각으로** 확인이 가능한 물질의 세계, **생각으로** 접근하는 추상적인 관념의 세계, 하나님을 **경험으로** 접근하는 신앙의 세계가 있다. 물질세계와 관념세계는 누구나 다 경험하고 또 인정하지만 신앙의 세계는 인정하는 사람도 있고 인정하지 않는 사람도 있다. 그러나 인정하지 않고 반대하는 무신론자라 하더라

27) 수 년 동안 일어났던 경험의 일지는 졸저 「비움의 길」의 부록에 실려 있다.

도 이는 곧 하나님과 신앙의 세계를 의식하므로 비록 부정적인 방식이긴 하지만 신앙의 세계를 인정하는 셈이다.

이 세 분야는 제각기 다른 방식으로 사물에 대한 지식에 이른다. 이를 간략히 정리하면 다음과 같다.

- **물질세계 : 보이는 대상을 관찰, 종합, 가설, 실험으로 확인하는 과학의 방식이다.**
- **관념세계 : 보이지 않는 대상을 논리로 종합, 분석, 논증하는 철학의 방식이다.**
- **신앙세계 : 믿음의 대상인 신을 경험으로 확인, 종합, 교리화(敎理化)하는 신학의 방식이다.**

과학과 철학에서는 이성이 중요한 역할을 하므로 합리적인 이해라고 할 수 있고, 신학에서는 경험으로 시작하는 경험적 이해이다. 결국 이해에는 합리적 이해와 경험적 이해가 있는데, 이 둘은 서로 갈등을 빚는 관계가 아니라 서로 인정하며 보완하는 관계여야 한다. 과학과 철학의 이성적 이해와 신학의 경험적 이해는 접근하는 방법은 다르지만 도달한 결과를 객관적인 진리로 입증하는 방법은 동일하게 합리적인 과정을 거친다.

4) 재현(再現)과 반복(反復)

각 분야의 결론은 재현과 반복이 가능해야 객관성을 가지며 진리로 인정받을 수 있다.

❶ 과학 : 물질 세계를 대상으로 하는 과학의 진리는 가설과 실험을 통해 확인되는데, 실험이 인정을 받으려면 실험결과가 반복해서 재현되어야 하고 그 원리를 합리적으로 설명할 수 있어야 한다. 특정한 사람의 실험만이 아니라 누구나 반복해서 실험해도 같은 결

과가 나오고 또 그 원리를 설명해야 하나의 이론으로 인정받는다. 과학에서는 같은 주제에서는 실험 결과가 언제나 같으므로 상반된 이론이 있을 수가 없다.

❷ **철학** : 관념의 세계를 대상으로 하는 철학에서는 논리와 논증을 통해 합리적으로 설명해야 한다. 철학은 비모순의 법칙의 지배를 받으므로, 논증의 과정에 모순이 있다면 이는 인정받지 못한다. 철학자는 자신의 이론을 누구에게나 반복해서 설득시킬 수 있어야 한다. 그러나 철학에서는 같은 주제에 대하여 다른 관점의 접근이 가능하기 때문에 과학과 달리 한 주제에 여러 주장과 이론이 가능하며, 또 인정을 받을 수 있다.

❸ **신학** : 하나님을 대상으로 하는 신앙의 세계는 비록 주관적인 경험에 기초하지만 그 유사한 경험이 신앙인 모두에게 가능하기 때문에 경험이 공유된다. 신학은 여러 사람의 다양한 경험을 종합, 분석, 논쟁의 과정을 거친 후에 교회 회의를 통하여 하나의 교리로 확정짓는다. 이를 정통교리라고 한다. 정통교리의 권위는 단지 교권에만 있지 않다. 그 교리에 대한 신앙 경험이 대를 이어가며 반복해서 재현되기 때문에 권위가 있고 종교로 인정받는다.

신앙은 삶과 직결되기 때문에 교리만으로는 일반인들에게 종교로 인정받지 못한다. 그 교리의 진리를 삶으로 입증해야 그 사회에서 종교로 인정된다. 교리가 상식에 어긋난다든지, 삶이 뒷받침되지 못하면 이단이나 미신으로 취급되며 곧 사라지고 만다. 기독교가 수천 년 동안 존재했다는 자체가 역사 속에서 종교와 진리로 인정받았다는 역사적인 증거이다.

5) 합리적인 접근

과학과 철학과 신학은 분야가 다르고 전문성을 요구하며, 또 제각기 다른 방법으로 결론에 도달하지만 반복과 재현이라는 공통의 입증 방법을 가지고 있기 때문에 서로 인정해야 한다. 이를 거부하면 비합리적이다.

❶ 상호인정

특수한 지식과 실험 장비가 없는 일반인들이 과학적 이론을 실험으로 직접 확인하는 것은 불가능하다. 과학자들이 실험으로 확인한 사실을 인정하고 받아들일 수밖에 없다. 반대하려면 직접 실험으로 확인하고 또 원리를 설명할 수 있어야 한다. 이런 과정을 거치지 않고 반대한다면 상식에 어긋난다.

많은 교육과 관념적인 훈련의 과정을 거쳐야 하는 철학의 분야도 일반인은 쉽게 접근하기 어렵다. 철학의 어느 학설을 반대하려면 철학적인 논리로 모순을 입증해야 한다. 이를 무시하고 반대만 한다면 무식한 소리가 되고 만다.

어느 종교의 신학과 교리에 대하여 반대하려면 신학의 방식으로, 즉 그 교리에 대한 경험을 기초로 반대해야 한다. 교리는 경험의 산물인데, 신앙 경험으로 확인하는 과정 없이, 과학이나 철학의 방식으로 교리를 신화나 거짓에 불과하다고 말한다면 이는 비양심적이며 무책임한 행동이다. 신학의 분야에는 과학이나 철학의 방식이 적용될 수 없다. 각 분야의 결론을 거부하려면 과학분야는 과학의 방식으로, 철학분야는 철학의 방식으로, 신학분야는 신학의 방식으로 반대해야 한다.

❷ 새 술을 새 부대에

보수와 진보의 갈림길인 초자연에 대한 상반된 의견을 해결하려면 양측 모두가 본연의 자세로 돌아가 기본에 충실해야 한다.

보수주의에서는 초자연에 대한 믿음만을 강조하지 말고 성경과 교리에 대하여 지금 여기서 경험에 기초하여 다시 설명해야 한다. 2

천여 년 전에 경험에 기초하여 만들어진 정통교리를 수호하며 그 권위에 의지하여 교리의 결론만 반복한다면 이는 직무유기이며 책임회피이다. 예수님 당시 바리새인들은 정통교리를 수호하다가 예수님으로부터 책망과 저주를 받았고, 결국에는 예수님을 죽이고 말았다. 오늘의 보수주의자들은 이를 답습하고 있다. 신앙 경험을 회심 수준에서 만족하지 말고 더 깊은 영성의 경험을 해야 한다. 성경과 교리의 초월적인 상태를 직접 경험으로 확인하고 오늘의 현실에 맞게 다시 해석해야 한다. 정통교리 수호가 능사가 아니다. 과거의 정통교리를 재해석한다는 신정통주의도 신앙의 경험이 일천하기는 마찬가지이다. 경험으로 직접 확인하고 나서 새 술을 새 부대에 담아야 한다.

진보주의에는 신앙의 경험이 거의 전무하다고 생각된다. 진보주의의 시조인 슐라이에르마허가 신앙은 교리의 답습이 아니라 경험에 의한 하나님과의 관계이며, 그 관계는 절대의존의 관계라고 말하고 있지만, 성경과 교리의 초자연에 대해서는 접근 자체를 거부하고 말았다. 슐라이에르마허의 신학은 진정한 신앙 경험이 아니라 철학적인 이론에 기초한 정립이다. 그 이후 진보주의 신학자들은 신학에 대하여 과학적이고 철학적인 방법을 사용했는데 이는 모순이다. 합리성을 강조하지만 신학에 대하여 과학적 신학, 철학적 신학을 시도한다는 그 자체가 스스로 비합리적이며, 자기모순에 빠져있다는 것을 입증하고 있다. 신학을 이해시키기 위하여 과학적이고 철학적으로 설명하는 것과 신학에 대하여 과학적 신학, 철학적 신학을 시도하는 것은 전혀 별개의 문제다.

보수와 진보 양측은 다 장단점을 가지고 있다. 장점은 더 극대화시키고, 단점은 최대한 극복해야 한다. 영성의 시각으로 볼 때에 도끼가 이미 나무뿌리에 놓여있다. 지체할 시간이 없다. 두렵고 떨리는 마음으로 스스로를 돌이키며 본연의 자세로 돌아가 기본에 충실해야 한다.

6) 본문에 대한 영성적인 해석

【2】 20 다윗의 자손 요셉아 네 아내 마리아 데려오기를 무서워하지 말라 그에게 잉태된 자는 **성령으로 된 것이라**

분문에서 말하는 성령잉태 이야기는 신앙의 문제다. 이를 해석하려면 과학의 방식이 아닌 신학의 방식, 즉 경험으로 이해하고 합리적으로 설명해야 한다. 그런데 그게 가능할까? 가능하다면 어떻게 가능할까?

너는 나를 본 고로 믿느냐? 보지 못하고 믿는 자들은 복되도다(요 20:29)

부활하신 예수님을 직접 만나고 또 손으로 만져보지 않으면 믿지 못하겠다는 도마에게 예수님께서 부활을 확인시키신 후 하신 말씀인데, 부활의 사건이 재현되게 하시겠다는 약속이다. 정도의 차이는 있지만 지금 우리가 예수님의 부활을 믿을 수 있는 것은 부활을 믿을 수 있을 만큼 경험이 재현되었기 때문에 가능하다. 그런데 이런 경험은 부활 사건에만 국한되지 않는다. 성경의 초자연 사건 대부분에 해당될 수 있다.

영성의 경험 가운데 절정은 하나님을 면전에서 대하는 일이다. 이 경험은 무슨 환상이나 꿈 등이 아니라 현실의 상태에서 일어난다. 초보적인 상태에서는 꿈이나 환상 등의 매체를 통해서 경험이 일어나지만 심화된 상태에서는 직시와 직관의 상태에서 경험된다.[28] 최초로 하나님의 면전을 경험할 때는 그 거룩하신 힘이 감당

28) 여호와께서 구름 기둥 가운데로부터 강림하사 장막 문에 서시고 아론과 미리암을 부르시는지라. 그 두 사람이 나아가매 이르시되 "내 말을 들으라. 너희 중에 선지자가 있으면 나 여호와가 환상으로 나를 그에게 알리기도 하고 꿈으로 그와 말하기도 하거니와, 내 종 모세와는 그렇지 아니하니 그는 내 온 집에 충성함이라. 그와는 내가 대면하여 명백히 말하고 은밀한 말로 하지 아니하며, 그는 또 여호와의 형상을 보거늘 너희가 어찌하여 내 종 모세 비방하기를 두려워하지 아니하느냐?"(민12:5~8)

안 되어 죽은 자처럼 되어 버린다. 이런 면전의 경험은 독특한 사명이 주어질 때에 주로 일어난다. 모세를 비롯하여, "~에게 말씀(하나님의 영)이 임하니라."라고 기록된 예언자들은 이런 경험이 일어난 사람들이다.

하나님의 면전에서 직접 소명이 주어질 때에는 그 소명이 너무 어마어마하게 느껴져서 감히 받아들이지는 못하고 "저는 절대로 그 일을 할 자가 못됩니다."라고 강하게 거부하게 된다. 그러나 하나님의 소명은 철회되지 않고 나의 거부는 반복되고, 이런 시간이 지속되다가 "내가 어떻게 감히 하나님의 요청을 계속 거부할 수 있는가?"하는 생각이 들면서 진퇴양난에 빠진다. 거부할 수도 없고 받아들일 수도 없고…. 이런 진땀나는 시간이 얼마쯤 흐른 뒤 이렇게 대답하게 된다. "저는 이 소명을 도무지 감당할 수 없습니다. 그러나 지금 저에게 말씀하시는 분이 정말로 하나님이시라면, 하나님의 뜻이 이루어지기를 바랍니다." 하나님께서는 "그래, 그게 바로 내가 원하던 대답이다."라고 말씀하신다.

【3】 마리아가 말하였다. **"저는 주님의 종입니다. 주께서 원하시는 대로 기꺼이 따르겠습니다. 이 모든 말씀이 그대로 이루어지기를 바랍니다."** (눅1:38 현대어)

누가복음에 기록된 이 말씀은 성령으로 말미암은 수태고지를 들은 마리아가 한 말인데, 이 말씀은 하나님 면전에서 직접 소명이 주어질 때 실제로 경험된다. 하나님으로부터 직접 소명이 주어질 때에는 이외의 다른 방도가 없다. 하나님 면전에서는 성령잉태를 비롯한 초자연의 사건이 가능하겠는가를 물을 필요가 없다. 그 상태에서 느껴지는 어떤 어마어마한 힘과 독특한 상태는 초자연 그 자체이기 때문이다. 나는 도무지 감당할 자가 아니라는 고백은 뭘 생각해보고 하는 말이 아니다. 하나님 면전에서 흘러나오는 그 무한하고 거룩한 힘을 나로서는 도무지 감당할 수 없기 때문이다. 그런 내가 그분의 소명을 받는다는 것은 어림도 없을 뿐더러, 아예 말도 되지 않는다.

이 소명을 경험한 사람은 스스로도 그렇고 그 어느 누구에게도 이런 소명을 받았다고 감히 생각도, 말도 못하게 되어있다. 두렵고 떨리는 마음으로 조심스럽게 해야 할 바를 할 뿐이다. 어떤 일을 하더라도 나는 지금 하나님의 일을, 맡겨진 사명을 해내고 있는 중이라는 생각을 감히 못한다. 소명은 고사하고 그분의 크신 이름에 누가 되지 않기를 바랄 뿐이며, 감히 그분의 이름조차 부르지 못한다.

하나님 면전을 경험하고 나면 "성령잉태가 가능한가, 불가능한가? 실화일까?, 신화일까?"라는 질문은 물을 질문이 못된다. 하나님에게 초자연과 자연은 같을 뿐이다.

하나님 면전으로 나아가는 영성의 길은 구체적으로 어떻게 진행될까? 하나님의 조명으로 인해 죄성의 정화와 존재의 정화 등 두 단계의 정화 과정으로 이어지는데, 간략히 설명해보고자 한다.

4. 영성 경험의 과정

1) 죄성(罪性)의 정화

하나님은 우리의 내면을 비춰주는 신비한 거울과 같아서 가까이 가면 갈수록 불완전한 인간의 내면과 죄성이 그대로 드러나는데 이를 조명(照明)이라 한다. 드러난 인간의 죄성이 씻겨지는 과정이 '정화'(淨化)이며, 하나님의 조명에 자신의 모습을 비춰보는 것을 자기성찰이라 한다. 정화는 자기성찰을 통해 드러난 죄를 철저히 회개하고 하나님의 도우심을 구하며 더 이상 죄의 지배를 받지 않으려는 노력을 통해서 진행된다.

❶ 자기성찰의 기도

영성의 과정은 기도라는 형식으로 진행된다. 그러나 문제 해결을 위한 기도나 중보기도는 깊은 영성의 단계로 들어가기 어렵다. 신앙의 깊은 체험을 위해서는 하나님과 자기 자신에 대한 집중적인 성찰의 기도가 있어야 한다. 이런 기도가 처음에는 어렵게 느껴지지만 규칙적으로 계속 하다보면 하나님의 도우심으로 자신의 내면이 있는 그대로 드러나기 시작한다. 초기단계에서 가장 중요한 것은 매일 몇 시간의 규칙적인 기도다. 이 기도 없이는 앞으로 나아가지 못한다.

❷ 잡념의 방해

매일 규칙적으로 여러 시간씩 기도할 때 당면하는 첫 번째 어려움은 기도에 집중되지 않고, 온갖 잡념이 꼬리를 물고 이어지는 것이다. 잡념을 해결하기 위하여 다양한 정신집중 훈련 방법들이 개발되었다. 그런데 기도는 명상과는 성격이 다르다. 기도는 신앙의 대상인 하나님과의 관계 맺기인 반면, 정신을 집중하는 명상은 신앙의 대상이 없어도 가능하다. 기도가 깊어지면 분심(分心)이 사라지고 하나님과 자신에 대하여 집중이 된다. 그러나 정신집중이 되었다고 해서 기도가 깊어진 것은 아니다. 기도는 하나님과의 관계이기 때문이다. 따라서 기도가 깊어지려면 평소의 삶에서 하나님과 관계가 개선되어야 한다. 그렇지 않으면 깊은 기도는 불가능하다. 깊은 기도를 하려면 하나님께 받아들여질 만한 삶이 뒷받침되어야 한다. 이 단계에서 다음 단계로 나아가려면 규칙적인 많은 기도와 기도에 준하는 삶이 있어야만 한다.

❸ 영적인 현상

많은 시간을 기도에 집중하다보면 다양한 영적인 현상들이 발생한다. 사람에 따라 다르게 나타나지만 일반적으로 방언이나 환상, 환청, 치유, 예언 등이다. 그런데 이런 현상은 기독교에만 있는 것이 아니다. 타종교는 물론 종교가 아닌 정신집중 훈련과 명상에서도 유사한 경험이 일어난다. 그 이유는 인간에게는 감성과 더불어 정신과 영성(종교성)이 있기 때문에 이런 영적인 현상들은 정신세계의 일반적인 현상에 불과하며, 아직 종교적인 깊은 경험과 진정한 신비체험의 단계가 아니기 때문이다.

기독교인들의 경우에 자칫 이 단계에서 마귀의 방해공작에 넘어갈 수 있으므로 주의를 요한다. 이 단계에서 마귀는 잘못된 생각을 집어넣음으로 영성의 성장을 멈추게 한다. 마귀는 "네가 이렇게 열심히 기도하기 때문에 하나님께서 네게 이런 특별한 은사와 능력을 주셨다.", 또는 "너는 특별히 선택된 사명자다. 이 능력으로 사명을 감당해라." 등의 생각과 확신을 갖게 한다.

여러 가지 영적 현상이 나타나는 이 단계에서 명심해야 할 일은 이런 일들은 정신세계의 일반적인 현상일 뿐 아직 종교적인 차원에는 진입도 하지 않았다는 사실이다. 기도를 좀 하는 사람들은 대부분 이 단계에서 자신이 겪는 일들이 하나님께서 주신 크고 특별한 은사, 능력, 사명 등과 관련이 있다는 생각에 사로잡혀 더 큰 능력을 추구하다가 그 다음 단계로 나아가지 못한다. 마귀의 속임수에 넘어갔기 때문이다. 마귀의 가장 큰 무기는 이런 속임수이다. 이 단계에서 마귀의 간교한 속임수에 넘어가지 말아야 다음 단계로 진행될 수 있다.

❹ 행위의 정화

다양한 영적인 현상에 현혹되지 않고 자기성찰의 기도를 계속하면 자기 자신이 드러나기 시작한다. 하나님은 마치 신비한 거울과 같아서 과거와 현재의 자기모습과 잘못된 행동들이 그대로 드러나게 하시는데 이를 조명(照明)이라 한다. 또 드러날 뿐만 아니라 양심이 찔려 견딜 수 없게 되어 철저히 회개하며 하나님께 용서를 구한다. 이전에는 아무렇지도 않게 여겼던 조그만 행동들이 엄청나게 큰 죄악으로 느껴져서 철저하게 회개할 뿐만 아니라 다시는 그런 행동을 반복하지 않으려고 혼신의 힘을 기울이게 된다. 정신집중 훈련과 명상으로도 자신의 과오가 느껴지고 뉘우치며 교정될 수 있다. 그러나 신앙은 하나님과의 관계이므로 하나님께 자신의 과오들을 고백하는 회개의 기도를 하게 된다. 회개의 기도로 이어지는 이유는 자신의 과오를 인정하고 뉘우치는 정도가 아니라 양심의 가책과 더불어 찔림이 견딜 수 없게 다가오기 때문이다. 여기부터가 진정한 영성의 과정이며, 조명의 경험이 첫 번째 신비체험이다.

회개의 기도는 신앙의 초기 단계부터 시작되지만 영성의 단계가 깊어질수록 회개의 정도와 수준이 더 깊어진다. 초기 단계에서는 주로 과거와 현재의 잘못된 행위들이 드러나고 또 철저하게 교정되는데, 이런 회개의 과정이 절정에 이르면 다음 단계로 넘어간다.

❺ 마음과 생각의 정화

겉으로 보이는 크고 작은 행동의 죄들이 정화되고 나면 이제는 보이지 않는 마음과 생각의 정화가 본격적으로 시작된다. 예전에는 그냥 스쳐가던 마음과 여러 생각들, 감정의 변화들 중에서 조금이라도 잘못된 것들은 그냥 넘어가지 않고 전심으로 회개하게 된다. 이를 비유로 설명한다면, 방안에 날아다니는 먼지들이 평소에는 보이지 않지만 밝은 햇빛이 비치면 다 드러나 보이게 하는 이치와 같다. 죄를 보이게 하는 조명으로 말미암아 정화가 가능해진다.

마음과 생각, 감정에서 발견되는 죄의 군상들은 끝을 모르고 이어진다. 이 시점에서는 성경과 경건서적을 읽고 묵상하며 규칙적으로 계속 기도하며 정화에 온 힘을 기울여야 한다.

❻ 절정

마음과 생각과 감정을 정화시키는 끝은 어디일까? 더 이상 더럽고 추악하며, 음란한 생각들이 떠오르지 않는 깨끗한 상태일까? 그럴 것 같지만 전혀 아니다. 그와는 정반대가 된다. 어디쯤까지는 좀 깨끗해지는 것 같지만 좀 더 나아가면 한꺼번에, 마치 댐이 터지듯 내 안에서 온갖 악독한 생각과 마음들, 말로 표현할 수 없는 상스러운 욕설 등이 도무지 상상할 수 없을 정도로 쏟아져 나온다. 내 안에 이런 더럽고 추악한 것들이 이렇게 많이 있었다니….

여기에 이르게 되면 이 세상에서 나보다 더 악한 죄인이 없음을 스스로 인정하게 된다. 동시에 악의 화신인 악마가 다른 어떤 곳이 아니라 내 안에 있었으며, 내가 곧 악마적인 존재였음을 알게 된다. 내 안에 들어있는 죄의 속성과 악마의 속성은 서로 정확하게 일치한다. 내 안에서 가장 큰 죄, 악마적인 속성이 발견되면서 자기신뢰, 자기긍정은 설 자리를 잃어버리고, 동시에 죄성의 정화는 그 절정에 달하게 된다. 가장 큰 죄인 의식, 무자격자 의식, 가장 낮은 생각 등 성경에서 말하는 진정한 겸손은 여기에서 얻어진다.

그 다음은 어디로 이어질까?

2) 존재의 정화

죄성의 정화가 바닥치기를 하고나면 그 다음에는 본래의 자기 자신이 느껴지기 시작한다. 기도하는 시간은 이제 오로지 자기 자아에만 집중된다. 이쯤에 이르면 간혹 하나님을 향하여 절대 집중이 일어나면서 하나님을 만나는 직시(直視)와 직관(直觀)이 일어나는데, 하나님의 시선과 내 마음의 시선이 마주친다. 이는 현실에서 시선의 마주침과 아주 유사하다. 여기까지 이르기 위해서는 죄성의 정화과정에서 마귀의 직간접의 온갖 공격과 회유를 이겨내야 함은 물론이다. 하나님과 시선이 마주치는 직관은 다음으로 이어진다.

❶ 없음(無)

자기 자신에게 집중하는 시간이 길어지다 보면 자아가 아주 서서히 녹아내리게 된다. 이는 마치 한겨울에 눈을 뭉쳐 손에 쥐고 있으면 눈이 서서히 녹아내리는 것과 비슷하게 느껴진다. 녹아내림이 계속되다 보면 결국에는 다 녹아서 마지막 물방울 떨어지는 현상처럼 나 자신이 다 녹아내림을 경험하게 되는데, 그 마지막 순간은 세상이 멈춘 듯한 어떤 정적(靜的)인 상태와 더불어 없음(無 nothing)이 강하게 느껴진다. 사도바울이 빌립보서에 예수님의 마음을 묘사할 때 사용한 케노시스(Kenosis)가 바로 이것이다.[29)]

이 없음의 상태는 피조물에 불과한 내가 존재하기 이전 상태의 경험이다. 무(無)에서 만유(萬有)가 만들어졌다는 창세기의 창조이야기는 이렇게 실제 경험으로 확인된다.

❷ 자기부정(否定)

자기부정도 두 단계로 진행되는데, 첫 번째는 죄성의 정화 단계에서의 자기부정이다. 여기서는 자기 속에 들어있는 죄악의 실상을 보고나니 더 이상 자기 자신을 신뢰할 수 없게 되며 가장 큰 죄인이라는 자기 인식에 이른다. 자기 자신 속에는 무한한 죄의 가능성들이 들어있기 때문이며, 이제는 오직 하나님만을 신뢰하게 된다. 그 다음은 존재의 정화를 거치고 난 후의 자기부정인데, 자신은 본래 없음이라는 자기인식이다. "하나님을 믿는다."라는 말은 하나님만이 참 존재라는 것을 믿는다는 뜻이다. 단지 존재의 유무를 말하는 것이 아니다. 누구든지 나를 따라오려거든 자기를 부인하고 자기 십자가를 지고 나를 따르라(마16:24)는 말씀은 이런 뜻이며, 자기를 부정한 만큼 하나님으로부터의 긍정이 주어진다. 영성의 길은 자기부정을 통한 하나님의 긍정에 이르는 자기부정의 길이다.

29) 오히려 자기를 비워 종의 형체를 가지사 사람들과 같이 되셨고(빌2:7)

3) 신비경험

앞에서 간단히 설명한 영성의 과정에는 온갖 신비체험이 들어있는데, 이 경험을 통하여 성경의 초자연적인 이야기들이 이해된다. 몇 가지만 언급하고자 한다.

❶ 같은 원리(原理)

보이지 않는 세계 중에서 관념과 정신의 세계보다 영적인 세계는 가늠하기가 훨씬 더 어렵다. 그 이유는 관념과 정신의 세계는 누구나 경험하지만 영성의 세계에 대한 경험은 그 경험이 일어날 만큼의 영적인 노력이 필요하므로 경험이 쉽지 않기 때문이다. 또 경험을 한다고 해도 여러 신비체험을 거치면서 그 절정에 이르러야 하는데 이는 더더욱 어렵다. 그런데 앞에서 설명한 존재의 정화 단계를 거치고 나면 눈앞에서 안개가 걷히듯 영적인 세계의 윤곽이 선명하게 드러난다. 더 놀라운 것은 온갖 신비로 가려진 영적인 세계는 특별한 세계라고 생각했는데 실제로 경험하고 나니 영적인 세계와 물리적인 세계, 초자연의 세계와 자연의 세계는 같은 원리와 이치가 지배한다는 사실이다. 어떻게 물(物)의 세계와 영(靈)의 세계를 지배하는 원리가 같을까? 이치는 지극히 단순하다. 같은 하나님께서 만드셨고, 하나님은 두 세계 모두를 지배하시기 때문이다. 성경의 사고체계가 이원론(二元論)이 아닌 일원론(一元論)인 이유는 여기에 있다.

이 부분이야말로 영성의 과정에서 맛볼 수 있는 가장 큰 신비이다. 자연과 초자연은 결코 서로 반대가 아니다. 이는 한 나라의 법에서 일반법과 특별법이 서로 보완 관계인 이치와 같다.

❷ 직관(直觀)

신비체험 중 백미(白眉)는 하나님과의 시선 마주치기 등으로 시작되는 하나님에 대한 직관, 즉 면전(面前)체험이다. 이런 경험은 예수님을 통해서 일어나는데, 예수님은 하나님의 자기 계시이며, 예수님께서 "나를 본 자는 아버지를 보았느니라."(요14:9)라고 하신 말씀은 이렇게 경험으로 확인된다. 삼위일체 신론과 양성 기독론은 헬라철학에 기초한 관념과 이론만의 산물이 아니라 실제 경험의 산물이다. 삼위일체와 기독론의 신비가 경험으로 이해되고 나면 그 다음의 이야기들 역시 거의 대부분 경험되어지고 또 이해된다. 합리적으로 이해하기 어려운 대상에 대한 경험의 이해는 이렇게 주어진다.

복음서(마 17:1~8, 막 9:2~8, 눅 9:28~36)에 보면 예수님께서 변화된 모습으로 모세와 엘리야를 만나시는 이야기가 나오는데, 이해하기 쉽지 않다. 그런데 영성의 과정에서는 비슷한 경험이 일어나서 성경에 기록된 사건들을 직접 경험할 수도 있다. 이런 경험은 내가 원하거나 선택해서 일어나는 게 아니라 하나님께서 경험자에게 필요한 경우 선별하여 경험하게 하신다.

❸ 일인칭 화법

구약성경의 예언서를 보면 예언자들이 하나님의 말씀을 "여호와께서 가라사대"(הכ רמַאָ הוהי;코흐 아마르 야웨)의 형식으로 설교하고 있다. 예언자들은, 자신들이 하고 싶은 말을 하나님의 이름으로 말한 게 아니라, 일인칭 화법의 선포가 가능해지는 독특한 상태에서 말한 것이다. 지금도 하나님과 영적으로 일치되어 있을 때, 즉 직관의 상태에서 일인칭 화법이 경험되어진다. 현대의 신정통주의자 가운데 칼 바르트(Karl Barth 1886~1968)는 하나님의 말씀을, 불트만(Rudolf Bultmann 1884~1976)은 해석된 말씀의 선포인 케류그마(κήρυγμα)를 강조하는데, 진정한 말씀과 선포는 이런 경험을 통하여 가능해진다.

구약의 예언자들이야말로 진정한 영성가였다. 이 예언자들은 하나님의 말씀을 대언하는 자여서 "여호와께서 가라사대"라는 형식으로 설교를 시작했지만 예수님은 "나는 너희에게 이르노니"(ἐγὼ δὲ λέγω ὑμῖν)라고 직접 당신의 말씀으로 설교하셨다. 예수님이 곧 하나님이시기 때문이다. 이는 교리이기에 앞서서 경험으로 확인해야 할 대상이다. 신학과 설교는 경험이 전제되어야 한다.

❹ 예수님의 사역

예수님께서는 사람들의 마음을 꿰뚫어 보시며 말씀하셨다. 죽기까지 따르겠다는 제자 베드로를 향하여 "네가 오늘 닭 울기 전에 세 번 나를 모른다고 하리라."고 하셨다. 또 베드로는 거짓헌금을 하고 있는 아나니아와 삽비라를 책망했다. 이런 비슷한 이야기들이 성경에는 많이 있다. 이런 이야기들은 지어낸 것일까? 결코 아니다. 왜냐하면 지금도 영성의 과정에서 이런 독특한 상태가 경험되기 때문이다.

예수님께서 온갖 병자를 고치시고, 물 위를 걸으시며, 풍랑이는 바다를 꾸짖음으로 잔잔하게 하시고, 보리떡 다섯 개와 물고기 두 마리로 수많은 사람들을 배불리 먹이시는 사건들도 영성의 과정에서 신비체험을 통해 확인되는 사건들이다. 특히 하나님 면전에서는 자연과 초자연이 만나서 하나로 경험된다. 또 필요한 경우 누군가를 통하여 재현(再現)을 허락하신다. 지금도 병자가 고쳐지는 등의 부분적인 사건들은 도처에서 계속되고 있다. 그런데 자연을 대상으로 하는 기적들은 왜 재현되지 않을까? 자연을 대상으로 하는 초자연 사건이 재현되려면 조건이 충족되어야 한다.

성경의 기록을 보면 자연을 대상으로 하는 특별한 기적들은 계약 체결과 관련된 시기에 일어났다. 이스라엘이 출애굽하여 하나님과 계약을 맺고 가나안에 입주할 때, 북왕국 이스라엘이 계약을 위반하고 있을 때인 엘리야와 엘리사의 시대, 그리고 이스라엘과의 계약을 파기하고 새로운 계약을 맺으러 오신 예수님과 사도시대 등이 그러한 시대였다.

❺ 시대적인 요청

어쩌면 오늘 우리시대가 성경의 초자연 사건들이 재현될 만한 조건이 갖추어졌을 수도 있다고 생각된다. 중세 기독교가 붕괴되던 시기는 구약의 포로기에 해당되는 계약파기 사건이라고 할 수 있다. 계약파기의 증거는 계약의 땅 반납과 주도권 상실이다. 이성의 시대, 인간의 시대, 과학의 시대였던 현대는 세계대전, 대량살상무기, 환경오염 등으로 인류의 생존자체가 위기를 맞으면서 스스로 붕괴되고 말았다. 이는 구약의 바벨론이나 신약의 로마제국의 몰락과 같다. 하나님을 거부하던 인간주의, 이성주의가 종말을 고하고 등장한 현대 이후는 포로 귀환기, 바꾸어 말하면 계약의 회복기에 해당된다.

지금 우리는 역사의 대전환기에 서 있으며 인류멸종이라는 가장 큰 위기를 맞이하고 있다. 그러나 인간의 힘으로 해결할 가능성은 전무하다. 하나님의 초자연적인 기적만이 현재 우리가 당면한 문제를 해결할 수 있으므로 하나님의 개입이 전적으로 요구된다. 그러나 이는 전적으로 하나님의 주권에 달린 문제다. 단지 우리는 하나님께서 개입하실만한 준비를 하며 기다릴 수 있을 뿐이다.

그 준비는 계약신학의 회복이다. 초대에서 중세로 넘어가는 길목에서 교회는 계약신앙을 잃어버리고 말았다. 기독교를 박해하던 로마제국에서 기독교를 국교로 받아들이고 이어서 교회가 제국을 통치한 사건은 로마제국이 교회에 주어진 계약의 땅이었음을 말한다. 그런데 계약신학이 없다보니 계약을 제국차원에서 실현할 기회를 놓치고 말았다. 기독교 역사에서 가장 아쉬운 부분은 바로 여기이다.

그런데 현대 500년이 지나고 현대 이후를 맞은 지금이 바로 계약이 회복될 시점이다. 이제 우리는 계약의 회복을 준비해야 한다. 계약의 입장에서 지난날의 과오에 대하여 철저하게 회개하며, 실천 가능한 것들을 실천하며, 또 하나님의 도우심과 은혜를 구해야 한다. 이런 준비는 결코 작은 것이 아니다. 계약신앙으로 세상을 책임지겠다는 마음으로 최선을 다하면 하나님께서 초자연으로 개입하셔서 위기를 기회로 만들어 갈 수 있다. 계약신학의 회복은 초자연 사건의 재현을 가능하게 할 수 있다.

4) 성경해석의 문제

앞에서 열거한 영성의 과정을 경험하고 나면 성경이 어떻게 보일까? 전혀 다르게 보이는데 다음과 같은 변화가 일어난다.

첫째, 계약에 대하여 새롭게 이해하게 된다. 이런 이해는 성경과 역사 흐름 전반에 대한 이해와 더불어, 계약의 관점에서 율법과 복음의 관계 등 성경의 핵심을 해석하게 된다. 구약과 신약이 계약의 관점에서 단순하게 정리되면서 복잡하고 난해했던 성경의 구조와 내용들이 명료해진다. 동시에 이스라엘 역사와 교회사는 물론이고 인류역사에 대하여 계약의 관점에서 해석하게 된다. 하나님이 역사의 주관자라는 교리 신학적인 고백은 세계 역사 해석에서 입증되어야 한다.[30] 예언자들은 계약의 입장에서 성경과 역사를 해석하면서 하나님을 역사의 주관자라고 선언했다.

둘째, 성경에 기록된 초자연적인 이야기들을 경험으로 이해하게 된다. 도무지 믿어지지 않던 이야기들이 믿어지는 것은 물론이고 그 이야기들은 결코 꾸며낸 이야기도, 신화도 아니라 사실 그대로라는 것을 경험으로 알게 된다. 성경의 이야기가 실화가 아니라 지어낸 신화라면 성경이 경전인 기독교가 세계 최대의 종교가 되었을 리 만무하다.

---

30) 졸저 「하비루의 길」과 「죄인의 길」은 계약의 입장에서 성경과 세계역사를 해석했다.

셋째, 예수님의 말씀들을 원리와 이치로 이해하게 된다. 특히 비유와 윤리적인 교훈이라고 생각되던 말씀 중 대부분이 영적세계의 실상이며 원리와 이치였음을 경험으로 알게 된다. 낮아져서 섬기는 자가 되라는 말씀은 영성의 원리와 이치를 그대로 표현하고 있다. 현대 자유주의 신학에서는 예수님의 말씀에서 윤리와 도덕, 교훈을 찾아내고 그것이 기독교 신학의 핵심이라고 말한다. 그러나 윤리, 도덕, 교훈 너머에 있는 영성의 원리와 이치, 경험이 핵심이다. 기독교는 윤리와 도덕의 종교가 아니라 살아계시는 하나님의 영성의 종교다.

넷째, 보는 관점에서 큰 변화가 일어나는데 독자의 입장이 아니라 성경의 저자나 하나님의 입장에서 보게 된다. 성경의 주요 인물들과 마음으로 만나게 되며, 그들의 입장에서 성경이 해석된다. 특히 예수님께서 어떤 상태에서 말씀하시고 사역하셨는지에 대하여 비슷한 경험이 부분적으로 가능해진다.

5) 신학의 문제

영성경험 이후 성경이 다시 보이면서 현대에 이르기까지 보수, 진보 양 진영에서 추진한 성경해석의 문제점들이 무엇이었는지 다시 생각하게 되었다. 그 중 몇 가지만 언급해보고자 한다.

❶ 경험의 부재다.

보수진영의 복음주의에서는 신앙 경험을 중요하게 여기며 성령운동을 전개하지만 그 경험은 겨우 회심과 거듭남의 경험에 머물고 있다. 성경의 초자연 사건에 초점을 맞추면서 치유의 기적들을 재현하려는 은사주의의 신앙 경험은 아직 종교적인 경험이 아니다. 정신세계에서 일반적으로 나타나는 영적인 현상의 경험을 하나님께서 주신 은사라고 생각하는 착각일 뿐이다. 경험을 중요하게 여기는 보수주의의 성령운동, 은사운동에는 나름대로 경험했다는 확신만 있을 뿐 정작 진정한 깊은 단계의 신앙 경험이 결여되는 모순에 빠져 있다.

보수주의는 역사의식과 시대인식을 너무 소홀히 여긴다. 영혼을 구원하는 선교를 지상과제로 여기며, 세상을 심판의 대상으로 보는 잘못된 종말신앙을 강조한 결과 이 세상을 개혁하고 바꾸어 보려는 시도는 실종되어 버리고 말았다. 모순의 극치는 구원은 행위와 상관없이 오직 믿음으로 받는다는 주장이다. 이들은 영혼구원만 중요하게 여기며 국가와 사회의 구조적인 모순과 문제 등을 해결하는 데에는 아무런 관심이 없다. 이는 무지의 소산이며 직무유기이다.

또 계몽주의와 과학기술이 등장한 이후의 현대 지성인들에게 신앙을 알아듣게 설명하고 이해시키려는 노력이 너무 결여되어 있다. 성경의 난해한 문제들에 대하여 충분히 설명하려 하지 않고 '믿으라!' 고 일관하고 있다. 이는 참으로 무책임하기 짝이 없다. 헬라인에게는 헬라인처럼, 유대인에게는 유대인처럼 다가갔던 사도바울의 자세를 찾아볼 길이 없다.

그 결과 이성적이고 과학적인 사고에 젖어있는 현대인들에게 성경을 알아듣게 말해야 한다는 진보주의가 등장했다. 이들의 시대인식은 옳았으며 칭찬할 만하다. 그런데 문제는 성경에 대하여 합리적인 해석을 시도한다는 미명으로 초자연 사건들을 신화라며 배제하고 예수님의 그리스도 되심과 신성을 제거하고 인간에 불과한 예수님의 윤리와 도덕, 교훈을 찾아낸 후 이것이 성경과 기독교의 정수라고 말하고 있다. 예수님에게서 신성을 배제하면 삼위일체 신론도 설자리를 잃어버린다. 이는 결국 전통적인 기독교 신학을 거부하는 것과 다르지 않다. 이런 해석은 성경에 대한 신학적 해석이 아니라 철학적 해석이며, 기독교를 종교가 아니라 도덕으로 전락시킨다. 이는 빈대를 잡으려다 초가집을 태운 셈이다.

현대 자유주의 신학의 아버지라 불리는 슐라이에르마허(Fried-rich Schleiermacher 1766~1834)도 종교적인 경험을 강조한다. 그는 신앙이란 계시, 교리, 제도의 수용이 아니라 하나님과의 직접경험에서 주어지는 관계이며, 그 관계는 절대의존의 감정이라고 한다. 그가 이렇게 신앙을 다시 정리하는 이유는 교리, 계시, 제도 위주의 기독교를 거부하는 지성인들에게 신앙의 의미를 재해석해주어 받아들이게 하려는 변증의 목적 때문이었다. 그의 이런 시도는 많은 영향을 끼쳐서 자유주의 신학이라는 큰 물줄기를 만들어냈다. 자유주의 신학은 철학, 과학에 익숙한 현대인들이 받아들일 수 있도록 전통적인 기독교 신학의 재해석을 중요시하는데, 이런 시도 자체는 높이 살만하다.

그러나 슐라이에르마허의 시도에는 치명적인 한계가 있는데, 그 한계는 바로 그가 중요시하는 신앙 경험에 있다. 그가 강조하는 경험과 감정은 낭만주의의 산물이다. 낭만주의는 이성과 철학을 중시하는 딱딱한 계몽주의에 반발하면서 인간의 감정과 사랑, 시와 음악을 중요하게 여겼다. 슐라이에르마허가 신앙의 기초를 감정이라고 말한 이유는 여기에 있다. 그러나 그가 말하는 경험은 낭만적인 합리주의 수준의 경험이다. 정통적인 삼위일체나 양성기독론 등 정통 교리들은 비합리적이라 하여 거부하기 때문이다.

교리가 경험의 산물이라는 것은 언급할 필요조차 없는 상식이다. 신앙 경험이 먼저 있은 후에 그 경험을 이론으로 체계화한 것이 교리이다. 삼위일체와 양성기독론 등 교리는 합리적인 철학의 산물이 아니다. 따라서 교리를 가르치려면 그 교리에 대한 이론적인 이해에 그쳐서는 안된다. 그 교리를 가능하게 한 경험을 먼저 체험한 후 그것을 이론과 더불어 교리로 전달해야 한다. 이 과정에서 경험이 누락되면 난해한 철학적 신학이 되고 만다. 종교의 세계에서는 경험적 이해와 합리적 이해의 두 영역 중 경험적인 이해가 우선한다. 이해하기 위해서는 먼저 믿으라(credo ut intelligam)는 명제는 이를 말한다. 신론과 기독론 등 교리는 합리적인 이해 이전에 경험적인 이해의 대상이다. 합리적 이해는 경험적 이해가 주관으로 치우치지 않게 하는 중요한 역할을 한다. 정통교리는 매 시대마다 경험을 기초로 그 시대인들이 이해할 수 있도록 재해석되어야 한다. 그런데 슐라이에르마허는 정통교리가 당시 지성인들에게 맞지 않는다고 거부했다. 이는 그 이후 자유주의 신학에서 거의 반복되고 있다. 왜 이런 한계가 반복될까?

삼위일체와 기독론을 직접 경험하기가 쉽지 않기 때문이다. 이런 경험은 종교경험 즉 영성경험에서 최고의 절정에 해당되는데, 신학자들은 물론이고 영성가들도 여기에 이른 사람들이 드물다. 고대의 신학자들은 신학자이기 이전에 영성가들이었다. 영성적인 경험이 뒷받침되지 않으면 공허한 철학적 신학으로 기울 수밖에 없다.

경험이 부족하기는 보수주의와 진보주의 모두 별반 다르지 않다.

❷ 책임과 양심의 부재다.

예수님께서는 당시에 성경을 가르치던 학자들인 서기관과 바리새인을 향하여 "뱀들아, 독사의 새끼들아, 너희가 어떻게 지옥의 판결을 피하겠느냐?"라고 심하게 책망하시며 저주를 선포하셨다.(마 23장), 왜 이렇게 저주를 선언하셨을까? 신앙을 가르치는 사람은 자신이 가르친 것에 대하여 책임을 져야하기 때문이다. 또 제자들에게는 랍비(선생)라 칭함을 받지 말라고 말씀하셨다.(마23:8) 무슨 뜻일까? 가르치기 전에 옳고 그름을 먼저 확인해야 한다는 말씀이다.

철학을 가르치려면 철학에 부합하는 학문적인 노력으로 철학을 깨우친 후에 가르쳐야 하며, 이는 언급할 필요도 없이 당연한 일이다. 마찬가지로 신학과 성경을 가르치려면 먼저 학문적인 노력으로 신학과 교리를 이해하고 더불어 교리와 성경의 내용들을 영성적인 경험으로 확인해야 한다. 신학에 있어서 학문적인 노력은 객관적인 확인이고 경험은 주관적인 확인이다. 이 둘이 겸비되어야 한다. 자신이 신학으로 이해한 만큼만, 영성으로 경험한 만큼만 말하고 가르쳐야 한다. 경험으로 확인하려는 진지한 노력도 하지 않은 채 성령 잉태와 부활 등을 비롯한 초자연 사건들을 신화라고 단정한다면 이는 가르치는 자로서 최소한의 양심을 저버리는 무책임한 행동이며, 하나님과 성경에 대한 모독이다.

❸ 상식의 부재다.

예수님께서 병자들을 고치시고 죽은 자를 살리시고, 보리떡 다섯 개와 물고기 두 마리로 수천 명을 배불리 먹게 하신 일, 예수님께서 부활하신 사건, 오순절에 성령이 임하여 외국어를 말한 일들이 사실이 아니고 복음서 저자들이 지어낸 이야기에 불과할까? 복음서 저자들이 종교적인 사기극을 자행하는 그런 비양심적인 사람들이었을까? 그런 거짓된 증언에 초기 교인들이 현혹되어 죽음을 무릅쓰고 박해를 이겨냈을까? 이런 주장들은 도무지 상식에 맞지 않으며, 초대교회의 사도들과 교인들을 거짓 사기꾼으로 몰고 가는 비상식적인 처사다. 이런 몰상식한 말들을 난해한 문장으로 얼버무리는 신학을 전개하면서 학문의 자유를 운운하는 것은 불꽃같은 눈으로 지켜보시는 하나님 앞에서 용납될 수 없는 처사이며, 심판을 자초하는 일이다.

설명이 길어졌는데 다시 본문으로 돌아가 보고자 한다.

【4】 21 아들을 낳으리니 이름을 예수라 하라 **이는 그가 자기 백성을 그들의 죄에서 구원할 자이심이라** 하니라

예수님의 이름을 천사가 특별히 알려주고 있는데(눅1:31), '예수' ('Iησοῦς)는 히브리어의 여호수아(הוֹשׁוּעַ), 혹은 호세아(הוֹשֵׁעַ)에 대한 헬라어 음역이며, 그 뜻은 "하나님은 구원이시다."이다. 마태복

음에서는 이름의 의미를 "자기 백성을 그들의 죄에서 구원할 자"라고 풀이하고 있다. 마태는 예수님께서 하실 일이 유대인들이 기대하던 정치적인 메시야의 역할이 아니라 신앙적인 차원에서 인간의 죄의 문제를 해결하시는 분임을 강조하기 위하여 이 구절을 덧붙이고 있다.

성령잉태와 더불어, 죄의 문제를 해결하시는 분으로 예수님을 소개하는 이유는 예수님은 죄의 문제를 해결하는 구세주이시며, 그분은 죄, 즉 원죄의 지배를 받지 않으신다는 사실을 강조하기 위함이다. 예수님께서 우리와 동일하게 죄의 지배가운데 있으시다면 인간의 죄를 해결할 수 없다. 예수님은 태어나실 때부터 완전한 신성, 완전한 인성을 가지신 분이시기에 우리의 구세주이시다.

물음 07 동방박사 이야기, 무엇을 말할까?

본문 : 〈 2장 〉

1 헤롯 왕 때에 예수께서 유대 베들레헴에서 나시매 동방으로부터 박사들
이 예루살렘에 이르러 말하되 2 유대인의 왕으로 나신 이가 어디 계시냐
우리가 동방에서 그의 별을 보고 그에게 경배하러 왔노라 하니 3 헤롯
왕과 온 예루살렘이 듣고 소동한지라 4 왕이 모든 대제사장과 백성의 서
기관들을 모아 그리스도가 어디서 나겠느냐 물으니 5 이르되 유대 베들
레헴이오니 이는 선지자로 이렇게 기록된 바 6 또 유대 땅 베들레헴아
너는 유대 고을 중에서 가장 작지 아니하도다 네게서 한 다스리는 자가
나와서 내 백성 이스라엘의 목자가 되리라 하였음이니이다

7 이에 헤롯이 가만히 박사들을 불러 별이 나타난 때를 자세히 묻고 8 베
들레헴으로 보내며 이르되 가서 아기에 대하여 자세히 알아보고 찾거든
내게 고하여 나도 가서 그에게 경배하게 하라

9 박사들이 왕의 말을 듣고 갈새 동방에서 보던 그 별이 문득 앞서 인도하
여 가다가 아기 있는 곳 위에 머물러 서 있는지라 10 그들이 별을 보고
매우 크게 기뻐하고 기뻐하더라 11 집에 들어가 아기와 그의 어머니 마

리아가 함께 있는 것을 보고 엎드려 아기께 경배하고 보배합을 열어 황금과 유향과 몰약을 예물로 드리니라

12 그들은 꿈에 헤롯에게로 돌아가지 말라 지시하심을 받아 다른 길로 고국에 돌아가니라

동방박사의 이야기는 복음서 중에서 마태복음에만 나오고 있다. 그 이유는 마태는 이 본문을 통하여 유대인들에게 특별히 말하고 싶은 것이 있기 때문이었다.

【1】 1 헤롯 왕 때에 예수께서 유대 베들레헴에서 나시매 **동방으로부터** 박사들이 예루살렘에 이르러 말하되

동방박사들은 이방인들이다. 유대인들은 수백여 년 동안 메시야를 기다리고 있었으나 정작 메시야가 태어났을 때 그 징조를 처음으로 알아본 사람들은 계약정신을 상실한 유대인이 아니라 먼 지역에 사는 이방인들이었다. 마태는 이 이야기를 통하여 계약을 맺은 유대인들은 예수님을 그리스도로 인정하지 않았으나, 이방인들은 받아들이고 있음을 지적하고 있다. 마태복음이 기록될 당시에는[31] 이미 교회의 주축은 이방인들이었다.

【2】 7 이에 헤롯이 가만히 박사들을 불러 별이 나타난 때를 자세히 묻고

헤롯왕은 예수님을 죽이려고 했다. 헤롯왕의 이야기는 후일 유대인들이 예수님을 대했던 태도를 반영하고 있다. 예수님께서 그리스도로 사역하실 때 계약백성인 유대인들은 예수님을 거부했을 뿐만 아니라 적대감을 가지고 있다가 결국은 예수님을 죽이고 말았다. 마태는 헤롯의 이야기를 통하여 유대인의 이런 오류와 모순을 지적하고 있다.

【3】 11 집에 들어가 아기와 그의 어머니 마리아가 함께 있는 것을 보고 엎드려 아기께 경배하고 보배합을 열어 황금과 유향과 몰약을 예물로 드리니라

31) 마태복음의 기록 시기에 대해서는 다양한 의견이 있으나 대략 AD 70년 전후로 추정하고 있다.

하나님께서는 유대인과 이방인을 차별하지 않으신다. 동방에서 온 박사들(μάγος)은 어떤 사람들이었을까?[32] 세상 돌아가는 일에 대하여, 특히 세상이 올바르게 되기를 바라며 그 일을 할 사람이 등장하기를 기다리던 사람들, 그 사람이 등장하면 힘을 다하여 도울 생각을 가진 사람들, 즉 현자(賢子)들이었다고 할 수 있다. 이들은 비록 여호와 하나님을 모르고 있었지만 계약정신에 가까운 신앙을 가지고 있었다. 이런 사실은 먼 길을 마다하지 않고 예수님을 찾아왔으며, 마굿간에서 태어나 구유에 누워있는(눅 2:7) 가장 초라한 모습의 아기 예수님 앞에 홍포를 깔고 가장 귀한 분에게 드릴 예물인 황금과 유향과 몰약을 드리며 경배하는 태도에서 찾아볼 수 있다.

【4】 9 박사들이 왕의 말을 듣고 갈새 동방에서 보던 그 별이 문득 앞서 인도하여 가다가 아기 있는 곳 위에 머물러 서 있는지라

하나님께서는 누구에게 진리를 깨달아 알게 하시는가? 전심을 다하여, 순수한 마음으로 찾는 사람들에게 알게 하신다. 박사들이 별을 보고 찾아왔음은 그들이 점성술사였음을 암시한다. 하나님께서는 이방인, 무종교인, 더 나아가 타종교인 여부를 따지지 않으신다. 신령과 진정으로 하나님과 진리를 찾는 사람은 어떤 방법으로든지 하나님을 만나게 하신다. 그러나 하나님과 계약을 맺고 있었지만, 메시야를 기다리고 있었지만 계약정신을 상실하고 왜곡된 신앙을 가지고 있던 유대인 성경학자들은 메시야가 유대 베들레헴에서 태어나리라는 것까지만 알았으며, 헤롯은 이들을 이용하여 예수님을 죽이려고 했다. 후일 헤롯당과 바리새당은 서로 힘을 합하여 예수님을 십자가에 못 박아 돌아가시게 했다.

---

32) 이란의 북부 호수도시인 우르미에에 가면 동방박사 기념교회가 있다. 전해지는 이야기에 의하면 동방박사들은 이곳 출신이라고 하며, 그들의 이름은 Balthasar, Melchior, Caspar 라고 한다. 현재 회교국가인 이란인들이 고대의 유대교와 기독교 유물들을 훼손하지 않고 잘 보관하고 있는 점이 놀랍다.

지금 나에게 있어서 예수님은 누구이신가? 나는 지금 그분이 보내시는 별의 인도함을 받을 만큼 세상에 대하여 많은 염려와 걱정을 하고 있는가? 아니면 그리스도께서 베들레헴에서 다윗의 후손으로 오시리라는 것은 알고 있지만, 기도응답이라는 형식으로, 선교와 영혼구원이라는 명분으로, 목회라는 이름으로 그분을 이용해 먹고 있지는 않는가? 내 생각과 판단, 기대 모든 것을 비워놓고 진지하게 그분의 뜻만을 따르려고 하지 않는 한 우리 모두는 내 뜻을 이루기 위하여 하나님을 이용해 먹는 자에서 벗어날 수 없다. 예레미야의 탄식에 귀를 기울여 보자.

> 주께서 계속 말씀하셨다. "이 땅에 사는 사람들은 가장 작은 자로부터 가장 큰 자에 이르기까지 모두가 돈 버는 데에만 정신을 쏟고 있다. **예언자와 제사장과 같은 성직자나 신학자들이 모두 돈 벌기 위하여 백성을 속이고 있다.**"(렘6:13 현대어)

과연 나는 마구간에서 짐승의 밥그릇에, 짐승이 깔고 자는 깔개를 깔고, 때에 찌든 보자기에 싸여 꾀죄죄한 모습으로 누워계시는, 내 기대와는 달라도 너무 다른 모습으로 계시는 그분 앞에 홍포를 깔고 꿇어 엎드려 경배하며 나의 전부를 드릴 수 있을까? 과연 나는 그럴 수 있을까? 지금 그러고 있는가? 그분은 지금도 오늘의 동방박사를 찾고 계신다.

그분 앞에 지금 나는 누구인가?

물음 08 하나님의 인도하심, 어떤 방식일까?

본문 : 〈 2장 〉

13 그들이 떠난 후에 주의 사자가 요셉에게 현몽하여 이르되 헤롯이 아기를 찾아 죽이려 하니 일어나 아기와 그의 어머니를 데리고 애굽으로 피

하여 내가 네게 이르기까지 거기 있으라 하시니 14 요셉이 일어나서 밤
에 아기와 그의 어머니를 데리고 애굽으로 떠나가 15 헤롯이 죽기까지
거기 있었으니 이는 주께서 선지자를 통하여 말씀하신 바 애굽으로부터
내 아들을 불렀다 함을 이루려 하심이라

16 이에 헤롯이 박사들에게 속은 줄 알고 심히 노하여 사람을 보내어 베들
레헴과 그 모든 지경 안에 있는 사내아이를 박사들에게 자세히 알아본
그 때를 기준하여 두 살부터 그 아래로 다 죽이니 17 이에 선지자 예레
미야를 통하여 말씀하신 바 18 라마에서 슬퍼하며 크게 통곡하는 소리가
들리니 라헬이 그 자식을 위하여 애곡하는 것이라 그가 자식이 없으므로
위로 받기를 거절하였도다 함이 이루어졌느니라

19 헤롯이 죽은 후에 주의 사자가 애굽에서 요셉에게 현몽하여 이르되 20
일어나 아기와 그의 어머니를 데리고 이스라엘 땅으로 가라 아기의 목숨
을 찾던 자들이 죽었느니라 하시니 21 요셉이 일어나 아기와 그의 어머
니를 데리고 이스라엘 땅으로 들어가니라 22 그러나 아켈라오가 그의 아
버지 헤롯을 이어 유대의 임금 됨을 듣고 거기로 가기를 무서워하더니
꿈에 지시하심을 받아 갈릴리 지방으로 떠나가 23 나사렛이란 동네에 가
서 사니 이는 선지자로 하신 말씀에 나사렛 사람이라 칭하리라 하심을
이루려 함이러라

【1】 13 그들이 떠난 후에 주의 사자가 요셉에게 현몽하여 이르되

본문에 의하면 요셉과 동방박사들이 위기를 당했을 때 하나님께서 환상이나 꿈 등을 통하여 미리 알려주셔서 위기를 모면하게 하고 있다. 성경에 나오는 이런 이야기들을 어떻게 이해해야 할까? 이 또한 후일에 꾸며낸 이야기에 불과하므로 아무런 가치가 없다고 해야 할까? 아니면 하나님께서는 지금도 믿고 기도하면 이런 방식으로 인도해주신다고 확신하며, 이런 인도하심을 구해야 할까?

기도할 때 경험되는 신비체험 가운데 하나는 하나님의 면전 체험인데 이때에 나타나는 다양한 현상 중의 하나는 하나님과의 직접적인 소통이 가능해지며, 다른 사람들의 마음과 생각은 물론이고 그들의 과거와 현재, 미래가 동시에 명료하게 보이는 경우가 있다. 이 상태를 경험하고 나면 하나님께서 어떤 방식으로 인도하시는지 명확하게 이해하게 된다. 신앙생활 하는 이들에게 하나님의 인도하심은 지대한 관심사이고 그만큼 많은 오류를 범하고 있으므로 이를 간

략히 다루고자 한다. 하나님께서 인도하시는 방법은 다양하다.

❶ 명시적인 방법

본문에 나오는 바와 같이 명시적으로 인도하시는 방법이다. 성경에는 이런 이야기들이 많이 나오고 있어서 자칫 신앙생활 하면서 구체적으로 지시해 주시기를 구하는 경우가 흔히 있다. 그러나 이 방법은 어떤 특별한 경우에 한정되어 있다. 성경은 수천 년 동안의 기록인데 이것을 한 곳에 모아놓고 보니 명시적인 지시가 빈번히 있었다고 보이지만 시간으로 놓고 본다면 대단히 희귀하게 일어난 사건이다. 다시 말하지만 이런 일은 계약체결 등 계약공동체와 관련된 특별한 경우에 일어나는 일이다. 이런 명시적인 인도하심은 구한다고 될 일이 아니다. 하나님께서 보시고 꼭 필요한 경우에 허락하시는 방법이다.

특히 개인적인 일들에 이런 명시적인 인도하심을 바라며 집착하면 틀림없이 마귀에게 속아 넘어간다. 성경에서는 마귀의 미혹과 거짓 기사와 이적에 대하여 누누이 경고하는데 바로 이와 관련있다. 마귀는 개인의 미래와 관련된 일, 특히 길흉화복을 점쳐준다고 미혹한다. 율법에서는 이런 박수와 무당들을 절대 용서하지 말고 돌로 쳐 죽이라고 했다. 왜 그럴까?

하나님께서는 한 사람의 미래를 결정해 놓으시지 않고, 그 사람이 지금 어떻게 하느냐에 따라 그의 미래가 결정되게 하신다. 개인의 미래가 미리 결정되어 있다면 이는 모순이다. 이런 이유로 하나님께서는 미리 일어날 일들을 일일이 알려주시지 않는다. 결정론, 운명론, 팔자론은 성경에서 설 자리가 없다. 사주(四柱), 이름, 손금, 관상 등에 따라 운명이 정해져 있다는 것은 이치에 맞지 않는 거짓이며 속임수다. 영적인 존재인 마귀는 점을 쳐서 일부 맞추면서 이를 부추기는데 이것을 거짓 기사와 이적이라고 한다. 예언의 은사

운운하며 하나님의 이름으로 대신 기도 응답을 받아준다는 이들이 있는데, 전혀 앞뒤가 맞지 않는다. 그들은 성령이 아닌 악령의 속임수에 넘어간 자들이다. 여기에 현혹되지 말아야 한다.

기도하려면 먼저 자신을 똑바로 알고 겸손해져야 한다. 하나님께서 특별히, 명시적으로 도와주셔야 한다는 생각만큼 교만한 마음은 없다. "명시적인 인도하심은 고사하고 나는 감히 하나님 앞에 얼굴을 들고 나올 수도 없는 자입니다."라고 자신을 낮추어야 한다.(눅 18:13) 하나님 면전에 서 보지 못하면 자신이 무엇을 구하고 있는지 조차 모르면서 기도에 응답해주시지 않는다고 오히려 투덜거리게 된다.

❷ 비명시적인 방법

하나님의 인도하심은 어린아이를 키우는 부모의 역할과 유사하다. 어릴 때에는 부모가 자식을 대신해서 무엇을 먹일지 무엇을 입힐지 등 모든 것을 대신 판단한다. 그러나 아이가 커가면서부터는 서서히 스스로 판단하게 되고, 성년이 되면 모든 것을 자신이 판단하고 또 그 결과를 책임져야 한다. 성장 과정에서는 부모와 학교, 사회를 통한 교육과정을 통하여 판단력을 배워야 한다. 성년이 되어서도 부모의 판단에 의지한다면 이는 정신적인 불구자에 불과하다.

하나님께서는 우리가 올바른 판단을 하도록 도우신다. 그리고 부모와 교회는 자녀와 교인들이 신앙적인 바른 판단을 할 수 있도록 교육하고 훈련을 시켜야 한다. 어떻게 하면 올바른 판단을 할 수 있는가? 성경에는 수많은 사례들이 나오고 있기 때문에 먼저 성경을 알아야 한다. 성경을 알고 나면 대부분의 경우 어떻게 해야 할지 판단이 선다. 이를 위해서는 성경을 알되 바르게 알아야 한다. 왜곡되게 해석하고 있으면 오히려 방해가 된다.

그 다음으로는 많은 기도를 하되 기도 역시 바르게 해야 한다. 자신의 계획을 세워놓고 응답 받으려는 식으로 기도한다면 이는 잘못된 방법이며, 마귀에게 이용당하게 된다. 그러므로 기도 할 때는 자신의 생각과 감정, 계획 등을 다 비워야 한다. 그런데 이런 것들을 비운다는 게 쉽지 않다. 하지만 진지하게 비워지기를 기도하면 하나님께서 비워지도록 도와주신다. 마음이 비워지면 그 다음에는 올바른 판단을 하게 되지만, 욕심에 가려져 있으면 바른 판단을 할 수 없다. 따라서 올바른 판단을 내리도록 도우심을 구해야 한다. 마지막으로 실천의 도우심을 구해야 한다. 아무리 바른 판단을 했다고 해도 사람은 환경에 따라 마음이 바뀌고 많은 영향을 받는다. 올바른 판단과 실천을 할 수 있도록 도우심을 구하면 틀림없이 하나님께서는 보이지 않는 방법으로, 즉 자연스럽게 일이 되도록 인도하신다.

❸ 위기(危機)를 기회(機會)로

아무리 바른 판단을 하려고 해도, 매번 다 옳을 수는 없으며 시행착오가 나고 난관에 부딪힐 수도 있다. 또 바른 판단을 내렸다고 해서 결과가 다 쉽고 수월하게 되지 않을 수도 있다. 또 부정과 비리를 거부하고 바른 판단을 했기 때문에 오히려 큰 손해를 보고 어려움에 처할 수도 있다. 이럴 때는 어떻게 해야 하는가? 하나님께서는 그 마음과 중심을 보신다. 그리고 비록 잘못 판단하고 또 실천이 미흡해서, 또는 전혀 예상치 못한 재해 등으로 어려움이 왔을 때 위기를 기회로 바꾸어 가도록 인도하시며, 합력해서 선을 이루신다. 성경의 이야기들을 보면 위기에서 반전이 일어나는 경우가 많다. 물극필반(物極必反)은 하나님께서 만드신 세상의 이치이며, 인도하시는 방법이다.

매사에 **'그리 아니 하실지라도'** 라는 자세로 최선을 다하려는 마음이 가장 성숙한 그리스도인의 자세다.

물음 09

세례 요한, 그는 왜 중요한가?

본문 : 〈 3장 〉

1 그 때에 세례 요한이 이르러 유대 광야에서 전파하여 말하되 2 회개하라
천국이 가까이 왔느니라 하였으니 3 그는 선지자 이사야를 통하여 말씀
하신 자라 일렀으되 광야에 외치는 자의 소리가 있어 이르되 너희는 주
의 길을 준비하라 그가 오실 길을 곧게 하라 하였느니라 4 이 요한은 낙
타털 옷을 입고 허리에 가죽 띠를 띠고 음식은 메뚜기와 석청이었더라

5 이때에 예루살렘과 온 유대와 요단 강 사방에서 다 그에게 나아와 6 자
기들의 죄를 자복하고 요단 강에서 그에게 세례를 받더니 7 요한이 많은
바리새인들과 사두개인들이 세례 베푸는 데로 오는 것을 보고 이르되 독
사의 자식들아 누가 너희를 가르쳐 임박한 진노를 피하라 하더냐 8 그러
므로 회개에 합당한 열매를 맺고 9 속으로 아브라함이 우리 조상이라고
생각하지 말라 내가 너희에게 이르노니 하나님이 능히 이 돌들로도 아브
라함의 자손이 되게 하시리라 10 이미 도끼가 나무 뿌리에 놓였으니 좋
은 열매를 맺지 아니하는 나무마다 찍혀 불에 던져지리라

11 나는 너희로 회개하게 하기 위하여 물로 세례를 베풀거니와 내 뒤에 오
시는 이는 나보다 능력이 많으시니 나는 그의 신을 들기도 감당하지 못
하겠노라 그는 성령과 불로 너희에게 세례를 베푸실 것이요

12 손에 키를 들고 자기의 타작 마당을 정하게 하사 알곡은 모아 곳간에
들이고 쭉정이는 꺼지지 않는 불에 태우시리라

세례 요한에 관한 이야기는 네 복음서 모두에서 중요하게 다루고 있다. 예수님께서는 여자가 낳은 자 중에 세례 요한보다 큰 자가 없다고 하셨는데(마11:11, 눅7:28) 요한은 왜 그토록 중요할까? 예수님을 먼저 알아보고, 예수님께 세례를 주었기 때문일까? 또 인간의 몸을 입으신 하나님이신 예수님께서 왜 요한에게 세례를 받으셨을까?

세례 요한의 역할과 이제부터 시작되는 예수님사역을 이해하기

위해서는 구약에서부터 이어지는 성경 전체의 흐름과 핵심, 그리고 구약의 역사에 대한 이해가 필요하다. 구약과 신약을 이어주며, 성경 전체를 관통하는 핵심 단어는 무엇일까?

1. 계약(契約)

성경을 구약(舊約), 신약(新約)이라고 부르는 이유는 성경이 두 계약의 책이기 때문이다. 따라서 계약의 관점은 성경을 해석하는 데 있어 첫 출발이며 기본이어야 한다.[33] 구약은 하나님께서 이스라엘과 맺으신 첫 번째 계약이며, 신약은 예수님께서 교회와 맺으신 두 번째 계약이다. 하나님께서는 왜 계약을 두 번이나 맺으셨을까? 계약의 대상인 이스라엘이 계약을 지키지 않아 계약이 파기되었기 때문이다. 하나님은 왜 사람들과 계약을 맺으실까?

1) 세상 구원의 방법

도대체 성경에서 말하는 구원(救援)이란 무엇일까? 죽은 다음에 영혼이 천국에 가는 것이 구원일까? 이런 구원은 내세종교의 영혼불멸설에서 말하는 구원이다. 성경에서 말하는 구원이란 이 세상에서는 모든 사람들이 전인적(全人的)으로 행복한 삶을 사는 것이고, 죽음 이후에는 다시 부활하는 영원한 삶을 말한다. 이런 삶이 이 세상에서 실현된 나라를 구약에서는 '거룩한 나라'라고 부르고 신약에서는 '하나님나라' 라고 한다. 구약성경에서 하나님께서 세상을 구원하시는 방법은 다음과 같다.

---

33) 구약학자 가운데서 계약의 관점에서 해석하는 이가 아이히로트(Walther Eichrodt 1890~1878)이다. 「구약성서 신학」 Theologie des Alten Testaments (2권, 1933~35)이 그의 대표적인 저서이며, 구약성서신학의 새로운 지평을 연 책으로 평가를 받고 있다. 그는 이 책을 3부로 나누어 1부에서는 하나님과 그의 백성, 2부는 하나님과 세계, 3부는 하나님과 인간 등 세 측면에서 계약을 다루고 있다.

• 하나님과 뜻이 맞는 한 사람을 찾아낸 후

• 그 뜻을 이어 받은 그 후손으로 한 민족을 이루게 하고

• 그들과 계약을 맺어 거룩한 나라를 만들게 한 후

• 그 나라를 보고 세상 모든 나라가 따라하게 하자.

2) 옛 계약

위의 내용은 구약의 율법서[34]를 압축한 내용이다. 한 사람이 아브라함인데 그는 세상 모든 사람들이 모든 면에서 행복하게 살기를 바라던 사람이어서 그를 복의 근원, 믿음의 조상이라고 한다. 아브라함의 뜻을 이어받은 후손이 이스라엘 민족이며, 이들은 애굽(이집트)에서 400년 동안 인간이 겪을 수 있는 가장 비참한 노예생활을 하다가 하나님의 특별한 도우심으로 애굽에서 해방되어 시내산에서 하나님과 계약을 맺고, 광야에서 40년간 율법으로 사는 훈련을 받은 후 가나안에 들어가 거룩한 나라를 세웠다.[35] 가나안은 거룩한 나라를 세우기 위하여 선택된 땅이어서 계약의 땅, 약속의 땅, 거룩한 땅, 젖과 꿀이 흐르는 땅이라고 불리었다. 출애굽 과정부터 중요한 중재자 역할을 한 사람이 모세이다.

하나님과 맺은 계약은 이스라엘에게는 모든 사람이 행복하게 살아갈 거룩한 나라를 만들어야 할 책임이자 의무이며, 그들이 계약을 지키기만 하면 이스라엘로 하여금 세상 모든 나라를 구원할 그런 나라가 되도록 도우신다는 하나님의 약속이다.

이스라엘은 가나안에 입주하여(여호수아서) 계약의 말씀대로 살았으나(사사기), 왕정기를 거치면서 계약을 저버리기 시작했고 나라

34) 창세기, 출애굽기, 레위기, 민수기, 신명기를 율법서 , 토라(תורה), 또는 모세 5경(תּוֹרַת-מֹשֶׁה)이라 한다.

35) 가나안은 현재 이스라엘 지역인데, 당시에는 가나안 일곱 부족이 살고 있어서 붙여진 이름이다.

가 남유다, 북이스라엘로 분열되었다. 이에 하나님께서는 엘리야, 엘리사, 아모스, 호세아 등의 예언자들을 보내셔서 계약을 지키도록 권고하셨으나 이스라엘은 끝내 돌이키지 않다가 북왕국은 BC 721년 앗수르에 멸망당했고, 이어서 남왕국도 BC 586년 바벨론에 멸망당해 전쟁포로로 끌려가고 말았다.

포로생활 동안 유대인들이 뉘우치며 계약으로 돌아오자 하나님께서 계약을 회복시켜 주셔서 그들은 귀환하여 나라를 세우고 이름을 유다라고 했다. 유대인들은 귀환하여 온갖 어려움을 무릅쓰고 나라를 다시 세우고 헬라문화에 성공적으로 대처하는 등의 위업을 달성했지만 시간이 지나면서 또 계약정신이 사라지고 말았다. 세례 요한의 "회개하라!", "도끼가 이미 나무뿌리에 놓여있으니" 등의 선포는 계약위반으로 말미암아 또 다시 심판이 임박해 있다는 말이었다.

3) 새 계약

세례 요한과 예수님은 이스라엘의 계약 위반을 끊임없이 지적하며 회개를 촉구했지만 이스라엘은 결국 돌이키지 않았다. 이에 예수님은 계약의 파기를 선언하시고 교회와 새로운 계약을 체결하시기에 이른다. 이상은 아브라함 이후의 구약성경 2천 년 역사를 간추린 것이다.[36]

계약공동체의 사명은 이 땅에서 계약을 실천하여 누구나 행복하게 살아가는 거룩한 나라(구약), 또는 하나님나라(신약)를 만들어 놓고 세상의 모든 나라가 보고 배우게 하는 것이다. 이런 삶을 선교, 또는 구원 사역이라 한다. 이스라엘은 이런 사명을 저버리고 잘못된 길로 갔는데, 교회 역시 지난날을 돌이켜보면 계약공동체의 사명을 제대로 깨닫지도, 실천하지도 못했을 뿐만 아니라 계약의 개념조차 실종되고 말았다. 교회가 무슨 일을 어떻게 해야 하는지를 모

36) 이런 시각으로 이스라엘 역사와 구약성경을 해석한 책이 졸저 「하비루의 길」이다.

르고 있으니 제대로 실천할 수가 없다. 오늘날 교회의 실상은 이와 같다.

【1】 1 그 때에 세례 요한이 이르러 유대 광야에서 전파하여 말하되
(막1:4)세례 요한이 광야에 이르러 죄 사함을 받게 하는 회개의 세례를 전파하니

❶ 세례 요한의 중요성

마태복음에서는 세례 요한에 대하여 간략하게 다루고 있지만 누가복음에서는 상세하게 다루고 있다. 왜 세례 요한이 여자가 나은 자 중에서 가장 큰 자인지를 이해하려면 먼저 그의 세례가 무엇인지를 알아야 한다.

❷ 죄 사함의 세례

이스라엘이 반복해서 계약을 위반하게 된 함정은 무엇이었을까? 성전과 제사(예배)중심의 신앙생활이었다. 이는 후일 교회도 똑같이 빠진 함정이다. 다윗 왕정에 이르러 왕권과 결탁한 제사장들은 심혈을 기울여 성전(聖殿)을 짓고 성전에서 제사를 성대하게 드리면 하나님께서 기쁘게 받으시고 복을 내려 주신다고 가르쳤다. 얼핏 맞는 소리 같지만 여기에는 무서운 속임수가 들어있다. 부자들과 권력자들에게 계약 준수의 면죄부를 주는 것이기 때문이다. 계약법에 의하면 이스라엘에서는 결코 부자가 등장할 수 없다. 경제정의의 실현을 안식일, 안식년, 희년 등의 법으로 못 박아 놓았기 때문이다. 이런 이유로 포로기 이전의 예언자들은 성전과 그 제사를 종교 사기극이라고 몰아붙이며, 성직자들에게 속아 넘어가지 말라고 피를 토하며 외쳤다. 특히 예레미야는 애가에서 백성들에게 제사장과 궁중예언자들은 사기꾼이므로 속지 말라고 피를 토하며 외치고 있다. 이스라엘은 신앙생활을 등한히 하다가 멸망한 것이 아니라 잘못된 방식으로 열심을 내다가 멸망당했는데, 그들은 나라가 멸망당하고 포로생활을 하는 동안 신명기 역사가들의 도움으로 겨우 바른 신앙으로 돌

아왔다.

그런데 이런 비극은 귀환 이후 시작된 유대교에서도 또다시 반복되고 말았다. 예수님 당시에는 율법의 정신과 상관없는 조항을 만들어 지키면서, 유월절 등의 절기에는 성전에 모여 제사를 드리는 행사에 심혈을 기울였다. 예수님께서 "예루살렘 성전이 돌 위에 돌 하나도 남기지 않고 다 헐리리라."라고 하신 말씀은 계약파기의 선언이었다.

이런 사실을 잘 아는 세례 요한은 신앙을 잘못된 방향으로 이끄는 근본 원인을 제거하는 방법을 찾아냈는데, 그게 바로 죄 사함의 세례(막1:4, 눅3:3)였다. 유대인들은 율법에 기록된 대로 죄 용서함을 받기 위하여 제사를 드려야 한다는 명분에 빠져서 제사에 연연하다가 율법과 제사의 정신을 잃어버리고 거듭 잘못된 길로 갔다. 이에 세례 요한은 죄 사함의 방식을 제사에서 세례로 바꾸었다. 이런 이유로 그의 세례를 죄 사함의 세례라고 한다.

❸ 새로운 속죄제도

그러면 세례를 받으면 죄가 사해지는가? 아니다. 세례를 받기 이전에 철저한 회개가 있어야 한다. 이런 이유로 "회개하라!"고 외쳤으며, 회개한 사람들에게 죄 사함의 증표로 세례를 주었다. 세례 요한은 제사의 본래 정신을 유지하면서 단지 그 방법을 바꾸어 제사에서 파생되는 병폐를 없애 버렸다.

예수님께서 요한에게 세례를 받으셨다는 것은 이런 새로운 속죄제도를 인정하셨다는 것을 말한다. 이런 이유로 예수님은 세례 요한을 여자가 낳은 자 중에 가장 큰 자라고 평가하셨다. 세례 요한으로 말미암아 이제 계약신앙은 새로운 차원으로 접어들게 되었다.

【2】 2 회개하라. 천국이 가까이 왔느니라. 10 이미 도끼가 나무 뿌리에 놓였으니 좋은 열매를 맺지 아니하는 나무마다 찍혀 불에 던져지리라

❹ 계약파기 예고

"회개하라!"고 촉구하는 데 무엇을, 무슨 죄를 회개하라는 것일까? 이에 대하여 아무런 언급이 없으니 대답이 쉽지 않은 질문이다. 그러나 계약의 관점에서 보면 간단하고 단순하다. 당시의 유대인들이 계약을 어기고 있으므로 이를 회개하고 계약을 지키라는 뜻이다. 도끼가 이미 나무뿌리에 놓였다는 것은 계약 위반으로 말미암은 심판이 임박했다는 뜻이다. 심판의 대상은 하나님을 믿지 않는 세상 사람들이 아니라 하나님과 계약을 맺어놓고 지키지 않는 계약의 대상들이다. 포로기 이전의 예언자들도 같은 말을 했었다. 이스라엘의 비극은 그들이 하나님의 심판으로 멸망당할 때 신앙생활을 안 하거나 등한히 한 것이 아니라 오히려 하나님을 잘 믿고 있다고 확신하며 열광적으로 신앙생활을 하다가 멸망당했다는 점이다.

계약의 대상인 하나님의 백성들이 세상을 향하여, 세상은 심판의 대상이며 그들은 곧 심판에 이르리라고 생각하는 것은 언어도단(言語道斷)이다. 계약의 대상들은 자신들에게 세상구원의 책임이 있으며, 세상이 구원받지 못하는 것은 자신들 때문이라고 생각해야 한다. 그러나 유대인들은 반대로 생각했다. 자신들은 율법을 잘 지켜서 구원을 받았고 세상은 하나님을 모르기 때문에 멸망에 이르리라고 생각하다가 자신들이 심판을 받았다.

이 부분을 우리는 명심해야 한다. 우리는 믿음으로 구원을 받았고 세상은 예수님을 믿지 않으므로 심판을 받으리라고 생각하는 것만큼 비극적인 착각은 없다. 그 착각은 결코 용납될 수 없다. 계약파기의 도끼가 이미 나무뿌리에 놓여있기 때문이다.

【3】 3 그는 선지자 이사야를 통하여 말씀하신 자라 일렀으되 광야에 외치는 자의 소리가 있어 이르되 너희는 주의 길을 준비하라 그가 오실 길을 곧게 하라 하였느니라

❺ 새 길을 준비

세례 요한은 자신의 역할이 어디까지인지 정확하게 알았다. 그는 메시야의 역할이 아니라 그분이 오실 길을 닦는 사람이었다. 그 방법이 새로운 속죄 제도를 만들어 정착시키고 회개를 촉구하는 설교였다. 요한의 사역은 효과가 있어서 예루살렘과 온 유대와 요단강 사방에서 다 그에게 나아와 자기들의 죄를 자복하고 요단강에서 그에게 세례를 받았다. 마태복음에는 세례 요한의 설교가 함축되어 있으나 누가복음에는 좀 더 자세하게 나오는데, “옷 두 벌 있는 자는 옷 없는 자에게 나눠 줄 것이요 먹을 것이 있는 자도 그렇게 할 것이니라.”(3:11) 라고 질타하고 있다. 옷과 양식을 가난한 자들에게 나누어 주는 것이 계약법인 율법의 정신이다. 이런 것들을 실천하지 않으면서 지옥의 심판을 면하려는 자들에게 “뱀들아, 독사의 자식들아, 너희가 어떻게 심판을 피하겠느냐!”라고 엄하게 책망했다.

누가복음에서는 세례 요한의 이런 활동을 이사야서를 인용하여 설명하고 있다.

> 선지자 이사야의 책에 쓴 바 광야에서 외치는 자의 소리가 있어 이르되 너희는 주의 길을 준비하라 그의 오실 길을 곧게 하라. 모든 골짜기가 메워지고 모든 산과 작은 산이 낮아지고 굽은 것이 곧아지고 험한 길이 평탄하여질 것이요 모든 육체가 하나님의 구원하심을 보리라 함과 같으니라(눅3:4~6)

골짜기의 높은 곳을 깎아 낮은 곳을 메우고 굽은 길을 곧게 하는 것은, 옷과 먹을 것을 같이 나누는 경제정의의 실현을 말한다. 이것이 곧 메시야가 오실 길을 예비하는 것이라고 했는데, 이는 메시야는 이 일을 완성하러 오신다는 뜻이다. 세례 요한은 예수님보다 6개월 정도 먼저 등장하여 새로운 속죄제도인 세례를 만들어 시행하고, 하나님나라를 선포하면서 메시야의 등장이 임박했음을 알리며, 사람들의 관심이 메시야에게 집중되도록 했다. 그리고 예수님께서 등장하시자 자리를 내어드렸다. 여기까지가 그의 역할이었다.

2. 예수님의 활동

세례 요한은 예수님에 대하여 불과 성령으로 세례를 주시며, 알곡은 곳간에 거둬들이고 쭉정이는 영원한 불에 태우시리라고 소개하고 있는데, 해석이 쉽지 않다. 예수님께서 하신 일의 의미를 성경 전체의 흐름에서 간략히 살펴보고자 한다.

> 【4】 11 나는 너희로 회개하게 하기 위하여 물로 세례를 베풀거니와 내 뒤에 오시는 이는 나보다 능력이 많으시니 나는 그의 신을 들기도 감당하지 못하겠노라 그는 성령과 불로 너희에게 세례를 베푸실 것이요 12 손에 키를 들고 자기의 타작 마당을 정하게 하사 알곡은 모아 곳간에 들이고 쭉정이는 꺼지지 않는 불에 태우시리라

❶ 세례 요한의 등장

나사렛에서 목수의 생활을 하시며 조용히 때를 기다리시던 예수님께서는 세례 요한이 등장하여 길을 열어 놓는 것을 보시고 먼저 그에게 세례를 받으시고 광야에서 마귀의 시험을 받으셨다. 그 후 갈릴리로 가셨다가 요한이 체포된 후에 사역을 시작하셨다. 또 예수님의 첫 선언이 요한과 같은 “회개하라, 천국이 가까이 왔느니라!”였다. 이런 사실들은 예수님께서 요한의 사역을 기초로 활동하셨음을 말해주고 있다.

❷ 심판 선언

예수님은 유대인들의 잘못된 신앙을 낱낱이 고발하시며 경고하셨지만 결국 유대인들은 듣지 않았다. 이에 예수님께서는 심판을 선언하셨다. “내가 진실로 너희에게 이르노니 돌 하나도 돌 위에 남지 않고 다 무너뜨려지리라.”[37] 예수님의 이런 심판 선언은 예수님께서 돌아가신 지 40여년 후인 AD 70년에 로마제국에 의해 예루살렘

37) 마 24:2, 막13:2, 눅19:44, 21:6

이 멸망함으로써 실현되었다.

성경에 기록된 종말과 심판의 일차적인 대상은 계약을 위반한 계약공동체이며, 역사 속에서 심판을 받는다. 그러나 계약에 대해 바르게 이해하지 못하면, 심판의 대상이 불신자와 이 세상이라고 생각하며, 심판의 시기를 세상 종말과 죽음 이후로 오해한다.

❸ 새로운 계약 체결

예수님께서는 이스라엘이 계약을 저버리자 옛 계약을 폐하시고 새로운 계약을 체결하기 위하여 계약의 대상을 불러 모으셨다. 옛 계약의 대상들은 애굽에서 400여 년 동안 종살이하던 하비루들이었는데,[38] 이번에는 유대교의 잘못된 신앙 때문에 오랫동안 '죄인'으로 낙인찍혀 있던 죄인들을 부르셨다. 당시의 유대교 신앙에 의하면 가난한 자, 병든 자, 불구자 등은 죄로 인해 하나님의 징계를 받았기 때문에 죄인들이라고 했다. 이를 인과응보(因果應報) 교리라고 한다.

예수님 주변에 몰려든 가난한 사람, 병든 사람, 불구자 등은 죄인들이었으며, 예수님은 이들을 계약의 대상으로 삼으셨다. "예수님께서 죄인을 불러 구원하러 오셨다."라는 말씀은 예수님께서 죄인들과 계약을 체결하시고 그들을 세상 구원의 일꾼으로 삼으셨다는 뜻이다. 다시 말하건대 예수님의 사역은 물론 성경을 이해하려면 반드시 계약의 관점에서 보아야 한다. 이 관점은 여러 관점 중의 하나가 아니라 유일한 관점이다.

❹ 죽으심

예수님의 죽으심에는 두 가지 의미가 들어있다.

첫째, 순교의 죽으심이다. 예수님께서 유대인들의 잘못된 신앙을

38) 하비루(Habiru)는 히브리(Hebrew)의 모어(母語)인데 사회적으로 가장 비천한 사람들을 말한다.

정면으로 지적하시며 심판을 선언하시자 유대인들은 예수님을 이단이라고 생각하여 십자가에서 돌아가시게 했다. 예수님께서는 당신의 말씀과 행동이 진리임을 확인시키기 위하여 기꺼이 죽음의 길을 가셨고 죽음으로 입증시키셨다.

둘째, 대속의 죽으심이다. 예수님의 죽으심은 현대 자유주의 신학에서 해석하듯이, 참인간이 걸어간 모범자의 죽음에 불과한 그런 죽음이 아니다. 예수님의 죽으심에는 죄의 권세를 이기는 능력과 은혜가 들어있다. 이를 십자가 신학이라 하는데 그 원리는 예수님의 다음과 같은 말씀에 들어있다.

> 모세가 광야에서 뱀을 든 것 같이 인자도 들려야 하리니 이는 그를 믿는 자마다 영생을 얻게 하려 하심이니라(요3:14~15)

모세가 광야에서 놋뱀을 만들어 장대에 매단 이야기는 민수기에 나온다.[39] 이스라엘 사람들이 광야 40년의 생활을 끝내고 가나안으로 들어갈 때 에돔이라는 나라를 지나가야 했다. 모세는 아무런 피해를 주지 않고 통행료를 낼 테니 지나가게 해 달라고 요청했으나 에돔인들은 거절했다. 이에 모세는 좀 힘들지만 우회하여 사막을 거쳐 돌아가기로 했다. 그러자 백성들은 모세와 하나님을 원망했다. 힘들게 멀고 험한 길로 가지 말고 에돔은 작고 힘이 약한 나라이므로 힘으로 밀고 지나가자고 아우성쳤다. 백성들이 이렇게 불평하자 갑자기 불뱀이 사방에서 쏟아져 나와 많은 사람들이 물려죽기 시작

39) 백성이 호르산에서 출발하여 홍해 길을 따라 에돔 땅을 우회하려 하였다가 길로 말미암아 백성의 마음이 상하니라 백성이 하나님과 모세를 향하여 원망하되 어찌하여 우리를 애굽에서 인도해 내어 이 광야에서 죽게 하는가 이 곳에는 먹을 것도 없고 물도 없도다 우리 마음이 이 하찮은 음식을 싫어하노라 하매 여호와께서 불뱀들을 백성 중에 보내어 백성을 물게 하시므로 이스라엘 백성 중에 죽은 자가 많은지라 백성이 모세에게 이르러 말하되 우리가 여호와와 당신을 향하여 원망함으로 범죄하였사오니 여호와께 기도하여 이 뱀들을 우리에게서 떠나게 하소서 모세가 백성을 위하여 기도하매 여호와께서 모세에게 이르시되 불뱀을 만들어 장대 위에 매달아라 물린 자마다 그것을 보면 살리라 모세가 놋뱀을 만들어 장대 위에 다니 뱀에게 물린 자가 놋뱀을 쳐다본즉 모두 살더라(민수기 21:4~9)

했다. 그제서야 백성들은 자신들의 과오를 인정하고 용서를 빌었다. 이에 하나님은 모세에게 불뱀 모양의 놋뱀을 만들어 장대에 높이 매달아 놓고 쳐다보게 했다. 불뱀에 물린 사람들은 장대에 매달린 놋뱀을 보면 죽지 않고 살았다.

예수님은 당신의 십자가에서 죽으심을 이 놋뱀에 비유하셨는데, 무슨 뜻일까? 불뱀에 물려 죽어가던 사람들이 장대에 매달린 놋뱀을 보면 살았다는 게 무슨 뜻일까? 놋뱀에 무슨 특별하고 신비한 치유력이 있어서 쳐다보면 나았다는 뜻일까? 실제로 그렇게 받아들이는 사람들도 있어서 후일 놋뱀에 분향하면서 특별한 효험을 기대하며 우상처럼 섬겼다. 이에 히스기야 왕은 놋뱀을 부숴버리고 말았다.(왕하 18:4) 놋뱀을 쳐다보고 나았다는 것은 에돔 사람은 안중에도 없이 자신들의 이익에 눈이 멀었던 죄악을 보며 철저하게 회개했고, 회개한 자들은 고침을 받았다는 뜻이다.

예수님의 십자가에 들어있는 죄사함의 능력도 마찬가지이다. 십자가는 신비한 거울과 같아서 바라보는 사람에게 자신의 죄악을 느끼며 깨닫고 회개하게 한다. 그리고 철저하게 회개하는 사람에게 용서의 은혜를 베푸신다. 이런 능력은 오직 십자가에만 들어있다. 십자가에 이런 사죄(赦罪)의 능력이 들어있는 이유는 예수님께서 십자가에서 대신 죄 값을 치러주셨기 때문이다. 십자가를 통하여 자신의 죄를 발견하고 철저하게 회개하는 사람에게는 은혜로 주어지는 용서를 경험하게 하신다. 그런데 십자가의 능력은 여기서 그치지 않고 더 이상 죄의 종노릇하지 않도록 도와주시는 성령을 보내주신다. 세례 요한이 언급한 성령의 세례는 이를 말하며 중생(회심, 거듭남)의 과정에서 실제로 경험 된다.

"행위는 필요 없고 오직 십자가의 은혜로만 용서받는다."라고 행위를 배제하면 이는 놋뱀에 신비한 능력이 있다고 생각하며 우상으로 섬겼던 사람들과 같은 오류에 빠지게 된다.

❺ 구원의 확신

십자가를 통하여 사죄의 은혜를 경험한 사람들에게는 사죄의 경험과 더불어 구원받았다는 확신이 주어진다. 이런 구원의 확신은 무엇을 말할까? 흔히 이를 영혼구원이라고 하는데, 구원은 이미 받았으므로 죽은 후 천국에 갈수 있다는 확신에 불과할까? 지금 여기서 해야 할 일이 아직 구원의 확신을 가지지 못한 사람들에게 구원의 확신을 주는 전도와 선교, 그리고 예수님의 사랑을 실천하는 일에 힘쓰는 것인가? 예수님께서 말씀하신 지상명령(마28:19~20, 행1:8)은 이런 뜻일까? 그동안 교회는 이것을 실천하는 선교공동체라고 생각했다. 그런데 여기에는 심각한 오류가 있다. 무엇이 문제일까?

이런 생각에는 계약의 개념이 배제되어 있다. 구약성경, 신약성경이라는 성경의 이름은 계약을 말하며, 이는 계약이 성경의 핵심이라는 뜻이다. 계약을 배제하고 예수님, 십자가, 구원을 해석한다면 이는 그 근본부터가 잘못될 수밖에 없다. 십자가의 사죄를 통한 구원의 확신은 이제 비로소 계약공동체에 들어와서 계약을 실천할 조건을 갖추었다는 뜻이다. 뜻이 하늘에서 이루어진 것처럼 이 땅에 하나님나라가 임하게 해야 하는 계약공동체의 일원은 계약조건에 동의하는 사람만을 받아들여야 한다. 십자가를 통한 사죄는 계약공동체의 구성원에 주어지는 은총이며, 이런 사죄의 경험을 한 사람들이 비로소 계약조건에 동의하고 또 실천 할 수 있다.

계약의 관점에서 보면 구원은 죽은 다음에 천국 가는 게 아니라 지금 여기서 계약공동체의 일원이 되는 것이다. 또 구원의 삶은 죽은 다음에 천국에서가 아니라 지금 여기에서, 교회공동체 속에서 시작된다. 지금 여기서 이렇게 시작된 하나님나라 운동과 구원의 삶은 인간의 한계 때문에 이 땅에서 완성되지 못한다. 완성은 하나님의 특별한 개입으로 예수님의 재림 때에 부활에 참여함으로 실현된다.

이를 종말이라 한다. 이런 계약공동체의 관점에서 구원을 이해해야 한다. 계약을 무시하고 죽은 다음에 영혼이 천국에 가는 것이라고 말하면 이는 영혼불멸, 내세 구원을 말하는 다른 종교의 구원개념과 다를 바 없다.

❻ 오직 예수님으로만

신약성경에서는 오직 예수님으로만 구원받을 수 있다고 한다. 이는 무슨 말일까? 타종교에는 구원이 없다는 것을 강조하는 것일까? 계약을 배제하면 그런 해석이 된다. 그러나 계약의 측면에서 보면 예수님을 통해서 과거의 죄는 물론이고 이제 더 이상 죄의 지배를 받지 않는 사람, 그런 사람들로 구성된 계약공동체를 통해서만 이 땅에 하나님나라의 모형을 실현할 수 있다는 뜻이다. 뜻이 하늘에서 이루어진 것처럼 땅에서 실현되는 것은 결코 쉬운 일이 아니다. 특별한 공동체를 통해서만 기대할 일이다. 인간을 지배하고 있는 죄의 속성을 절대로 가볍게 보아서는 안 된다.

서양의 계몽주의 이후 이성주의, 인간주의에서는 인간의 원죄를 부인하고 인간의 이성과 양심, 인간의 힘만으로 이 땅에서 천국을 실현할 수 있다고 낙관했다. 로크(John Locke 1632~1704)는 인간의 원죄는 무지(無知)의 소산이고, 인간의 마음은 백지(tabula rasa)와 같아서 교육으로 충분히 극복할 수 있다고 낙관했다. 그 이후 서양에서는 교육에 큰 비중을 두어 의무교육을 정착시키고 인간의 이성과 양심, 기술문명, 시민혁명, 공산주의 혁명 등으로 이 땅에 지상낙원을 시도했다. 르네상스 이후 서양의 현대 500년은 하나님을 배제하고 인간의 힘으로 지상천국을 시도했던 시대였다. 그런데 결과는 어떻게 되었는가? 많은 부분에서 인간의 삶을 바꾸어 놓았지만 완전히 실패하고 말았다. 두 번의 세계대전, 대량살상무기, 환경오염 등으로 인류의 멸종을 걱정해야 하는 상황에 직면하자 낙관적인 인간주의자들은 스스로 실패를 인정했고 이어서 현대이후의 시대로 접어들었다.

지난 500년의 경험은 우리에게 많은 것을 시사해준다. 역사의 가장 큰 과제인 지상천국은 인간의 힘만으로는 불가능하다는 사실이 입증되었다. 오직 예수님으로만, 즉 십자가를 통해서 죄의 지배를 받지 않는 사람들로 구성된 공동체에서 최선의 노력을 통해서만 가능하다. 교회공동체가 배제된 예수님으로만이 아니라 교회공동체 안에 계시는 예수님을 통해서만 이 땅에 하나님나라를 실현하는 구원이 가능해진다.

종교개혁 이후 국가종교제도가 폐지되면서 개인의 회심을 중요하게 여기는 경건주의의 여파로 개신교는 개인구원으로 치우쳤다. 이어서 개인의 실존을 중시하는 실존주의 철학은 현대의 신정통주의를 비롯한 복음주의에 영향을 주어 구원이 개인의 문제가 되고 말았다. 성경은 계약의 책이다. 개인적인 구원의 개념은 신앙공동체와 부관하지 않다. 개인적으로 구원의 체험이 일어나야 비로소 교회공동체 구성원이 되어 구원의 삶이 시작된다. 이와 같이 개인 구원과 공동체 구원이 조화를 이뤄야 한다. 개인 구원인가? 아니면 공동체 구원인가? 이는 질문이 잘못되었다. 계약신앙에서는 개인과 공동체는 둘이 아니라 하나이며, 하나여야 한다.

❼ 다원주의

낙관주의 인간론에 영향을 받은 현대 진보신학에서는 예수님의 신성을 거부하고 모범적인 인간으로 보면서 복음서에서 윤리와 도덕, 교훈을 찾아내어 이를 기독교의 핵심이라고 했다. 이런 시각을 가지면 모든 종교는 동일하다는 다원주의를 당연하게 받아들이게 된다. 구원의 기준이 윤리, 도덕, 선행인데, 모든 종교는 이를 기본으로 하기 때문이다. 그러나 구원에 대하여 계약신앙은 전혀 다르게 접근하므로 계약 개념에서는 구원 기준이 확연히 달라진다. 계약신앙에서는 계약을 실천하는 방법을 중요하게 생각한다. 계약공동체 내에서 계약의 구체적인 방법들을 실천하여 구성원 모두가 가장 이상적인 삶을 사는 거룩한 공동체를 모델로 만들어 세상에 보여주는 공동체 실천을 중요시한다. 뜻이 하늘에서 이루어진 것처럼 땅에서 이루어지는 공동체, 하나님나라의 모형을 만들어 세상에 보여주는 선교공동체를 만드는 것이 계약신앙이다.

❽ 계약공동체 윤리

"속옷을 달라하면 겉옷까지 주어라.", "오른쪽을 때리는 자에게 왼쪽을 내어주라.", "오 리를 가자는 자에게 십 리를 가주어라."라는 말씀을 죄악이 지배하는 세상에서 예수님의 사랑이라는 이름으로 실천하려고 한다면 이는 불가능할 뿐만 아니라 어리석은 행위다. 예수님께서 이런 불가능하고 어리숙한 실천을 요구하셨을까? 아니면 실천할 수 없는 영원한 이상을 목표로 주셨을까? 아니다. 이런 말씀은 계약공동체 내의 실천 강령이다. "네 이웃을 네 몸과 같이 사랑하라."는 말씀의 실천은 계약공동체 내에서는 모든 구성원들이 서로 다른 구성원의 일을 내 일처럼 여기라는 말씀이다. 궁극적으로는 세상의 모든 사람을 대상으로 하지만 그 실천 방법은 모범적인 공동체를 만들어 그 공동체를 통해 '보여주는 선교'이다. 온갖 죄악이 지배하는 세상을 대상으로 속옷을 달라 하면 겉옷도 벗어주자고 한다면 이는 실현성은 고사하고 어리석은 구호에 불과하다.

예수님 사후 사도들에 의해 시작된 초대 교회는 계시록이 쓰여질 즈음부터는 로마제국의 박해 때문에 전도는 고사하고 기독교인이라는 사실을 전혀 드러내지도 못했다. 그런데 어떻게 기독교가 급속히 확산될 수 있었을까? 그리스도의 사랑이 실천된 공동체의 '보여주는 선교' 때문이었다. 초대교회 교인들이 실천한 윤리는 임박한 종말을 의식한 종말론적인 윤리가 아니라 계약을 실천하는 계약실천 윤리였다.

다원주의를 쉽게 받아들이는 이들에게 인류 역사 이래로 등장했던 수많은 종교, 문화, 가르침 가운데서 성경 이외에 이런 구원의 기준과 방법을 제시하는 곳이 어디에 있는지를 묻고 싶다.

물음 10 예수님은 왜 요한에게 세례를 받으셨을까?

본문 : 〈 3장 〉

13 이때에 예수께서 갈릴리로부터 요단강에 이르러 요한에게 세례를 받으려 하시니 14 요한이 말려 이르되 내가 당신에게서 세례를 받아야 할 터인데 당신이 내게로 오시나이까

15 예수께서 대답하여 이르시되 이제 허락하라 우리가 이와 같이 하여 모든 의를 이루는 것이 합당하니라 하시니 이에 요한이 허락하는지라

16 예수께서 세례를 받으시고 곧 물에서 올라 오실새 하늘이 열리고 하나님의 성령이 비둘기 같이 내려 자기 위에 임하심을 보시더니 17 하늘로부터 소리가 있어 말씀하시되 이는 내 사랑하는 아들이요 내 기뻐하는 자라 하시니라

네 복음서는 예수님의 세례 받으심을 기록하면서 특별한 일이 일어났다고 기록하고 있다. 무슨 일이 일어났을까?

【1】 15 예수께서 대답하여 이르시되 이제 허락하라 우리가 이와 같이 하여 모든 의를 이루는 것이 합당하니라 하시니 이에 요한이 허락하는지라

사람 앞에 무릎을 꿇고

예수님께서 세례를 받으려고 하자 요한은 자신이 예수님에게 세례를 받아야지 어떻게 예수님께 세례를 주겠느냐며 극구 만류했지만, 예수님께서는 "우리가 이와 같이 하여 모든 의를 이루는 것이

합당하니라."라고 말씀하셨다. 무슨 뜻일까? 인간의 몸을 입으신 하나님이신 예수님께서 사람인 세례 요한 앞에 무릎을 꿇고 세례를 받으시는 것으로 구원사역을 시작하셨다. 하나님의 뜻과 일하시는 방법은 낮아짐과 섬김에 있기 때문이며 또 세례 요한이 시작한 새로운 속죄 제도를 그대로 인정하셨음을 뜻한다.

【2】 16 예수께서 세례를 받으시고 곧 물에서 올라 오실새 하늘이 열리고

예수님께서 가장 낮은 자세로 세례를 받으시자 하늘이 열리고 성령이 임했다. 성령은 어떤 사람에게 임할까? 가장 낮은 자리에서 섬기려는 사람에게 임한다. 성령은 물의 원리와 같다. 물이 낮은 곳으로 내려가듯이 성령도 마찬가지로 낮아져서 섬기는 사람에게 흘러간다. 반대로 악령은 스스로 높아져서 지배하고 다스리려는 사람에게 임한다. 성령의 원리는 낮아짐이요 악령의 원리는 높아짐이다. 영적 싸움에서 마귀를 이기는 길은 다른 데 있지 않다. 스스로 낮아져서 섬기려고 하면 악마가 감히 범접하지 못한다. 그러나 겉으로는 겸손을 가장하지만 속으로 높아지려는 자들은 악마의 영을 피할 길이 없다. 예수님께서는 친히 말씀하셨다.

> 인자가 온 것은 섬김을 받으려 함이 아니라 도리어 섬기려 하고 자기 목숨을 많은 사람의 대속물로 주려 함이니라(마 20:28, 막 10:45)

【3】 하나님의 성령이 비둘기 같이 내려 자기 위에 임하심을 보시더니
17 하늘로부터 소리가 있어 말씀하시되 이는 내 사랑하는 아들이요 내 기뻐하는 자라 하시니라

예수님께서 가장 낮은 자리에서 섬기는 자세로 세례를 받고 올라오시자 하늘이 열리고, 성령이 비둘기처럼 임하신 후에 하늘로부터 "이는 내 사랑하는 아들이요, 내 기뻐하는 자라."는 음성이 들려왔다. 무슨 뜻일까?

지금 예수님께서 보여주시는 모습이 곧 하나님의 모습이라는 뜻이다. 예수님은 하나님의 자기계시이기 때문에, 예수님을 보는 것이

곧 하나님을 보는 것이다. 하나님을 면전에서 직접 뵈오면 어떤 현상이 일어날까? 어떤 강렬한 힘에 압도되어 한순간에 완전히 꼬꾸라져서 가장 낮은 자세가 되고 강한 중압감과 전율에 휩싸여 죽은 자처럼 되어 버리고 만다. 얼마간 그러고 있다가 깨어나면 한없는 눈물 속에서 감히 얼굴을 들지 못한다. 왜 그럴까? 하나님을 막상 대하고 보니 내가 생각했던 것과 달라도 너무 다르기 때문이다. 무엇이 어떻게 다를까?

하나님은 가장 낮은 곳에서, 가장 작고 초라하게, 섬기는 종으로 계신다.

이것이 하나님의 모습이다. 신비체험의 극치는 여기에 있다. 하나님에게 있어서 가장 낮음은 곧 가장 높음이다. 낮아져서 섬기는 자가 되라는 예수님 말씀은 무슨 윤리, 도덕, 교훈이 아니라 영적인 실재(實在)이며 하나님의 존재양식이다. 성경에 등장하는 하나님의 속성에는 이처럼 초월(超越)과 내재(內在), 인격(人格)이 동시에 들어있다. 예수님은 하나님의 자기계시이며 자기형상이시다.

태어나실 때 보여주신 모습이 그러하다.

이름 없는 순박한 시골의 동정녀의 몸을 빌어서
마구간에서 태어나셔서 꾀죄죄한 보자기에 싸여
짐승이 깔고 자는 마른 풀을 깔고
짐승의 밥그릇인 구유에 누워계시는 모습.

세상에서 살아가신 모습이 그러하다.

나사렛 목수로 가난한 가족을 부양하시고
죄인들인 어부와 세리를 불러 제자로 삼으시고
온갖 병자들의 질병과 고통을 대신 짊어지시고
세상에서 가장 작은 자와 당신을 일치시키시는 모습.

돌아가시면서 보여주신 모습이 그러하다.

온 세상 죄인들의 죄를 대신 짊어지시고
가장 흉악한 형틀인 십자가에 대신 못 박히시고
하나님으로부터 죄인들 대신 저주받으시고
가장 고통스러운 죽음을 대신 죽으시는 모습.

어설픈 신학으로, 얄팍한 경험으로, 사람의 생각으로, 하나님을 가늠하며 예수님을 오해하지 말아야 한다. 그분은 우리의 상상을 초월하시는 분이시다. 예수님은 결코 하나님 의식(意識)을 지닌 무슨 모범적인 인간에 불과한 분이 아니시다. 그분의 말씀은 단순한 윤리, 도덕, 교훈이 아니라 하나님의 말씀이며, 진리이며 실재이다. 예수님은 선재하시는 하나님이시며, 근본이 하나님의 본체이시다. 하나님은, 예수님은 단순히 철학적인 학문, 철학적 신학의 대상만이 아니다. 그분은 신앙의 대상이므로 경배로, 경험으로, 직관으로 알아야 한다. 그리고 **하나님에 대하여 말하지 말고 하나님을 말해야 한다**. 하나님을 말할 때 문자로 쓰여진 성경은 지금 여기서 하나님의 말씀이 되며, 말씀 선포(케류그마 Κήρύγυμα)가 된다.

물음 11 예수님, 왜 금식하시며 마귀에게 시험받으셨을까?

본문 : 〈 4장 〉

1 그 때에 예수께서 성령에게 이끌리어 마귀에게 시험을 받으러 광야로 가
사 2 사십 일을 밤낮으로 금식하신 후에 주리신지라 3 시험하는 자가 예
수께 나아와서 이르되 네가 만일 하나님의 아들이어든 명하여 이 돌들로
떡덩이가 되게 하라 4 예수께서 대답하여 이르시되 기록되었으되 사람이
떡으로만 살 것이 아니요 하나님의 입으로부터 나오는 모든 말씀으로 살

것이라 하였느니라 하시니
5 이에 마귀가 예수를 거룩한 성으로 데려다가 성전 꼭대기에 세우고 6 이
르되 네가 만일 하나님의 아들이어든 뛰어내리라 기록되었으되 그가 너
를 위하여 그의 사자들을 명하시리니 그들이 손으로 너를 받들어 발이
돌에 부딪치지 않게 하리로다 하였느니라 7 예수께서 이르시되 또 기록
되었으되 주 너의 하나님을 시험하지 말라 하였느니라 하시니
8 마귀가 또 그를 데리고 지극히 높은 산으로 가서 천하 만국과 그 영광을
보여 9 이르되 만일 내게 엎드려 경배하면 이 모든 것을 네게 주리라
10 이에 예수께서 말씀하시되 사탄아 물러가라 기록되었으되 주 너의 하
나님께 경배하고 다만 그를 섬기라 하였느니라
11 이에 마귀는 예수를 떠나고 천사들이 나아와서 수종드니라

세례를 받으실 때 임하신 성령은 예수님을 광야로 이끌어 갔고, 예수님은 마귀에게 시험을 받으시기 위하여 금식하며 40일을 지내셨다. 이에 대하여 많은 의문이 생긴다. 왜 마귀에게 시험을 받으셔야 했을까? 왜 광야이며 금식일까? 마귀는 무엇을 시험한 것일까?

【1】 1 그 때에 예수께서 성령에게 이끌리어 마귀에게 시험을 받으러 광
야로 가사 2 사십 일을 밤낮으로 금식하신 후에 주리시지라

1. 40일 금식

구약성경에도 40일 금식에 대한 이야기가 있다. 모세가 출애굽한 이스라엘 사람들을 시내산으로 이끌고 와서 하나님과 계약을 맺을 때 시내산에 올라가 40일을 두 번 금식했다.(출24:18, 34:28) 모세와 예수님의 40일 금식은 어떤 상태에서 무엇을 하신 것일까? 지금도 이를 본받아 모세나 예수님처럼 40일 금식기도를 실행하는 이들이 많이 있다. 그런데 모세의 이야기를 보면 물과 떡을 먹지 않았다라고 기록되어 있다.[40] 예수님도 마찬가지였을 것이다. 광야는 물이 없는 곳이기 때문이다. 모세나 예수님처럼 금식하려면 물도 마

40) 모세가 여호와와 함께 사십 일 사십 야를 거기 있으면서 떡도 먹지 아니하였고 물도 마시지 아니하였으며 여호와께서는 언약의 말씀 곧 십계명을 그 판들에 기록하셨더라(출 34:28)

시지 말아야 한다. 그런데 그게 가능할까? 음식은 몰라도 물은 마셔야 40일을 견딜 수 있다. 또 40일을 밤낮으로, 다시 말하면 밤에도 잠을 자지 않았다는 뜻이다. 지금 이렇게 40일을 물도 마시지 않고 잠을 자지 않으면서 기도하는 사람이 있을까?

모세나 예수님처럼 40일 기도한다는 보수주의자들은 그 생각 자체가 잘못이다. 이런 것들은 비합리적이므로 사실이 아니라고 생각하는 진보주의자들도 마찬가지로 잘못되어 있다. 성경의 이야기들은 직접 경험으로 확인하기 전에는 쉽게 단정짓지 말아야 한다. 열린 마음으로 겸허하게 배우며 진지하게 경험으로 확인하려고 해야 한다.

영성의 경험 가운데 절정은 하나님 면전의 상태이다. 이 상태에서는 다양한 신비 현상이 나타날 수 있는데, 그 중 하나가 먹고 자는 것으로부터의 초월이다. 먹지 않아도 배고프거나 기력이 떨어지지 않고, 자지 않아도 졸리거나 정신이 흐려지지 않는다. 육체와 정신 등 모든 면에서 최상의 상태가 지속된다. 필자는 보름 정도 이와 비슷한 상태에 있었다. 어떻게 해서 이런 일이 가능할까? 이치는 단순하다. 태양의 열과 빛은 지상의 모든 생명체에 힘의 원천이다. 그런데 하나님 면전에서는 하나님에게서 나오는 거룩함과 그 빛이 육체와 정신에 에너지를 공급해준다. 천국에는 햇빛이 필요 없고 하나님이 빛이 되신다는 계시록의 표현은 이를 말한다.[41] 예수님께서는 세상에 계실 때에도 종종 이런 상태에 계셨다. 제자들에게 "내게는 너희가 알지 못하는 먹을 양식이 있느니라."(요4:32)라고 하신 말씀은 이를 뜻한다. 성경은 하나님을 경험한 만큼 이해할 수 있다. 그 이상도 이하도 아니다.

모세에 대하여 먼저 생각해 보자. 모세는 이런 상태에서 하나님

41) 다시 밤이 없겠고 등불과 햇빛이 쓸 데 없으니 이는 주 하나님이 그들에게 비치심이라.(계 22:5)

으로부터 율법을 전수받았다. 이는 일방적으로 전달받았다는 뜻이 아니다. 모세는 40일 동안 무엇을 한 것일까?

2. 하나님과 일치

❶마음의 일치

모세는 애굽에서 400여 년 동안 중노동에 시달리며 비참하게 살다가 죽어가는 하비루인 이스라엘 사람들을 보면서 그들을 불쌍하게 여기며 그런 고통에서 벗어나게 해 주고 싶었다. 모세가 애굽 왕궁에서 보낸 40년은 이런 생각을 하면서 보낸 시간이었다. 이는 하나님과 마음의 일치였다. 하나님도 같은 생각이시기 때문이다. 하나님의 일을 하려면 먼저 하나님과 마음이 같아져야 한다. 성경에 등장하는 하나님의 사람들은 다 이런 사람들이다.

❷방법의 일치

그러나 하비루들의 문제를 해결하는 것은 쉽지 않았다. 나름대로 하비루의 문제를 해결하려고 했지만 이는 애굽의 왕권에 대한 반역에 해당되어 미디안 광야로 도망가서 40년을 양치기로 보내야 했다. 그러나 그곳에서도 모세는 이스라엘 사람들의 비참하고 불쌍한 문제가 포기되지 않아 수없이 고민하며 온갖 방안을 궁리해 보았다. 모세의 양치기 40년은 이런 시간이었다. 결국 모세가 찾아낸 방법은 무엇이었을까? 사람의 방법만으로는 불가능하고 신앙의 방법, 즉 하나님의 초자연적인 도우심이 있어야 한다는 결론이었다. 여기에서 모세는 하나님과 방법의 일치가 일어났다.

영성신학에서 말하는 하나님과의 합일 또는 일치는 마음의 일치와 방법의 일치이다. 성경에서 말하는 일치는 초월적인 일치나 어떤 신비적인 일치가 아니다. 이런 결론들은 경험으로 확인하지 않은 추측과 추론의 결과일 뿐이다.

❸소명

이와 같이 마음의 일치에 이어 방법의 일치가 되었을 때, 모세는 떨기나무 불꽃 가운데서 하나님으로부터 직접 소명을 받았다. 계약 체결을 앞두고 모세는 하나님과 독대하며 율법, 즉 구체적인 방법을 총정리하였다.

하나님으로부터 부름받은 사명자라는 말을 남발하지 말아야 한다. 정말로 하나님께서 사명을 주셨는지, 스스로가 그렇게 생각하는 것인지 솔직하고 진지하게 다시 검토해보아야 한다. 하나님으로부터 진짜 소명을 받은 사람의 증거는 스스로가 사명자라고 생각하지 않을 뿐 아니라 드러내놓고 말하지도 않는 데 있다. 왜냐하면 자신은 감히 하나님의 사명을 받을 자가 아니라는 생각이 먼저 주어지기 때문이다. 스스로 사명자라고 떠벌리는 사람은 하나님을 이용해 먹는 자라는 것을 자기 입으로 확인시키고 있는 셈이다.

【2】 3 시험하는 자가 예수께 나아와서 이르되 네가 만일 하나님의 아들이어든 명하여 이 돌들로 떡덩이가 되게 하라

5 이에 마귀가 예수를 거룩한 성으로 데려다가 성전 꼭대기에 세우고 6 이르되 네가 만일 하나님의 아들이어든 뛰어내리라

8 마귀가 또 그를 데리고 지극히 높은 산으로 가서 천하 만국과 그 영광을 보여 9 이르되 만일 내게 엎드려 경배하면 이 모든 것을 네게 주리라

3. 마귀와의 대결

예수님은 모세와 동격이 아니다. 본래부터 모든 면에서 하나님과 일치되신 상태에 있으셨지만, 자신을 전혀 드러내지 않으시고 나사렛에서 목수로 가족들을 부양하시면서 조용히 때를 기다리고 계셨다. 세례 요한이 등장하여 길이 준비되었을 즈음 때가 이르렀음을 아시고 세례를 받으시고 공생애를 시작하셨는데 그 첫 관문은 마귀와의 대결이었다. 예수님에게 왜 마귀와의 대결이 필요하셨을까?

마귀는 죄의 화신이다. 그의 세력은 인간에게는 그 내면의 죄의 속성, 즉 원죄를 통해서, 세상에서는 죄의 권세(어두움의 세력)를 통하여 지배력을 행사하고 있다. 따라서 예수님의 구원사역은 마귀의 권세를 몰아내는 사역이었다. 마귀에게 시험 받으셨다는 것은 마귀의 세력을 제압하셨다는 뜻이다.[42] 마귀는 세 번이나 예수님을 시험했는데, 도대체 무슨 시험을 한 것일까? 또 예수님은 마귀의 무엇을 물리치신 것일까? 마귀의 세 가지 시험은 다음과 같다.

- 돌로 떡을 만들어라.
- 성전 꼭대기로 가서 뛰어내려라. 천사가 다치지 않게 할 것이다.
- 천하만국을 보여주며, 내게 경배하면 이 모든 것을 주리라.

이 이야기에 대하여 다양한 해석이 가능하다. 특히 같은 내용을 다루는 누가복음에서는 시험의 순서가 바뀌어 있고 또 "마귀가 모든 시험을 다 한 후에 얼마 동안 떠나니라."(눅4:13)라고 기록되어 있다. 이후 예수님이 활동하실 때 마귀 들린 자들은 예수님을 먼저 알아보고 '하나님의 아들'이라고 외쳐댔고 예수님은 이를 꾸짖으셨다. 마귀 들린 자들은 왜 군중들에게 예수님을 하나님의 아들이라고 외쳤을까?

❶유대인의 메시야가 되어라

이스라엘 역사의 흐름에서 보면 마귀의 유혹은 "유대인들이 기대하는 그런 메시야가 되어라."이다. 이분이야말로 너희가 기다리던 유대교의 메시야, 즉 정치적인 메시야라고 선동하는 것이다. 그리고 예수님은 문둥병자나 소경 등 중증의 불구자들을 고치신 후에는 소문내지 말라고 당부하셨다. 왜 그러셨을까?

예수님께서 사역하시면서 가장 크게 경계하신 것은 자신이 유대

42) 본문에서 쓰인 시험하다(πειράζω)라는 단어는 유혹하다, 훈련하다, 증명하다 등의 뜻이다.

인들이 기대하던 메시야로 오해받는 문제였다. 마귀의 유혹은 예수님에게 메시야가 되지 말라는 것이 아니라, 유대인의 메시야, 즉 잘못된 메시야의 길을 가라는 것이었다. 이는 이스라엘 역사와 교회사에서도 확인되는데 마귀의 작전은 박해와 같이 신앙생활을 하지 못하게 하는 경우도 있지만, 더 고등술책은 구원의 확신을 가지고 신앙생활에 열심을 내되, 잘못된 신앙생활을 하도록 속이는 것이다. 본인이 알고 있고 믿고 있는 것에 전혀 의심하지 않으면서 열심을 내게 하는데, 열심을 내는 만큼 잘못 가기 때문이다. 마귀의 가장 큰 무기는 속임수이다. 왜 마귀는 예수님에게 유대인이 기대하던 메시야가 되라고 했을까?

유대인들은 오랫동안 메시야를 기다리며 많은 연구를 했다. 기본적인 방향은 그가 초자연적인 능력으로 로마제국 같은 강대국을 이기고 황제로 등극하여 이스라엘로 하여금 세상을 지배하게 하리라는 예상이었다. 그 결과 메시야인 증거는 초자연적인 능력의 여부에 있었다. 이런 이유로 유대인들은 예수님에게 하늘로부터 오는 표적을 보여 달라고 계속 요청했다. 이를 염두에 두면 마귀의 세 가지 유혹이 무슨 뜻이었는지 이해된다. 과거 유대인들이 광야에 있을 때 하늘의 양식인 만나로 살았듯이 초자연적으로 식량을 해결하고, 초자연적인 방식으로 전쟁에서 승리하고 유대인의 메시야인 황제가 되라는 것이 마귀의 요청이었다.

복음서에서는 세 메시야에 대하여 말하고 있다.

첫째, 의인의 메시야이다.

당시 유대교는 인과응보교리에 의해 의인과 죄인을 나누어 놓고 있었다. 의인의 조건은 율법준수, 건강, 부자, 출세 등이고 죄인은 율법을 지키지 않아서 가난, 질병, 불구, 하층민 등 징계를 받은 사람들이었다. 유대인들이 기대하던 메시야는 의인의 메시야였다.

둘째, 죄인의 메시야이다.

이는 계약으로 이해하는 메시야인데, 앞에서 언급한 바와 같이 예수님께서는 죄인들을 불러 그들과 계약을 맺으셨다. 예수님께서 죄인을 구원하러 오셨다함은 이를 말한다. 성경에서 말하는 죄인은 종교적인 죄인이지 오늘 우리가 생각하는 윤리, 도덕, 사회법의 죄인이 아니다. 예수님께서는 죄인들을 불러 그들과 계약을 맺으시고 그들의 죄성의 문제를 해결하시며 이 땅에서 하나님나라의 공동체를 만드신 후 보여주는 선교를 통해 세상을 구원하신다. 예수님께서는 이런 일을 하는 사람을 하나님의 아들이라고 부르셨다.

셋째, 진리의 메시야이다.

이는 주로 요한복음에서 나타난다. 유대인이 아닌 이방인들은 유대교의 의인, 죄인 개념이 없었다. 요한은 이들에게 예수님은 진리의 메시야라고 소개하고 있다. 서두에서 예수님을 말씀이라고 말하는데, 말씀 즉 로고스는 헬라인들이 찾던 진리이다. 또 성령은 진리의 영, 깨닫게 하는 영이며, 이를 돕는 보혜사라고 재해석했다.

오늘 우리는 예수님을 어떤 메시야라고 생각하는가? 유대인처럼 사람들을 구원받은 자와 받지 못한 자로 나누어 놓고 구원받은 자의 메시야라고 생각하며, 십자가에서 우리의 죄를 은총으로 해결해 주시며, 하나님나라로 인도해주신다고 생각한다면 이는 큰 오산이다. 오늘 우리는 예수님을 잘못 믿으면서 확신을 가지고 열심을 내고 있다. 이는 마귀가 원하는 바를 충실하게 충족시키는 셈이다.

❷마귀의 가장 무서운 전략

의인의 메시야사상을 비롯하여, 안식일법, 정결예법, 성전신앙 등은 당시 유대교의 정통신앙이었다. 그 정통신앙으로 보면 예수님은 분명 이단이었다. 구약의 왕정기에도 같은 일이 벌어졌었다. 다윗왕조신앙, 성전신앙, 제사신앙은 당시의 정통교리였고, 이를 거짓이라고 공격하는 예언자들은 이단이었다. 이런 일은 중세 기독교에서도 반복되었다. 교황신학을 비롯한 주요 교리들은 정통신앙이어서 여기에 거슬리면 다 이단이 되고 말았다. 이런 현상은 무엇을 말하는가?

마귀는 정통신앙을 점령하여 정통신앙의 이름으로 자신의 영역을 구축한다. 이것이야말로 마귀의 가장 무서운 전략이다. 어떻게 이런 일이 가능할까? 정통신앙이 출발할 그 당시에는 바른 신앙이었다. 유대교의 인과응보교리는 포로기의 유대인들을 살려낸 교리였으며, 안식일법은 알렉산더의 헬라화 정책을 막아낸 일등공신이었다. 인과응보교리와 안식일법은 인류 종교사의 최대 걸작이라고 해도 지나치지 않다. 그러나 그 교리와 법들은 그 당시의 특수한 상황에서 적용되었었다. 상황이 바뀌면 이제 다시 재해석해야 한다. 재해석을 멈춘 채 옛 전통과 정통에 의지하면 서서히 악마의 도구로 변질된다. 예수님께서 "새 술은 새 부대에"라고 누누이 강조하신 것은 이런 연유 때문이며, 이를 거부하는 바리새인들을 마귀의 앞잡이라고 책망하셨다.

오늘 우리 개신교는 어떠한가? 똑같은 함정, 곧 마귀의 무서운 전략에 지배당하고 있다. 마귀에게 걸려든 앞잡이들은 정통신앙의식에 사로잡혀 자신들의 신앙에는 추호의 오류도 없다고 확신하게 된다. 신앙생활에서 확신이 필요하고 그것이 중요한 역할을 하기도 하지만 마귀가 가장 선호하는 방법이기도 하다. 마귀의 가장 큰 무기는 이와 같은 속임수이다. 정통주의자들은 자칫 마귀의 앞잡이로 전락할 수도 있다. 끊임없이 자신을 돌아보아야 한다.

❸예수님의 사역

이런 측면에서 본다면 예수님의 활동은 유대교의 잘못된 신앙을 바로잡는 사역이었다. 복음서에는 예수님과 당시의 정통 유대교 신앙과의 갈등과 충돌의 내용으로 가득 차 있다. 세상 구원은 곧 잘못된 신앙을 바로잡는 것과 같은 것이다. 구원의 문제를 다루는게 종교인데 그 종교를 바로잡는 것이 곧 구원 사역이다. 유대교뿐만 아니라 오늘의 기독교를 비롯한 세상 모든 종교들은 오류를 벗어나지 못하고 있다. 지엽적인 부분에서가 아니라 근본적인 핵심에서 그러하다.

【3】 11 이에 마귀는 예수를 떠나고 천사들이 나아와서 수종드니라

예수님께서는 마귀의 시험을 이겨내셨다. 마귀와의 대결은 구체적으로 어떤 상태일까? 경험으로 확인한 만큼만 정리해 보고자 한다.

4. 마귀와의 대결 상태

마귀의 가장 무서운 무기가 속임수이므로 그 속임수에 넘어가지 않으려면 우선 마귀의 정체부터 똑바로 알아야 한다. 마귀에 대해서 아는 것은 생각보다 쉽지 않다. 마귀를 직접 경험해 보되, 마귀의 영으로 채워지는데 까지 가봐야 하는데, 마귀의 영으로 채워진 상태에서 이를 이겨내기란 불가능할 만큼 어렵다. 영성의 단계에는 하나님, 나, 마귀 등 세 대상에 대한 인식이 서로 비례하면서 진행되는데, 마귀는 영성의 진보를 방해하기 때문에 다양한 형태로 경험된다.

마귀에게 시험받는 여러 단계가 있다. 가장 일반적인 첫 단계는 평소의 평범한 마음과 생각, 감정을 지배하는 것인데, 여기에서 예외 되는 사람은 아무도 없다. 대부분의 사람들은 이것이 마귀의 영향이라고 생각하지 않고 더럽고 추악한 온갖 생각과 감정의 변화, 시기심, 우쭐함, 우울함 등은 누구에게나 있는 인간성이라고 생각한

다. 영성의 길에서 마귀에 대하여 마지막 단계를 경험해보면 이런 것들이 마귀로 말미암았던 것임을 비로소 알게 된다.

그 다음으로는 마귀의 존재가 감지되는 상태인데 기도 등을 할 때 어떤 보이는 형체로 또는 마음과 생각으로 공격과 방해를 받고 있음을 알게 된다. 이런 상태는 영성으로 가는 길목에서 초기에 나타나는 일반적인 현상이며 개인들에게 각양각색으로 나타난다.

여기서 조금 더 나아가면 어떤 영적인 힘으로 신체에 공격을 당하거나, 마음과 생각 등에서 마귀의 집중적인 공격을 받는다. 사람마다 경험되는 양상은 제각기 다 다르지만 공통점은 집요한 방해 공작이 한 순간도 쉬지 않고 오랜 기간 계속된다는 점이다. 이 상태를 이겨낸다는 것은 정말로 쉽지 않다. 필자의 경우 이런 시간이 10여 년 지속되었다. 기도와 신앙생활에 집중하면 마귀의 공격이 더 심해지고 기도를 중단하면 덜해져서 기도에 집중할 수가 없어 포기해야 할 지경에 이르렀었다. 어떤 계기로 40여 개월 동안 기도에 집중할 때에는 마귀와 정면에서 전면전을 벌여야 했다.

영성 경험의 절정은 성령과 악령으로 채워지는 상태다. 이런 경험은 꿈이나 환상 같은 비몽사몽의 어떤 상태가 아니라 현실의 실제에서 진행되며 그 결과도 그대로 현실에서 이어진다. 또 이런 채워짐은 일반적으로 경험되듯이 어떤 충만함과도 판이하게 다르다. 마치 유리병에 물을 채우는 것처럼 내 온 몸에 영으로 채워짐이 감각으로 선명하게 전달된다. 또 이런 채워짐은 곧 마귀나 또는 하나님 면전의 상태이며, 이때에는 어떤 독특한 엑스타시(희열)의 상태가 되는데 서로 상반된다. 먼저 성령으로 채워지면 정신과 마음, 감정과 의지 등이 지극히 정상일 뿐만 아니라 최고의 상태가 되면서 잔잔하고 고요한 평안이 주어진다. 하나님과 최초의 대면이 일어날 때에는 전율과 중압감 때문에 죽은 자와 같이 되지만 수차 반복되면 그런 상태는 지금 여기서 말하는 상태로 바뀐다. 이 상태에서는 하나님과 직접 소통이 가능해지는데, 그 어떤 경우에도 하나님께서는 강제력을 행사하지 않으시고 개인의 의사와 판단, 선택을 전적으로 존중하신다. 하나님의 인격은 이렇게 경험된다.

그러나 마귀의 영으로 채워지면 이와는 정반대의 상태가 된다. 악령으로 서서히 채워지면서 비상(飛上)이 일어나는데, 공간적인 비상과 유사하게 영적으로 높아지기 시작하여 하나님 계신 곳까지 이르게 되는데 더 높아지려고 안간힘을 쓴다. 여기에 이르면 우선 자기 통제력을 잃을 만큼 강렬한 엑스타시에 빠져드는데, 그 느낌은 성적인 오르가즘의 상태가 지속되는 것과 지극히 유사하다. 너무 큰 희열의 상태가 이어지기 때문에 의지력, 판단력 등은 아무런 역할을 하지 못하며, 감정으로는 이 상태를 즐긴다.

마귀는 이런 상태에 빠져있는 나에게 전 세계 도처에서 나를 추종하는 자들이 구름떼처럼 몰려들어 열광하고 있는 모습들을 보여주었다. 그 추종자들은 내가 무어라 말할 필요도 없이 이쪽저쪽을 쳐다보기만 하면 쳐다보는 쪽에서는 열광의 도가니가 되어 쓰러지고 기절하는 현상이 나타난다. 그 이유는 절정에 이르러있는 희열의 상태가 그들에게 그대로 전달되기 때문이다. 이를 경험한 자들은 나를 신으로 추앙한다. 마귀는 내게 이런 것들을 보여주면서 자신과 손을 잡으면 이런 것들을 다 허락하겠다고 한다. 그런데 내게는 이를 거절할 힘이 하나도 없을 뿐만 아니라 이 상태가 너무 좋고 또 마다할 이유가 없게 느껴진다. 마귀에게 완전히 지배당하는 상태이기 때문에 인간의 힘으로는 이 상태에서 절대로 벗어나지 못한다.

하나님께서 이 부족한 자에게 성경을 경험으로 이해하게 하시기 위하여 이런 상태를 잠시 허락하셨기에, 하나님의 전적인 도우심으로 이 상태에서 빠져 나올 수가 있었다. 이단에서 추종자들이 교주를 신격화하고 재산은 물론 성적으로 유린당하는 일들이 비일비재한 것은 그 교주가 마귀의 영에 지배받고 있기 때문에 일어나는 영적인 현상인데, 한번 악령에 미혹당하면 벗어난다는 것은 불가능하리만큼 어렵다.

마귀가 내 밖에서 나를 공격할 때에도 나름대로 마귀를 파악하지만 마귀의 영이 나의 온 존재에 채워지면 이제는 마귀의 지배를 받는 상태가 되기 때문에 마귀의 정체를 명확하게 알게 된다.

내 경험으로 미루어 짐작하건대 예수님께서 마귀에게 시험 받으실 때에도 이와 어떤 비슷한 상태에서 시험 받지 않으셨을까 판단된다. 특히 마귀가 예수님을 높은 곳으로 이끌고 가서 천하만국을 보여주며 시험했다고 하는데, 이는 어떤 높은 산에 올라가서 보여준 게 아니라 영적인 비상의 상태에서 실제로 온 세상을 보여주었다는 뜻이다. 마지막 구절의 "이에 마귀는 예수를 떠나고 천사들이 나아와서 수종드니라."(4:11) 라는 말씀은 예수님께서 마귀의 영에 채워진 상태에서의 시험을 마치시고 난 후 다시 성령으로 채워지는 상태로 돌아오셨다는 뜻으로 생각된다.

다시 언급하지만 이런 시험은 영적인 세계에서 일어나는 것이 아니라 지금 여기의 현실에서 실제로 일어나는 사건이며, 또 그 결과가 현실에서 그대로 나타난다. 이단의 교주들이 어떤 영적인 경험을 하고 난 뒤에 급속히 추종자들이 몰려드는 것이 그 증거 중 하나다.

종교와 신앙의 세계는 합리적인 이해만으로는 한계가 있다. 합리적인 이해와 더불어 경험적인 이해가 같이 병행되어야 한다. 합리적인 이해의 노력이 필요한 이유는 경험적인 이해가 주관으로 치우치는 오류를 막아주기 때문이다. 그러나 우리는 합리적인 이해의 한계를 인정하고 종교, 신앙적인 차원에 대하여 열린 자세를 가져야 한다.

물음 12
예수님, 왜 갈릴리로 가셨을까?

본문 : 〈 4장 〉

12 예수께서 요한이 잡혔음을 들으시고 갈릴리로 물러가셨다가 13 나사렛
을 떠나 스불론과 납달리 지경 해변에 있는 가버나움에 가서 사시니 14
이는 선지자 이사야를 통하여 하신 말씀을 이루려 하심이라 일렀으되 15
스불론 땅과 납달리 땅과 요단 강 저편 해변 길과 이방의 갈릴리여 16
흑암에 앉은 백성이 큰 빛을 보았고 사망의 땅과 그늘에 앉은 자들에게
빛이 비치었도다 하였느니라

【1】 12 예수께서 요한이 잡혔음을 들으시고 갈릴리로 물러가셨다가

예수님께서는 갈릴리 지역에서 사역을 시작하셨다.[43] 그런데 갈릴리에서 시작하셨다는 것을 네 복음서는 왜 다 언급하고 있을까? 당시 이스라엘은 남쪽의 유다, 중부의 사마리아, 북부의 갈릴리 등 세 지방으로 나뉘어져 있었다. 이 중 갈릴리 지방에는 만년설이 녹아 흘러내리는 요단강과 갈릴리 호수가 있어 농업, 목축업, 어업의 적지였으며, 여기에서 필요한 식량의 대부분이 공급되었다. 그러나 농지, 목초지와 양떼, 갈릴리 호수의 어선 등의 소유주는 대부분 수도 예루살렘이 있는 유다지역에 살았다. 당시 유대인들은 인과응보 교리에 의해서 가난한 사람, 병자 등은 하나님께 죄를 지은 결과라고 생각했다. 따라서 갈릴리에서 가난하게 살아가는 소작농과 목동, 어부들은 모두가 죄인들이었고, 의인들은 주로 예루살렘이 있는 유다지방에 살았다. 당시에 갈릴리 사람이라는 말은 죄인이라는 말과 동의어로 쓰였다.

예수님께서 갈릴리로 가셨다는 이야기는 단순한 지역을 소개하는

43) 마4:12~16, 막1:14, 눅4:14, 요2:1

것이 아니라 죄인들에게로 가셨다는 말이다. 왜 갈릴리로 가셨는가? 예수님은 죄인들을 구원하시려고, 다시 바꾸어 말하면 죄인들을 부르시어서 그들과 계약을 맺으시려 오셨기 때문이다. 예수님의 제자들은 갈릴리 출신이었고, 후일 예수님께서 부활 승천하신 다음에 마가 다락방에 모여 있었던 120여명의 사람들도 갈릴리 사람들이었다. 옛 계약에서는 하비루를 통해서 하비루의 문제해결을 시도하셨는데, 이제 죄인들을 통해서 죄인을 구원하시는 새로운 계약을 맺으시기 위하여 예수님께서는 죄인들의 땅인 갈릴리로 가셨다.

【2】 15 스불론 땅과 납달리 땅과 요단 강 저편 해변 길과 이방의 갈릴리여 16 흑암에 앉은 백성이 큰 빛을 보았고 사망의 땅과 그늘에 앉은 자들에게 빛이 비치었도다 하였느니라

왜 하비루를 통해서 하비루의 문제를, 죄인을 통해서 죄인의 문제를 해결하실까? 하비루, 죄인들은 그 시대의 가장 고통스런 삶을 사는 사람들이기에 그 삶이 얼마나 힘든지를 가장 잘 알기 때문이다. 이는 지극히 단순한 이치이다. 오늘의 하비루, 죄인의 상태에 있다면 실망하지 말라. 이는 무슨 운명, 팔자가 아니다. 재수가 없거나 운이 나쁜 것은 더더욱 아니다. 이는 기회가, 그것도 대단히 큰 기회가 주어진 것이다. 지금도 그분은 갈릴리로 찾아오신다.

힘든 하루를 보내는 수많은 흙수저들이여!

절망하지 말라, 원망하지 말라. 금수저를 부러워 말라. 포기하기에는 아직 이르다. 하나님께서 만드신 세상의 원리와 이치를 깨달으라. 자신의 문제뿐만 아니라 흙수저 모두의 문제를 해결할 기회가 주어져 있다. 많이 생각하라. 많이 고민하라. 생각을 크게 해라. 마음을 크게 가져라. 정신을 똑바로 차려라. 많이 두드리고 많이 찾으라. 구하고 또 구하라. 하나님께서는 그 사람을 지금 찾고 계신다. 마음으로, 방법으로 그분과 하나가 되기에 이르라. 그리하여 오늘의 모세, 오늘의 엘리야, 오늘의 세례 요한이 되어라.

하나님은, 오늘의 세상은 위대한 흙수저, 너를 기다리고 있다.

물음 13

왜 하나님나라가 가까이 왔다고 선언하셨을까?

본문 : 〈 4장 〉

17 이 때부터 예수께서 비로소 전파하여 이르시되 **회개하라 천국이 가까이 왔느니라** 하시더라

현대의 복음서 연구에서는 다양한 해석과 의견들이 있기 때문에 어떤 문제들에 대하여 의견일치를 기대하는 것은 대단히 어렵다. 그런데 "복음서의 주제가 무엇인가?" 라는 문제에 대해서는 거의 의견이 일치하는데 '하나님나라' 이다. 이런 사실은 세례 요한과 예수님의 첫 선언이 "천국이 가까이 왔다." 라는 사실에서도 잘 나타난다. 마태복음에서는 하나님나라 대신 하늘나라(천국)가 사용되는데, 그 이유는 유대인들은 하나님의 이름을 함부로 부르지 말라는 십계명 때문에 하나님의 이름을 사용하지 않았기 때문이다. 복음서의 주제는 왜 '하나님나라' 이며, 하나님나라는 어떤 의미일까? 왜 '하나님나라가 가까이 왔다' 고 선포하셨을까? 이에 대하여 성경의 의미와 역사에서의 의미를 생각해 보고자 한다.

1. 성경의 하나님나라 의미

복음서의 하나님나라 개념을 이해하려면 계약의 관점으로 구약성경의 옛 계약을 먼저 이해해야 한다. 구약성경과 신약성경의 연결고리는 계약이다. 구약에서는 계약의 정신이 실현된 나라를 거룩한 나라라고 불렀으며, 그 특징은 신분, 지위, 빈부의 격차가 없는 공동체였다. 구약의 거룩함이란 단어에 가장 비슷한 동의어는 평등인데, 법적인 평등과 더불어 경제적인 평등의 개념이다. 계약이 실현되어

야 할 땅인 가나안을 거룩한 땅, 약속의 땅, 젖과 꿀이 흐르는 땅이라고 부르고 있다. 율법서와 예언서에서 고아와 과부와 나그네라는 용어가 반복되는 것은 그들의 문제를 해결하는 것이 곧 계약정신과 부합하기 때문이다. 출애굽 이후 하나님과 계약을 맺었던 옛 계약공동체인 이스라엘은 계약을 준수하지 않아 하나님으로부터 버림받아 나라가 멸망하고 포로와 망명생활을 해야 했다. 계약파기의 증거는 나라가 멸망하고 땅을 반납하고 다시 계약 이전 상태인 하비루(노예)로 돌아간 데에 있다.

신약 즉 새 계약으로 넘어오면 거룩한 나라라는 용어가 하나님나라로 대체되고 있으나 개념에서는 큰 변화가 없다. 세례 요한과 더불어 예수님께서 하나님나라가 "가까이 왔다."라고 선언하신 이유는 옛 계약을 파기하고 이제 다시 새로운 계약 즉 하나님나라를 실현할 때가 되었다는 뜻이다. 구약에서 거룩한 나라는 이스라엘 공동체가 가나안에 입주하여 실천해야 할 나라였다. 마찬가지로 신약의 하나님나라도 지금 여기의 삶속에서 실현해야 할 나라이다. 주기도문의 "뜻이 하늘에서 이루어진 것 같이 땅에서도 이루어지이다"라는 말씀은 이를 뜻하며, 계약공동체가 가야 할 방향이자 이루어야 할 목표이며 사명이다.

구약의 거룩한 나라와 신약의 하나님나라는 이 땅에 실현해야 할 하나님나라의 모형이었다. 그런데 구약의 이스라엘 공동체는 계약을 저버리고 말았다. 신약의 교회공동체는 어떠했는가?

2. 역사에서의 하나님나라

1) 교회사

예수님께서는 제자들에게 하나님나라의 실현에 대하여 집중적으로 교육시키셨고, 사도들은 그 뜻을 받들어 초기 교회에서 실천에 옮겼다. 사도행전에서 교회가 설립될 당시 최초의 교인들이 재산을 가지고 와서 사도들의 처분에 맡겼다는 것은 이를 말한다. 이런 정신은 박해시대에도 이어졌다. 이 시기에 교인이 되려면 목숨과 재산을 포기해야 했다. 이런 상황에서 기독교인이 로마제국 인구의 10% 이상이었다는 것은 기적이라고 밖에는 설명되지 않는다. 이런 정신에 힘입어 교인이 급증했고 이어서 로마제국의 국교가 되었고 로마제국의 국정 운영권이 교회에 주어졌다. 하나님께서는 계약공동체에게 계약을 실현할 땅을 주시는데 로마제국은 교회에 주어진 계약의 땅이었다.

그러나 박해가 종식되고 기독교가 로마제국의 국교가 되면서 어이없게도 이런 정신이 실종되고 말았다. 이 시기의 교회 지도자들은 교리논쟁과 교권싸움에 몰두할 뿐, 정작 교회가 로마제국의 국교로서 무슨 일을 해야 하는지에 대해서는 도무지 관심도 이해도 없었다. 그러는 사이에 교회의 중심지는 회교에게 넘어가고 말았다. 기독교가 국교가 되고 난 다음에 교인들의 삶은 더 피폐해져서 교인들이 앞장서서 교회의 십자가를 떼어내고 회교의 초승달을 걸었다. 기독교가 로마제국의 국교가 되었다함은 로마제국이 새 계약공동체에 주어진 계약의 땅, 거룩한 땅, 약속의 땅이었는데, 그 당시의 교회 지도자들에게는 이런 이해가 전혀 없었다. 더 안타까운 것은 그 이후 지금까지의 교회사나 기독교 신학에 이런 이해는 아직 나타나고 있지 않다. 기독교 신학에서 계약의 개념이 실종되었기 때문이다.

아우구스띠누스(354~430)의 「신국론」 이후 교회는 세상나라와 하나님나라를 둘로 나누어놓고 하나님나라는 죽은 다음에 시작되며, 현실에서의 신분, 지위. 빈부의 차이 등의 문제는 하나님나라에 가면 다 해결된다고 가르쳤다. 이처럼 말도 안 되는, 어처구니없는, 무지몽매한 신앙이 중세 천 년 이상을 지배했으며, 지금도 계속되고 있다. 교회의 지도자들이 역사에서 범한 오류는 그 어떤 변명으로도 용납될 수 없다.

2) 세속사

중세 교회에 대한 역사적인 심판은 르네상스(인문주의)라는 이름으로 다가왔는데, 중세 기독교의 신본주의, 교권주의에 대한 거부이며 반발이었다. 계몽주의는 중세 기독교 신앙을 무식한 미신에 불과하다고 혹평하며 '계몽'(啓蒙)과 청산의 대상으로 삼았는데, 이는 역사적인 평가에 해당된다고 할 수 있다. 부끄럽지만 우리 기독교인들은 이런 평가를 솔직하게 인정하고 반성하며 역사의 교훈을 잊지 말아야 한다. 중세 교회가 범한 역사적인 오류에 대해서는 전혀 변명의 여지가 없다. 영국의 계몽주의자들은[44] 기독교의 하나님, 성경, 계시, 원죄 등을 전면 거부하고 이성을 내세우면서 자연의 원리와 이치에 부합하는 자연종교인 이신론(理神論 Deism)을 주장했다. 인간의 원죄는 무지의 산물이므로 양심을 일깨우는 교육으로 해결할 수 있으며, 인간의 이성과 과학기술로 현실에서 지상천국을 건설할 수 있다고 낙관했다. 기독교 국가였던 영국에서 이런 계몽주의로 말미암아 서양의 현대는 시작되었다.

"인간의 이성이 종교적인 영역을 다 알 수 있는가?"라는 회의가 일어나면서 영국의 계몽주의는 독일의 관념주의로 넘어갔다. 칸트(Immanuel Kant 1724~1804)는 이성의 영역을 순수이성과 실천이성으로 나누어 종교는 실천이성, 즉 윤리와 도덕적인 실천의 영역이라고 구분함으로써 도덕종교의 길을 열어 놓았다. 기독교 철학자였던 헤겔(Georg Wilhelm Friedrich Hegel 1770~1831)은 기독교의 영원, 불변(不變)한 정적(靜的)인 신론을 변증법적으로 완성을 향해 나아가는 동적(動的)인 신론으로 바꾸어 놓았다. 헤겔은 역사

44) 대표적인 인물은 베이컨(Francis Bacon 1561-1626), 로크(John Locke 1632~1704), 흄(David Hume 1711~1776) 등이다.

는 절대정신(하나님)의 자기 회귀의 과정이므로 역사는 곧 하나님의 역사이며, 하나님은 인간의 역사 속에서 완성되어진다고 했다. 이로서 칸트와 헤겔은 하나님나라가 이 땅에 실현되어져야 한다는 계몽주의 이후의 지상(地上) 천국론에 대하여 철학적인 기초를 제공해주었다.

3) 자유주의 신학

이런 분위기는 기독교 신학에 고스란히 영향을 주어 기독교에 대하여 신앙적 해석을 포기하고 합리적 해석을 시도하기 시작했다. 슐라이에르마허(Friedrich Schleiermacher 1768-1834)는 낭만주의에 젖은 지성인들에게 합리적으로 기독교를 설명하기 위하여 종교는 교리체계가 아니라 하나님과의 관계이며 절대의존의 감정이라고 해석했다. 그로 말미암아 이성적이고 과학적인 지성인들을 위하여 기독교 신학을 합리적으로 해석하는 자유주의 신학이 시작되어 그를 자유주의 신학의 아버지라고 부른다.

리츨학파를 구성하여 자유주의 신학을 확산시켰던 리츨(Albre-cht Ritschl 1882~1889)은 신앙은 실재(實在)에 대한 가치판단인데, 최고의 가치는 예수 그리스도 안에 계시된 하나님나라이며, 이 하나님의 나라는 인류가 추구하는 최고의 목표이자 선이며 동시에 하나님 자신의 최고 목표이자 존재이유라고 했다. 물론 이 하나님나라는 지상에 세워져야 한다. 자유주의 신학의 이런 내재적, 현세적인 하나님나라 운동은 사회복음, 과정신학, 세속화신학, 해방신학 등으로 명맥을 이어갔다.

자유주의 신학은 성속이원론, 두 왕국설, 타계적인 구원 등 정통신학의 한계를 질타하며 하나님나라를 지금 여기에 세워야 한다고 역설한 부분에서는 크게 공헌했다. 그러나 신앙에 대하여 합리적인 해석을 시도한 결과 삼위일체, 기독론, 원죄, 속죄론 등 기독교의 근간을 이루는 교리들이 모두 포기되었으며, 하나님의 초월성이 거부되고 하나님이 계실 자리도 사라졌다. 예수님의 신성을 거부하고 모범적인 인간으로 보는 자유주의 신학은 하나님이 배제된 인간학인 셈이다. 그 결과 현대 지성인들에게 기독교를 변증한다는 본래의 취지와는 반대로 기독교를 쇠퇴의 길로 몰아넣었다.

4) 신정통주의와 복음주의

이에 실존주의 철학을 기반으로 하는 신성통주의 신학이 등장하여 정통기독교 신학을 재건하려는 시도를 했다. 바르트(Karl Barth 1886~1968)는 하나님의 계시는 기록된 성경 말씀이라고 주장해서 현대신학의 판도를 바꾸어 놓았고, 부루너(Emil Brunner 1889~1966)는 계시가 하나님과의 인격적인 관계라고 했으며, 불트만(Rudolf Bultmann(1884~1976)은 신화를 재해석한 말씀의 선포(Κήρὺγυμα)를 통한 실존적인 만남을 강조했다. 또한 복음주의는 근본주의의 한계를 극복하고 정통신앙의 명맥을 이어가려고 안간힘을 썼으나 자유주의 신학의 흐름에 큰 영향을 주지는 못하고 말았다. 또 기독교 무신론인 사신신학(死神神學 theothanatology), 해체주의 등의 급진적인 신학이 등장하는 혼란 속에서 종말론적인 희망을 강조하는 희망의 신학이 나타났다.

그러나 정통신앙을 중요하게 여기는 이런 흐름에서도 계약의 관점에서 구약과 신약을 연결시키고 역사를 해석하는 시도는 찾아보기가 어렵다. 보수주의에서는 하나님나라는 죽음 이후에 내세에서 이루어진다는 중세의 전통을 답습하며 영혼구원을 위한 선교에 치중했을 뿐, 현실세계를 바꾸려는 아무런 시도도 하지 않았다. 세상은 심판으로 멸망받고 내세에 천국이 이루어진다고 믿고 있기 때문이다.

5) 지난 역사의 주제와 평가.

현대가 종언을 고한 현대 이후(post-modernism)에 살면서 지난 역사를 돌이켜 보면, 역사의 주제가 '하나님나라'였음을 확인하게 된다. 인류 문명의 길목인 BC 1500년에 체결되었던 첫 계약의 주제는 지상에 세워질 거룩한 나라(하나님나라)였고, 예수님으로 말미암아 AD 30년에 체결된 두 번째 계약의 주제도 하나님나라였다. 중세 기독교는 사후에 가는 천국으로 왜곡되었지만 어찌되었든 하나님나라를 추구했다. 기독교를 거부한 인간주의 운동인 지난 현대 500년의 주제도 결국 하나님나라였다.

왜 인류 역사의 주제가 하나님나라였을까? 인간이라면 누구나 이 세상에서 행복하게 살아가기를 원하기 때문이다. 이보다 더 큰 가치, 철학, 이념이란 있을 수 없다. 하나님나라는 인간이 추구해야할 절대명제다. 그런데 결과는 어떻게 되었는가?

한마디로 완전 실패다. 첫 계약을 맺었던 유대교도 실패했고, 두 번째 계약을 맺었던 교회도 부끄러운 참패를 했다. 보다 못해 이번에는 인본주의자들이 나서서 하나님 없는 지상낙원을 시도했지만 결국 실패하고 말았다. 인문주의는 과학기술과 접목되어 많은 공헌을 했지만 부작용이 너무 컸다. 환경오염, 생태계파괴, 대량살상무기 등으로 말미암아 인류멸종이라는 심각한 위기를 맞이하고 말았다. 이 위기를 어떻게 해결해야 할지 아무런 답이 없는, 답을 찾을 가능성이 없는 절망이 우리가 당면한 현 주소다. 이제는 하나님나라라는 말을 꺼낼 수도 없는, 이를 다시 언급하면 미친놈 취급받는 시대에 우리는 살고 있다.

인류역사는 곧 하나님나라 운동의 역사였는데, 왜 실패했을까? 이를 다루려면 지난 역사를 상세하게 분석해야 하므로 여기에서 다룰 주제가 못된다. 결론만을 지적하자면 교회는 계약에 대한 이해가 실종되어 실패했고, 현대 500년은 그 실행 방법에서 오류를 범했기 때문이다. 올바른 방법은 성경에서 말하는 계약의 정신과 그 실행 방법에서 통찰력을 얻어야 한다. 이에 대해서는 졸저 「하비루의 길」과 「죄인의 길」에서 다루고 있다.

이제 다시 본문으로 돌아가 보고자 한다.

【1】 17 이 때부터 예수께서 비로소 전파하여 이르시되 **회개하라…**

세례 요한과 예수님께서 왜 회개하라는 말씀을 제일 먼저 외치셨으며 무슨 뜻일까? 첫 계약에 실패한 자들을 향하여 계약 실천에 실패한 것을 회개하라는 말씀이다. 성경은 결코 막연한 회개가 아니라, 구체적인 회개를 말한다.

【2】 17 **…천국이 가까이 왔느니라** 하시더라

천국이 가까이 왔다는 말씀은 무엇일까? 옛 계약을 폐지하고 새 계약을 체결하여 하나님나라 운동을 다시 시작하겠다는 말씀이다. “세례 요한의 때부터 지금까지 천국은 침노를 당하나니”(마11:12)라는 말씀은 세례 요한 때부터 이미 새로운 하나님나라 운동이 시작되었다는 말씀이다.

【3】 17 이 때부터 예수께서 비로소 전파하여 이르시되 **회개하라 천국이 가까이 왔느니라**

이 말씀은 오늘 우리에게는 무엇을 말하는가? 같은 맥락에서 이해할 수 있다.

회개하라는 말씀의 오늘의 의미는 예수님께서 오셔서 체결하신 두 번째 계약이 교회사에서 실패한 것을 회개하라는 말씀이다. 현대에 이르러 이성주의, 인간주의자들이 인간의 힘으로 지상천국을 만들려고 했으나 완전히 실패하고 지구의 생존환경을 회복불능으로 망쳐놓고 인류를 멸종위기로 몰아넣은 것은 누가 회개해야 하나? 하나님을 믿지 않는 그들이 회개해야 하나?

새 계약공동체인 교회가 회개해야 한다. 왜 그런가? 중세기에 교회가 잘못해서 인본주의자들이 등장했기 때문이며, 지난 500년 동안 교회는 계약정신을 실종한 채 영혼구원, 사후천국만 외치고 있었기 때문이다. 계약정신에서 보면 사실 현대 보수교회는 중세 교회와 크게 다를 바 없었다. 자칫 인류의 멸종 위기를 예수님의 재림으로 해석한다면 이보다 더 큰 오류는 없다. 계약정신을 송두리째 뒤엎는 악행이며, 이는 악마의 속임수를 대언하는 비극의 극치이며 심판을 자초하는 행위이다.

우리는 지난날의 역사적인 과오에 대하여 철저하게 회개해야 한다. 그리고 다시 시작해야 한다. 이것이 “천국이 가까이 왔느니라”라는 말씀이 주는 오늘의 교훈이다. 인류 역사에서 오늘의 기독교인들은 가장 어려운 전환기에 서있다. 하나님나라의 실현을 언급한다는 것 자체가 용납되지 않는 분위기와, 인류멸종의 위기 앞에 우리는 서있다. 길은 있는가? 전문가들은 이미 늦어서 인류멸종을 막을 길이 없다고 말한다. 그러면 어떻게 해야 하는가?

성경으로 돌아가야 한다. 성경에서는, 성경의 하나님께서는 인간의 힘이 다했을 그 때가 곧 하나님께서 개입하실 때라고 말하고 있다. 성경은 인류멸종의 위기를 인류구원의 기회로 만들어낼 길을 가르쳐 주고 있다. 이제 성경으로, 하나님께로 돌아가서 그 길을 더듬어 찾아내야 한다. 이것이 오늘 우리가 할 일이다.

물음 14 제자들, 왜, 어떻게 예수님을 따라나섰을까?

본문 : 〈 4장 〉

18 갈릴리 해변에 다니시다가 두 형제 곧 베드로라 하는 시몬과 그의 형제
안드레가 바다에 그물 던지는 것을 보시니 그들은 어부라 19 말씀하시되
나를 따라오라 내가 너희를 사람을 낚는 어부가 되게 하리라 하시니 20

그들이 곧 그물을 버려두고 예수를 따르니라
21 거기서 더 가시다가 다른 두 형제 곧 세베대의 아들 야고보와 그의 형
제 요한이 그의 아버지 세베대와 함께 배에서 그물 깁는 것을 보시고 부
르시니 22 그들이 곧 배와 아버지를 버려두고 예수를 따르니라

예수님께서 세상을 구원하러 오셨다는 말은 새로운 계약을 체결하러 오셨다는 의미이며, 죄인을 구원하신다는 말은 죄인들과 계약을 맺으신다는 뜻이다. 그러면 이제 이런 큰일을 위하여 먼저 무엇을 하셨을까?

【1】 9 말씀하시되 나를 따라오라 내가 너희를 사람을 낚는 어부가 되게
하리라 하시니 20 그들이 곧 그물을 버려두고 예수를 따르니라

제일 먼저 그 일을 할 만한 사람들을 제자로 부르셨는데, 그들은 도대체 어떤 사람들이었을까? 본문에 보면 예수님께서 고기를 잡고 있는 젊은이들을 향하여 "나를 따라 오너라, 내가 너희를 사람을 낚는 어부가 되게 하리라."라고 말씀하시자 그들은 배와 그물, 가족들을 버려두고 그 자리에서 예수님을 따라나섰다고 말한다. 예수님을 따르는 것은 잠시의 여행이 아니라 평생을 바치는 것인데, 어떻게 그들은 나를 따르라는 그 말씀 한마디에 평생을 헌신했을까? 그게 가능할까? 이에 대하여 본문은 침묵할 뿐 아무런 설명이 없다. 성경을 읽다보면 이 비슷한 본문을 많이 보게 된다. 이럴 때에는 어떻게 해야 하는가?

이를 이해하려면 먼저 성경의 특징을 알아야 한다. 고대문헌에 속하는 성경은 사건 당시부터 문서로 기록된 것이 아니라 대부분 구전으로 수백 년 이상 전달되었다. 어떻게 구전이 가능했을까? 유대인의 랍비 교육에서는 간결하게 정리된 문장을 무한 반복하는 암기를 기본으로 한다. 이런 교육 때문에 문자적인 전승이 가능했다. 이런 이유로 유대인들은 문서보다 구전을 더 중요하게 생각했다. 또 이런 과정에서 산문(散文)처럼 자세하게 설명하지 않고 암기하기 쉽

도록 운문(韻文)과 같은 문학형식이 발달했는데, 그 특징을 정리하면 다음과 같다.

- **시와 같이 은폐(隱蔽), 함축(含蓄), 암시(暗示)로 표현한다.**
- **당시 상황과 배경, 문화에 대한 이해가 필요하다.**
- **질문과 상상력을 활용하며 이야기로 풀어가야 한다.**

이를 염두에 두면서 본문을 해석해 보면 다음과 같다.

우선 해석으로 들어가기 전에 다른 복음서에 병행본문(막1:16~20, 눅5:1~11, 요1:35~51)이 있기 때문에 이를 비교해 볼 필요가 있다. 요한복음에 보면 제자들은 메시야에 대하여 진지한 관심을 가지고 있었으며, 일부는 예수님을 따르기 전에 이미 세례 요한의 제자가 되어 있었다. 이런 사실에 비추어 보면 이들은 하나님 나라에 대하여 많은 관심을 가지고 있었을 뿐만 아니라 필요하면 언제든지 헌신할 준비가 이미 되어 있었다. 또 이방인이었던 누가는 유대인인 마태나 마가와는 달리 많은 설명을 하고 있어서 상황이해에 도움이 된다.

> 무리가 몰려와서 하나님의 말씀을 들을새 예수는 게네사렛 호숫가에 서서 호숫가에 배 두 척이 있는 것을 보시니 어부들은 배에서 나와서 그물을 씻는지라 예수께서 한 배에 오르시니 **그 배는 시몬의 배라** 육지에서 조금 떼기를 청하시고 앉으사 배에서 무리를 가르치시더니 말씀을 마치시고 시몬에게 이르시되 깊은 데로 가서 그물을 내려 고기를 잡으라 시몬이 대답하여 이르되 **선생님 우리들이 밤이 새도록 수고하였으되 잡은 것이 없지마는 말씀에 의지하여 내가 그물을 내리리이다** 하고 그렇게 하니 고기를 잡은 것이 심히 많아 그물이 찢어지는지라 이에 다른 배에 있는 동무들에게 손짓하여 와서 도와 달라 하니 그들이 와서 두 배에 채우매 잠기게 되었더라 시몬 베드로가 이를 보고 **예수의 무릎 아래에 엎드려 이르되 주여 나를 떠나소서 나는 죄인이로소이다** 하니 이는 자기 및 자기와 함께 있는 모든 사람이 고기 잡힌 것으로 말미암아 놀라고 세베대의 아들로서 시몬의 동업자인 야고보와 요한도 놀랐음이라 예수께서 시몬에게 이르시되 **무서워하지 말라** 이제 후로는 네가 사람을 취하리라 하시니 그들이 배들을 육지에 대고 모든 것을 버려두고 예수를 따르니라 (눅5:1~11)

누가의 본문에 의하면 예수님께서 갈릴리 바닷가에서 수많은 군중들에게 설교하실 때 모든 사람이 들을 수 있도록 지형지물을 이용하셨는데, 군중들을 바닷가에 모이게 하고 예수님은 바닷바람을 이용하기 위하여 바닷가 적절한 위치에 배를 띄워놓고 배 위에서 설교하셨다. 밤새 고기잡이에 시달렸던 베드로는 피곤을 무릅쓰고 예수님의 말씀을 듣기 위하여 왔다가 자신의 배를 이용하시게 했다. 설교가 끝난 후 예수님은 베드로에게 배 삯을 주시기 위하여 그물 내릴 자리를 지정해주셨다. 어부인 베드로의 판단에 의하면 그 시간 그곳에 고기가 있을 리가 만무했지만 하루종일 예수님의 말씀을 들었던 베드로는 자기 판단이 아니라 예수님의 말씀을 신뢰하고 그물을 내렸는데 두 배에 가득 찰 만큼 고기가 잡혔다. 그런데 고기를 잡고 난 뒤에 보인 베드로의 다음과 같은 반응은 쉽게 납득되지 않는다.

> 예수의 무릎 아래에 엎드려 이르되 **주여! 나를 떠나소서, 나는 죄인이로소이다.** … 예수께서 시몬에게 이르시되 **무서워하지 말라** …

왜 두려워하면서 죄인이라고 고백하며 "나를 떠나소서!"라고 할까? 왜 예수님을 부르는 칭호가 '선생님!'에서 '주님!'으로 바뀌고 있을까?

이 해석을 위해서는 구약의 출애굽기에서 계약을 체결할 때 모세와 이스라엘 백성들이 하나님을 직접 만나는 장면을 염두에 둘 필요가 있다. 인간이 하나님을 직접 만날 때 어떤 현상이 일어날까? 하나님 앞에 처음으로 노출될 때 나타나는 현상은 전율이다. 이 전율은 무서움과는 다른 어떤 경외감에서 나오는 두려움이다. 동시에 나 자신은 하나님께 전혀 합당하지 않다는 강한 느낌에 사로잡힌다, 이 때의 강렬함과 충격은 말로는 표현이 안 된다. 이 경험은 영성의 과정에서 겪을 수 있는 가장 큰 충격이며, 평생 잊혀지지 않을 신비이다.

그런데 베드로에게 지금 이런 사건이 일어나고 있다. 예수님이 하나님으로 경험된 것이다. 이런 사실은 베드로가 엎드려 두려워 떨었으며, 자신은 죄인이라는 고백과 더불어 예수님을 더 이상 선생님이라고 부르지 않고, '주님'이라고 부르고 있다는 데서 알 수 있다. 이는 신현현(神顯現)이 경험될 때 나타나는 전형적인 특징이다. 이 경험이 실제로 일어나면 '하나님!', '예수님!'이라는 호칭을 감히 사용할 수가 없어질 뿐만 아니라 생각으로도 할 수 없어진다. 여러 날 동안 말을 잃고 침묵으로 지내게 된다. 필자의 경우 26년이 지난 지금에도 '하나님', '예수님'이라는 단어에 집중하면 전율이 느껴지고 눈물이 앞을 가린다. 왜냐하면 나는 그 이름을 부르는 것은 물론 생각할 수도 없을 만큼 그분 앞에서는 미미하다는 강한 어떤 느낌이 생각이 아닌 내 존재에 와 닿기 때문이다. 이 경험은 그만큼 강렬하다. 그분을 힘겹게 부를 수 있는 유일한 호칭은 '주님!'이다. 베드로가 "나를 떠나소서! 나는 죄인입니다."라고 말하는 이유는 이 경험을 통해 자신을 부르시는 소명이 선날되었는데, 사신은 전혀 합당하지 않다고 느꼈기 때문이다. 하나님의 직접적인 부르심은 이렇게 면전경험에서 전달된다. 결코 막연한 소명감으로 느껴지는 게 아니다.

베드로에게 이런 하나님 경험이 일어날 때 같이 있던 사람들에게 똑같이 일어난 것이 아니라 베드로에게만 일어났다. 다른 사람들은 단지 고기가 잡힌 것을 보고 놀랐을 뿐이다. 왜 베드로에게만 그런 경험이 일어났을까? 다른 사람들은 아직 준비가 되지 않았기 때문이다. 사도바울이 다메섹을 향하여 가다가 부활하신 예수님을 만났다. 그러나 그와 동행하던 사람들에게는 그런 경험이 일어나지 않았다. 준비된 사람, 즉 하나님과 마음이 일치된 사람들에게만 이런 경험이 가능해진다.

【2】 21 거기서 더 가시다가 다른 두 형제 곧 세베대의 아들 야고보와

그의 형제 요한이 그의 아버지 세베대와 함께 배에서 그물 깁는 것을 보
시고 부르시니 22 그들이 곧 배와 아버지를 버려두고 예수를 따르니라

베드로를 비롯한 야고보와 요한도 비록 어부였지만, 마음으로는 하나님나라를 꿈꾸며 고기를 낚고 있었다. 그들은 사람을 낚을 준비가 되어있었던 것이다. 그러다가 예수님을 통해서 하나님을 경험했기 때문에 그 즉석에서 예수님을 따라 나설 수 있었다. 성경해석에서 합리적 이해는 중요한 역할을 하지만 합리적 이해만으로는 한계가 있다. 경험적 이해가 보완되어야 한다. 성경을 해석하려면 이 둘이 다 갖추어져야 한다. 복음서의 기록은 직접 경험한 사람들의 증언(Κήρὐγυμα)이므로 해석도 직접경험을 통한 증언이어야 한다. 직접경험이 있을 때 비로소 땅 끝까지 이르러 복음의 증인(μάρτυς)이 될 수 있다.(행1:8) 증인은 직접 경험한 사람이다.

마태복음에 의하면 먼저 제자들을 부르신 예수님께서는 그 다음에 무슨 일을 하셨을까?

물음

15 왜 두로와 시돈, 요단강 저편에서 몰려왔을까?

본문 : 〈 4장 〉

23 예수께서 온 갈릴리에 두루 다니사 그들의 회당에서 가르치시며 천국
복음을 전파하시며 백성 중의 모든 병과 모든 약한 것을 고치시니 24 그
의 소문이 온 수리아에 퍼진지라 사람들이 모든 앓는 자 곧 각종 병에
걸려서 고통 당하는 자, 귀신 들린 자, 간질하는 자, 중풍병자들을 데려오
니 그들을 고치시더라

25 갈릴리와 데가볼리와 예루살렘과 유대와 요단 강 건너편에서 수많은 무
리가 따르니라

【1】 23 예수께서 온 갈릴리에 두루 다니사 그들의 회당에서 가르치시며 천국 복음을 전파하시며 백성 중의 모든 병과 모든 약한 것을 고치시니

예수님께서 제자들을 데리고 복음을 전파하시자 예수님 주변에는 수많은 사람들이 몰려들기 시작했다. 예수님의 사역에는 다음과 같은 어떤 기본적인 방법이 있다고 보인다.

- **천국복음을 선포하시고 가르치시며,**
- **병자를 고치시며 죽은 자를 살리시고 귀신을 쫓으시고**
- **계약의 말씀을 가르쳐 지키게 하셨다.**

이 방법은 예수님께서 친히 사용하셨을 뿐만 아니라, 제자들을 선교훈련하실 때에도 같은 방법으로 사역을 하게 하셨고(마10:58, 막6:7~8, 눅9:1~2), 예수님 사후의 초기교회에서도 사도들에 의해 비슷하게 진행되었다. 하나님께서는 시대와 상황에 따라 가장 적절한 방법을 사용하시므로, 이 방법은 우리가 임의대로 행할 수는 없다. 그러나 분명한 것은 하나님께서는 필요하실 때 당신의 사람들을 통하여 초자연적인 사역을 행하게 하신다는 사실이다. 초자연적인 능력을 행사하는 사람에게는 구체적으로 어떤 경험이 일어날까?

이를 위해서는 먼저 예수님께서 초자연적인 기적을 행하신 방법의 특징을 생각해 볼 필요가 있다. 예수님의 방법은 지극히 단순했다. 어떤 주문이나 특정한 도구나 물품, 의식 등을 사용하지 않으셨고, 또 어떤 다른 권위에 의지하지 않으시고 단순한 말씀으로 기적을 행하셨으며, 그 대상에는 자연현상까지 포함되어 있다.[45)]

예수님께서 이런 기적을 행하실 때의 상태는 앞에서 언급한 죄성의 정화, 존재의 정화로 진행되는 영성의 훈련과정을 거친 후 최종적인 단계에서 경험된다. 복음서의 여러 곳에 "예수님께서 저희 생각을 아시고"라고 기록하고 있는데 이는 사실 그대로이며, 결코 꾸며내거나 과장한 표현이 아니다. 실제로 그런 상태가 경험으로 확인되기 때문이다. 또 제자들이 자신들은 왜 귀신을 쫓아내지 못하는가

45) Grag L. Blomberg, The Historical Reliability of the Gospel, 정훈택 역, 「복음서의 역사적 신빙성」, pp.131-139. 저자는 이 책의 3장 기적에서 예수님께서 행하신 기적의 특징들을 은사주의 집회, 타종교의 주술사 등의 방법과 비교 분석하고 있다.

라고 질문하자 "기도 외에 다른 것으로는 이런 종류가 나갈 수 없느니라."(막9:29) 라고 기도를 강조하셨다. 그 이유는 기도를 통하여 이런 능력이 주어지기 때문이다. 일련의 영성과정을 마치고 났을 때에 있었던 일이다. 기도에 집중하고 있으면 초자연적인 능력으로 채워지는데, 마치 내 몸과 마음, 정신 전체에 강한 전류가 충전되는 것처럼 느껴진다. 하나님의 능력은 인간의 몸에 어떤 강한 전류와 같은 힘으로 전달된다. 이 능력으로 채워지면 전기충전기처럼 사용이 가능하다. 그러나 사용대상은 내 임의대로 결정하는 게 이니라 지정되어진다, 병자 치유의 경우에 치유의 대상도 준비된 사람들에 한정된다. 예수님께서 말씀하신 잃어버린 양들은 준비된 사람들을 말한다. 하나님께서 필요할 때 행하시는 초자연적인 기적은 준비된 사람들을 통하여 준비된 사람들에게 일어난다. 치유사역은 무작위로 모든 사람을 대상으로 하지 않는다.

성경의 이런 기적 이야기들을 비합리적, 비과학적 운운하며 가볍게 다루지 말아야 한다. 특히 성경을 전문으로 연구하여 가르치면서 초자연적인 이야기들을 지어낸 이야기나 신화로 취급한다면 예수님께서 성경을 잘못 가르치는 당시의 학자들을 항하여 선포하셨던 저주를 피할 길이 없으며, 자칫 성령모독죄를 범할 수 있다. 성경을 가르치는 자는 자신이 가르친 것에 대하여 하나님 앞에서 책임을 져야 한다. 성경을 가르치려면 합리적인 이해와 더불어 경험적인 이해가 병행되어야 이런 비극을 피할 수 있다. 솔직하고 겸허한 마음으로 진지하게 많이 기도하여 경험으로 확인하고 경험으로 이해한 만큼만 말해야 한다.

【2】 25 갈릴리와 데가볼리와 예루살렘과 유대와 요단 강 건너편에서 수많은 무리가 따르니라

예수님에 관한 소문은 삽시간에 널리 퍼졌고, 이스라엘 지역은 물론이고 주변 나라인 수리아(시리아)의 두로와 시돈, 요단강 건너편에서도 사람들이 몰려들었다. 이들이 찾아온 목적은 질병을 치료하고 말씀을 듣기 위해서였다. 그 대상은 유대인에 국한되지 않고

인종과 국경을 뛰어 넘었다. 마태는 왜 이런 사실을 산상설교 앞부분에 기록했을까?

이들이 옛 계약공동체인 유대인을 대신할 새 계약공동체의 대상들이라는 뜻이다. 새 계약의 말씀은 이들을 대상으로 선포되었다.

물음 16 마태복음, 왜 설교가 다섯 편일까?

아래에서 보는 바와 같이 마태복음에는 예수님의 설교가 다섯 편이 들어있는데, 설교를 다섯 번만 하셨을까? 다른 복음서에서는 전혀 그렇지 않다. 그렇다면 마태복음에는 왜 설교가 다섯 편이 들어 있을까?

구분	주 제	범 위
서론	족보/탄생, 세례 요한, 세례받으심, 40일 금식 등	1~4장
본론	**첫 번째 설교 : 산상수훈** 예수님께서 이 말씀을 마치시매(마7:28)	5~7장
	사역(1) : 나병환자, 백부장 하인, 중풍병자 등	8~9장
	두 번째 설교 : 제자파송 예수님께서 명하기를 마치시고(마11:1)	10장
	사역(2) : 세례요한 제자들의 질문, 안식일논쟁 등	11~12장
	세 번째 설교/천국비유 예수님께서 이 모든 비유를 마치신 후에(마13:53)	13장
	사역(3) : 오병이어, 신앙고백, 변화산 등	14~17장
	네 번째 설교 : 계약공동체인 교회 운영 예수님께서 이 말씀을 마치시고(마19:1)	18장
	사역(4) : 영생질문, 입성, 성전정화 등	19~22장
	다섯 번째 설교 : 계약파기 선언과 심판, 종말 예수님께서 이 말씀을 **다** 마치시고(마26:1)	23~25장
결론	수난, 죽으심, 부활, 승천	26~28장

〈표1 마태복음 구조〉

유대인의 역사에서 가장 큰 영향을 미친 두 사건이 있다. 하나는 애굽에서 400년 동안 종살이를 하다가 출애굽하여 시내산에서 계약을 맺고 가나안에 입주하는 사건이며, 다른 하나는 계약을 지키지 않아 나라를 잃고 바벨론으로 끌려가 노예로 사는 동안 계약을 지켜 다시 귀환하는 사건이다. 구약성경은 이 두 사건을 중심으로 구성되어 있다.

고대에 나라가 사라지고 전쟁포로로 잡혀갔다가 다시 귀환하여 나라를 세운 경우는 거의 없다. 그런데 유대인들은 어떻게 가능했을까? 예언자들 때문이었다. 예언자들은 신앙생활은 곧 계약을 지키는 것이라고 주장하는 사람들이었다. 당시의 신앙생활은 성전에서 드리는 제사에 촛점이 맞추어져 있었는데, 예언자들은 이를 계약위반이며 멸망을 자초하는 것이라고 경고하며, 신분, 지위, 빈부의 격차가 없는 거룩한 나라를 만드는 것이 계약법인 율법을 지키는 것이라고 강조했다. 이스라엘 사람들은 포로로 끌려가서야 예언자들의 말이 옳았음을 깨닫고 계약법으로 돌아왔다. 그 이후 유대인들은 율법서와 예언서를 대단히 중요하게 생각했다.

유대인이었던 마태는 이런 사실을 잘 알고 있었기에 족보와 탄생과정 등을 통해 예수님은 유대인이 기다리던 메시야라는 것을 입증한 후 설교를 통하여 예수님은 율법과 예언자를 완성시키러 오셨으며(5:17), 예수님의 말씀은 계약법인 모세 5경을 다시 해석한 것이라고 말하기 위하여 설교를 다섯 편으로 편집했다. 마태복음을 자세히 읽어보면 마태의 이런 의도를 알 수 있는데, 한편의 설교가 끝날 때 마다 후렴구처럼 "말씀을 마치시고"라고 반복하며, 맨 마지막에는 "이 말씀을 다 마치시고"라고 기록하고 있다.[46] 또 첫 번째 설

46) 마태복음에 설교가 다섯 편이 들어있다는 연구는 140년경에 활동했던 Papias의 글(The Interpretation of the Lord's Pracles in Five Books)에서도 찾아볼 수 있으며, 이를 체계화한 현대의 신학자는 B. W. Bacon이다.

교(5~7장)에서 예수님께서는 "너희가 ~하게 들었으나 나는 너희에게 이르노니"라고 말씀하시며 살인, 간음, 맹세 등에 대하여 다시 해석하고 계시다. 마태의 이런 의도는 어떤 중요한 일이 있을 때 마다 구약성경을 인용하면서 "~한 예언이 이루어졌다."라고 반복하는 구절에서도 확인된다.

복음서와 역사서는 사건 당시와 기록 당시에 많은 시간의 차이가 있다. 따라서 사건 당시 상황과 더불어 기록자는 이 이야기를 왜 이렇게 기록하고 있을까를 생각하면서 해석해야 한다. 이를 성서 해석학에서는 '편집비평'이라고 한다. 성경을 기록한 편집자의 입장에서 생각하고 묻는 것은 성경해석에서 중요한 역할을 한다.

제2부 : 첫 번째 설교

설교 : 산상수훈(5~7장)

사역(1) : 열 가지 기적(8~9장)

첫
번
째
설
교

물음 17

첫 번째 설교, 왜 여덟 가지 복으로 시작할까?

본문 : 〈 5장 〉

1 예수께서 무리를 보시고 산에 올라가 앉으시니 제자들이 나아온지라 2
입을 열어 가르쳐 이르시되
3 심령이 가난한 자는 복이 있나니 천국이 그들의 것임이요
4 애통하는 자는 복이 있나니 그들이 위로를 받을 것임이요
5 온유한 자는 복이 있나니 그들이 땅을 기업으로 받을 것임이요
6 의에 주리고 목마른 자는 복이 있나니 그들이 배부를 것임이요
7 긍휼히 여기는 자는 복이 있나니 그들이 긍휼히 여김을 받을 것임이요
8 마음이 청결한 자는 복이 있나니 그들이 하나님을 볼 것임이요
9 화평하게 하는 자는 복이 있나니 그들이 하나님의 아들이라 일컬음을 받을 것임이요
10 의를 위하여 박해를 받은 자는 복이 있나니 천국이 그들의 것임이라
11 나로 말미암아 너희를 욕하고 박해하고 거짓으로 너희를 거슬러 모든 악한 말을 할 때에는 너희에게 복이 있나니 12
기뻐하고 즐거워하라 하늘에서 너희의 상이 큼이라 너희 전에 있던 선지자들도 이같이 박해하였느니라

예수님께서 산에 앉아 말씀하셔서 '산상수훈'이라 불리는 첫 번째 설교는 여덟 가지 복으로 시작하고 있다. 왜 그럴까? 여기서 이야기하는 복은 도대체 어떤 복일까? 오늘 우리가 아닌 당시 유대인들은 이 복을 어떻게 받아들였을까? 가난, 애통, 의에 주림, 박해 등이 어떻게 복이 될 수 있을까? 등 수많은 의문들이 꼬리를 물게 된다. 예수님과 마태복음이 쓰여질 당시로 돌아가서 "당시 유대인들은 무엇을 복이라고 생각했을까?"라는 문제를 먼저 생각해보면서 팔복의 의미를 짚어보고자 한다.

당시의 유대인들에게 가장 큰 영향을 준 교리는 인과응보(因果應報) 교리이며, 이 교리는 의인(義人)과 죄인(罪人)을 분리시켰다. 율법을 잘 지킨 사람에게는 하나님께서 풍요, 건강, 출세 등의 복을 내려주시고, 율법을 지키지 않은 죄인들에게는 징벌로 가난, 질병, 불구, 실패 등을 주신다고 생각했다. 지금도 그렇지만 고대에 사람을 가장 힘들게 하는 것은 물질적인 빈곤이었다. 가난한 자들은 굶주림에 시달리다가 병들어 죽어갔기 때문에 이들의 평균수명은 20세 전후인 반면 부유한 자들은 40세 전후였다고 한다. 가난은 죄로 말미암은 저주의 상징이었고 가난한 자는 죄인이었다. 더 비참한 것은 고대사회에서 가난과 부는 대물림되었으며 이를 벗어날 수 있는 길은 철벽같이 차단되어 있었다. 죄인과 의인은 대물림되고 있었다.

【1】 3 심령이 **가난한 자는 복이 있나니**

그런데 예수님께서는 유대교의 통념과 신앙관을 완전히 뒤집어 놓으셨다. 예수님께서 해석하신 팔복에는 서로 상반된 두 의미가 들어있다.

❶ 유대인들에 대한 고발이다.

유대인들은 인과응보 교리를 빙자하여 계약의 대상들을 하나님으로부터 저주받은 죄인들이라고 낙인(烙印) 찍어 놓았다. 따라서 팔복은 당시 유대교 신앙의 오류를 고발하는 여덟 가지 죄목이다. 그 첫 번째 죄목은 '가난한 자'이다. 여기서 말하는 가난한 자(πτωχός)는 극빈자로 걸인 수준의 가난한 자들을 말한다. 유대인들이 이들을 죄인이라고 정죄한 것은 용서받을 수 없는 죄목이다. 왜 그런가? 율법에 의하면 이들이 주인공이기 때문이다. 본래 유대인들은 애굽에서 400년 노예로 살던 하비루들이었다. 하나님께서 특별한 초자연적인 방법으로 이들을 해방시키시고, 하비루의 문제 해결을 위한 계약을 체결하셨다. 그런데 이제 와서 가난한 자들을 불쌍히 여기기는커녕 하나님의 이름으로 정죄하는 것은 계약 위반일 뿐만 아니라 계약 모독행위에 해당된다.

이런 연유로 마지막 설교(23~25장)의 서두에서는 서기관과 바리새인에 대한 8번의 저주가 선포된다. 첫 설교의 8복과 마지막 설교의 8저주는 서로 대칭을 이루고 있다. 이런 사실은 누가복음의 병행본문(6:20~26)과 비교해 보면 명확해진다. 누가복음에서는 팔복이 아닌 4복과 4저주를 말하고 있기 때문이다.[47] 부요한 자, 배부른 자, 웃는 자, (복 받았다고) 칭찬받는 자들은 유대교에서는 의인이요 복을 받은 자이지만 예수님은 이들에게 가차없이 저주를 선언하셨다. 계약법과 하나님에 대하여 이보다 더 큰 모독은 있을 수 없기 때문이다.

예수님께서 이들에게 선언하신 저주는 계약파기의 선언이며, 40여년 후에 그대로 임하여서 그들은 나라를 잃고 2천여 년 동안 전 세계를 떠돌면서 숱한 고난에 시달려야 했다. 계약파기의 결과가 얼마나 무서운가를 잘 보여주는 역사적인 실례다. 유대인들의 고난을 단순히 예수님을 죽인 징계로만 볼 것이 아니라 계약파기의 시각에서 보아야 앞뒤가 맞는 해석이 된다. 다시 말하지만 **성경은 반드시 계약의 관점에서 해석해야 한다. 이는 여러 관점 중의 하나가 아니라 유일한 관점이다.** 이를 어기면 자칫 서기관과 바리새인이 범했던 오류에 빠지며, 예수님께서 선언하셨던 저주를 피할 수가 없게 된다. 이는 무슨 협박이나 독단이 결코 아니다. 일인칭 화법으로 선포되는 살아계신 하나님의 말씀이다. 귀 있는 자는 들을진저!

47) 그러나 화 있을진저 너희 부요한 자여 너희는 너희의 위로를 이미 받았도다 화 있을진저 너희 지금 배부른 자여 너희는 주리리로다 화 있을진저 너희 지금 웃는 자여 너희가 애통하며 울리로다 모든 사람이 너희를 칭찬하면 화가 있도다 그들의 조상들이 거짓 선지자들에게 이와 같이 하였느니라 (눅6:24~26)

❷ 새로운 계약공동체의 자격 조건이다.

계약체결의 목적은 이 세상에서 고통당하는 사람들의 문제 해결인데 이것이 곧 하나님의 뜻이다. 계약의 대상자들은 그 고통을 오랫동안 직접 경험하여 그 고통이 얼마나 힘든지 체감해야 한다. 동시에 그런 고통을 겪으면서 이런 문제들이 해결되는 세상을 꿈꿔야 한다. 하나님께서는 이런 사람들과 계약을 맺으시고 그 문제를 해결하신다. 가난한 자, 애통하는 자, 목마른 자 등은 계약의 대상들이다.

뜻이 하늘에서 이루어진 것처럼 땅에서도 이루어지는 것이 성경의 핵심이며, 이를 세상 구원이라 한다. 성경에서 말하는 구원을 오해하지 말아야 한다. 영혼구원, 내세 천국이 구원이며, 이 세상은 심판으로 멸망한다고 생각한다면 이는 성경의 구원과는 상관이 없어지며, 계약의 대상에서 제외된다.

【2】 3 **심령이** 가난한 자는 복이 있나니

누가복음에는 '가난한 자'로 되어있는데, 마태복음에는 '심령이'라는 수식어가 붙어 있다. 무슨 뜻일까? 계약의 입장에서 보면 단순하다. 가난한 자라고 해서 아무런 조건 없이 계약의 대상이 될 수는 없다. 계약의 조건에 전적으로 동의해야 한다. 가난한 사람일수록 가난에서 벗어나기 위하여 수단 방법을 가리지 않는 경우가 허다하며, 온갖 부정과 편법을 동원하여 가난에서 벗어난 후에는 가난한 자들을 더 우습게 여기며 부를 과시하려는 졸부들이 수두룩하다. 또 부유하고 신분이 높은 가정에서 태어난 사람들 중에도 가난한 자들의 문제를 해결하기 위하여 헌신하는 사람들이 얼마든지 있다. 마태는 이런 것들을 염두에 두면서 '심령이'를 첨부했다. 같은 논리로 마태는 '주린 자'(눅6:21)에 '의에'를 추가하여 '의에 주리고 목마른 자'가 복이 있다고 말한다. 하나님은 이들을 통하여 굶주린 자들의 문제를 해결하신다.

마태는 이 땅에 하나님나라를 실현할 사람들은 반드시 **심령이** 가난한 자, **의에** 주리고 목마른 자여야 한다고 선언하고 있다.

【3】 3 …**천국이 그들의 것임이요**

왜 천국이 가난한 자들의 것이며, 도대체 그것이 무슨 뜻일까? 죽은 다음에 천국을 보장해주신다는 말씀일까? 또 여덟 번째 복인 의를 위하여 박해 받는 자들에게도 같은 복이 선언되고 있다. 이 역시 계약의 입장에서 보면 전혀 어렵지 않다. 가난한 자들, 즉 죄인인 그들과 계약을 맺으시고 그들을 통해서 이 땅에 천국을 실현하시겠다는 말씀이다. 의를 위하여 박해 받는 자들은 이 땅에 하나님나라를 실현하기 위하여 고군분투하는 자들인데 본문의 11~12절에서 언급하는 바와 같이 구약의 예언자들이 이에 해당된다. 결국 팔복의 첫 대상자인 가난한 자와 마지막 여덟 번째의 예언자들은 같은 부류이며, 이 땅에서 천국을 실현할 사람들이다

【4】 온유한 자, 긍휼히 여기는 자, 마음이 청결한 자, 화평케 하는 자

이 네 복은 누가복음에는 없고 마태복음에만 나오는 복들인데, 일부만 영성의 경험으로 설명해보고자 한다.

앞에서 말한 바와 같이 영성의 과정은 죄성의 정화와 존재의 정화로 진행되는데, 정화의 의미가 죄성을 씻어냄이므로 이 과정이 진행될수록 마음이 청결해져서 죄의 생각이나 마음이 없어지리라고 생각할 수 있다. 그러나 실제 경험은 그와 반대로 진행된다. 가면 갈수록 내 안에서 더 큰 죄들이 보이고, 종국에는 내 안에서 악마의 속성을 보게 된다. 여기에 이르면 세상 그 어디에도 나보다 더 악하고 더러운 사람은 없다고 생각하기 때문에 감히 어느 누구를 향해서도 정죄하지 못하게 되며, 자신을 부정하고 오직 하나님만 긍정하게 된다. 이쯤에 이르렀을 때에 하나님과 시선으로 만나는 사건이 실제

로 경험에서 일어난다. "마음이 청결한 자는 복이 있나니, 저희가 하나님을 볼 것임이요"는 이를 말한다. 여기에 이르면 진정으로 하나님의 도우심을 구하고 하나님께서는 성령으로 채워주신다. 하나님께서 죄에서 벗어나게 하시는 방법은 이와 같다.

이와 같은 가장 큰 죄인 의식은 동시에 무자격자 의식으로 이어져서 자신에게 주어져 있는 모든 것들이 과분하게 느껴진다. 매사에 궁핍이 느껴지던 예전과는 전혀 다른 마음자세가 주어지기 때문에 현실에서의 그 어떤 풍파에도 요동하지 않게 된다. 이쯤에서 성령의 원리와 물의 원리가 같음을 보게 된다. 물은 낮은 곳으로 흘러가며 그 어떤 환경도 그대로 받아들인다. 물은 자기 맛과 모양, 색이 없다. 전적으로 상대방에게 맞추어 주며 또 그 어떤 공격에도 상처가 나지 않는다. 성령으로 지배받으면 이처럼 물과 같은 마음을 가지게 된다. 이를 온유함, 또는 겸손이라 한다.

긍휼히 여기는 자, 화평케 하는 자 등도 계약의 조건과 관련이 있다. 이들 여덟 가지 복들을 살펴보면 계약공동체는 세상에서 찾아볼 수 있는 가장 위대한 정신문화를 가져야한다. 단순히 경제적인 평등이나 구현하려는 것이 아니라 정신과 물질에서 가장 모범적인 공동체이며, 하나님나라의 모형이어야 한다.

【5】 11 나로 말미암아 너희를 욕하고 박해하고 거짓으로 너희를 거슬러 모든 악한 말을 할 때에는 너희에게 복이 있나니

12 기뻐하고 즐거워하라 하늘에서 너희의 상이 큼이라 너희 전에 있던 선지자들도 이같이 박해하였느니라

이 구절에도 복이 언급되고 있으나 대부분 이 구절은 앞 구절인 "의를 위하여 박해를 받은 자는 복이 있나니 천국이 그들의 것임이라" 의 해설로 본다. 그 이유는 내용이 같고, 팔복에서는 '~한 자들' 이라는 3인칭을 사용하고 있으나, 여기서는 2인칭인 '너희' 를 사용하고 있기 때문이다.

예언자들은 계약법 준수를 입에 거품을 물고 외쳤던 사람들이다. 반면에 왕정기의 제사장들과 유대교의 서기관들은 왜곡된 신앙으로 계약법을 교묘하게 외면한 사람들이다. 이런 사실을 꿰뚫어보고 있던 마태는 예수님의 설교를 다섯 편으로 편집했는데, 그 서두에 여덟 가지 복이라는 단어를 통하여 당시 유대인들의 죄목을 고발하고 있다. 마태복음의 기록 시기를 예루살렘 멸망(AD70년) 전후로 본다면 마태는 유대인의 멸망 원인을 계약법 위반이라고 진단한 셈이다.

오늘의 개신교의 실상은 어떠한가? 더 심각하다. 구약의 계약(베리트 תירב 디아데케 διαθήκη)을 ‘언약’, ‘약속’ 으로 번역하면서 율법과 예언서 등의 구약성경은 오실 예수님에 대한 약속이라고 해석하고, 구약의 예언은 예수님의 성육(成肉)과 십자가의 대속에서 성취되었다고 해석한다. 구약과 신약을 계약의 책이 아닌 약속의 책으로 보고 있는데, 구약의 약속이 예수님의 십자가에서 실현되었으므로 십자가신학, 구속사를 가장 중요하게 생각하며, 언약은 은총의 언약이어서 구원에는 행위가 필요없다고 가르친다. 또 신약의 약속은 재림에서 실현된다고 생각하여 재림의 시기에 골몰하고 있다. 단지 지금 교회가 할 일은 종말이 오기 전에 영혼을 구원해내는 일일 뿐이며, 뜻이 하늘에서 이루어진 것처럼 땅에서도 이루어지게 하려는 계약정신은 추호도 찾아볼 길이 없다.

또 계약으로 해석하는 경우에도 구약성경에는 여러 약속이 있다고 말한다. 아담과의 계약, 노아와의 계약, 아브라함과의 계약, 시내산 계약, 다윗 계약, 세상과의 계약 등이 그것이다. 언약, 계약 등의 용어가 난무하고 또 나름대로 계약신앙을 중요하게 여긴다고 생각하지만 계약의 본래 정신과 의미는 사라져 버리고 말았다.

원죄를 지닌 인간이 살아가는 현장에는 언제나 불의한 자들이 득세하고 있다. 이럴 때 어떻게 대처해야 하나? 흔히 “왜 하나님께서 이런 사람들을 그냥 두시는가?"라고 의문이 들거나 "언젠가는 하나님께서 이들을 심판하시며, 마지막 때가 되면 이런 세상은 불로 심판을 받는다."라고 생각한다. 그런데 이런 태도는 책임을 하나님께 떠넘기는 무책임한 처사일 뿐만 아니라 직무유기이며 하나님에 대한 모독이다. 하나님께서는 신자들에게 하나님을 대신해서 그런 문제를 해결하라고 하셨기 때문이다. 예언자들은 이를 묵과하지 않고 하나님의 이름으로 정면 도전했던 사람들이다. 이스라엘에는 이런 예인자들이 있어서 바른 길로 가도록 이끌었다.

그런데 교회에는 예언자들이 없었다. 수도사들이 수없이 많이 있었지만 이들은 세상을 등지고 세속의 초월을 시도했으며, 교황청의 온갖 비리와 불의에 대해서는 소경과 벙어리로 일관했고, 오히려 교황청이 그들을 지원하는 모순이 빚어지고 말았다. 이런 행태는 후일 큰 불행을 몰고 와서 중세 기독교왕국은 해체되어 버림받고, 인문주의가 등장했다. 인문주의자들은 온갖 고초를 무릅쓰고 시민혁명을 독려하여 독재 왕권을 타도하며 국민이 주권을 행사하는 민주체제를 정립했다. 인문주의자들은 세속적인 예언자들인 셈이다. 근현대사의 특징은, 교회는 계약법을 저버렸고, 교회를 반대하는 인문주의자들은 교회가 버린 계약법을 지키는 비극과 모순의 시대였다.

물음 18 소금과 빛의 역할, 무엇을 어떻게 해야 할까?

본문 : 〈 5장 〉

13 너희는 세상의 소금이니 소금이 만일 그 맛을 잃으면 무엇으로 짜게 하리요 후에는 아무 쓸 데 없어 다만 밖에 버려져 사람에게 밟힐 뿐이니라
14 너희는 세상의 빛이라 산 위에 있는 동네가 숨겨지지 못할 것이요 15
사람이 등불을 켜서 말 아래에 두지 아니하고 등경 위에 두나니 이러므

로 집 안 모든 사람에게 비치느니라 16 이같이 너희 빛이 사람 앞에 비치게 하여 그들로 너희 착한 행실을 보고 하늘에 계신 너희 아버지께 영광을 돌리게 하라

소금은 음식의 간을 맞추고 또 부패를 막는다. 고대에는 소금이 방부제의 역할을 했다. 빛이란 어두움을 몰아내고 또 등대에서 보듯이 갈 방향을 제시한다. 소금과 빛은 없어서는 안 될 중요한 필수품이다. 그런데 오늘 교회가 세상 속에서 소금과 빛의 역할을 한다는 것은 구체적으로 무엇을 의미할까? 이에 대하여 다양한 해석이 가능하지만 계약의 관점에서 보면 지극히 단순하고 또 구체적이다.

【1】 13, 14 **너희는** 세상의

본문의 '너희'는 하나님과 계약을 맺은 계약공동체를 말한다. 성경에서 말하는 "하나님을 믿는다"는 말은 단순히 하나님이 세상의 역사와 인간의 생사화복을 주관하심을 인정하고 그분을 예배하는 정도를 말하는 게 아니다. 하나님과 계약을 맺고 그 계약조건을 실천하는 것이 하나님을 믿는 것이다. 하나님께 나아와 문제해결과 축복을 받기 위하여 기도하고 예배하며 헌금하고 선교에 힘쓰는 사람들은 얼마든지 있다. 왕정기의 예언자들은 이런 신앙인들을 고발하며, 이들이 심판을 면하지 못할 범죄행위를 하고 있다고 경고했다.

【2】 13, 14 세상의 **소금**이니…, 세상의 **빛**이라

이 말씀을 계약의 입장에서 보면 소금과 빛은 착하고 의로운 선행 등 막연한 의미가 아니다. 이 세상에 보여줄 하나님나라의 모형인 공동체를 만들라는 말씀이다. 구약성경 율법서의 십계명과 계약법전들은[48] 이런 공동체를 만들기 위한 법인데 안식일, 안식년, 희년법이 중심을 이룬다. 안식일은 가족이 해체된 노동자들에게 하루

---

48) 율법서에는 십계명(출20:1~17, 신5:6~21)과 여러 계약법전(출20:22-23, 33), 신명기법전(신12-26장), 성결법전(레17-26장), 제사법전(출25-31장., 34:29, 레16장, 민수기의 여러 부분) 이 들어 있다.

를 쉬며 가족들끼리 만나게 해주는 날이고, 안식년은 빚을 탕감해주고 종들에게 6년 치 월급을 한꺼번에 주면서 종에서 해방시키는 해이며, 50년을 주기로 지키는 희년에는 안식년의 법과 더불어 집과 땅을 원주인에게 돌려주라는 법이다. 계약공동체에서는 법적, 인격적인 평등과 더불어 경제적인 평등이 구체적으로 구현되어야 했다. 누가복음에 보면 예수님께서 행하신 첫 사역은 나사렛 회당에서의 다음과 같은 선언이었다.

> 주의 성령이 내게 임하셨으니, 이는 가난한 자에게 복음을 전하게 하시려고 내게 기름을 부으시고 나를 보내사, 포로 된 자에게 자유를, 눈 먼 자에게 다시 보게 함을 전파하며, 눌린 자를 자유롭게 하고 주의 은혜의 해를 전파하게 하려 하심이라(눅4:18~19)

주님의 은혜의 해는 희년을 말한다. 예수님은 이 법을 실현하러 오셨다. 등불을 켜서 말 아래에 두지 않고 등경 위에 두듯이 이런 거룩한 공동체를 만들어 모든 사람들에게 보여주는 것이 세상의 소금과 빛이 되는 것이다.

> 【3】 16 이같이 너희 빛이 사람 앞에 비치게 하여 그들로 너희 착한 행실을 보고 하늘에 계신 너희 아버지께 영광을 돌리게 하라

본문에서 말하는 착한 행실은 구체적으로 무엇을 말하는 것일까? 윤리, 도덕적인 착한 행동일까? 계약의 입장에서 보아야 그 뜻이 명확해진다.

계약공동체와 세상은 어떤 관계일까? 중세기까지는 하나님과 인간, 세계의 관계는 창조주와 피조물의 관계라고 생각했으며 아무런 이의가 없었다. 그러나 현대로 넘어오면서는 분위기가 전혀 달라졌다. 창조를 부인하는 진화론과 무신론이 등장했고, 자연신학, 이신론(理神論), 과정(過程)신학, 세속화신학, 사신(死神)신학 등의 진보신학이 득세했다. 보수신앙에서는 중세의 전통을 지키려고 했으나, 진보신학에서는 형이상학적, 정적(靜的), 권위적인 천상의 하나님을 거부하고 동적(動的)인 하나님, 역사 속에 참여하시는 하나님을 내

세우며, 하나님나라를 내세에 하늘에서가 아닌 지금 여기서 이 땅에 세워야 한다고 주장했다. 이는 계몽주의와 관념주의, 실존주의 등에 영향을 받은 결과였다.

이들의 주장은 하나님나라를 이 땅에 세워야 한다는 측면에서는 계약신앙과 일치한다. 그러나 그 방법에서는 전혀 다르다. 현대의 하나님나라 운동이 실패한 원인은 비현실적인 실현 방법 때문이었다. 그렇다면 계약법의 방법은 어떤 것일까? 율법서를 기초로 간략히 정리하면 다음과 같다.

❶ 계약에 기초한 신앙공동체를 먼저 만든다.

온갖 죄악이 지배하는 세상에서 이상적인 사회를 만든다는 것이 사실상 불가능하다는 것은 이미 역사에서 입증되었다. 지난 현대 500년은 이 땅에 하나님나라를 실현하기 위한 운동의 역사였으며, 많은 성과도 있었지만 결국 실패하고 말았다. 인간의 원죄를 인정하는 성경에서는 이상의 실현을 결코 낙관하지 않는다. 먼저 원죄의 지배력을 무력화하기 위하여 다음과 같은 과정을 거친다.

먼저 하나님이 주시는 해방의 은총을 경험한 사람들로 공동체를 구성한다. 구약에서는 출애굽을, 신약에서는 사죄를 경험한 사람들이 계약의 대상이었다. 다음으로는 철저한 훈련 과정을 거쳐야 한다. 이스라엘은 광야에서 40년 동안 훈련과 교육을 받았다. 훈련장소가 인간이 살 수 없는 광야였던 이유는 전적으로 인간적인 방식을 배제하고 오직 하나님만을 의지하고 하나님의 방법을 터득하기 위함이었다. 이상적인 사회는 이런 철저한 훈련과 교육을 통해서만 가능하다.

❷ 신앙교육이 체계적으로 뒷받침되어야 한다.

이스라엘 계약공동체의 조직은 교육을 위한 조직이었다. 13지파로 조직하고 그 중 레위지파에게는 땅을 분배하지 않고 각 지파 당

4곳, 48지역에 분산시켰으며, 레위인이 머무는 곳이 그 지역의 성소와 더불어 교육의 중심지가 되게 했다. 레위지파는 교육을 담당했다. 안식일은 모여서 율법을 배우는 교육의 날이었고, 가장들에게는 한 주일 내내 집에서 가족들에게 율법을 가르치게 했다. 이 과정에서 문자를 깨우치는 것은 물론이고, 율법을 기초로 질문, 토론함으로써 정신과 지식에서 최고의 지성인이 되게 했다. 계약공동체는 곧 교육공동체였다.

현대의 이성주의자들은 인간의 원죄를 무지라고 보며, 교육으로 무지를 몰아내고 인간의 양심을 깨우면 이상사회가 건설되리라고 낙관했으나 실패하고 말았다. 이들의 하나님나라 운동이 실패한 이유는 낙관적인 인간론에 있었다.

❸ 이상과 현실이 조화를 이뤄야 한다.

구약의 희년제도는 부동산의 공유(公有)개념과 사유(私有)개념을 동시에 인정했다. 원칙적으로 공유개념이지만 희년의 범위 내에서 매매가 가능했다. 인간의 이기심과 경쟁심, 소유욕을 완전히 배제하지 않았다. 노예제도 자체를 없애지 않고 부동산 매매를 인정한 것은 개인의 자유와 책임을 강조하기 위함이다.

❹ 하나님의 도우심이 있어야 한다.

아무리 제도와 조직이 완벽하다해도 인간의 힘만으로 이상사회를 건설한다는 것은 현실적으로 한계가 있다. 그런데 하나님께서는 인간의 힘이 다한 뒤에는 하나님께서 특별한 방법으로 도우셔서 가능하게 하시겠다고 약속하셨다. 구약성경에 기록된 거룩한 전쟁의 이야기들은 이것을 말한다.

❺ 보여주는 선교여야 한다.

세상의 일반인 모두를 대상으로 하는 이상사회 건설은 현실성이 전혀 없으며 가능할 수가 없다. 이는 현대의 지상천국운동과 공산주의의 실패 등에서 이미 확증된 사실이다. 계약 조건에 동의하고 충실하게 실행하는 사람들이 먼저 모여서 누구나 행복하게 살 수 있는 신앙공동체를 만들어 놓고 세상에 보여주어야 한다. 이는 일종의 천국 모형론이다. 그 후에 세상 사람들이 보고 따라하게 하는 방식이다. 다음의 본문은 이를 말한다.

이같이 너희 빛이 사람 앞에 비치게 하여 그들로 너희 착한 행실을 보고 하늘에 계신 너희 아버지께 영광을 돌리게 하라

성경에서 제시하는 방식은 지극히 현실적이며 합리적이다. 결코 이상적인 낙관론이나 비관적인 현실주의에 치우치지 않는다.

물음 19 복음과 율법/믿음과 행위/구약과 신약 어떤 관계일까?

본문 : 〈 5장 〉

17 내가 율법이나 선지자를 폐하러 온 줄로 생각하지 말라 폐하러 온 것이
아니요 완전하게 하려 함이라 18 진실로 너희에게 이르노니 천지가 없
어지기 전에는 율법의 일점 일획도 결코 없어지지 아니하고 다 이루리
라
19 그러므로 누구든지 이 계명 중의 지극히 작은 것 하나라도 버리고 또 그같이 사람을 가르치는 자는 천국에서 지극히 작다 일컬음을 받을 것이요 누구든지 이를 행하며 가르치는 자는 천국에서 크다 일컬음을 받으리라
20 내가 너희에게 이르노니 너희 의가 서기관과 바리새인보다 더 낫지 못하면 결코 천국에 들어가지 못하리라

구약의 하나님은 너무 잔인하며 보복을 일삼는다는 지적이 많고, 구약의 이런 하나님은 원수를 사랑하라는 신약의 하나님과 다르므로 구약성경을 인정하지 않으려는 이들이 신학자들 중에 상당수 있다. 또 구약의 율법들은 복음과는 아무런 상관이 없다고 생각하며,

구원은 십자가를 통한 사죄의 은혜를 말하는 복음에 있는 것이지 율법의 실천에 있지 않다고 말한다. 특히 개신교의 복음주의는 십자가의 대속과 믿음에 의한 구원을 주장하고 있다. 그런데 마태복음에서는 천지가 없어지기 전에는 율법의 일점일획도 없어지지 않는다고 선언하며 율법 무용론을 부정하고 있다. 또 "나더러 주여! 주여! 하는 자마다 다 천국에 들어갈 것이 아니요 다만 하늘에 계신 내 아버지의 뜻대로 행하는 자라야 들어가리라."(7:21) 라는 말씀은 행위 구원론이다. 이런 말씀을 어떻게 이해해야 하는가?

사실 이 문제는 쉽게 결론 날 수 없는 어려운 문제이다. 그런데 이 문제 역시 계약의 관점에서 접근하면 지극히 단순하다.

【1】 내가 율법이나 선지자를 폐하러 온 줄로 생각하지 말라 폐하러 온 것이 아니요 완전하게 하려 함이라

먼저 율법과 선지자의 관계를 생각해보면, 율법은 계약법을 말하며, 선지자는 계약법 실천을 촉구한 사람들이다. 이는 앞에서 누누이 얘기한 바와 같다. 유대인들이 율법 조항과 제사 중심으로 하나님을 섬기고 있을 때 광야에서 등장한 세례 요한은 회개의 세례로 제사를 대체하며, 계약법의 실천을 요구했으며, 예수님은 세례에 참여하심으로써 요한의 해석을 인정하셨다. 이를 본문에서는 예수님은 율법과 예언자를 완성하시는 분이라고 소개하고 있다.

【2】 내가 너희에게 이르노니 너희 의가 서기관과 바리새인보다 더 낫지 못하면 결코 천국에 들어가지 못하리라

율법과 서기관들의 의(義)는 무엇을 말하는 것일까? 이를 이해하기 위해서는 당시 유대인들의 율법(유대교율법)에 대한 설명이 필요하다. BC 300년경 시작된 알렉산더 대왕의 헬라화 정책의 일등공신은 주말마다 열린 마차경주, 레슬링, 연극 등이었고, 이런 문화정책에 넘어가지 않은 나라가 없어서 삽시간에 헬라문화 제국을 만들고 헬라어가 공용어가 되었다. 유대인들만이 유일하게 자신들의 문

화를 지켜냈는데, 이들의 공헌은 아무리 강조해도 지나치지 않다. 그들이 없었다면 오늘의 기독교도 불가능했기 때문이다. 이 시기의 유대인들은 율법을 조항으로 만들어 지키는 방식을 사용했다. 특히 안식일에 헬라제국 전역에서 행해지는 각종 문화행사에 가지 못하도록, 지켜야 할 조항을 만들어 놓고 이 조항들을 지키면 율법 전체를 지키는 것과 같다고 했다. 그 이후 안식일법을 비롯한 수백여 조항들이 만들어졌고 예수님 당시까지 지켜지고 있었다.

이로써 두 종류의 율법이 등장했다. 첫 번째는 모세로부터 시작된 계약법을 뜻하는 시내산 율법이고, 두 번째는 조항으로 만들어진 유대교 율법이다. 신약성경을 읽을 때에는 이 두 율법을 염두에 두면서 구별해서 읽어야 한다. 그렇지 않으면 심각한 오류를 빚는다. 오늘의 개신교 신학에서는 이에 대한 구분이 명확하지 않아서 혼란이 일어나고 있다. 바울이 갈라디아서나 로마서에서 율법이나 율법의 행위로 구원받을 수 없다고 말할 때에는 유대교 율법을 염두에 두고 한 말이다. 후일 루터가 로마서에 기초하여 율법의 행위가 아니라 믿음으로 구원을 받는다고 말한 신앙의인(信仰義認)은 유대교 율법과 행위를 말한다. 작금의 신약학자들 중에는 신약성경에는 두 구원의 길이 있는데, 공관복음서와 야고보서에서는 행위구원을 말하고 요한복음과 바울서신에서는 믿음구원을 말한다고 가르치는 사람들이 있다. 믿음과 행위를, 복음과 율법을 분리한다면 이는 어불성설이며 모순이고 상식에 어긋난다. 예수님께서 율법 전문가를 자처하는 서기관들을 향하여 "성경도 하나님도 모르는도다!"라고 탄식하시며 소경된 인도자라고 책망하셨는데, 오늘 우리가 똑같은 오류를 반복하고 있다. 이는 시행착오가 아니라 용서받지 못할 직무유기이며 심판받아 마땅한 범죄행위이자 종교사기극이다.

예수님 당시 서기관과 바리새인들은 유대교 율법의 조항을 지키면 하나님께서 이를 의(義)롭게 인정해주시므로 조항을 지키는 사람을 의인(義人)이라고 생각했다. 이에 예수님은 서기관과 바리새인의 그런 의로는 결단코 천국에 들어가지 못한다고 말씀하셨다. 이를 오늘에 적용한다면 계약의 실천은 필요 없이 은총과 믿음으로만 구원받는다고 생각하는 자들은 결단코 천국에 들어가지 못한다는 뜻이다.

이는 일인칭 화법으로 주어지는 주님의 말씀이다. 귀 있는 자는 들을진저!

물음 20 예수님의 성경해석 방법, 어떤 것일까?

본문 : 〈 5장 〉

21 옛 사람에게 말한 바 살인하지 말라 누구든지 살인하면 심판을 받게 되
리라 하였다는 것을 너희가 들었으나 22 나는 너희에게 이르노니 형제에
게 노하는 자마다 심판을 받게 되고 형제를 대하여 라가라 하는 자는 공
회에 잡혀가게 되고 미련한 놈이라 하는 자는 지옥 불에 들어가게 되리
라 23 그러므로 예물을 제단에 드리려다가 거기서 네 형제에게 원망들을
만한 일이 있는 것이 생각나거든 24 예물을 제단 앞에 두고 먼저 가서
형제와 화목하고 그 후에 와서 예물을 드리라 25 너를 고발하는 자와 함
께 길에 있을 때에 급히 사화하라 그 고발하는 자가 너를 재판관에게 내
어 주고 재판관이 옥리에게 내어 주어 옥에 가둘까 염려하라 26 진실로
네게 이르노니 네가 한 푼이라도 남김이 없이 다 갚기 전에는 결코 거기
서 나오지 못하리라

27 또 간음하지 말라 하였다는 것을 너희가 들었으나 28 나는 너희에게 이
르노니 음욕을 품고 여자를 보는 자마다 마음에 이미 간음하였느니라 29
만일 네 오른 눈이 너로 실족하게 하거든 빼어 내버리라 네 백체 중 하
나가 없어지고 온 몸이 지옥에 던져지지 않는 것이 유익하며 30 또한 만
일 네 오른손이 너로 실족하게 하거든 찍어 내버리라 네 백체 중 하나가
없어지고 온 몸이 지옥에 던져지지 않는 것이 유익하니라

31 또 일렀으되 누구든지 아내를 버리려거든 이혼 증서를 줄 것이라 하였
으나 32 나는 너희에게 이르노니 누구든지 음행한 이유 없이 아내를 버
리면 이는 그로 간음하게 함이요 또 누구든지 버림받은 여자에게 장가드
는 자도 간음함이니라

> 33 또 옛 사람에게 말한 바 헛 맹세를 하지 말고 네 맹세한 것을 주께 지
> 키라 하였다는 것을 너희가 들었으나 34 나는 너희에게 이르노니 도무지
> 맹세하지 말지니 하늘로도 하지 말라 이는 하나님의 보좌임이요 35 땅으
> 로도 하지 말라 이는 하나님의 발등상임이요 예루살렘으로도 하지 말라
> 이는 큰 임금의 성임이요 36 네 머리로도 하지 말라 이는 네가 한 터럭
> 도 희고 검게 할 수 없음이라 37 오직 너희 말은 옳다 옳다, 아니라 아
> 니라 하라 이에서 지나는 것은 악으로부터 나느니라

예수님께서 성경을 해석하시자 사람들은 서기관과 바리새인의 가르침과는 너무 다르고 권세가 있다고 놀랐다.[49] 예수님께서는 당시의 성경학자인 서기관들과는 달리 독특하게 성경을 해석하셨는데 어떤 방법을 사용하셨을까?

1. 표면적(表面的)인 의미

인간은 의사소통의 방법으로 말과 글을 사용한다. 말과 글로 소통이 가능해지기 위해서는 각 단어에 독특한 개념을 부여하고 서로 공유해야 한다. 표면적인 의미는 문자적인 의미를 말한다. 성경은 고문서이기 때문에 해석에서 각 단어와 문장을 문자적으로 정확하게 해석하는 일은 기본적인 작업이며 대단히 중요하다. 성경의 많은 내용들은 문자적으로, 즉 표면적으로 정확하게 해석해야 한다.

【1】 21 옛 사람에게 말한 바 ~ **하였다는 것을 너희가 들었으나**

본문에서의 예수님의 성경해석은 문자적인 해석에서 출발하신다.

> 21 옛 사람에게 말한 바 살인하지 말라 … 것을 너희가 들었으나
>
> 27 또 간음하지 말라 하였다는 것을 너희가 들었으나

서기관 바리새인들은 이런 본문에 대하여 문자적이고 표면적인

---

49) 그들이 가버나움에 들어가니라 예수께서 곧 안식일에 회당에 들어가 가르치시매 뭇 사람이 그의 교훈에 놀라니 이는 그가 가르치시는 것이 권위 있는 자와 같고 서기관들과 같지 아니함일러라(막1:21~22)
예수께서 이 말씀을 마치시매 무리들이 그 가르치심에 놀래니 이는 그 가르치시는 것이 권세 있는 자와 같고 저희 서기관들과 같지 아니함일러라(마7:28~29)

해석에 치중했으며, 대부분 그렇게 해석을 한다. 근동의 메소포타미아, 이집트 주변에서 인류 역사상 가장 이른 시기에 고대 문화가 등장했다. 구약성경을 연구하는 이들은 구약성경의 법전들과 주변 문화권의 법전들을 서로 비교 분석한다. 종교사학파[50]에서 이런 일에 관심을 가졌는데, 결론은 구약성경의 법전이 독자적인 것이 아니라 주변 문화의 영향을 받았다고 한다. 문화는 상호적이기 때문에 서로 영향을 주고받는다. 십계명의 살인, 간음, 절도, 위증 등은 인간사회의 기본법이기 때문에 어느 종교나 문화에 들어있고 또 영향을 받지 않아도 독자적으로 생겨날 수도 있다.

그런데 예수님의 십계명 해석은 문자, 표면적인 해석에서 더 나아가 그 문자에 담긴 의미를 해석하셨다. 예수님의 이런 해석을 살펴보면 구약의 십계명을 비롯한 법전들의 의미가 전혀 다르게 다가온다. 표면적인 의미에서는 영향을 주고받았다고 할 수 있는데, 예수님께서 해석하신 의미가 담긴 십계명들과 법전들이 주변의 문화로부터 영향을 받은 것인지 다시 묻지 않을 수 없다. 예수님께서 말씀하신 살인, 간음 등의 의미는 어떤 것일까?

2. 이면적(裏面的)인 의미

예수님께서는 성경의 많은 부분을 문자, 표면적인 해석에 머물지 않고 그 문자와 표면에 담긴 뜻과 정신, 즉 이면적인 의미를 중요하게 여기셨다. 인간의 말과 글에는 표현의 한계가 있다. 일상적인 내용이 아닌 신앙과 관련된 부분은 말과 글로 표현하기 어려운 부분이

---

50) 종교사학파(Religionsgeschichtliche Schule)는 독일 괴팅겐 대학교를 주축으로 1890년대에 일어난 운동이다. 이 운동의 특징은 계시 종교로서의 기독교의 독자성을 부정하고, 비교종교학을 통해 성경은 주변의 다양한 문화와 신화에 영향을 받았다고 강력하게 주장한다. 대표적인 학자는 베른하르트 더함, 알버트 아이크혼, 헤르만 궁켈, 요하네스 바이스, 빌헬름 부세, 알프레드 랄프스, 에른스트 트뢸치, 윌리엄 브레데, 하인리히 핵크만, 루돌프 오토, 휴고 그레만, 벨헬름, 헤이트 뮐러, 칼 므르뱃, 칼 클레맨, 하인리히 바인엘, 폴 브레델 등이다.

많이 있다. 성경 해석자는 이런 부분을 감안하여 표면적인 의미에서 이면적인 의미를 읽어내야 한다. 표면적인 의미와 이면적인 의미는 서로 많은 차이가 날 뿐만 아니라 경우에 따라서는 반대의 뜻이 되기도 한다. 예수님과 서기관은 이 부분에서 차이가 났다.

살인하지 말라, 간음하지 말라는 계명에 대한 표면적인 의미는 해석할 필요도 없다. 살인과 간음이라는 행위만 없으면 무죄다. 그런데 예수님께서 해석하신 이면적인 의미는 표면적인 의미와는 너무 다르다. 미워하는 마음, 업신여기는 마음이 곧 살인이요, 음욕을 품으면 이미 간음이며, 탐심은 도둑질이다. 예수님의 이런 해석에 의하면 살인과 간음, 절도에서 자유로운 자는 아무도 없다. 예수님의 이런 해석방법을 잘 활용한 사람이 사도바울이다. 그는 육체적인 할례는 표면적인 할례이고 마음의 할례를 이면적 할례라고 했으며, 유대인에게 주어진 율법의 이면적인 의미는 모든 인간이 가지고 있는 양심이라고 해석을 했다. 또 아브라함의 후손이란 혈통의 후손이 아닌 믿음의 후손이 이면적인 후손이라고 했다.[51)]

예수님께서는 왜 이런 이면적인 해석을 하실까? 그 계명과 법전에 담긴 하나님의 뜻과 마음이 중요하기 때문이다. 마음으로는 온갖 시기와 질투, 죽이고 싶은 마음이 가득 차 있어도 죽이지만 않았으면 살인이 아니라는 사회법과 하나님의 법은 이런 면에서 전혀 다르다. 예수님의 이면적인 해석은 인간의 내면을 있는 그대로 드러낸

51) 무릇 표면적 유대인이 유대인이 아니요 표면적 육신의 할례가 할례가 아니니라 오직 이면적 유대인이 유대인이며 할례는 마음에 할지니 영에 있고 율법 조문에 있지 아니한 것이라(롬2:28~29)
아브라함이 하나님을 믿으매 그것을 그에게 의로 정하셨다 함과 같으니라 그런즉 믿음으로 말미암은 자들은 아브라함의 자손인 줄 알지어다(갈3:6~7)
하나님 앞에서는 율법을 듣는 자가 의인이 아니요 오직 율법을 행하는 자라야 의롭다 하심을 얻으리니 (율법 없는 이방인이 본성으로 율법의 일을 행할 때에는 이 사람은 율법이 없어도 자기가 자기에게 율법이 되나니 이런 이들은 그 양심이 증거가 되어 그 생각들이 서로 혹은 고발하며 혹은 변명하여 그 마음에 새긴 율법의 행위를 나타내느니라(롬2:13~15)

다.

이면적인 해석이 중요한 또 다른 이유는 하나님과의 관계 때문이다. 예수님께서는 사회적인 윤리, 도덕을 말씀하시는 게 아니라 영성의 실재, 즉 하나님과의 관계를 말씀하셨다. 〈물음06〉에서 언급한 바와 같이 죄성의 정화와 존재의 정화로 이어지는 영성의 길에서 그 마음과 생각이 정화되지 않고는 결코 하나님께로 가까이 갈 수가 없다. 하나님과의 관계에서는 표면적인 의미가 아니라 이면적인 의미가 문제가 된다.

서기관과 바리새인들은 이런 계명들을 표면적으로 지키면 하나님께서 지킨 것으로 인정하신다고 가르쳤다. 그러나 예수님께서는 이를 계명과 하나님에 대한 모독으로 보시며 저주를 선언하셨다. 어떤 해석이 옳은지에 대해서는 물을 필요가 없다. 자명하기 때문이다. 하나님께서는 사람의 외모가 아니라 중심을 보신다.

3. 하나님의 권위

예수님의 성경해석에는 권세가 있었다. 그 권세는 하나님의 권위였다. 이면적인 해석은 곧 하나님의 입장에서의 해석이었다. 그 말씀에 질병이 떠나가고 귀신이 쫓겨나가고, 죽은 자가 살아나고, 풍랑과 바다가 잔잔해졌다. 예수님은 하나님의 권세로 말씀하셨다.

【2】 나는 너희에게 이르노니

예수님께서는 "나는 너희에게 이르노니"(ἐγὼ δὲ λέγω ὑμῖν)라고 직접화법으로 말씀하셨는데, 이는 예수님만이 하실 수 있다. 예수님은 하나님의 자기계시이며, 예수님 말씀은 곧 하나님 말씀이기 때문이다. 하나님의 대언자(代言者)로 활동했던 구약의 예언자들은 "여호와께서 가라사대"(הכ רמַאָ הוהי;코흐 아마르 야웨)라는 형식으로 말씀을 선포했다.

〈물음06〉에서 언급한 바와 같이 영성의 과정에서 예수님을 직접 뵈오면 그분은 하나님의 자기형상이어서 두렵고 떨림으로 다가와 벙어리가 되어 한동안 말을 할 수 없게 된다. 또 이런 과정에서 말씀을 대언하는 상태를 경험한다. 예수님께서 "땅 끝까지 이르러 내 증인이 되리라."는 말씀은 우리에게 지금도 그 경험을 가능하게 하시겠다는 약속이다.

신학자가 되려면, 설교자가 되려면 이 말씀을 믿고 진지하게 기도하며 경험으로 이해해야 한다. 이해에는 세 종류가 있는데, 과학자가 되려면 관찰과 가설, 실험으로 이해해야 하고, 철학자가 되려면 관념과 논리로 이해해야하고, 신학자, 설교자가 되려면 많은 기도를 통한 신앙 경험으로 이해해야 한다. 신학을 철학의 방식으로 이해하고 가르치면 이는 철학적 신학이 되고 만다. 학문의 자유라고 스스로 위로할지 모르지만 철학과나 종교학과에서 가르친다면 몰라도 신학교에서 과학적 신학, 철학적 신학을 가르친다면 이는 하나님 앞에서 결코 용서받을 수 없는 심각한 문제다. 예수님께서 신학을 잘못 가르치는 서기관 바리새인들에게 저주를 선포하셨던 일을 명심해야 한다.

〈 참고인과 증인 〉

설교와 신학은 일인칭 화법으로 지금 여기서 말하는 하나님의 말씀이어야 한다. 설교자는 소문을 듣고 말하는 자가 아니라 경험을 말하는 자여야 한다. 직접 겪은 경험을 말하는 증인이어야 한다. 하나님에 관해서, 예수님에 관해서, 부활에 관해서, 기도에 관해서 말하는 참고인이 아니라, 하나님을, 예수님을, 부활을, 기도를 말하는 증인이어야 한다.

물음 21 불가능한 가능성일까, 가능한 가능성일까?

본문 : 〈 5장 〉

38 또 눈은 눈으로, 이는 이로 갚으라 하였다는 것을 너희가 들었으나 39
나는 너희에게 이르노니 악한 자를 대적하지 말라 누구든지 네 오른편
뺨을 치거든 왼편도 돌려 대며 40 또 너를 고발하여 속옷을 가지고자 하
는 자에게 겉옷까지도 가지게 하며 41 또 누구든지 너로 억지로 오 리를
가게 하거든 그 사람과 십 리를 동행하고 42 네게 구하는 자에게 주며
네게 꾸고자 하는 자에게 거절하지 말라

43 또 네 이웃을 사랑하고 네 원수를 미워하라 하였다는 것을 너희가 들었
으나 44 나는 너희에게 이르노니 너희 원수를 사랑하며 너희를 박해하는
자를 위하여 기도하라 45 이같이 한즉 하늘에 계신 너희 아버지의 아들
이 되리니 이는 하나님이 그 해를 악인과 선인에게 비추시며 비를 의로
운 자와 불의한 자에게 내려주심이라 46 너희가 너희를 사랑하는 자를
사랑하면 무슨 상이 있으리요 세리도 이같이 아니하느냐 47 또 너희가
너희 형제에게만 문안하면 남보다 더하는 것이 무엇이냐 이방인들도 이
같이 아니하느냐

48 그러므로 하늘에 계신 너희 아버지의 온전하심과 같이 너희도 온전하라

이 말씀을 읽으면 이런 실천 불가능한 이야기를 왜 하고 있을까? 라는 생각이 먼저 든다. 이 말씀의 실천여부를 묻는 기독교 윤리에서는 이 말씀은 영원한 이상으로 주어진 말씀이라는 결론에 대체로 동의한다. 이는 불가능한 가능성(impossible possibility) 즉 실천할 수 없는 이상(理想)이라는 데에 동의하지 않을 사람이 과연 있을까?

【1】 45 **이같이 한즉** 하늘에 계신 너희 아버지의 아들이 되리니

그런데 예수님께서는 '이같이 한즉'이라고 말씀하셨는데, 이는 실천할 수 있으며 실천해야 한다는 뜻이다. 실제 영성의 경험에서는 어떠할까? 영성으로 하나님께 가까이 가면 이 구절이 어떻게 다가

올까? 하나님 면전에 이르는 과정에서 명확하게 경험된 것은 이 본문의 말씀은 불가능한 가능성이 아니라 가능한 가능성(possible possibility)으로 주어졌다는 사실이었다. 왜 그러한가 하면 마음과 생각에서 이런 상태에 이르지 아니하면 결코 그분 앞에 나아갈 수도 없고, 그분과 아무런 관계가 맺어질 수도 없기 때문이다. 그리고 죄성의 정화를 통하여 자기를 부정하며 오직 하나님만 신뢰하면 이런 마음과 생각, 실천력이 내게 주어지는 것이지 내 의지로 내가 하는 것이 아니다. 오직 은총일 뿐이다. “사람으로서는 할 수 없으되(impossible possibility), 하나님으로서는 다 하실 수 있느니라.”(possible possibility)(마19:26) 라는 말씀은 이렇게 경험된다. 하나님은 우리에게 그림의 떡이 아닌 먹을 수 있는 떡을 주시는 분이시다. 우리가 진심으로 이렇게 되기를 소원하면 하나님께서는 그렇게 되도록 우리를 만들어 주신다.

하나님의 자녀들은 이런 방식으로 천상의 윤리를 지상에서 실천하는 사람들이다.

【2】 38 또 **눈은 눈으로, 이는 이로** 갚으라 하였다는 것을 너희가 들었으나

“눈은 눈으로, 이는 이로”라는 말이 얼핏 무지막지한 법처럼 느껴지지만 고대에 약자를 보호하기 위한 법이었다. 예나 지금이나 힘이 있는 자들은 약자에게 폭력을 가하여 상해를 입힌 후 무시하거나 아니면 돈 몇 푼으로 해결하려고 한다. 그런데 이 법에서는 눈을 멀게 했으면 다른 어떤 것으로도 해결하지 말고 가해자에게 똑같이 눈을 멀게 하며, 뼈가 상하여 불구자가 되었으면 똑같이 불구자가 되게 해야 한다. 그러면 어느 누구도 약자를 함부로 대할 수 없게 된다. 또 이 말씀은 가해자에 대하여 과도한 보복을 금하는 규정이기도 하다.

사실 이런 법은 사회가 좀 발달한 곳이면 다 생기는 인권보호법이다. 그런데 예수님은 이를 조항으로 해석하지 않으시고 정신으로

해석하셔서 "오른 빰을 치면 왼편도 돌려대라, 속옷을 가지고자 하면 겉옷도 주어라, 오 리를 가자고 하면 십 리를 가주어라, 구하는 자에게 주며 꾸고자 하는 자에게 거절하지 말라."라고 하셨다. 아마 그 어디에도 이런 해석, 이런 법은 없을 것이다.

【3】 44 나는 너희에게 이르노니 너희 원수를 사랑하며 너희를 박해하는 자를 위하여 기도하라

부모와 자식이 재산을 놓고 다투며, 형제간에 유산을 놓고 법정 싸움을 벌이고 있는 세상에서, 보이스 피싱이 판을 치고 있는 현실에서, 온갖 사기꾼과 속임수가 난무하는 판에 구하는 자에게 주고, 꾸고자 하는 자에게 거절하지 말라는 말씀을 문자 그대로 실천하려고 한다면 이는 불가능할 뿐만 아니라 어리석은 행위일 뿐이다. 그렇다면 이 말씀은 어디에서 어떻게 실천하라는 말씀일까?

❶ 계약공동체의 실천 윤리

앞에서도 이미 언급한 바와 같이 이 말씀은 신앙공동체에서 실천해야 할 윤리이다. 계약 실천에 동의한 사람들은 이런 마음의 자세로 살아야 한다. 뜻이 하늘에서 이루어진 것처럼 땅에서도 이루어지려면 하늘의 윤리가 땅에서 실천되지 않으면 안 된다. 현대 계몽주의자들이 시도했던 세속적인 하나님나라 운동이 실패한 이유는 여기에 있다.

계약공동체는 하늘나라 윤리를 이 땅에서 실천하는 사람들의 모임이다.

❷ 상호실천 윤리

실제 이런 하늘의 윤리를 실천하는 공동체가 만들어지면 어떤 일이 벌어질까? 이 윤리의 이면적인 의미는 이런 요청을 하지 말라는 뜻이 담겨져 있다. 다시 말하면 이는 상호실천 윤리이다. 도움을 받으려 하지 말고 도움을 주는 사람이 되라는 뜻이며, 무위도식하며 남

의 도움이나 바라는 사람의 요청은 절대로 들어주지 말라는 말씀이다. 속이지 말라는 말씀의 이면적인 의미는 어리석게 속지 말라는 뜻이며, 도적질 하지 말라는 도적질 당하지 않도록 잘 대비하라는 뜻이다. 이런 이유로 예수님께서는 제자들을 내보내시며 뱀 같이 지혜롭고 비둘기처럼 순결하라(마10:16)고 당부하셨다. 뱀 같이 지혜로우라는 말씀은 속임수의 화신인 마귀에게 결코 속지 말라는 말씀이다.

성경말씀에는 표면적인 의미와 이면적인 의미의 양면성이 들어있다. 한 면만 보지 말고 양면을 다 보아야 한다. 예수님께서 말씀하시는 "나는 너희에게 이르노니"는 이면적인 의미를 뜻한다. 이런 가르침을 충실하게 이행한 사람이 사도바울인데, 그는 할례, 선민, 율법 등을 표면적 의미로 해석하지 않고 이면적 의미로 해석했다.

❸ 자기를 위한 윤리

원수를 사랑하라는 말씀은 이타적인 윤리의 극치이다. 이를 세상에서 실천하려고 하면 이타적인 윤리가 되지만 계약공동체에서 실천하면 자기를 위한 실천이 된다. 왜냐하면 사고, 재해 등으로 내가 곤경에 처했을 때 내가 도움의 대상이 되기 때문이다. 따라서 계약법에서 말하는 이타적인 실천은 곧 나를 위한 실천인 셈이다. 요즘의 제도로 본다면 사회보장제도의 보험에 해당된다.

【4】 48 그러므로 하늘에 계신 너희 아버지의 온전하심과 같이 너희도 온전하라

땅에 있는 인간이 하늘에 계신 하나님처럼 완전해 질 수 있을까? 도대체 이 구절은 무슨 뜻일까? 교회사에서 이 구절은 많은 오해를 낳아서 수많은 수도사들이 기독자의 완전에 이르기 위하여 은둔·고행·금욕 수도에 전념하며 예수님의 사랑을 실천하고자 했다. 이들이 추구한 완전은 세속과 육체로부터의 초월 상태였다. 하나님께서 원하시는 게 이런 상태일까? 무엇을 어떻게 하라는 말씀일까? 이 역시 계약과 경험으로 이해해야 한다.

첫째, 마음의 일치와 방법의 일치이다. 이는 앞에서 누누이 설명한 바와 같이 계약의 정신이다. 마음에서 진심으로 세상 모든 사람들이 행복하게 잘 사는 그런 나라, 그런 세상을 꿈꿔야 한다. 그리고 포기하지 말고, 불가능하다고 생각하지 말고, 실망하지 말고 실현 방법을 구하고 또 찾고 또 두드려야 한다. 그러면 반드시 그분은 방법을 깨달아 알게 하신다. 이는 하나님의 약속이며, 세상의 이치와 원리이다. 마음의 일치는 초월적인 일치이며, 방법의 일치는 내재적인 일치이다. 초월과 내재가 만나야 한다.

둘째, 계약공동체를 만들어 세상에 보여주어야 한다. "하늘에 계신 너희 아버지의 온전하심과 같이"의 의미는 "하나님께서 세상의 모든 사람이 다 행복해지기를 원하시는 것 같이"를 말한다. "너희도 온전하라."는 "너희도 하나님처럼 생각하며, 공동체를 통해 하늘의 모형을 만들어 세상에 보여주라."는 말씀이다. '하라'는 말씀에는 "내가 그렇게 되도록 돕겠다.", "그렇게 되게 하겠다."라는 하나님의 의지와 약속이 들어있다.

하나님은 지금도 우리에게 실천 불가능한 것을 요구하지 않으시고 실천 가능한 것을 요구하시며 또 기대하시며, 또 도울 준비가 되어 있으시다.

물음 22 구제, 기도, 금식, 어떤 자세로 해야 할까?

본문 : 〈 6장 〉

1 사람에게 보이려고 그들 앞에서 너희 의를 행하지 않도록 주의하라 그리
하지 아니하면 하늘에 계신 너희 아버지께 상을 받지 못하느니라 2 그러
므로 구제할 때에 외식하는 자가 사람에게서 영광을 받으려고 회당과 거
리에서 하는 것 같이 너희 앞에 나팔을 불지 말라 진실로 너희에게 이르

노니 그들은 자기 상을 이미 받았느니라 3 너는 구제할 때에 오른손이
하는 것을 왼손이 모르게 하여 4 네 구제함을 은밀하게 하라 은밀한 중
에 보시는 너의 아버지께서 갚으시리라

5 또 너희는 기도할 때에 외식하는 자와 같이 하지 말라 그들은 사람에게
보이려고 회당과 큰 거리 어귀에 서서 기도하기를 좋아하느니라 내가 진
실로 너희에게 이르노니 그들은 자기 상을 이미 받았느니라 6 너는 기도
할 때에 네 골방에 들어가 문을 닫고 은밀한 중에 계신 네 아버지께 기도
하라 은밀한 중에 보시는 네 아버지께서 갚으시리라 7 또 기도할 때에 이
방인과 같이 중언부언하지 말라 그들은 말을 많이 하여야 들으실 줄 생각
하느니라 8 그러므로 그들을 본받지 말라 구하기 전에 너희에게 있어야
할 것을 하나님 너희 아버지께서 아시느니라

16 금식할 때에 너희는 외식하는 자들과 같이 슬픈 기색을 보이지 말라 그
들은 금식하는 것을 사람에게 보이려고 얼굴을 흉하게 하느니라 내가 진
실로 너희에게 이르노니 그들은 자기 상을 이미 받았느니라 17 너는 금
식할 때에 머리에 기름을 바르고 얼굴을 씻으라 18 이는 금식하는 자로
사람에게 보이지 않고 오직 은밀한 중에 계신 네 아버지께 보이게 하려
함이라 은밀한 중에 보시는 네 아버지께서 갚으시리라

이 본문은 유대인의 평소 신앙관습과 직접 관련이 있다. 그들이 생각한 세 가지 선행 덕목(德目)은 구제, 기도, 금식이다. 본문의 기도 부분에 주기도문이 들어 있는데, 주기도문은 대단히 중요하므로 별도로 다음 물음에서 다루려고 한다. 유대인의 3대 선행을 다루면서 오늘 우리는 이 선행을 어떻게 실천해야 하는지 같이 생각해 볼 필요가 있다.

1. 구제

사람이 어울려 살아가는 데 구제활동은 중요한 비중을 차지한다. 어렵게 살아가거나 갑자기 재앙을 당하는 사람들, 경조사 등은 늘 있게 마련이다. 구제활동에 힘이 닿는 한 적극 참여해야 함은 더 말할 필요가 없을 것이다. 당시의 유대인들도 이런 일에 많은 관심을 가지고 참여했다. 본문에서는 구제의 참여 여부가 아니라 참여의 자세와 방법에 대하여 경고하고 있다. 먼저 이를 중심으로 살펴보고자

한다.

【1】 1 사람에게 보이려고 그들 앞에서 너희 의를 행하지 않도록 주의하라… 2 그러므로 구제할 때에 외식하는 자가 …하는 것 같이 너희 앞에 나팔을 불지 말라

당시 유대인들은 선행을 하면서 자신의 선행을 알리기 위하여 사람들이 모인 회당이나 번화가에서 드러내려고 노력했다. 지금 예수님께서는 유대인의 이런 외식(外飾)과 위선(僞善)을 지적하신다. 본문 이외에도 마태복음 23장에서 서기관과 바리새인에게 저주를 선언하실 때에도 "화 있을진저, 외식하는 서기관들과 바리새인들이여!"라는 문구를 무려 12회나 사용하고 있다. 왜 마태는 외식의 문제를 이토록 중요하게 다루고 있을까? 이 이야기가 중요한 이유는 무엇일까?

성경해석에서 경험이 중요한 이유는 이 문제에서도 잘 나타난다. 외식(外飾)의 문제를 윤리, 도덕, 교훈으로 다루면 이 문제가 하나님 앞에서 가장 중요한 문제라고 느껴지기 어렵다. 그러나 영성의 경험에서는 외식이 무엇보다도 큰 문제로 다가온다. 왜 외식이 영성에서 가장 중요하고 심각한 문제일까? 영성의 경험은 곧 하나님과의 관계인데, 하나님과 내밀한 깊은 관계로 들어가는 경험에 있어 제일 큰 걸림돌은 무엇일까?

자기를 드러냄이다. 영성의 절정인 하나님 면전에 이르는 길에서 철저하게 짚고 넘어가야 할 문제는 자기 자신 속에서 가장 큰 죄를 발견하는 것이다. 죄와의 싸움인 정화의 과정에서는 사탄이 악의 화신이라고 느껴진다. 정화에서 절정은 내 밖에 있으면서 나를 공격한다고 느껴지던 악마를 내 안에서 만나는 것인데, 밖에 있던 악마가 내 안에 들어오는 게 아니라 내가 본래 악마와 동일한 존재였다는 사실을 발견하는 데 있다. 여기가 죄성의 정화과정에서 도달하는 정점이며 반전이 일어나는 전환점이다. 이 경험은 곧 자기 자신에 대

한 절대부정으로 이어지며, 반대로 하나님에 대하여는 절대긍정을 하게 된다. 하나님 면전은 자기 자신에 대한 절대부정과 하나님에 대한 절대긍정의 상태다. 그런데 이 상태가 늘 유지되기를 바라지만, 기대와는 달리 한 순간에 단절되는 경험이 영성의 과정에서 수 없이 반복되는 시행착오를 겪으면서 서서히 단절을 극복하는 방법을 터득한다. 무엇이 하나님과 일치된 관계를 단절시킬까?

자기긍정이다. 자기를 긍정하는 생각이나 마음, 감정이 털끝만큼이라도 남아 있으면, 전무(全無)하지 않으면 어김없이 하나님과의 관계는 단절된다. 하나님께서는 절대로 봐주시는 법이 없다. 하나님의 다른 이름은 '법'(法)이시므로 그분은 언제나 '법대로' 하신다. 그 어떤 경우에도 반드시 자기 자신에 대하여 절대부정이어야 한다. 예외는 절대로 없다. 하나님께서 절대자이신 이유는 그 어떤 경우에도 예외가 없기 때문이다. 이는 마치 물이 담긴 잔을 뒤집었는데 물이 쏟아지지 않을 수 없는 이치와 같다. 그 어떤 경우에도 잔을 엎어놓고 물을 담을 수 없다. 영성의 원리와 물질의 원리가 같다는 것은 이런 이치이다.

마태복음에서 외식을 이토록 크게 다루는 이유는 여기에 있으며, 또 경험으로 확인된다. 그 이전에는 윤리, 도덕, 교훈으로 보이던 것들이 하나님을 경험하고 나면 영적인 실재(實在)로 다가온다. 성경은 사람의 책이 아니라 계시의 책이며 하나님의 말씀이다. 성경을 가르치면서 성경을 함부로 난도질하지 말아야 한다. 하룻강아지 범 무서운 줄 모르며, 무식하면 용감하게 되어 있다. 불나방이 불에 뛰어 들어가듯이 스스로 화를 자초하지 말아야 한다.

이런 영성의 경험을 하고나면 감히 하나님의 이름을 부를 수도 생각할 수도 없다. 그분은 내가 부르기에는, 생각하기에는 너무 크신 분이다. 그분의 뜻이 담긴 성경의 구절구절들은 두렵고 떨림으로 다가온다. 감히 내가 해석을 하겠다고 자처하기에는 너무 벅차다.

작금에 난무하는 성경의 해석들이 너무나 기본에서 멀어져 있고, 하나님과는 상관이 없고, 스스로 멸망의 길로 달려가고 있고, 마귀의 손바닥에서 농락당하고 있음을 전혀 모르고 있고…, 그냥 두고 볼 수 없어서 감히, 할 수 없이, 연필을 잡았을 뿐이다. 서툰 문장들을 써 내려가면서도 두렵고 떨릴 뿐이다.

【2】 1 …그리하지 아니하면 하늘에 계신 너희 아버지께 상을 받지 못하느니라 2 …그들은 자기 상을 이미 받았느니라 4 네 구제함을 은밀하게 하라 은밀한 중에 보시는 너의 아버지께서 갚으시리라

영성의 길에서 가장 큰 고통은 하나님과의 단절이다. 한번 단절되고 나서 다시 회복하려면 대단히 어렵다. 하나님과의 일치된 관계는 물(성령)이 그릇(나)안에 담겨있는 이치와 같은데, 물이 담긴 그릇을 엎은 후 물을 주워 담기 어려운 만큼 관계회복도 그만큼 어렵다. 사력을 다하는 발버둥의 회개와 한없는 통곡과 탄식이 아니고서는 결코 그 관계가 회복되지 않는다.

이런 영성의 경험을 하고 나면 가장 큰 적은 사람들로부터의 칭찬이며 인정이다. 옷차림을 비롯하여 매사에서 자신을 감추기 위하여 최선의 노력을 하게 되어 있다. 그 누구를 위해서가 아니라 자기 자신을 위해서다. 그렇지 않으면 하나님과 자신과의 관계는 또 단절되기 때문이다.

본문의 은밀하게, 은밀한 중에 보시는, 하늘의 상 등은 영성적인 용어들이며, 무슨 비유와 상징이 아니라 사실 그대로다.

2. 기도

유대인들은 기도를 대단히 중요하게 생각해서 하루에 세 번 오전 9시, 낮 12시, 오후 3시에 기도했는데, 사도행전에서도 확인되며, 지금도 예루살렘의 통곡의 벽에 가면 기도하러 오는 모습을 볼 수 있다. 하루 일과 중에서 중요한 시간에 세 번이나 기도를 실천한 것

을 보면 그들이 기도에 얼마나 큰 비중을 두었는지를 잘 알 수 있다.

【3】 5 또 너희는 기도할 때에 외식하는 자와 같이 하지 말라… 7 또 기도할 때에 이방인과 같이 중언부언하지 말라…

예수님께서 지적하신 유대인들의 기도의 문제점은 중언부언이었다. 자기과시는 영성의 길에서 가장 큰 적이며, 기도는 하나님과의 직접적인 관계 맺기인데 기도를 사람들에게 드러내기 위하여 한다는 것은 기도 본래의 취지에 어긋나므로 더 설명할 필요가 없다고 보인다.

중언부언은 기도의 핵심과 관련된다. 기도를 쉽게 설명하자면 하나님과 주파수 맞추기라고 볼 수 있다. 텔레비전이나 라디오에서 주파수가 맞지 않으면 화면과 소리가 나오지 않듯이 기도에서 하나님과 뜻이 맞지 않으면 아무리 부르짖고 오래 기도한다고 해도 소용없다. 성경이나 교리 등을 잘 몰라도 진지한 마음으로 많이, 지속적으로 기도하다보면 하나님께서 그 중심을 보시고 먼저 기도 자체를 바른 방향으로 이끌어 주신다. 그런데 중심과 의도가 잘못되어 있으면서 기도를 열심히 하다보면 틀림없이 마귀에게 이용당한다. 이 경우에는 차라리 기도하지 않음만 못하다. 이단의 교주들은 나름대로 기도를 많이 하던 사람들이다. 기도하지 않으면 그런 영적인 현상들이 경험되지도 않고 또 나타나지도 않는다.

하나님께서 만드신 만물에는 법이 들어있다. 마찬가지로 기도에도 지켜야 할 기본적인 이치가 있다. 이를 어기면 헛고생을 하거나 아니면 부작용이 생긴다. 어떤 이유로 장기간 집중적으로 기도를 하려면 반드시 기도에 관한 기본적인 이해를 가지고 시작해야 한다. 또 기도가 좀 더 깊어져서 영적인 어떤 현상들이 잦아지면 반드시 서적이나 아니면 선험자의 도움을 받아야 한다. 여기서 반드시, 절대라는 단어를 쓰는 이유는 이 문제 때문에 참으로 많은 고생을 했기 때문이다. 단언하건대 하나님 면전에까지 나아가는 영성의 길은 절대로 혼자 가지 못한다. 그 이유는 길목마다 마귀가 온갖 방법을 동원하여 결사적으로 방해하는데, 초보자는 마귀의 올무와 속임수를 결코 간파할 수 없기 때문이다.

마귀의 방해는 결코 가볍게 보지 말아야 한다. 지금 여기서 언급한 말들이 가볍게 느껴진다면 이미 마귀의 속임수에 걸려든 확실한 증거다. 마귀는 우리의 생각과 마음, 감정을 지배해 오는데 하나님께서 비춰주시는 밝은 빛 가운데 드러나기 전에는 마귀의 속임수를 알 수 없다. 내 안에 들어있는 어두움이 가셔지기 전에는 마귀의 정체가 결코 드러나지 않는다. 두렵고 떨리는 마음, 확인에 또 확인, 항상 배우려는 자세, 낮아지고 또 낮아지는 마음, 감히, 이런 것들이 기도의 길을 가면서 마귀를 이길 수 있는 필수 장비들이다. 무슨 확신, 무슨 능력에 의지하여 마귀를 대적하려하면 그는 이미 마귀의 수중에 들어간 사람이다. 이 길에서 자기확신 만큼 어리석음은 없으며, 무슨 능력을 운운하는 것만큼 위험한 것은 없다. 그런 사람들은 더 이상 기도와 영적인 노력을 하지 않는 것이 오히려 안전하다. 이 길은 자신을 철저하게 비우고 낮아져야만 통과할 수 있다.

기도에 대하여 좀 더 설명하려면 많은 지면이 필요하므로 여기서는 어렵다. 관심이 있는 이들은 졸저 「비움의 길」을 참고하면 하나의 사례를 볼 수 있으므로 여기서는 기본적인 원리만 간략히 다루고자 한다.

❶ 그릇

기도는 영성의 형식이다. 즉 영성은 내용이고 기도는 영성을 담는 그릇과 같다. 기도 없이는 영성의 길을 갈 수 없기 때문에 영성의 과정에서 기도는 알파와 오메가이다. 기도와 생각하기는 다르다. 생각은 혼자 하는 것이지만 기도는 하나님께 내 마음과 생각 등을 말씀드리는 대화이다. 어떤 문제에 대하여 혼자 생각하고 고민하는 것과 하나님께 나아가 기도하는 것은 별개의 문제다. 영성의 길을 가려면 생각과 마음, 감정 등이 기도로 승화되어야 한다. 영성의 단계가 깊어지면 이는 자연스럽게 터득된다.

❷ 규칙과 반복

육체와 영성은 성장 원리가 같다. 육체가 성장하기 위해서는 매일 반복해서 정해진 시간에 양식을 공급받아야 하듯이, 영성의 성장도 마찬가지로 시간을 맞추어 반복해서 양식이 공급되어야 하는데, 그 양식은 기도를 통해서 하나님으로부터 공급된다. 유대인들이 하루 세 번 기도했는데 그 형식에서는 옳았다. 단지 그 자세가 문제였다. 육체에 매일 양식을 공급하듯이 영성에도 같은 방식으로 영양이 공급되어야 한다.

❸ 성경 묵상

성경을 읽는 시간이 곧 기도하는 것은 아니지만 성경을 읽고 묵상하는 것은 기도에서 중요한 역할을 한다. 성경은 계시의 책이기에 기도한 만큼 성경이 이해되고 성경이 이해된 만큼 기도가 깊어진다. 성경과 기도의 관계를 설명하자면, 성경은 영성의 양식이고 기도는 그 양식을 먹는 방법이자 먹는 시간이다. 기도 시간에 성경에 대한 깊은 이해와 깨달음이 주어지는 이유는 여기에 있다. 제목기도나 중보의 기도는 자기 성찰의 기도와 다르다. 영성이 깊어지려면 자기 성찰의 기도가 있어야 한다. 제목기도와 중보기도를 오래하면 기도의 훈련과 습관은 되지만 영성이 깊어지는 것은 아니다.

❹ 확인, 또 확인

자기 성찰의 기도가 깊어지면 반드시 마귀의 방해가 시작되며 이는 피할 수 없다. 마귀의 방해는 각 사람에 따라 다양하게 나타난다. 어떤 사람은 마귀의 공격이 느껴지는 반면 전혀 그렇지 않은 사람도 있다. 내가 마귀의 공격을 감지하는가의 여부는 중요하지 않다. 전혀 감지하지 못하는 사람일수록 더 큰 공격을 받을 수도 있다. 마귀는 우리의 생각과 마음, 감정, 판단 등을 지배하는데, 전혀 눈치채지 못하게 활동한다. 마귀를 이겨내려면 매사에 과신하지 말고 확인 또 확인해야 한다. 과신은 마귀에게 스스로 무장해제 하는 것과 같다. 영성의 길을 가다보면 여러 신비체험들이 있을 수 있는데, 확실하지 않는 한 절대로 쉽게 단정짓지 말아야 한다.

이런 이유로 영성의 길은 혼자서는 가지 못한다. 반드시 동행인이 있어야 한다. 순수하고 진지하게 기도하다 보면 하나님께서 필요할 때 필요한 사람이나 서적 등을 만나게 하신다.

3. 금식

정통 유대인들은 매주 이틀 금식했다. 금식을 이토록 중요하게 여긴 이유는 경건 생활에 도움이 되기 때문이다. 경건 생활을 금식과 연결시킨 이유는 사람의 일상생활에서 식사가 차지하는 비중이 크고 또 식탐을 이기기 어렵기 때문이다. 이런 이유로 모든 종교에는 금식과 관련된 규율이 들어있다. 중세 수도사들은 평생 금식하며 살았는데, 마른 떡과 소금을 굶어죽지 않을 만큼만 먹었다. 유대인들은 어떻게 매주 이틀을 금식할 수 있을까라는 생각이 드는데, 해가 떠있는 시간에만 금식하므로 그 이전과 이후에는 먹을 수 있었다.

오늘 우리는 금식을 어떻게 실천해야 할까? 금식기도로 실천해야 하나? 금식기도를 하지 않는 사람은 어떻게 해야 하나? 금식은 경건의 실천과 마음의 자세 등에 도움이 되지만 기도할 때에 금식이 특별히 더 효력이 있다고 생각되지는 않는다. 어떤 특별한 이유로 금식하는 경우 이외에는 평소의 식생활에서 실천해야 한다. 실천의 방법은 시대와 상황에 따라 달라질 수 있는데, 암 등의 질병에 시달리는 오늘 우리는 건강과 식생활은 직접 관련이 있으므로, 금식의 규정을 건강관리와 연결시킬 필요가 있다. 하나님께서 만드신 창조의 원리대로 식생활을 해야 한다.

창세기에 보면 하나님께서 사람을 만드신 후에 먹거리를 지정해 주시고 있다. 먹는 문제가 그만큼 중요하기 때문인데 사람에게 주신 먹거리는 푸른 채소와 곡식, 과일이다.[52] 왜 이런 것들을 먹거리로 주셨을까? 왜 동물과 물고기는 먹거리로 주지 않으셨을까? 사람에게 해롭기 때문이다. 사람은 동물성이 아닌 식물성 먹거리를 주식으로 먹도록 만들어 놓으셨다. 우리는 창조의 법대로 살아야 한다.

육식은 왜 해로울까? 항상 이치는 알고 보면 단순하다. 육식의 주 대상인 소와 돼지와 닭은 체온이 39~42도이며, 사람의 체온은 36.5도이기 때문에 혈관에서 심각한 문제가 발생한다. 장에서 흡수한 이 영양소를 피기 온 몸의 세포에 공급해야 하는데 혈관에 흡수된 동물성 영양소는 굳어서 혈관 벽에 붙어 버린다. 또 체중 60kg 기준으로 12만 km인 실핏줄의 굵기는 머리카락보다 몇 배 가늘어서 굳어진 동물성 영양소는 혈관을 통과하지 못하고 막힌다. 또한 육류와 어류는 장에서 빨리 썩기 때문에 심각한 문제를 일으킨다. 이런 먹거리를 먹는 짐승들은 4시간 이내 썩기 전에 배설한다. 그런데 식물을 먹어야 하는 사람은 24시간에 한번 배설하므로 장에서 썩은 독이 그대로 몸에 흡수되어 질병의 원인이 된다.

이제 우리는 경건을 실천하는 신앙으로 식탐을 다스려야 한다. 잘 아는 바와 같이 닭과 돼지, 소들을 공장형 농장에서 밀집된 상태

52) 또 덧붙여서 '내가 또 온 땅 위에서 나는 풀과 나무를 너희에게 준다. 낟알이 열리는 풀과 씨가 들어 있는 과일나무를 너희 먹거리로 삼아라.(창 1:29 현대어)

에서 고단백 사료로 속성으로 키워내니 동물에 대한 학대도 이만저만이 아니고 사람이 할 일이 아니다. 또 부작용은 대단히 심각하다. 환경오염의 주범이며, 조류독감, 구제역을 연례행사로 치르며 대량으로 동물을 생매장시키고 있다. 이렇게 해서는 하나님의 심판을 피할 수가 없다. 인간구제역, 인간조류독감이 이미 예고되고 있으며, 환경오염이 인류의 생존을 위협한 지 이미 오래다. 이제 육류를 그만 먹어야 한다. 바다에는 물고기들이 자유롭게 살도록 놔두어야 한다. 초대형 어선으로 싹쓸이하듯이 물고기를 잡는 행위는 더 이상 용납되어서는 안 된다.

신생아 당뇨, 고혈압, 소아 암환자, 아토피 등이 급증하는 이유는 창조의 법과 질서를 어겼기 때문이다. 식탐과 욕심 때문에 우리는 스스로 무덤을 파 놓고 앞을 다투어 뛰어 들어가고 있다.

물음 23 주기도문 왜 중요할까?

본문 : 〈 6장 〉

9 그러므로 너희는 이렇게 기도하라 하늘에 계신 우리 아버지여 이름이 거룩히 여김을 받으시오며

10 나라가 임하시오며 뜻이 하늘에서 이루어진 것 같이 땅에서도 이루어지이다

11 오늘 우리에게 일용할 양식을 주시옵고

12 우리가 우리에게 죄 지은 자를 사하여 준 것 같이 우리 죄를 사하여 주시옵고

13 우리를 시험에 들게 하지 마시옵고 다만 악에서 구하시옵소서(나라와 권세와 영광이 아버지께 영원히 있사옵나이다 아멘)

14 너희가 사람의 잘못을 용서하면 너희 하늘 아버지께서도 너
희 잘못을 용서하시려니와 15 너희가 사람의 잘못을 용서하

지 아니하면 너희 아버지께서도 너희 잘못을 용서하지 아니하시리라

교회에서는 예배시간마다 주기도문을 암송하고 있다. 왜 그럴까? 중요하기 때문이다. 무엇 때문에 주기도문이 그렇게 중요한가?

누가복음의 병행본문을 보면 주기도문 해석에 도움이 된다. 예수님께서 기도를 마치시자 제자 중 한명이, 요한이 자기 제자들에게 기도를 가르친 것과 같이 우리에게도 기도를 가르쳐 달라고 요청해서 기도문을 주셨는데 다음과 같다.

아버지여 이름이 거룩히 여김을 받으시오며 나라가 임하옵시며 우리에게 날마다 일용할 양식을 주시옵고 우리가 우리에게 죄 지은 모든 사람을 용서하오니 우리 죄도 사하여 주시옵고 우리를 시험에 들게 하지 마시옵소서(눅11:2~4)

유대인들에겐 다양한 기도문이 있어서 기도할 때 그 기도문을 이용했는데, 유대인의 이런 관습에 맞추어 본문의 주기도문이 되었다고 보인다. 누가복음에 의하면 예수님께서는 기도문을 주신 다음에 그에 대한 해설로 두 가지 말씀을 하셨다. 첫 번째 말씀은 다음의 비유인데 내용이 너무 놀랍다.

또 이르시되 너희 중에 누가 벗이 있는데 밤중에 그에게 가서 말하기를 벗이여 떡 세 덩이를 내게 꾸어달라 내 벗이 여행 중에 내게 왔으나 내가 먹일 것이 없노라 하면 그가 안에서 대답하여 이르되 나를 괴롭게 하지 말라 문이 이미 닫혔고 아이들이 나와 함께 침실에 누웠으니 일어나 네게 줄 수가 없노라 하겠느냐 내가 너희에게 말하노니 비록 벗됨으로 인하여서는 일어나 주지 아니할지라도 그 간청함을 인하여 일어나 그 요구대로 주리라(눅11:5~8)

예수님께서 위의 예화처럼 기도해야 한다고 하셨다. 이렇게 기도하는 사람이 있을까? 자신이나 자기 식구도 아닌 손님의 배고픔을 위하여 한밤중에 양식을 꾸러가서 문전박대와 온갖 수모와 모욕에도 불구하고 밤새도록 남의 집 대문을 두드려 양식을 꾸어다가 손님에게 밥을 해줄 수 있는 사람이 과연 있을까?

예수님께서는 이어서 한마디 더 하셨다.

내가 또 너희에게 이르노니 구하라 그러면 너희에게 주실 것이요 찾으라 그러면 찾아낼 것이요 문을 두드리라 그러면 너희에게 열릴 것이니 구하는 이마다 받을 것이요 찾는 이는 찾아낼 것이요 두드리는 이에게는 열릴 것이니라(눅11:9~10)

너희 중에 아버지 된 자로서 누가 아들이 생선을 달라 하는데 생선 대신에 뱀을 주며 알을 달라 하는데 전갈을 주겠느냐 너희가 악할지라도 좋은 것을 자식에게 줄 줄 알거든 하물며 너희 하늘 아버지께서 구하는 자에게 성령을 주시지 않겠느냐 하시니라(눅11:11~13)

이 말씀에서 예수님은 이런 기도는 하나님께서 반드시 응답하신다고 아니 응답하실 수밖에 없다고 약속하셨다. 누가복음에 의하면 굶주린 사람을 위하여 구하고 찾고 두드리면 반드시 해결된다고 하셨다. 누가복음을 염두에 두면서 마태복음의 주기도문을 간략히 해석하고자 한다.[53]

【1】 9 하늘에 계신 우리 아버지여

예수님께서 알려주신 기도는 무슨 고상하거나 차원 높은 어떤 것을 구하는 게 아니다. 굶주리는 사람을 위하여 응답될 때까지 기도하라는 말씀이다. 하늘나라가 이 땅에 임하는 것을 너무 고상하게 생각할 필요가 없다. 굶주리는 여러 자식을 둔 부모의 입장에서 생각하면 된다. 왜 그런가하면 당시에는 대부분의 사람들이 굶주림에 시달렸기 때문이다. 지금도 크게 다르지 않다. 전 세계 인구의 몇 분의 일이 아직 굶주림에 시달리며, 대부분의 사람들은 상대적인 빈곤감으로 우울증에 걸려있다. 온 세상 역사를 주관하시는 하나님이 지금도 살아 계시다면 그분의 일차 관심은 무엇이겠는가? 일단 밥부터 배불리 먹이고 나서, 경제적인 양극화부터 뜯어고치고 나서, 금수저 흙수저를 물고 있는 입에 똑같은 숟가락부터 물려주고 나서 그 다음을 생각할 일이다.

53) 주기도문에 대한 좀 더 자세한 설명은 졸저 「십계명 & 주기도문 다시보기」에 들어 있다.

왜 그러한가? 하나님은 우리 모두의 아버지이시기 때문이다. 하나님의 뜻을 너무 고상한데서 찾기 때문에 헤매며 헛고생을 하고 있다. 굶주림에 시달리며 죽어가는 주린 창자 속에, 상대적인 빈곤감과 박탈감으로 절망에 빠진 청년의 한숨 속에, 그 속에 하나님의 뜻과 계시가 있다. 그곳으로 찾아가서 그곳에서 하나님을 만나야 한다. 이 길이 지름길이다.

•무슨 영적인 경험을 통해 예수님인격을 재현하겠다고

•어떤 고초를 겪더라도 영적인 신비체험을 해보겠다고

•세상의 진흙탕에서 벗어나 조용히 하나님만 섬기겠다고

•참된 진리를 깨우치기 위해 하나님을 좀 만나봐야겠다고

먼 길을 떠날 각오를 한 사람들이 있다면, 생각을 바꾸어라. 길을 잘못 들었다. 멀리가지 말라. 그분은 아주 가까이에, 바로 곁에 계신다. 힘들게 찾으려고 하지 말라. 그분은 누구나 쉽게 찾을 수 있는 곳에, 알 수 있는 곳에 계신다. 너무 높은 곳에서 찾지 말라. 그분은 특별한 것을 아주 싫어하신다. 그분은 낮은 곳에, 가장 낮은 곳에 계신다. 그분은 내가 떠나고 싶은 곳에, 피하고 싶은 곳에, 보고 싶지 않는 곳에, 가기 싫은 곳에 그곳에 계신다.

•남의 주린 배를 채우기 위하여 빈 바가지를 들고 쌀을 꾸러 갈 사람이 있겠는가?

•남의 주린 배를 채우기 위하여 한밤중에 온갖 수모와 구박을 감수할 사람이 있겠는가?

•남의 주린 배를 채우기 위하여 밤새도록 남의 집 대문을 두드릴 사람이 있겠는가?

기도가 무엇인가? 오해하지 말라. 여기에 답이 있다.

【2】 9 이름이 거룩히 여김을 받으시오며

십계명에는 하나님의 이름을 함부로 부르지 말라고 기록되어 있다. 하나님의 이름이 거룩히 여김을 받는다함은 무슨 뜻일까? 두 가지만 생각해보고자 한다.

❶ 부를 수 없는 이름이다.

앞에서도 언급한 바와 같이 하나님을 대면하고 나면 입이 얼어붙어 한동안 벙어리처럼 지내야 한다. 사람이 너무 큰 것을 경험하면 할 말을 잃는다. 하나님을 뵈옴은 이와 같다. 감히 하나님, 여호와, 예수님 등은 부를 수도 생각할 수도 없어진다. 유대인들이 여호와의 이름을 직접 부르지 못하고 아도나이(나의 주님)라고 부른 것은 경험 때문이었다.

❷ 누구나 똑같이

거룩함과 가장 비슷한 말은 '평등'이다. 하나님은 모든 사람이 신분, 지위, 빈부에서 평등하기를 원하신다. 그분이 가장 싫어하시는 것은 차별이다. 하나님의 거룩하신 이름은 모든 사람을 평등하게 살게 하는 데 사용되어야 한다. 그런데 하나님의 이름으로 기도하면서 더 잘 살려고, 더 출세하려고, 더 특별해지려고, 더 복을 받으려고 그분의 이름을 부른다면 이는 그분의 이름을 모독하는 행위다.

하나님의 이름이 모독을 당하지 않게 하옵시고.

【3】 10 나라가 임하시오며 뜻이 하늘에서 이루어진 것 같이 땅에서도 이루어지이다

구약성경에는 내세 개념이 없다가 바벨론 포로 이후에 나타나기 시작했다. 왜 그럴까? 내세가 없다고 생각해서일까? 아니면 몰라서일까? 둘 다 아니다. 내세가 현세고 현세가 내세이기 때문이다. 영원하신 하나님에게는 과거와 현재와 미래가 하나이다. 단지 우리가 시간 속에 있다 보니 현재와 미래가, 현세와 내세가 다르게 느껴질 뿐이다.

하나님나라는 내세가 아니라 지금 여기 계약공동체 속에서 그 나라의 모형이 시작된다. 계약공동체에 참여한 활동과 삶이 곧 하나님나라의 재현이다. 이 공동체에 참여함이 구원이므로 이 공동체 즉 교회를 통해서 구원을 받게 된다. 그러므로 계약공동체에 들어오기 위해서는 예수님을 통해서 죄의 문제가 해결되어, 이제는 죄의 지배가 아니라 예수님의 지배를 받아야 한다. 예수님을 통해서만 구원받는다는 말은 예수님을 통해서만 죄의 문제가 해결될 수 있다는 뜻이다. 왜 예수님을 통해서만 죄의 문제가 해결되는가? 예수님은 죄를 비추어 주는 거울이어서 그분에게 가까이 다가가면 나의 행위의 죄로부터 시작하여 마음, 생각, 잠재된 죄의 모든 것이 드러나고, 또 죄를 미워하는 마음이 주어져서 죄를 이기게 된다.

기독교 이외의 종교에서는 죄성을 수도를 통해서 해결하려고 한다. 그런데 죄성을 자력수도를 통해서 해결 할 수 있을까? 용서받고 도움 받아서만 가능한 게 아닐까? 인간이 자력으로 죄를 이길 만큼 낙관적인 존재일까? 지난 현대 500년은 낙관적인 인간론이 실패한 역사였다. 우리 시대의 최고의 윤리학자인 라인홀드 니버는 인간은 신뢰의 대상이 아니라 사랑의 대상이라고 했는데 백 번 맞는 말이다.

하나님의 나라가 여기서 거룩한 계약공동체에서 시작되어 진행되지만 이 땅에서 인간에 의해 완성되어 질 수 없고, 하나님의 직접 개입에 의해 완성되어진다. 그 때를 종말이라 한다. 인간이 불완전하기 때문에 여기서 완성될 수 없음은 자명하다. 단지 최선을 다할 뿐이며, 최선을 다하는 곳에 하나님께서 도우셔서 그 나라가 완성을 향하여 겨자씨처럼, 누룩처럼 성장해갈 뿐이다.

【4】 11 오늘 우리에게 **일용할 양식**을 주시옵고

창세기에서 인간을 만드실 때 하나님은 사람에게 필요한 자연환

경, 먹거리를 먼저 만드시고 인간을 맨 나중에 만드셨다. 육체 생존의 기초는 먹거리이다. 먹어야만 살 수 있으며, 먹을 때와 배부를 때의 행복감을 능가할 수 있는 것은 없는 것 같다. 아무리 고상한 사람일지라도 금강산도 식후경이다. 그런데 인류역사 이래로 아직도 이 문제의 해결이 끝을 보이지 않고 있다. 고대에는 절대빈곤에 시달렸다. 그런데 과학이 발달한 현재에는 편중이 문제다. 과학기술을 이용하여 모든 사람에게 일용할 양식을 해결해 주려고 한다면 충분히 할 수 있다고 보인다. 할 수 없어서가 아니라 하려고 하지 않아서 못하고 있다. 양식이 해결된 나라는 빈부의 양극화로 인한 상대적 빈곤감에 시달리고 있다.

어떻게 해결해야 하나?

【5】 12 우리가 **우리에게 죄 지은 자를 사하여 준 것 같이** 우리 죄를 사하여 주시옵고

14 너희가 사람의 잘못을 용서하면 너희 하늘 아버지께서도 너희 잘못을 용서하시려니와

15 너희가 사람의 잘못을 용서하지 아니하면 너희 아버지께서도 너희 잘못을 용서하지 아니하시리라

죄의 문제가 해결되어야 한다. 어떻게, 어디에 가서 해결해야 하나? 하나님에게로, 십자가로 가야 하나? 그런데 주기도문에서는 사람에게 먼저 가서 해결하라고 말씀하신다. 죄사함의 권세는 사람에게 있다고 말씀하신다. 무슨 뜻일까? 죄사함의 권세가 어떻게 사람에게 있을까? 죄를 누구에게 지었는지 물어보면 답이 나온다. 죄를 지었다면 피해자에게 먼저 용서받아야 한다. 사람이 죄를 누구에게 짓는가? 사람인가, 하나님인가? 대부분 사람에게다. 그러니 당연히 사람에게 먼저 용서를 받아야 한다. 사람에게 먼저 용서를 받지 않고 하나님께 용서를 받으려든다면 이는 모순이다. 죄사함의 권세는 하나님 이전에 사람에게 먼저 있다.

그런데 본문에서는 "우리가 사람에게 죄를 용서받은 것처럼 우리

죄를 용서해 주시고"가 아니라 "우리가 우리에게 죄 지은 자를 용서한 것처럼 우리 죄를 용서하여 주시고"이다. 왜 그럴까? 용서받음이 먼저인가, 용서함이 먼저인가? 용서받은 자여야 하는가, 용서하는 자여야 하는가? 용서받은 마음이어야 하는가? 용서하는 마음이어야 하는가? 본문에서는 용서하는 마음이어야 한다고 말한다. 왜 그럴까? 두 이유가 있다.

첫째, 용서받을 수 없기 때문이다. 예수님의 기준에 의하면 음욕을 품으면 이미 간음한 것인데 이를 어찌 다 찾아다니며 용서를 받는가? 업신여기는 마음이 이미 살인인데 어떻게 다 찾아다니며 용서를 받는가? 물론 현실적으로 큰 피해를 준 죄들은 일일이 찾아다니며 용서를 받아야 한다. 용서받으려고 해도 용서해주지 않을 수도 있고, 용서받을 수 없는 경우가 허다하다.

결국 나는 용서받을 수 없는 죄인이다. 이는 무엇을 말하는가? 나는 용서하지 않으면 안 되는 죄인이다. 용서받은 마음이 아닌 용서받을 수 없는 죄인의 마음, 용서하는 마음이어야 한다.

둘째, 내 안에 가장 큰 죄악이, 악마가 들어있기 때문이다. 나보다 더 큰 죄인은 없기 때문이다. 이를 잊지 말라는 말씀이다. 나는 일만 달란트 빚진 자이며 탕감 받은 자이다. 그런데 누군가에 대하여 서운한 마음이 있다면 과거에 받은 상처가 아직 아물지 않았다면, 내 안에 아직 '그런데'가 털끝만큼이라도 남아 있다면 아직 아니다. '그런데'가 아니라 '그냥'이어야 한다.

【6】 13 우리를 시험에 들게 하지 마시옵고 다만 악에서 구하시옵소서

본문의 시험은 죄의 유혹이라고 생각하면 된다. 그러면 죄는 무엇일까? 포괄적인 용어여서 무엇을 꼭 짚어서 말하기 쉽지 않다. 그러나 계약의 관점과 본문의 흐름에서 보면 지극히 단순하다. 계약대로 살고 싶지 않은 마음이다. 더 잘 살고 싶고, 더 좋은 옷, 집, 차

등을 가지고 싶고, 더 높은 자리에 올라가고 싶고, 이런 '더'의 마음은 누구에게나 있다. 계약의 마음이란 내 능력을, 내 물질을, 내 시간을, 내가 가진 모든 것을 공동체를 위하여 섬기려는 마음이다. 이 마음은 늘 흔들리며 유혹을 받게 마련이다. 마귀는 한 순간도 놓치지 않고 틈새를 노리며, 온갖 속임수를 동원한다. 어찌해야 하나?

이런 악마가 내 안에 들어있으니, 내가 바로 악마와 같은 자이니, 내 힘으로 이길 수 없음을 고백해야 한다. 도우심을 구해야 한다. 하나님은 언제나 도우실 준비가 되어 있으시다.

나라와 권세와 영광이 아버지께 영원히 있사옵나이다. 아멘

물음 24 돈 문제, 어떻게 해결해야 하나?

본문 : 〈 6장 〉

19 너희를 위하여 보물을 땅에 쌓아 두지 말라 거기는 좀과 동록이 해하며
도둑이 구멍을 뚫고 도둑질하느니라 20 오직 너희를 위하여 보물을 하늘
에 쌓아 두라 거기는 좀이나 동록이 해하지 못하며 도둑이 구멍을 뚫지
도 못하고 도둑질도 못하느니라 21 네 보물 있는 그 곳에는 네 마음도
있느니라 22 눈은 몸의 등불이니 그러므로 네 눈이 성하면 온 몸이 밝을
것이요 23 눈이 나쁘면 온 몸이 어두울 것이니 그러므로 네게 있는 빛이
어두우면 그 어둠이 얼마나 더하겠느냐 24 한 사람이 두 주인을 섬기지
못할 것이니 혹 이를 미워하고 저를 사랑하거나 혹 이를 중히 여기고 저
를 경히 여김이라 너희가 하나님과 재물을 겸하여 섬기지 못하느니라

25 그러므로 내가 너희에게 이르노니 목숨을 위하여 무엇을 먹을까 무엇을
마실까 몸을 위하여 무엇을 입을까 염려하지 말라 목숨이 음식보다 중하
지 아니하며 몸이 의복보다 중하지 아니하냐 26 공중의 새를 보라 심지
도 않고 거두지도 않고 창고에 모아들이지도 아니하되 너희 하늘 아버지
께서 기르시나니 너희는 이것들보다 귀하지 아니하냐 27 너희 중에 누가
염려함으로 그 키를 한 자라도 더할 수 있겠느냐 28 또 너희가 어찌 의
복을 위하여 염려하느냐 들의 백합화가 어떻게 자라는가 생각하여 보라
수고도 아니하고 길쌈도 아니하느니라 29 그러나 내가 너희에게 말하노

니 솔로몬의 모든 영광으로도 입은 것이 이 꽃 하나만 같지 못하였느니
라 30 오늘 있다가 내일 아궁이에 던져지는 들풀도 하나님이 이렇게 입
히시거든 하물며 너희일까보냐 믿음이 작은 자들아

31 그러므로 염려하여 이르기를 무엇을 먹을까 무엇을 마실까 무엇을 입을
까 하지 말라 32 이는 다 이방인들이 구하는 것이라 너희 하늘 아버지께
서 이 모든 것이 너희에게 있어야 할 줄을 아시느니라 33 그런즉 너희는
먼저 그의 나라와 그의 의를 구하라 그리하면 이 모든 것을 너희에게 더
하시리라

34 그러므로 내일 일을 위하여 염려하지 말라 내일 일은 내일이 염려할 것
이요 한 날의 괴로움은 그 날로 족하니라

사람이 살면서, 철이 들면서, 세상에 눈을 떠가면서, 세상의 일들에 시달리면서, 점점 더 크게 다가오는 것은 돈의 힘이다. 돈 모으기가 생각처럼 되지 않고, 돈이면 대부분이 되고, 돈 때문에 온갖 문제가 생기고 … .

성경은 돈에 대하여 많은 관심을 가진다. 주기도문은 계약의 핵심을 말하며, 계약의 핵심은 돈 문제의 해결이다. 성경은 세상을, 물질을, 돈을 초월하라고 말하지 않는다. 가난을 포기하거나 초월하지 말고 정면으로 대처하여 근본적으로 해결하라고 말한다. 기독교는 수도(修道), 초월의 종교가 아니기 때문이다. 돈 문제, 어떻게 해결해야 하나?

【1】 19~24 너희를 위하여 보물을 땅에 쌓아 두지 말라 … 보물을 하늘에 쌓아 두라

너희가 하나님과 재물을 겸하여 섬기지 못하느니라

돈을 하늘에 쌓으라는 말씀은 무슨 뜻일까? 헌금을 많이 하라는 말씀일까? 아니면 자선사업을 하라는 말씀일까?

❶ 돈을 바르게 쓰는 자가 되어라.

돈을 버는 게 더 어려울까? 돈을 쓰는 게 더 어려울까? 돈을 어떻게 쓰느냐가 문제인데, 하나님의 뜻에 맞게 쓰는 것이 더 어렵다.

큰 돈을 버는 사람은 많지만 큰 돈을 바르게 쓰는 사람은 극히 적다. 돈을 바르게 쓴다는 것은 어떻게 쓰는 것일까? 사회사업, 장학기금으로 쓰는 것일까? 사회를 위하여 썼으니 개인이나 가족을 위하여 쓰는 것보다는 백 배, 아니 천 배 바르게 썼다고 할 수 있다. 그러나 이것이 최선은 아니다. 최선은 하나님의 뜻에 맞게 쓰는 것인데 이는 버는 것보다 훨씬 더 어렵다.

왜냐하면 돈과 관련하여 하나님께서 원하시는 바는 내가 가진 돈으로 가난한 자들의 문제를 근본적으로 해결하는 것이기 때문이다. 성경의 입장에서 보면 돈은 가지고 있는 만큼 책임이 있다. 마지막 날 하나님께서는 "너는 내가 네게 준 재능, 성품, 환경, 돈을 어디에 어떻게 썼느냐?"라고 반드시 물으신다. 큰 돈을 가지고 있거나 버는 재간을 가진 사람은 큰 책임을 져야 할 사람이다. 제대로 관리를 못해서 다 날렸다든지 헛되게 썼다면 책임을 면하지 못한다.

❷ 돈에 지배받지 말라.

영성의 길을 멀리 가다보면 마귀의 돈 유혹을 만나게 된다. 큰 돈을 보여주며 타협을 제시한다. 이는 단순히 영적인 경험이 아니라 현실의 유혹이다. 마귀는 큰 돈을 어떻게 주겠다는 것일까? 이단의 교주들을 보면 알 수 있다. 교주를 신격화하는 많은 추종자들을 통해 돈을 바치게 하는 게 마귀의 전형적인 방식이다. 영성의 길을 가려면 이 유혹을 뿌리쳐야 한다. 이를 뿌리치는 게 쉬울 것 같지만 대단히, 불가능할 만큼 어렵다. 하나님의 특별한 도우심이 아니고서는 결코 벗어나지 못한다. 돈에 지배받는 것은 곧 마귀에게 지배받는 것이다. 돈의 권세와 마귀의 권세는 일치한다. 마귀는 돈으로 왕노릇하게 한다.

비록 영성의 이런 단계는 아니라 하더라도 많이 기도하면서 돈의 지배를 받지 않을 수 있어야 한다. 돈에 대한 지나친 집착과 욕심,

부정한 거래, 뇌물 수수 등은 돈에 지배받는 것이며 동시에 마귀의 지배를 자초하는 것이다. 마귀는 이런 방식으로 자신의 영역을 확산한다.

너희가 하나님과 재물을 겸하여 섬기지 못하느니라.

【2】 25 그러므로 내가 너희에게 이르노니 … 염려하지 말라…
26~28 공중의 새를 보라… 들의 백합화가 어떻게 자라는가 생각하여 보라

공중의 새처럼, 들꽃처럼 염려하지 않을 수 있으면 좋겠지만 당장 쪼들리는데, 파산하게 생겼는데, 그런데 어떻게 염려하지 않을 수 있을까?

❶ 과분한 줄로 알아라

현재 있는 그대로를 인정하고 감사함은 물론이고 과분한 줄로 알아야 한다. 이는 무슨 처세론이 아니다. 영적인 실재이다. 죄성의 정화 과정을 거치면서 내 안에서 악마를 발견하게 된다. 이어서 존재의 정화 과정을 거치고 나면 나는 없음(無)에 불과함을 알게 된다. 그러면 무엇이 남는가? 여러 가지가 있는데 본문과 관련짓는다면 '무자격자 의식'이 와 닿으면서 현재 내게 주어져 있는 모든 것이 과분하게 느껴진다. 태양, 공기, 맑은 하늘, 나뭇잎, 잡초 한 포기, 공중을 날아가는 새 등은 물론이고, 내가 지금 여기 이렇게 있다는 것 자체가, 내 존재 자체가 너무 과분하다. 늘 가진 게 없다고 느껴지던 지난날들이 얼마나 잘못되었는지 알게 된다. 가진 게 너무 많으며 과분할 뿐이다.

그 다음에는 어떻게 되는가? 그냥 자족하며 도인처럼 묵묵하게 무념무상(無念無想)으로 살아야 하는가?

❷ 다시 시작해라

다시 시작할 새 힘을 얻는다. 어디에서 어떻게? 공중 나는 새가

가만히 앉아서 하늘만 쳐다보고 있던가? 아니다. 일찍 일어나는 새가 벌레를 잡는다. 들에 자라는 잡초가 무위도식(無爲徒食)하는가? 아니다. 밟혀도 또 일어나고, 뜯겨도 또 돋아나고 도무지 포기를 모른다. 공중 나는 새가, 들에 자라는 풀 한 포기가 나의 선생이요 길잡이이다. 태양은 나를 위해서 떠 있는데, 들에 피어있는 여러 꽃들은 나를 위해서 피어 있는데, 스쳐가는 바람은 내게 힘을 내라고 하는데, 밤은 나에게 지친 몸을 쉬게 하려고 찾아오는데 ….

자연 만물 중

그 어느 것도 아름답지 않은 것이 없고,

그 어느 것도 의미를 주지 않는 것이 없고,

그 어느 것도 하나님을 말하지 않는 것이 없고,

그 어느 것도 계시가 아닌 것이 없고,

그 어느 것도 하나님의 법대로 따르지 않는 것이 없는데,

그런데 유독 하나 거슬리는 게 있다. 그냥 넘어갈 수 없는 게 있다.

【3】 33 그런즉 너희는 먼저 그의 나라와 그의 의를 구하라 그리하면 이 모든 것을 너희에게 더하시리라

눈을 들어 사람 사는 모습을 보니,

세상 돌아가는 모습을 보니,

널려 있는 쓰레기 더미를 보니,

망가져 있는 환경을 보니,

제대로 된 구석을 찾아보기 힘들다.

눈을 씻고 다시 봐도 하나님의 법은 찾아볼 수가 없다.

이 노릇을 어이할꼬! 이 노릇을 어이할꼬!

고쳐 주소서 이 땅을! 바로잡아 주소서 이 세상을!

물리치게 하소서 죄악을! 몰아내게 하소서 마귀세력을!

그래. 알았다.

이제 내가 찾았다 너를! 여태 내가 기다렸다 너를!

네가 나를 대신해라! 너를 통해 일 하리라!

내가 너와 함께하마! 내가 너를 도우리라!

물음 25 무엇을 구하고, 찾고, 두드리라는 것일까?

본문 : 〈 7장 〉

7 구하라 그리하면 너희에게 주실 것이요 찾으라 그리하면 찾아낼 것이요
문을 두드리라 그리하면 너희에게 열릴 것이니 8 구하는 이마다 받을 것
이요 찾는 이는 찾아낼 것이요 두드리는 이에게는 열릴 것이니라

9 너희 중에 누가 아들이 떡을 달라 하는데 돌을 주며 10 생선을 달라 하
는데 뱀을 줄 사람이 있겠느냐 11 너희가 악한 자라도 좋은 것으로 자식
에게 줄 줄 알거든 하물며 하늘에 계신 너희 아버지께서 구하는 자에게
좋은 것으로 주시지 않겠느냐

12 그러므로 무엇이든지 남에게 대접을 받고자 하는 대로 너희도 남을 대
접하라 이것이 율법이요 선지자니라

앞뒤 문맥의 연결을 위해 순서를 바꾸어서 이 본문을 먼저 다루고자 한다.

너무나 잘 알려져 있고, 너무 듣기 좋은 말씀이다. 무슨 뜻일까?

【1】 7 구하라 그리하면 너희에게 주실 것이요 찾으라 그리하면 찾아낼 것이요 문을 두드리라 그리하면 너희에게 열릴 것이니

본문의 특징은 구하고 찾고 두드리라는 동사의 목적어가 빠져있다. 목적어는 무엇일까? 뭘 구하면, 뭘 찾으면, 뭘 두드리면 틀림없이 응답하시겠다는 것일까? 그냥 내가 가지고 싶은 것을 구하면 다

주시겠다는 말씀일까?

이 내용은 앞의 주기도문 해설에서 이미 다뤘다. 병행본문인 누가복음에 의하면 저녁 굶고 찾아온 길손에게 저녁을 먹이기 위해 한밤중에 떡을 꾸러간 사람의 예화에 대한 해설로 주신 말씀이다. 마태복음에서는 지금까지 산상설교에서 말씀하신 내용들, 한마디로 말하면 이 땅에 하나님나라가 임하기를 구하고 찾고 두드리라고 삼중으로 강조하고 있다. 동시에 삼중으로 '그리하면'과 '이마다, 이는, 이에게는'이라는 독특한 화법을 사용하면서 틀림없이 응답하신다고 강조한다.

기도, 어떤 기도를 어떻게 해야 하는가? 응답받을 기도, 응답해주실 기도를 해야 한다. 기도하는 사람은 기도가 응답되지 않아서 고민이지만 반대로 기도를 들으시는 하나님께서는 응답할만한 기도가 없어서 고민이시다. 하나님의 고민을 기도해야 한다. 신구약 성경의 목적, 현대 500년의 목적, 인류역사의 목적, 하나님의 목적은 뜻이 하늘에서 이루어진 것같이 땅에서도 이루어지는 것이다. 이것을 위해서 기도해야 한다. 하늘의 뜻이 땅에서 실현된 그 나라는 어떤 나라일까?

【2】 12 그러므로 무엇이든지 남에게 대접을 받고자 하는 대로 너희도 남을 대접하라 이것이 율법이요 선지자니라

이 말씀을 가리켜 황금률(黃金律)이라고 한다. 왜 이렇게 말할까?

역사 이래로 지금까지 살았던 수많은 성인군자, 현자들이 귀한 가르침과 교훈을 주었지만 이보다 더 큰 것이 없어서 이를 황금률이라고 한다. 동서고금 성인군자들의 가르침은 다 수동적인 실천을 요구했다. 유대교의 랍비들은 "네 자신이 싫어하는 것을 어느 누구에게도 행치 말라."(토비트4:15)고 가르쳤으며, 중국의 공자는 제자들에게 "네가 원하지 않으면 다른 사람에게도 시키지 말라"(己所不欲勿施於人)라고 했다.

그런데 예수님께서는 반대로 능동적인 실천을 요구하셨다. "네가 대접받고 싶은 대로 남을 대접해라!" 예수님은 왜 이런 황금률의 실천을 요구하실까? 이것이 율법과 선지자들의 정신이기 때문이다. 바꾸어 말하면 이 윤리는 이 땅에서 하나님나라를 실현하려는 계약공동체가 지켜야 할 윤리이다. 하나님나라는 하나님의 통치력이 적용되어야 하는데, 계약공동체에서는 하나님의 윤리 실천을 통하여 하나님의 통치가 실현된다.

산상수훈에서는 독특한 윤리가 선포되고 있다. 좀 모자라는 사람에게 미련하다고 말하면 이미 살인한 것이고, 마음에 음욕을 품으면 이미 간음한 것이고, 오른쪽을 때리면 왼쪽을 내주고, 오 리를 가자면 십 리를 가주고, 속옷을 달라면 겉옷까지 벗어주고, 구하는 대로 다 내주고, 꾸고자 하는 자에게 거절하지 말고, 원수를 사랑하고, 이웃을 내 몸처럼 사랑하고….

이런 모든 새 계명들은 대접받고 싶은 대로 대접해 주라는 황금률로 집약된다.

물음

비판 문제, 왜 그렇게 중요할까? 26

본문 : 〈 7장 〉

1 비판을 받지 아니하려거든 비판하지 말라 2 너희가 비판하는 그 비판으
로 너희가 비판을 받을 것이요 너희가 헤아리는 그 헤아림으로 너희가
헤아림을 받을 것이니라 3 어찌하여 형제의 눈 속에 있는 티는 보고 네
눈 속에 있는 들보는 깨닫지 못하느냐 4 보라 네 눈 속에 들보가 있는데
어찌하여 형제에게 말하기를 나로 네 눈 속에 있는 티를 빼게 하라 하겠
느냐 5 외식하는 자여 먼저 네 눈 속에서 들보를 빼어라 그 후에야 밝히
보고 형제의 눈 속에서 티를 빼리라

6 거룩한 것을 개에게 주지 말며 너희 진주를 돼지 앞에 던지지 말라 그들

이 그것을 발로 밟고 돌이켜 너희를 찢어 상하게 할까 염려하라

이 말씀은 사람들과의 관계에 대한 기독교인의 평범한 실천 강령처럼 느껴진다. 그런데 영성의 경험으로 보면 이 말씀은 전혀 다르게 와 닿는다. 본문은 하나님께로 가는 과정에서 필요한 가장 중요한 지침의 말씀이다. 왜 그럴까?

영성의 길에서 가장 힘겨운 것은 하나님 임재의 상태를 유지시키는 것이다. 잡념과 현상의 단계를 지나면 정화의 훈련이 본격적으로 시작되는데, 그 과정은 하나님의 임재와 단절이 반복되는 경험이다. 하나님의 임재는 아직까지 경험해보지 못했던 가장 큰 평안과 어떤 절정이 느껴지는 천국의 상태이며, 반대로 단절은 무어라 표현할 길이 없는 내면의 고통과 더불어 악마의 공격이 치열하여 치가 떨리는 지옥의 상태가 된다. 이런 단절의 고통을 경험하고 나면 단절에서 벗어나 임재의 상태를 지속시키기 위하여 사력을 다하게 된다. 그런데 단절의 상태에서 벗어나기는 대단히 어렵고 많은 시간이 걸리는 반면에 임재의 상태는 한 순간에 사라지고 만다.

단절의 상태에서는 왜 내가 이런 고통의 구덩이에 떨어졌으며, 어떻게 하면 여기서 빠져나갈 수 있을지를 고민하며 온갖 방법을 찾는다. 이는 마치 수영을 못하는 사람이 물에 빠져 허우적거리며 살려고 발버둥치는 것과 같다. 이렇게 된 이유가 죄 때문이라고 생각되어 죄라고 생각되는 것은 마음과 생각에서라도 지우려고 회개하며 사력을 다하게 된다. 이런 노력이 절정에 이르면 지옥과 같은 고통에서 서서히 벗어나기 시작하여 천국처럼 느껴지는 상태로 회복된다. 이번에는 이런 천국의 상태를 유지하기 위하여 사력을 다하는데, 단절의 원인이 죄라고 느껴져서 죄에 대해서는 생각조차 하지 않으려고 발버둥치지만 아무리 노력을 해도 어느 한 순간 나도 모르게 다시 지옥의 나락으로 떨어지고 만다.

정화의 수련은 이처럼 영적인 지옥과 천국의 양극단에서 죄와의 치열한 싸움을 통해 진행되는데 이를 수동적인 정화라 한다. 수동적인 정화는 내가 아무것도 하지 않아도 된다는 뜻이 아니라 반대로 내 의지와는 상관없이 죄와의 싸움에 사력을 다 할 수밖에 없는 상태, 즉 최상의 능동적인 정화를 말한다.[54] 주님의 십자가를 통한 사죄의 은혜는 값없이 주어지지만 죄의 지배로부터 벗어나게 하는 주님의 도우심은 이런 수동적인 지옥훈련으로 주어진다. 인간 내면에서 죄의 뿌리를 뽑아내는 것은 결코 수월한 일이 아니다. 천국과 지옥의 양극단을 수없이 오가면서 죄와의 싸움에 사력을 다해야 가능해진다. 이 싸움은 문자 그대로 물극필반(物極必反)이다. 극에 이르지 않으면 결코 반전이 일어나지 않는다. 영성의 이치와 자연의 이치가 원리에서 동일하다는 것은 여기서도 경험된다.

언제 이런 지옥훈련이 끝나는가? 이 싸움의 과정에 있을 때 가장 고통스러운 것은 지옥의 한복판에서 느껴지는 그 고통이 아니다. 그보다 더 큰 고통이 있는데, 이 고통은 영원히 끝나시 않으리라는 절망감이 주는 고통이다. 소망이 전무한 상태, 이보다 더 아픈 지옥은 없으며, 형벌의 극치이다. 실제로 지옥의 고통과 천국의 희열은 영성의 과정에서 경험된다. 양극을 오가는 경험이 수없이 반복되는데 놀라운 신비는 지옥에 떨어지면 여기서 벗어나는 것은 영원히 불가능하다는 생각에 사로잡힌다는 것이다. "지난번에도 이런 상태에 있다가 회복되었는데 이번에도 되겠지"라는 생각이 들 법도 한데 전혀 아니다. 그래서 고통이 극에 달한다. 영적으로 당할 수 있는 가장 고통스러운 상태가 수없이 반복된다.

이런 고통에도 끝은 있다. 시간이 지배하는 세상에는 매사가 끝이 있게 마련이다. 그런데 지옥훈련의 끝은 내가 생각하던 것과는

---

54) 이런 수동적인 정화의 과정에 대해서는 졸저 「비움의 길」에서 승강진퇴(乘降進退)라는 이름으로 자세히 설명했다..

반대로 찾아온다. 내 안에서 죄가 다 사라지고, 죄의 흔적이라도 남아있지 않으면 지옥의 나락으로 떨어지지 않으리라고 생각하면서 죄악을 이겨내기 위하여 사력을 다했는데, 전혀 잘못된 생각이었다.

죄와의 싸움을 극으로 몰고 가면 내 생각, 마음, 감정에 들어있는 죄들이 다 드러나기 시작한다. 그런데 죄가 점점 사라질 것 같았지만, 내 안에 숨어있는 가능성의 죄들이 쏟아져 나오기 시작하는데 이건 도무지 감당이 되지 않는다. 악마가 다른 어디에 있는 게 아니라 바로 내 안에 있었으며, 내가 곧 악마였다. 지금껏 내가 모르고 있었을 뿐이다. 여기가 죄와의 싸움의 절정이자 바닥치기이다. 이것을 경험하고 나면 이제는 죄와의 싸움을 포기하게 된다. 왜냐하면 내가 곧 죄 그 자체이기 때문에 싸울 수가 없어진다. 그러면 어떻게 되는가?

벗어나고 싶었던 지옥의 고통이 당연할 뿐만 아니라 과분하게 느껴진다. 이 정도가 아니라 더 큰 고통을 받아야 할 자라는 생각 때문이다. 그렇게도 갈망했던 천국의 상태, 그건 내게 전혀 맞지 않다. 이제는 회개 기도에서 역전이 일어난다. 천국이 유지되기를 기도했는데, 지옥에서 벗어나기를 기도했는데, 그 기도가 너무 잘못되어서 그간의 기도를 회개하며, 지옥의 고통을 받아 마땅하다고 생각할 뿐만 아니라 과분하게 느껴져서 더 큰 고통의 자리를 찾아 나선다. 여기다. 정화의 종착역이. 여기로 가야 한다. 여기에 이르면 무슨 일이 일어나는가?

반전이 일어난다. 나도 모르게 천국의 상태가 된다. 그리고 이제는 천국의 상태가 지속된다. 어떻게? 이제는 천국을 사양하고 지옥의 상태로 내려오기 때문이다. 그러면 다시 천국으로 상승된다. 이를 자기부정이라 한다. 내가 나를 부정하면 하나님께서는 나를 긍정해 주신다.

하나님께로 가는 길은

버림으로써 얻고

죽음으로써 살고

낮아짐으로써 높아지고

비움으로써 채워지고

부정으로써 긍정에 이르는

자기비움의 길이다

【1】 1 비판을 받지 아니하려거든 비판하지 말라

2 너희가 비판하는 그 비판으로 너희가 비판을 받을 것이요 너희가 헤아리는 그 헤아림으로 너희가 헤아림을 받을 것이니라

비판하지 말라는 말씀은 앞에서 말한 정화의 과정을 거치고 나서야 비로소 그 중요성과 의미가 와 닿는다. 하나님과의 단절을 일으키는 가장 큰 장애물은 사람들을 향한 내 마음과 생각이다. 내 마음에서 악마를 발견하는 경험에서 비롯되는 가장 큰 죄인의식과 무자격자 의식에서는 감히 어느 누구에 대해서 비판, 판단을 생각할 수조차 없다. 어느 누군가에 대하여 지극히 사소한 비판과 판단을 하면 그 순간 하나님으로부터 단절이 된다. 이는 영성의 기본적인 원리와 법칙이다. 물이 든 잔을 뒤집으면 물이 쏟아지는 이치와 같다. 이를 회복하려면 쏟아진 물을 다시 담는 것만큼 어렵다. 형제에 대하여 '미련한 놈'이라고 말하면 이는 살인이요 지옥의 심판을 면하지 못한다는 말씀은 무슨 윤리, 도덕 이전에 이런 영적인 사실을 말하는 말씀이다. 성경은 윤리와 도덕을 말하는 책이 아니라 영성의 세계를 말하는 계시의 책이다.

영성의 경험에서는 가장 작은 것이 가장 큰 것이 된다. 다른 사람을 향한 아주 사소한 비판과 판단 하나가 가장 큰 재앙을 부른다.

【2】 6 거룩한 것을 개에게 주지 말며 너희 진주를 돼지 앞에 던지지 말라

그들이 그것을 발로 밟고 돌이켜 너희를 찢어 상하게 할까 염려하라

3 어찌하여 형제의 눈 속에 있는 티는 보고 네 눈 속에 있는 들보는 깨
닫지 못하느냐

마태복음에만 나오는 이 구절은 이해하기가 쉽지 않다. 유대인들은 이방인을 개와 돼지로 생각해서 그들에게는 율법을 알려 줄 필요가 없다고 해석했고, 초대교회에서는 세례 받지 않은 사람들에게 성찬을 주지 말라고 가르쳤다. 그런데 이 말씀 역시 영성의 경험에서는 전혀 다르게 와 닿는다.

자기 안에서 가장 큰 죄를 발견하지 못하고 남의 티끌만한 죄가 눈에 띄어 지적하는 사람을 가리켜 개와 돼지이며, 이 사람들은 하나님도 성경도 알지 못하는 사람들이며, 아무리 하나님을, 성경을 말해주어도 받아들이는 것은 고사하고 온갖 트집을 잡을 사람들이라는 뜻이다. 개와 돼지는 정통 유대교인을 말한다. 재해석되지 않은 정통신앙으로 무장한 사람들은 어떻게 해 볼 도리가 없는 가장 심각한 중병에 걸린 사람들이다.

악마의 영은 남의 눈의 티를 보게 하고, 성령께서는 내 안에서 들보를 보게 하신다. 나는 어느 영의 지배를 받고 있는가?

물음 27 넓은 문과 좁은 문은 무슨 문일까?

본문 : 〈 7장 〉

13 좁은 문으로 들어가라 멸망으로 인도하는 문은 크고 그 길이 넓어 그리
로 들어가는 자가 많고 14 생명으로 인도하는 문은 좁고 길이 협착하여
찾는 자가 적음이라

15 거짓 선지자들을 삼가라 양의 옷을 입고 너희에게 나아오나 속에는 노
략질하는 이리라 16 그들의 열매로 그들을 알지니 가시나무에서 포도를,
또는 엉겅퀴에서 무화과를 따겠느냐 17 이와 같이 좋은 나무마다 아름다

운 열매를 맺고 못된 나무가 나쁜 열매를 맺나니 18 좋은 나무가 나쁜
열매를 맺을 수 없고 못된 나무가 아름다운 열매를 맺을 수 없느니라 19
아름다운 열매를 맺지 아니하는 나무마다 찍혀 불에 던져지느니라 20 이
러므로 그들의 열매로 그들을 알리라

21 나더러 주여 주여 하는 자마다 다 천국에 들어갈 것이 아니요 다만 하
늘에 계신 내 아버지의 뜻대로 행하는 자라야 들어가리라

22 그 날에 많은 사람이 나더러 이르되 주여 주여 우리가 주의 이름으로
선지자 노릇 하며 주의 이름으로 귀신을 쫓아 내며 주의 이름으로 많은
권능을 행하지 아니하였나이까 하리니 23 그 때에 내가 그들에게 밝히
말하되 내가 너희를 도무지 알지 못하니 불법을 행하는 자들아 내게서
떠나가라 하리라

앞의 설명과의 연결을 위하여 이 본문을 먼저 다루고자 한다.

누가복음의 병행본문에서는 이 본문의 배경을 알려주고 있는데, 어떤 사람이 여짜오되 "주여 구원을 받는 자가 적으니이까?"(눅13:23)라는 질문에 대한 대답으로 하신 말씀이다. 따라서 본문의 좁은 문은 구원의 문이고 넓은 문은 멸망의 문이다. 어떻게 해야 구원을 받고 어떻게 하면 멸망받는가?

이 질문에 대한 복음주의의 대답은 간단하다. 예수님을 믿으면 구원받고 믿지 않으면 멸망받는다. 그렇다면 본문의 말씀과 어떻게 연결되는가? 또 예수님 이전의 사람들은 어떻게 구원을 받았는가? 구약성경에 나오는 사람들도 구원을 받지 못했는가? 대답이 쉽지 않은 물음들이다. 예수님께서는 십자가에서 돌아가시기 이전에 이미 로마인 백부장(마8:5~13), 세리장 삭개오(눅19:1~10) 등에게 구원 받았음을 선포하셨다. 이들의 구원은 어떻게 설명을 해야 하나? 복음주의의 십자가 구원론으로는 설명이 불가능하다. 이들의 문제에 대해서는 관련된 본문에서 다루기로 하고 여기서는 좁은 문과 넓은 문에 대해서만 다뤄보고자 한다.

【1】 13 좁은 문으로 들어가라 멸망으로 인도하는 문은 크고 그 길이 넓
어 그리로 들어가는 자가 많고 14 생명으로 인도하는 문은 좁고 길이 협
착하여 찾는 자가 적음이라

앞의 정화의 원리에서 말한 바와 같이 천국과 지옥은 지금 여기서 영성의 훈련을 통하여 생생하게 경험된다. 죄성의 정화는 긍정과 부정의 원리로 진행되는데, 긍정은 부정에 이르고, 부정은 긍정에 이른다. 마찬가지로 구원의 길에서도 좁은 문은 넓은 문으로 이어지고, 넓은 문은 좁은 문에 이른다. 다시 말하면 스스로 자신을 긍정하는 사람은 하나님으로부터 부정되고, 스스로 자신을 부정하는 사람은 하나님으로부터 긍정에 이른다.

예수님 말씀에 의하면 바리새인들은 스스로 의롭다라고 생각했으나 하나님으로부터 버림받았고, 반대로 세리는 자신은 의로움은 고사하고 하나님 계신 하늘을 바라 볼 자격조차 없다는 생각에서 엎드려 통곡했으나 하나님으로부터 의롭다함을 얻었다.(눅18:10~14) 정말로 구원에 이른 사람은 스스로 구원받았다고 생각하지 않으며, 자신은 전혀 구원받을 자격이 없다고 생각한다. 복음주의에서 말하는 구원의 확신이 중요하기는 하지만 자칫 멸망의 함정이 될 수도 있다.

WCC에서 발간한 책자에서, 구원의 확신을 가지고 영혼을 구원하려고 동남아 불교국가에 간 어떤 선교사의 간증문을 본 적이 있었는데, 그는 그곳에서 불교인들에게 전도하다가 반대로 그들에게 전도당하여 불교인이 되었고 불교로 기독교인에게 전도하고 있었다. 왜 그랬을까? 불교권에 가서 그들과 접촉하다 보니 그들에게 전도하고 있는 자신이 너무 유치하고 너무 부끄러워 견딜 수가 없었다고 한다. 불교인들은 지옥에 단 한 사람만 있어도 자신은 구원받지 않겠다고 한다.(地獄未空 誓不成佛) 또 해탈하여 극락에 갔다고 해도 극락을 한번 둘러본 후 자청하여 중생이 있는 세상으로 환생한다. 왜 그런가 하면 수많은 중생이 지옥에서 고통받고 있는데 자신만 극락에 있을 수 없다는 뜻이다. 근래에 불교가 서양 기독교국가에 급속도로 퍼지는 것은 결코 우연이 아니다.

현재 개신교의 구원론은 너무 싸구려 구원론으로 전락하고 말았다. 본래 성경의 구원론은 그렇지 않다. 예수님께서는 본래 하나님이신데 인간을 구원하시기 위하여 하나님이기를 포기하시고 인간으로 오시되 종의 모습으로 오셔서 죄인을 대신해서 십자가에서 죽으셨다.[55] 누구든지 이런 예수님을 따르려면 자기를 부인하고 자기 십자가를 지고 따라야 한다.[56] 이게 예수님께서 보여주시고 따라오라고 말씀하신 구원의 길, 좁은 길이다. 그런데 개신교는 좁은 길, 십자가의 길을 포기하고 아주 넓은 길, 멸망으로 가는 길을 만들어 놓고 말았다.

하나님의 자녀란 세상을 주관하시는 하나님을 대신하여 세상의 구원을 책임지는 사람이다. 본래 구원의 확신이란 이런 책임의식을 말한다. 그러면 이제 그는 무엇을 어떻게 해야 하는가? 하나님의 아들, 구원의 확신을 가진 사람은 세상이라는 배를 몰고 가는 선장과 같다. 여객선을 몰고 가는 선장은 여객과 여객선을 책임지는 사람이다. 만에 하나 좌초되었다면 선장은 여객 중 단 한 사람도 남기지 않고 다 구조하려고 해야 한다. 또 여객을 다 안전하게 구출했다고 해도 배를 좌초시킨 책임을 지고 배와 운명을 같이해야 한다. 세월호 선장처럼 여객들은 빠져 죽어가고 있는데 먼저 탈출했다면 이는 상 줄 일이 아니라 살인죄로 처벌해야 할 일이다. 이는 뭐 어려운 신학적인 문제가 아니라 상식 중에서도 상식이다.

현재 기독교의 구원교리는 도무지 상식에 맞지도 않고, 성경과는 전혀 다르다. 전면 재검토해야 한다. 예수님의 대속으로 구원받았다

55) 너희 안에 이 마음을 품으라 곧 그리스도 예수의 마음이니 그는 근본 하나님의 본체시나 하나님과 동등됨을 취할 것으로 여기지 아니하시고 오히려 자기를 비워 종의 형체를 가지사 사람들과 같이 되셨고 사람의 모양으로 나타나사 자기를 낮추시고 죽기까지 복종하셨으니 곧 십자가에 죽으심이라(빌2:5~8)

56) 누구든지 자기 십자가를 지고 나를 따르지 않는 자도 능히 내 제자가 되지 못하리라(눅14:27)

고 한다면 나도 다른 사람을 위한 대속의 제물이 되어야 한다. 그런데도 행위가 아닌 무슨 믿음으로 자신은 구원 받았으며, 믿음이 없는 사람은 지옥에 가고 이 세상은 불에 타서 없어진다고 떠들어 대는 것은 말이 되지 않으며 십자가에 대한 모독이다. 십자가를 통해서 구원받는다는 말은 예수님께서 나를 위해 대신 십자가를 지신 것처럼 나도 다른 사람을 위하여 대신 죽어야 한다는 뜻이다. 죽고자 하는 자는 살 것이요 살고자 하는 자는 죽으리라는 말씀은 십자가의 원리이며 구원의 길이다. 행위와 상관없이 믿음으로 구원받는다는 말이 어떻게 십자가와 관련이 되는가? 더 뭐라고 지적하는 것조차 낮 뜨거운 노릇이다. 잘 알지도 못하는 무슨 신학, 누구의 말을 늘어놓기 전에 상식(常識)에게 먼저 물어보라. 그러면 답이 나온다.

【2】 15 거짓 선지자들을 삼가라 양의 옷을 입고 너희에게 나아오나 속에는 노략질하는 이리라
21 나더러 주여 주여 하는 자마다 다 천국에 들어갈 것이 아니요 다만 하늘에 계신 내 아버지의 뜻대로 행하는 자라야 들어가리라

왜 이런 말도 안 되는 일들이 벌어지고 있는가? 거짓 선지자들 때문이다. 거짓 선지자는 누구인가? 성경을, 하나님을, 신학을 잘못 가르치는 자들이다. 가르치는 자는 자신이 가르치는 것에 대하여 책임을 져야 한다. 가르치기 전에 옳은지 그른지 확인하고 가르쳐야 한다. 수학을 가르치려면 문제의 답만 말하지 말고 풀이과정을 가르쳐야 한다. 성경은, 교리와 신학은 경험의 지식, 경험의 확인, 경험의 간증으로 가르쳐야 한다. 이는 기본 중의 기본이다. 그런데 우리는 이를 무시해도 완전 무시하고 있다. 그러다보니 무슨 공동의 착각 속에 빠져 있다. 착각에 빠진 사람일수록 확고부동한 확신에 차 있다. 우리는 지금 마귀의 속임수에 넘어간 줄도 모르고 구원의 확신에 빠져 농락당하고 있다.

【3】 21 나더러 주여! 주여! 하는 자마다 다 천국에 들어갈 것이 아니요 다만 하늘에 계신 내 아버지의 뜻대로 행하는 자라야 들어가리라

이 구절 역시 더 물을 필요도, 해석할 필요도 없는 상식이다. 구원받는 것은, 천국에 가는 것은 하나님께로 가는 것인데 하나님과 뜻이 맞지 않으면, 하나님의 뜻을 실천하지 않으면 갈 수 없다. 주님의 이름을 부르는 게 능사가 아니며, 행위는 필요없고 믿음만으로 가는 것이 아니다. 바울이 '율법의 행위가 아닌 믿음으로' 라고 말하고 있는데, 바울이 지적하는 행위는 유대교 율법조항의 행위를 말한다. 20년 수도사였던 루터가 말하는 행위는 당시 수도사들의 수도 행위를 말한다. 행위 일반이 아니다. 오늘 우리의 바울과 루터 해석은 바울과 루터에 대한 완전 모독행위다.

> **【4】** 22 그 날에 많은 사람이 나더러 이르되 주여! 주여! 우리가 주의 이름으로 선지자 노릇 하며 주의 이름으로 귀신을 쫓아 내며 주의 이름으로 많은 권능을 행하지 아니하였나이까 하리니
>
> 23 그 때에 내가 그들에게 밝히 말하되 내가 너희를 도무지 알지 못하니 불법을 행하는 자들아 내게서 떠나가라 하리라

이 본문은 첫 설교인 산상수훈의 마지막 말씀, 즉 가장 중요하게 하시는 말씀에 해당된다. 이 말씀에는 잘못 가르치는 거짓 선지자, 마귀의 속임수에 넘어가서 잘못된 신앙생활을 한 사람들의 실례를 들고 있다. 우선 이들의 특징은 자신들이 신앙생활을 잘했다는 거짓 확신에 차서 자신만만하게 말하고 있다. 이들은 '주님의 이름' 신앙이다. 주님의 이름으로 선지자 노릇하고 주님의 이름으로 귀신을 내쫓고, 주님의 이름으로 많은 권능을 행했다고 말하며 자랑스럽게 '주여, 주여' 라고 주님의 이름을 부르고 있다. 이들은 자신들이 선지자 노릇, 축사, 권능행사 등을 했다고 말하는데 그 말이 무슨 뜻인지도 모르고 있다. 이들은 예언의 은사로 길흉화복을 말하는 것이 선지자 역할인줄로 알고, 무슨 은사로 축사, 치유를 했다고 떠벌리고 있다.

예언자란 계약을 준수하여 이 땅에 하나님나라를 실현해야 한다고 말하는 사람들이고, 귀신을 쫓아낸다는 것은 세상을 지배하는 마

귀의 권세를 쫓아내고 하나님나라를 실현하는 것이며, 권능은 방해하는 세력들을 몰아내는 것인데 전혀 딴 소리를 하고 있다. 지금도 선지자처럼 무슨 예언의 은사를 받았다고 자랑하는 자들이 있다. 예언자는 무슨 영적인 은사를 받은 사람들이 아니다. 율법의 조항들을 영성으로 체험하고 하나님으로부터 직접 소명을 받아 일인칭 화법으로 말하는 사람들이다. 마귀는 점치는 영을 부어주어 일인칭 화법으로 말하게 하면서 예언자가 되었다고 속이는데, 속임수에 넘어간 줄도 모르고 자신이 무슨 예언자가 된 줄로 착각하는 자들이 많다. 더 가관인 것은 그들에게 예언기도를 받는 자들이 줄을 서고 있다는 기막힌 현실이다.

여기서 말하는 자들은 영성의 길에서 현상의 단계를 경험한 자들이다. 앞에서도 말한 바와 같이, 이런 능력과 현상은 초보 단계에서 나타나는 일반적인 현상이며, 아직 영성의 단계에 진입도 하지 않는 왕초보의 상태다. 마귀가 이런 자들 중에 귀가 엷은 자에게 "네가 기도를 많이 하니까 하나님께서 네게 이런 은사와 능력을 주셨다."라고 속삭이면 이를 너무 기쁘게 받아들인다. 왜냐하면 평소에 그런 영적인 능력을 사모하고 있었기 때문이다. 이런 자들은 아예 마귀에게 속아 넘어갈 준비가 철저하게 된 자들이다.

마태복음을 기록할 당시에도 이런 자들이 많았기에 이를 첫 설교의 가장 중요한 위치에 놓았다. 교회당 안에, 그리고 설교단상에는 거짓 선지자들을 통해 전해지는 마귀의 설교가 판을 치고 있다. 마귀에게 현혹된 자들은 바른 소리를 아무리 해주어도 받아들이기는 커녕 자신들이 옳고 이런 지적이 도리어 마귀의 소리라고 우긴다. 마지막 때 심판의 불구덩이에 던져지고 나서야 자신들이 속았음을 알고 슬피 울며 이를 갈게 될 것이다.

귀 있는 자는 들을진저!

물음 28

산상수훈 결론, 무엇일까?

본문 : 〈 7장 〉

24 그러므로 누구든지 나의 이 말을 듣고 행하는 자는 그 집을 반석 위에
지은 지혜로운 사람 같으리니 25 비가 내리고 창수가 나고 바람이 불어
그 집에 부딪치되 무너지지 아니하나니 이는 주추를 반석 위에 놓은 까
닭이요 26 나의 이 말을 듣고 행하지 아니하는 자는 그 집을 모래 위에
지은 어리석은 사람 같으리니 27 비가 내리고 창수가 나고 바람이 불어
그 집에 부딪치매 무너져 그 무너짐이 심하니라
28 예수께서 이 말씀을 마치시매 무리들이 그의 가르치심에 놀라니 29 이
는 그 가르치시는 것이 권위 있는 자와 같고 그들의 서기관들과 같지 아
니함일러라

이 말씀은 산상수훈의 마무리 말씀이다.

【1】 24 그리므로 누구든지 나의 이 말을 듣고 행하는 자는 그 집을 반석 위에 지은 지혜로운 사람 같으리니

이 세상을 살아가는 사람들은 다 집에서 살고 있으며, 또 평생 동안 집을 짓는 사람들이다. 집짓기에 성공한 사람들에게는 '집'(家)이라는 글자를 붙여준다. 음악으로 집을 지은 사람은 음악가(音樂家). 그림으로 집을 지은 사람에게는 화가(畵家), 나라를 다스리는 일로 집을 지은 사람은 정치가(政治家) 등 모든 사람을 집을 지은 사람이라고 부른다.

그런데 그 집을 어떻게 지어야 하는가? 무엇 위에 집을 지어야 하는가? 지금까지 산상설교에서 말씀하신 가르침 위에 집을 지어야 한다. 그런 집은 영원히 무너지지 않고 역사가 다 하는 날까지 지속될 것이다. 왜 그러한가? 이보다 더 큰 가르침은 없기 때문이다. 황

금률이기 때문이다.

【2】 28 예수께서 이 말씀을 마치시매 무리들이 그의 가르치심에 놀라니
29 이는 그 가르치시는 것이 권위 있는 자와 같고 그들의 서기관들과 같
지 아니함일러라.

예수님께서 산상수훈을 마치시자 들은 사람들이 놀랐다. 유대교의 설교자요 신학자인 서기관, 바리새인들의 가르침과는 너무 달랐기 때문이다. 좀 다른 정도가 아니라 많은 부분에서 정반대였기 때문이다. 그런데 곰곰이 생각해보니 맞는 말씀이었기 때문이다. 그런데 이런 반응은 세리와 죄인들의 반응이었다. 율법 전문가인 바리새인, 서기관의 반응은 어땠을까?

정통교리와는 달라도 너무 달랐다. 이단이었다. 이단 중에서도 괴수였다. 귀신에 사로잡혔다. 귀신 중에서 왕 귀신에 잡혔다. 용서될 수 없다. 살려둘 수 없다. 반드시 죽여 없애야 한다. 죽이는 게 하나님의 뜻이다.

오늘 예수님께서 우리 가운데 오신다면 무슨 말씀을 하실까? 그 말씀에 대하여 나는 어느 길을 선택할까?

세리와 죄인들의 길일까? 서기관, 바리새인의 길일까?

이단의 길일까? 정통의 길일까?

역사는 우리에게 말해주고 있다.

오류는 반복되고 있다.

그런데 너는?

너는?

물음 29

왜 열 가지 기적 이야기일까?

8장과 9장에는 첫 번째 설교인 산상수훈(5~7장)이 끝나고, 두 번째 설교(10장)의 중간에 예수님께서 복음사역하시는 과정에서 10가지 기적을 일으키신 이야기가 중심을 이루고 있다.[57] 병행본문인 마가, 누가의 기록과 비교해 보면 예수님께서 이 시기에 다른 여러 가지 사역을 하셨다. 그럼에도 불구하고 마태는 10가지의 기적을 소개하고 있는데 그 이유는 무엇일까?

마태복음의 기록 목적은 유대인들에게 예수님은 그들이 기다리던 메시야이며, 예수님의 말씀과 사역은 첫 번째 계약을 완성시키고 있음을 알리는 데 있었다. 앞에서 살펴본 산상수훈은 새로운 계약체결의 말씀이며, 지금 여기서 소개되는 10가지의 기적은 새로운 출애굽이라고 마태는 말하고 있다. 계약의 대상들은 유대교에 의해서 죄인으로 낙인찍힌 사람들이다. 예수님께서 병자들을 치료하시는 이야기가 많이 있는 이유는 그들이 계약의 대상들이기 때문이다.

예수님께서는 죄인들을 부르셔서 그들과 새로운 계약을 체결하시고 그들로 하여금 옛 계약의 대상이었던 이스라엘을 대신하여 이 땅에 하나님나라를 실현하려고 오셨다. 계약의 관점에서 봐야 예수님 사역을 바르게 이해하게 된다. 계약의 관점은 여러 관점 중의 하나가 아니라 유일한 관점이다. 다른 관점으로 보면 오류에 빠진다. 그동안 기독교는 주로 구속사의 관점에서 예수님을 이해했다. 그 결과

57) 10가지 기적은 다음과 같다. 문둥병자 치료(8:1~4), 백부장의 종 치료(8:5~13), 베드로의 장모 치료(8:14~15), 광풍진압(8:23~27), 귀신들린 두 사람 치료(8:28~34), 중풍병자 치료(9:1~8), 회당장의 딸 살리심(9:18~19, 23~26), 혈루병여인 치료(9:20~22), 두 맹인 치료(9:27~31), 벙어리 치료(9:32~34)

교회는 잘못된 길로 갔다. 구약과 신약을 보는 주 관점은 구속사가 아니라 계약사이다. 구속사는 계약사 속에 들어있다. 그래야 앞뒤가 맞는 말이 된다.

그동안 기독교는 계약(베리트 ברית 디아데케 διαθήκη)을 언약(言約) 즉 약속(約束)으로 받아들였다. 구약의 율법과 예언서는 예수님께서 오시리라는 약속인데 예수님께서 오셔서 성취되었고, 이제 신약에서는 다시 오신다고 또 약속하셨다고 생각한다. 그래서 지금 우리가 할 일은 예수님께서 다시 오시리라는 약속을 굳게 믿고, 예수님께서 오셔서 세상을 심판하기 이전에 한 영혼이라도 더 구원해내야 한다고 생각했다. 일면 그럴듯하지만 기가 막힌 착각이었고, 마귀의 간교한 속임수였다. 포로기 이전의 이스라엘과 포로기 이후의 유대교에서 정통신앙을 지배했던 마귀는 교회사에서 똑같이 정통신앙이라는 이름으로 자신의 목적을 이루려 한다. 하나님의 이름, 정통신앙의 이름으로 역사하는 마귀의 간계를 간파해야 한다.

오늘의 정통주의자들 가운데서 이 말에 귀를 기울일 자가 과연 있을지, 있다면 얼마나 될지, 안타까울 뿐이다.

귀 있는 자는 들을진저!

물음 30 첫 번째 기적의 대상, 누구였을까?

본문 : 〈 8장 〉

1 예수께서 산에서 내려오시니 수많은 무리가 따르니라
2 한 나병환자가 나아와 절하며 이르되 주여 원하시면 저를 깨끗하게 하실
수 있나이다 하거늘 3 예수께서 손을 내밀어 그에게 대시며 이르시되 내
가 원하노니 깨끗함을 받으라 하시니 즉시 그의 나병이 깨끗하여진지라
4 예수께서 이르시되 삼가 아무에게도 이르지 말고 다만 가서 제사장에

게 네 몸을 보이고 모세가 명한 예물을 드려 그들에게 입증하라 하시니라

【1】 1 예수께서 산에서 내려오시니 **수많은 무리가 따르니라**

예수님께서 계약의 말씀을 선포하시고 사역을 시작하시자 많은 무리들이 예수님을 따랐다. 이때 따른 사람들은 예수님의 소문을 듣고 병 고침을 받으려고 몰려온 사람들이 아니라, 예수님의 산상설교를 듣고 그 말씀에 동의하고 예수님사역에 동참하는 사람들 즉 제자들에 해당된다. 본문의 무리들은 어떤 사람들이었기에 예수님의 사역에 동참했을까?

본문에 사용된 '무리'(ὄχλος)는 하층민들 즉 죄인들을 말한다. 예수님의 말씀을 듣고 예수님을 따르는 사람들은 당시 정통주의자들이 아니라 그들로부터 죄인으로 낙인찍힌 사람들이었다. 이런 이유로 정통주의자들은 예수님을 죄인의 친구라고 조롱했다. 이제 예수님께서는 죄인들의 무리를 이끌고 정통 유대인을 향한 발걸음을 옮기셨나. 예수님께서 찾아가서 만나시는 첫 번째 사람은 누구였을까?

【2】 2 한 나병환자가 나아와 절하며 이르되 주여 원하시면 저를 깨끗하게 하실 수 있나이다 하거늘

3 예수께서 손을 내밀어 그에게 대시며 이르시되 내가 원하노니 깨끗함을 받으라 하시니 즉시 그의 나병이 깨끗하여진지라

마태복음에 의하면 예수님께서 산상설교 이후 처음 만나셔서 기적을 베푸신 첫 번째 사람은 문둥병자였다. 왜 문둥병자였을까? 우연일까? 아니다. 마가복음에서는 예수님께서 베드로의 장모를 먼저 고치셨지만 마태복음에서는 문둥병자가 먼저 나오고 있다. 그 이유는 마태가 이 사건을 통해서 당시 유대인들에게 말하려는 의도가 있기 때문이다.

유대인들의 인과응보 교리에 의하면, 불치병에 걸린 사람들은 죄

때문에 하나님으로부터 징계를 받은 사람들이었다. 그 중에서도 문둥병자는 가장 악한 죄를 지었기 때문에 하나님으로부터 저주를 받아 살아있는 상태에서 살이 썩어 들어간다고 생각했다. 유대인들은 시체를 지극히 부정한 것으로 여겨 멀리했는데, 문둥병자는 살아있는 시체였다. 문둥병자는 하나님으로부터 저주받은 산송장이어서 유대인들은 그들이 가까이 오면 돌을 던져 때리는 것이 하나님의 뜻이라고 생각했기 때문에 문둥병자들은 사람들 가까이 접근할 수 없었다.

제자들을 데리고 본격적으로 사역을 시작하신 예수님께서 누구를 제일 먼저 만나셔야 했겠는가? 문둥병자는 예수님께서 만나셔야 할 첫 순위였다. 오늘 우리에게는 이 이야기가 특별하다고 느껴지지 않지만 당시 유대인에게는 충격적인 이야기였다. 더 나아가 마태는 문둥병자가 예수님께 나아왔다고 기록하고 있다. 접근 금지령이 내려진 문둥병자들은 누구에게도 다가갈 수 없었지만 예수님에게는 길이 열려져 있었다. 더 놀라운 것은 예수님께서 문둥병자를 어루만지셨다고 기록하고 있다. 왜 예수님은 문둥병자를 어루만지셨을까? 사랑이 많아서일까? 이렇게 생각한다면 본문을 오해한 것이다. 예수님께서는 유대인들의 정통신앙이 얼마나 잘못되어 있는지 알려주시기 위하여 의도적으로 손을 대셨다. 정통신앙에 의하면 문둥병자를 가까이 할 수도 없었는데, 손을 댄 것과 그가 즉시 깨끗하여졌다는 것은 정통신앙이 잘못되었다는 증거였고 또 유대교 정통신앙에 대한 정면 도전이었다. 성경을 읽기 위해서는 당시의 정황에 대한 기본적인 이해가 꼭 필요하다.

산상수훈을 마치신 예수님께서는 자신을 따르는 죄인의 무리를 이끌고 정통신앙에 정면으로 도전장을 던지셨다. 그 다음으로 만나시는 사람은 누구였을까?

물음

왜 로마인 백부장일까? 31

본문 : 〈 8장 〉

5 예수께서 가버나움에 들어가시니 한 백부장이 나아와 간구하여 6 이르되
주여 내 하인이 중풍병으로 집에 누워 몹시 괴로워하나이다 7 이르시되
내가 가서 고쳐 주리라

8 백부장이 대답하여 이르되 주여 내 집에 들어오심을 나는 감당하지 못하
겠사오니 다만 말씀으로만 하옵소서 그러면 내 하인이 낫겠사옵나이다 9
나도 남의 수하에 있는 사람이요 내 아래에도 군사가 있으니 이더러 가
라 하면 가고 저더러 오라 하면 오고 내 종더러 이것을 하라 하면 하나
이다

10 예수께서 들으시고 놀랍게 여겨 따르는 자들에게 이르시되 내가 진실로
너희에게 이르노니 이스라엘 중 아무에게서도 이만한 믿음을 보지 못하
였노라 11 또 너희에게 이르노니 동 서로부터 많은 사람이 이르러 아브
라함과 이삭과 야곱과 함께 천국에 앉으려니와 12 그 나라의 본 자손들
은 바깥 어두운 데 쫓겨나 거기서 울며 이를 갈게 되리라

13 예수께서 백부장에게 이르시되 가라 네 믿은 대로 될지어다 하시니 그
즉시 하인이 나으니라

문둥병자를 만나신 다음에 두 번째 기적을 베푸시기 위하여 만나시는 사람은 이방인, 그것도 로마인 백부장이었다. 결코 우연이 아니다. 왜 로마인 백부장을 만나셨을까?

유대인에게는 선민사상이라는 것이 있었다. 세상의 수많은 민족 중에서 아브라함의 후손인 자신들만 선택받았으며, 다른 이방인들은 선택받지 못한 지옥의 땔감이라고 생각했다. 이런 이유로 유대인들은 이방인과 아예 상종하지 않아서 이방인의 집에는 들어가지 않았고 이방인을 집 안에 들이지도 않았다. 꼭 만나야 할 일이 있으면 집 밖에서 만났다. 유대인들은 이방인 중에서도 당시 자신들을 식민

지배하던 로마인들을 가장 미워하여 열심당원들은 로마인을 한적한 곳에서 만나면 찔러 죽이기 위하여 칼을 품고 다녔다.

【1】 7 이르시되 **내가 가서 고쳐 주리라**

그런데 예수님께서는 문둥병자에 이어 로마인, 그것도 지배자인 백부장을 만나셨다. 백부장이 찾아와 하인이 중풍병으로 고생한다고 하자, 선뜻 내가 가서 고쳐주겠다고 하셨다. 이 또한 유대교 정통신앙에 대한 정면 위배이며 도전이다. 다른 복음서와 달리 마태복음은 특히 유대인의 정통신앙을 고발하고 있다. "내가 가서 고쳐 주리라."는 유대교 정통신앙에 대한 고발장이다.

유대교 율법에 의하면 하인은 죄 때문에 징계 받은 사람이다. 게다가 중풍병에 걸렸다면 더더욱 죄인이다. 그런데 로마인 백부장은 자기 자식이나 가족도 아닌 중풍병에 걸린 하인을 불쌍히 여기고 그를 고치기 위하여 예수님을 찾아와 간청하고 있다. 예수님께서 직접 이방인의 집을, 먼 길을 마다하지 않으시고 가시겠다는 이유는 여기에 있다.

예수님께서 가시려고 하자 백부장이 말렸다. "유대인인 주님께서 이방인인 제 집에 오실 수는 없습니다. 여기서 말씀으로만 하셔도 제 하인의 병이 나을 것입니다."

【2】 10 예수께서 들으시고 놀랍게 여겨 따르는 자들에게 이르시되 내가 진실로 너희에게 이르노니 이스라엘 중 아무에게서도 이만한 믿음을 보지 못하였노라

이 말을 들으신 예수님은 놀라시며 주변에 모인 사람들에게 말씀하셨다. "이스라엘 사람 중에서도 이만한 믿음을 가진 사람을 보지 못했다." 뭐가 믿음인가? 하나님을, 예수님을 잘 믿는다는 것은 무엇을 어떻게 하는 것일까? 예수님께서는 참 믿음의 모델을 보여주시기 위하여 이 사람을 두 번째로 만나셨다. 누가복음에 의하면 이 로마인 백부장은 유대인을 사랑하고 회당을 지어 주었다고 한다. 또

이방인인 자신이 예수님을 직접 만날 수 없어 유대인 장로들을 대신 보냈는데, 장로들이 예수님에게 이 사람의 요청을 들어주셔야 한다고 대신 간청했다.(눅7:2~10)

구약의 예언자들은 고아와 과부와 나그네를 돌보는 것이 제사며 금식이라고 했는데, 유대인들은 반대로 이런 사람들을 하나님의 이름으로 죄인이라고 낙인찍어 놓았다. 이에 마태는 로마인 백부장의 이야기를 통하여 참 믿음이 무엇인지를 물으며 유대인들의 오류를 고발하고 있다.

【3】 11 또 너희에게 이르노니 동 서로부터 많은 사람이 이르러 아브라함과 이삭과 야곱과 함께 천국에 앉으려니와 12 그 나라의 본 자손들은 바깥 어두운 데 쫓겨나 거기서 울며 이를 갈게 되리라

이어서 예수님은 로마인 백부장의 구원을 선언하시면서 한 마디 더 보태셨다. “많은 이방인들이 아브라함과 이삭과 야곱과 함께 천국에 앉을 것이지만 반대로 구원을 받았다고 자처하는 유대인들은 지옥 불에 던져지리라.” 십자가의 대속구원론으로 본다면 로마인 백부장에 대한 구원의 선언은 설명이 되지 않는다. 아직 예수님께서는 십자가에서 돌아가시지도 않았기 때문이다. 또 예수님께서 구원을 선언하실 때에는 언제나 아브라함의 후손, 또는 아브라함과 함께 등 아브라함과 연관을 시키셨다.[58] 왜 아브라함과 연관을 시키실까? 아브라함으로 말미암아 계약이 시작되었기 때문이다. 율법서에서 하나님을 ‘아브라함의 하나님, 이삭의 하나님, 야곱의 하나님’이라고 부르는 이유는 계약의 하나님이라는 뜻이다. 예수님께서 선언하시는 구원은 계약정신의 준수 여부였으며, 십자가의 사죄가 구

58) 그가 음부에서 고통 중에 눈을 들어 멀리 아브라함과 그의 품에 있는 나사로를 보고(눅16:23)

예수님께서 이르시되 오늘 구원이 이 집(삭개오)에 이르렀으니 이 사람도 아브라함의 자손임이로다(눅19:9)

너희가 아브라함과 이삭과 야곱과 모든 선지자는 하나님나라에 있고 오직 너희는 밖에 쫓겨난 것을 볼 때에 거기서 슬피 울며 이를 갈리라(눅13:28)

원의 기준이 아니었다. 구속사와 계약사의 관계에 대해서는 〈물음 64〉에서 좀 더 자세히 다루게 된다.

계약사가 배제된 구원론이 기독교 신학의 가장 심각한 오류 중의 하나다.

물음 32 예수님, 왜 질병을 대신 짊어지셨을까?

본문 : 〈 8장 〉

14 예수께서 베드로의 집에 들어가사 그의 장모가 열병으로 앓아 누운 것
을 보시고 15 그의 손을 만지시니 열병이 떠나가고 여인이 일어나서 예
수께 수종들더라

16 저물매 사람들이 귀신 들린 자를 많이 데리고 예수께 오거늘 예수께서
말씀으로 귀신들을 쫓아 내시고 병든 자들을 다 고치시니 17 이는 선지
자 이사야를 통하여 하신 말씀에 우리의 연약한 것을 친히 담당하시고
병을 짊어지셨도다 함을 이루려 하심이더라

마태복음에서 예수님께서 세 번째로 기적을 베푸신 사람은 누구였을까?

【1】 14 예수께서 베드로의 집에 들어가사 그의 장모가 열병으로 앓아
누운 것을 보시고 15 그의 손을 만지시니 열병이 떠나가고 여인이 일어
나서 **예수께 수종들더라**

복음서의 기록을 보면 예수님을 비롯한 제자들의 가정과 주변 상황에 대해서는 거의 언급이 없다. 예수님과 제자들이 가정을 떠나 복음 전하는 일에 전념했을 때 그 가족들의 반응은 어떠했을까? 가족 중 반대하는 사람이 있지는 않았을까? 언급이 없으니 알 수 없고, 단지 간접적인 정보로 추정할 뿐이다. 예수님가족들 중에는 예수님께서 하시는 일들을 전혀 이해하지 못하고 심하게 반대했던 사람들이 있었던 것 같다. 예수님친족들이 예수님을 미쳤다고 생각하

고 강제로 데리러 왔기 때문이다.(막3:21, 31) 제자들의 경우는 자세히 알 수 없지만, 베드로의 경우는 이미 결혼했는데, 가정을 포기하고 예수님을 따라 나섰을 때 가족들의 반응은 어떠했을까? 베드로의 가정에서는 반대하지 않고 오히려 적극 지원했던 것으로 보인다.

예수님께서 가정을 떠나 공생애를 사실 때 주로 갈릴리 가버나움에서 활동하셨다. 그 이유는 현실적인 여건이 맞았기 때문이다. 예수님에게 수많은 사람들이 몰려왔는데 음향장비가 없던 시절, 그들에게 설교하시기 위하여 예수님은 원형극장처럼 생긴 바닷가의 자연환경을 이용하셨다. 예수님께서 바다를 등지고 말씀하시면 해풍을 타고 그 말씀이 수많은 사람들에게 전달되었다. 이런 자연조건이 갖추어진 곳이 가버나움 인근에 있었다. 그러면 예수님은 가버나움의 어느 집에서 사셨을까? 베드로의 집이었다. 베드로의 가족들이 반대하지 않았기 때문에 가능했을 것이다.

병행본문(막1:29~34, 눅4:38~41)에는 사람들이 베드로의 장모가 열병에 걸려 위급함을 알리면서 고쳐주시기를 요청했다고 기록되어있다. 공관복음서는 모두 예수님께서 고쳐주시자 베드로의 장모는 예수님과 함께 한 많은 일행들에게 식사를 대접하는 등 즉시 수종들었다는 부분을 강조하여 기록하고 있다. 아마도 그 기록 이유는 베드로의 가족들이 예수님을 따라나선 베드로를 적극적으로 지원하고, 또 예수님께서 베드로의 집에 수년 동안 머무실 수 있도록 돕는 역할을 했기 때문이라고 추정된다.

【2】 16 **저물매** 사람들이 귀신 들린 자를 많이 데리고 예수님께 오거늘 예수께서 말씀으로 귀신들을 쫓아내시고 병든 자들을 **다 고치시니**

왜 사람들이 낮에는 오지 않고 저물기를 기다렸다가 예수님께 몰려왔을까? 병행본문(막1:29, 눅4:38)에 의하면 그날이 안식일이었기 때문이다. 당시 유대인들은 안식일에는 1km 이상의 통행을 금지했고, 응급처치 이외에는 병자 치료도 금하고 있었다. 안식일은 금요일 저녁부터 토요일 저녁까지였다. 시계가 없던 시절이라 하루의 기준을 아침과 저녁에 별이 두 개 정도 보이는 시점을 기준으로 삼았다. 따라서 본문에 의하면 사람들이 해지고 별이 뜨기 시작한 시점에, 즉 밤에 몰려들었다고 한다. 요즘처럼 전기불이 없던 시절 밤이 늦도록 수많은 병자들과 귀신들린 사람들이 먼 길을 걸어서 찾아와 아우성치고, 예수님은 그들의 질병을 치료하시는 모습을 상상해보면 그 장면이 어떠했을지 능히 짐작이 간다. 한마디로 눈물겨운 장면이다. 유대인의 안식일 법이라는 것이 사람에게 이토록 고통을 가중시키고 있었다. 다음날 낮에 오면 되지 라고 생각이 들지 모르지만 이는 배부른 사람의 한가한 소리다. 막상 가족이 병이 들어 죽어가고 있는 사람들에게는 밤낮을 가릴 겨를이 없다. 예수님께서는 이들의 안타까운 사정을 잘 아시기에, 낮에도 회당에서 수많은 사람들에게 시달리셨지만 늦은 밤까지 찾아오는 병자들을 누구도 마다하지 않으시고 다 고쳐 주셨다. 마태는 이런 눈물겨운 장면을 다음과 같이 말하고 있다.

【3】 17 이는 선지자 이사야를 통하여 하신 말씀에 **우리의 연약한 것을 친히 담당하시고 병을 짊어지셨도다** 함을 이루려 하심이더라

모든 병자를 고치는 예수님의 치유능력은 어디에서 나왔을까? "예수님은 하나님이시니까 당연히 특별한 능력이 있으셨겠지"라고 생각할 수 있다. 맞는 말이지만 당연하지는 않다. 예수님께서 죄를 용서하시고 병자를 치료하시는 특별한 능력은 '불쌍히 여기시는 마음'에서 나온다. 불쌍히 여기는 마음에 능력이 주어진다. 예수님께는 불쌍히 여기시는 마음의 정도가 병자들의 질병을 대신 앓고, 죄인들의 형벌을 대신 받으실 만큼이었다. 하나님으로부터 병자를 치료하는 무슨 능력을 받았다고 떠벌리는 사람들이 있다. 그런데 그들에게는 병자를 불쌍히 여기는 마음이 없어 보인다. 능력을 사모하

고, 그 능력으로 무슨 일을 할 생각만 앞서고 있다. 이런 능력은 예수님과는 상관이 없다. 암환자를 치료하는 능력을 가지고 싶다면 먼저 그 환자의 암병을 대신 앓다가 죽을 수 있어야 한다. 남의 암을 대신 앓다가 죽고 싶은 사람이 있다면 나서 보라. 죄인을 위하여 대신 수치를 당하며 죽고 싶은 사람이 있다면 나서 보라. 예수님은 지금 그런 사람을 찾고 계신다. 예수님을 따르는 길은 이런 길이다. 잘 알고 따라야 한다.

예수님의 치료의 능력, 죄사함의 능력은 결코 그냥 주어지지 않는다. 예수님의 생명의 값, 피의 값으로 주어진다.

물음 33 예수님을 따르는 길, 어떤 길일까?

본문 : 〈 8장 〉

18 예수께서 무리가 자기를 에워싸는 것을 보시고 건너편으로 가기를 명하시니라

19 한 서기관이 나아와 예수께 아뢰되 선생님이여 어디로 가시든지 저는
따르리이다 20 예수께서 이르시되 여우도 굴이 있고 공중의 새도 거처가
있으되 인자는 머리 둘 곳이 없다 하시더라 21 제자 중에 또 한 사람이
이르되 주여 내가 먼저 가서 내 아버지를 장사하게 허락하옵소서 22 예
수께서 이르시되 죽은 자들이 그들의 죽은 자들을 장사하게 하고 너는
나를 따르라 하시니라

【1】 18 예수께서 무리가 자기를 에워싸는 것을 보시고 건너편으로 가기를 명하시니라

예수님 주변에 너무 많은 사람들이 몰려들어 어떻게 할 수 없을 지경이 되었다. 그러자 예수님께서는 바다 건너편으로 갈 준비를 하라고 제자들에게 말씀하셨다. 왜 예수님께서는 바다 반대편으로 가자고 하셨을까? 이 문제에 대해서는 다음 물음에서 다루고자 한다.

【2】 19 한 서기관이 나아와 예수께 아뢰되 선생님이여 어디로 가시든지 저는 따르리이다 20 예수께서 이르시되 여우도 굴이 있고 공중의 새도 거처가 있으되 인자는 머리 둘 곳이 없다 하시더라

예수님께서 제자들과 배를 타고 떠나려 하시자 한 서기관이 자신도 예수님을 따르고 싶으니 배에 태워달라고 했다. 그러자 예수님께서는 거절하셨다. 서기관은 왜 예수님을 따르려고 했을까? 또 예수님께서는 왜 거절하셨을까? 그 이유는 예수님께서 서기관에게 하신 말씀 속에 들어있다.

여우도 굴이 있고 공중의 새도 거처가 있으되 인자는 머리 둘 곳이 없다.

서기관은 성경을 연구하여 해석하고 가르치는 성경전문가이다. 그는 예수님께서 사람들에게 성경을 가르치는 모습에 매료되었는데, 서기관인 그의 관심은 "어떻게 하면 사람들을 많이 모이게 할 수 있을까"였던 것으로 보인다. 서기관의 이런 속마음을 꿰뚫어보신 예수님께서는 "여우도 굴이 있고 공중의 새도 거처가 있으되 인자는 머리 둘 곳이 없다."라고 하셨다. 그 마음을 가지고서는 예수님을 따를 수 없다는 뜻이다.

신학을 가르치는 사람들, 목회를 하는 사람들의 속마음은 어디에 있을까? 사람을 많이 모이게 하려는 공명심이 앞서고 있다면 이미 예수님과는 아무 상관없는 밥벌이와 돈벌이에 불과하다. 목회자들이 몰려다니는 교육장은 어떤 곳일까? 사람을 많이 모이게 하는 무슨 비법을 전수하는 곳이다. 예수님은 불쌍히 여기는 마음을 가진 목자, 양몰이를 찾고 계신다. 그분은 지금도 불꽃같은 눈으로 지켜보신다. 나는 누구인가?

밥벌이인가?

돈벌이인가?

양몰이인가?

【3】 21 제자 중에 또 한 사람이 이르되 주여 내가 먼저 가서 내 아버지를 장사하게 허락하옵소서 22 예수께서 이르시되 죽은 자들이 그들의 죽은 자들을 장사하게 하고 너는 나를 따르라 하시니라

예수님을 따르는 어떤 제자가 아버지의 장례를 치르고 오겠다고 하자 "죽은 사람의 장례는 죽은 사람들이 치르게 해라."라고 하시며 허락하지 않으셨다. 왜 아버지의 장례식 참석도 못하게 하셨을까?, 죽은 자들이 죽은 자의 장례를 치른다는 것은 무슨 뜻일까? 의문이 꼬리를 물며 대답이 쉽지 않은 말씀이다.

그런데 구약의 규례를 보면 이해의 실마리를 찾을 수 있다. 레위기 21장과 민수기 6장에서는 제사장과 나실인들에게 부모나 가족의 장례를 치르지 못하게 하고 있다.[59] 왜 그럴까?

하나님을 섬기는 일에 종사하는 성직자는 이제는 개인(個人)이 아니라 공인(公人)이기 때문에 사사로운 가정 일에 얽매이지 말아야 한다. 자신의 부모와 가족을 다른 사람의 부모와 가족과 똑같이 여겨야 하며, 성직자는 가정사 등을 초월해야 한다. 예수님과 제자들은 그런 삶을 살았기 때문에 가족과 관련된 이야기들은 거의 기록되어 있지 않다.

죽은 자들의 장례는 죽은 자들이 치르게 하라는 말씀은 가정일이나 장례식이 중요하지 않다는 말씀이 아니다. 그러나 성직에 들어선 사람은 성직에 충실해야 하기 때문에 장례식은 세상일에 힘쓰는 사

59) 여호와께서 모세에게 이르시되 아론의 자손 제사장들에게 말하여 이르라 그의 백성 중에서 죽은 자를 만짐으로 말미암아 스스로를 더럽히지 말려니와 어떤 시체에든지 가까이 하지 말지니 그의 부모로 말미암아서도 더러워지게 하지 말며 그 성소에서 나오지 말며 그의 하나님의 성소를 속되게 하지 말라 이는 하나님께서 성별하신 관유가 그 위에 있음이니라 나는 여호와이니라(레21:1,11~12)
여호와께서 모세에게 말씀하여 이르시되 이스라엘 자손에게 전하여 그들에게 이르라 남자나 여자가 특별한 서원 곧 나실인의 서원을 하고 자기 몸을 구별하여 여호와께 드리려고 하면 자기의 몸을 구별하여 여호와께 드리는 모든 날 동안은 시체를 가까이 하지 말 것이요 그의 부모 형제 자매가 죽은 때에라도 그로 말미암아 몸을 더럽히지 말 것이니 이는 자기의 몸을 구별하여 하나님께 드리는 표가 그의 머리에 있음이라(민6:1~2, 6~7)

람들에게 맡기라는 말씀이다. 성직의 길을 가려면 개인적인 공명심이나 가족과 관련된 일들에서 벗어나야 한다. 이 길은 아마도 세상에서 선택할 수 있는 가장 어려운 길일 것이다.

물음 34 예수님, 왜 수많은 무리를 두고 떠나실까?

본문 : 〈 8장 〉

18 예수께서 무리가 자기를 에워싸는 것을 보시고 건너편으로 가기를 명하시니라

23 배에 오르시매 제자들이 따랐더니 24 바다에 큰 놀이 일어나 배가 물결
에 덮이게 되었으되 예수께서는 주무시는지라 25 그 제자들이 나아와 깨
우며 이르되 주여 구원하소서 우리가 죽겠나이다 26 예수께서 이르시되
어찌하여 무서워하느냐 믿음이 작은 자들아 하시고 곧 일어나사 바람과
바다를 꾸짖으시니 아주 잔잔하게 되거늘 27 그 사람들이 놀랍게 여겨
이르되 이이가 어떠한 사람이기에 바람과 바다도 순종하는가 하더라

28 또 예수께서 건너편 가다라 지방에 가시매 귀신 들린 자 둘이 무덤 사
이에서 나와 예수를 만나니 그들은 몹시 사나워 아무도 그 길로 지나갈
수 없을 지경이더라 29 이에 그들이 소리 질러 이르되 하나님의 아들이
여 우리가 당신과 무슨 상관이 있나이까 때가 이르기 전에 우리를 괴롭
게 하려고 여기 오셨나이까 하더니 30 마침 멀리서 많은 돼지 떼가 먹고
있는지라

31 귀신들이 예수께 간구하여 이르되 만일 우리를 쫓아 내시려면 돼지 떼
에 들여 보내 주소서 하니 32 그들에게 가라 하시니 귀신들이 나와서 돼
지에게로 들어가는지라 온 떼가 비탈로 내리달아 바다에 들어가서 물에
서 몰사하거늘 33 치던 자들이 달아나 시내에 들어가 이 모든 일과 귀신
들린 자의 일을 고하니 34 온 시내가 예수를 만나려고 나가서 보고 그
지방에서 떠나시기를 간구하더라

다음의 네 번째와 다섯 번째 기적은 한 이야기 속에 들어있다.

【1】 18 예수께서 무리가 자기를 에워싸는 것을 보시고 건너편으로 가기를 명하시니라

예수님 주변에 수많은 사람들이 모여들고 있는데, 예수님께서는 갑자기 제자들에게 바다 건너편으로 갈 수 있도록 배를 준비하라고 하셨다. 왜 수많은 사람들을 두고 떠나셨을까? 마가복음(4:35)에 의하면 저녁 무렵이었고 도착한 곳은 무덤가였다. 유대인들은 무덤을 멀리했고 또 밤에는 가지 않았다. 또 그곳에서 만난 사람은 귀신들린 사람이었는데, 마태복음에는 두 명이지만 마가나 누가에는 한 명으로 기록되어있다.

예수님의 활동과 성경의 이야기들은 경험이 아니고서는 이해하기 어려운 부분이 많이 있다. 그러나 경험을 하고 나면 지극히 단순하게 이해된다. 예수님께서는 수시로 "잃어버린 양을 찾으러 왔다." 라고 말씀하셨는데, 경험이 없으면 잃어버린 양이라는 단어가 버림받은 사람, 소외된 사람, 약자 등으로 생각된다. 그러나 경험을 하고나면 전혀 다른 뜻으로 와 닿는다.

영성의 길이 막바지를 향하여 가고 있던 어느 날(1993년 7월 10일)이었다. 그날은 아침부터 이따금 어떤 강한 전류같은 것이 머리에서 시작하여 온 몸을 관통하여 발로 빠져나가는 현상이 계속되었다. 오후에 번화한 거리를 걸어갈 때 또 강한 전류가 관통하여 지나간 순간 갑자기 눈이 밝아져서 거리를 지나가는 사람들의 과거의 행적과 현재의 마음과 생각, 앞날의 일까지 다 보였다. 그 순간 예수님께서는 이런 상태에서 사마리아 여인에게 "네가 남편이 없다 하는 말이 옳도다. 너에게 남편 다섯이 있었고 지금 있는 자도 네 남편이 아니니 네 말이 참되도다."(요4:17~18)라고 말씀하셨고, 또 베드로에게 "닭이 울기 전에 세 번 나를 모른다고 하리라."라고 말씀하셨음을 알게 되었다. 너무 놀라워서 이런 상태에서는 누구에게라도 전도할 수 있겠다는 생각이 들어 어떤 사람이 좋을까하고 거리를 두리번거리자, 그곳에서 멀리 10여리 떨어져 있는 곳의 어떤 사람이 떠오르면서 그 사람의 마음 상태 등이 그대로 느껴지는데, 마음에 큰 상처와 아픔으로 견딜 수 없는 고통을 겪는 사람이었다. 그 사람이 있는 곳이 정확하게 파악되어, 대상(잃어버린 양)을 선정하는 것이 내 마음대로가 아니라 지정해 주심을 알게 되었다. 그렇다면 그 사람을 찾아가서 만날까라고 생각하는 순간 그런 상태가 사라졌다.

짧은 시간이었지만 이 경험은 내게 성경을, 특히 예수님의 사역을 이해하게 하는 데 결정적인 도움을 주었다. 예수님의 행보는 길 잃은 양을 찾아다니시는 사역이었다. 지나시다가 이런저런 사람들을 만나시는 게 아니라 길 잃은 양을 찾으러 다니셨다. 제자들을 부르시기 위하여 그 시간에 고기잡이 현장과 세관에 가셨고, 사마리아 여인을 만나시기 위하여 그 시간 야곱의 우물가에서 기다리고 계셨고, 삭개오와 소경 바디매오를 만나시기 위하여 여리고에 그 시간에 가셨다. 예수님의 행보에 우연은 없었다. 예수님께서는 다 알고 움직이셨고, 또 모여온 사람들의 마음의 생각과 계획 등을 다 아시고 말씀하셨다.

그렇다면 길 잃은 양은 어떤 사람들일까? 하나님의 부르심에 준비된 사람, 하나님을 가장 갈급하게 찾고 있는 사람, 하나님이 아니고서는 해결 할 수 없는 큰 고통을 짊어지되 하나님과 중심이 부합하는 사람들이다. 예수님께서는 병자나 불구자를 아무나 닥치는 대로 고치시는 게 아니었다. 준비된 사람들을 고치셨다. 예수님의 목적은 병든 사람, 소외된 사람, 버림받은 사람들의 문제를 모두 해결하는 데 있는 것이 아니다. 가난, 질병, 소외 등은 해결의 대상이지만 가난하고 병들고 소외된 사람들 모두가 계약공동체의 구성원이 될 조건을 갖추고 있는 것은 아니다. 마음중심이 계약공동체에 부합하는 사람들을 찾아 부르시는 데 초점이 맞추어져 있었다. 하나님은 질병의 여부, 가난의 여부를 따지지 않으시고 중심이 부합되는 사람들을 지금도 찾고 계신다. 우리의 눈으로는 그런 사람을 판별하기 쉽지 않지만 하나님께서는 사람의 심중을 꿰뚫어 보신다.

가버나움 바닷가에서 수많은 사람들을 대상으로 질병을 치료하고 설교하시던 예수님 마음에는 바다 건너편에 있는 한 사람의 울부짖음이 더 크게 다가왔다. 하나님은 모든 사람을 다 공평하게 대하신다. 바닷가의 수많은 사람들도 다 멀리서 온갖 애환을 가지고 예수님을 찾아온 사람들이다. 그런데 그들을 놔두고 한 사람을 찾아가시는 것은 그들보다 한 사람이 더 귀해서가 아니라 그 한 사람의 부르짖음이 모여 있는 모든 사람들의 아픔을 합친 것보다 더 크기 때문이다. 그 사람은 어떤 사람이었을까? 그 사람을 찾아가는 길은 어떤 길이었을까?

【2】 25 … 곧 일어나사 바람과 바다를 꾸짖으시니 아주 잔잔하게 되거늘 27… 이이가 어떠한 사람이기에 바람과 바다도 순종하는가 하더라

예수님께서는 왜 바람과 바다를 꾸짖으셨을까? 예수님은 귀신들린 사람을 치료하실 때에도 귀신을 꾸짖으셨다. 마귀는 예수님께서 길 잃은 양을 찾는 사역을 처음부터 끝까지 방해했다. 마귀는 예수님에게 유대인이 기대하는 유대인의 메시야의 길을 가라고 부추겼다. 풍랑은 자연현상이지만 마귀는 그 풍랑과 바람, 파도를 이용하여 예수님의 사역을 방해하기에 예수님께서는 풍랑이는 바다를 꾸짖으셨고 곧 잔잔해졌다. 자연적인 현상을 포함한 세상 모든 것들은 하나님의 수중에 들어있다. 하나님께서는 계약공동체에 필요한 경우 초자연적인 기적들을 베풀어 주신다.

【3】 28 또 예수께서 건너편 가다라 지방에 가시매 귀신 들린 자 둘이 무덤 사이에서 나와 예수를 만나니 그들은 몹시 사나워 아무도 그 길로 지나갈 수 없을 지경이더라

설교 중심으로 기록된 마태복음에서는 이 내용을 간결하게 다루고 있기 때문에 좀 더 자세한 상황 이해를 위해서는 병행본문을 참고할 필요가 있다. 마가복음의 병행본문은 다음과 같다.

> 예수께서 바다 건너편 거라사 인의 지방에 이르러 배에서 나오시매 곧 더러운 귀신 들린 사람이 무덤 사이에서 나와 예수를 만나니라 그 사람은 무덤 사이에 거처하는데 이제는 아무도 쇠사슬로도 맬 수 없게 되었으니 이는 여러 번 고랑과 쇠사슬에 매였어도 쇠사슬을 끊고 고랑을 깨뜨렸음이러라 그리하여 아무도 그를 제어할 힘이 없는지라 밤낮 무덤 사이에서나 산에서나 늘 소리 지르며 돌로 자기의 몸을 해치고 있었더라 그가 멀리서 예수를 보고 달려와 절하며 큰 소리로 부르짖어 이르되 지극히 높으신 하나님의 아들 예수여 나와 당신이 무슨 상관이 있나이까 원하건대 하나님 앞에 맹세하고 나를 괴롭히지 마옵소서 하니 이는 예수께서 이미 그에게 이르시기를 더러운 귀신아 그 사람에게서 나오라 하셨음이라 이에 물으시되 네 이름이 무엇이냐 이르되 내 이름은 군대니 우리가 많음이니이다(막5:1~9)

이 본문을 보면 왜 예수님께서 수많은 사람들을 남겨두고, 또 풍랑이는 바다를 건너 어두워가는 무덤가를 찾아가셨는지 알수 있다. 이 사람을 찾으시는 이유는 이 사람의 고통이 극에 달해있기도 했고 또 이 사람에 대하여 그 이전의 삶은 기록해놓지 않았지만 그는 하나님께서 찾으시는 사람과 부합되었기 때문이다. 이런 사실은 마가복음의 다음 구절에서 엿볼 수 있다.

> 예수께서 배에 오르실 때에 귀신 들렸던 사람이 함께 있기를 간구하였으나 허락하지 아니하시고 그에게 이르시되 집으로 돌아가 주께서 네게 어떻게 큰 일을 행하사 너를 불쌍히 여기신 것을 네 가족에게 알리라 하시니 그가 가서 예수께서 자기에게 어떻게 큰 일 행하셨는지를 데가볼리에 전파하니 모든 사람이 놀랍게 여기더라(막5:18~20)

예수님에게 치료받은 사람들은 많이 있었지만 예수님을 따르겠다고 나서는 사람은 거의 없었는데, 이 사람은 예수님을 따라 나서겠다고 자청하고 있다. 이런 사실은 그 마음속에 하나님나라가 이 땅에 실현되기를 간절히 소망하고 있었음을 말해준다. 예수님께서는 이 사람의 따름을 거절하시고 가정으로 돌려보내시며 하나님께서 베푸신 은혜를 가족들에게 말해주라고 말씀하셨다. 아마도 이 사람의 가족들은 이 사람 때문에 많은 어려움을 겪었고, 이 사람은 가족들에게 꼭 필요했다고 생각된다. 그런데 이 사람은 자신이 겪은 하나님의 은혜를 가족들에게만이 아니라 데가볼리 온 지역을 다니면서 예수님을 전했으며 듣는 사람들은 모두가 놀랐다. 예수님께서 이 사람을 찾아오신 이유는 여기에 있었다.

【4】 31 귀신들이 예수께 간구하여 이르되 만일 우리를 쫓아 내시려면 돼지 떼에 들여 보내 주소서 하니 32 그들에게 가라 하시니 귀신들이 나와서 돼지에게로 들어가는지라 온 떼가 비탈로 내리달아 바다에 들어가서 물에서 몰사하거늘 33 치던 자들이 달아나 시내에 들어가 이 모든 일과 귀신 들린 자의 일을 고하니 34 온 시내가 예수를 만나려고 나가서 보고 그 지방에서 떠나시기를 간구하더라

이 본문도 많은 의문이 드는 구절이다. 왜 예수님께서는 아무런 죄가 없는 돼지 떼에게 귀신이 들어가게 하셨을까? 마가복음에 의하면 돼지가 2천여 마리나 되었다. 사람의 입장에서는 이런 의문에 대해서는 어떤 답변으로도 충족되지 않는다. 사람의 마음과 생각을 꿰뚫어 보시며, 상황에 대한 과거와 현재, 미래를 동시에 보시는 하나님의 입장에서만 설명될 수 있다.

주검이 있는 곳에 까마귀가 모이듯이, 똥이 있는 곳에 똥파리가 모이듯이 마귀가 가는 곳은 갈 만한 조건이 갖추어졌기 때문이다. 기도를 하다가 간혹 마귀에 씌워 시달리는 사람이 있다. 그는 마귀가 들어올 만한 틈을 주었기 때문이다. 마귀에 대하여 사전에 대비하여 틈이 없으면 마귀는 결코 들어오지 못한다. 파리가 찾는 것들이 있는 곳에는 파리가 모여드는 이치와 똑같다. 예수님의 허락 여부가 초점이 아니라 마귀의 조건 충족 여부가 초점이다. 2천여 마리의 돼지 떼, 또는 그 주인들이나 지역의 상황이 마귀를 부를 만한 조건이 갖추어졌기 때문이다. 그 지역 사람들이 예수님께 떠나시기를 요청했다는 기록이 이를 암시하고 있다.

틈을 주었기 때문이라면 군대 귀신 들린 사람에게는 왜 귀신이 들어갔는가? 그에게 책임이 있는가? 사람의 육체와 정신에는 한계가 있다. 개인이 감당하기 어려운 상황이 주변의 여러 복합적인 요

인에 의해 생길 수 있다. 이런 경우에는 그 개인에게만 책임을 묻기 어렵다. 군대 귀신 들린 사람의 경우는 그 개인의 문제보다는 주변의 상황이 그를 그렇게 만들었다고 생각된다. 이 문제는 모든 곳을 동시에 보시며 다 아시는 하나님께서만 정확하게 아실 일이다.

물음 35 마태복음, 죄사함의 권세가 왜 사람들에게 있다고 할까?

본문 : 〈 9장 〉

1 예수께서 배에 오르사 건너가 본 동네에 이르시니 2 침상에 누운 중풍병
자를 사람들이 데리고 오거늘 예수께서 그들의 믿음을 보시고 중풍병자
에게 이르시되 작은 자야 안심하라 네 죄 사함을 받았느니라 3 어떤 서
기관들이 속으로 이르되 이 사람이 신성을 모독하도다 4 예수께서 그 생
각을 아시고 이르시되 너희가 어찌하여 마음에 악한 생각을 하느냐 5 네
죄 사함을 받았느니라 하는 말과 일어나 걸어가라 하는 말 중에 어느 것
이 쉽겠느냐 6 그러나 인자가 세상에서 죄를 사하는 권능이 있는 줄을
너희로 알게 하려 하노라 하시고 중풍병자에게 말씀하시되 일어나 네 침
상을 가지고 집으로 가라 하시니 7 그가 일어나 집으로 돌아가거늘 8 무
리가 보고 두려워하며 이런 권능을 사람(들)에게 주신 하나님께 영광을
돌리니라

여섯 번째 기적 이야기는 무엇일까?

【1】 2 … 예수께서 **그들의 믿음을 보시고** 중풍병자에게 이르시되

예수님께서 병자들을 치료하실 때에는 당사자의 믿음을 중요하게 여기셨다. 그런데 이번에는 중풍병자가 아닌 그를 데리고 온 사람들의 믿음을 보시고 고쳐주셨다. 그들은 도대체 무슨 일을 했을까? 마태복음에서는 '그들이' 중풍병자를 데리고 온 사람들로 기록되어 있는데, 병행본문(막2:1~13, 눅5:17~26)에 의하면 그들은 중풍병자를 지붕으로 데리고 올라가 지붕을 뜯고 환자를 예수님 계신 곳으로 달아 내렸다. 그들은 도대체 어떤 사람들이었을까?

아마도 이들은 중풍병자와 특별한 관계여서 평소에도 많은 관심을 가지고 애써보았지만 고치지 못하고 있다가 예수님의 소문을 듣고 환자를 들것에 싣고 먼 길을 걸어오는 수고를 마다하지 않았던 것 같다. 예수님께 왔으나 사람들이 많아 집에 들어 갈 수 없자, 순서를 기다리지 않고 남의 집 지붕을 막무가내로 뜯고 중풍병자를 달아 내리는 무지막지한 방법을 선택했다. 사람들의 마음과 생각을 아시는 예수님께서는 무슨 수를 써서라도 중풍병자를 고쳐야겠다는 그들의 간절한 마음을 보셨다.

하나님께서 찾으시는 마음은 어떤 마음일까? 우리를 향한 하나님의 마음과 비슷한 마음이어야 한다. 간절한 마음, 절박한 마음, 목마른 심정, 안타까운 마음, 견딜 수 없는 마음이다. 그런데 여기서 한 걸음 더 나아가야 한다. 포기되지 않는 마음이다. 자식을 향한 부모의 심정은 **포기되지 않는 마음**이다.

온 세상을 향한 포기되지 않는 마음, 그 마음을 하나님께서는 찾고 계신다.

【2】 2 … 작은 자야 안심하라 **네 죄 사함을 받았느니라**

지붕을 뜯고 중풍병자를 달아 내리는 극적인 장면이 연출되자 예수님께서는 더 극적인 말씀을 하셨다. "네 죄가 사함을 받았느니라." 예수님께서는 병을 고치는 말씀이 아닌 왜 사죄의 말씀을 하셨을까? 누가복음에 의하면 이 자리에는 많은 서기관과 바리새인들이 와서 예수님을 지켜보고 있었다. 유대인들은 불치병의 원인은 죄라고 생각했으며, 죄는 오직 하나님께서만 용서하실 수 있다고 생각하고 있었다. 유대인들은 예수님께서 사죄를 선언하시자 이는 하나님을 모독하는 행위라고 생각했다. 이런 그들의 마음을 다 읽으시는 예수님께서는 그들의 인과응보교리와 죄사함의 권세에 대한 교리가 잘못되었음을 지적하시기 위하여 정곡을 찌르는 말씀을 하셨다. 그리고 인자(人子)에게 죄사함의 권세가 있음을 보여주시기 위하여 중풍병자에게 "일어나 네 침상을 들고 걸어가라."라고 말씀하셨다. 유대인의 시각에서는 병자 치료는 곧 사죄와 관련되기 때문이다.

【3】 6 … 중풍병자에게 말씀하시되 일어나 네 침상을 가지고 집으로 가라 하시니 7 그가 일어나 집으로 돌아가거늘

예수님께서 왜 침상을 가지고 가라고 말씀하셨을까? 아마도 이날은 안식일이었을 가능성이 높다. 요한복음에서도 38년 된 중풍병자를 치료하신 후 침상을 들고 가라고 하셨는데 그날이 안식일이었기 때문이다.(요5:1~18) 유대인들은 안식일에는 몸에 바늘 하나도 지니고 다니지 않았다. 침상을 들고 가라고 하신 이유는 유대교 신앙이 얼마나 잘못되었는지를 널리 알리시기 위함이었다.

【4】 8 무리가 보고 두려워하며 이런 권능을 **사람(들)에게** 주신 하나님께 영광을 돌리니라.

병행본문에서는 중풍병자가 일어나 침상을 들고 가는 모습을 보고 놀라거나 두려워하며 하나님께 영광을 돌렸다라고 기록되어 있는데, 유독 마태복음에서는 죄사함의 권세를 사람들에게 주신 하나님께 영광을 돌렸다라고 말하고 있다. 죄사함의 권세가 예수님에게만 있는 것이 아니라 '사람들에게' 있다고 복수를 사용하고 있다. 헬라어 원문에는 복수인 사람들에게(τοῖς ἀνθρώποις) 로 되어 있으며 영문에서는 모두 복수(to men)로 번역했으나, 한글은 새번역과 킹제임스역에서만 복수이고 나머지는 다 '사람에게' 라고 단수로 번역했다. 죄사함의 권세는 당연히 예수님에게만 있다는 생각 때문에 단수로 번역했다고 보인다.

죄사함의 권세가 예수님에게만 있을까? 아니면 사람들에게도 있을까? 유대인들은 하나님에게만 죄사함의 권세가 있다고 했다. 그러나 예수님께서는 사람들에게도 죄사함의 권세가 있다고 누차 말씀하셨다.

> 그러므로 예물을 제단에 드리려다가 거기서 네 형제에게 원망들을 만한 일이 있는 것이 생각나거든 예물을 제단 앞에 두고 먼저 가서 형제와 화목하고 그 후에 와서 예물을 드리라(마5:23~24)
>
> 우리가 우리에게 죄 지은 자를 사하여 준 것 같이 우리 죄를 사하여 주시옵고(마6:12)
>
> 너희가 사람의 잘못을 용서하면 너희 하늘 아버지께서도 너희 잘못을 용서하시려니와 너희가 사람의 잘못을 용서하지 아니하면 너희 아버지께서도 너희 잘못을 용서하지 아니하시리라(마6:14~15)
>
> 진실로 너희에게 이르노니 무엇이든지 너희가 땅에서 매면 하늘에서도 매일 것이요 무엇이든지 땅에서 풀면 하늘에서도 풀리리라(마18:18)
>
> 그 때에 베드로가 나아와 가로되 주여 형제가 내게 죄를 범하면 몇 번이나 용서하여 주리이까 일곱 번까지 하오리이까 예수께서 가라사대 네게 이르노니 일곱 번 뿐 아니라 일흔 번씩 일곱 번이라도 할지니라(마18:21~22)
>
> 너희가 누구의 죄든지 사하면 사하여질 것이요 누구의 죄든지 그대로 두면 그대로 있으리라(요20:23)

죄사함의 권세가 왜 사람에게도 있을까? 이치는 단순하다. 죄는 대부분 사람에게 짓는데, 죄를 사람에게 지어놓고 하나님에게만 용서를 받으면 모순이기 때문이다. 사람에게 지은 죄는 먼저 사람에게 용서를 받고, 그 다음에 하나님께 회개하며 용서를 받아야 한다.

물음 36 예수님, 왜 마태를 제자로 부르셨을까?

본문 : 〈 9장 〉

9 예수께서 그 곳을 떠나 지나가시다가 마태라 하는 사람이 세관에 앉아
있는 것을 보시고 이르시되 나를 따르라 하시니 일어나 따르니라 10 예
수께서 마태의 집에서 앉아 음식을 잡수실 때에 많은 세리와 죄인들이
와서 예수와 그의 제자들과 함께 앉았더니 11 바리새인들이 보고 그의
제자들에게 이르되 어찌하여 너희 선생은 세리와 죄인들과 함께 잡수시
느냐 12 예수께서 들으시고 이르시되 건강한 자에게는 의사가 쓸 데 없

고 병든 자에게라야 쓸 데 있느니라 13 너희는 가서 내가 긍휼을 원하고 제사를 원하지 아니하노라 하신 뜻이 무엇인지 배우라 나는 의인을 부르러 온 것이 아니요 죄인을 부르러 왔노라 하시니라

복음서를 보면 예수님께서 가장 역점을 두신 사역은 12사도 선택과 교육이었다. 그래서 제자들을 선택하실 때 밤을 새워 기도하셨다.(눅6:12) 여기 본문에는 예수님께서 세리인 마태를 제자로 부르시는 장면이 나오고 있다. 당시 유대인 사회에서 세리는 로마제국의 앞잡이로 세금을 거두고 있어서 매국노, 강도 등으로 취급되었고 죄인 중의 죄인이었다. 그런데 왜 예수님은 이런 마태를 제자로 삼으셨을까? 이에 대하여 아무 설명이 없는 듯하지만 운문(韻文)처럼 은폐, 함축, 암시로 설명하고 있는데, 이를 찾아내어 해석해야 한다. 이를 위해서는 병행본문이 있는 경우 이를 적극 활용할 필요가 있다.

【1】 9 예수께서 그 곳을 떠나 지나가시다가 마태라 하는 사람이 세관에 앉아 있는 것을 보시고 이르시되 나를 따르라 하시니 일어나 따르니라.

10:3 빌립과 바돌로매, 도마와 **세리 마태,** 알패오의 아들 야고보와 다대오,

병행본문(마10:3, 막2:14~17, 눅5:27~32)에 의하면 마태복음에서만 마태가 세리였음을 밝히고 있다.(다른 복음서에서는 레위로 기록) 마태는 유대인들을 대상으로 활동하면서 자신이 세리였음을 고백하고 있는데, 이는 큰 용기가 아니고서는 할 수 없는 일이다.

또 율법 전문가인 정통 유대인들에게 복음을 전하려면 율법의 이해와 헬라어 수준이 최소한 그들과 비슷해야 할 텐데, 예수님의 열두 제자 중에서는 마태 외에는 이를 해낼 사람이 없었다. 마태복음을 보면 그의 율법과 헬라어 이해 수준이 랍비들에 비해 전혀 손색없었음을 알 수 있다.

【2】 13 너희는 가서 **내가 긍휼을 원하고 제사를 원하지 아니하노라** 하신 뜻이 무엇인지 배우라

이 구절은 마태복음에만 나오고 있다. 마태가 자신의 이야기에서 이 구절을 넣은 이유는 평소 그의 생각을 반영하기 때문이다. 구약의 예언자 호세아(6:6)는 이 구절로 당시 이스라엘 사람들의 제사 중심 신앙을 고발했다. 계약법대로 신앙생활하려면 안식일에는 종들을 쉬게 하고, 안식년에는 부채를 탕감하며 종들에게 6년 치 월급을 주어 방면해야 했고, 희년에는 집과 땅 등 부동산을 원주인에게 돌려주어야 했다. 다시 말하면 빈부의 큰 격차가 있을 수 없다는 뜻이다. 그런데 다윗으로 말미암아 시작된 성전 제사 신앙에서는 하나님께 제사를 드리면 율법을 지키는 것이라고 함으로써 부자들에게 안식년, 희년을 지키지 않아도 된다는 면죄부를 준 셈이다. 선지자들은 하나같이 이런 제사신앙을 고발했다. 그런데 마태는 이 구절로 당시 유대교 신앙을 고발하고 있다.

이는 동시에 마태가 어떤 세상을 꿈꾸고 있었는가를 보여주고 있다. 그는 비록 세리였지만 가난한 자를 죄인이라고 정죄하지 않고, 또 모든 사람들이 빈부의 차이 없이 사는 세상이 실현되기를 기다리고 있었음을 알 수 있다.

【3】 10 예수께서 마태의 집에서 앉아 음식을 잡수실 때에 많은 세리와 죄인들이 와서 예수와 그의 제자들과 함께 앉았더니

누가복음에서는 예수님의 부르심에 대한 마태의 반응을 좀 더 상세히 기록하고 있다.

그가 모든 것을 버리고 일어나 따르니라. 레위가 예수를 위하여 자기 집에서 큰 잔치를 하니 세리와 다른 사람이 많이 함께 앉아 있는지라(눅 5:28~29)

이 구절은 마태는 소문으로, 아니면 현장 참여로 예수님을 잘 알고 있었으며, 자신도 예수님의 사역에 동참하고 싶었지만 세리여서 감히 참여할 수 없다고 생각하고 있었음을 암시해 주고 있다. 왜냐하면 예수님께서 나를 따르라고 말씀하시자 너무 기쁜 나머지 모든

것을 버리고 즉 재산을 다 바치고[60] 또 많은 사람들을 초대하여 큰 잔치를 벌이고 있기 때문이다.

사람의 심중을 꿰뚫어보시는 예수님께서는 마태의 이런 마음을 보시고 부르셨고 마태는 즉시 기쁜 마음으로 예수님을 따라 나섰다. 하나님께서는 평소에 마태처럼 이 세상에 하나님나라가 임하기를 바라지만 자신은 무자격자라고 생각하고 있는 사람, 부르심에 대해서 감히 감당할 수 없다고 생각하며 기쁜 마음으로 죽기까지 따를 사람, 오늘의 마태를 찾으신다.

물음 37 새 술은 새 부대에, 무슨 뜻일까?

본문 : 〈 9장 〉

14 그 때에 요한의 제자들이 예수께 나아와 이르되 우리와 바리새인들은
금식하는데 어찌하여 당신의 제자들은 금식하지 아니하나이까 15 예수께
서 그들에게 이르시되 혼인집 손님들이 신랑과 함께 있을 동안에 슬퍼할
수 있느냐 그러나 신랑을 빼앗길 날이 이르리니 그 때에는 금식할 것이
니라.

16 생베 조각을 낡은 옷에 붙이는 자가 없나니 이는 기운 것이 그 옷을 당
기어 해어짐이 더하게 됨이요 17 새 포도주를 낡은 가죽 부대에 넣지 아
니하나니 그렇게 하면 부대가 터져 포도주도 쏟아지고 부대도 버리게 됨
이라 새 포도주는 새 부대에 넣어야 둘이 다 보전되느니라.

유대인들은 한 주일에 이틀 해 뜰 때부터 해 질 때까지 금식했고, 또 세례 요한도 제자들에게 그렇게 가르치며 실천하고 있었다. 그런

---

60) 같은 세리였던 삭개오의 이야기에도 비슷한 내용이 있다.
(삭개오가) 급히 내려와 즐거워하며 영접하거늘 … 삭개오가 서서 주께 여짜오되 주여 보시옵소서. 내 소유의 절반을 가난한 자들에게 주겠사오며 만일 누구의 것을 속여 빼앗은 일이 있으면 네 갑절이나 갚겠나이다. 예수께서 이르시되 오늘 구원이 이 집에 이르렀으니 이 사람도 아브라함의 자손임이로다. 인자가 온 것은 잃어버린 자를 찾아 구원하려 함이니라.(눅19:6~10)

데 예수님은 왜 이런 전통을 지키지 않으셨을까?

【1】 14 우리와 바리새인들은 금식하는데 어찌하여 당신의 제자들은 금식하지 아니하나이까

인과응보 교리는 이스라엘이 나라를 잃고 포로로 전락했을 때 그들을 다시 살려낸 교리이고, 안식일 교리는 알렉산더의 헬라화 정책을 막아내고 유대교 신앙을 지켜낸 교리이고, 정결례, 금식 등의 전통은 유대교 신앙의 순수성 유지에 지대한 공헌을 했다. 세계사에서 이런 전례가 없으므로 인과응보교리와 안식일교리는 인류 종교사에서 가장 위대한 발명품이라고 평가할 수 있다.

그러나 시대가 바뀌면서 이 법이 사람을 죽이는 법이 되었다. 이는 마치 죽을병을 살린 명약도 치료 후에 계속 쓰면 독약이 되는 이치와 같다. 따라서 시간이 지나면 물려받은 정통교리들은 재해석되어야 한다. 구약성경의 욥기는 이를 주제로 하고 있는데, 복음서 역시 다르지 않다. 예수님은 유대교의 정통교리와 전통신앙을 재해석하셨고, 유대인들은 이를 받아들이지 못하고 거부했다.

모세도 출애굽 초기에 맺었던 계약에 대하여 40년이 지난 후에 재해석했다. 그 책이 신명기(申命記)이다. 신명기에서 모세는 지금 자신이 다시 해석해주는 대로, 다시 말하면 출애굽기나 레위기, 민수기에 기록된 대로가 아니라 지금 다시 해석한 규례와 법도와 명령대로 지켜야함을 누누이 강조했다. 따라서 지금 우리가 구약의 율법서를 해석하려면, 모세가 출애굽기의 계약법전(십계명 등)과 레위기의 성결법전을 신명기에 와서는 어떻게 다시 해석했는지를 잘 살펴보고, 신명기의 율법을 최종적인 것으로 받아들여야 한다. 현재 성경이나 찬송가의 속표지에 출애굽기의 십계명이 실려 있는데, 이는 신명기의 십계명으로 바꿔야 한다.

【2】 16 새 포도주는 새 부대에 넣어야 둘이 다 보전되느니라.

이 문제는 신앙에 있어서 대단히 중요하다. 우리가 물려받은 고

대의 정통교리와 신앙전통들은 재해석되어야 한다. 그대로 고수하려다가는 유대인이 범한 시행착오를 반복하는데, 이는 용서받을 수 없는 행위이다. 기독교 신학사의 비극은 보수주의에서는 정통신앙을 재해석하지 않고 그대로 지키려고 안간힘을 쓰고 있으며, 반대로 진보주의에서는 삼위일체, 기독론, 속죄론 등 정통신앙과 교리를 부정하는 데 있다. 양측 다 용서받지 못할 오류와 범죄행위를 하면서 서로 옳다고 우기고 있다. 이 노릇을 어찌할꼬!

뱀들아 독사의 새끼들아,
너희가 어찌 지옥의 심판을 면할 수 있겠느냐!

물음 38 예수님, 왜 야이로의 집으로 가셨을까?

본문 : 〈 9장 〉

18 예수께서 이 말씀을 하실 때에 한 관리가 와서 절하며 이르되 내 딸이
방금 죽었사오나 오셔서 그 몸에 손을 얹어 주소서 그러면 살아나겠나이
다 하니 19 예수께서 일어나 따라가시매 제자들도 가더니 20 열두 해
동안이나 혈루증으로 앓는 여자가 예수의 뒤로 와서 그 겉옷 가를 만지
니 21 이는 제 마음에 그 겉옷만 만져도 구원을 받겠다 함이라 22 예수
께서 돌이켜 그를 보시며 이르시되 딸아 안심하라 네 믿음이 너를 구원
하였다 하시니 여자가 그 즉시 구원을 받으니라 23 예수께서 그 관리의
집에 가사 피리 부는 자들과 떠드는 무리를 보시고 24 이르시되 물러가
라 이 소녀가 죽은 것이 아니라 잔다 하시니 그들이 비웃더라 25 무리를
내보낸 후에 예수께서 들어가사 소녀의 손을 잡으시매 일어나는지라 26
그 소문이 그 온 땅에 퍼지더라

일곱 번째와 여덟 번째 기적이 한 이야기 속에 들어있다.

병행본문(막5:21~43, 눅8:40~56)에 의하면, 예수님께서 평소에 주로 머물러 계시던 가버나움에 여러 날 만에 돌아오신 후 기다

리고 있던 많은 사람들에게 바닷가에서 말씀을 전하셨다. 그때 한 관리가 와서 자신의 딸이 죽어가고 있는데 같이 가셔서 고쳐달라고 하자 예수님은 따라 가셨다.

현재 모여 있는 수많은 사람들도 제각기 애환을 해결하기 위하여 모두 먼 길을 걸어와 며칠씩 기다리고 있었는데, 그런데 왜 그들을 그냥 두고 한 사람의 요청을 들어주실까? 그 이유는 앞의 〈물음34〉에서 이미 설명했는데, 다시 원리를 설명하면 양팔저울이 무거운 쪽으로 기울듯이, 물이 낮은 곳으로 흐르듯이 하나님의 은혜는 무거운 쪽, 낮은 쪽으로 임한다.

결과로 이야기를 하자면, 바닷가에 모여 있는 수많은 사람들의 안타까운 마음보다 회당장 야이로의 마음이 더 무거웠다. 그러면 이제 다시 물어야 한다. 관리의 무엇 때문이었을까? 이에 대하여 본문에는 물론 설명이 없다. 성경의 기록방식은 산문(散文)이 아니라 운문(韻文)의 형태이기 때문이다. 그러면 이제 은폐, 함축, 암시된 내용을 읽어내야 한다. 이것이 곧 성경해석이다. 이미 말한 바와 같이 병행구절이 있는 경우 이를 적극 활용해야 한다.

【1】 **회당장** 중의 하나인 야이로라 하는 이가 와서(막5:22)

마가복음에 의하면 그 관리는 회당장 야이로였다. 예수님의 사역에 대해 정통 유대교 지도자들은 강한 거부감을 가지고 있었다. 회당의 책임자인 회당장은 지도자에 해당된다. 복음서에 의하면 유대교 지도자 중에 예수님께 나아온 경우는 거의 없다. 니고데모는 유대인의 눈을 피해 밤에 조용히 예수님을 찾아왔으며(요3장), 아리마대 요셉은 예수님의 장례식에서 모습을 드러냈다. 지도자로서 예수님을 따를 경우 유대인 사회에서 따돌림을 받았기 때문이다.

【2】 예수를 보고 **발 아래 엎드리어 간곡히 구하여 이르되** (막5:23)

그가 예수님께 나아와 발 아래 엎드리어 간청하는 것을 보면 그는 평소에 예수님에 관한 소문과 가르침을 듣고 마음속으로 인정하고 있었음을 암시하고 있다. 단순히 딸을 살리기 위해서만은 아니었을 것이다. 인과응보 교리에 충실한 회당장이 어린 딸을 살리기 위한 목적만으로 예수님께 와서 엎드려 절한다는 것은 현실에 맞지 않는다. 평소에 예수님의 말씀을 들으며, 인과응보 교리가 잘못되었다고 인정하고 있다가 딸이 죽게 되자 이를 계기로 예수님께 나아왔다. 이런 야이로의 간절한 마음은 바닷가에 있는 수많은 사람들의 마음을 합친 것보다 더 무거웠다.

【3】 (막5:36)예수께서 회당장에게 이르시되 두려워하지 말고 믿기만 하라 하시고

마가복음에 의하면 회당장의 집으로 가는 도중에 딸이 이미 죽었으니 예수님께서 오실 필요가 없다고 연락이 왔다. 당황하는 야이로에게 예수님께서는 두려워하지 말고 믿기만 하라고 말씀하시며 앞장서서 가셨다.

【4】 (막5:39~43)들어가서 그들에게 이르시되 너희가 어찌하여 떠들며 우느냐 **이 아이가 죽은 것이 아니라 잔다**하시니 그들이 비웃더라 예수께서 그들을 다 내보내신 후에 아이의 부모와 또 자기와 함께 한 자들을 데리시고 아이 있는 곳에 들어가사 그 아이의 손을 잡고 이르시되 **달리다굼** 하시니 번역하면 곧 내가 네게 말하노니 소녀야 일어나라 하심이라 소녀가 곧 일어나서 걸으니 나이가 열두 살이라 사람들이 곧 크게 놀라고 놀라거늘 예수께서 이 일을 아무도 알지 못하게 하라고 그들을 많이 경계하시고 이에 소녀에게 먹을 것을 주라 하시니라

유대인의 장례 관습은 일일장이어서 죽으면 바로 곡을 하며 장례식을 시작하는데, 예수님께서 도착하셨을 때는 이미 장례식이 진행되고 있었다. 이로 보건대 야이로의 집은 상당한 거리가 있었던 것으로 보인다. 예수님께서 장례식 치르는 사람들에게 "아이가 죽은 것이 아니라 잔다."라고 하시자 모두 비웃었다. 예수님께서 제자 몇 명을 데리고 들어가셔서 어린 딸의 손을 잡으시며 '달리다굼'이라고 하시자 아이가 곧 일어났다.

복음서에는 예수님께서 죽은 사람들을 살리시는 이야기가 나오는데, 매번 예수님께서는 죽은 사람을 잔다고 하시면서 일어나라고 말씀하셨다. 왜 그러셨을까?

❶ 영혼불멸, 내세신앙

대부분의 종교에서는 죽은 후에 육체는 썩어서 흙으로 돌아가지만 영혼은 영원히 죽지 않으며, 새로운 세상에 가서 영원히 산다고 생각한다. 이를 영혼불멸(不滅) 내세(來世)신앙이라고 한다. 대부분의 종교와 문화에는 이런 사상이 들어있다. 그러면 기독교의 구원론은 이와 어떻게 다를까?

❷ 부활

자칫 사람이 죽으면 바로 천국에 간다고 생각하는 교인들이 있는데 이는 다른 종교의 사상이지 기독교의 구원론이 아니다. 기독교는 다른 종교에서는 찾아볼 수 없는 독특한 구원론을 가지고 있는데 '부활'(復活)이 그것이다. 육체와 영혼 모두가 부활(復活)의 대상이다. 사람이 죽으면 육체와 영혼이 잠든 상태로 있다가 종말의 시점, 곧 예수님께서 재림하실 때에 다시 깨어난다. 그런데 그 깨어남은 세상에 있던 모습 그대로가 아니라 영원히 살 수 있도록 변화된 육체와 영혼이다. 시간 속에 살던 육체와 영혼이 그대로 내세에서 영원히 산다는 것은 모순이다. 육체만이 부활의 대상이 아니라 영혼도 부활의 대상이다. 지금의 정신수준으로는 영원히 살 수가 없다. 흙으로 만든 질료(質料 matter)인 육체가 매장이나 화장을 해서 썩어져 사라진 것 같지만 하나님의 모양대로 만든 그 형상(形相 form)은 남아서 잠들어 있다가 부활한다.

기독교인들 중에는 구원을 타종교의 영혼불멸, 내세와 혼동하는 경우가 많이 있다. 천국도 죽은 다음에 시작되는 게 아니라 지금 여기 이 세상의 계약공동체에서 시작되며, 부활의 대상도 사람만이 아니라 이 세상도 포함된다. 단지 그 완성이 종말에 하나님의 특별한

개입으로 이루어진다. 이 세상의 부활을 요한계시록에서는 새 하늘과 새 땅이라고 했다.[61)]

시간과 공간의 지배를 받으면서 인간이 사는 이 세상과 영원한 다음 세상은 전혀 다르다. 이 세상에서 살던 모순투성이의 모습과 정신을 그대로 가지고 영원한 저 세상으로 간다는 것은 앞뒤가 맞지 않는다. 저 세상에 맞도록 변화가 되어야 하는데, 이를 성경에서는 부활이라 한다. 예수님께서는 죽은 자들을 항상 잠들었다고 말씀하시면서 그들을 다시 깨우셨는데 이는 부활이 아니라 소생이다. 부활은 예수님께서 직접 보여 주셨다. 예수님을 믿는 사람들은 죽으면 그리스도 안에서 잠들어 있다가 예수님께서 천사장의 나팔소리와 함께 재림하실 때에 동시에 깨어난다.[62)] 이 세상에서 살다가 죽는 순서대로 천국에 가는 게 아니다.

【5】 (막5:30)예수께서 그 능력이 자기에게서 나간 줄을 곧 스스로 아시고 무리 가운데서 돌이켜 말씀하시되 누가 내 옷에 손을 대었느냐

다시 본문의 처음으로 돌아가서 생각해보면 예수님께서 야이로의 집으로 향하시자 바닷가에 모여 있던 수많은 사람들 중 많은 이들이 같이 따라갔다. 그 장면을 상상해보면 사람들이 인산인해를 이루어 서로 밀치는 등 혼잡이 극심했을 것이다. 그런데 문득 예수님께서 멈춰 서서 "누가 내 옷에 손을 대었느냐?"라고 물으셨다. 이에 당황한 제자들이 "사람이 서로 밀치다 보니 옷에 손을 댈 수도 있지 않겠습니까?"라고 하자 예수님께서 "그게 아니라 내 몸에 손을 대어 병이 치료된 사람이 있다, 그게 누구냐?"라고 말씀하시자 한 여인이 자신이라고 고백했다.

그 여인은 12년 동안 혈루증으로 고생하면서 온갖 방법을 다 했

61) 또 내가 새 하늘과 새 땅을 보니 처음 하늘과 처음 땅이 없어졌고 바다도 다시 있지 않더라.(계21:1)

62) 주께서 호령과 천사장의 소리와 하나님의 나팔 소리로 친히 하늘로부터 강림하시리니 그리스도 안에서 죽은 자들이 먼저 일어나고 그 후에 우리 살아 남은 자들도 그들과 함께 구름 속으로 끌어 올려 공중에서 주를 영접하게 하시리니 그리하여 우리가 항상 주와 함께 있으리라.(살전 4:16~17)

으나 고치지 못하고 있다가, 예수님께로 와서 옷에 손만 대어도 나을 수 있으리라 생각하고 예수님의 옷을 만졌고 고침을 받았다. 이 여인이 예수님의 옷자락을 만진 이유는 몇 가지로 추정이 가능하다. 하나는 너무 많은 사람이 모여 있어서 예수님과 대화를 나눈다는 것 자체가 어려웠고, 다른 하나는 예수님의 옷자락만 만져도 나으리라는 믿음 때문이었다. 그런데 예수님은 이런 사실을 혼자만 아시지 않고 왜 드러내게 하셨을까?

유대인의 법에 의하면 이 여자가 불치병에 걸렸다는 사실 자체가 죄인이라는 증거여서 아마도 사람들에게 드러내지 못했을 것이다. 그래서 이 여자는 감히 병을 고쳐달라고 청하지 못한 채 옷자락만이라도 만지려고 생각하였을 것이다. 예수님은 이런 사실을 잘 아시기에 이 여인의 이야기를 통해서 유대교 신앙이 병든 사람들을 돕기는커녕 얼마나 사람을 힘들게 하는지 고발하는 기회로 삼으셨다.

물음

맹인들, 왜 예수님을 다윗의 자손이라고 부를까? 39

본문 : 〈 9장 〉

27 예수께서 거기에서 떠나가실새 두 맹인이 따라오며 소리 질러 이르되
다윗의 자손이여 우리를 불쌍히 여기소서 하더니 28 예수께서 집에 들어
가시매 맹인들이 그에게 나아오거늘 예수께서 이르시되 내가 능히 이 일
할 줄을 믿느냐 대답하되 주여 그러하오이다 하니 29 이에 예수께서 그
들의 눈을 만지시며 이르시되 너희 믿음대로 되라 하시니 30 그 눈들이
밝아진지라 예수께서 엄히 경고하시되 삼가 아무에게도 알리지 말라 하
셨으나 31 그들이 나가서 예수의 소문을 그 온 땅에 퍼뜨리니라..

아홉 번째 기적은 두 맹인을 치료하시는 이야기이다.

【1】 27 … 다윗의 자손이여 우리를 불쌍히 여기소서 하더니 … 예수께서 집에 들어가시매 맹인들이 그에게 나아오거늘

예수님께서 길을 가실 때 두 맹인이 따라오며 "다윗의 자손이여!"라고 크게 소리질렀다. 예수님께서는 반응을 보이지 않고 그대로 지나쳐서 집으로 가셨다. 맹인들이 집에까지 따라 들어와서야 고침을 받았다. 맹인들은 왜 예수님을 "다윗의 자손이여!"라고 불렀을까? 앞에서 이미 여러 번 말한 대로 유대인들은 메시야를 다윗의 후손이라고 생각했기 때문이다. 메시야는 다윗처럼 군사력으로 전 세계를 다스릴 것이라고 믿어서 그를 다윗의 후손이라고 불렀는데, 예수님은 이를 거부하셨다. 예수님께서 이들의 외침을 무시하시고 지나치신 이유는 여기에 있다.

【2】 30 그 눈들이 밝아진지라 예수께서 엄히 경고하시되 삼가 아무에게도 알리지 말라 하셨으나 31 그들이 나가서 예수의 소문을 그 온 땅에 퍼뜨리니라..

예수님께서는 맹인들을 보게 하신 후 그들에게, 치료받은 사실을 아무에게도 말하지 말라고 엄하게 당부하셨으나 그들은 반대로 예수님이 자신들을 고치셨을 뿐만 아니라 다윗의 자손이라고 널리 퍼뜨려 놓았다. 그들은 예수님께서 왜 엄히 당부하시는지 그 의미를 몰랐기 때문에 감사하는 마음으로 말했을 것이고, 또 평생 보지 못하고 지내다가 고침 받은 후 그것을 말하지 않는 것은 사실상 불가능했을 것이다.

물음 40 왜 귀신을 쫓고 모든 병자를 고치시는가?

본문 : 〈 9장 〉

32 그들이 나갈 때에 귀신 들려 말 못하는 사람을 예수께 데려오니 33 귀
신이 쫓겨나고 말 못하는 사람이 말하거늘 무리가 놀랍게 여겨 이르되
이스라엘 가운데서 이런 일을 본 적이 없다 하되 34 바리새인들은 이르
되 그가 귀신의 왕을 의지하여 귀신을 쫓아낸다 하더라 35 예수께서 모
든 도시와 마을에 두루 다니사 그들의 회당에서 가르치시며 천국 복음을

전파하시며 모든 병과 모든 약한 것을 고치시니라.

36 무리를 보시고 불쌍히 여기시니 이는 그들이 목자 없는 양과 같이 고생
하며 기진함이라 37 이에 제자들에게 이르시되 추수할 것은 많되 일꾼이
적으니 38 그러므로 추수하는 주인에게 청하여 추수할 일꾼들을 보내 주
소서 하라 하시니라.

마지막 열 번째 기적 이야기는 다음과 같다.

【1】 33 귀신이 쫓겨나고 말 못하는 사람이 말하거늘

예수님의 활동 가운데는 유독 귀신들이 쫓겨나가는 이야기가 많이 있다. 오늘 우리가 느낄 때에는 고대인들이 미개하여 질병의 원인을 귀신 때문이라고 생각해서 그랬으리라고 생각할 수 있다. 그런데 복음서에서는 귀신을 쫓아내는 것과 하나님나라의 임재는 같은 이야기였다. 사탄의 세력이 세속 권세를 잡고 있다고 보기 때문에 귀신을 쫓아내는 것은 곧 하나님나라가 임하는 증거였다.63)

〈 왜 열 가지 기적 이야기인가? 〉

이상에서 다룬 열 가지 기적 이야기는 구약에서 모세가 열 가지 기적으로 온 애굽에 계약체결의 소식을 알렸던 것과 같이 새 계약을 알리는 역할을 했다. 초자연이 필요한 이유는 하나님께서 직접 개입하시고 있다는 것을 확인시키는 방법이었다. 성경의 초자연 사건들은 이와 같이 계약체결이나 유지, 갱신의 경우와 관련이 있다.

우리는 짧은 지식으로 고대인들이 신화와 실상을 구분하지 못했으리라고 추정하는데, 그런 부분도 없지 않았겠지만 그렇게 말하는 것은 고대인들을 너무 무시하는 오만한 생각일 수 있다. 고대인들이 오히려 오늘 우리보다 사물의 본질에 대하여 더 깊이 사색하며 지혜로웠다는 증거는 얼마든지 있다. 태고의 석기시대에 통나무배를 타

63) 그러나 내가 하나님의 성령을 힘입어 귀신을 쫓아내는 것이면 하나님의 나라가 이미 너희에게 임하였느니라(마12:28)

고 망망대해에 나가 고래를 잡았던 벽화들이 세계 곳곳에 남아있다. 고대인들의 지혜와 자연원리에 대한 통찰력은 놀라운 데가 많다.

【2】 36 …모든 병과 모든 약한 것을 고치시니라. 36 무리를 보시고 불쌍히 여기시니 …

예수님께서는 몰려드는 병자들 때문에 눈코 뜰 새 없이 바쁘셨고, 식사하실 겨를도 없으셨다.(막3:20) 그럼에도 불구하고 몰려드는 모든 병자들을 치료하셨다. 그 이유는 그들이 너무 불쌍했기 때문이다. 가난에 굶주리고, 열악한 위생환경과 영양실조로 질병에 시달리고, 질병에 걸리니 하나님의 이름으로 죄인이라 낙인찍히고…

굶주리며 불편한 몸으로 먼 길을 마다하지 않고 찾아오는 무리들은 늘어만 가는데, 그런데 이들을 돌보아줄 목자는 없으니 어찌해야 할꼬! 이에 제자들에게 "추수할 것은 많은데 일꾼이 없으니 일꾼을 보내주소서!"라고 기도하라고 부탁하셨다. 기도 부탁은 무엇을 의미할까? 네가 기도하며 그 일을 하라는 말씀이다.

어떤 문제에 대하여 안타까운 마음이 들어 계속 기도해 보라. 무슨 일이 일어나는가? 하나님의 면전으로 불려간다. 영성의 길에서 가장 큰 체험은 이런 안타까운 기도를 통해서 체험된다. 무슨 고상한 목적 때문에 경험되는 게 아니다. 망해가는 이 세상을 위하여 안타까운 마음, 견딜 수 없는 마음, 포기되지 않는 마음으로 부르짖어 보라. 얼마 지나지 않아 틀림없이 하나님의 면전으로 직행하리라. 이는 경험으로 하는 말이다. 그리고 하나님의 면전에서 소명이 주어진다.

"내가 지금까지 너를 기다렸다!"

"이제 네가 그 일을 해라!"

제3부 : 두 번째 설교

설교 : 제자파송 설교(10장)

사역(2) : 세례 요한의 질문, 안식일 논쟁 등(11~12장)

두 번째 설교

물음

이스라엘 집의 잃어버린 양은 누구일까? 41

본문 : 〈 10장 〉

1 예수께서 그의 열두 제자를 부르사 더러운 귀신을 쫓아내며 모든 병과 모든 약한 것을 고치는 권능을 주시니라

2 열두 사도의 이름은 이러하니 베드로라 하는 시몬을 비롯하여 그의 형제
안드레와 세베대의 아들 야고보와 그의 형제 요한, 3 빌립과 바돌로매,
도마와 세리 마태, 알패오의 아들 야고보와 다대오, 4 가나안인 시몬 및
가룟 유다 곧 예수를 판 자라

5 예수께서 이 열둘을 내보내시며 명하여 이르시되 이방인의 길로도 가지
말고 사마리아인의 고을에도 들어가지 말고 6 오히려 이스라엘 집의 잃
어버린 양에게로 가라

10장은 마태복음의 다섯 편의 설교 중 두 번째 설교인데, 제자들에게 선교훈련을 시키기 위하여 피송하시는 말씀이다. 하나님께서는 우리가 처한 현실 문제를 우리보다 더 잘 아시고 각자에게 맞도록 맞춤형으로 인도하신다. 마귀가 지배하는 세상에서 천국을 실현한다는 것은 불가능할 만큼 어려운 과제다. 그런데 하나님께서는 하나님의 방식으로 이것을 가능하게 하신다. 그 하나님의 방식이란 무엇일까?

【1】 1 예수께서 그의 열두 제자를 부르사 더러운 귀신을 쫓아내며 모든 병과 모든 약한 것을 고치는 권능을 주시니라

예수님은 누구이실까?

현대 자유주의 신학에서는 예수님의 신성을 인정하지 않고 모범적인 한 인간으로 본다. 합리적이고 과학적인 이해로는 예수님의 신성을 인정할 수 없다는 이유에서다. 예수님이 인간의 이성, 과학이라는 잣대로 잴 수 있는 분에 불과할까? 그 잣대로 예수님께서 제

자들에게 초자연적인 능력을 행할 권능을 주셨다는 이 구절을 이해할 수 있을까? 어림도 없다. 이성과 과학을 중시하는 이들은 스스로 자기 한계에 갇히지 말고 겸손해질 필요가 있다. 유한한 인간이 어찌 무한한 하나님을 가늠할 수 있겠는가? 인간의 이성과 과학이 어찌 만능일 수 있는가? 스스로 높은 자리에서 내려와 가장 낮은 자리에 계시는 그분 앞에 더 낮아지려는 마음으로 무릎을 꿇으라. 그리고 진지하게 그분 뵈옵기를 구해보라. 가장 낮은 마음을 가지게 되면, 그러면 그분을 뵈올 수 있으리라.

예수님을 직접 뵈오면 알게 된다. 예수님이 곧 하나님의 자기 계시인 것을, 그분이 바로 하나님이신 것을, 그분 앞에서는 초자연과 자연이 하나인 것을. 성경에 기록된 초자연적인 이야기들이 우리를 향한 그분의 특별한 은혜이며 사랑의 언어라는 것을. 그분은 경험으로 알 수 있다는 것을, 그분은 직접 만날 수 있는 분, 아니 만나 주시는 분이라는 것을, 그 만남 안에 그분을 향한 인간의 모든 의문이 풀린다는 것을, 이 경험, 이 만남이 해답이다. 그분은 제자들을 내보내시면서 하나님나라를 빈 말로 선포하게 하지 않고 능력으로 선포하게 하셨다. 귀로만 듣게 하지 않으시고 눈으로 보게 하셨다. 그분은 능력이 있으실 뿐만 아니라 당신의 사람들에게 능력을 주실 수 있는 분이다.

제자들에게 왜 이런 초자연적인 능력을 주셨을까? 앞의 질문에서도 말한 바와 같이 귀신을 쫓아내고 병자를 치료하는 일과 천국을 선포하며 확장하는 일은 같은 것이다. 사람들은 이런 것들을 경험하면서 하나님의 특별한 개입을 경험했다. 종교적인 편견과 고정화된 관념과 생각, 마음을 바꾸는 것은 대단히 어렵다. 그런데 하나님은 그것을 가능하게 하신다. 성경의 초자연적인 이야기들은 이것을 위함이었다. 그런데 이런 기적은 계약공동체가 만들어 지거나 공동체가 위기를 맞았을 때, 또는 계약을 갱신할 때 주로 일어났다.

지금 이 시점은 계약을 체결해야하기 때문에 초자연을 동원하셨다. 그 이유는 모든 사람들에게 하나님의 살아계심을 알리고 계약에 동참할 기회를 주시기 위함이다. 예수님께서는 제자들을 둘씩 짝 지워 이스라엘 전역으로 보내시며 하나님나라를 널리 알리게 하셨다.

【2】 5 예수께서 이 열둘을 내보내시며 명하여 이르시되 **이방인의 길로도 가지 말고 사마리아인의 고을에도 들어가지 말고** 6 오히려 이스라엘 집의 잃어버린 양에게로 가라

이 말씀을 읽다 보면 예수님께서 이방인과 사마리아인을 차별하시는 것처럼 느껴지는데, 예수님께서도 차별하셨을까? 차별하셨을 리가 없다. 이런 구절들 때문에 복음서에서 유대적 성향, 또는 이방적 성향 등이 연구의 대상이 된다.

그러나 예수님께서 사역하시던 상태가 되어보면 그 이유는 대단히 단순하다. 〈물음34〉에서 말한 바와 같이 영성의 경험 중에는 예수님 사역의 상태가 경험될 수 있는데, 그 상태에서는 모든 사람들의 과거와 현재의 실상과 마음, 생각 등이 그대로 보인다. 동시에 계약의 말씀과 초자연의 은혜를 받아들일만한 준비가 된 사람들이 파악된다. 이들을 예수님께서는 '잃어버린 양'이라고 말씀하셨다. 잃어버린 양은 사회적으로 소외된 사람들이 아니라 종교적으로 준비된 사람들이다.

예수님께서 활동하시던 상태는 우리가 지금 활동하는 것과는 달라도 너무 다르다. 현재 우리의 판단 기준으로 성경을 재고 평가하려는 것은 너무나 어리석은 행위이며, 자칫 하나님을 모독할 수 있다. 성경은 하나님의 계시가 담긴 하나님의 말씀이다. 두렵고 떨리는 마음으로 읽고 묵상하되, 함부로 폄하하지 말아야 한다. 특히 성경해석을 전문으로 하는 이들은 자칫 심판을 자초할 수 있음을 명심해야 한다. 성경의 해석에 있어서 가장 중요한 것은 그에 준하는 경험이다. 그 경험이 바탕이 되어 해석해야 한다. 아직 그 경험이 없

다면 자신의 한계를 알고 그 이상을 넘어가지 말아야 한다.

이방인, 사마리아인에게 가지 말라는 말씀은 선교활동 범위를 정해주시는 말씀이며, 이스라엘 중에서도 잃어버린 양 즉 계약의 말씀과 천국의 실현을 받아들일 만한 사람에게 가라고 하셨다. '가라'는 말씀 속에는 "그런 사람을 알게 하겠다."라는 뜻이 들어있다.

물음 42 하나님나라 선포, 어떤 의미를 가지는가?

본문 : 〈 10장 〉

7 가면서 전파하여 말하되 천국이 가까이 왔다 하고 8 병든 자를 고치며
죽은 자를 살리며 나병환자를 깨끗하게 하며 귀신을 쫓아내되 너희가 거
저 받았으니 거저 주라. 9 너희 전대에 금이나 은이나 동을 가지지 말고
10 여행을 위하여 배낭이나 두 벌 옷이나 신이나 지팡이를 가지지 말라
이는 일꾼이 자기의 먹을 것 받는 것이 마땅함이라

11 어떤 성이나 마을에 들어가든지 그 중에 합당한 자를 찾아내어 너희가
떠나기까지 거기서 머물라 12 또 그 집에 들어가면서 평안하기를 빌라
13 그 집이 이에 합당하면 너희 빈 평안이 거기 임할 것이요 만일 합당
하지 아니하면 그 평안이 너희에게 돌아올 것이니라

14 누구든지 너희를 영접하지도 아니하고 너희 말을 듣지도 아니하거든 그
집이나 성에서 나가 너희 발의 먼지를 떨어 버리라 15 내가 진실로 너희
에게 이르노니 심판 날에 소돔과 고모라 땅이 그 성보다 견디기 쉬우리
라

이 구절도 많은 오해를 불러일으키는 대표적인 구절이다. 선교회 등에서는 이 본문에 기초하여 무전(無錢) 선교여행 훈련을 시킨다. 기도로 선교 갈 방향을 정하고 믿고 가면 하나님께서 먹고 쓸 것을 해결해 주신다고 믿고 무일푼으로 선교를 떠나고, 또 갔다 와서는 하나님의 인도하심을 경험했다고 간증한다. 그게 선교훈련일까?

예수님께서는 제자들에게 무슨 훈련을 시키신 것일까?

【1】 8 가면서 전파하여 말하되 천국이 가까이 왔다 하고 …

먼저, "천국이 가까이 왔다."라고 선포한다는 것은 어떤 의미를 가질까? 복음서의 주제는 '하나님나라'이다. 세례 요한의 첫 선포는 "회개하라. 천국이 가까이 왔느니라!"였고 예수님께서 선포하신 첫 말씀도 같은 내용이다. 제자들을 보내면서도 같은 말씀을 선포하게 하셨다. 왜 하나님나라를 선포하게 하셨을까? 하나님나라는 구약 공동체의 거룩한 나라를 대체한 개념인데, 중세 기독교가 추구한 것은 초월적인 하나님나라였고, 현대의 계몽주의와 합리주의, 인간주의가 추구한 것도 세속적인 하나님나라였다. 왜 하나님나라였을까? 하나님나라 사상이 세상에서 찾아낼 수 있는 가장 큰 가치이자 역사의 목표이고 가장 위대한 정신이기 때문이다. 구약과 신약의 계약공동체는 결국 세상에서 가장 위대한 정신을 실현하는 공동체였다.

가장 위대한 정신을 하나님께서는 구체적으로 어떻게 실현하실까?

【2】 8 …병든 자를 고치며 죽은 자를 살리며 나병환자를 깨끗하게 하며 귀신을 쫓아내되

위대한 정신에는 그 정신을 실현할만한 방법이 주어진다. 하나님나라를 세상에 실현하는 것은 말처럼 쉽지 않다. 하나님나라가 가장 위대한 가치이기에 실현하는 것도 가장 어렵다. 사람의 힘만으로는 실현이 불가능하기에 하나님께서는 초자연을 동원하신다. 옛 계약공동체가 출현할 때에도 애굽에서의 10가지 기적, 홍해바다 도해 등 초자연의 방법이 동원되었다. 예수님께서 이번에는 제자들로 하여금 병자를 치료하고 죽은 자를 살리는 독특한 일을 하게 하셨다. 사실 이런 방법은 예수님께서 사용하시던 방법이었는데, 제자들에게 그대로 전수해 주셨다.

그렇다면 질병을 치유하고 죽은 자를 살리는 기적을 통해서 무엇을 하라는 것일까? 무엇을 위한 기적일까?

【3】 8. … 너희가 거저 받았으니 거저 주라 9 너희 전대에 금이나 은이나 동을 가지지 말고 10 여행을 위하여 배낭이나 두 벌 옷이나 신이나 지팡이를 가지지 말라 이는 일꾼이 자기의 먹을 것 받는 것이 마땅함이라

이 말씀은 질병이 치료되고, 죽었다가 살아나고, 귀신이 쫓겨나가고 복음을 받아들인 사람들을 교육시켜서 하나님나라를 시작하게 하라는 말씀이다. 복음서와 사도행전에 보면 복음을 받아들이는 사람들은 기본적으로 자신들의 재산을 자기 것이라고 주장하지 않고 사도들에게 위임했으며, 사도들은 그 재산을 서로 공유하게 해서 가난한 사람이 없게 했다. 초대교회의 이런 전통은 그 이후 박해시대에도 그대로 이어졌다. 이 당시는 교회에 등록하려면 목숨과 재산을 포기하지 않으면 할 수 없었다.

본문에서 사도들에게 여행을 위하여 아무런 재산을 가지고 가지 말라고 하신 말씀은, '한 지역에서 나온 헌금은 그 지역에서 복음을 받아들인 공동체에게 다 나눠주고 너희 몫이나 여행경비를 챙기지 마라, 다른 지역에 가면 또 준비된 사람들이 있다.'라고 해석해야 서로 전체와 부분이, 또 앞뒤가 맞게 된다.

예수님께서 제자들을 데리고 다니시면서 복음을 전하셨다는 것은 구체적으로 뭘 하셨다는 뜻일까? 어부출신 제자들과 같이 사람의 영혼을 낚는 일을 하셨다는 뜻일까? 겨우 그 일을 위해서 하나님께서 하나님이시기를 포기하시고 인간이 되셨을까? 예수님께서는 제자들에게 하나님나라 운동을 구체적으로 교육하셨는데, 그 나라에 참여한 사람은 법과 인격에서만이 아니라 경제적으로도 서로 평등한 삶을 살아야 한다고 하셨다. 제자들에게 이런 훈련을 시키셨기에 후일 예루살렘에서 3천명, 5천명이 예수님을 구세주로 믿는 복음을 받아들이게 되었고, 그들은 가르침을 받고 자원해서 모든 재산을 헌납했다. 복음을 받아들이는 것과 재산을 포기하는 것은 같은 것이었

다.

이런 사실은 누가복음 19장에서 잘 나타나고 있다. 예수님께서 여리고에서 세리장 삭개오를 만나 그 집에서 쉬겠다고 하시자 삭개오는 예수님을 기쁘게 맞아 큰 잔치를 벌였다. 삭개오는 왜 기뻐했을까? 예수님께서 자신의 집에 오시겠다는 것을 무슨 뜻으로 받아들였을까? 그냥 숙소삼아 주무시겠다는 것으로 받아들였을까? 아니다. 예수님께 고백하기를, 자신의 재산 중 절반은 가난한 자들에게 나누어 주고, 나머지 절반은 강제로 거두어들인 세금의 네 배로 변상하겠다고 고백했다. 삭개오는 예수님을 자기 집에 모신다는 것을 이렇게 받아들였고, 예수님은 그런 삭개오에게 아브라함의 자손이 되었다고 구원을 선포하셨다. 예수님께서 말씀하시는 구원은 삭개오처럼 여기서 하나님나라 운동에 동참하는 것이었다.

구약의 계약공동체의 역사와, 신약에서 예수님의 선교훈련 이야기에는 하나님께서 이 땅에 하나님나라를 실현시키시는 원리와 방법이 들어있다.

- **가장 위대한 정신에는 그 정신을 실현할 방법이 들어있으며,**
- **그 방법에는 그 정신을 실현할 자금이 포함되어 있다.**

하나님께서는 계약공동체를 통하여 뜻이 하늘에서 이루어진 것처럼 땅에서도 이루어지는 나라, 즉 하나님나라가 이 땅에 구체적으로 실현되기를 원하실 뿐만 아니라 현실적으로 되게 하신다. 옛 계약이 체결될 당시에는 모세가 중요한 역할을 했다. 그는 가장 고통스런 삶을 사는 노예들의 문제를 해결하려는 큰 뜻을 품고 평생을 씨름했다. 그의 위대한 정신은 하나님께 받아들여졌고 그에게 그 큰 뜻을 실현할 초자연적인 방법을 허락하셨다. 모세는 10가지의 초자연적인 기적을 통하여 온 애굽에 알리고 계약법에 동의하는 사람들을 불러모았다. 여기에 동조한 사람들이 400년간 노예생활을 하던 하비루들이었다. 모세는 이들을 이끌고 나올 때 400년 동안 일한 품삯을 일시불로 받아가지고 가나안으로 갔다.[64] 가장 위대한 정신에는 그 정신을 실현할 하늘의 방법이 주어지고, 이어서 그것을 가능하게 하는 물질이 주어진다.

제자들이 예루살렘에서 천국운동을 시작할 때도 마찬가지다. 하나님께서 외국어를 말하는 능력과 병자들을 치료하는 능력을 주셔서 일시에 삼천 명, 오천 명이 회심했을 뿐만 아니라 예루살렘의 부호들이 전재산을 바치는 일이 일어났다. 박해시대를 지난 후에는 로마제국의 운영권이 교회에 주어졌다.

그런데 박해시대가 끝나고 중세로 접어들면서, 교회가 로마제국의 국교가 되었지만 당시의 교회 지도자들에게는 이런 계약신앙에 대한 이해가 없었으며, 그 이후 교회사에서도 이에 대한 개념이 실종되고 말았다. 참으로 안타까운 노릇이다.

복음서 어느 곳에 죽은 다음에 영혼이 하나님나라에 들어가는 게 구원이라는 말이 있는가? 우리는 그동안 구원에 대하여 헛짚었다. 마귀에게 완전히 속아 넘어갔으면서도 전혀 눈치채지 못하고 있었다.

소경된 인도자여, 너희는 천국 문을 가로막고 너도 못가고 남도 못 들어가게 하는 도다! 이 노릇을 어찌 할꼬!

【4】 14 누구든지 너희를 영접하지도 아니하고 너희 말을 듣지도 아니하거든 그 집이나 성에서 나가 너희 발의 먼지를 떨어 버리라 15 내가 진실로 너희에게 이르노니 심판 날에 소돔과 고모라 땅이 그 성보다 견디기 쉬우리라

---

64) 이스라엘 자손이 모세의 말대로 하여 애굽 사람에게 은금 패물과 의복을 구하매 여호와께서 애굽 사람들에게 이스라엘 백성에게 은혜를 입히게 하사 그들이 구하는 대로 주게 하시므로 그들이 애굽 사람의 물품을 취하였더라(출12:3~36)

이 구절은 하나님나라를 받아들이지 않는 사람들에게는 면전에서 심판을 선언하라는 무서운 말씀이다. 귀신이 쫓겨나가고 온갖 병자가 치료되고, 죽은 자가 살아나는 등 명백하게 하나님의 임재가 확인되어도, 계약법을 받아들이지 않고 자기의 재산이 아까워 하나님나라 운동에 동참하지 않는 자들에게는, 보는 데서 신발을 벗어 먼지를 떨면서 가차 없이 심판을 선언하라고 하셨다. 이들에게는 신발에서 먼지가 떨어져 나가듯이, 소돔과 고모라보다 더 무서운 심판의 날이 곧 닥쳐올 것이다. 구원과 심판의 기준은 복음에 대한 거절이다. 예수님께서 말씀하시는 구원과 심판은 먼 장래나 내세의 일이 아니라 지금 여기서의 현재적 구원, 현재적 심판이다.

누가복음에 의하면 예수님께서는 희년을 성취하러 오셨는데,[65] 그 희년의 정신은 이와 같은 하나님나라 운동으로 실현되었다. 예수님께서 선포하신 하나님나라는 막연한 그림의 떡이 아니다. 하나님은 그림의 떡 장사를 하시는 분이 아니라 먹을 수 있는 떡을 만들어 주시며, 공동체에 참여한 모든 사람이 먹고 배부르게 하신다. 그 역할을 오늘의 사도들인 교회의 목회자들에게 맡기셨다. 그런데 오늘의 목회자는 무엇을 하는 사람들인가? 영혼을 낚시질하여 천국 어항을 채우겠다는 영혼 낚시꾼들이다.

하늘의 하나님께서 뭐라고 하실꼬? 장하다, 고생한다, 너를 위해 하늘의 처소가 준비되어 있다고 하실까? 아니면 지옥 불에 던져져서 슬피 울며 이를 갈 일을 자청한다고 하실까? 마음을 비우고 스스로에게 물어보라. 그러면 옳고 그름을 알리라.

---

65) 주의 성령이 내게 임하셨으니 이는 가난한 자에게 복음을 전하게 하시려고 내게 기름을 부으시고 나를 보내사 포로 된 자에게 자유를, 눈 먼 자에게 다시 보게 함을 전파하며 눌린 자를 자유롭게 하고 주의 은혜의 해(희년)를 전파하게 하려 하심이라 하였더라 (눅4:18~19)

물음 43 복음 사역의 가장 무서운 적은 무엇일까?

본문 : 〈 10장 〉

16 보라 내가 너희를 보냄이 양을 이리 가운데로 보냄과 같도다 그러므로
너희는 뱀 같이 지혜롭고 비둘기 같이 순결하라 17 사람들을 삼가라 그
들이 너희를 공회에 넘겨 주겠고 그들의 회당에서 채찍질하리라 18 또
너희가 나로 말미암아 총독들과 임금들 앞에 끌려 가리니 이는 그들과
이방인들에게 증거가 되게 하려 하심이라 19 너희를 넘겨 줄 때에 어떻
게 또는 무엇을 말할까 염려하지 말라 그 때에 너희에게 할 말을 주시리
니 20 말하는 이는 너희가 아니라 너희 속에서 말씀하시는 이 곧 너희
아버지의 성령이시니라 21 장차 형제가 형제를, 아버지가 자식을 죽는
데에 내주며 자식들이 부모를 대적하여 죽게 하리라

22 또 너희가 내 이름으로 말미암아 모든 사람에게 미움을 받을 것이나 끝
까지 견디는 자는 구원을 얻으리라 23 이 동네에서 너희를 박해하거든
저 동네로 피하라 내가 진실로 너희에게 이르노니 이스라엘의 모든 동네
를 다 다니지 못하여서 인자가 오리라

24 제자가 그 선생보다, 또는 종이 그 상전보다 높지 못하나니 25 제자가
그 선생 같고 종이 그 상전 같으면 족하도다 집 주인을 바알세불이라 하
였거든 하물며 그 집 사람들이랴 26 그런즉 그들을 두려워하지 말라 감
추인 것이 드러나지 않을 것이 없고 숨은 것이 알려지지 않을 것이 없느
니라 27 내가 너희에게 어두운 데서 이르는 것을 광명한 데서 말하며 너
희가 귓속말로 듣는 것을 집 위에서 전파하라 28 몸은 죽여도 영혼은 능
히 죽이지 못하는 자들을 두려워하지 말고 오직 몸과 영혼을 능히 지옥
에 멸하실 수 있는 이를 두려워하라 29 참새 두 마리가 한 앗사리온에
팔리지 않느냐 그러나 너희 아버지께서 허락하지 아니하시면 그 하나도
땅에 떨어지지 아니하리라 30 너희에게는 머리털까지 다 세신 바 되었나
니 31 두려워하지 말라 너희는 많은 참새보다 귀하니라

여기서는 복음을 선포하면서 직면하게 될 주의할 일과 어려운 문제들을 열거하고 있다. 무엇이 가장 중요할까?

【1】 16 보라 내가 너희를 보냄이 양을 이리 가운데로 보냄과 같도다.
그러므로 너희는 뱀 같이 지혜롭고 비둘기 같이 순결하라.

하나님께서는 세상의 현실을 직시하신다. 결코 모르시지도 않고 낙관하지도 않으신다. 제자들을 보내는 것이 양을 굶주린 이리와 늑대들에게 보내는 것과 같다고 비유하셨다. 그러면 이 난관을 어떻게 헤쳐 나가야 하는가? 무엇이 가장 중요한가?

❶ 뱀 같이 지혜롭고

신천지에서 계시록을 강의하는 사람과 이야기를 하다가 신천지는 교회에 거짓으로 침투하는 데 어떻게 거짓말들을 정당화할 수 있는가라고 물으니 그는 기존 교회로부터 심한 박해를 받고 있기 때문에 뱀처럼 지혜로우라는 말씀대로 한다고 변명했다. 성경에서는 뱀을 사탄과 동일시한다. 그런데 뱀처럼 지혜로우라는 말씀은 필요한 경우 사탄처럼 거짓을 말해도 된다는 뜻일까?

성경말씀 중에는 표면적 의미와 이면적 의미가 동시에 들어 있는 구절들이 많이 있다. 표면적인 문자로 해석하면 큰 오류에 빠진다. 이를 바울은 의문(儀文)은 죽이는 것이라고 했다.(고후3:6) 본문의 이면적인 의미는 사단의 속임수에 넘어가지 말라는 뜻이다. 사단은 거짓의 아비이며, 그의 가장 무서운 무기는 속임수이다. 사단의 속임수 중 경계해야 할 대상과 특징은 어떤 것들이 있을까? 많이 있는데, 지금 우리와 관련된 것만 몇 가지 지적하고자 한다.

첫째, 복음과 하나님나라를 오해하게 한다.

이 부분에서 오늘 우리는 마귀에게 속아도 완전히 속아서 이미 넘어갔다. 마귀에게 속은 증거는 거짓 확신에 차서 자신이 알고 있는 것에 대하여 도무지 의심하지 않고, 누군가 조금이라도 다르게 말하면 틀렸다거나 이단이라고 몰아붙이며 가르치려 든다. 성령의 지배를 받는 사람은 끊임없이 돌이키며 더 듣고 배우려고 한다. 계약사가 배제된 구속사와, 행위가 아닌 믿음 만으로의 구원, 영혼구원, 사후천국 등은 마귀의 푸닥거리 장단에 신명나게 춤을 추는 격이다. 또한 철학적으로, 현학적으로 성경을 해석하면서 예수님의 신성을 부정하고 성경의 권위를 정면으로 해치는 것은 마귀의 속임수에 놀아나는 셈이다.

둘째, 공권력을 동원하여 박해를 자행한다.

교회사에서 마귀는 두 가지 방법으로 박해를 가했다. 첫 번째는 유대교를 통한 박해였는데, 먼저 예수님을 돌아가시게 했고, 이어서 예루살렘 교회를 박해하였다. 두 번째는 로마제국의 박해가 이어졌는데, 초기에는 유대인들이 로마제국의 박해를 부추기기도 했으나, 후에는 로마제국의 정치적인 이유 때문에 교회는 박해의 대상이 되었으며, 313년까지 이어졌다.

셋째, 하나님께서는 마귀를 역이용하신다.

마귀는 온갖 방법으로 교회를 방해하며 박해를 가하지만 하나님께서는 마귀의 박해를 이용하여 하나님의 뜻을 실현하신다. 하나님이 쓰시는 방식의 특징은 극적인 반전과 위기를 기회로 이끄시는 데에 있다. 예수님의 죽으심으로 대속의 길이 열렸고, 유대인의 박해는 복음이 예루살렘에서 이방지역과 이방인으로 확산되는 결과를 가져왔으며, 로마제국의 박해는 기독교가 제국의 국교가 되게 했다. 하나님께서는 지금도 같은 방식으로 일하신다.

마귀의 속임수를 간파하며 그의 술수를 역이용하는 방법은 무엇일까?

❷ 비둘기 같이 순결하라.

악랄하고 간교한 마귀를 이기는 힘을 무슨 영적인 능력이라고 생각하는데 전혀 아니다. 지극히 단순한 순수성을 유지하는 데에 있다. 이는 마치 깊은 물속을 들여다보는 이치와 같은데 맑은 물은 바닥이 보이지만 흐린 물은 보이지 않는다. 내 마음이 순수하게 맑아져 있으면 마귀의 정체가 드러나서 숨을 곳이 없지만, 내 마음이 흐려져 있으면 도무지 분간되지 않는다. 가장 순수한 마음은 무자격자 의식과 비움의 의식인데, 이것이 마귀를 이기는 길이다. 단언하건대 다른 길은 없다. 욕심, 편견, 그릇된 이해 등에 현혹되어 있으면 마귀의 놀잇감에서 벗어나지 못한다.

【2】 21 장차 형제가 형제를, 아버지가 자식을 죽는 데에 내주며 자식들이 부모를 대적하여 죽게 하리라

34 내가 세상에 화평을 주러 온 줄로 생각하지 말라 화평이 아니요 검을 주러 왔노라 35 내가 온 것은 사람이 그 아버지와, 딸이 어머니와, 며느리가 시어머니와 불화하게 하려 함이니 36 사람의 원수가 자기 집안 식구리라 37 아버지나 어머니를 나보다 더 사랑하는 자는 내게 합당하지 아니하고 아들이나 딸을 나보다 더 사랑하는 자도 내게 합당하지 아니하며

문자대로 해석하면 가족들이 원수지간이 되리라는 말씀인데, 이렇게 해석하면 복음의 취지와 전혀 맞지 않다. 복음이 가족 간에 원수를 만들 리가 없다. 자칫 신앙 때문에 가정이 파탄 났다고 말하는데 그것은 잘못된 신앙이다. 불신 가정에서 먼저 하나님을 믿었다면 가족을 하나님처럼 섬겨야 한다. 그렇게 하면 신앙을 이해받지 못하거나 가정이 파탄 날 리가 없다. 대부분 신앙을 중시한다는 명목으로, 아직 신앙을 이해하지 못하는 가족들을 무시하거나, 신앙을 반대하면 무슨 마귀처럼 여기기 때문에 문제가 된다. 이 본문은 신앙 때문에 가족 간에 불화가 생긴 것을 정당화시키는 말씀과는 아무런 상관이 없다. 그렇다면 무슨 뜻일까?

마귀에게 현혹되어 잘못된 신앙을 가진 사람은 가족들로서도 바로잡을 방법이 없다는 뜻이다. 이단에 현혹되어 가정이 파탄나는 경우를 흔히 보는데, 이를 경계하라는 말씀이다. 또 다른 의미는 무엇일까?

다른 또 하나는 하나님나라를 이 땅에 실현하는 복음은 최고의 가치를 지닌다는 뜻이다. 인간에게 가정보다 귀한 것은 없다, 누구

나 가정에서 부모를 통해 태어나 자라고, 매일의 일과도 가정에서 시작하여 가정으로 돌아온다. 인간의 삶은 가정을 떼 놓고는 성립되지 않는다. 그런데 하나님나라를 이 땅에 실현하는 일은 개인의 가정보다 더 귀하다. 왜냐하면 모든 가정을 행복한 가정으로 만드는 것이 곧 복음이기 때문이다.

따라서 본문의 말씀을 자칫 표면적으로 해석하여 복음을 위하여 가정을 희생시켜도 된다는 식으로 오해할 수 있는데, 그 이면적인 의미는 반대로 가정을 해치는 행위는 그 어떤 경우에도 용납될 수 없다는 뜻이다. 성경의 본문들은 수천 년 전에 독특한 문화권에서 독특한 표현방식으로 쓰여졌다. 이를 무시하고 문자대로만 해석하면 본래의 의도와 전혀 다른 뜻이 될 수 있다. 전체에서 부분을 보고, 역사의 흐름에서 방향을 읽어내야 한다.

【3】 22 또 너희가 내 이름으로 말미암아 모든 사람에게 미움을 받을 것이나 끝까지 견디는 자는 구원을 얻으리라 23 이 동네에서 너희를 박해하거든 저 동네로 피하라 내가 진실로 너희에게 이르노니 이스라엘의 모든 동네를 다 다니지 못하여서 인자가 오리라 24 제자가 그 선생보다, 또는 종이 그 상전보다 높지 못하나니 25 제자가 그 선생 같고 종이 그 상전 같으면 족하도다 집 주인을 바알세불이라 하였거든 하물며 그 집 사람들이랴

예수님께서 당하셨던 어려움은 유대교 정통주의자들과의 충돌이었다. 예수님께서 이런 어려운 길을 가셨는데, 제자들은 더 험한 길을 갈 수 밖에 없다. 마귀는 항상 정통을 교묘하게 지배하여 바른 신앙을 이단으로 몰고 간다. 포로기 이전 예언자들이 그런 상황에 직면했고, 또 예수님 당시에도 그러했다. 루터도 정통 가톨릭으로부터 이단으로 몰려 숱한 죽음의 위기를 겪어야 했다. 개신교는 500년이 지난 지금, 정통이라고 고집하는 교리를 다시 돌이켜보아야 한다. 새로운 시대에 예전의 교리를 그대로 고수하려고 하면 곧 마귀의 도구로 전락하고 오히려 바른 신앙을 이단시한다는 사실을 명심해야 한다. 산상수훈 팔복의 마무리 말씀은 이를 말한다.

의를 위하여 박해를 받은 자는 복이 있나니 천국이 그들의 것임이라. 나로 말미암아 너희를 욕하고 박해하고 거짓으로 너희를 거슬러 모든 악한 말을 할 때에는 너희에게 복이 있나니 기뻐하고 즐거워하라 하늘에서 너희의 상이 큼이라 너희 전에 있던 선지자들도 이같이 박해하였느니라(마 5:10~12)

그러나 이 말씀을 적용할 때에는 주의해야 한다. 신천지와 같은 명백한 이단들도 이 구절을 자신들이 박해당하는 상황에 대한 변명의 근거로 써 먹기 때문이다. 마귀는 항상 이런 식으로 물을 흐려놓아 진위를 혼란스럽게 만들어 놓는다. 진짜 이단들은 잠시 흥하는 듯 하지만 그들의 교주가 죽고 나면 흩어지고 만다.

【4】 23 …내가 진실로 너희에게 이르노니 이스라엘의 모든 동네를 다 다니지 못하여서 인자가 오리라

이 말씀을 흔히 종말에 대한 약속으로 해석하는데, 인자가 오리라는 말씀은 이 땅에 하나님나라가 실현되게 하시겠다는 말씀이다. 요한복음에서는 예수님께서 곧 다시 오시리라는 말씀이 성령이 임하리라는 뜻으로 쓰이고 있다.[66] 사도행전에서는 제자들에게 성령이 임하자 권능이 주어졌고 예루살렘에서부터 하나님나라의 공동체가 만들어져 로마제국 전역으로 퍼져나갔다. 인자가 오리라는 말씀은 이를 두고 하신 말씀이다.

물음 44 복음 사역, 어떤 길인가?

본문 : 〈 10장 〉

32 누구든지 사람 앞에서 나를 시인하면 나도 하늘에 계신 내 아버지 앞에
서 그를 시인할 것이요 33 누구든지 사람 앞에서 나를 부인하면 나도 하
늘에 계신 내 아버지 앞에서 그를 부인하리라 38 또 자기 십자가를 지고

66) 요14:16, 26, 16:7, 13~17. 요한복음에서는 성령을 보혜사라고 부르는데, 예수님을 대신하는 영이다.

나를 따르지 않는 자도 내게 합당하지 아니하니라 39 자기 목숨을 얻는 자는 잃을 것이요 나를 위하여 자기 목숨을 잃는 자는 얻으리라

40 너희를 영접하는 자는 나를 영접하는 것이요 나를 영접하는 자는 나를
보내신 이를 영접하는 것이니라 41 선지자의 이름으로 선지자를 영접하
는 자는 선지자의 상을 받을 것이요 의인의 이름으로 의인을 영접하는
자는 의인의 상을 받을 것이요 42 또 누구든지 제자의 이름으로 이 작은
자 중 하나에게 냉수 한 그릇이라도 주는 자는 내가 진실로 너희에게 이
르노니 그 사람이 결단코 상을 잃지 아니하리라 하시니라

세상의 그 어떤 일도 집중과 전념(專念)없이 되는 것은 없다. 다시 말하면 미치지 않고는 아무 것도 되는 일이 없다. 복음사역이야말로 혼신의 힘을 쏟아 부어야 한다. 어떤 자세여야 할까?

【1】 32 누구든지 사람 앞에서 나를 시인하면… 33 …나를 부인하면 …

한 나라를 지키는 우국지사들도 한결같이 순국의 길을 갔다. 인류역사에 왕권을 타도하고 민주주의의 길을 열어놓은 사람들도 생명을 바쳐서 헌신했다. 헌신 없이는 그 어떤 가치도 실현되지 않는다. 하물며 이 땅에 하나님나라를 실현하려는 복음사역은 더 말할 필요도 없다. 이 길을 가려면 순교적인 자세는 기본에 해당된다.

먼저 자기를 부인해야 한다. 자신의 무슨 생각, 의견, 주장, 성향 등을 다 버리고 오직 하나님의 뜻에만 맞추어야 한다. 오직 예수님만이 계약공동체인 교회의 머리여야 한다. 그리고 자기 십자가를 지고 죽음의 길을 향하여 가야한다. 이렇게 좁은 길을 선택하여 죽고자 하는 자에게 넓은 생명의 길이 주어진다.

그런데 항상 바른 방법, 바른 방향이 중요하다. 마귀는 항상 열심을 내게 하되 오류에 빠지게 하기 때문이다.

【2】 40 너희를 영접하는 자는 나를 영접하는 것이요… 41 선지자의 이름으로 … 의인의 이름으로 … 42 제자의 이름으로… 냉수 한 그릇이라도 주는 자는 …

복음사역에 종사하는 사람은 두 부류로 나누어진다.

먼저는 공동체를 이끌고 가는 지도자들인데 본문의 너희(사도), 선지자, 의인이 그들이다. 이런 지도자가 된다는 것은 인간이 할 수 있는 일 중 가장 어려운 것이다. 왜냐하면 이들은 하나님의 역할을 대행하기 때문이다. 인간이 뉘라고 감히 하나님의 역할을 대신하는가? 사실 이런 것들을 충분히 이해하고나면 감히 이 일에 나설 사람이 없을 것이다. 하나님 면전은 숨이 막히는 초월적인 어떤 상태인데, 그런 상태에서 주어지는 소명은 “절대로 받아들일 수 없습니다. 받아들일 자격이 없습니다.”로 반응할 수밖에 없다. 소명을 받을 수도, 받지 않을 수도 없는 진퇴양난인데, 여기서 벗어나는 유일한 길은 “하나님의 뜻만이 이루어지기를 바랍니다.”라는 완전 백지위임이다. 하나님을 대행하는 일은 완전 백지위임으로만 받들 수 있다.

다음으로는 공동체 구성원들이다. 이들 역시 하나님의 뜻을 받들어야 하는데, 이들은 지도자를 하나님처럼 대해야 한다. 이 역시 쉬운 일이 아니다. 하나님께서 일하시는 방식은 ‘통해서’이다. 사람을 통해서 하나님께서는 말씀하시고 또 어떤 일을 하신다. 마찬가지로 사람을 통해서 하나님의 말씀을 듣고, 하나님을 만나야 한다. 교회 안에서는 지도자와 구성원 간에 이런 ‘통해서’의 관계가 성립되어야 한다. 본문은 이것을 말하고 있다. 왜 이런 ‘통해서’가 필요한가?

계약공동체는 세상에서 하나님을 대행하는 기관이어야 하며, 세상 사람들은 이런 공동체를 통하여 하나님의 말씀을 듣고 하나님을 만나야 하기 때문이다. 그분은 지금 이렇게 말씀하신다.

너는 나의 대행자다.

물음 45 세례 요한, 왜 혼란스러웠을까?

본문 : 〈 11장 〉

1 예수께서 열두 제자에게 명하기를 마치시고 이에 그들의 여러 동네에서
가르치시며 전도하시려고 거기를 떠나가시니라

2 요한이 옥에서 그리스도께서 하신 일을 듣고 제자들을 보내어 3 예수께
여짜오되 오실 그이가 당신이오니이까 우리가 다른 이를 기다리오리이까
4 예수께서 대답하여 이르시되 너희가 가서 듣고 보는 것을 요한에게 알
리되 5 맹인이 보며 못 걷는 사람이 걸으며 나병환자가 깨끗함을 받으며
못 듣는 자가 들으며 죽은 자가 살아나며 가난한 자에게 복음이 전파된
다 하라 6 누구든지 나로 말미암아 실족하지 아니하는 자는 복이 있도다
하시니라

7 그들이 떠나매 예수께서 무리에게 요한에 대하여 말씀하시되 너희가 무
엇을 보려고 광야에 나갔더냐 바람에 흔들리는 갈대냐 8 그러면 너희가
무엇을 보려고 나갔더냐 부드러운 옷 입은 사람이냐 부드러운 옷을 입은
사람들은 왕궁에 있느니라 9 그러면 너희가 어찌하여 나갔더냐 선지자를
보기 위함이었더냐 옳다 내가 너희에게 이르노니 선지자보다 더 나은 자
니라 10 기록된 바 보라 내가 내 사자를 네 앞에 보내노니 그가 네 길
을 네 앞에 준비하리라 하신 것이 이 사람에 대한 말씀이니라 11 내가
진실로 너희에게 말하노니 여자가 낳은 자 중에 세례 요한보다 큰 이가
일어남이 없도다 그러나 천국에서는 극히 작은 자라도 그보다 크니라

12 세례 요한의 때부터 지금까지 천국은 침노를 당하나니 침노하는 자는
빼앗느니라 13 모든 선지자와 율법이 예언한 것은 요한까지니 14 만일
너희가 즐겨 받을진대 오리라 한 엘리야가 곧 이 사람이니라 15 귀 있는
자는 들을지어다

16 이 세대를 무엇으로 비유할까 비유하건대 아이들이 장터에 앉아 제 동
무를 불러 17 이르되 우리가 너희를 향하여 피리를 불어도 너희가 춤추
지 않고 우리가 슬피 울어도 너희가 가슴을 치지 아니하였다 함과 같도
다 18 요한이 와서 먹지도 않고 마시지도 아니하매 그들이 말하기를 귀
신이 들렸다 하더니 19 인자는 와서 먹고 마시매 말하기를 보라 먹기를
탐하고 포도주를 즐기는 사람이요 세리와 죄인의 친구로다 하니 지혜는
그 행한 일로 인하여 옳다 함을 얻느니라

본문에는 예수님에 대한 세례 요한의 질문과 예수님의 답변, 세례 요한에 대한 예수님의 평가 등이 실려 있다. 예수님에게 세례를 준 요한만큼 예수님을 잘 알고 또 관심을 가졌던 이는 없었을 것이다. 그런데 본문에 의하면 요한은 제자들을 보내서 예수님께서 메시야가 맞는지 확인하는 의외의 질문을 하고 있다. 예수님의 행적 중에는 세례 요한까지도 이해하기가 어려운 부분이 있었다는 뜻이다. 복음서 기록에 의하면 부활하시기 전에 예수님을 바로 이해하고 있었던 사람은 단 한명도 없었던 것 같다. 무엇이 문제였을까?

【1】 2 요한이 옥에서 그리스도께서 하신 일을 듣고 제자들을 보내어 3 예수께 여짜오되 오실 그이가 당신이오니이까 우리가 다른 이를 기다리오리이까

예수님에 대해 지대한 관심을 가진 세례 요한은 감옥에서도 제자들을 통해 예수님의 소식을 늘 전해 듣고 있었다. 병행본문(눅 7:18~35)을 보면 요한의 제자들이 요한에게 알려준 소식은 예수님께서는 갈릴리 지역에서 천국복음을 전하시고 온갖 병자들을 치료하시며 나인성 과부의 아들을 살리셨다. 이 소식을 접하면서 아마도 요한은 예수님이 오실 메시야(그리스도) 그분이신지 의문이 들었던 것 같다. 그래서 제자들을 보내서 확인하게 했다. 세례 요한의 의구심은 무엇 때문이었을까?

누가복음을 보면 이렇게 기록되어 있다.

마침 그 때에 예수께서 질병과 고통과 및 악귀 들린 자를 많이 고치시며 또 많은 맹인을 보게 하신지라 예수께서 대답하여 이르시되 너희가 가서 보고 들은 것을 요한에게 알리되 (눅7:21~22)

세례 요한의 제자들이 왔을 때에도 예수님께서는 많은 병자들을 치료하고 계셨다. 예수님께서는 요한의 제자들에게 너희가 본 대로 전하되 이 말을 같이 전하라고 하셨다.

【2】 5 맹인이 보며 못 걷는 사람이 걸으며 나병환자가 깨끗함을 받으며 못 듣는 자가 들으며 죽은 자가 살아나며 가난한 자에게 복음이 전파된

다 하라 6 누구든지 나로 말미암아 실족하지 아니하는 자는 복이 있도다 하시니라

예수님께서 덧붙이라고 하신 말씀은 무슨 뜻일까? 이 말씀은 이사야서의 인용이다.[67] 누가복음에서는 예수님께서 나사렛 회당에서 메시야로서 하실 일을 다음과 같이 기록하고 있다.

주의 성령이 내게 임하셨으니 이는 가난한 자에게 복음을 전하게 하시려고 내게 기름을 부으시고 나를 보내사 포로 된 자에게 자유를, 눈 먼 자에게 다시 보게 함을 전파하며 눌린 자를 자유롭게 하고 주의 은혜의 해를 전파하게 하려 하심이라(눅4:18~19)

이 말씀들은 메시야가 하실 일에 대한 예언이며, 당시 유대인들은 익히 잘 알고 있었다. 유대인들은 이런 예언의 말씀들을 기초로 정치적인 메시야사상을 가지고 있었다. 즉 메시야는 초인적인 방법으로 로마제국을 무너뜨리고 전 세계를 지배하는 황제가 되리라고 생각했다. 유대인의 이런 메시야왕국과는 달리 세례 요한은 메시야로 말미암아 이 땅에 하나님나라가 실현되기를 기대하며, "회개하라, 천국이 가까이 왔느니라."라고 선포했었다. 그러나 예수님께서 요한의 제자들에게 "나를 의심하지 않는 사람은 복이 있다."라고 하신 말씀을 보면 세례 요한이 생각한 메시야관에는 무엇인가 부족한 부분이 있었다고 보인다.

세례 요한에 대하여서는 누가복음에서 상당히 자세하게 설명하고 있는데, 그는 어릴 때부터 엣세네파로 추정되는 광야공동체에서 성장하며 신앙교육을 받았다. 엣세네파는 세속을 멀리하고 광야에서 신앙 · 경제공동체 생활을 하며 율법과 예언자 전승을 이어가고 있었다. 요한의 행적과 설교를 보면 이들이 기대하던 메시야왕국은 유

67) 그 때에 맹인의 눈이 밝을 것이며 못 듣는 사람의 귀가 열릴 것이며 그 때에 저는 자는 사슴 같이 뛸 것이며 말 못하는 자의 혀는 노래하리니 이는 광야에서 물이 솟겠고 사막에서 시내가 흐를 것임이라. 뜨거운 사막이 변하여 못이 될 것이며 메마른 땅이 변하여 원천이 될 것이며 승냥이의 눕던 곳에 풀과 갈대와 부들이 날 것이며 거기에 대로가 있어 그 길을 거룩한 길이라 일컫는 바 되리니 깨끗하지 못한 자는 지나가지 못하겠고 오직 구속함을 입은 자들을 위하여 있게 될 것이라 (사35:5~8)

대인의 정치적인 메시야와는 달랐으리라고 추정된다. 누가복음에 기록된 세례 요한의 설교와 예수님께서 요한의 질문에 답변하신 내용을 기초로 생각해보면 아마도 요한은 메시야가 어떤 사회혁명과 같은 특별한 방법으로 하나님나라를 실현하리라고 기대했던 것 같다.

그런데 예수님께서는 요한의 기대와는 다른 방식으로 사역을 하셨다. 예수님의 방법은 유대교에 의해 죄인으로 낙인찍힌 병자들, 가난한 자들을 부르셔서 그들의 질병을 치료하시고, 그 중에서 동의하는 사람들과 계약을 체결하신 후 그들로 하여금 이 땅에 하나님나라를 시작하게 하시는 방법이었다. 예수님의 이런 방법에 대하여 요한은 충분한 이해가 없었던 것 같다. 특히 요한의 사역은 병자를 치료하는 것과는 전혀 무관했기 때문에 예수님 사역에서 많은 비중을 차지하는 병자 치료에 대한 이해가 부족했다고 생각된다. 이런 이유로 예수님은 요한이 치유사역에 대하여 오해하지 않기를 당부했다.

예수님의 구원사역 방식에 대하여 유대인들은 전혀 이해하지 못했고, 세례 요한도 상당부분 오해했다. 그런데 이런 비극은 교회사에서 반복되었고 지금도 마찬가지다. 오늘 우리의 시급한 과제는 예수님의 방법에 대해 잘못 알고 있는 부분을 바로잡는 것이다. 오해의 근본 원인은 무엇인가? 계약에 대한 이해 부족 때문이다. 개신교는 구속사 위주로 역사와 성경, 신학을 해석한다. 그러나 계약사로 보아야 한다. 구속사는 계약사 안의 사건이다. 구속사와 계약사의 관계는 대단히 중요하므로 〈물음64〉에서 좀 더 자세하게 다루려 한다.

【3】 11 내가 진실로 너희에게 말하노니 여자가 낳은 자 중에 세례 요한보다 큰 이가 일어남이 없도다. 그러나 천국에서는 극히 작은 자라도 그보다 크니라.

예수님께서는 세례 요한은 말라기에서 메시야가 오기 전에 먼저 오리라고 예고된 엘리야이고, 구약의 예언자들보다 더 위대할 뿐만 아니라 여자가 낳은 자 중에 가장 큰 자라고 극찬하셨다. 무엇 때문에 요한을 그렇게 높이 평가하셨을까? 이에 대해서는 이미 〈물음 09〉에서 대략을 다뤘다. 구약의 성전과 제사 중심의 신앙을 폐지하고 죄사함의 세례를 통한 회개와 이 땅에서의 하나님나라 실현을 촉구하는 설교는 인류 종교사의 신기원을 이뤘다. 또 요한은 옛 계약의 폐지를 예고하고 새 계약의 길을 열어 놓았다. 이런 이유로 여자가 낳은 자 중에 가장 큰 자라는 평가를 받았다. 그런데 천국에서는 가장 작은 자도 요한보다 크다는 말씀은 어떻게 이해해야 할까? 몇 가지로 생각할 수 있다.

첫째, 세례 요한이 요구하는 것들을 실천하지 않으면 결단코 천국에 들어갈 수 없다는 뜻이다. 산상수훈에서 예수님은 계약의 실천을 요구하셨다. 그런데 천국에서는 누구나 계약법들을 다 지키고 있다.

> 내가 너희에게 이르노니 너희 의가 서기관과 바리새인보다 더 낫지 못하면 결코 천국에 들어가지 못하리라(마5:20)
>
> 나더러 주여 주여 하는 자마다 다 천국에 들어갈 것이 아니요 다만 하늘에 계신 내 아버지의 뜻대로 행하는 자라야 들어가리라(마7:21)
>
> 나는 너희에게 이르노니 형제에게 노하는 자마다 심판을 받게 되고 형제를 대하여 라가라 하는 자는 공회에 잡혀가게 되고 미련한 놈이라 하는 자는 지옥 불에 들어가게 되리라(마5:22)

둘째, 천국에 있는 사람들은 다 신앙에 대하여 바른 이해를 가지고 있다는 뜻이다. 요한이 종교사에 신기원을 이룬 것은 신앙과 관련된 문제들에 대하여 남다른 이해력을 가졌기 때문이다. 사실 신앙생활에 있어서 바른 이해의 중요성은 아무리 강조해도 지나치지 않다. 예수님과 유대인들과의 충돌은 결국 신앙 이해의 차이에서 비롯된 문제였다. 이스라엘 역사와 교회의 역사가 잘못된 방향으로 간 것도 신앙에 대한 잘못된 이해 때문이었다. 바른 이해 위에 바른 신앙이 가능해진다. 마귀는 항상 이해에 오류를 빚도록 심혈을 기울인다. 보혜사 성령은 진리의 영이어서 거짓이 설 자리를 없게 한다. 예수님의 축사(逐邪)는 곧 거짓의 영, 잘못된 신앙을 제거하시는 사건이다. 귀신들이 소리지르며 나가는 축사의 이야기가 복음서에 많은 이유는 여기에 있으며, 예수님과 마귀의 대결은 참과 거짓의 대결이었다. 예수님께서 당부하신 말씀을 다시 상기할 필요가 있다.

누구든지 나로 말미암아 실족하지 아니하는 자는 복이 있도다.

【4】 12 세례 요한의 때부터 지금까지 천국은 침노를 당하나니 침노하는 자는 빼앗느니라.

이 구절은 설명이 쉽지 않다. 먼저 '세례 요한의 때부터 지금까지'는 세례 요한이 "하나님나라가 가까이 왔다."라고 선언했기 때문에 하나님나라 운동은 요한으로부터 시작되었다는 뜻이다. 구약에서는 거룩한 나라 운동이었다. 이런 사실은 누가복음의 "율법과 선지자는 요한의 때까지요 그 후부터는 하나님나라의 복음이 전파되어"(눅16:16)라는 구절을 보면 더 명확해진다.

문제는 그 다음의 "천국은 침노를 당하나니 침노하는 자는 빼앗느니라."라는 구절이다. 누가복음의 병행본문을 보면 도움이 될 수 있다.

> 모든 백성과 세리들은 이미 요한의 세례를 받은지라 이 말씀을 듣고 하나님을 의롭다 하되 바리새인과 율법교사들은 그의 세례를 받지 아니하므로 그들 자신을 위한 하나님의 뜻을 저버리니라(눅7:29~30)

요한이 세례를 주면서 하나님나라를 선포하자 일반 백성들과 세리들은 이 말씀을 귀하게 여기고 받아들였다. 그러나 바리새인과 서기관들은 이를 거부하고 오히려 방해하며 박해했다. 즉 요한 때부터 지금까지 하나님나라 운동은 공격을 당하고 있다. 그런데 이 구절을 마태와 누가는 서로 다른 문맥에서 다른 의미로 사용한다.

> 세례 요한의 때부터 지금까지 천국은 침노를 당하나니 침노하는 자는 빼앗느니라(마11:12)

율법과 선지자는 요한의 때까지요 그 후부터는 하나님나라의 복음이 전파되어 사람마다 그리로 침입하느니라(눅6:16)

두 본문을 비교해 보면 천국에 들어가는 사람, 즉 하나님나라 운동에 동참하는 사람을 침노하는 사람(βιασται)이라고 표현했다. 왜 이렇게 공격적인 표현을 쓰고 있을까?

첫째, 하나님나라에 들어가는 문을 마귀가 철통같이 지키고 있으며, 온갖 수단과 방법을 가리지 않고 천국에 들어가지 못하도록 방해한다. 따라서 천국에 들어가려면 마귀의 방어벽을 뚫고 들어가야 한다.

둘째, 하나님나라 운동에 동참하는 사람은 인간이 할 수 있는 가장 큰 결단을 내려야한다. 자신의 목숨과 재산을 다 포기하며 자기를 부정하고 자기 십자가를 지고 따라야 한다. 이들은 예수님을 따르며 마귀의 세력을 물리치는 군사들이다.

모든 것을 다 포기할 만큼 천국을 사모하는 사람만이 천국에 들어갈 수 있다. 다시 말하면 이런 사람들만이 이 땅에서 하나님나라를 실현할 수 있다.

【5】 16~19 …지혜는 그 행한 일로 인하여 옳다 함을 얻느니라.

종교지도자들을 자처하는 유대인들은 비판을 위한 비판을 일삼았다. 세례 요한이 광야에 머물며 메뚜기와 석청으로 식사하고 세상을 멀리하자 귀신들렸다고 비판했다. 반대로 예수님께서는 죄인의 무리를 마다하지 않으시며 많은 사람과 어울리시자 포도주를 좋아하며 죄인의 친구라고 비판했다. 예수님께서는 이런 유대인들을 자기 좋을 대로만 하려고 하는 철없는 어린아이에 비유하셨다.

예수님과 유대인들은 서로 신앙의 문제로 대립되어 있는데, 참 신앙과 거짓 신앙은 무엇으로 구별할 수 있을까? 그 해석의 말씀과 삶의 결과로 진짜와 가짜는 밝히 드러난다. 선한 나무에서 선한 열매가 열리고 악한 나무에서 악한 열매가 열리기 때문이다.

물음 46

갈릴리인들, 왜 책망을 받았을까?

본문 : 〈 11장 〉

20 예수께서 권능을 가장 많이 행하신 고을들이 회개하지 아니하므로 그
때에 책망하시되 21 화 있을진저 고라신아 화 있을진저 벳새다야 너희에
게 행한 모든 권능을 두로와 시돈에서 행하였더라면 그들이 벌써 베옷을
입고 재에 앉아 회개하였으리라 22 내가 너희에게 이르노니 심판 날에
두로와 시돈이 너희보다 견디기 쉬우리라 23 가버나움아 네가 하늘에까
지 높아지겠느냐 음부에까지 낮아지리라 네게 행한 모든 권능을 소돔에
서 행하였더라면 그 성이 오늘까지 있었으리라 24 내가 너희에게 이르노
니 심판 날에 소돔 땅이 너보다 견디기 쉬우리라 하시니라

25 그 때에 예수께서 대답하여 이르시되 천지의 주재이신 아버지여 이것을
지혜롭고 슬기 있는 자들에게는 숨기시고 어린 아이들에게는 나타내심을
감사하나이다 26 옳소이다 이렇게 된 것이 아버지의 뜻이니이다 27 내
아버지께서 모든 것을 내게 주셨으니 아버지 외에는 아들을 아는 자가
없고 아들과 또 아들의 소원대로 계시를 받는 자 외에는 아버지를 아는
자가 없느니라

28 수고하고 무거운 짐 진 자들아 다 내게로 오라 내가 너희를 쉬게 하리
라 29 나는 마음이 온유하고 겸손하니 나의 멍에를 메고 내게 배우라 그
리하면 너희 마음이 쉼을 얻으리니 30 이는 내 멍에는 쉽고 내 짐은 가
벼움이라 하시니라

이제부터는 예수님의 사역 후반기로 넘어간다. 공관복음에 의하면 전반기에는 주로 갈릴리에 머무시며 활동하셨고 후반기에는 갈릴리 사역을 마무리하시고 예루살렘을 향하여 올라가시는 과정과 예루살렘에서의 사역이다.

본문은 갈릴리에 대한 평가이다.

【1】 21 화 있을진저 고라신아 화 있을진저 벳새다야 … 가버나움아 네가 하늘에까지 높아지겠느냐 음부에까지 낮아지리라

예수님께서는 고향 나사렛에서 배척받으셨다. 그렇다면 3년여 동

안 머물러 계시며 주로 활동하셨던 갈릴리의 고라신, 벳새다, 가버나움 사람들의 반응은 어떠했을까? 예수님께서 저주를 선언하신 것을 보면 나사렛과 별반 다르지 않았던 것 같다. 왜 이런 비극이 일어날까? 비교되고 있는 두로와 시돈은 이스라엘 밖의 외국인데도 그곳에서 수많은 사람들이 몰려왔다. 예수님 주변에 모인 사람들의 대부분은 대단히 먼 곳으로부터 왔다.

그런데 정작 늘 이런 기적의 모습을 보고 있었던 그 지역 사람들의 관심은 무엇이었을까? 초기에는 예수님의 말씀과 사역에 관심이 쏠렸겠지만 시간이 지나면서 타성에 젖어들었고, 이제는 몰려든 사람들을 대상으로 장사하는 일에 더 신경을 쓰지 않았을까? 당시의 상황을 상상해보면 개연성이 충분히 있다.

특별한 은혜와 특별한 심판은 동행한다. 초자연 사건들을 보고 듣고 경험한 사람에게는 특별한 책임과 의무가 주어진다. 듣고 보고 경험하고도 그것을 묵살하면 심판을 면하지 못한다. 고라신, 벳새다, 가버나움이 그러했다. 남달리 회심의 은혜를 경험하고 구원의 확신을 얻은 사람은 남다른 책임이 있다. 책임을 다하지 않으면 심판을 받는다. 구원의 확신이 자칫 심판의 조건일 수도 있다.

【2】 25 그 때에 예수께서 대답하여 이르시되 천지의 주재이신 아버지여 이것을 지혜롭고 슬기 있는 자들에게는 숨기시고 어린 아이들에게는 나타내심을 감사하나이다

영국의 계몽주의는 하나님의 계시를 거부하고 이성으로 대체했다. 하나님과 종교에 대하여 계시가 아니고도 인간의 이성으로 다 알 수 있다고 생각했다. 그 결과 이신론(理神論Deism)이라는 이성의 종교가 탄생했다. 흄의 회의론 이후 이신론은 사라졌지만 계시에 대한 논쟁은 지속되었다.

현대 자유주의에서는 계시에 대해서도 합리적 이해를 시도하여 축자영감의 계시를 거부하는 등 여러 의견들이 등장했다. 바르트는

성경의 기록된 말씀이 계시라고 했고, 불트만은 역사비평을 거친 케류그마를 주장했다. 에밀 브루너는 하나님과의 인격적인 만남이라 했고, 몰트만은 종말론적으로 다가오는 소망을 강조했으며, 판넨베르크는 역사 속에 계시가 들어있다고 했다. 하나님의 계시(啓示), 또는 영감(靈感)을 어떻게 이해해야 할까?

계시를 직접 경험하기 이전에는 하나님께서 신비한 방법으로 무엇인가를 알려주시는 것이라고 생각하기 쉽다. 특히 '계시'(ἀποκάλυψις)라는 헬라어의 뜻이 휘장을 열고 가려진 것을 보여준다는 뜻이어서 하나님께서 특별히 알려주시는 무슨 지식으로 생각하기 쉽다. 이단일수록 이런 계시에 큰 비중을 두고 있다. 하나님 면전으로 나아가는 영성의 길에는 온갖 신비한 경험들이 들어있다. 그런데 하나님께서 명시적으로 알려주시는 계시는 극히 드물다. 대부분의 경우는 경험으로 이해하고 깨닫게 하신다. 다시 말하면 계시와 영감은 그냥 알려주시는 게 아니라 신앙적인 경험을 기초로 깨달아 알게 하신다. 이 과정에서는 경험적인 이해가 중요한 역할을 하는데, 성령께서 이 모든 과정을 인도해주신다.

하나님의 은혜는 물과 같다. 물이 낮은 곳으로 흐르듯이 스스로 마음이 낮아져 있는 사람에게로 하나님의 은혜는 흘러간다. 이런 사람을 예수님은 어린아이와 같다고 하셨다. 스스로 마음이 높아져서 지혜롭다고 생각하는 자들은 하나님을 깨달아 아는 것은 고사하고 자기 꾀에 빠져서 멸망의 구렁텅이로 떨어진다. 무지하고 단순한 사람들은 예수님을 알아보았지만, 그 시대 최고의 지성인인 서기관과 바리새인들은 예수님을 알아보는 것은 고사하고 이단이라고 생각했다. 스스로 안다고 생각하는 사람은 늘 이런 오류에서 벗어나지 못한다.

【3】 28 수고하고 무거운 짐 진 자들아 다 내게로 오라 내가 너희를 쉬게 하리라

스스로 지혜롭다고 생각하는 사람들은 자기모순에 빠져서 자신들은 뭔가 좀 특별하다고 여기며 특별한 기준을 만들어낸다. 서기관과 바리새인들이 그러했다. 그들의 이런 기준은 일반인들이 지키기 어려울 뿐만 아니라 무거운 짐이 되었다.

본문의 무거운 짐은 서기관과 바리새인들이 만들어 놓은 지킬 수 없는 율법 조항의 짐을 말한다. 가난한 서민들은 이 조항들을 다 지키지 못하여 죄인으로 취급받았다. 예수님께서는 이런 사람들을 향하여 죄인이 아니라 하나님의 자녀라고 하시며, 무거운 짐을 벗겨 주셨다.

자칫 계약법을 짐이라고 생각할 수 있다. 그러나 계약법은 짐이 아니라 복음이었다. 노예로부터의 해방, 죄인이라는 낙인으로부터의 해방이었기 때문이다. 지금도 계약법은 복음으로 해석되어야 한다. 계약법은 누구를 위해서 무엇을 희생하라는 법이 아니라, 내가 나를 위하여 가장 행복하게 살아가는 법이다. 사람은 사회적인 존재이기 때문에 개인으로서는 그런 삶이 현실적으로 불가능하다. 그런 뜻을 가진 사람들이 모여서 공동체로 행복하게 살아가는 방법이 계약법이다. 또 사람들끼리만 모여서는 모두가 행복해지는 공동체가 만들어지기 어려우므로 하나님께서 함께하시며 도와주시겠다고 약속하신다. 성경은 계약의 법이다. 복음으로 해석되고 또 실천되어 보여주어야 한다.

수고하고 무거운 짐 진 자들아 다 내게로 오라.

내가 너희를 쉬게 하리라.

나는 마음이 온유하고 겸손하니

나의 멍에를 메고 내게 배우라.

그리하면 너희 마음이 쉼을 얻으리니

이는 내 멍에는 쉽고 내 짐은 가벼움이라.

물음 47

유대교 안식일 법, 무엇이 문제일까?(1)

본문 : 〈 12장 〉

1 그 때에 예수께서 안식일에 밀밭 사이로 가실새 제자들이 시장하여 이삭
을 잘라 먹으니 2 바리새인들이 보고 예수께 말하되 보시오 당신의 제자
들이 안식일에 하지 못할 일을 하나이다 3 예수께서 이르시되 다윗이 자
기와 그 함께 한 자들이 시장할 때에 한 일을 읽지 못하였느냐 4 그가
하나님의 전에 들어가서 제사장 외에는 자기나 그 함께 한 자들이 먹어
서는 안 되는 진설병을 먹지 아니하였느냐 5 또 안식일에 제사장들이 성
전 안에서 안식을 범하여도 죄가 없음을 너희가 율법에서 읽지 못하였느
냐

6 내가 너희에게 이르노니 성전보다 더 큰 이가 여기 있느니라 7 나는 자
비를 원하고 제사를 원하지 아니하노라 하신 뜻을 너희가 알았더라면 무
죄한 자를 정죄하지 아니하였으리라 8 인자는 안식일의 주인이니라 하시
니라

【1】 1 그 때에 예수께서 안식일에 밀밭 사이로 가실새 제자들이 시장하여 이삭을 잘라 먹으니

복음서에 보면 예수님이나 제자들이 시장했다는 표현이 여러 번 나오고 있다. 아마도 예수님께서는 바쁘게 움직이시느라고, 또는 먼 길을 오가거나 많은 사람들이 몰려들어서 때 맞춰 식사하실 겨를이 없으셨던 것 같다.

유대인들이 안식일에 지켜야 할 기본적인 법조항은 39가지나 되었으며 계속 추가되었다. 그 중 하나는 안식일에는 밀 이삭을 비벼 먹어서는 안 된다는 것이다. 율법서에 의하면 길가는 나그네가 배가 고파 포도를 따 먹거나 밀 이삭을 손으로 잘라 비벼먹으면 도둑질이라고 하지 않았다.(신23:25) 그러나 유대인들은 이것을 안식일에는 하지 말라고 해서 문제가 되었다.

【2】 6 내가 너희에게 이르노니 성전보다 더 큰 이가 여기 있느니라.

이에 예수님은 유대교 율법의 모순을 지적하셨다. 유대인들은 다윗이 제사장들만 먹어야하는 진설병을 먹은 것(삼상21:1~6)에 대해서는 아무런 비판을 하지 않았고, 또 제사장들이 주로 안식일에 짐승 잡는 일을 비롯하여 중노동에 해당되는 일들을 하는 것에 대해서도 아무런 제한을 가하지 않았기 때문이다.

'성전보다 더 큰 이'는 누구를 말할까? 예수님만 성전보다 더 크신 분일까? 다른 사람들은 성전보다 중요하지 않을까? 이 말에 담긴 의미는 성전의 제의와 진설병 등 모든 것은 인간을 위하여 존재한다는 뜻이다. 고대 이방종교에서는 신전이나 제사는 물론 제사를 드리는 인간도 그들의 신을 위하여 존재했다. 인간이 하나님을 위하여 존재하는가, 아니면 하나님이 인간을 위하여 존재하는가? 대답이 쉽지 않다면 어린 자식이 부모를 위해 존재하는가, 아니면 부모가 어린 자식을 위하여 존재하는가를 생각해보면 대답은 자명해진다. 하나님은 완전하고 인간은 불완전한데, 불완전이 완전을 위해 존재한다고 말하면 명제 자체가 모순이다.

【3】 7 나는 자비를 원하고 제사를 원하지 아니하노라 하신 뜻을 너희가 알았더라면 무죄한 자를 정죄하지 아니하였으리라

율법서의 제사는 하나님이 아닌 인간을 위한 제도였으며, 제사가 말하는 이면적인 의미는 스스로 살아갈 힘을 잃어버린 사람을 불쌍히 여기라는 뜻이었다.(호6:6) 그런데 유대교 율법조항들은 사람을 불쌍히 여기지 아니하고 정죄하는 기능을 하고 있었다. 이는 시내산 율법 정신에 대한 정면으로 위배된다. 다시 말하지만 신약성경에는 시내산 율법과 유대교 율법 등 두 율법이 있다. 바울이 지적하는 율법과 행위는 주로 유대교 율법을 말한다. 이를 자칫 시내산 율법, 즉 계약법으로 혼동하지 말아야 한다.

【4】 8 인자는 안식일의 주인이니라 하시니라.

인자(人子)라는 용어는 구약성경에 나오는데,[68] 예수님께서는 당신의 칭호로 사용하셨다.[69] 인자는 자신을 낮춰 부르는 칭호였다. 그런데 '인자는 안식일의 주인'이라고 할 때의 인자는 누구인가? 예수님만을 의미할까? 병행본문인 마가복음에는 다음과 같이 기록되어 있다.

> 또 이르시되 안식일이 사람을 위하여 있는 것이요 사람이 안식일을 위하여 있는 것이 아니니 이러므로 인자는 안식일에도 주인이니라(막2:27~28)

안식일이 사람을 위하여 있으므로 본문의 인자는 예수님만이 아니라 모든 사람이 된다. 복음서에서 사용되는 인자라는 칭호는 예수님만 의미하는 경우도 있고 모든 사람을 지칭하는 경우도 있다.

유대교의 안식일 법은 시내산 계약법의 정신과 알렉산더의 헬라문화에 대처하던 당시의 정신은 사라지고 형식만 남아서 사람을 살리는 법이 아니라 죽이는 기능을 하고 있었다. 정통신학과 교리는 시대가 바뀔 때 마다 계속 재해석되어야 한다. 정통교리를 금과옥조로 여기고 지키려고만 하면 악마의 법이 되고 만다. 이를 반드시 유념해야 한다.

물음 48 유대교 안식일 법, 무엇이 문제일까?(2)

본문 : 〈 12장 〉

9 거기에서 떠나 그들의 회당에 들어가시니 10 한쪽 손 마른 사람이 있는
지라 사람들이 예수를 고발하려 하여 물어 이르되 안식일에 병 고치는
것이 옳으니이까 11 예수께서 이르시되 너희 중에 어떤 사람이 양 한 마
리가 있어 안식일에 구덩이에 빠졌으면 끌어내지 않겠느냐 12 사람이 양

68) 다니엘서 7장과 에스겔서의 여러 곳에서 사용된다.

69) 복음서에서 82번 사용되며, 사도행전에서 1번(7:56), 계시록에 2번(1:13, 14:14)사용되고 있다.

보다 얼마나 더 귀하냐 그러므로 안식일에 선을 행하는 것이 옳으니라
하시고 13 이에 그 사람에게 이르시되 손을 내밀라 하시니 그가 내밀매
다른 손과 같이 회복되어 성하더라
14 바리새인들이 나가서 어떻게 하여 예수를 죽일까 의논하거늘 15 예수께
서 아시고 거기를 떠나가시니 많은 사람이 따르는지라 예수께서 그들의
병을 다 고치시고 16 자기를 나타내지 말라 경고하셨으니 17 이는 선지
자 이사야를 통하여 말씀하신 바 18 보라 내가 택한 종 곧 내 마음에
기뻐하는 바 내가 사랑하는 자로다 내가 내 영을 그에게 줄 터이니 그가
심판을 이방에 알게 하리라 19 그는 다투지도 아니하며 들레지도 아니하
리니 아무도 길에서 그 소리를 듣지 못하리라 20 상한 갈대를 꺾지 아니
하며 꺼져가는 심지를 끄지 아니하기를 심판하여 이길 때까지 하리니 21
또한 이방들이 그의 이름을 바라리라 함을 이루려 하심이니라

안식일 이야기가 이어서 계속된다. 그 이유는 당시 유대인들에게 안식일 규정은 대단히 중요했기 때문이다.

【1】 10 … 예수를 고발하려 하여 물어 이르되 안식일에 병 고치는 것이 옳으니이까

사람의 마음과 생각을 꿰뚫어보시며, 모든 상황을 다 아시는 예수님께서는 늘 길 잃은 자를 찾아 길을 떠나셨다. 어느 안식일에는 손 마른 사람을 만나 그의 질병을 치료함과 더불어 유대인의 잘못된 안식일 법을 바로잡기 위하여 회당으로 가셨다. 예수님께서 예상하신 대로 유대인들은 트집을 잡기 위하여 손 마른 사람을 염두에 두며 안식일에 병을 고쳐도 되는가라고 물었다. 유대인들은 안식일에 병 고치는 일을 금하고 있었다. 단지 생명이 위급한 경우에는 응급조치만 허락하고 있었다. 손 마른 사람은 위급환자가 아니므로 치료의 대상이 아니었다.

이에 대하여 예수님은 유대교 율법으로 대응하셨다. 안식일에 구덩이에 빠진 양을 끌어내는 것은 허용하면서 짐승과는 비교될 수 없는 사람이 오랜 동안 불구자로 지내고 있는데, 안식일에 이런 사람을 고치는 선행이 옳은지 그른지를 스스로 판단해보라고 역질문을 하시니 유대인들은 할 말이 없었다. 예수님께서는 늘 단순한 이치에

기초하여 명확하게 말씀하셔서 누구나 쉽게 알아들을 수 있었다.

궁색해진 유대인들은 어떤 반응을 보였을까?

【2】 14 바리새인들이 나가서 어떻게 하여 예수를 죽일까 의논하거늘 15
예수께서 아시고 거기를 떠나가시니 많은 사람이 따르는지라

본문은 잘못된 종교적인 고정관념과 정통신앙에 대한 확신이 얼마나 무서우며, 악마에게 어떻게 이용될 수 있는지를 잘 말해주고 있다. 유대인들은 예수님의 말씀을 듣고 그들의 신앙에 오류가 있음을 인정하기는커녕 예수님께서 안식일 법을 완전히 무시한다고 생각하며 죽일 방도를 찾았다. 마귀의 충실한 종노릇을 자청한 셈이다.

그러나 예수님 주변에 있던 일반인들은 예수님의 말씀이 옳다고 인정하고 그 말씀을 듣기 위하여 예수님을 따라나섰다. 그 중에는 율법에 대하여 아무런 이해가 없는 이방인들도 있었다. 예수님은 안식일 법 등 신학적인 문제에 대하여 서기관들처럼 유명한 랍비들의 해석을 인용하여 말씀하지 않으시고 누구나 알아듣고 그 자리에서 스스로 옳고 그름을 알게 하셨다. 즉 예수님의 성경해석 방법은 상식과 단순함과 자명성의 원리였다. 모든 사람의 구원을 목적으로 하는 종교적인 진리는 단순하고 쉬워서 누구나 알아들을 수 있어야 한다.

물음 49 성령모독죄, 무슨 죄이며 왜 용서받지 못할까?

본문 : 〈 12장 〉

22 그 때에 귀신 들려 눈 멀고 말 못하는 사람을 데리고 왔거늘 예수께서
고쳐 주시매 그 말 못하는 사람이 말하며 보게 된지라 23 무리가 다 놀
라 이르되 이는 다윗의 자손이 아니냐 하니 24 바리새인들은 듣고 이르
되 이가 귀신의 왕 바알세불을 힘입지 않고는 귀신을 쫓아내지 못하느니

라 하거늘 25 예수께서 그들의 생각을 아시고 이르시되 스스로 분쟁하는
나라마다 황폐하여질 것이요 스스로 분쟁하는 동네나 집마다 서지 못하
리라 26 만일 사탄이 사탄을 쫓아내면 스스로 분쟁하는 것이니 그리하고
야 어떻게 그의 나라가 서겠느냐 27 또 내가 바알세불을 힘입어 귀신을
쫓아내면 너희의 아들들은 누구를 힘입어 쫓아내느냐 그러므로 그들이
너희의 재판관이 되리라 28 그러나 내가 하나님의 성령을 힘입어 귀신을
쫓아내는 것이면 하나님의 나라가 이미 너희에게 임하였느니라 29 사람
이 먼저 강한 자를 결박하지 않고서야 어떻게 그 강한 자의 집에 들어가
그 세간을 강탈하겠느냐 결박한 후에야 그 집을 강탈하리라

30 나와 함께 아니하는 자는 나를 반대하는 자요 나와 함께 모으지 아니하
는 자는 헤치는 자니라 31 그러므로 내가 너희에게 이르노니 사람에 대
한 모든 죄와 모독은 사하심을 얻되 성령을 모독하는 것은 사하심을 얻
지 못하겠고 32 또 누구든지 말로 인자를 거역하면 사하심을 얻되 누구
든지 말로 성령을 거역하면 이 세상과 오는 세상에서도 사하심을 얻지
못하리라 33 나무도 좋고 열매도 좋다 하든지 나무도 좋지 않고 열매도
좋지 않다 하든지 하라 그 열매로 나무를 아느니라 34 독사의 자식들아
너희는 악하니 어떻게 선한 말을 할 수 있느냐 이는 마음에 가득한 것을
입으로 말함이라 35 선한 사람은 그 쌓은 선에서 선한 것을 내고 악한
사람은 그 쌓은 악에서 악한 것을 내느니라 36 내가 너희에게 이르노니
사람이 무슨 무익한 말을 하든지 심판 날에 이에 대하여 심문을 받으리
니 37 네 말로 의롭다 함을 받고 네 말로 정죄함을 받으리라

안식일에 병자 치료하는 문제로 회당에서 시비를 걸었던 유대인들은, 예수님께서 하신 말씀으로 자신들의 모순이 드러나면서 많은 사람들 앞에서 망신을 당하고 말았다. 그 결과 예수님과 서기관들의 논쟁을 듣고 있던 군중들은 예수님을 더 신뢰하게 되었으며, 설 자리를 잃은 유대인들은 예수님을 죽일 모의를 했다. 예수님을 따르던 사람들은 예수님께서 귀신들려 못 보고 못 듣는 사람을 치료하시자, 예수님을 다윗의 자손 즉 메시야라고 생각하기에 이르렀다. 이에 대하여 바리새인들은 어떤 반응을 보였을까? 두 가지의 반응을 보였다. 극단적인 반응을 보인자들은 예수님이 귀신들렸다라고 모함했으며, 소수의 진지한 사람들은 예수님을 찾아와 배움을 청했다.

【1】 24 바리새인들은 듣고 이르되 이가 귀신의 왕 바알세불을 힘입지
않고는 귀신을 쫓아내지 못하느니라 하거늘

정통신앙에 대한 왜곡된 확신은 자신들이 믿는 교리에는 절대 오류가 있을 수 없다고 생각하며 그와 어긋나면 다 잘못된 것이라고 단정한다. 예수님께서 자신들이 믿고 있는 안식일 법을 무시하며 계속 병자들을 치료하자 바리새인들은 예수님에게 왕 귀신이 들렸다고 몰아붙였다. 참으로 어처구니없는 일이다. 일반 백성들은 예수님의 말씀과 하시는 일을 보면서 메시야라고 인정했지만 반대로 성경 전문가인 바리새인들은 예수님을 인정하지 못했다. 바리새인들은 왜 예수님의 질병치료를 하나님께서 하시는 일로 인정할 수가 없었을까?

이에 대한 배경을 설명하자면 이야기가 길다. 유대인들에게 가장 큰 영향을 준 사건은 바벨론 포로와 귀환의 경험이었다. 포로기 이전에는 계약을 저버리고 성전과 제사중심의 신앙생활을 하다가 계약이 파기되어, 계약 이전의 상태, 즉 애굽 종살이의 상태로 돌아갔다. 바벨론으로 끌려가 노예의 삶을 살면서 저녁에는 회당에 모여 계약법(율법)을 공부하고 집에 돌아와서는 가족들에게 가르쳤다. 이들이 50여 년 동안 이렇게 율법서를 열심히 공부하자 하나님께서는 그들에게 다시 계약을 회복시키시고 가나안으로 돌아가게 하셨다. 이런 역사적인 기적을 경험한 유대인들은 계약법을 어기면 심판받는다고 생각하여 인과응보(因果應報)교리를 만들게 되었다..

수백 년의 시간이 지나면서 가난하고 병들고 불구자가 되는 등 불행한 삶을 사는 사람들은 뭔가 하나님께 죄를 지어서 그런 결과가 왔다고 생각했다. 가난하고 병들고 불구자가 되고 재앙을 당하는 사람들은 모두가 죄인이 되는 모순에 빠지고 말았으나 정통 유대인들은 이를 전혀 잘못되었다고 생각하지 않았다. 예수님께서는 이런 유대교 환경 속에서 병자를 고치는 방식으로 사역을 시작하셨는데 여기에는 두 가지 중요한 의미가 담겨있다.

❶ 유대교에 대한 고발과 경고였다.

예수님의 병자와 불구자 치유는 곧 유대교 신앙이 잘못되었음을 확인하는 사건이다. 병자와 불구자의 회복은 곧 그들의 죄 때문에 그런 하나님의 재앙이 임한 게 아니라는 반증이었기 때문이다. 예수님의 이런 치유에 대하여 일반 백성들은 다 기뻐하며 복음으로 받아들였다. 그런데 인과응보교리를 가르치던 서기관과 바리새인들은 자신들의 과오를 인정해야 하기 때문에 받아들이기 어려웠다. 수백 년 동안 인과응보교리가 정통신앙으로 굳어져 있었기 때문에 그 교리에 오류가 있다는 것은 상상할 수도 없었다. 따라서 이들은 반대로 예수님께서 잘못되었다고 생각했다. 이런 이유로 그들은 예수님의 치유사역은 마귀의 왕 바알세불을 힘입은 것이라고 몰아붙였다.

이 이야기는 정통신학의 한계와 모순을 잘 보여주는 비극 중의 비극이다. 예수님의 경고를 받아들이지 않는 유대인들은 결국 계약이 파기되고 성전이 돌 위에 돌 하나도 남기지 않고 다 헐리는 비참한 심판을 겪어야 했다.

❷ 새 계약의 대상을 부르셨다.

정통 유대인들의 거부 반응은 결국 계약파기를 불러왔고, 예수님의 말씀을 받아들인 사람들이 새로운 계약의 대상이 되었다. 그들은 대부분 죄인들이었다. "나는 의인을 부르러 온 것이 아니요, 죄인을 불러 구원하러 왔다."는 말씀은 이를 말한다.

【2】 31 그러므로 내가 너희에게 이르노니 사람에 대한 모든 죄와 모독은 사하심을 얻되 성령을 모독하는 것은 사하심을 얻지 못하겠고 32 또 누구든지 말로 인자를 거역하면 사하심을 얻되 누구든지 말로 성령을 거역하면 이 세상과 오는 세상에서도 사하심을 얻지 못하리라

이에 예수님께서는 이들의 주장이 얼마나 모순인가를 조목조목 지적하신 후 이는 성령모독죄이며 이 세상에서는 물론 오는 세상에

서도 용서받을 수 없다고 무서운 심판을 선언하셨다. 성령모독죄는 무슨 죄이며, 왜 용서받지 못할까?

첫째, 성령의 역사하심이 분명한데도 이를 거역하며 귀신의 역사라고 모함하는 죄이다. 하나님께서 일하시는 방법은 자명성에 있다. 더 물을 필요도 없이 명백한데도 정통신앙 운운하며 이런저런 이유로 이를 모욕하면 다른 사람들의 구원을 의도적으로 방해하기 때문에 용서받을 수 없다.

둘째, 빠져 나올 수 없는 마귀의 함정이다. 마귀가 파 놓은 가장 무서운 함정은 정통신앙을 지배하며 정통이라는 이름으로 성령의 사역을 마귀의 역사라고 덮어씌우는 모략이다. 이런 함정에는 주로 큰 이단의 교주들이 빠지는데, 이 세상에서는 마귀가 놓아주지 않아서, 즉 교주노릇 하느라고 빠져나오지 못하고 죽은 후에는 형벌을 받느라고 나오지 못한다. 그런데 도무지 요지부동인 정통주의자들도 자칫 이 함정에 빠질 수 있다. 영원히 용서받지 못한다는 말씀은 이들은 영원히 돌이킬 가능성이 없어서 스스로 멸망의 길을 가고 있다는 안타까움의 다른 표현이다.

"뱀들아, 독사의 자식들아!"라는 극단적인 말씀은 이런 자들에게 선언된다.

【3】 36 내가 너희에게 이르노니 사람이 무슨 무익한 말을 하든지 심판 날에 이에 대하여 심문을 받으리니 37 네 말로 의롭다 함을 받고 네 말로 정죄함을 받으리라

인간에게 교육이 빠지면 짐승과 다름없으므로 모든 교육의 중요성은 더 말할 필요가 없다. 그러나 인간의 영원한 구원의 문제를 다루는 신앙의 가르침은, 이 세상은 물론 다음 세상의 운명을 결정지으므로 이보다 더 중요한 가르침은 없다. 신학자나 설교자는 자신들의 가르침에 대하여 후일 하나님 앞에서 심판을 받아야 한다. 이는 참으로 두렵고 떨리는 일이다. 이런 이유로 예수님께서는 제자들에

게 "너희는 랍비(선생)라 칭함을 받지 말라."(마23:8)고 하셨다.

성경을 가르치려면 확실하다고 스스로 확인한 다음에 말해야 한다. 들은 대로, 배운 대로 가르친 것으로는 변명의 여지가 없다. 특히 신앙은 경험과 관련이 있으므로 직접 경험으로 확인한 만큼만 말해야 한다. 그 이상도 이하도 허락되지 않는다. 이를 어기면 밥벌이, 돈벌이로 전락하며, 후일 영원한 심판을 면하지 못한다.

유대교의 인과응보교리는 500여 년, 안식일 법은 300여 년 동안 정통교리로 자리 잡고 있었다. 기독교의 구원론(信仰義認), 속죄론, 교회론, 종말론 등은 1500년 이상 된 정통교리이다. 그런데 계약의 관점에서 볼 때 이 교리들은 전면적으로 재검토되어야 한다. 성령모독죄는 유대교의 500년 정통교리 수호자들이 범한 죄였다. 기독교의 1500년 정통교리 수호자들은 재해석을 어떻게 받아들일지 크게 우려가 된다. 그렇지만 현대에 이르러 이성주의와 자유주의 신학으로부터 정통교리가 많은 공격을 받아왔기 때문에 이런 경험이 긍정적으로 작용하기를 기대해 본다.

정통신앙을 고집만 하려들지 말고 진지하게 검토해 보아야 성령모독죄에 빠지지 않는다.

물음 50 요나의 표적, 무슨 뜻일까?

본문 : 〈 12장 〉

38 그 때에 서기관과 바리새인 중 몇 사람이 말하되 선생님이여 우리에게
표적 보여주시기를 원하나이다 39 예수께서 대답하여 이르시되 악하고
음란한 세대가 표적을 구하나 선지자 요나의 표적 밖에는 보일 표적이
없느니라 40 요나가 밤낮 사흘 동안 큰 물고기 뱃속에 있었던 것 같이
인자도 밤낮 사흘 동안 땅 속에 있으리라 41 심판 때에 니느웨 사람들이

일어나 이 세대 사람을 정죄하리니 이는 그들이 요나의 전도를 듣고 회
개하였음이거니와 요나보다 더 큰 이가 여기 있으며 42 심판 때에 남방
여왕이 일어나 이 세대 사람을 정죄하리니 이는 그가 솔로몬의 지혜로운
말을 들으려고 땅 끝에서 왔음이거니와 솔로몬보다 더 큰 이가 여기 있
느니라

43 더러운 귀신이 사람에게서 나갔을 때에 물 없는 곳으로 다니며 쉬기를
구하되 쉴 곳을 얻지 못하고 44 이에 이르되 내가 나온 내 집으로 돌아
가리라 하고 와 보니 그 집이 비고 청소되고 수리되었거늘 45 이에 가서
저보다 더 악한 귀신 일곱을 데리고 들어가서 거하니 그 사람의 나중 형
편이 전보다 더욱 심하게 되느니라 이 악한 세대가 또한 이렇게 되리라

유대교 지도자인 서기관과 바리새인은 6천여 명이었다고 하는데, 당시에 유대인들로부터 가장 존경받는 사람들이었다. 이들은 유대인의 교육 전반을 책임진 교사들이었는데, 가난한 사람들에게도 교육의 혜택을 주기 위하여 무료로 가르쳤다. 또 해외에 나가 있는 교포들을 찾아가 율법을 가르쳤는데 그 비용도 개인이 해결했다. 바울이 어디에서도 선교 후원을 받지 않고 노동으로 선교비를 해결했는데, 이것은 본래 바리새인이 하던 방식이었다. 선교비를 후원받을 곳이 없어서가 아니라 누구에게도 부담을 주지 않는 자력선교가 그들의 방식이었기 때문이다.

【1】 38 그 때에 서기관과 바리새인 중 **몇 사람이** 말하되 선생님이여…

복음서에서 서기관과 바리새인들을 외식하는 위선자 등으로 표현하고 있어서 자칫 이들을 저속한 사람들로 오해하기 쉬운데, 이들은 인류 역사에서 등장했던 종교지도자들 중에서 가장 위대한 사람들 중의 하나로 평가되어야 한다. 특히 이들이 헬라문화의 강력한 영향력을 저지하고 유대교를 지켜냈을 뿐만 아니라 헬레니즘을 능가하는 헤브라이즘의 기초를 놓은 공로는 아무리 높이 평가해도 지나치지 않다. 그들은 로마에 나라가 멸망당하고 난 후 나라 없이 온갖 고초를 겪으며 이천 년을 떠도는 동안 종교와 문화, 민족을 지켜냈고 결국에는 이천 년 뒤에 나라를 되찾았으며, 오늘날에는 소수의

유대인들이 전 세계에 지대한 영향을 주도록 이끌었다. 이들만 한 지도자가 달리 또 있었는가? 우리는 이들에게서 많은 것을 배워야 한다. 이들을 결코 우습게 여기거나 과소평가하는 어리석음에서 벗어나야 한다.

바리새인들도 여러 부류가 있어서 행실에 문제가 없지 않았지만 이들의 문제는 잘못된 신앙에 있었다.

이들 중 몇 사람은 진지하게 예수님을 찾아와 물었다.

【2】 38 …우리에게 표적 보여주시기를 원하나이다.

메시야신앙을 가지고 메시야를 기다리던 유대인들은 메시야가 오면 하늘의 초자연적인 능력으로 이스라엘을 로마제국의 압제로부터 해방시키고 반대로 자신들이 온 세상을 지배하는 제국이 되리라고 생각했다. 이들에게 있어서 메시야의 증거는 초자연적인 능력의 행사였다. 그런데 예수님께서 온갖 병자를 고치며 죽은 자를 살리는 초자연적인 능력을 행사하고 계셨는데도, 유대인들은 이런 능력은 메시야의 증거로 인정하지 않았다. 그들이 메시야에게 기대하는 능력은 자기 나라를 로마의 압제로부터 해방시킬 군사적인 기적이었다.

예수님을 찾아온 소수의 바리새인들은 예수님께서 병자들을 대상으로 초자연적인 능력을 행하시므로 어쩌면 로마제국을 압도할 능력도 행사할 수 있으리라는 기대감을 가지고 있었다. 이들은 예수님에 대하여 어느 정도 호의적인 사람들이었다. 그런데 예수님은 이들을 어떻게 대하셨을까?

【3】 39 예수께서 대답하여 이르시되 악하고 음란한 세대가 표적을 구하나

그들의 기대와는 너무 동떨어진 대답이었다. 유대인들의 요구 자체를 범죄행위로 여기셨다. 왜 그럴까? 제국의 식민지배를 받는 것은 가장 불행한 사건이다. 우리에게도 일제 식민지배의 흔적이 아직

남아있다. 위안부 할머니들이 그 상징이다. 그런데 그런 식민지배를 할 초자연적인 능력을 요구하는 것은 똑같은 범죄행위이다. 제국주의자들은 힘없는 나라를 쳐들어가서 재물을 탈취하고 인권을 유린하며, 여성들을 성적인 노리개로 여긴다. 우리나라는 병자호란 때 50만 명 이상의 젊은 여인들이 청나라로 끌려가서 낮에는 노동에 시달리고 밤에는 성노예로 지내야 했다.

예수님께서 지적하신 악하고 음란한 세대라는 의미는 신앙을 잘못 가르치면 하나님의 이름으로 제국주의를 꿈꾸는 모순이 빚어질 수 있으며, 이는 가장 큰 악행에 해당된다는 뜻이다. 그러면 예수님께서는 무슨 표적을 보이고 계시는가?

【4】 41 …요나보다 더 큰 이가 여기 있으며.

하늘의 표적을 요구하는 유대인들에게 예수님께서는 요나의 표적을 언급하시며, 요나보다 더 큰 이라고 말씀하셨다. 도대체 무슨 뜻일까?

첫째, 니느웨 사람들의 회개를 말한다. 니느웨는 구약의 북왕국 이스라엘을 멸망시킨 앗수르(Assyria)의 수도다. 민족주의자 요나는 니느웨를 철천지 원수로 여기고 있었는데, 하나님께서 요나에게 니느웨로 가서 하나님의 경고를 전하라고 하시자 요나는 배를 타고 니느웨의 정반대 방향인 다시스로 피했다. 그러다가 풍랑과 물고기 뱃속을 경험한 요나는 할 수 없이 니느웨로 갔고, 그들에게 경고의 말씀을 전하고 싶지 않았지만 마지못해 회개하지 않으면 멸망한다는 하나님의 말씀을 전한 후 니느웨가 내려다보이는 언덕에 올라가 도시가 멸망하기를 기대하며 지켜보고 있었다. 그러나 상황은 반대로 전개되었다. 전혀 회개할 것 같지 않던 니느웨 사람들은 요나의 설교를 듣고 왕으로부터 모든 백성은 물론 가축까지 금식하며 회개했고, 그 결과 멸망에서 벗어났다.

당시 유대인들은 이방인들을 지옥의 땔감으로 여기며 하나님의 심판을 면하지 못할 자들이라고 생각했다. 게다가 유대교 지도자들은 예수님의 말씀을 거역하였으나, 죄인들과 이방인들은 열렬히 환영하며 받아들였다. 예수님께서는 이를 가리켜 메시야의 증거이며 하늘의 표적이라고 말씀하셨다.

둘째, 부활이 보여줄 표적이라고 하셨다. 요나가 밤낮 사흘을 물고기 뱃속에 있다가 나왔듯이 예수님께서는 무덤 속에 사흘을 있다가 부활하셨다. 예수님을 따르던 제자들은 예수님의 부활을 경험하고서야 예수님을 진정으로 믿었다. 기독교는 부활의 종교이며, 예수님께서 메시야라는 증거는 그분의 부활에 있다.

요나보다 더 큰 이는 이런 뜻이다. 그런데 예수님께서는 또 보여주실 표적이 있다고 하셨다. 무엇일까?

【5】 42 …솔로몬보다 더 큰 이가 여기 있느니라

구약의 솔로몬 왕은 지혜로 소문이 나서 여러 나라에서 그의 지혜의 말을 들으려고 찾아왔는데 그 중 하나가 스바여왕이었다.(왕상 10:1~13) 예수님께서 말씀을 전하시자 질병 치유 등의 목적으로 오는 사람들도 있었지만 예수님의 말씀을 듣기 위하여 먼 나라로부터 찾아오는 사람들도 많이 있었다. 예수님께서는 바리새인들에게 이것이야말로 예수님께서 메시야이신 표적이라고 말씀하셨다. 그런데 유대인들은 이런 것들은 메시야의 표적이라고 생각하지 않고 자신들이 기대하는 표적만을 보여 달라고 계속 요구했다.

이런 바리새인들에게 마지막으로 하신 말씀은 무엇일까? 무서운 심판의 말씀을 다음과 같은 비유로 말씀하셨다..

【6】 43 더러운 귀신이 사람에게서 나갔을 때에 물 없는 곳으로 다니며 쉬기를 구하되 쉴 곳을 얻지 못하고 44 이에 이르되 내가 나온 내 집으로 돌아가리라 하고 와 보니 그 집이 비고 청소되고 수리되었거늘 45 이에 가서 저보다 더 악한 귀신 일곱을 데리고 들어가서 거하니 그 사람의

나중 형편이 전보다 더욱 심하게 되느니라 **이 악한 세대가 또한 이렇게 되리라**

무슨 뜻일까? 해석이 쉽지 않다.

이스라엘 주변에는 광야가 많이 있다. 광야는 사막과 달리 일반 땅과 같은데 단지 비가 내리지 않아 식물이 살지 못하는 황량한 땅이다. 유대인들은 죽음의 땅처럼 보이는 이곳에는 귀신들이 산다고 생각했다. 사람에게서 쫓겨난 귀신이 물 없는 곳으로 다니며 쉴 곳을 찾는다는 것은 이를 말한다. 그런데 예수님께서는 이 비유를 통해서 무엇을 말씀하시는 것일까? 유대교 신앙의 역사와 현주소를 말씀하고 계신다.

이스라엘 역사는 크게 세 단계로 나누어진다. 첫째는 출애굽 이후 시내산에서 계약을 맺고 광야생활을 거쳐 계약의 땅인 가나안에 입주하여 정착하는 시기이다. 둘째는 왕정이 등장하여 계약정신을 상실하여 멸망당하고 앗수르와 바벨론에 포로로 잡혀가 다시 노예로 전락하는 계약파기의 시기이며, 세 번째는 포로생활 동안 계약이 회복되어 귀환하고 나라를 재건한 후 예수님 당시까지의 시기이다.

예수님께서는 두 번째 시기인 왕정기를 마귀에게 지배당한 시기라고 하셨다. 그 이유는 다윗이 왕조신학(다윗계약 삼하7장)으로 시내산 계약을 무력화시켰으며, 솔로몬이 성전을 지은 이후 이스라엘의 신앙은 제사중심의 신앙, 즉 이방종교와 다를 바 없이 되었기 때문이다. 다윗을 모범적인 신앙의 표본으로 생각하는 이들이 많은데, 이야말로 오늘의 개신교 신앙이 얼마나 잘못되어 있는지를 잘 보여주는 증거다.[70] 이스라엘인들은 이런 잘못된 신앙때문에 계약이 파기되어 나라가 멸망당하고 바벨론에 포로로 잡혀가 노예살이를 하는 동안 다시 바른 신앙으로 돌아왔다. 회당에서 성경을 공부하면서

70) 졸저 「하비루의 길」에서 자세한 설명을 했음.

기사회생하여 계약이 회복된 것을 예수님께서는 귀신이 쫓겨나간 것으로 해석하셨다.

유대인들이 귀환하여 다윗왕조신학, 성전과 제사신학을 거부하므로 이런 것들이 먹혀들어갈 리가 없었다. 이에 마귀는 자기보다 더 간교한 마귀 일곱을 데리고 왔다. 그 결과가 지금 유대인들이 빠져 있는 정통신앙의 함정이었다. 인과응보교리, 안식일법, 정결례법, 선민사상, 메시야신앙 등이 그것인데, 이는 포로기 이전의 오류와는 비교도 되지 않을 만큼 더 심각했다. 그 이유는 과거에 그들을 죽음에서 살려냈던 인과응보교리, 안식일법 등 정통신앙이 이제는 사람을 죽이는 법이 되었는데, 이를 간파하기가 쉽지 않기 때문이다. 이를 예수님께서는 일곱 마귀의 가장 무서운 속임수라고 표현하셨다.

이제 이들에게 남은 것은 왕정기처럼 또 계약의 파기로 말미암은 심판이다. 이 심판이 이제 곧 닥쳐 올 하늘의 표적이다. 무서운 심판의 말씀인데 AD 70년에 그대로 실현되었고, 유대인들은 2천 년 동안 나라 없이 전 세계를 떠돌며 혹독한 대가를 치러야 했다.

하나님께서는 지금도 계약법으로 역사를 이끌어 가신다. 계약의 역사, 이것은 곧 하나님의 역사이다. 계약사로 성경과 세계 역사를 해석해야 한다. 예수님 당시의 유대교가 힘 있는 일곱 마귀의 연합군에 지배 받았다면, 오늘의 기독교는 그와는 비교되지 않을 더 힘 있는 칠십 마귀, 아니 칠천 마귀의 연합군에게 지배를 받고 있다. 진보, 보수 가릴 것 없이 오늘의 설교자들과 신학자들과 열심있는 교인들 중 태반이 마귀의 충실한 종들이 되어있기 때문이다. 이 마귀들을 어떻게 다 내 쫓아야 하나?

이는 하늘의 하나님의 탄식의 말씀이다. 귀 있는 자는 들을진저!

물음

예수님의 가족이야기, 왜 기록했을까? 51

본문 : 〈 12장 〉

46 예수께서 무리에게 말씀하실 때에 그의 어머니와 동생들이 예수께 말하
려고 밖에 섰더니 47 한 사람이 예수께 여짜오되 보소서 당신의 어머니
와 동생들이 당신께 말하려고 밖에 서 있나이다 하니 48 말하던 사람에
게 대답하여 이르시되 누가 내 어머니이며 내 동생들이냐 하시고
49 손을 내밀어 제자들을 가리켜 이르시되 나의 어머니와 나의 동생들을
보라 50 누구든지 하늘에 계신 내 아버지의 뜻대로 하는 자가 내 형제요
자매요 어머니이니라 하시더라

복음서에는 예수님의 사생활에 대해서는 거의 전해지는 것이 없다. 그런데 여기 본문과 다른 복음서의 병행본문에서는 예수님을 찾아왔던 가족과 친지늘에 관하여 산략하세 밀하고 있다. 예수님께서는 나사렛에서 30여년을 평범하게 사시면서 가족들을 부양하셨다. 요셉에 관한 기록이 전혀 없는 것을 보면 그는 일찍이 병사한 것으로 추정된다. 예수님께서 공생애를 시작하시자 예수님의 친지들은 예수님이 미쳤다고 생각하고 강제로 데리고 가려고 찾아왔었다.(막 3:21) 이번에는 가족들이 찾아왔는데 비슷한 목적으로 왔던 것 같다. 어머니 마리아를 비롯한 동생 유다 등이 예수님을 이해하고 구세주로 따르게 된 것은 부활하신 예수님을 경험한 이후의 일이다. 그 이전에는 예수님을 전혀 이해하지 못한 것 같다.

복음서 기록자들은 이런 것들을 왜 기록해 놓았을까?

예수님께서는 하늘에 계신 하나님의 뜻대로 행하는 사람들을 형제요 자매요 부모라고 말씀하셨다. 성직의 길을 가려면 이런 자세가 필요하다. 다 알고 있지만 실천은 말처럼 쉽지 않다. 이런 이유로

중세 교회에서는 성직자들에게 독신을 요구했고 아직도 가톨릭교단에서는 이어지고 있다. 그러나 독신에도 많은 문제가 있다. 독신과 교인들을 가족으로 여기는 것은 별개의 문제다.

예수님께서는 하늘의 하나님의 뜻을 준행하려는 사람들을 가족처럼 중요하게 생각하신다. 그런데 예수님에게는 그런 가족이 없어서 고민이시다.

나를 천애고아(天涯孤兒)가 되지 않게 해다오!

제4부 : 세 번째 설교

설교 : 비유설교(13장)

사역(3) : 오병이어, 신앙고백, 변화산 등(14~17장)

세번째설교

물음 52

세 번째 설교, 왜 천국비유일까?

본문 : 〈 13장 〉

1 그 날 예수께서 집에서 나가사 바닷가에 앉으시매 2 큰 무리가 그에게로
모여 들거늘 예수께서 배에 올라가 앉으시고 온 무리는 해변에 서 있더
니

10 제자들이 예수께 나아와 이르되 어찌하여 그들에게 비유로 말씀하시나
이까 11 대답하여 이르시되 천국의 비밀을 아는 것이 너희에게는 허락되
었으나 그들에게는 아니되었나니 12 무릇 있는 자는 받아 넉넉하게 되되
없는 자는 그 있는 것도 빼앗기리라 13 그러므로 내가 그들에게 비유로
말하는 것은 그들이 보아도 보지 못하며 들어도 듣지 못하며 깨닫지 못
함이니라

14 이사야의 예언이 그들에게 이루어졌으니 일렀으되 너희가 듣기는 들어
도 깨닫지 못할 것이요 보기는 보아도 알지 못하리라 15 이 백성들의 마
음이 완악하여져서 그 귀는 듣기에 둔하고 눈은 감았으니 이는 눈으로
보고 귀로 듣고 마음으로 깨달아 돌이켜 내게 고침을 받을까 두려워함이
라 하였느니라

16 그러나 너희 눈은 봄으로, 너희 귀는 들음으로 복이 있도다 17 내가 진
실로 너희에게 이르노니 많은 선지자와 의인이 너희가 보는 것들을 보고
자 하여도 보지 못하였고 너희가 듣는 것들을 듣고자 하여도 듣지 못하
였느니라

51 이 모든 것을 깨달았느냐 하시니 대답하되 그러하오이다 52 예수께서
이르시되 그러므로 천국의 제자된 서기관마다 마치 새것과 옛것을 그 곳
간에서 내오는 집주인과 같으니라

13장은 마태복음의 세 번째 설교인데, 천국에 대한 비유의 말씀이 7번이나 반복되며, 각 비유마다 “천국은 마치…”라는 후렴구로 시작하고 있다. 이는 마태복음에서 하늘나라를 가장 중요하게 다루고 있기 때문이며, 세례 요한, 예수님, 제자들 모두가 “하나님나라가 가까이 왔다.”라고 선포하고 있기 때문이다. 기적 중심으로 기록되어서 설교가 거의 들어있지 않은 마가복음에도 4장의 대부분은

천국비유의 말씀으로 채워져 있다. 이처럼 복음서의 주제는 하늘나라(하나님나라)인데, 이는 첫 번째 계약의 거룩한 나라를 완성시키는 두 번째 계약의 개념이며, 뜻이 하늘에서 이루어진 것처럼 땅에서도 이루어지는 하나님나라 실현이 가장 중요하기 때문이다.

내용 파악을 쉽게 하기 위하여 순서를 다르게 편집하여 다루고자 한다.

【1】 1 그 날 예수께서 집에서 나가사 바닷가에 앉으시매 2 큰 무리가 그에게로 모여 들거늘 예수께서 배에 올라가 앉으시고 온 무리는 해변에 서 있더니

첫 번째 설교는 산상설교였는데 이 설교에서 예수님은 "~라고 너희가 들었으나, 나는 너희에게 말하노니"라는 형식으로 첫 번째 계약법을 재해석하셨다. 그런데 세 번째 설교는 바닷가에서 말씀하신 해변설교이며 하늘나라의 비유가 7번 반복되고 있다. 마태복음에서 천국 비유를 이토록 중요하게 다루는 목적은 어디에 있을까? 그 이유는 비유설교의 결론에 다음과 같이 들어있다.

【2】 52 예수께서 이르시되 그러므로 천국의 제자된 서기관마다 마치 새 것과 옛것을 그 곳간에서 내오는 집주인과 같으니라

마태복음에만 있는 이 구절은 비유설교의 결론인데 해석이 쉽지 않다. 무슨 뜻일까? 천국의 제자 된 서기관은 천국복음을 가르치는 사람들이다. 그런데 새것과 옛것은 무엇일까? 옛것은 물려받은 신앙전통과 정통교리이며, 새것은 재해석이다. 곳간에서 내온다는 것은 물려받은 정통신앙을 다시 해석한다는 뜻이다.

유대교 서기관들은 물려받은 전통을 귀하게 여기며 곳간 깊숙이 잘 간직해놓고 보존하며 정통교리라는 이름으로 지키려고 하다가 오류에 빠지고 말았다. 과거의 정통신앙을 지키는 게 맞는 것 같지만 상황이 바뀌면 그 신앙이 새로운 시대에 맞지 않는 게 문제다. 이를 다시 해석해야 한다. 재해석은 옛것을 버리는 것이 아니다. 그

핵심과 본질을 훼손하지 않고 보존하면서 새 시대에 맞도록 다시 해석해야 한다. 새 술을 새 부대에 담아야 한다는 말씀도 같은 뜻인데 예수님께서는 '나는 너희에게 말하노니'라는 방식으로 재해석 했고, 사도바울은 표면적 의미와 이면적 의미라는 용어로 재해석을 했다. 구약성경의 신명기는 시내산 율법에 대한 모세의 재해석이다. 시내산 율법은 출애굽세대의 광야생활에 초점을 맞춘 것인데, 40년이 지난 후 이제는 새로운 세대인 광야세대가 새로운 환경인 가나안에서 살아야 하므로 모세는 이에 맞추어 다시 해석했다. 신약성경의 복음서는 공관복음과 제4복음서인 요한복음으로 구성되어 있는데, 요한복음은 공관복음에 대한 재해석이라고 보아야 한다. 공관복음은 유대인에게서 이방인으로 넘어가는 선교 1세기를 배경으로 하지만 요한복음은 이방인 중심의 선교 2세기와 그 이후를 내다보고 있다.

기독교의 지난 역사와 오늘을 돌이켜 보면 우리의 문제는 재해석의 단절에 있다. 시대가 바뀔 때마다 새로 해석을 해야 하는데 과거의 유산을 지키는 데에만 급급했다. 현대로 넘어와서 자유주의 신학자들이 재해석을 시도했지만 이는 정통교리의 핵심들을 재해석하기보다는 제거하고 말았다. 보수주의는 자유주의에 대하여 비판만 일삼을 뿐 재해석 자체를 거부하고 있다. 그나마 신정통주의에서 옛 전통을 재해석하려는 시도를 했지만 큰 영향을 끼치지는 못했다. 큰 흐름에서 보면 유대교의 시행착오가 그대로 반복되고 있는 셈이다.

마태복음 13장의 비유설교가 의도하는 바는 유대교 서기관들의 오류를 거울삼아 천국의 제자 된 서기관들은 물려받은 전통을 다시 해석하며 그 오류를 답습하지 말라는 경고였다. 마태복음 전문가들은 13장이 중심을 이루고 있으며 가장 중요한 비중을 차지한다고 말한다. 그런데 그 비유설교의 목적과 결론이 52절이며, 재해석이다. 왜 재해석이 그토록 중요한가?

【3】 10 제자들이 예수께 나아와 이르되 어찌하여 그들에게 비유로 말씀하시나이까
13 그러므로 내가 그들에게 비유로 말하는 것은 그들이 보아도 보지 못하며 들어도 듣지 못하며 깨닫지 못함이니라

천국을 비유로 말씀하시는 이유는 유대인들에게 아무리 설명하고 또 병자들을 고치는 표적을 보여주어도 그들이 도무지 깨닫지 못하기 때문이다. 누가복음을 보면 다양한 비유가 있는데, 마태복음 13장에는 천국비유만 모아서 집중적으로 유대인을 깨우치고 있다. 예수님은 유대인들의 깨닫지 못함을 한탄하시며 구약성경의 이사야서를 인용하는데, 이 말씀은 사실상 계약파기의 선언에 해당된다.

14 너희가 듣기는 들어도 깨닫지 못할 것이요 보기는 보아도 알지 못하리라
15 이 백성들의 마음이 완악하여져서 그 귀는 듣기에 둔하고 눈은 감았으니 이는 눈으로 보고 귀로 듣고 마음으로 깨달아 돌이켜 내게 고침을 받을까 두려워함이라

표면의 문자로 해석하면 보아도 보지 못하게 하고 들어도 듣지 못하게 하고, 내게 돌아오지 못하게 하고 구원받지 못하게 하라는 뜻이 되는데, 이렇게 해석하면 모순이다. 이면적으로 해석해야 한다. 이스라엘이 잘못된 신앙에 빠져서 아무리 설명하고 바른 말을 해주어도 도무지 깨닫지 못하여 이제는 자멸을 막을 길이 없다는 안타까운 탄식의 말씀이다. 성경에는 표면적인 의미와 이면적인 의미가 서로 반대되는 경우가 많이 있다. 이를 문자대로 해석하면 큰 혼란에 빠진다.

일곱 번 반복되는 천국비유는 설명과 설교로 유대인들의 오류를 바로잡기 위한 안타까운 호소이다.

그 비유의 말씀은 어떻게 시작되고 있을까?

물음 53

천국비유, 왜 씨 뿌리는 자로 시작하실까?

본문 : 〈 13장 〉

3 예수께서 비유로 여러 가지를 그들에게 말씀하여 이르시되 씨를 뿌리는
자가 뿌리러 나가서 4 뿌릴새 더러는 길 가에 떨어지매 새들이 와서 먹
어버렸고 5 더러는 흙이 얕은 돌밭에 떨어지매 흙이 깊지 아니하므로 곧
싹이 나오나 6 해가 돋은 후에 타서 뿌리가 없으므로 말랐고 7 더러는
가시떨기 위에 떨어지매 가시가 자라서 기운을 막았고 8 더러는 좋은 땅
에 떨어지매 어떤 것은 백 배, 어떤 것은 육십 배, 어떤 것은 삼십 배의
결실을 하였느니라 9 귀 있는 자는 들으라 하시니라

18 그런즉 씨 뿌리는 비유를 들으라 19 아무나 천국 말씀을 듣고 깨닫지
못할 때는 악한 자가 와서 그 마음에 뿌려진 것을 빼앗나니 이는 곧 길
가에 뿌려진 자요 20 돌밭에 뿌려졌다는 것은 말씀을 듣고 즉시 기쁨으
로 받되 21 그 속에 뿌리가 없어 잠시 견디다가 말씀으로 말미암아 환난
이나 박해가 일어날 때에는 곧 넘어지는 자요 22 가시떨기에 뿌려졌다는
것은 말씀을 들으나 세상의 염려와 재물의 유혹에 말씀이 막혀 결실하지
못하는 자요 23 좋은 땅에 뿌려졌다는 것은 말씀을 듣고 깨닫는 자니 결
실하여 어떤 것은 백 배, 어떤 것은 육십 배, 어떤 것은 삼십 배가 되느
니라 하시더라

【1】 3 예수께서 비유로 여러 가지를 그들에게 말씀하여 이르시되 씨를 뿌리는 자가 뿌리러 나가서 4 뿌릴새

천국비유의 첫 번째는 농사에서 가장 중요한 씨 뿌림이다. 비유의 초점은 길 가, 돌밭, 가시떨기, 좋은 밭 등 네 밭에 있지 않고 농부의 씨 뿌림에 있다. 농사에서 농부의 판단은 가장 중요하다. 언제, 어느 밭에, 무엇을 심을지 결정하고, 그에 맞도록 밭을 갈고 준비를 한 후 씨를 뿌린다. 씨를 뿌릴 때에는 대단히 조심스럽다. 씨를 잘못 뿌리면 일 년 농사를 망치게 되는데, 더우기 고대에는 농사를 망치면 굶어 죽을 수밖에 없었다. 귀한 씨를 길 가에, 돌밭에, 가시덤불에 뿌리는 농부는 있을 수 없다. 돌밭과 가시덤불은 씨를

뿌리기 전에 개간해서 좋은 밭으로 만들어 놓아야 한다.

여기서 농부는 성경을 가르치는 사람이다. 성경을 가르치려면 농부가 씨와 밭에 대하여 많은 연구를 해서 씨를 알맞은 땅에 뿌리듯이, 성경은 물론이고 가르칠 대상에 대하여 많은 연구를 해야 한다. 잘못 가르쳐 놓으면 다시 돌이킬 수 없는 경우가 허다하기 때문이다.

예수님의 이런 씨 뿌림의 비유는 당시 유대교 교사인 서기관, 바리새인들의 오류를 지적하기 위함이다. 예수님은 이들에 대하여 다음과 같이 말씀하셨다.

> 화 있을진저! 외식하는 서기관들과 바리새인들이여, 너희는 천국 문을 사람들 앞에서 닫고 너희도 들어가지 않고 들어가려 하는 자도 들어가지 못하게 하는도다(마23:13)

> 화 있을진저! 외식하는 서기관들과 바리새인들이여, 너희는 교인 한 사람을 얻기 위하여 바다와 육지를 두루 다니다가 생기면 너희보다 배나 더 지옥 자식이 되게 하는도다(마23:15)

당시 예루살렘의 유대인들은 해외에 나가있는 교포들에게 율법을 가르치기 위하여 스스로 비용을 마련하여 먼 해외까지 찾아가는 수고를 아끼지 않았다. 그런데 잘못 가르쳐 놓으면 어떻게 되는가? 배나 더 지옥자식을 만들어 놓으며, 천국 문을 가로막고 자기도 못 들어가고 남도 못 가게 하는 꼴이 되고 만다.

서기관과 바리새인의 죄는 과거의 전통과 정통신앙을 재해석 없이 가르치고, 물려받은 교리와 조금만 어긋나도 다 잘못된 것이라고 가르치며, 정통신앙을 수호하도록 가르친 데에 있다.

> **【2】** 8 더러는 좋은 땅에 떨어지매 어떤 것은 백 배, 어떤 것은 육십 배, 어떤 것은 삼십 배의 결실을 하였느니라.

듣는 사람에게도 책임이 있다. 설교자는 교인들을 염두에 두지 않을 수 없는데, 교인들이 옳은 소리를 싫어하고 부담을 느끼면 반대로 그런 반응이 설교자에게 영향을 준다. 대부분의 교인들은 설교자가 하나님의 말씀을 바르게 전하면, 길바닥처럼 귀를 막고 듣지 않거나, 돌밭과 가시덤불처럼 마음에 담아 두지 않는다. 설교자의 설교가 교인들에게 영향을 주기도 하지만 그에 못지않게 교인들의 듣는 태도가 설교자에게 영향을 준다. 설교자는 하나님만을 의식해야 하지만 실제로는 대부분의 설교자들은 교인들을 더 의식한다.

이런 이유로 구약의 계약법에 의하면 설교자가 바른 설교를 하게 하는 책임을 교인들에게 두었다. 레위기는 성직자들의 지침서인데, 이를 문서로 만들어 공개하고 모든 교인들에게 가르쳤다. 유대인들은 어린아이들에게 제일 먼저 레위기를 가르쳤다. 또 회당에서는 설교자가 따로 있지 않고 참석자 누구나 나와서 설교할 수 있도록 했다. 이는 성직자들의 오류를 막을 수 있는 가장 현실적인 안전장치였다.

교인들이 성경을 똑바로 알고 있으면 설교자가 허튼소리를 할 수 없다. 그런데 오늘날 설교자에게는 하나님보다 교인들을 더 의식하고 있다. 한 나라의 수준은 정치가들에게 있지 않고 국민들의 의식수준에 있는 것과 마찬가지다. 선거철에 돈을 받아먹고 표를 찍는 사람이 있으니까 돈을 뿌리지, 돈을 뿌리는 자에게 표를 주지 않고 고발한다면 돈을 뿌릴 수 없다.

교인들에 대한 책임은 설교자에게 있고, 설교자들에 대한 책임은 교인들에게 있다.

【3】 9 귀 있는 자는 들으라 하시니라

예수님께서는 왜 이 말씀을 하실까? 또 무슨 뜻일까?

이 말씀은 계약 파기에 대한 경고의 말씀이다. 지금 너희가 이 말을 듣고 고치지 않으면 다음 수순은 계약파기로 말미암은 비참한 멸망이라는 뜻이다. 계약공동체에게 계약파기는 가장 엄중한 심판이다. 세상 구원의 책임이 계약공동체에 있기 때문이다. 유대인들은 예수님의 이 말씀을 귀담아 듣지 않았다가 예루살렘성이 비참하게 멸망했다. 유월절 절기를 지키러 왔던 250여만 명이 성에 갇혀 대부분 굶어 죽었는데, 초기에는 죽은 사람을 성 밖으로 내던졌으나 너무 많은 사람들이 죽다보니 그것도 포기하고 시체가 성 안에서 썩어 냄새 때문에 살 수 없을 정도였다고 한다. 그 이후 유대인들은 나라를 잃고 2천여 년 동안 전 세계를 떠돌면서 숱한 고난을 겪어야 했다. 성경은 지금도 우리에게 똑같이 말씀하고 있다.

귀 있는 자는 들을진저!

물음 54 가라지의 비유, 무엇을 말하는가?

본문 : 〈 13장 〉

24 예수께서 그들 앞에 또 비유를 들어 이르시되 천국은 좋은 씨를 제 밭
에 뿌린 사람과 같으니 25 사람들이 잘 때에 그 원수가 와서 곡식 가운
데 가라지를 덧뿌리고 갔더니 26 싹이 나고 결실할 때에 가라지도 보이
거늘 27 집 주인의 종들이 와서 말하되 주여 밭에 좋은 씨를 뿌리지 아
니하였나이까 그런데 가라지가 어디서 생겼나이까 28 주인이 이르되 원
수가 이렇게 하였구나 종들이 말하되 그러면 우리가 가서 이것을 뽑기를
원하시나이까 29 주인이 이르되 가만 두라 가라지를 뽑다가 곡식까지 뽑
을까 염려하노라 30 둘 다 추수 때까지 함께 자라게 두라 추수 때에 내
가 추수꾼들에게 말하기를 가라지는 먼저 거두어 불사르게 단으로 묶고
곡식은 모아 내 곳간에 넣으라 하리라

36 이에 예수께서 무리를 떠나사 집에 들어가시니 제자들이 나아와 이르되
밭의 가라지의 비유를 우리에게 설명하여 주소서 37 대답하여 이르시되
좋은 씨를 뿌리는 이는 인자요 38 밭은 세상이요 좋은 씨는 천국의 아들
들이요 가라지는 악한 자의 아들들이요 39 가라지를 뿌린 원수는 마귀요
추수 때는 세상 끝이요 추수꾼은 천사들이니 40 그런즉 가라지를 거두어
불에 사르는 것 같이 세상 끝에도 그러하리라 41 인자가 그 천사들을 보
내리니 그들이 그 나라에서 모든 넘어지게 하는 것과 또 불법을 행하는
자들을 거두어 내어 42 풀무 불에 던져 넣으리니 거기서 울며 이를 갈게
되리라 43 그 때에 의인들은 자기 아버지 나라에서 해와 같이 빛나리라
귀 있는 자는 들으라

【1】 24 …천국은 좋은 씨를 제 밭에 뿌린 사람과 같으니 25 사람들이 잘 때에 그 원수가 와서 곡식 가운데 가라지를 덧뿌리고 갔더니

농사는 잡초와의 전쟁이다. 농사에서 제일 어려운 문제는 잡초의 제거다. 예수님은 실생활의 경험과 관련된 비유로 말씀하셨다. 본문에서 가라지는 무엇을 말하는가? 마귀의 방해공작이다. 이 세상의 역사가 다 하는 날까지 우리는 마귀와 공존해야 한다. 농사에서 잡초를 없앨 수 없듯이 신앙생활에서 마귀를 제거할 수는 없다. 단지 우리가 적절히 대처해야 한다. 마귀의 속성과 그에 대한 처방에 대해서는 앞에서 여러 번 언급한 바와 같다.

잊지 말아야할 사실은 정통신앙이 마귀의 도구가 될 수 있다는 무서운 사실이다.

【2】 41 인자가 그 천사들을 보내리니 그들이 그 나라에서 모든 넘어지게 하는 것과 또 불법을 행하는 자들을 거두어 내어 42 풀무 불에 던져 넣으리니 거기서 울며 이를 갈게 되리라

요한계시록에서는 하나님의 종과 마귀의 종을 동일하게 ἀγγέλος(천사, 대리자)라고 부른다. 하나님의 일을 하면서 주의해야 할 점은 마귀의 종노릇 하지 않도록 정신을 바짝 차려야 한다는 점이다. 정통교단의 성직자가 어떻게 마귀의 종이 될 수 있는가라는 의문이 드는데, 역사의 교훈은 정통교단의 성직자이기 때문에 마귀에게 이용당할 위험성이 더 크다는 놀라운 사실이다. 정통신앙을 그대로 수호하려는 확신을 가지고 있으면 이미 그는 마귀에게 이용당하고 있을 가능성이 높다. 마귀는 항상 이런 확신을 심어주기 때문이다. 성령이 임하면 끊임없이 몸조심하며 수없이 원점에서부터 검토하고 돌아보고 또 배우려고 한다. 끊임없이 재해석하지 않는 한 마귀의 손아귀에서 벗어날 수가 없다.

마귀에게 종노릇하고 있는 사람일수록 스스로 하나님의 종이라고

확신하는데, 이런 사람들은 마지막 때 가서야 자신이 속았음을 알고 슬피 울며 이를 갈게 된다. 무서운 일이다. 성령에 사로잡힌 사람일수록 스스로 하나님의 종이라고 생각하지 못한다. 감히 하나님의 종이 되기에는 너무 부족하다는 생각에서 마귀에게 이용당하지 않도록 조심하면서 하나님의 뜻에서 벗어나지 않으려고, 작은 일을 소홀히 하지 않으려고 애쓸 뿐이다.

내가 바로 가라지일 수 있음을 명심해야 한다.

물음 55 가장 작은 것과 가장 큰 것, 어떤 관계일까?

본문 : 〈 13장 〉

31 또 비유를 들어 이르시되 천국은 마치 사람이 자기 밭에 갖다 심은 겨
자씨 한 알 같으니 32 이는 모든 씨보다 작은 것이로되 자란 후에는 풀
보다 커서 나무가 되매 공중의 새들이 와서 그 가지에 깃들이느니라

33 또 비유로 말씀하시되 천국은 마치 여자가 가루 서 말 속에 갖다 넣어
전부 부풀게 한 누룩과 같으니라

34 예수께서 이 모든 것을 무리에게 비유로 말씀하시고 비유가 아니면 아
무 것도 말씀하지 아니하셨으니 35 이는 선지자를 통하여 말씀하신 바
내가 입을 열어 비유로 말하고 창세부터 감추인 것들을 드러내리라 함을
이루려 하심이라

44 천국은 마치 밭에 감추인 보화와 같으니 사람이 이를 발견한 후 숨겨
두고 기뻐하며 돌아가서 자기의 소유를 다 팔아 그 밭을 사느니라

45 또 천국은 마치 좋은 진주를 구하는 장사와 같으니 46 극히 값진 진주
하나를 발견하매 가서 자기의 소유를 다 팔아 그 진주를 사느니라

47 또 천국은 마치 바다에 치고 각종 물고기를 모는 그물과 같으니 48 그
물에 가득하매 물 가로 끌어 내고 앉아서 좋은 것은 그릇에 담고 못된
것은 내버리느니라 49 세상 끝에도 이러하리라 천사들이 와서 의인 중에
서 악인을 갈라 내어 50 풀무 불에 던져 넣으리니 거기서 울며 이를 갈
리라

【1】 31 …천국은 마치 사람이 자기 밭에 갖다 심은 겨자씨 한 알 같으니

33 …천국은 마치 여자가 가루 서 말 속에 갖다 넣어 전부 부풀게 한 누룩과 같으니라

이스라엘 사람들이 바벨론에서 포로생활 할 때 신명기 예언자들은 하루 종일 중노동에 시달린 사람들을 저녁에 모이게 하여 성경을 가르치고 집에 가서 자녀들에게 전달교육을 하게 했다. 그렇게 하면 무슨 수가 날까? 전쟁포로로 먼 나라에 끌려간 사람들에게 이게 무슨 소용이 있을까? 그런데 50여년 후 누구도 예상하지 못했던 일이 일어났다. 영원히 망할 것 같지 않던 바벨론이 100년을 못 채우고 멸망했다. 바벨론 성은 화살을 쏘아도 닿지 않을 만큼 높이 쌓았고, 성 위에는 마차가 지나갈 수 있는 2차로를 만들고, 길 양옆에는 집을 짓고 살았으니 그 성벽의 규모는 상상이 안 된다. 이런 성벽을 만일의 경우를 대비하여 이중 삼중으로 쌓고, 성 밖에는 강물로 해자를 만들고, 강물이 성 안으로 흐르게 하여 물이 떨어질 일이 없게 하고, 성안에는 100년 치 식량을 쌓아두고…. 그런데 바벨론 성이 하루아침에 멸망하고 말았다. 왜 망했을까? 신명기 예언자들의 해석에 의하면 유대인들의 성경공부 때문이다.

초대교회에서는 주로 노예들이 생명과 재산 등 모든 것을 포기하고 예수님을 믿었다. 이들에게는 로마제국 차원에서 온갖 박해와 멸시, 비방이 끊임없이 있었지만 결국 로마제국이 굴복하고 교회가 제국을 다스리게 되었다.

이는 역사의 이야기이다. 구약의 예언자들은 역사 해석자들이었는데 그들이 보는 역사의 관점은 계약이었다. 역사의 주관자이신 하나님께서는 지금도 역사를 계약의 법으로 이끌어 가신다. 구속사가 중요하지만 구속사는 계약사 속에서 진행된다.

천국 비유에 왜 하필이면 씨 중에서도 가장 작은 겨자씨, 그것도 한 알일까? 왜 하필이면 눈에 잘 보이지도 않는 누룩 몇 알일까?

하나님께서 일하시는 방법의 주요 특징이다. 하나님께서는 가장 작은 것에서 시작하여 가장 큰 것을 성취하게 하신다. 가장 작은 것 속에 가장 큰 가능성이 숨겨져 있다.

하나님나라는 겨자씨 한 알처럼, 누룩처럼 시작되어 완성을 향해 간다.

【2】 45 또 천국은 마치 밭에 감추인 보화와 같으니 46 또 천국은 마치 좋은 진주를 구하는 장사와 같으니

구약에 보면 하나님께서 사람의 모습으로 오실 때에는 나그네의 모습이었다. 고대에 나그네는 가장 비참한 사람의 대명사다. 하나님은 나그네의 초라함 속에 숨어 계셨다. 출애굽의 지도자 모세는 미디안 광야의 양치기 신분으로 목동의 지팡이를 짚은 80노인의 모습으로 등장했다. 누가 그를 알아보았을까? 에브라임 지파와 유다 지파의 지도자인 여호수아와 갈렙이 모세를 알아보고 하나님처럼 섬겼다. 이 두 사람은 살아서 가나안에 들어갔다.

하나님은 외모를 보지 않으시고 중심을 보신다. 하나님은 군대의 숫자와 무기의 성능을 보지 않으시고 믿음의 사람을 보신다. 성경을 해석하려면 표면적인 문자와 문장만 보지 말고 그 안에 숨겨진 이면적인 의미를 보아야 한다. 성경 속에 감추어진 은폐, 함축, 암시의 의미를 찾아내어 해석해야 한다.

이 세상에서 하나님나라 운동을 하려면 보는 눈이 달라져야 한다.

【3】 47 또 천국은 마치 바다에 치고 각종 물고기를 모는 그물과 같으니 48 그물에 가득하매 물 가로 끌어 내고 앉아서 좋은 것은 그릇에 담고 못된 것은 내버리느니라 49 세상 끝에도 이러하리라 천사들이 와서 의인 중에서 악인을 갈라 내어 50 풀무 불에 던져 넣으리니 거기서 울며 이를 갈리라

이 땅에서 시작된 하나님나라 운동은 이 세상에서, 인간의 힘으로, 인간의 방식으로 완성되지 않는다. 이 세상이 불완전하고, 사람

이 불완전하기 때문에 완성될 수 없는 것은 당연하다. 단지 완성을 향해서 최선을 다해 갈 뿐이다. 문자 그대로 진인사대천명(盡人事待天命)이다.

반대로 인간이 시작하지 않으면 하나님께서 완성시킬 수가 없으시다. 하나님께서는 사람을 통해서, 계약공동체를 통해서, 계약의 방식으로 일하시기 때문이다. 성경의 하나님은 계약의 하나님이시다. 이 세상과 계약관계이시고, 세상 모든 사람들과 계약관계이시고, 계약공동체와 계약관계이시고, 인류의 역사가 계약관계로 진행된다.

〈 언약신학과 계약신학 〉

예수님의 십자가와 대속의 죽으심에 초점을 맞추는 십자가 신학과 구속사(救贖史)에서는 십자가를 통해서 주어지는 용서의 은혜를 하나님의 가장 큰 사랑이라고 본다. 우리의 죄를 용서하시기 위하여 하나님께서 인간이 되시고, 외아들을 대신 보내셔서 십자가에서 내신 죽게 하셨다. 십자가에서 나타난 이 사랑보다 더 큰 사랑은 있을 수 없다. 다 맞는 말이다. 이런 관점에서는 베리트(תירב)와 디아데케(διαθήκη)를 십자가에 대한 '언약(言約)'과 '약속(約束)'으로 해석을 한다. 이와 같은 언약신학에서는 베리트를 하나님의 일방적인 은총의 언약으로 이해한다. 이런 시각에서 보면 쌍방의 계약조건과 실천을 강조하는 계약신학은 부담이며 고리타분한 율법으로 보일 수 있다.

그런데 계약신학에는 구속사에서 말하는 하나님의 사랑이 그대로 인정되고 또 받아들여진다. 이에 덧붙여서 계약의 내용과 조건에 들어있는 하나님의 사랑이 추가된다. 하나님을 일방적으로 떠받들고 섬기라면 부담일 수 있다. 그런데 성경에서 말하는 계약은 하나님께서 우리를 이 세상에서 하나님을 대신할 사람으로 인정하시고 받아

주시는 계약이다. 절대자인 하나님께서 죄인에 불과한 나를, 세상 사람들 중에서도 별 볼 일 없는 나를 계약의 대상으로 삼아주시고 이 세상과 하나님나라의 상속자인 아들이라고 불러주신다. 하나님의 대행자로서 뭘 다 바치고 헌신하고 죽도록 고생하라는 요청이 아니라 다음과 같은 약속이다.

> "너희들은 이 세상에서 살 수 있는 가장 행복한 삶을 살아라. 제발 그렇게 해라. 내가 어떻게 하든지 도와주어서, 필요하면 초자연적인 기적을 베풀어서라도 너희가 그렇게 살게 해주겠다."

언약신학과 계약신학 중 어느 것이 하나님의 더 큰 사랑인가? 용서받는 자인가? 대행자인가?

너는 나의 대행자다.
너는 나의 상속자 아들이다.

물음 56 예수님, 왜 고향에서 인정받지 못하셨을까?

본문 : 〈 13장 〉

53 예수께서 이 모든 비유를 마치신 후에 그 곳을 떠나서 54 고향으로 돌
아가사 그들의 회당에서 가르치시니 그들이 놀라 이르되 이 사람의 이
지혜와 이런 능력이 어디서 났느냐 55 이는 그 목수의 아들이 아니냐 그
어머니는 마리아, 그 형제들은 야고보, 요셉, 시몬, 유다라 하지 않느냐
56 그 누이들은 다 우리와 함께 있지 아니하냐 그런즉 이 사람의 이 모
든 것이 어디서 났느냐 하고 57 예수를 배척한지라 예수께서 그들에게
말씀하시되 선지자가 자기 고향과 자기 집 외에서는 존경을 받지 않음이
없느니라 하시고 58 그들이 믿지 않음으로 말미암아 거기서 많은 능력을
행하지 아니하시니라

유대인들은 메시야가 등장할 때의 모습에 대해서도 많은 연구를 했다. 결론은 출신지가 어디인지 알 수 없다고 했다. 바람같이 초인

처럼 나타나리라고 생각했다. 그런데 예수님은 갈릴리 나사렛 출신이고, 목수이며 그 지역 사람들이 예수님의 가족관계를 너무나 상세히 알고 있었고 너무나 평범했다. 이런 이유로 그들은 예수님은 메시야가 될 수 없다고 배척했다.

마귀는 항상 특별을 좋아하며 평범을 무시한다.

하나님께서는 항상 평범을 좋아하신다. 그런데 나는?

평범인가 특별인가?

그것이 문제로다.

물음 57 헤롯, 왜 요한을 죽였을까?

본문 : 〈 14장 〉

1 그 때에 분봉 왕 헤롯이 예수의 소문을 듣고 2 그 신하들에게 이르되 이
는 침례 요한이라 그가 죽은 자 가운데서 살아났으니 그러므로 이런 능
력이 그 속에서 역사하는도다 하더라 3 전에 헤롯이 그 동생 빌립의 아
내 헤로디아의 일로 요한을 잡아 결박하여 옥에 가두었으니 4 이는 요한
이 헤롯에게 말하되 당신이 그 여자를 차지한 것이 옳지 않다 하였음이
라 5 헤롯이 요한을 죽이려 하되 무리가 그를 선지자로 여기므로 그들을
두려워하더니

6 마침 헤롯의 생일이 되어 헤로디아의 딸이 연석 가운데서 춤을 추어 헤
롯을 기쁘게 하니 7 헤롯이 맹세로 그에게 무엇이든지 달라는 대로 주겠
다고 약속하거늘 8 그가 제 어머니의 시킴을 듣고 이르되 침례 요한의
머리를 소반에 얹어 여기서 내게 주소서 하니 9 왕이 근심하나 자기가
맹세한 것과 그 함께 앉은 사람들 때문에 주라 명하고 10 사람을 보내어
옥에서 요한의 목을 베어 11 그 머리를 소반에 얹어서 그 소녀에게 주니
그가 자기 어머니에게로 가져가니라

12 요한의 제자들이 와서 시체를 가져다가 장사하고 가서 예수께 아뢰니라

예수님의 활동과 세례 요한은 직결되어 있다. 나사렛에서 조용히

때를 기다리시던 예수님은 세례 요한의 등장에 때가 되었음을 아시고 그에게 세례를 받으셨다. 그 후 광야에서 시험받으신 후 또 기다리시다가 요한의 체포소식을 들으시고 활동을 시작하셨다. 요한은 왜 체포당했을까?

【1】 3 전에 헤롯이 그 동생 빌립의 아내 헤로디아의 일로 요한을 잡아 결박하여 옥에 가두었으니

성경에서는 세례 요한이 헤롯의 가정사를 비판해서 체포되었다고 기록하고 있다. 그러나 그것은 드러난 이유였고 진짜 이유는 다른데 있었다고 보인다. 예루살렘이 멸망하는 과정에 직접 관여했던 요세푸스는, 정의의 실현을 요구하는 세례 요한의 설교가 큰 영향력을 발휘하여 그를 추종하는 사람들이 급속도로 늘어나서 자칫 반란이 일어날 위기에 처하자, 헤롯은 이를 미연에 방지하기 위하여 요한을 체포하여 제거했다고 기록하고 있다.[71] 요한복음에서도 세례 요한을 추종하는 자들이 많았으며, 그를 메시야라고 생각하기에 이르렀음을 언급하고 있다.(요1:19~28)

메시야 대망이 무르익었던 당시에 사람들의 온 관심이 세례 요한에게 쏠려 있었기 때문에 요한이 활동하고 있는 한 예수님은 활동하실 수 없었다. 이런 사실은 누구보다도 세례 요한이 더 잘 알고 있었다. 자신의 역할이 무엇인지, 어디까지인지를 알고 있던 요한은 이제 예수님께서 활동하실 때임을 알고 스스로 자리를 비켜주었는데, 그 방법이 헤롯의 사생활을 비판하여 스스로 체포당할 빌미를 준 것이다. 참으로 성령의 인도하심을 받으면 이런 상황에 대한 판단이 하나님의 입장에서 가능해진다. 성경에 등장하는 하나님의 사람들은 이렇게 판단하고 활동했다. 이런 사실을 다음과 같이 기록하고 있다.

요한이 잡힌 후 예수께서 갈릴리에 오셔서 하나님의 복음을 전파하여 이

71) Steve Mason, *Josephus and the New Testament*, 유태엽 역, 「요세푸스와 신약성서」 대한기독교서회, 2002, p.211.

르시되 때가 찼고 하나님의 나라가 가까이 왔으니 회개하고 복음을 믿으라 하시더라(막1:14~15)

감옥에 갇혀있는 동안 세례 요한은 제자들의 보고를 통하여 예수님의 활동을 지켜보고 있었다.

【2】 12 요한의 제자들이 와서 시체를 가져다가 장사하고 가서 **예수께 아뢰니라.**

이 본문은 요한과 예수님 활동이 얼마나 밀접했는가를 잘 보여주고 있으며, 요한이 죽었다는 보고를 접한 예수님은 제자들과 함께 한적한 광야로 물러가셨다.(마14:13) 아마도 요한을 추모하면서 이제 다음은 예수님 차례임을 잘 아셨기에 이에 대한 대비를 하시기 위함이었을 것이다. 그러나 광야에서도 예수님은 조용히 계실 틈이 없으셨다.

물음 58 오병이어 이야기, 무엇을 말할까?

본문 : 〈 14장 〉

13 예수께서 들으시고 배를 타고 떠나사 따로 빈 들에 가시니 무리가 듣고
여러 고을로부터 걸어서 따라간지라 14 예수께서 나오사 큰 무리를 보시
고 불쌍히 여기사 그 중에 있는 병자를 고쳐 주시니라

15 저녁이 되매 제자들이 나아와 이르되 이 곳은 빈 들이요 때도 이미 저
물었으니 무리를 보내어 마을에 들어가 먹을 것을 사 먹게 하소서 16 예
수께서 이르시되 갈 것 없다 너희가 먹을 것을 주라 17 제자들이 이르되
여기 우리에게 있는 것은 떡 다섯 개와 물고기 두 마리뿐이니이다 18 이
르시되 그것을 내게 가져오라 하시고 19 무리를 명하여 잔디 위에 앉히
시고 떡 다섯 개와 물고기 두 마리를 가지사 하늘을 우러러 축사하시고
떡을 떼어 제자들에게 주시매 제자들이 무리에게 주니 20 다 배불리 먹
고 남은 조각을 열두 바구니에 차게 거두었으며 21 먹은 사람은 여자와
어린이 외에 오천 명이나 되었더라

【1】 13 예수께서 들으시고 배를 타고 떠나사 따로 빈 들에 가시니 무리

가 듣고 여러 고을로부터 걸어서 따라간지라 14 예수께서 나오사 큰 무
리를 보시고 불쌍히 여기사 그 중에 있는 병자를 고쳐 주시니라

바닷가에서 많은 무리들과 계시다가 세례 요한이 죽었다는 소식을 들으신 예수님께서는 제자들과 배를 타고 바다 건너편 빈 들로 가셨다. 그런데 바닷가에 모여 있던 군중들은 흩어지지 않고 먼 길을 걸어 예수님 계신 곳으로 몰려왔다. 바닷가에 있던 사람들도 대부분 먼 길을 며칠씩 걸어서 온 사람들이었다. 그런데 또 먼 거리를 병들고 지친 몸으로 걸어서 찾아왔다. 본문의 큰 무리를 보시고 불쌍히 여기셨다는 설명은 이를 말한다.

예수님께서는 요한의 죽음에 대한 소식을 듣자 왜 제자들만 데리고 빈 들로 가셨을까? 이제 시간이 얼마 남지 않았으므로 제자들과 마지막 시간을 보내며 교육에 치중하셔야 했기 때문이다. 이제부터는 제자들에 대한 마지막 특별교육 시간으로 보아야 한다. 다시 말하지만 예수님께서는 모든 상황과 되어질 일을 미리 아시고 치밀하게 움직이셨다. 어떻게 하다 보니 그렇게 된 것이 아니었다. 광야로 가실 때부터 많은 사람들이 먼 길을 따라올 것이라는 것과 그 다음 무슨 일을 해야 할지 다 아시고 교육의 기회를 만드셨다.

그 첫 번째 특별교육은 무엇일까? 또 무엇으로 어떻게 그 교육을 시작하셨을까?

【2】 15 저녁이 되매 제자들이 나아와 이르되 이 곳은 빈 들이요 때도
이미 저물었으니 무리를 보내어 마을에 들어가 먹을 것을 사 먹게 하소서

군중들에 대한 제자들의 반응을 기다리셨다. 여러 날 동안 걸어왔고, 또 빈들에 있다 보니 많은 사람들은 먹을 것이 떨어져 굶고 있었다. 이제 날은 저물어가고, 걸어서 가야할 길은 멀고, 굶주려서 걸어갈 힘은 없고, 난감하기 짝이 없었다. 예수님께서는 이런 상황에서 제자들에게 산 교육을 시키셨다. 지금부터 진행되는 이야기 속에 예수님께서 가르치시고자 하는 교육의 내용과 방법이 들어 있다.

제자들이 말했다.

날이 더 저물기 전에 이들을 가까운 마을로 보내 뭘 좀 사 먹게 해야 하지 않겠습니까?

제자들이 찾아낸 방법은 이 방법이었다. 이외에 무슨 다른 방법이 있겠는가? 그런데 예수님에게는 다른 방법이 있었다.

【3】 16 예수께서 이르시되 갈 것 없다 **너희가 먹을 것을 주라**

예수님께서 말씀하시는 방법은 제자들이 직접 먹을 것을 주는 것이었다. 그런데 그 방법대로 하려면 어떻게 해야 하는가?

【4】 (막6:37)대답하여 이르시되 너희가 먹을 것을 주라 하시니 여짜오되 **우리가 가서 이백 데나리온의 떡을 사다 먹이리이까**

현실적이고 계산이 빠른 빌립이 대답했다.

빌립이 대답하되 각 사람으로 조금씩 받게 할지라도 이백 데나리온의 떡이 부족하리이다(요6:7)

빌립이 생각해낸 방법은 요기만 시키려고 해도 200데나리온의 돈이 필요하며, 광야인데 갑자기 어디서 그 많은 떡을 사와야 할지도 문제라고 했다. 예수님께서 이런 상황을 모르실 리 없다. 예수님은 이 문제를 어떻게 해결하시려고 했을까? 제자들에게 물으셨다.

【5】 (막6:38)이르시되 너희에게 떡 몇 개나 있는지 가서 보라 하시니 알아보고 이르되 떡 다섯 개와 물고기 두 마리가 있더이다 하거늘

너희가 가지고 있는 것이 무엇이냐?

제자들이 대답했다.

겨우 떡 다섯 개와 물고기 두 마리입니다.

【6】 18 이르시되 **그것을 내게** 가져오라 하시고

예수님께서 요구하시는 것은 우리가 할 수 없는 것이 아니라 할 수 있는 것이다. 그런데 문제는 그것으로는 아무런 도움이 되지 않

는다는 데에 있다. 한 어린아이가 가지고 있던 한 끼 양식, 이것으로 만여 명 이상의 사람들을 어떻게 먹일 수 있겠는가? 이는 아예 거론할 필요조차 없다고 생각된다. 그런데 우리의 판단과 하나님의 판단은 전혀 다르다.

그것이면 충분하다. 그것을 내게로 가져와라.

하나님은 항상 이런 방법으로 일을 하신다. 모세에게 출애굽의 소명을 주시면서 물으셨다. 네가 가지고 있는 것이 무엇이냐? 40년 동안 장인의 양을 치던 지팡이입니다. 그것이면 족하다. 내게 가져와라, 그리고 다시 모세의 손에 들려 주셨다. 팔십 세 노인의 손에 들려진 낡은 막대기, 이것으로 출애굽의 기적은 시작되었다. 바벨론 포로들이 할 수 있었던 것은 하루 종일 중노동에 시달린 몸으로 밤에 모여 율법을 공부하는 것이었다. 그게 다였다. 이것으로 바벨론을 어떻게 당해낸단 말인가? 그런데 그것으로 바벨론을 멸망시켰다. 하나님의 일을 하려면 사람의 판단, 사람의 생각을 버려야 한다. 하나님의 일은 믿음의 차원이다.

【7】(막6:41)예수께서 떡 다섯 개와 물고기 두 마리를 가지사 **하늘을 우러러 축사하시고** 떡을 떼어 제자들에게 주어 사람들에게 나누어 주게 하시고

떡 다섯 개와 물고기 두 마리를 가지고 축사하신 후 다시 돌려주시며 열두 제자들로 하여금 사람들에게 나누어 주게 하셨다. 수십 명씩 질서정연하게 모여 있던 만여 명 이상의 사람들은 다 배불리 먹었고 또 나누어주던 열두 제자들의 광주리에는 떡이 아직 남아 있었다.

오병이어의 이야기에 담긴 의미를 좀 더 생각해보고자 한다.

❶ 실화(實話)인가 신화(神話)인가?

많은 사람들이 알고 있고 또 사실 여부가 논란의 대상인 이 이야

기를 어떻게 받아들여야 할까? 많은 사람들은 지어낸 이야기라고 생각한다. 반면에 자유주의 신학자들은 신화적인 이야기이므로 실화로 재구성해내야 한다고 한다. 그들이 찾아낸 합리적인 설명은 다음과 같다.

> 사람들이 광야에 있을 때 다 먹을 것을 나름대로 챙겨왔으나, 다른 사람들은 굶고 있는데 혼자 꺼내 먹을 수가 없어 망설이고 있었는데, 한 아이가 자신이 먹을 것을 제자들에게 주는 것을 보고 부끄럽게 생각하여 먹을 것을 다 꺼내 놓으니 서로 나누어 먹고도 남았다. 자신들이 가지고 있는 것을 서로 나누면 모자랄 것 같지만 남는다. 이런 사실을 성경에서는 믿음을 북돋우기 위해 기적이 일어난 것처럼 신화적으로 표현했다.

듣고 보면 그럴 듯하며 많은 사람들이 이런 해석에 공감한다. 그러면 무엇이 사실일까? 오병이어의 기적이 일어난 것일까? 아니면 단지 신화로 표현한 것일까? 복음서에 기록된 기적 이야기들이 편집자나 아니면 그 공동체에 의해 이렇게 신화로 재구성된 것일까? 오늘 우리는 이렇게 신화로 표현된 이야기를 비신화해서 다시 재구성해야 할까? 성경해석은 그런 것일까?

이런 해석을 하는 사람에게 묻고 싶다. 현장에서 직접 있었던 제자들을 비롯한 많은 사람들이 이런 신화 때문에 생명을 내 놓고 재산을 포기하며 박해를 이겨냈을까? 또 이런 공동체에 동참하는 사람들이 급속도로 늘어났을까? 당신은 이런 신화를 믿고 생명과 재산을 포기하고 온갖 수모와 박해를 당하면서도 끝까지 예수님을 따를 수 있는가? 또 다른 사람들에게 생명 걸고 여기에 동참하라고 말할 수 있는가?

오늘 우리는 이와 같은 기적 이야기들을 어떻게 받아들여야 하는가? 성경은 경험의 책이며, 교리는 경험의 산물이다. 방법은 단순하다. 원칙대로 경험으로 확인해보면 된다. 구하고 찾고 두드리는 자에게는 주어지게 되어있다. 짧은 식견으로 판단하려하지 말고 진지하게 하나님께 물으라, 그러면 그분은 틀림없이 경험으로 알게 하신다.

그러면 이런 기적은 지금 어떻게 경험되는가? 이미 말한 바와 같이 신앙 경험의 절정은 하나님을 직관하는 면전의 상태다. 거기까지 이르는 과정에는 온갖 신비체험이 들어있다. 신비체험의 절정이 면전의 상태인데, 여기서는 초자연과 자연이 하나로 다가오기 때문에 초자연이 가능한가 등에 대하여 물을 필요조차 없다. 초자연이 그냥 당연하게 와 닿는다. 단지 그 초자연 앞에 나 자신이 전혀 합당하지가 않아 몸 둘 바를 모르며 온 존재로 전율에 사로잡히며 두려워 떨 뿐이다. 이 경험이 처음 일어날 때는 누구나 예외 없이 죽은 자처럼 된다. 하나님께서는 이런 초자연을 필요할 때 준비된 공동체를 통해서 허락하신다.

구약의 만나 이야기와 본문의 오병이어 이야기는 계약공동체의 하나님나라 운동과 관련되어 있다. 계약공동체가 해야 할 중요한 과제중의 하나는 먹는 문제, 즉 경제의 문제다. 만나와 오병이어의 이야기는 교회가 이 문제를 해결하려고 하다가 한계에 부딪히면 하나님께서는 초자연의 방법을 동원해서라도 해결해주시겠다는 약속이다. 인간이 이 땅에서 하나님나라를 실현하려는 운동은 언제나 한계에 부딪힐 수밖에 없다. 그럼에도 불구하고 그 운동을 지속하고자 하면 하나님께서는 틀림없이 초자연으로 개입하신다. 그 방법은 시대와 상황에 따라 달라질 수 있다.

신학자나 설교자로서 성경을 해석할 때는 책임지지 못할 말은 함부로 하지 말아야 심판을 면한다. 하나님의 말씀과 계시가 담겨있는 성경의 권위를 훼손하지 말아야 한다. 성경은 사람이 썼지만 다른 책들과는 다르다.

❷ 유언(遺言)

오병이어의 이야기는 예수님께서 갈릴리에서 제자들에게 행하신 마지막 사역이었다. 다시 말하면 유언적인 당부였다. 왜 오병이어의 이야기를 유언으로 남겨 놓으셨을까? 계약의 입장에서 보면 그 이유는 단순하다. 하늘나라 모형인 계약공동체가 보여주어야 할 모습은 윤리와 도덕 등이 이상적으로 실현된 정신문화 공동체일 뿐만 아니라 신분과 지위, 빈부의 격차가 해결된 사회경제 공동체이기 때문이다. 그 중에서 경제적인 부분에 많은 관심을 가지는데, 이 문제가 가장 어렵기 때문이다. 옛 계약법에는 안식년과 희년제도에서 경제적인 균형을 시도했다.

새 계약에서도 경제적인 문제는 가장 중요하게 다루어진다. 하나님나라의 도래를 선포하며 주님의 길을 예비한 세례 요한의 설교는 경제정의의 선포였다. 예수님께서 제자들을 둘씩 짝 지어 선교훈련을 시킬 때도 천국을 선포하면서 병자들과 죽은 자를 살린 후 여기에 동참한 사람들로 하여금 경제공동체를 형성하게 하셨다.[72] 예수님은 빈말로만 하나님나라를 선포하게 하지 않으셨다. 그리고 이제 여기에서 구체적으로 먹는 문제를 어떻게 해결해나가야 할지 보여주셨다.

네가 가진 것이 무엇이냐?
내게로 가지고 와라.
내가 되게 하리라.

❸ 대행자(代行者)

이렇게 되기를 바라는 자, 이렇게 실천하는 자, 이렇게 되리라고 믿는 자에게 말씀하신다.

이제 네가 그 일을 해라.
내 대신.

72) 〈물음41〉 참조.

물음 59 풍랑이는 바다, 왜, 누구에게 순종할까?

본문 : 〈 14장 〉

22 예수께서 즉시 제자들을 재촉하사 자기가 무리를 보내는 동안에 배를
타고 앞서 건너편으로 가게 하시고 23 무리를 보내신 후에 기도하러 따
로 산에 올라가시니라 저물매 거기 혼자 계시더니 24 배가 이미 육지에
서 수 리나 떠나서 바람이 거스르므로 물결로 말미암아 고난을 당하더라

25 밤 사경에 예수께서 바다 위로 걸어서 제자들에게 오시니 26 제자들이
그가 바다 위로 걸어오심을 보고 놀라 유령이라 하며 무서워하여 소리
지르거늘 27 예수께서 즉시 이르시되 안심하라 나니 두려워하지 말라
28 베드로가 대답하여 이르되 주여 만일 주님이시거든 나를 명하사 물
위로 오라 하소서 하니 29 오라 하시니 베드로가 배에서 내려 물 위로
걸어서 예수께로 가되 30 바람을 보고 무서워 빠져 가는지라 소리 질러
이르되 주여 나를 구원하소서 하니 31 예수께서 즉시 손을 내밀어 그를
붙잡으시며 이르시되 믿음이 작은 자여 왜 의심하였느냐 하시고

32 배에 함께 오르매 바람이 그치는지라 33 배에 있는 사람들이 예수께 절
하며 이르되 진실로 하나님의 아들이로소이다 하더라

34 그들이 건너가 게네사렛 땅에 이르니 35 그 곳 사람들이 예수이신 줄을
알고 그 근방에 두루 통지하여 모든 병든 자를 예수께 데리고 와서 36
다만 예수의 옷자락에라도 손을 대게 하시기를 간구하니 손을 대는 자는
다 나음을 얻으니라

광야에서 떡을 먹고 배부른 사람들이 보인 반응은 무엇이었을까? 예수님을 자기들의 왕으로 삼으려고 했다.(요6:15)

【1】 22 예수께서 즉시 제자들을 재촉하사 자기가 무리를 보내는 동안에 배를 타고 앞서 건너편으로 가게 하시고 23 무리를 보내신 후에 기도하러 따로 산에 올라가시니라 저물매 거기 혼자 계시더니

이에 예수님께서는 서둘러 제자들이 먼저 배를 타고 떠나게 하시고 친히 무리를 해산시켜 집으로 돌아가게 하셨다. 그리고 인근 산으로 기도하러 가셨다. 예수님께서 기도하시는 시간은 어떤 시간이

었을까? 정확하게 설명한다는 것은 어렵다. 단지 경험에 의하면 하나님과 일치된 면전의 시간이었으리라고 추정된다. 하나님 면전은 인간의 영성경험에서 절정의 상태이다. 하나님과 마음으로 소통이 되는 상태, 하나님의 거룩한 빛으로부터 직접 에너지가 공급되는 상태, 자연과 초자연이 하나가 되어 있는 상태, 과거 현재 미래를 동시에 꿰뚫으며 무엇을 어떻게 해야 할지 조용히 정리하시는 상태가 아니었을까 하고 짧은 경험으로 어림잡아 볼 뿐이다.

그런데 예수님께서는 기도를 중단하셔야 했다. 제자들에게 산교육을 시킬 중요한 기회를 놓칠 수 없었기 때문이다.

【2】 24 배가 이미 육지에서 수 리나 떠나서 바람이 거스르므로 물결로 말미암아 고난을 당하더라

25 밤 사경에 예수께서 바다 위로 걸어서 제자들에게 오시니

저녁 늦게 배를 타고 바다를 건너던 제자들은 풍랑이 일어 곤경에 처해 있었다. 그렇다면 예수님께서는 이를 통해 무엇을 어떻게 가르치셨을까?

물 위로 걸어서 오셨다. 풍랑에 시달리던 제자들은 어둠 속에서 누군가가 바다 위를 걸어오자 소스라치게 놀라며 유령이 나타났다고 했다. 예수님께서 안심을 시키시자 베드로는 기쁜 나머지, 또 신기해서 자신도 물 위를 걷게 해달라고 했다. 예수님은 이 사건을 통해서 무엇을 알려주시려고 하셨을까?

【3】 32 배에 함께 오르매 바람이 그치는지라 33 배에 있는 사람들이 예수께 절하며 이르되 진실로 하나님의 아들이로소이다 하더라

풍랑이는 바다, 인간으로서는 어찌할 수 없는 자연적인 재해들, 이 모든 것들도 계약공동체의 수중에 있음을 가르치시려고 했다. 하나님은 자연과 초자연을 지배하실 뿐만 아니라 초자연을 통해서 자연의 한계를 극복하시며 하나님의 뜻을 실현하신다. 구약의 공동체와 관련된 거룩한 전쟁의 이야기들은 이것을 말하고 있다. 초자연은

하나님의 뜻을 특별하게 실현하는 하나님의 방법이다. 계약공동체가 하나님의 뜻에 부응하기만 하면 하나님께서는 필요한 경우 초자연을 허락하신다. 이 땅에 하나님나라를 실현하는 것은 인간의 능력, 자연의 방식만으로는 불가능하다. 하나님의 초자연적인 도우심이 있어야만 한다. 모든 것을 아시는 하나님께서 조건이 갖추어지면 하나님의 방식으로 개입하셔서 하나님의 뜻을 실현하신다.

뜻이 하늘에서 이루어진 것같이 땅에서도 이루어지이다.

물음 60 정결례, 무엇이며 왜 중요할까?

본문 : 〈 15장 〉

1 그 때에 바리새인과 서기관들이 예루살렘으로부터 예수께 나아와 이르되
2 당신의 제자들이 어찌하여 장로들의 전통을 범하나이까 떡 먹을 때에
손을 씻지 아니하나이다 3 대답하여 이르시되 너희는 어찌하여 너희의
전통으로 하나님의 계명을 범하느냐 4 하나님이 이르셨으되 네 부모를
공경하라 하시고 또 아버지나 어머니를 비방하는 자는 반드시 죽임을 당
하리라 하셨거늘 5 너희는 이르되 누구든지 아버지에게나 어머니에게 말
하기를 내가 드려 유익하게 할 것이 하나님께 드림이 되었다고 하기만
하면 6 그 부모를 공경할 것이 없다 하여 너희의 전통으로 하나님의 말
씀을 폐하는도다

7 외식하는 자들아 이사야가 너희에 관하여 잘 예언하였도다 일렀으되 8
이 백성이 입술로는 나를 공경하되 마음은 내게서 멀도다 9 사람의 계명
으로 교훈을 삼아 가르치니 나를 헛되이 경배하는도다 하였느니라 하시
고 10 무리를 불러 이르시되 듣고 깨달으라 11 입으로 들어가는 것이
사람을 더럽게 하는 것이 아니라 입에서 나오는 그것이 사람을 더럽게
하는 것이니라

12 이에 제자들이 나아와 이르되 바리새인들이 이 말씀을 듣고 걸림이 된
줄 아시나이까 13 예수께서 대답하여 이르시되 심은 것마다 내 하늘 아
버지께서 심으시지 않은 것은 뽑힐 것이니 14 그냥 두라 그들은 맹인이
되어 맹인을 인도하는 자로다 만일 맹인이 맹인을 인도하면 둘이 다 구
덩이에 빠지리라 하시니

15 베드로가 대답하여 이르되 이 비유를 우리에게 설명하여 주옵소서 16
예수께서 이르시되 너희도 아직까지 깨달음이 없느냐 17 입으로 들어가
는 모든 것은 배로 들어가서 뒤로 내버려지는 줄 알지 못하느냐 18 입에
서 나오는 것들은 마음에서 나오나니 이것이야말로 사람을 더럽게 하느
니라 19 마음에서 나오는 것은 악한 생각과 살인과 간음과 음란과 도둑
질과 거짓 증언과 비방이니 20 이런 것들이 사람을 더럽게 하는 것이요
씻지 않은 손으로 먹는 것은 사람을 더럽게 하지 못하느니라

빈 들의 오병이어 사건 이후, 예수님께서는 제자들을 데리고 두로와 시돈으로 향하셨다.(마15:21) 이제 세상에 계실 시간이 얼마 남지 않았으므로, 제자들과 특별한 교육의 시간을 가지시려고 이스라엘 밖으로 나가시는 도중에 게네사렛을 거쳐 가버나움에 들리셨다. 그곳에는 예루살렘으로부터 바리새인과 서기관들이 예수님을 만나기 위해 와서 기다리고 있었다. 이들이 찾아온 목적은 예수님이 그들이 기다리던 메시야인지 확인하기 위해서였던 것 같다. 예수님과 제자 일행을 유심히 살펴보던 그들의 눈에 거슬리는 것이 있었다.

【1】 2 당신의 제자들이 어찌하여 장로들의 전통을 범하나이까 떡 먹을 때에 손을 씻지 아니하나이다

유대인들은 전통에 따라 식사를 할 때 손을 씻었는데, 예수님의 제자들이 식사할 때 이를 무시했던 것이다. 아마도 예수님께서 평소 이를 중요하게 여기지 않으셨기 때문에 제자들도 따랐을 것이다. 바리새인들이 이 문제를 제기하자 예수님께서는 유대인이 지키고 있는 전통이 얼마나 허술하며 율법에 어긋나는지 말씀하셨다. 구약의 율법에서는 부모 공양을 중요하게 여겼으며(출20:12), 부모를 때리거나 저주하면 죽이라고 되어있다.(출21:17) 그런데 유대인들은 하나님께 서원한 것이 부모를 섬기는 것보다 우선한다고 생각하여 '고르반' 이라는 전통을 만들어 가르쳤으며, 그 결과 이를 악용하여 부모를 섬기지 않는 경우가 종종 있었다.

예수님은 전통의 한계를 지적하시며 다음과 같이 그 정곡을 찌르셨다.

【2】 11 입으로 들어가는 것이 사람을 더럽게 하는 것이 아니라 입에서 나오는 그것이 사람을 더럽게 하는 것이니라

음식을 먹을 때 손을 씻는 정결례를 행한다고 그 사람이 깨끗해지는 게 아니라 그 사람의 마음을 씻어야 하며, 무엇을 먹느냐가 아니라 무슨 마음을 먹고 무슨 생각을 하며 무엇을 말하느냐가 중요하다는 말씀이다. 율법에서 시체 등을 만지지 말라는 정결례법은 마음을 닦으라는 뜻이라고 해석하셨다. 듣고 보면 너무나 간단하고 단순하다. 예수님께서는 이사야서의 말씀을 인용하여 율법의 본래 정신에서 벗어나 있는 유대교의 헛된 조항을 강도 높게 질책하셨다.

【3】 12 이에 제자들이 나아와 이르되 바리새인들이 이 말씀을 듣고 걸림이 된 줄 아시나이까

이를 지켜보던 제자들은 좀 걱정스러웠던 모양이다. 예루살렘에서 온 이 지도자들은 별로 적대감이 없어보여서 잘만하면 예수님 편이 될 수도 있을 텐데, 예수님께서 이들을 너무 심하게 대하셔서 그들의 마음이 예수님에게서 돌아섰기 때문이다. 모든 이의 마음을 꿰뚫어 보시는 예수님께서는 이들을 왜 이렇게 대하셨을까? 진지하게 배우려는 자세가 아니라, 자신들이 이미 가지고 있는 잣대로 예수님을 재려는 자세가 하나님의 뜻에 맞지 않았기 때문이다. 지식이 없는 사람은 자신의 무지 때문에 이해하지 못하고, 스스로 지식이 좀 있다고 생각하는 사람은 자기 지식의 한계에 갇히기 십상이다. 어떻게 해야 하는가? 빈 마음이어야 한다. 백지여야 한다. 뭔가를 가지고 있으면 소경이 소경을 인도하는 꼴이 되고 만다.

빈 마음으로 돌아가라. 영성의 경험은 이를 가장 중요하다고 말한다.

【4】 15 베드로가 대답하여 이르되 이 비유를 우리에게 설명하여 주옵소서

베드로는 무엇을 요청한 것일까? 예수님 말씀이 무슨 뜻인지를 몰라서 다시 설명해달라고 한 것일까? 사람들을 더럽게 하는 것은 들어가는 게 아니라 나오는 것이라는 말씀을 말로 듣고 머리로 이해하기는 쉽다. 그러나 그렇게 되기까지는 멀고도 멀다. 어쩌면 평생을 가도 못 갈 수 있다. 된 듯하다가 또 아니고, 잡힐 듯하다가 또 멀어지고. 언제까지 이러고 있어야 하나? 베드로의 질문은 이런 것이 아니었을까? 베드로의 대답에 대한 예수님 설명은 무엇일까?

새로운 계약공동체가 교리와 신학을 전개하고 또 교회 운영과 목회의 지침들을 만들 때 유대교의 시행착오를 반복하지 말라는 말씀이다. 이런 기준으로 볼 때 오늘의 기독교 신학은 어떠한가? 유대교는 천천이요 기독교는 만만이다. 바른 길이 아니라 잘못 된 길에서 그러하다.

14장부터는 예수님의 유언의 가르침이다. 이 유언의 가르침을 가슴에 새겨야 한다.

물음 61 예수님께서 제자들에게 보여주신 스승, 누구일까?

본문 : 〈 15장 〉

21 예수께서 거기서 나가사 두로와 시돈 지방으로 들어가시니 22 가나안
여자 하나가 그 지경에서 나와서 소리 질러 이르되 주 다윗의 자손이여
나를 불쌍히 여기소서 내 딸이 흉악하게 귀신 들렸나이다 하되 23 예수
는 한 말씀도 대답하지 아니하시니 제자들이 와서 청하여 말하되 그 여
자가 우리 뒤에서 소리를 지르오니 그를 보내소서 24 예수께서 대답하여
이르시되 나는 이스라엘 집의 잃어버린 양 외에는 다른 데로 보내심을
받지 아니하였노라 하시니 25 여자가 와서 예수께 절하며 이르되 주여
저를 도우소서 26 대답하여 이르시되 자녀의 떡을 취하여 개들에게 던짐
이 마땅하지 아니하니라 27 여자가 이르되 주여 옳소이다마는 개들도 제
주인의 상에서 떨어지는 부스러기를 먹나이다 하니

28 이에 예수께서 대답하여 이르시되 여자여 네 믿음이 크도다 네 소원대
로 되리라 하시니 그 때로부터 그의 딸이 나으니라

모든 상황을 다 아시고 움직이시는 예수님께서 왜 두로와 시돈으로 가셨을까?

【1】 21 예수께서 거기서 나가사 **두로와 시돈 지방으로 들어가시니**

가장 중요한 이유는 제자들과 특별한 교육의 시간을 가지기 위함이었다. 제자들을 떠날 날이 얼마 남지 않았음을 잘 아시는 주님께서는 마지막 몇 달 동안 제자들과만 시간을 가지려고 했는데, 이스라엘에서는 몰려드는 사람들 때문에 불가능해서 옆 나라로 피해가셨다. 그런데 그 장소가 왜 두로와 시돈일까? 또 그곳에서 몇 달 동안 무슨 교육을 하셨을까? 이에 대하여 본문 이외에는 아무런 기록이 없기 때문에 알 수 없다. 유일하게 이 본문이 남아있는 것을 보면 아마도 이 내용이 주요 교육이었다고 보인다. 예수님께서는 제자들에게 산교육을 시키셨는데, 그런 시각에서 본다면 두로로 가신 이유가 이 본문에 등장하는 한 여인 때문이었다라고 볼 수 있다. 어떤 여인이었을까?

【2】 24 예수께서 대답하여 이르시되 **나는 이스라엘 집의 잃어버린 양 외에는 다른 데로 보내심을 받지 아니하였노라**

그 여인은 이방인으로 딸이 흉악한 귀신에 들려 고생하고 있었다. 사람들을 피해서 이방지역으로 가신 예수님께서는 제자들과 숨어 지내셨을 텐데 이 여인은 어떻게 알고 찾아왔을까? 이방 여인이 예수님을 향하여 '다윗의 자손'이라고 부른 것이나 또 기록된 행동을 보면 아마도 이 여인은 딸을 고치기 위하여 딸을 데리고 갈릴리로 갔다가 예수님 행적을 추적하여 이곳까지 찾아왔을 것으로 보인다. 천신만고 끝에 예수님 계신 곳을 알고 찾아왔지만 예수님은 만나주시지 않았다. 그러나 여인은 포기하지 않고 계속 만나기를 요청했지만 허사였다. 보다 못한 제자들이 여인의 요청을 들어주시라고

요청했지만 예수님은 단호하게 말씀하셨다. "나는 이스라엘 집의 잃어버린 양 외에는 다른 데로 보내심을 받지 아니하였노라." 무슨 뜻인가? 이 여인이 이방인이기 때문에 안 된다는 말씀이다. 평소의 예수님과는 너무나 다른 모습이다. 예수님은 왜 이런 말씀을 하셨을까?

【3】 25 여자가 와서 예수께 절하며 이르되 **주여 저를 도우소서**

지금까지 밖에서 문을 두드리며 소리를 지르던 여인은, 예수님께서 자신이 이방인이기 때문에 만나줄 수 없다는 말을 전해 듣고 어떤 반응을 보였을까? 포기했을 법도 한데 정반대였다. 여인은 문을 열고, 아니 어쩌면 문이 안으로 잠겨있었기 때문에 담장을 넘어 예수님 계신 곳까지 밀고 들어왔을 수도 있다. 무지막지함 그 자체였다. 엎드려 간청하는 그 여인에게 예수님은 무어라고 하셨을까?

【4】 26 대답하여 이르시되 **자녀의 떡을 취하여 개들에게 던짐이 마땅하지 아니하니라**

여인에게 가장 치욕적인 말씀을 하셨다. "자녀에게 줄 떡을 개에게는 줄 수 없다." 그 여인을 개처럼 취급하신 것이다. 예수님께서 왜 이렇게 모욕적인 말씀을 하시는지 도무지 이해되지 않는다. 그런데 이 여인은 어떤 반응을 보였을까?

【5】 27 여자가 이르되 주여 옳소이다마는 **개들도 제 주인의 상에서 떨어지는 부스러기를 먹나이다**

이 여인이 한 말은 무슨 뜻일까? 자신은 개만도 못하다는 고백이다. 개만도 못하지만 주인이 먹다가 흘린 떡이라도 좀 달라는 간청이다. 어떻게 이런 말을 할 수가 있었을까? 딸이 죽어가니까, 급하니까 그랬겠지 라고 생각이 든다. 그러면 예수님은 그걸 모르실까? 천만에. 하나님의 눈을 속일 수는 없다. 하나님은 마음에도 없이 듣기 좋게 하는 말에 넘어가시는 분이 아니시다. 하나님은 급하게 화장실 찾을 때와 나올 때 마음이 달라지는 사람을 구별하지 못할 만큼 어둡지 않으시다. 그분은 마음과 말이, 마음과 행동이 같은 사람을 찾으신다. 하나님 앞에서 대충 넘어갈 수 있는 것은 아무것도 없다. 스스로 속지 말고 하나님을 속이려고 하지 말아야 한다. 그분은 속아 넘어가시는 분이 아니시다. 이 여인의 고백은 그 자신의 있는 모습 그대로이다. 예수님은 이 여인에게 무슨 말씀을 하셨을까?

【6】 28 이에 예수께서 대답하여 이르시되 **여자여 네 믿음이 크도다** 네 소원대로 되리라

여자여, 네 믿음이 크도다!

예수님은 이런 칭찬을 거의 하지 않으셨다. 제자들에게는 늘 믿음이 없다고 책망하셨다. 예수님께서는 믿음의 모본이 될 만한 사람들에게만 이런 말씀을 몇 차례 하셨다. 로마인 백부장에게, 세리장 삭개오에게, 그리고 이 이방 여인에게.

제자들에게 마지막 교육을 시키시는 예수님께서는 제자들을 데리고 불원천리 마다하지 않고 제자들에게 귀감이 될 만한 믿음의 스승을 찾아가셨다. 어떤 스승이었을까? 이 여인이다. 백문불여일견(百聞不如一見)이어서 제자들에게 이 스승을 만나 직접 보고 듣게 하셨다. 예수님께서는 제자들에게 마지막으로 이런 교육을 시키셨다. 여인에게 하신 예수님의 독특한 행동과 말씀은 제자들을 향한 교육의 일환이었다. 이런 이유로 이 이야기가 기록으로 남아있다.

성경을 영성으로 해석한다는 것은 무엇을 어떻게 하는 것일까? 이 여인이 보여준 모습에 답이 있다. 영성경험에서 찾아내는 가장 귀한 보화는 무엇일까?

가장 낮은 마음, 가장 낮은 자세.

이것 때문에 이 여인은 끝까지 포기하지 않았다. 인내력과 의지가 약해서 포기하는 게 아니다. 갈급한 마음이 없어서 포기한다. 헤엄을 칠 줄 몰라 물에 빠져 죽어가는 사람은 마지막 숨이 남아있을

때까지 허우적거리기 마련이다. 생명에는 포기가 있을 수 없다. 하나님을 만나려면, 기도를 하려면 이 여인처럼 해야 한다.

여자여, 네 믿음이 크도다!
이 여인이 네 스승이다!

물음 62

왜 다시 갈릴리, 왜 다시 칠병이어일까?

본문 : 〈 15장 〉

29 예수께서 거기서 떠나사 갈릴리 호숫가에 이르러 산에 올라가 거기 앉
으시니 30 큰 무리가 다리 저는 사람과 장애인과 맹인과 말 못하는 사람
과 기타 여럿을 데리고 와서 예수의 발 앞에 앉히매 고쳐 주시니 31 말
못하는 사람이 말하고 장애인이 온전하게 되고 다리 저는 사람이 걸으며
맹인이 보는 것을 무리가 보고 놀랍게 여겨 이스라엘의 하나님께 영광을
돌리니라

32 예수께서 제자들을 불러 이르시되 내가 무리를 불쌍히 여기노라 그들이
나와 함께 있은 지 이미 사흘이매 먹을 것이 없도다 길에서 기진할까 하
여 굶겨 보내지 못하겠노라 33 제자들이 이르되 광야에 있어 우리가 어
디서 이런 무리가 배부를 만큼 떡을 얻으리이까 34 예수께서 이르시되
너희에게 떡이 몇 개나 있느냐 이르되 일곱 개와 작은 생선 두어 마리가
있나이다 하거늘 35 예수께서 무리에게 명하사 땅에 앉게 하시고 36 떡
일곱 개와 그 생선을 가지사 축사하시고 떼어 제자들에게 주시니 제자들
이 무리에게 주매 37 다 배불리 먹고 남은 조각을 일곱 광주리에 차게
거두었으며 38 먹은 자는 여자와 어린이 외에 사천 명이었더라

39 예수께서 무리를 흩어 보내시고 배에 오르사 마가단 지경으로 가시니라

【1】 29 예수께서 **거기서 떠나사 갈릴리 호숫가에 이르러** 산에 올라가 거기 앉으시니

마가의 병행본문을 보면 예수님께서 두로를 떠나 시돈으로 가셔서 얼마동안 지내시다가 이방지역인 요단강 건너 데가볼리지역으로 가셨다. 이방지역을 지나시면서 병자들을 치료하시자 많은 사람들

이 몰려들었는데, 이들을 이끌고 다시 갈릴리 바닷가로 가셨다. 그 이유는 그곳이 많은 사람들을 대상으로 말씀을 전하실만한 지형이 형성되었기 때문이라고 보인다. 예수님께서는 왜 이런 행보를 하셨을까?

【2】 **이스라엘의 하나님께** 영광을 돌리니라

마가복음과 달리 마태복음에는 이방지역 전도에 대한 언급이 없지만 모인 사람들이 이방인이란 단서를 남겨놓고 있는데, 그들이 이스라엘의 하나님께 영광을 돌렸다는 구절이 그것이다. 이방인 지역인 두로와 시돈에 몇 달 동안 머물던 예수님께서는 마무리로 제자들과 이방지역 전도를 하셨다. 예수님은 유대인과 이방인을 차별하지 않으셨다.

【3】 32 내가 무리를 불쌍히 여기노라 그들이 나와 함께 있은 지 이미 사흘이매 먹을 것이 없도다 길에서 기진할까 하여 **굶겨 보내지 못하겠노라**

예수님께서는 이방인들에게도 말씀을 전하셨을 뿐만 아니라 질병도 치료하셨다. 그러다 보니 며칠이 훌쩍 지나갔다. 며칠 동안 먹는 것을 잊을 만큼 예수님 말씀에 몰두해 있던 이들을 이제 돌려보내야 하는데, 갈 길은 먼데 굶주린 채로 보낼 수는 없고, 어찌해야 하는가?

어떻게 하다 보니 이런 상황에 이른 게 아니다. 예수님께서는 항상 의도된 행보를 하신다. 제자들에게 한 번 더 반복하여 그들이 예수님을 대신하여 반드시 해결해야 할 과제를 되새길 가장 중요한 교육의 기회를 만들어 놓으신 것이다. 그것이 무엇일까? 먹는 문제 해결이었다. 특히 경제균형 문제야말로 해결이 쉽지 않다. 사회주의 국가에서 법으로 시행해 봤으나 사람들의 이기심 때문에 생산성이 떨어지고 경쟁력을 잃어 다 가난해지는 하향평준화가 되므로 포기하지 않을 수 없었다. 개인의 능력과 경쟁심을 유발시키는 자본주의에서는 빈부의 격차가 날로 심해지는 양극화 현상을 막을 수 없고,

마땅한 방법이 없다.

성경은, 예수님의 교육은 이 문제에 가장 큰 비중을 둔다. 인간의 현실이기 때문이다. 율법서에서 구체적인 방법을 다루고 있으므로 여기서는 단지 이 문제에 대한 언급을 하는 정도에서 그칠 수밖에 없다.

【4】 34 예수께서 이르시되 **너희에게 떡이 몇 개나 있느냐**

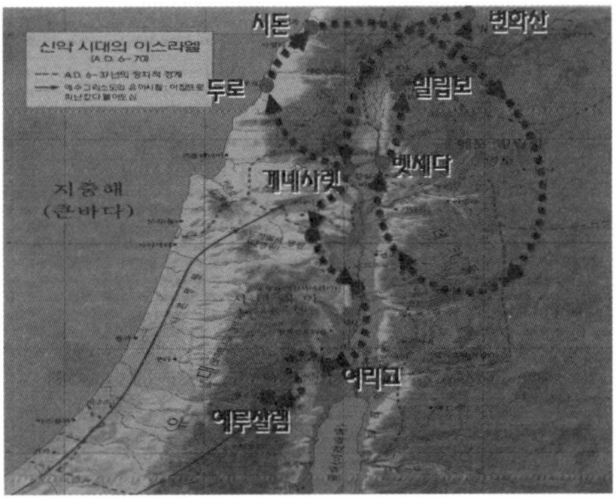

〈그림1 예수님의 마지막 행보〉

마태복음 14장의 오병이어 이야기에 이어 15장에서 그와 흡사한 이야기가 반복되고 있어 의아하게 생각될 수 있는데, 그 이유는 예수님께서 제자들에게 반복해서 경제문제의 중요성을 말씀하시고 산교육을 시키셨기 때문이다. 15장의 칠병이어의 이야기에서도 해결하는 방법은 동일하다.

계약의 관점에서 보면 경제문제는 계약공동체가 잊지 말고 해결해야할 가장 중차대한 과제다. 이런 사실은 이 시기 예수님의 행보를 위 지도에서 본다면 더 명확해진다. 예수님께서는 두로와 시돈 지역으로 가셨다가 다시 요단 건너편 이방지역으로 가서 사람들을 모아가지고 갈릴리로 오셔서 칠병이어의 사역을 하셨다. 그리고 이어서 가이사랴 빌립보를 거쳐 변화산으로 가셨다. 이런 행보는 제자들에게 칠병이어 사역을 통해 다시 한 번 경제문제를 각인시키시기 위함이었다. 그렇지 않고는 이런 행보를 하실 이유가 없다.

물음 63 시대의 표적, 무슨 뜻일까?

본문 : 〈 16장 〉

1 바리새인과 사두개인들이 와서 예수를 시험하여 하늘로부터 오는 표적
보이기를 청하니 2 예수께서 대답하여 이르시되 너희가 저녁에 하늘이
붉으면 날이 좋겠다 하고 3 아침에 하늘이 붉고 흐리면 오늘은 날이 궂
겠다 하나니 너희가 날씨는 분별할 줄 알면서 시대의 표적은 분별할 수
없느냐 4 악하고 음란한 세대가 표적을 구하나 요나의 표적 밖에는 보여
줄 표적이 없느니라 하시고 그들을 떠나 가시니라

5 제자들이 건너편으로 갈새 떡 가져가기를 잊었더니 6 예수께서 이르시되
삼가 바리새인과 사두개인들의 누룩을 주의하라 하시니 7 제자들이 서로
논의하여 이르되 우리가 떡을 가져오지 아니하였도다 하거늘 8 예수께서
아시고 이르시되 믿음이 작은 자들아 어찌 떡이 없으므로 서로 논의하느
냐 9 너희가 아직도 깨닫지 못하느냐 떡 다섯 개로 오천 명을 먹이고 주
운 것이 몇 바구니며 10 떡 일곱 개로 사천 명을 먹이고 주운 것이 몇
광주리였는지를 기억하지 못하느냐 11 어찌 내 말한 것이 떡에 관함이
아닌 줄을 깨닫지 못하느냐 오직 바리새인과 사두개인들의 누룩을 주의
하라 하시니 12 그제서야 제자들이 떡의 누룩이 아니요 바리새인과 사두
개인들의 교훈을 삼가라고 말씀하신 줄을 깨달으니라

마태복음에 의하면 이번에는 서기관과 더불어 사두개인이 예수님을 찾아왔다.[73] 예수님 당시에는 제사장들을 사두개인이라 불렀는데, 바벨론 포로에서 귀환하여 왕정을 포기하고 나라를 재건할 때 제사장 중에서 사독의 후손들이 주도권을 잡아서 붙여진 이름이다. 사두개인들은 왕이 없는 상태에서 왕 역할을 대신하며, 점차 성직자 본연의 모습을 상실하고 정치인으로 탈바꿈해서 세속 정치인과 다를 바 없이 되고 말았다. 바리새인들은 이런 제사장들을 못마땅해 하며 싫어해서 서로 적대시했다. 헤롯이라는 왕이 있었지만 헤롯 왕

73) 마가복음의 병행본문에는 바리새인들만 찾아온 것으로 되어있다.(막8:11)

가는 로마제국을 등에 업고 임명을 받았고 또 본래 에돔족이어서 이스라엘 사람들에게 신뢰를 얻지 못했다. 로마제국은 각 민족들에게 자치권을 부여했는데, 이스라엘에서 그 자치권은 제사장들에게 있었다.

예수님께서는 정치에 별로 관여하지 않으셔서 사두개인과는 충돌할 일이 거의 없었다. 마지막 순간에 예루살렘에 올라가셔서 사두개인들이 주도하는 가장 큰 수익사업인 유월절 행사를 중단시킴으로 말미암아 사두개인과 정면으로 부딪쳤고 사두개인들은 예수님을 죽이는 데에 앞장섰다.

복음서에 보면 예수님과 서기관과 바리새인들은 자주 만나며 충돌하고 있지만 제사장인 사두개인과는 별로 접촉이 없었다. 그런데 이번에는 사두개인들이 찾아왔다. 왜 왔을까?

【1】 1 바리새인과 사두개인들이 와서 예수를 시험하여 하늘로부터 오는 표적 보이기를 청하니

사두개인들은 바리새인과 달리 로마제국과 정치적으로 거래하고 있었고 신앙에는 별로 관심이 없었기 때문에 메시야사상 등과는 거리가 멀었다. 그렇지만 사두개인 중에서도 민족의 장래에 관심을 가지는 사람은 있었을 것이다. 평소에 서로 사이가 좋지 않던 바리새인과 사두개인이 같이 와서 하늘의 표적을 구했다는 것은 단순히 예수님을 공격하기 위해서 먼 길을 찾아온 것은 아니었다고 보인다.

이들은 예수님에게서 하늘의 표적을 기대했다. 이들에 대한 대답은 〈물음50〉에서 대답하셨던 것과 크게 다르지 않다. 하늘의 표적, 즉 이스라엘이 로마제국을 대신하여 제국이 되기를 바라는 것은 용납될 수 없는 생각이며, 예수님께서 메시야이신 표적은 지금 현재에 하시는 일이 곧 하늘의 표적이라는 말씀이다.

【2】 3 … 너희가 날씨는 분별할 줄 알면서 시대의 표적은 분별할 수 없느냐

그러면서 본문에서는 시대의 표적에 대하여 말씀하셨다. 시대의 표적이란 무엇일까? 성경을 해석하고 설교하는 사람이 반드시 갖추어야 할 기능 중의 하나는 역사의 흐름에 대한 파악이다. 왜냐하면 성경과 역사는 뗄 수 없는 관계이기 때문이다. 인류역사에 '역사'라는 개념을 처음으로 제시한 것은 성경이다. 성경은 그 내용 자체가 역사현장의 이야기들이다. 성경의 하나님이야 말로 역사의 주관자이시다. 이는 무슨 교리이기에 앞서 성경의 하나님은 역사 속에서 역사적인 사건을 통해서 활동하시기 때문이다. 구약의 설교자였던 예언자들은 성경 해석자이면서 동시에 역사 해석자였다. 그들은 세계 역사를 하나님께서 주관하시는 역사로 해석했다.

예언자들이 역사를 해석하는 관점은 '계약사관'이다. 계약의 관점에서 역사를 해석한다. 세계의 역사가 계약공동체에 의해 결정된다고 보고 있다. 계약공동체인 이스라엘이 계약을 저버리고 있기 때문에 이들을 징계할 몽둥이로 메소포타미아에 앗수르와 바벨론 같은 강포한 나라가 등장한다고 해석했다. 이스라엘의 정치인들을 향하여 애굽으로도 가지 말고 메소포타미아로도 가지 말고 오직 여호와께로 돌아오라고 외치는데, 이 말속에는 이스라엘의 운명은 주변 강대국의 손에 의해 결정되는게 아니라 하나님과의 계약을 바로 지키면 반대로 이스라엘이 주변 강대국의 운명을 결정한다는 뜻이다. 이런 역사해석을 받아들인다는 것은 사실상 어렵다. 왕정기의 이스라엘 사람들도 물론 이런 역사관을 믿지 않았다.

그런데 그들의 이런 역사관을 믿는 사건이 실제로 역사에서 일어났다. 예언자들이 예고한 대로 이스라엘은 정말로 멸망했다. 지나고 나서 보니 예언자들의 말대로 된 것이다. 그런 이스라엘 사람들에게 신명기 예언자들은[74] 이제라도 계약법을 지키면 역사가 다시 바뀔

74) 이 시기에 활동하던 예언자들이 신명기를 기초로 가르쳐서 붙여진 이름이다.

수 있다고 했다. 막다른 골목에 이른 유대인들은 신명기 예언자들이 시키는 대로 저녁에 모여 계약법을 공부하기 시작했고, 신명기의 당부대로 자녀들에게 부지런히 가르쳤다. 그 결과 50여년 뒤, 유대인들은 성인식을 할 때인 12세쯤 되면 누구나 율법서를 암기할 정도가 되었다. 그러던 어느 날 믿지 못할 일이 일어났다. 결코 망할 것 같지 않던 바벨론이 멸망했다. 더 놀라운 것은 새로 등장한 나라인 파사(페르시아)의 황제 고레스는 바벨론을 멸망시키자마자 유대인 귀환령을 내렸다. 이 또한 선지자들이 예고하고 있었다. 예언자 사관은 곧 계약사관이다. 성경에서는 계약공동체가 어떻게 행하느냐에 따라 세계 역사가 결정된다고 말한다. 강대국들의 정치, 경제, 문화와 역할관계, 흥망성쇠 등을 기초로 해석하는 세속사관과는 거리가 멀다.

예수님께서는 유대교 지도자들에게 시대의 표적을 요구하셨는데, 시대의 표적은 계약사관으로 해석한 역사의 흐름을 말한다. 지금 계약공동체인 유대교가 계약을 지키지 않아서 계약이 파기되고 다시 비참하게 멸망을 당할 위기에 처해있는데, 계약사관과는 상관없는 무슨 메시야사상을 가지고 전 세계 지배 운운한다는 것은 망상이며 용서받을 수 없는 범죄 행위라고 예수님께서는 책망하셨다. 예수님의 책망대로 유대인들은 다시 계약이 파기되어 로마제국에 의해 돌위에 돌 하나도 남기지 않고 비참하게 멸망당하고 말았다.

오늘의 성경 해석자들에게 묻고 싶다.

시대의 표적을 분별하고 있는가?
계약사관으로 역사를 해석하고 있는가?
유대인들이 메시야를 기다렸듯이 재림과 종말을 기다리는 망상에 빠져있지는 않는가?

소경된 인도자는 아닌가?

천국 문을 가로막고 나도 남도 못 가게 하지는 않는가?
귀 있는 자들은 들을진저!

【3】 6 …예수께서 이르시되 삼가 바리새인과 사두개인들의 누룩을 주의하라

바리새인과 사두개인들이 떠난 다음에 제자들에게 하신 말씀인데 제자들은 무슨 뜻인지 이해를 못했다. 바리새인과 사두개인의 누룩은 무슨 뜻일까? 제자들은 바리새인과 사두개인의 누룩을 조심하라는 말씀에 누룩이 들어있어서 무슨 떡 얘기를 하시는 줄로 알고 떡을 챙겨오지 않은 것을 걱정했다. 예수님의 가르침을 다시 듣고 나서야 누룩이 잘못된 가르침인 것을 겨우 깨달았다.

바리새인의 누룩이란 역사의 문맹자, 소경된 인도자를 말한다. 계약파기로 말미암아 멸망이 코앞에 와 있는데, 무슨 메시야왕국이 도래할 때가 되었다고 말하는 자들의 거짓 가르침, 마귀의 속임수를 조심하라는 말씀이다. 이런 미친개 짖는 소리가 요란하면 멸망의 때가 가까이 온 줄을 알라는 말씀이다. 또 이런 미친개 짖는 소리에 합세하지 말라는 엄한 경고의 말씀이다.

오늘 우리는 어떠한가? 현대의 인간주의, 이성주의가 등장하여 중세 기독교왕국이 몰락한 것은 계약파기의 증거인데, 계약이 파기되어 교회가 세상에서 버림받고 있는데 전혀 시대의 표적을 읽어 내지 못하고 있다. 아예 시대의 표적이라는 개념 자체가 없다. 이 노릇을 어찌할꼬!

예수님께서는 왜 누룩이라고 표현하셨을까? 누룩 곧 미생물은 10여분 만에 세대교체를 하며 기하급수적으로 번식한다. 종교적인 잘못된 가르침은 마귀가 부채질하여 기름에 불붙듯이 번져나간다. 왜 그리도 요한계시록 강의에 관심들이 많은지, 무슨 신비한 사역에 사람들이 몰리는지, 우리는 지금 마귀의 거짓 기사와 이적에 현혹되

어 분별력을 완전히 잃고 말았다. 마귀의 일인 줄도 모르고 마귀의 앞잡이가 되어 열심에 열심을 더하고 있다. 그러면서 하나님의 일, 하나님의 사자라는 착각에 빠져 있다. 설교자, 그대는 반드시 갖추고, 반드시 말해야 하는 것이 무엇인지는 알고 있는가? 그것이 무엇인가?

시대의 표적

물음 64 내가 네게 천국 열쇠를 주리니, 무슨 뜻일까?

본문 : 〈 16장 〉

13 예수께서 빌립보 가이사랴 지방에 이르러 제자들에게 물어 이르시되 사
람들이 인자를 누구라 하느냐 14 이르되 더러는 세례 요한, 더러는 엘리
야, 어떤 이는 예레미야나 선지자 중의 하나라 하나이다 15 이르시되 너
희는 나를 누구라 하느냐 16 시몬 베드로가 대답하여 이르되 주는 그리
스도시요 살아 계신 하나님의 아들이시니이다 17 예수께서 대답하여 이
르시되 바요나 시몬아 네가 복이 있도다 이를 네게 알게 한 이는 혈육이
아니요 하늘에 계신 내 아버지시니라 18 또 내가 네게 이르노니 너는 베
드로라 내가 이 반석 위에 내 교회를 세우리니 음부의 권세가 이기지 못
하리라 19 내가 천국 열쇠를 네게 주리니 네가 땅에서 무엇이든지 매면
하늘에서도 매일 것이요 네가 땅에서 무엇이든지 풀면 하늘에서도 풀리
리라 하시고 20 이에 제자들에게 경고하사 자기가 그리스도인 것을 아무
에게도 이르지 말라 하시니라

예수님께서는 다시 제자들만 데리고 조용한 시간을 만드시기 위하여 갈릴리를 떠나 북쪽으로 올라가시다가 요단강의 발원지에 이르렀다. 본래 지명은 바니아스(Banias)였는데, 로마 황제 가이사를 위한 신전을 헤롯과 그의 아들 빌립이 지어서 가이사랴 빌립보라고 했다. 여기에는 폭포와 물이 넘쳐흐르고 숲이 우거지고 큰 바위동굴이 있는 경관이 좋은 곳, 신화가 얽힌 이방 신전과 바알 신전 등이

산재해 있었다.

지난 3년여 동안 활동하시면서 예수님은 제자교육에 가장 큰 비중을 두셨는데, 이제 그 제자들과 함께 그 동안의 교육을 총정리 하는 시간을 가지셨다.

【1】 13 예수께서 빌립보 가이사랴 지방에 이르러 제자들에게 물어 이르시되 **사람들이 인자를 누구라 하느냐**

예수님께서 먼저 물으셨다. "사람들이 인자를 누구라고 하느냐?" 제자들은 그간 들었던 소문들을 전했다. "세례 요한, 엘리야, 예레미야, 또는 선지자 중의 하나라고 합니다."

세례 요한을 죽였던 헤롯은 예수님 활동에 대한 소문을 들으면서 세례 요한이 다시 살아났다고 하며 두려워했다. 엘리야는 선지자의 대표인데, 메시야가 오기 전에 먼저 오리라고 말라기에 예언되어 있었다. 예레미야는 남왕국이 멸망할 때 활동했던 예언자인데, 메시야의 도래와 관련이 있다고 생각했다.

이런 이야기를 들으신 예수님께서는 제자들에게 다시 물으셨다.

【2】 15 이르시되 **너희는 나를 누구라 하느냐**

그러면 "너희는 나를 누구라고 하느냐? "예수님의 진짜 관심은 여기에 있었다. 그동안 숙식을 같이 하며 지냈던 제자들은 과연 예수님을 어떻게 생각하고 있는가? 제자들은 예수님을 어떻게 생각했을까? 오늘 나에게 있어서 예수님은 누구이신가? 지금 나에게 물으신다.

너에게 나는 누구이냐?

【3】 16 시몬 베드로가 대답하여 이르되 **주는 그리스도시요 살아 계신 하나님의 아들이시니이다**

마가복음에는 "주는 그리스도시니이다."라고 기록되었고, 누가복음에는 "하나님의 그리스도시니이다."라고 했다. 그런데 마태복음에서는 마가복음의 고백에 '하나님의 아들'이 첨가되었다. 마태복음에서는 하나님의 아들이라는 용어가 특별히 중요하게 사용되고 있다.[75] 베드로의 대답에 이렇게 말씀하셨다.

네가 복이 있도다. 이를 네게 알게 한 이는 혈육이 아니요 **하늘에 계신 내 아버지시니라..**

무슨 뜻일까? 이 말씀은 2천 년 전 베드로에게 하신 말씀이면서 오늘 같은 고백을 하고 있는 우리 모두에게 하시는 말씀이다.

하나님의 계시가 아니고서는 예수님을 그리스도요 하나님의 아들이라고 믿을 수가 없다.

맞는 말이다. 이천 년 전에 돌아가신 예수님이 나의 죄를 위해서 대신 죽으신 구세주이시며 하나님의 아들, 곧 하나님이시라는 것을 어떻게 믿을 수 있을까? 사람의 방법으로는 불가능하다. 그런데 내 안에 무슨 일이 일어나고 나면 어느 순간 그냥 믿어진다. 뭐라고 설명하기가 어렵지만 너무나 확실하게 믿어지며, 목숨을 마다하지 않게 된다. 이런 현상을 어떻게 설명해야 할까? 설명으로 납득시키기는 어렵다. 그런데 같은 경험이 일어난 사람들끼리는 서로 무슨 뜻인지를 그냥 알며, 그냥 말이 통한다. 이런 경험 때문에 기독교는 생명을 이어왔다. 이 경험을 계시라고 한다.[76] 예수님이 그리스도라는 것을 깨달아 안 사람들은 하나님으로부터 특별한 계시와 복을 받은 사람들이다. 왜 그럴까?

【4】 18 **내가 이 반석 위에 내 교회를 세우리니**

마태복음에만 나오는 이 문장은 대단히 중요하다. 왜 중요할까?

우선 '교회'(ἐκκλησία)라는 용어가 복음서 가운데 마태복음에서만 두 번 사용된다.[77] 공동체, 또는 모임이라는 뜻을 지니는데, 이

---

75) 2:15, 3:17, 4:3, 6, 8:29, 14:33, 27:40, 43, 54.

76) 내 아버지께서 모든 것을 내게 주셨으니 아버지 외에는 아들을 아는 자가 없고 아들과 또 아들의 소원대로 계시를 받는 자 외에는 아버지를 아는 자가 없느니라(마11:27)

단어는 구약 헬라어 성경인 70인역에서 이미 회당과 비슷한 의미로 쓰이고 있다.[78] 왜 마태복음에서만 교회라는 용어가 쓰이고 있으며, 무슨 뜻일까?

마태복음은 옛 계약공동체였던 유대인을 위한 복음서이며, 구약성경 특히 계약법인 율법서를 바탕으로 하고 있다. '이 반석 위에 교회를 세우리니'는 예수님을 그리스도로 믿는 경험이 일어난 사람들, 즉 하나님께서 깨달아 알게 하신 사람들로 새로운 계약공동체를 세우시겠다는 뜻이다. 새 계약공동체 구성원의 자격 조건은 예수님을 구세주로 믿는 경험이 일어난 사람들, 예수님을 하나님의 아들로 믿는 사람들, 예수님의 지배를 받는 사람들이다. 교회는 예수님을 구세주로 믿는 사람들이 모인 곳이다.

베드로처럼 예수님이 그리스도로 믿어지는 신앙 경험을 회심(중생, 거듭남)이라고 한다. 이 경험이 일어날 때의 두드러진 특징은 사죄의 경험과 구원의 확신과 말로 표현할 수 없는 평안과 기쁨이다. 과거의 죄를 용서받는 경험은 이제는 더 이상 죄의 노예가 아니라는 뜻이며, 구원의 확신은 이제 하나님의 아들이 되었다는 확신이다. 이런 사실이 너무 기쁘고 귀하게 느껴진다. 이런 확신과 기쁨은 무엇을 말하는가?

자발적으로 계약조건에 동의하며, 받아들이며, 따르겠다는 약속이다. 뚜렷한 회심이 일어난 사람들은 계약의 조건들을 기꺼이 따르게 되어있다. 사람으로는 할 수 없으나 하나님으로서는 다 하실 수 있다는 말씀은 이것을 말하며, 예수님을 구세주로 고백하며 믿는다는 것도 이런 뜻이다.

---

77) 만일 그들의 말도 듣지 않거든 교회에 말하고 교회의 말도 듣지 않거든 이방인과 세리와 같이 여기라(마18:17)

78) 히브리어 카할(קהל 부르다)과 에다(עדה 부름받아 모인 모임)가 70인역에서 에클레시아(ἐκκλησία)로 번역되었는데 후일, 카할(קהל)은 에클레시아(ἐκκλησία)로, 에다(עדה)는 쉬나고게(συναγωγη)로 번역되었다.

이 계약공동체는 이 땅에서 하나님나라를 실현하는 사람들이다. 하나님나라는 여기서 이 공동체에 의해 시작된다. 이 공동체에 참여하는 것이 곧 하나님나라에 들어가는 것이며 구원의 출발이다. 하나님나라와 구원의 삶은 죽은 다음이 아니라 여기서 이렇게 시작된다. 구원의 확신은 구원은 이미 받은 것이며, 잘 간직하고 있다가 죽은 다음에 언제든지 천국에 간다는 식의 내세의 천국입장권이 아니다. 개신교의 복음주의는 이 부분에서 심각한 오류를 빚었다.

【5】 18 … **음부의 권세가 이기지 못하리라**

이 세상에 하나님나라가 세워지는 것은 마귀와의 한판 전쟁이다. 세상 권세 즉 음부의 권세를 지닌 마귀는 온갖 수단과 방법을 다하여 이를 저지하려고 하겠지만 하나님께서 지켜 주신다. 예수님께서는 이 일을 위해서 오셨다. 새로운 계약공동체인 교회에는 음부의 권세, 즉 마귀의 세력과 싸워 이기리라는 약속이 주어졌다. 이런 약속과 더불어 교회에는 더 놀라운 것이 주어졌다.

【6】 19 내가 **천국 열쇠를 네게 주리니** 네가 땅에서 무엇이든지 매면 하늘에서도 매일 것이요 네가 땅에서 무엇이든지 풀면 하늘에서도 풀리리라

교회에 천국 열쇠를 맡기시고 교회로 하여금 하늘 문을 열고 닫는 권세를 주셨다. 하늘에서 열고 닫는 대로 교회에서 열리고 닫히는 것이 아니라 반대로 교회에서 열고 닫는 대로 하늘에서 열리고 닫히는 권세가 교회에 주어진 것이다. 이는 교회공동체가 자격이 갖추어진 구성원을 받아들이면 하늘에서도 그대로 받아주신다는 말씀이다. 따라서 교회에 들어오는 사람은 이제 구원이 시작된 것이며, 하늘의 생명록에 그대로 복사된다. 하늘의 생명록은 지금 교회의 교인 등록부이다. 교회는 하나님의 전권을 가지고 하나님을 대행하는 기관이다. 하나님께서는 계약공동체인 교회를 이렇게 중요하게 여기신다. 교회를 통해서 하나님나라가 이 땅에 실현되며, 교회를 통하여 구원을 받는다.

예수님을 통해서만 구원받는다는 말을 십자가의 대속과 연결시켜 구원을 받았다라고 하는데, 이는 교인될 자격을 갖추었다는 뜻일 뿐이며, 하나님나라에 들어가는 구원은 교회를 통해서이다. 예수님을 통해서만 계약공동체인 교회의 구성원이 될 수 있고, 교회를 통해서만 하나님나라에 들어갈 수 있다. 그런데 그 결정권이 교회에 위임되어 있다.

가톨릭교회는 이 구절을 교황제의 시작으로 해석해서 교황에게 이런 전권이 주어졌다고 한다. 이는 계약신학에 대한 정면 위배이며, 이 말씀에 대한 심각한 왜곡이고 곡해다. 가톨릭이나 개신교나 이 본문에 대하여 오해하기는 마찬가지다. 십자가 대속중심의 구원론과 구속사는 전면적으로 재검토되어야 한다.

❶ 구속사/언약신학

구속사는 구약의 율법과 예언서 등을 메시야(예수님)에 대한 예언과 약속으로 이해하여 계약(תירב διαθήκῃ)을 언약/약속으로 번역한다. 예수님 강림과 십자가 사건에서 옛 언약이 다 이루어졌으므로 이에 대한 믿음이 필요하며, 구원에 있어서 계약의 실천은 불필요하다. 하나님과 인간의 언약은 일방적인 은총의 언약이며, 죄의 문제는 용서로 해결된다. 언약신학에서는 하나님의 사랑은 예수님의 대속의 죽으심과 용서하시는 은혜이다.

❷ 계약사/계약신학

계약사는 구약과 신약을 계약의 관점에서 이해한다. 옛 계약공동체인 이스라엘이 계약을 지키지 않아 계약이 파기되고 그들은 버림을 받았다. 예수님께서 오셔서 죄인들과 새 계약을 맺으시고 이 땅에 하나님나라를 시작하게 하셨다. 십자가사건을 통한 사죄와 회심은 새 계약공동체의 일원이 되는 과정이며, 계약공동체에서 하나님나라 운동에 참여함으로써 구원을 받게 된다. 계약공동체에서 시작한 하나님나라는 종말에 하나님에 의해 완성에 이른다. 계약신학에서는 구속사의 은혜는 그대로 유지되면서, 하나님의 사랑은 계약의 대상으로, 하나님의 대행자로, 상속자 등으로 확대된다.

구속사와 계약사의 문제는 대단히 중요하므로 도표와 도형으로 다시 정리해보고자 한다.

〈 구속사와 계약사의 관계 1 〉

주 제	구 속 사	계 약 사
용 어	ברית διαθήκη : 언약/약속 일방적인 언약/약속으로 이해	ברית διαθήκη : 계약/조건 쌍방적인 계약으로 이해
관 계	구속사 ⊃ 언약사	계약사 ⊃ 구속사
역 사	옛언약은 새언약에서 완성 예수님은 예언/약속의 성취	옛계약실패/파기, 새계약시작 예수님은 율법/예언자의 완성
구 원	영혼구원, 내세천국	계약공동체일원, 천국시작
종 말	임박한/지연된 종말론 세상파멸, 천국입성	실현된/현재적/내재적 종말론 세상구원, 천국완성
과 제	영혼구원, 세계선교	하나님나라 실현, 세상구원
은 총	십자가/대속/용서/믿음/구원	계약대상/대행자/계약실현
실천(1)	은총언약, 실천면제	조건계약, 실천필요
실천(2) (자율)	하나님 100% + 인간 0% **합 계 : 100%**	하나님 100% + 인간 100% **합 계 : 100%**
실천(3)	용서하시는 은혜로 구원	도우시는 은혜로 계약실천
기 타	구원과 행위는 무관, 약속기대	계약실천이 구원조건, 완성기대

〈표2 구속사와 계약사의 관계〉

〈 구속사와 계약사 관계2 〉

〈그림2 구속사와 계약사 관계〉

물음

65 예수님을 주님으로 믿고 따르는 길, 어떤 길일까?

본문 : 〈 16장 〉

21 이 때로부터 예수 그리스도께서 자기가 예루살렘에 올라가 장로들과 대
제사장들과 서기관들에게 많은 고난을 받고 죽임을 당하고 제삼일에 살
아나야 할 것을 제자들에게 비로소 나타내시니 22 베드로가 예수를 붙들
고 항변하여 이르되 주여 그리 마옵소서 이 일이 결코 주께 미치지 아니
하리이다 23 예수께서 돌이키시며 베드로에게 이르시되 사탄아 내 뒤로
물러 가라 너는 나를 넘어지게 하는 자로다 네가 하나님의 일을 생각하
지 아니하고 도리어 사람의 일을 생각하는도다 하시고 24 이에 예수께서
제자들에게 이르시되 누구든지 나를 따라오려거든 자기를 부인하고 자기
십자가를 지고 나를 따를 것이니라 25 누구든지 제 목숨을 구원하고자
하면 잃을 것이요 누구든지 나를 위하여 제 목숨을 잃으면 찾으리라 26
사람이 만일 온 천하를 얻고도 제 목숨을 잃으면 무엇이 유익하리요 사

람이 무엇을 주고 제 목숨과 바꾸겠느냐 27 인자가 아버지의 영광으로 그 천사들과 함께 오리니 그 때에 각 사람이 행한 대로 갚으리라 28 진실로 너희에게 이르노니 여기 서 있는 사람 중에 죽기 전에 인자가 그 왕권을 가지고 오는 것을 볼 자들도 있느니라

〈물음64〉에서와 같은 약속을 하신 뒤에 예수님께서는 이제 이 길을 갈 사람들이 과연 어떤 길을 어떻게 가야하는지 말씀하신다.

【1】 21 이 때로부터 예수 그리스도께서 자기가 예루살렘에 올라가 장로들과 대제사장들과 서기관들에게 많은 고난을 받고 죽임을 당하고 제삼일에 살아나야 할 것을 제자들에게 비로소 나타내시니

이 계약이 성립되려면, 이 교회가 실패하지 않으려면 그 공동체를 이끄는 사람들은 그 일을 위하여 기꺼이 목숨을 내놓아야 한다. 사실 이는 세상에서 어떤 보람된 일이 이루어지려면 당연히 치러야 할 대가이다. 우리나라의 임진왜란 당시 정규군이 궤멸되고 멸망의 위기에 처했을 때 누가 어떻게 나라를 구했는가? 전국에서 일어난 의병들이었다. 그들은 나라와 목숨을 맞바꾸었다. 이 세상에 민주주의가 어떻게 실현되었는가? 수많은 사람들이 시민혁명에 참여하여 기꺼이 목숨을 내놓아서 가능했다. 하물며 이 땅에 하나님나라를 실현하려는데 목숨을 아까워한다면 말이 되는가?

이제 예수님께서는 기꺼이 그 길을 가시겠다고 말씀하셨다. 그런데 다른 그 어느 누구도 할 수 없는 말씀을 하셨는데, 죽으신 후 사흘 만에 다시 부활하시리라는 약속이었다. 어느 나라, 어느 민족에서든지 순국, 순절, 순교한 사람들은 많이 있지만 죽음 이후의 부활을 약속한 사람은 없었다. 뒤에 가서 보겠지만 새로운 계약공동체는 예수님 부활을 경험한 사람들이 시작했다. 교회공동체는 부활신앙공동체다. 예수님을 그리스도로 고백하며 부활을 경험한 사람들로 구성된 신앙공동체가 이 땅에 하나님나라를 실현할 수 있다.

【2】 22 베드로가 예수를 붙들고 항변하여 이르되 주여 그리 마옵소서 이 일이 결코 주께 미치지 아니하리이다

예수님께서 하신 말씀이 무슨 뜻인지 아직 제대로 파악하지 못했던 베드로는 예수님께서 곧 사두개인들과 바리새인들에게 잡혀 돌아가시리라는 말씀에 "절대로 그런 일이 일어나서는 안 됩니다."라고 만류했다가 호된 질책을 받았다. 하나님의 일은 하나님의 방식대로 해야 한다. 사람의 판단과 사람의 방식이 개입되면 악마의 지배가 시작된다.

【3】 24 누구든지 나를 따라오려거든 자기를 부인하고 자기 십자가를 지고 나를 따를 것이니라

이 세상에 하나님나라를 실현하려는 교회공동체에 참여하려면, 특히 그 지도자가 되려면 먼저 자기와의 싸움에서 이겨야 한다. 자기를 부정하고 하나님만 긍정해야 한다. 그리고 십자가의 길을 가야 한다. 다음의 말씀은 영원한 지침이다.

25 누구든지 제 목숨을 구원하고자 하면 잃을 것이요 누구든지 나를 위
하여 제 목숨을 잃으면 찾으리라 26 사람이 만일 온 천하를 얻고도 제
목숨을 잃으면 무엇이 유익하리요 사람이 무엇을 주고 제 목숨과 바꾸겠
느냐 27 인자가 아버지의 영광으로 그 천사들과 함께 오리니 그 때에 각
사람이 행한 대로 갚으리라

그런데 다음의 말씀은 무슨 뜻일까?

【4】 28 진실로 너희에게 이르노니 여기 서 있는 사람 중에 죽기 전에 인자가 그 왕권을 가지고 오는 것을 볼 자들도 있느니라

이 구절은 많은 논란을 불러 일으켰다. 예수님께서 임박한 종말론을 말씀하신 것이고, 초기 교인들은 이 말씀을 믿고 기다렸지만 결국 실현되지 않았다고 생각하는 이들이 많이 있다. 이런 해석은 계약의 입장을 배제하고 세상의 종말로 해석한 것인데, 계약의 시각에서 보면 전혀 다르게 보인다. 예수님께서는 계약공동체의 탄생과, 계약공동체에 하나님나라가 임하게 하시겠다고 약속하셨다. 그러므로 인자가 왕권을 가지고 온다는 말씀은 하나님나라의 통치가 계약

공동체 내에서 실현되게 하시겠다는 말씀이다.

이런 약속은 예수님께서 부활 승천하신 후 예루살렘 교회가 탄생할 때 성령이 임하여 사람들이 권능을 받고 하늘나라의 통치가 시작된 사건 속에서 실현되었다. 요한복음에서는 성령의 강림을 예수님의 다시 오심으로 해석하고 있다.

성경과 역사는 계약의 시각에서 보아야 한다.

물음 66 예수님 변형, 무엇을 말할까?

본문 : 〈 17장 〉

1 엿새 후에 예수께서 베드로와 야고보와 그 형제 요한을 데리시고 따로
높은 산에 올라가셨더니 2 그들 앞에서 변형되사 그 얼굴이 해 같이 빛
나며 옷이 빛과 같이 희어졌더라 3 그 때에 모세와 엘리야가 예수와 더
불어 말하는 것이 그들에게 보이거늘 4 베드로가 예수께 여쭈어 이르되
주여 우리가 여기 있는 것이 좋사오니 만일 주께서 원하시면 내가 여기
서 초막 셋을 짓되 하나는 주님을 위하여, 하나는 모세를 위하여, 하나는
엘리야를 위하여 하리이다

5 말할 때에 홀연히 빛난 구름이 그들을 덮으며 구름 속에서 소리가 나서
이르시되 이는 내 사랑하는 아들이요 내 기뻐하는 자니 너희는 그의 말
을 들으라 하시는지라 6 제자들이 듣고 엎드려 심히 두려워하니 7 예수
께서 나아와 그들에게 손을 대시며 이르시되 일어나라 두려워하지 말라
하시니 8 제자들이 눈을 들고 보매 오직 예수 외에는 아무도 보이지 아
니하더라

9 그들이 산에서 내려올 때에 예수께서 명하여 이르시되 인자가 죽은 자
가운데서 살아나기 전에는 본 것을 아무에게도 이르지 말라 하시니 10
제자들이 물어 이르되 그러면 어찌하여 서기관들이 엘리야가 먼저 와야
하리라 하나이까 11 예수께서 대답하여 이르시되 엘리야가 과연 먼저 와
서 모든 일을 회복하리라 12 내가 너희에게 말하노니 엘리야가 이미 왔
으되 사람들이 알지 못하고 임의로 대우하였도다 인자도 이와 같이 그들
에게 고난을 받으리라 하시니 13 그제서야 제자들이 예수께서 말씀하신
것이 세례 요한인 줄을 깨달으니라

본문에 이르러 예수님께서 제자들을 교육시키는 일련의 과정은 절정을 이룬다. 예수님께서는 "주는 그리스도시요 하나님의 아들이시니이다."라는 고백을 들으신 다음에 그들의 고백을 실제 경험으로 확인시키셨는데, 그 방법이 본문에 기록되어 있다.

【1】 1 엿새 후에 예수께서 베드로와 야고보와 그 형제 요한을 데리시고 따로 높은 산에 올라가셨더니

예수님께서는 베드로와 야고보, 요한을 따로 데리고 다니시는 경우가 종종 있었다. 왜 그러셨을까? 단정 지을 수는 없지만 이들의 영성의 상태가 변화산의 경험과 같은 수준을 감당할 준비가 되어있었기 때문이었을 것이다. 영성경험의 깊이는 그 사람의 영적인 준비상태와 정확하게 정비례한다. 먼저 준비된 이들에게 독특한 경험을 하게 하시고 후일 이들이 증인과 안내자의 역할을 하게 하셨다고 보인다.

그러면 이들에게 무엇을 경험시키셨을까?

【2】 2 그들 앞에서 변형되사 그 얼굴이 해 같이 빛나며 옷이 빛과 같이 희어졌더라

아마도 여기에서 보인 예수님 모습은 평소 기도하실 때의 상태였을 것이다. 예수님의 변형된 모습은 삼위일체 하나님의 모습이다. 실제 경험을 통해 확인한 바로는 예수님을 통해서 하나님을 만나며, 동시에 예수님이 하나님으로 경험된다는 사실이다. 예수님께서는 제자들에게 예수님의 참 모습을 경험하게 하셨다.

【3】 3 그 때에 모세와 엘리야가 예수와 더불어 말하는 것이 그들에게 보이거늘

신앙의 세계에서는 영원의 상태가 부분적으로 경험되는데 그 현상 중의 하나가 시간과 공간의 초월이다. 과거에 있었던 인물들인 모세와 엘리야가 예수님과 만나는 모습이 눈앞에 펼쳐졌다.

필자의 경험에서는 과거의 인물들과 대면하는 경험은 없었으나 그들의 마음과 심정이 느껴지는 경험이 있었다. 이 경험은 성경에 등장하는 사람들의 기록을 그들의 입장에서 이해하는 데에 결정적인 도움이 되었다. 성경을 독자의 입장에서 읽을 때와 성경에 등장하는 인물의 입장에서 읽을 때는 많이 다르게 느껴진다.

【4】 5 말할 때에 홀연히 빛난 구름이 그들을 덮으며 구름 속에서 소리가 나서 이르시되 이는 내 사랑하는 아들이요 내 기뻐하는 자니 너희는 그의 말을 들으라 하시는지라

모세는 율법(계약법)을 대표하는 사람이고, 엘리야는 계약법을 지켜야 한다고 주장하는 예언자를 대표하는 사람이다. 그런데 예수님은 율법과 예언자를 완성시키러 오셨다. 구름 속에서 들려오는 "너희는 그의 말을 들으라!"라는 음성은 이를 말한다. '이는 내 사랑하는 아들이요 내 기뻐하는 자니'는 세례 받으실 때 들려온 말씀과 동일하다.

【5】 6 제자들이 듣고 엎드려 심히 두려워하니

베드로, 야고보, 요한이 하늘의 음성을 들을 때 구름이 몰려왔고, 구름 속에서 음성이 들렸다. 아직 하나님을 직접 뵈올 수 있는 상태가 아니기 때문이다. 처음 하나님 앞에 노출될 때에는 죽은 자와 같이 엎드려진다. 하나님 현현(顯現)이 경험될 때 나타나는 두드러진 특징은 자세가 얼굴을 땅에 대고 엎드려지면서 큰 전율에 휩싸이게 된다.

그들의 이런 독특한 상태는 예수님께서 오셔서 말씀하시면서 끝이 났다.

【6】 9 그들이 산에서 내려올 때에 예수께서 명하여 이르시되 인자가 죽은 자 가운데서 살아나기 전에는 본 것을 아무에게도 이르지 말라 하시니

이들을 데리고 올라가신 이유가 여기에 있었다. 이들은 이 정도

의 경험을 감당할 수 있지만 다른 제자들은 아직 이를 감당할 수 없으므로 예수님 부활을 경험한 다음에 말해주라고 하셨다. 사도행전의 기록에 의하면 제자들은 예수님 부활을 경험하고 나서야 비로소 영성의 세계에 대하여 눈이 열려지기 시작했고, 예수님께서 하셨던 일과 말씀들을 올바르게 이해하게 되었다.

물음 67 패역한 세대여, 내가 얼마나 너희에게 참으리요?

본문 : 〈 17장 〉

14 그들이 무리에게 이르매 한 사람이 예수께 와서 꿇어 엎드려 이르되 15
주여 내 아들을 불쌍히 여기소서 그가 간질로 심히 고생하여 자주 불에
도 넘어지며 물에도 넘어지는지라 16 내가 주의 제자들에게 데리고 왔으
나 능히 고치지 못하더이다 17 예수께서 대답하여 이르시되 믿음이 없고
패역한 세대여 내가 얼마나 너희와 함께 있으며 얼마나 너희에게 참으리
요 그를 이리로 데려오라 하시니라 18 이에 예수께서 꾸짖으시니 귀신이
나가고 아이가 그 때부터 나으니라

19 이 때에 제자들이 조용히 예수께 나아와 이르되 우리는 어찌하여 쫓아
내지 못하였나이까 20 이르시되 너희 믿음이 작은 까닭이니라 진실로 너
희에게 이르노니 만일 너희에게 믿음이 겨자씨 한 알 만큼만 있어도 이
산을 명하여 여기서 저기로 옮겨지라 하면 옮겨질 것이요 또 너희가 못
할 것이 없으리라 21 (없음)

【1】 14 그들이 무리에게 이르매 한 사람이 예수께 와서 꿇어 엎드려 이
르되 15 주여 내 아들을 불쌍히 여기소서 그가 간질로 심히 고생하여 자
주 불에도 넘어지며 물에도 넘어지는지라 16 내가 주의 제자들에게 데리
고 왔으나 능히 고치지 못하더이다

마가의 병행본문(9:14~29)에는 이 상황이 좀 더 상세하게 기록되어 있다.

다음날(눅9:37) 산에서 내려오시니 산 아래 남아있던 제자들 주변에 많은 사람들이 몰려있었는데, 그 중에 어떤 사람이 귀신이 들

려 심하게 시달리는 아들을 데리고 왔으나 제자들은 고치지 못했다. 이런 사실을 접한 예수님의 반응은 어땠을까?

【2】 17 예수께서 대답하여 이르시되 믿음이 없고 패역한 세대여 내가 얼마나 너희와 함께 있으며 얼마나 너희에게 참으리요

누구에게 하신 말씀이며, 왜 이렇게 말씀하셨을까?

이 말씀은 모여 있는 서기관들과 군중과 제자들 모두에게 하신 말씀이라고 보여진다. 예수님께서는, 사역의 시간이 이제 얼마 남지 않았는데, 사람들은 아직 참 믿음이 무엇인지조차 모르고 우왕좌왕하고 있기 때문에 이런 말씀을 하셨다. 서기관들은 아직 예수님이 하시는 일이 잘못된 일이라고 공격하고 있고, 백성들은 질병 치료와 같은 자신들의 개인적인 문제 해결에만 관심을 가지고 있고, 제자들은 아직 서기관들과 백성들의 문제에 제대로 대처하지 못하고 있고, 이런 예수님의 답답한 마음이 본문에는 그대로 나타나 있다.

【3】 19 이 때에 제자들이 조용히 예수께 나아와 이르되 우리는 어찌하여 쫓아내지 못하였나이까

예수님께서는 귀신들려 고통당하는 아이를 치료하여 보내셨고, 사태는 수습되었다. 제자들은 조용히 예수님께 자신들은 왜 치료하지 못했는지 물었다. 이에 대하여 예수님께서는 두 가지 이유를 말씀하셨다.

첫째, 믿음이 없기 때문이다. 마가복음에서는 "할 수있거든이 무슨 말이냐, 믿는 자에게는 능히 하지 못할 일이 없느니라."라(9:23)고 말씀하셨고, 마태복음에서는 겨자씨만한 믿음이 있으면 산을 옮기기도 하며 못할 일이 없으리라고 하셨다.

둘째로 기도가 없었다. 마가복음에 의하면 기도 외에는 이런 일이 있을 수 없다고 말씀하셨다.[79] 깊은 기도는 영적인 능력이 충전되는 시간이다. 이런 기적은 많은 기도가 뒷받침되지 않고서는 불가능하다.

79) 고대 사본 중에는 '기도와 금식' 으로 되어 있다.(새번역)

물음

68 베드로, 왜 중요할까?

본문 : 〈 17장 〉

22 갈릴리에 모일 때에 예수께서 제자들에게 이르시되 인자가 장차 사람들
의 손에 넘겨져 23 죽임을 당하고 제삼일에 살아나리라 하시니 제자들이
매우 근심하더라

24 가버나움에 이르니 반 세겔 받는 자들이 베드로에게 나아와 이르되 너
의 선생은 반 세겔을 내지 아니하느냐 25 이르되 내신다 하고 집에 들어
가니 예수께서 먼저 이르시되 시몬아 네 생각은 어떠하냐 세상 임금들이
누구에게 관세와 국세를 받느냐 자기 아들에게냐 타인에게냐 26 베드로
가 이르되 타인에게니이다 예수께서 이르시되 그렇다면 아들들은 세를
면하리라 27 그러나 우리가 그들이 실족하지 않게 하기 위하여 네가 바
다에 가서 낚시를 던져 먼저 오르는 고기를 가져 입을 열면 돈 한 세겔
을 얻을 것이니 가져다가 나와 너를 위하여 주라 하시니라

【1】 22 갈릴리에 모일 때에 예수께서 제자들에게 이르시되 인자가 장차
사람들의 손에 넘겨져 23 죽임을 당하고 제삼일에 살아나리라 하시니 제
자들이 매우 근심하더라

예수님께서 다시 갈릴리로 돌아오셨다. 이제 유월절에 맞추어 예루살렘으로 출발하시기 전에, 가이샤라 빌립보에 이어 두 번째로 예루살렘에서 일어날 수난에 대하여 언급하셨다. 예수님께서 다시 진지하게 말씀하시니 제자들은 걱정하기 시작했다. 마가(9:30~32)와 누가(9:43~45)의 병행본문에서는 제자들이 무슨 뜻인지 제대로 이해도 못했고 또 감히 두려워서 묻지도 못했다고 기록하고 있다.

【2】 24 가버나움에 이르니 반 세겔 받는 자들이 베드로에게 나아와 이
르되 너의 선생은 반 세겔을 내지 아니하느냐 25 이르되 내신다 하고 집
에 들어가니 예수께서 먼저 이르시되 시몬아 네 생각은 어떠하냐 세상
임금들이 누구에게 관세와 국세를 받느냐 자기 아들에게냐 타인에게냐
26 베드로가 이르되 타인에게니이다 예수께서 이르시되 그렇다면 아들들
은 세를 면하리라 27 그러나 우리가 그들이 실족하지 않게 하기 위하여

네가 바다에 가서 낚시를 던져 먼저 오르는 고기를 가져 입을 열면 돈 한 세겔을 얻을 것이니 가져다가 나와 너를 위하여 주라 하시니라

이런 본문을 대하면 어떻게 해석해야 할지 난감해진다. 많은 의문이 생기므로 가능한 대로 설명해보고자 한다. 우선 이 본문은 마태복음에만 기록되어 있다는 점에 주목해야 할 것 같다. 마태는 왜 이 본문을 기록했을까?

마태복음에 나타나는 특징 중의 하나는 베드로를 특별하게 높이고 있는데, 제자들의 명단에서 베드로를 첫째(10:2 πρῶτος)라고 했으며, 베드로에게만 천국 열쇠를 맡긴다(16:19)는 기록이 대표적인 예이다. 마태는 그의 복음서에서 베드로가 예수님의 수제자라고 강조하고 있다. 왜 그럴까?

예수님 사후에 베드로가 사도들을 대표하여 활동했는데 베드로는 유대인들에게 인정받기 어려웠다. 갈릴리의 어부출신이고 또 교육을 받지 못해서 글(헬라어)을 몰랐으니 당연히 율법에 대해서도 밝지 못했을 것이다. 유대인들을 대상으로 마태가 활동한 이유는 비록 세리출신이었지만 마태는 헬라어에 익숙했고, 또 세리였으니 공문서에 사용되는 라틴어도 알았을 것이며, 마태복음을 보면 성경지식은 랍비 수준이었다. 유대인을 대상으로 활동하는 마태는 세리였다는 사실을 밝히면서 자신은 낮추고 베드로를 높이고 있다.

예수님은 왜 베드로를 수제자로 삼으셨을까? 단순하다. 준비가 가장 잘 되었기 때문이다. 무슨 준비일까? 사람이 볼 때에는 의문의 여지가 많지만 하나님께서는 전혀 다른 기준으로 보신다. 그 이유 중의 하나는 학력이나 학벌로 사람을 재지 말라는 뜻이다. 무학자 베드로를 마음으로부터 선생님으로 섬기지 못하는 사람은 하나님 근처로 가지 못한다. 모든 사람을 다 스승으로 여기며 배우려는 사람에게 하나님 근처가 허락된다.

유대인들은 매년 반 세겔씩 성전세를 냈다. 본문에서도 예수님과 제자들이 성전세를 내는데, 예수님과 베드로는 특별한 방법으로 돈을 마련하여 세금을 냈다. 예수님께서는 베드로에게 낚시질하여 물고기를 잡아 은 한 세겔의 동전을 얻은 후 '나와 너'를 위하여 성전세를 내라고 말씀하셨다.

베드로는 우여곡절을 겪었지만 결국 예수님의 기대대로 사도시대에 핵심적인 역할을 해냈다.

제5부 : 네 번째 설교

설교 : 계약공동체 설교(18장)

사역(3) : 영생질문, 수난예고 등(19~22장)

네
번
째
설
교

물음

계약공동체, 어떻게 운영해야 하나?(1) 69

본문 : 〈 18장 〉

1 그 때에 제자들이 예수께 나아와 이르되 천국에서는 누가 크니이까 2 예
수께서 한 어린 아이를 불러 그들 가운데 세우시고 3 이르시되 진실로
너희에게 이르노니 너희가 돌이켜 어린 아이들과 같이 되지 아니하면 결
단코 천국에 들어가지 못하리라 4 그러므로 누구든지 이 어린 아이와 같
이 자기를 낮추는 사람이 천국에서 큰 자니라

5 또 누구든지 내 이름으로 이런 어린 아이 하나를 영접하면 곧 나를 영접
함이니 6 누구든지 나를 믿는 이 작은 자 중 하나를 실족하게 하면 차라
리 연자 맷돌이 그 목에 달려서 깊은 바다에 빠뜨려지는 것이 나으니라
7 실족하게 하는 일들이 있음으로 말미암아 세상에 화가 있도다 실족하
게 하는 일이 없을 수는 없으나 실족하게 하는 그 사람에게는 화가 있도
다

8 만일 네 손이나 네 발이 너를 범죄하게 하거든 찍어 내버리라 장애인이
나 다리 저는 자로 영생에 들어가는 것이 두 손과 두 발을 가지고 영원
한 불에 던져지는 것보다 나으니라 9 만일 네 눈이 너를 범죄하게 하거
든 빼어 내버리라 한 눈으로 영생에 들어가는 것이 두 눈을 가지고 지옥
불에 던져지는 것보다 나으니라

10 삼가 이 작은 자 중의 하나도 업신여기지 말라 너희에게 말하노니 그들
의 천사들이 하늘에서 하늘에 계신 내 아버지의 얼굴을 항상 뵈옵느니라
11 (없음)

12 너희 생각에는 어떠하냐 만일 어떤 사람이 양 백 마리가 있는데 그 중
의 하나가 길을 잃었으면 그 아흔아홉 마리를 산에 두고 가서 길 잃은
양을 찾지 않겠느냐 13 진실로 너희에게 이르노니 만일 찾으면 길을 잃
지 아니한 아흔아홉 마리보다 이것을 더 기뻐하리라 14 이와 같이 이 작
은 자 중의 하나라도 잃는 것은 하늘에 계신 너희 아버지의 뜻이 아니니
라

18장은 네 번째 설교인데, 교회 공동체 운영과 관련된 중요한 주제들에 대한 말씀이다. 마태복음에서는 제자들이 예수님께 천국에서 큰 자에 대해 질문하자, 예수님께서 대답하신 걸로 기록되어 있

지만, 마가(9:33~37)나 누가(9:46~48)에 의하면 제자들이 서로 큰 자가 되려고 다투었다. 이에 예수님께서는 이 문제의 심각성과 중요성을 각인시키시기 위하여 특별한 방법을 사용하셨다. 무슨 방법일까?

【1】 2 예수께서 **한 어린 아이를 불러 그들 가운데 세우시고** 이르시되

예수님께서는 필요에 따라 예화나 실물을 통해서 교육시키셨다. 로마인 백부장, 가나안(수로보니게) 여인, 세리장 삭개오 등이 그들이다. 그런데 이번에는 한 어린아이를 데려다가 그들 가운데 세우시고 말씀하셨다. 무슨 말씀을 하셨을까?

【2】 3 이르시되 진실로 너희에게 이르노니 너희가 돌이켜 **어린 아이들과 같이 되지 아니하면 결단코 천국에 들어가지 못하리라**

'진실로 너희에게 이르노니', '결단코'는 특별히 강조할 때 쓰시는 표현이었다. 그런데 예수님께서는 천국에서 누가 크냐 작으냐의 문제 이전에 천국에 들어갈 수 있느냐 없느냐의 문제에 초점을 맞추셨다. 왜 여기에 초점을 맞추시는가? 제자들이 서로 큰 자가 되려고 다투었다는 사실 그 자체가 이미 천국과는 상관없기 때문이다. 천국은 스스로를 가장 작게 여기는 사람들에게만 해당된다. 왜 그럴까?

천국에서는 하나님과 함께 있어야 하는데, 하나님은 가장 작음, 가장 낮음, 섬김, 비움으로 계시기 때문이다. 하나님 앞에 처음으로 노출되면 감당할 수 없는 강한 전율 때문에 숨이 멎는다. 그 이유는 내가 하나님보다 높아져 있기 때문이다. 물질세계의 중력의 이치가 영적인 세계에서도 그대로 적용된다. 영성의 원리와 물의 원리는 너무 유사한데 중력의 지배를 받는 물은 항상 가장 낮은 자리로 내려간다.

내가 하나님보다 높아져 있으니 내 존재의 기반이 사라져서 나타나는 현상이 전율이다. 이 전율에서 벗어나려면 내가 하나님보다 더 낮아져야 하는데, 문제는 그분이 가장 낮은 자리에 계시니 어떻게

더 낮아지는가? 영성에서의 막바지 싸움은 바로 여기의 이 문제다. 방법은 하나 밖에 없다. 아예 내가 없음으로 돌아가는 것이다. 본래 나는 없는 존재였다. 이제는 낮아짐과 높아짐의 문제가 아니라 있음이냐 없음이냐의 문제가 된다. 내가 없음으로 돌아갈 때 하나님 면전은 가능해지고, 전율 때문에 숨이 멎는 일에서 벗어나고 마음에 진정한 평안이 주어진다. 영성의 길에서는 없음(無 nothing)이 마지막이다. 이는 단순하다. 내가 한 순간이라도, 가장 작은 부분에서라도 없음에서 벗어나 있음이라고 생각하는 순간 하나님과의 관계는 단절된다.

천국에 들어가는 첫 번째 관문은 이런 낮춤의 문이다. 그런데 천국에서 누가 높은 자리에 앉을 것인가라는 문제로 다툰다는 것은 성경도, 하나님도 모를 뿐만 아니라 더 심각한 것은 잘못 알고 있다는 증거다. 스스로 구원받았다고 생각하는 사람은 아직 하나님 면전과는 거리가 멀어도 한참 멀다. 나는 절대로 구원받을만한 자가 못 된다는 겸손한 생각과, 세상에 구원받지 못한 사람들이 그렇게 많은데 나 혼자 구원받을 수 없다는 최소한의 양심과 책임의식이 있어야 한다. 그렇다면 이런 천국은 언제 어떻게 들어가는가? 죽은 다음에 믿음으로 가는가?

복음서에서, 예수님께서 말씀하시는 천국은 〈물음64〉에서 말한 바와 같이 지금 여기에서 계약공동체에 참여하는 것이 천국에 들어가는 것이며 구원의 시작이다. 그 완성이 부활을 거쳐 내세에서 실현된다. 뜻이 하늘에서 이루어진 것 같이 땅에서 실현할 책임을 진 계약공동체, 곧 교회의 구성원은 예수님을 주님으로 모시는 사람들만으로 구성되어야 한다. 마태복음 18장에서는 교회의 구성원에 대한 자격 조건을 명확히 규정하고 있다.

【3】 4 그러므로 누구든지 이 어린 아이와 같이 **자기를 낮추는 사람이 천국에서 큰 자니라**

천국에서 큰 자와 작은 자가 구분될 리가 없다. 천국에는 가장 낮은 자, 작은 자만 있을 뿐이다. 자기를 낮추는 자가 큰 자라는 뜻은 가장 낮은 자가 아니면 천국에는 들어갈 수조차 없다는 뜻이다.

【4】 6 누구든지 나를 믿는 **이 작은 자 중 하나를 실족하게 하면** 차라리 연자 맷돌이 그 목에 달려서 깊은 바다에 빠뜨려지는 것이 나으니라

교회 공동체의 생활이 얼마나 중요하며, 또 엄격해야 하는가에 대한 말씀이다. 교회는 이 땅에서 하나님나라를 보여 주어야하기 때문이다. 본문에서 말하는 '실족하게 하면'은 '죄를 짓게 하면'이라는 뜻이다. 내가 어떤 죄를 지은 게 아니라 작은 자에게 죄를 짓게 하는 게 문제다. 어떤 죄를 짓게 하는 것인지에 대해서는 언급이 없는데, 분명한 것은 교회 밖이 아니라 교회 안에서의 문제다. 교회는 하나님나라를 보여주어야 하는 거룩한 공동체여야 하는데. 이를 해치는 것은 중차대한 죄에 속한다. 이 죄를 지은 사람은 차라리 목에 연자 맷돌을 달고 바다에 빠져 죽는 게 낫다고 경고하셨다. 이보다 더 큰 경고가 있을 수 있을까? 실족하게 하는 죄는 구체적으로 어떤 죄일까?

교회생활에서 중요한 문제는 교인들 간의 관계인데, 서로 불편한 관계에 놓이게 되면 이는 심각한 문제가 된다. 그런데 교회에서 이간질과 거짓 소문과 사실보다 확대 과장 등 서로 갈등을 유발시키는 경우가 종종 있다. 이런 행동들은 가장 흔하면서도 대수롭지 않게 여기는데, 이는 다른 사람을 실족하게 하는 용서받을 수 없는 죄에 해당된다.

【5】 10 삼가 이 작은 자 중의 하나도 업신여기지 말라 그들의 천사들이 하늘에서 하늘에 계신 내 아버지의 얼굴을 항상 뵈옵느니라

작은 자들의 천사들이 하나님의 얼굴을 항상 뵈옵는다는 뜻은 작고 보잘것없는 사람들이 하나님의 특별 관심의 대상이라는 뜻이다. 모자라는 자식을 둔 부모의 마음이 늘 그 자식에게 가 있는 것과 같

은 이치이다. 작은 자들을 업신여기는 것은 하나님을 가장 거슬리게 하는 것이기에 엄한 경고의 말씀을 하신다.

8 만일 **네 손이나 네 발이 너를 범죄하게 하거든 찍어 내버리라** 장애인 이나 다리 저는 자로 영생에 들어가는 것이 두 손과 두 발을 가지고 영원한 불에 던져지는 것보다 나으니라 9 **만일 네 눈이 너를 범죄하게 하거든 빼어 내버리라** 한 눈으로 영생에 들어가는 것이 두 눈을 가지고 지옥 불에 던져지는 것보다 나으니라

손발을 자르라, 눈을 빼버리라는 말씀이 너무 끔찍하게 느껴지지만 하나님을 경험으로 다가가보면 이는 과장이 아닐 뿐만 아니라 사실은 이보다 더 심각하다는 것을 알게 된다. 문자로 이보다 더 엄중하게 표현할 방법이 없을 뿐이다. 교회에서 작은 자 하나를 실족하게 하는 일은 그 어떤 경우에도 하나님 앞에서 용납될 수 없다. 막상 하나님 앞에 서 보면 가장 큰 것이 가장 작고, 가장 작은 것이 가장 큰 것이 되는 경우가 허다하다.

교회생활의 중요성을 이보다 더 강조할 수는 없다.

【6】 14 이와 같이 이 작은 자 중의 하나라도 잃는 것은 하늘에 계신 너희 아버지의 뜻이 아니니라

아흔아홉 마리의 양과 길 잃은 한 마리의 양의 비유는 논리적으로 모순이다. 한 마리를 위해서 아흔아홉 마리를 포기해야 하기 때문이다. 하나님의 심정을 인간의 말로 표현하기 때문에 역설이 될 수밖에 없다. 하나님께서는 가장 보잘것없어 보이는 사람을 가장 귀하게 여기신다는 뜻이다.

이런 말씀들은 윤리적인 권고나 교훈, 단순한 비유가 아니라 하나님 앞에 섰을 때의 사실 그대로의 표현이다.

물음 70 계약공동체, 어떻게 운영해야 하나?(2)

본문 : 〈 18장 〉

15 네 형제가 죄를 범하거든 가서 너와 그 사람과만 상대하여 권고하라 만
일 들으면 네가 네 형제를 얻은 것이요 16 만일 듣지 않거든 한두 사람
을 데리고 가서 두세 증인의 입으로 말마다 확증하게 하라 17 만일 그들
의 말도 듣지 않거든 교회에 말하고 교회의 말도 듣지 않거든 이방인과
세리와 같이 여기라 18 진실로 너희에게 이르노니 무엇이든지 너희가 땅
에서 매면 하늘에서도 매일 것이요 무엇이든지 땅에서 풀면 하늘에서도
풀리리라

19 진실로 다시 너희에게 이르노니 너희 중의 두 사람이 땅에서 합심하여
무엇이든지 구하면 하늘에 계신 내 아버지께서 그들을 위하여 이루게 하
시리라 20 두세 사람이 내 이름으로 모인 곳에는 나도 그들 중에 있느니
라

이 말씀은 마태복음에만 나온다. 그 이유는 유대인을 대상으로 했던 마태는 계약의 관점에서 기록했기 때문이다. 계약공동체인 교회, 어떻게 운영해야 하나?

【1】 17 만일 그들의 말도 듣지 않거든 교회에 말하고 **교회의 말도 듣지 않거든 이방인과 세리와 같이 여기라**

계약공동체인 교회 내에서 다른 사람을 실족하게 하는 사람을 어떻게 해야 할까? 구체적으로 현실적인 방법이 명시되어 있다. 먼저 그런 사실을 알게 된 사람이 개인적으로 만나서 잘 권면하고, 그래도 듣지 않으면 두세 명이 같이 가서 말하고, 그래도 듣지 않으면 교회에 알려 교회 차원에서 권면을 하는데, 교회의 말도 듣지 않으면 출교시키고 그 후에는 접촉도 하지 말라고 하셨다. 계약공동체의 계약정신을 해치는 사람은 결코 용납될 수 없으며, 철저히 관리하고 필요한 경우 출교시켜야 한다. 신명기에도 비슷한 말씀이 있다.[80)]

그 다음에는 더 놀라운 말씀을 하신다.

【2】 18 진실로 너희에게 이르노니 **무엇이든지 너희가 땅에서 매면 하늘에서도 매일 것이요 무엇이든지 땅에서 풀면 하늘에서도 풀리리라**

교회에서 적절한 절차를 밟아 교인으로 받아들이거나 출교시키면 하늘에서도 그대로 인정하시겠다고 말씀하신다. 교회는 이 땅에서 시작되는 하나님나라의 현장이기 때문에 교회에는 이런 권세가 있으며, 이를 천국 열쇠라고 했다.(마16:19) 구원은 교회를 통해서 받아야한다. 교회를 배제하고 예수님을 통해서 개인적인 믿음으로 구원받는다는 개념은 계약을 배제한 오해다. 계약으로 이해해야 구약과 신약성경의 연결, 속죄론, 구원론, 기독론, 더 나아가 삼위일체 신론까지 서로 연결되고 명확하게 이해된다.

다음 본문에서 보듯이 기도의 응답도 교회와 관련 있다.

【3】 19 진실로 다시 너희에게 이르노니 **너희 중의 두 사람이** 땅에서 **합심하여 무엇이든지 구하면** 하늘에 계신 내 아버지께서 **그들을 위하여** 이루게 하시리라 20 두세 사람이 내 이름으로 모인 곳에는 **나도 그들 중에 있느니라**

신앙생활에서 기도와 응답의 문제는 많은 비중을 차지한다. 그런데 본문에 의하면 교회의 기도를 응답하시겠다고 약속하신다. 개인의 기도가 아닌 교회 공동체의 기도 응답이어야 앞뒤가 맞는다. 기독교는 계약공동체이므로 공동체의 기도가 공동체에 응답되어야 한다. 개인의 기도가 개인에게 응답되면 공동체성이 상실된다. 복음주의와 실존주의 철학의 영향으로 개신교 신앙은 개인의 신앙이 되어버리고 말았다. 구원도 개인적으로 받고, 하나님과의 관계도 개인적

80) 만일 위증하는 자가 있어 어떤 사람이 악을 행하였다고 말하면 그 논쟁하는 쌍방이 같이 하나님 앞에 나아가 그 당시의 제사장과 재판장 앞에 설 것이요 재판장은 자세히 조사하여 그 증인이 거짓 증거하여 그 형제를 거짓으로 모함한 것이 판명되면 그가 그의 형제에게 행하려고 꾀한 그대로 그에게 행하여 너희 중에서 악을 제하라 그리하면 그 남은 자들이 듣고 두려워하여 다시는 그런 악을 너희 중에서 행하지 아니하리라(신19:16~20)

인 관계가 되었다. 그러나 마태복음에서는 그렇게 말하지 않는다. 예수님께서는 교회를 위하여 교회의 기도에 응답하시며, 교회 공동체에 함께하신다. 기도의 조건은 교인들의 한마음과 한뜻이다.

하나님 앞에서는 공동체의 크기가 중요하지 않다. 두 세 사람이라도 땅에서 합심하여 무엇이든지 구하면 하늘에 계신 하나님께서는 그 두 세 사람을 위하여 이루어 주신다. 마태복음에서 전적으로 계약에 기초하여 설명하는 이유는 첫 계약공동체인 유대인들에게 쓰여진 복음서이기 때문이다. 유대인인 마태는 계약의 입장에서 공동체를 어떻게 운영해야 하는지에 대하여 상세하게 기록했다.

물음 71 계약공동체, 어떻게 운영해야 하나?(3)

본문 : 〈 18장 〉

21 그 때에 베드로가 나아와 이르되 주여 형제가 내게 죄를 범하면 몇 번
이나 용서하여 주리이까 일곱 번까지 하오리이까 22 예수께서 이르시되
네게 이르노니 일곱 번뿐 아니라 일곱 번을 일흔 번까지라도 할지니라

23 그러므로 천국은 그 종들과 결산하려 하던 어떤 임금과 같으니 24 결산
할 때에 만 달란트 빚진 자 하나를 데려오매 25 갚을 것이 없는지라 주
인이 명하여 그 몸과 아내와 자식들과 모든 소유를 다 팔아 갚게 하라
하니 26 그 종이 엎드려 절하며 이르되 내게 참으소서 다 갚으리이다 하
거늘 27 그 종의 주인이 불쌍히 여겨 놓아 보내며 그 빚을 탕감하여 주
었더니 28 그 종이 나가서 자기에게 백 데나리온 빚진 동료 한 사람을
만나 붙들어 목을 잡고 이르되 빚을 갚으라 하매 29 그 동료가 엎드려
간구하여 이르되 나에게 참아 주소서 갚으리이다 하되 30 허락하지 아니
하고 이에 가서 그가 빚을 갚도록 옥에 가두거늘 31 그 동료들이 그것을
보고 몹시 딱하게 여겨 주인에게 가서 그 일을 다 알리니 32 이에 주인
이 그를 불러다가 말하되 악한 종아 네가 빌기에 내가 네 빚을 전부 탕
감하여 주었거늘 33 내가 너를 불쌍히 여김과 같이 너도 네 동료를 불쌍
히 여김이 마땅하지 아니하냐 하고 34 주인이 노하여 그 빚을 다 갚도록
그를 옥졸들에게 넘기니라

35 너희가 각각 마음으로부터 형제를 용서하지 아니하면 나의 하늘 아버지께서도 너희에게 이와 같이 하시리라

〈물음69〉에서 다룬 것은 작은 자를 실족하게 하는 죄의 문제였다. 그런데 이번에는 나에게 죄를 지은 자에 대해서는 내가 어떻게 해야 되는가의 문제다. 결국 공동체에서 생기는 문제는 공동체 구성원들 간의 문제가 대부분이기 때문에 이렇게 상세하게 다루고 있다.

【1】 21 그 때에 베드로가 나아와 이르되 주여 형제가 내게 죄를 범하면 몇 번이나 용서하여 주리이까 **일곱 번까지 하오리이까** 22 예수께서 이르시되 네게 이르노니 **일곱 번뿐 아니라 일곱 번을 일흔 번까지라도 할지니라**

용서에 대한 랍비들의 의견은 서로 달랐다. 가장 온건한 의견은 세 번까지 용서해주라고 했다.(Jose ben Jehuda, 요마 86b) 이런 사실을 잘 알고 있는 베드로는 크게 늘려잡아 일곱 번을 제시했다. 그런데 예수님께서는 일곱 번의 일흔 번이라도 용서하라고 하셨는데, 누가복음에 의하면 '하루에' 그렇게 하라고 기록되어 있다.(눅 17:4) 이는 무한히 용서하라는 말씀이다. 이를 좀 더 쉽게 설명하기 위하여 마태복음에서는 일만 달란트 탕감받은 자의 비유를 기록하고 있다.

일만 달란트는 개인이 접하기 어려운 액수다. 하루 품삯이 한 데나리온인데, 1달란트는 6천 데나리온이다. 당시에 갈릴리 지방의 일년 수입이 300달란트였고, 이두메, 유대, 사마리아 세 지방의 수입이 600달란트였다. 우리가 하나님으로부터 일만 달란트를 빚지고 있다가 탕감받은 자와 같기 때문에 무한히 용서하지 않으면 안 된다.

【2】 35 너희가 각각 마음으로부터 형제를 용서하지 아니하면 나의 하늘 아버지께서도 너희에게 이와 같이 하시리라

죄 용서를 누구에게 받아야 하는가? 우리가 우리에게 죄 지은 자

를 사하여 준 것같이 하나님으로부터 사함받아야 한다. 이를 무시하고 하나님으로부터만 용서를 받는다면 모순이다. 죄를 사해주시는 십자가의 능력은 사죄의 능력보다는 죄를 짓지 않게 하는 능력에 초점이 맞추어져야 한다. 사람끼리 지은 죄의 사죄 결정은 사람에게 우선권이 있다. 십자가는 사죄로 끝나지 않고 죄의 근원을 해결하는 능력까지 포함하고 있다. 십자가 앞에 나아가 더 이상 죄의 지배를 받지 않는 사람이 되어야 한다. 그 시작은 나에게 죄 지은 자를 용서해주고 또 내가 죄 지은 사람에게서 용서받은 것처럼 하나님으로부터 용서받는 경험에서 출발한다.

그런데, 교인 사이의 관계에서 무한히 용서해주는 것을 악용하는 사람이 있다면 이를 어떻게 해야 하나? 죄는 마귀의 지배를 받고 있기 때문에 절대로 낙관할 일이 아니다. 철저히 대비해야 한다. 이에 대해서는 이미 〈물음69 【4】〉와 〈물음70 【1】〉에서 언급했다. 이를 다시 여기의 본문과 연결지어 볼 필요가 있다.

【3】 6 누구든지 나를 믿는 **이 작은 자 중 하나를 실족하게** 하면 차라리 연자 맷돌이 그 목에 달려서 깊은 바다에 빠뜨려지는 것이 나으니라 17 만일 그들의 말도 듣지 않거든 교회에 말하고 교회의 말도 듣지 않거든 이방인과 세리와 같이 여기라

이 말씀은 교회를 책임지고 있는 목회자에게 하시는 말씀이다. 교인 개인들 간에는 서로 일만 달란트 빚진 자의 마음으로 용서하고 용서받아야 하지만 현실에서는 이것만이 능사가 아니다. 계약공동체의 정신을 훼손하는 일이 반복되면 이는 절대로 용납하지 말고 출교시키고, 다시는 접촉 자체를 하지 말라는 말씀이다. 이런 경우가 흔하지는 않겠지만 가능성은 언제나 있으므로 이를 교인들에게 늘 주지시키고 대비할 필요가 있다.

각 교회에서는 이를 염두에 두고 구체적인 실천 강령을 만들어야 한다.

물음 72 이혼, 왜 금지하셨을까?

본문 : 〈 19장 〉

1 예수께서 이 말씀을 마치시고 갈릴리에서 떠나 요단 강 건너 유대 지경
에 이르시니 2 큰 무리가 좇거늘 예수께서 거기서 저희 병을 고치시더라

3 바리새인들이 예수께 나아와 그를 시험하여 가로되 사람이 아무 연고를
물론하고 그 아내를 내어버리는 것이 옳으니이까 4 예수께서 대답하여
가라사대 사람을 지으신 이가 본래 저희를 남자와 여자로 만드시고 5 말
씀하시기를 이러므로 사람이 그 부모를 떠나서 아내에게 합하여 그 둘이
한 몸이 될지니라 하신 것을 읽지 못하였느냐 6 이러한즉 이제 둘이 아
니요 한 몸이니 그러므로 하나님이 짝지어 주신 것을 사람이 나누지 못
할지니라 하시니 7 여짜오되 그러하면 어찌하여 모세는 이혼 증서를 주
어서 내어버리라 명하였나이까 8 예수께서 가라사대 모세가 너희 마음의
완악함을 인하여 아내 내어버림을 허락하였거니와 본래는 그렇지 아니하
니라 9 내가 너희에게 말하노니 누구든지 음행한 연고 외에 아내를 내어
버리고 다른 데 장가드는 자는 간음함이니라

10 제자들이 이르되 만일 사람이 아내에게 이같이 할진대 장가 들지 않는
것이 좋겠나이다 11 예수께서 가라사대 사람마다 이 말을 받지 못하고
오직 타고난 자라야 할지니라 12 어미의 태로부터 된 고자도 있고 사람
이 만든 고자도 있고 천국을 위하여 스스로 된 고자도 있도다 이 말을
받을 만한 자는 받을지어다

13 때에 사람들이 예수의 안수하고 기도하심을 바라고 어린 아이들을 데리
고 오매 제자들이 꾸짖거늘 14 예수께서 가라사대 어린 아이들을 용납하
고 내게 오는 것을 금하지 말라 천국이 이런 자의 것이니라 하시고 15
저희 위에 안수하시고 거기서 떠나시니라

예수님께서 네 번째 설교를 마치시고 유월절 절기에 맞추어 갈릴리를 떠나 예루살렘으로 출발하셨다. 요단강 건너편 유대지방에 이르렀는데, 이곳에서도 많은 사람들이 모여들었다. 예수님께서 갈릴리에 계실 때 예루살렘에서 바리새인들이 찾아온 적이 몇 번 있었다. 그들은 예수님께서 혹시 그들이 기다리던 메시야일 수 있다는

생각이 들어서 찾아왔었고, 예수님에게 하늘의 표적을 요구했었다. 그런데 예수님께서 유대지역에 들어서시자 이제는 바리새인들이 찾아와 예수님을 시험하기 위하여 질문했다. 그 결과 19장에서는 사람들이 질문하고 예수님께서는 대답하시는 형식, 즉 당시의 랍비교육 방식으로 진행되었다.

【1】 3 바리새인들이 예수께 나아와 그를 시험하여 가로되 사람이 아무 연고를 물론하고 그 아내를 내어버리는 것이 옳으니이까

먼저 바리새인들은 예수님을 시험하기 위하여 이혼 문제를 제기하였다. 당시 유대인들은 이혼에 대하여 각 학파마다 의견을 달리하고 있었으나 결론이 쉽지 않았기 때문이다. 당시 유대인들은 여자는 12~14세, 남자는 18~20세쯤에 결혼했는데, 결혼의 결정은 부모들이 내렸다. 이혼문제에 있어서는 여자들은 이혼을 쉽게 당하는 반면 이혼할 권리는 거의 없었다. 이혼의 근거는 율법서의 다음 구절 때문이었다.

사람이 아내를 맞이하여 데려온 후에 그에게 **수치되는 일**이 있음을 발견하고 그를 기뻐하지 아니하면 이혼 증서를 써서 그의 손에 주고 그를 자기 집에서 내보낼 것이요(신24:1)

이 구절에서 문제가 되는 부분은 '수치되는 일'인데 이에 대하여 아키바(Akiva)는 여자가 싫어지는 경우로 해석하여 언제든지 이혼 증서를 써 줄 수 있다고 했다. 또 힐렐(Hillel)학파는 남편의 마음에 들지 않는 여러 행동이라고 해석했는데, 길거리에서 남자와 이야기하거나, 상한 음식, 옆집에 들릴만한 큰 소리, 시부모 험담 등 다양했다. 반면에 샴마이(Shammai)학파에서는 간음으로 규정했다. 이런 해석에 대하여 사람들은 주로 아키바와 힐렐의 해석에 따라 이혼을 자기들이 원하는 대로 하고 있었다.

바리새인들이 이혼 증서를 써주기만 하면 이혼을 해도 되느냐고 묻는 것은 아키바와 힐렐의 주장을 염두에 둔 것이었다. 이에 예수님께서는 결혼은 하나님께서 짝지어주신 것이므로 원칙적으로 불가

하다고 해석하였다. 그러면 왜 모세는 이혼증서를 써주면 이혼이 가능하다고 했는가?

【2】 8 예수께서 가라사대 모세가 너희 마음의 완악함을 인하여 아내 내어버림을 허락하였거니와 **본래는 그렇지 아니하니라**

예수님의 해석방법은 표면적인 의미가 아니라 이면적인 의미였다. 모세가 인간의 완악함 때문에 이혼을 허락한 것은 이혼에 대한 표면적인 의미이지만, 이면적인 본래 성경의 의미는 이혼하지 말라는 뜻이라고 해석하셨다. 이와 같이 표면적인 의미와 이면적인 의미는 서로 반대되는 경우가 허다하다. 바울은 이를 가리켜 의문(儀文, 문자적인 해석)은 죽이는 것이요 영(문자에 담긴 정신)은 살리는 것이라고 했다.(고후3:6)

【3】 9 내가 너희에게 말하노니 누구든지 **음행한 연고 외에** 아내를 내어버리고 다른 데 장가드는 자는 간음함이니라

이어서 예수님께서는 음행한 연고 외에는 이혼을 허락하지 않으셨다. 이는 신상수훈에서도 말씀하신 바 있다.(마5:30~32) 병행본문인 마가(10:2~12)나 누가(16:18)에 의하면 간음한 경우에는 이혼할 수 있다는 구절조차도 없다. '음행한 연고 외에는'이라는 말씀은 사실상 이혼을 금지한 말씀과 다름없다. 당시에 여인들이 간음으로 이혼당하는 경우는 거의 없었으며, 또 결혼 후에 간음을 한다면 이는 사실상 가정을 유지하기가 어렵기 때문이다. 예수님께서는 유대인 남자들이 신명기의 규정을 본인들 좋을 대로 해석하여 마음만 먹으면 언제든지 이혼하는 풍조를 엄격하게 금하셨다.

이 말씀에 제자들이 놀라서 다음과 같이 말했다.

【4】 10 제자들이 이르되 만일 사람이 아내에게 이같이 할진대 장가 들지 않는 것이 좋겠나이다

이혼을 금하는 예수님 말씀은 제자들에게 큰 충격이었던 것 같다. 제자들은 이혼을 할 수 없다면 차라리 결혼하지 않는 게 좋겠다

고 말했다. 그러자 예수님께서는 금욕은 타고나거나 하나님께서 도와주시지 않는다면 사실상 불가능하다고 말씀하셨다. 예수님은 인간의 성적인 욕구를 무시하거나 가볍게 보지 않으시고 그대로 인정하시며, 합리적 방안을 제시하시면서 이혼을 엄격히 제한하셨다.

왜 이혼을 제한하셨을까?

【5】 6 이러한즉 이제 둘이 아니요 한 몸이니 그러므로 하나님이 짝지어 주신 것을 사람이 나누지 못할지니라

성경에서는 그 무엇보다도 가정을 중요하게 생각한다. 사람은 가정에서 태어나서 자라고 교육받으며, 하루의 일과도 가정에서 출발하여 가정으로 돌아온다. 가정을 빼놓고는 인간의 삶을 생각할 수 없다.

창세기의 천지창조는 가정을 탄생시키시는 이야기이다. 사람이 살아갈 수 있는 환경을 먼저 만드시고, 사람을 남자와 여자로 만들어 가정을 이루게 하신 후 생육하고 번성하라는 축복의 말씀을 주셨다.

이스라엘과 맺은 계약법의 핵심은 안식규정(안식일, 안식년, 희년)인데, 각 가정의 행복을 지켜주는 법이다. 안식일에 종들에게 하루의 휴식을 주라는 규정은, 가정이 해체되어 흩어져 종살이하는 가족들이 서로 만날 수 있게 해주라는 말씀이다. 안식년에는 채무를 면제해주고 6년 치 품삯을 계산해주어 가족이 다시 모여 살 수 있게 하라는 말씀이고, 희년에는 집과 땅까지 돌려주어 각 가정이 새로 출발하게 하라는 말씀이다. 각 가정이 행복할 때 이스라엘 공동체의 계약정신이 살아나게 된다.

요한복음에 보면 예수님은 결혼식에 참석하셔서 가정에 복을 빌어주시는 일로 첫 사역을 시작하셨다.(요2:1~11) 이는 결코 우연

이 아니라 예수님 계획이었다. 어린아이를 데리고 와서 예수님께 축복기도를 받으려는 부모들이 있었다. 사람들이 구름떼처럼 몰려있으므로 이는 무리한 요구라고 생각한 제자들이 야단쳤지만, 예수님께서는 어린아이들을 불러 직접 손을 얹으시며 기도해주셨다. 가정이 무엇보다도 중요하기 때문이었다.

물음 73 무슨 선한 일을 해야 영생을 얻으리이까?

본문 : 〈 19장 〉

16 어떤 사람이 주께 와서 이르되 선생님이여 내가 무슨 선한 일을 하여야
영생을 얻으리이까 17 예수께서 이르시되 어찌하여 선한 일을 내게 묻느
냐 선한 이는 오직 한 분이시니라 네가 생명에 들어 가려면 계명들을 지
키라 18 이르되 어느 계명이오니이까 예수께서 이르시되 살인하지 말라,
간음하지 말라, 도둑질하지 말라, 거짓 증언 하지 말라, 19 네 부모를 공
경하라, 네 이웃을 네 자신과 같이 사랑하라 하신 것이니라

20 그 청년이 이르되 이 모든 것을 내가 지키었사온대 아직도 무엇이 부족
하니이까 21 예수께서 이르시되 네가 온전하고자 할진대 가서 네 소유를
팔아 가난한 자들에게 주라 그리하면 하늘에서 보화가 네게 있으리라 그
리고 와서 나를 따르라 하시니 22 그 청년이 재물이 많으므로 이 말씀을
듣고 근심하며 가니라

23 예수께서 제자들에게 이르시되 내가 진실로 너희에게 이르노니 부자는
천국에 들어가기가 어려우니라 24 다시 너희에게 말하노니 낙타가 바늘
귀로 들어가는 것이 부자가 하나님의 나라에 들어가는 것보다 쉬우니라
하시니 25 제자들이 듣고 몹시 놀라 이르되 그렇다면 누가 구원을 얻을
수 있으리이까 26 예수께서 그들을 보시며 이르시되 사람으로는 할 수
없으나 하나님으로서는 다 하실 수 있느니라 27 이에 베드로가 대답하
여 이르되 보소서 우리가 모든 것을 버리고 주를 따랐사온대 그런즉 우
리가 무엇을 얻으리이까 28 예수께서 이르시되 내가 진실로 너희에게 이
르노니 세상이 새롭게 되어 인자가 자기 영광의 보좌에 앉을 때에 나를
따르는 너희도 열두 보좌에 앉아 이스라엘 열두 지파를 심판하리라 29
또 내 이름을 위하여 집이나 형제나 자매나 부모나 자식이나 전토를 버
린 자마다 여러 배를 받고 또 영생을 상속하리라 (어떤 사본에는, '부모나

' 아래에 '아내나'가 있음)

30 그러나 먼저 된 자로서 나중 되고 나중 된 자로서 먼저 될 자가 많으니
라

본문은 영생에 이르는 방법, 즉 구원의 방법에 대한 말씀이다. 십자가, 대속 중심으로 생각하던 구원론과 많은 차이가 있는데, 이는 대단히 중요한 문제이다. 이 이야기는 마가(10:17~31)와 누가(18:` 18~30)에서도 중요하게 다루고 있다. 예수님께서 직접 말씀하신 구원의 방법은 어떤 것이었을까?

【1】 16 어떤 사람이 주께 와서 가로되 선생님이여 내가 **무슨 선한 일을 하여야 영생을 얻으리이까**

이 이야기는 어떤 부자 청년이 예수님을 찾아와서 구원의 방법을 묻는 질문으로 시작된다. 그는 '무슨 선한 일'을 해야 구원을 받을 수 있는가라고 묻고 있다. 이에 대하여 예수님께서는 무슨 대답을 하셨을까?

【2】 네가 **생명에 들어가려면 계명들을 지키라**

예수님께서는 십계명을 지키는 것이 구원의 길이라고 말씀하셨다. 바울과 루터를 거론하며, 율법이 아닌 복음과 행위가 아닌 믿음, 즉 신앙의인(信仰義認)을 구원의 길로 알고 있는 오늘 우리 기독교인들은 이를 인정할 수 있을까? 구원론을 전개하면서 왜 복음서의 예수님 말씀은 거론하지 않고 바울 서신만을 가지고 말할까? 복음서와 바울서신은 서로 다른 구원의 길을 말하고 있을까? 만일 비교한다면 복음서에 있는 예수님 말씀과 바울 서신 중 어느 것이 더 중요한가?

왜 예수님께서는 십계명을 지키는 것이 영생의 길이라고 하실까? 얘기가 분분할 수 있는데, 계약의 관점에서 보면 아주 단순하다. 십계명은 계약법을 함축한 법이기 때문이다. 계명을 지키라는 예수님 말씀은 하나님과의 계약을 지키라는 말씀이다. 계약법을 지켜서 계

약공동체의 구성원이 되는 것이 곧 구원의 길이다. 이 계약법을 빼놓고 십자가 신학, 구속사로 구원을 말하면 이는 성경을 무시하는 처사이다.

십계명을 지키라는 말씀에 청년은 뭐라고 대답했을까?

【3】 20 그 청년이 가로되 **이 모든 것을 내가 지키었사오니** 아직도 무엇이 부족하니이까

청년은 자신만만하게 그런 것들은 이미 다 지키고 있다고 대답했다. 이 청년은 십계명의 무엇을 어떻게 지켰다는 것일까? 바리새인들이 가르치는 바대로 표면적인 조항을 지킨 것이다. 그리고 또 자신만만하게 물었다. 이제 내가 무엇을 더 지켜야 합니까?

【4】 21 예수께서 가라사대 네가 온전하고자 할진대 가서 **네 소유를 팔아 가난한 자들을 주라** … 그리고 와서 나를 좇으라

예수님께서는 왜 재산을 가난한 자들에게 나누어 주라고 하셨을까? 앞에서 말씀하신 계명 준수와 무슨 관련이 있을까? 예수님께서는 십계명을 이미 다 지키고 있다는 청년을 향하여 다른 것을 요구하시지 않고, 십계명의 이면적인 의미를 말씀하셨다. 십계명의 이면적인 의미 중의 하나는 계약공동체 내에서의 경제균형이다. 마침 이 청년은 부자였기 때문에 십계명을 지키고 있다는 청년에게 표면적 조항이 아닌 이면적인 정신을 지키라고 요구하신 것이다. 율법 조항을 다 지키고 있다고 자신만만하던 청년은 예수님의 이면적 해석을 듣자 지킬 자신이 없어서 포기하고 돌아갔다.

돌아가는 청년의 뒷모습을 바라보시며 제자들에게 말씀하셨다.

【5】 23 내가 진실로 너희에게 이르노니 부자는 천국에 들어가기가 어려우니라 24 다시 너희에게 말하노니 **약대가 바늘귀로 들어가는 것이 부자가 하나님의 나라에 들어가는 것보다 쉬우니라**

부자가 천국에 들어가는 것은 낙타가 바늘구멍으로 들어가는 것보다 어렵다는 말씀을 들은 제자들은 구원받을 자가 과연 있겠는가

라고 놀라면서 자신들을 돌아보고 다시 물었다. 우리는 모든 것을 버리고 주님을 따르고 있는데, 우리는 영생을 얻을 수 있습니까?

【6】 29 또 내 이름을 위하여 집이나 형제나 자매나 부모나 자식이나 전토를 버린 자마다 여러 배를 받고 또 영생을 상속하리라

마가나 누가의 병행본문은 좀 더 명확하게 말하고 있다.

내가 진실로 너희에게 이르노니 나와 복음을 위하여 집이나 형제나 자매나 어머니나 아버지나 자식이나 전토를 버린 자는 **현세에** 있어 집과 형제와 자매와 어머니와 자식과 전토를 **백배나 받되** 박해를 겸하여 받고 **내세에** 영생을 받지 못할 자가 없느니라(막10:30)

이 세상에서 예수님을 따르기 위하여 재산을 포기한 사람들은 이 세상에서 재산을 백배나 더 받고, 내세에는 영생을 얻지 못할 자가 없다는 말씀은 무슨 뜻일까?

부자 청년에게 하신 예수님 말씀을 다시 정리해 보고자 한다.

❶ 왜 재산을 포기하라고 말씀하실까?

성경말씀에는 표면적인 의미와 이면적인 의미가 있다. 부자에게 재산을 포기하고 가난한 자에게 나누어 주라는 말씀의 이면적인 의미는 너는 돈을 버는 능력이 있으니 네 재산을 잘 경영하여 가난한 자들의 문제를 해결하라는 뜻이다. 네가 그렇게 하려고 하면 네가 더 많은 돈을 벌수 있도록 도와 줄 것이며, 네가 나를 대신해서 세상의 가난을 해결하는 자가 되게 하리라는 말씀이다. 예수님 말씀은 가난 실천운동이 아니라 가난 청산운동이다.

자칫 재산을 포기하라는 말씀을 표면적으로 해석하여 가난을 실천하려는 이들이 있었는데, 중세 수도원 운동은 말씀대로 실천한 운동이 아니라 말씀과 정반대로 잘못 간 운동이다. 하나님께서 우리에게 요구하시는 것이 가난 실천일까, 아니면 가난 청산일까? 더 물을 필요조차 없다.

❷ 왜 예수님을 따르라고 하셨을까?

예수님을 따른다는 것은 무엇일까? 시대마다, 사람마다 다른 의미를 가질 수 있으나 그 핵심은 계약공동체를 통하여 이 세상에서 하나님나라를 실현하는 운동에 참여하는 것이다. 이것이 가난을 청산하는 구체적인 운동이다.

❸ 교회사에서 어떻게 실천되었을까?

교회사 책을 읽어보면 선교의 과정, 박해, 교리논쟁 등을 중심으로 기록되어 있을 뿐 가난 청산 운동에 대해서는 거의 기록이 없다. 그 이유는 계약의 관점이 없기 때문이다.

복음서에 의하면 예수님께서는 제자들과 가난을 청산하는 하나님나라 운동을 펼치셨으며, 제자들에게 집중 교육을 시키셨다. 이런 이유로 예수님 사후에 제자들은 예루살렘교회에서 이를 실천으로 옮겼다. 복음을 받아들인 최초의 교인들은 사도들의 가르침을 따라 모든 재산을 가지고 와서 사도들의 처분에 맡겼고, 사도들은 이 재물로 교회 내의 가난의 문제를 해결하는 데에 썼다. 그 이후 교인이 되려면 목숨과 생명을 포기하는 전통이 생겨났고, 이런 신앙은 박해시대를 이겨냈을 뿐만 아니라 많은 선교의 성과를 거두었다. 목숨과 재산을 포기하는 교인들의 숫자가 로마제국 인구의 10%에 해당되었다는 사실은 기적이 아니고서는 설명되지 않는다. 이런 여세를 몰아 교회는 로마제국의 국교가 되었다. 이 사건은 로마제국이 계약을 실천할 땅으로 교회에 주어지는 사건이었다.

그런데 그 이후의 교회 지도자들에게는 이런 개념이 없었다. 지금까지 교회사를 이런 계약의 관점에서 해석한 책은 없는 것 같다. 교회지도자들의 무지로 말미암아 교회 안에서는 교리논쟁을 일삼았고, 이에 실망한 젊은이들은 가난을 실천하는 수도사들이 되어 금식과 금욕, 고행의 길을 가면서 예수님을 따른다고 생각했다.

이런 어처구니없었던 일을 어찌 이해해야 하나!

지금은 더 어처구니없으니 이 노릇을 어찌할꼬!

❹ 어찌해야 영생을 얻으리이까?

복음서와 바울서신, 예수님의 말씀과 바울의 해석이 다를 리가 없다. 신약성경에 믿음을 통한 구원과 행위를 통한 구원 등 서로 다른 두 구원의 길이 있다면 이는 모순이다. 바울은 당시 유대인들이 안식일법, 정결례법 등을 중심으로 조항을 만들어 지키면서 이를 지키면 의롭다함을 얻는다고 주장하는 것에 대하여, 그런 유대교 율법과 그 조항을 지키는 행위로는 의롭다함을 얻지 못하며, 예수님을 통하여 드러난 하나님의 의를 통해서 의롭다함을 얻는다고 했다. 하나님의 의를 믿음, 은혜라고 했다. 바울이 거부한 율법과 행위는 시내산 계약법인 율법이 아니라 유대교 조항 율법과 그 행위를 말한다. AD 50년대 전후에 활동했던 바울이 직면한 과제는 유대교와 기독교가 어떻게 다른지 명쾌하게 밝히는 것이었다. 따라서 바울은 갈라디아서와 로마서에서 인간의 의와 하나님의 의를 대비시키며 신학을 전개했다.

〈물음64〉에서 본 바와 같이 예수님을 그리스도로 고백하는 것은 교회의 교인이 되는 과정이다. 교회의 하나님나라 운동에 참여하는 것이 구원의 시작이며, 영생에 이르는 길이다. 계약사 속에서 구속사를 말해야 말의 앞과 뒤가 맞는다. 성경을 해석하면서 여기서는 이렇게 말하고 저기서는 저렇게 말하면 말이 되지 않는다. 말이 되게 말을 해야 한다. 일이관지(一以貫之)여야 한다.

물음 74

포도원 품꾼의 비유, 어떤 뜻일까?

본문 : 〈 20장 〉

1 천국은 마치 품꾼을 얻어 포도원에 들여보내려고 이른 아침에 나간 집
주인과 같으니 2 그가 하루 한 데나리온씩 품꾼들과 약속하여 포도원에
들여보내고 3 또 제삼시에 나가 보니 장터에 놀고 서 있는 사람들이 또
있는지라 4 그들에게 이르되 너희도 포도원에 들어가라 내가 너희에게
상당하게 주리라 하니 그들이 가고 5 제육시와 제구시에 또 나가 그와
같이 하고 6 제십일시에도 나가 보니 서 있는 사람들이 또 있는지라 이
르되 너희는 어찌하여 종일토록 놀고 여기 서 있느냐 7 이르되 우리를
품꾼으로 쓰는 이가 없음이니이다 이르되 너희도 포도원에 들어가라 하
니라

8 저물매 포도원 주인이 청지기에게 이르되 품꾼들을 불러 나중 온 자로부
터 시작하여 먼저 온 자까지 삯을 주라 하니 9 제십일시에 온 자들이 와
서 한 데나리온씩을 받거늘 10 먼저 온 자들이 와서 더 받을 줄 알았더
니 그들도 한 데나리온씩 받은지라 11 받은 후 집 주인을 원망하여 이르
되 12 나중 온 이 사람들은 한 시간밖에 일하지 아니하였거늘 그들을 종
일 수고하며 더위를 견딘 우리와 같게 하였나이다 13 주인이 그 중의 한
사람에게 대답하여 이르되 친구여 내가 네게 잘못한 것이 없노라 네가
나와 한 데나리온의 약속을 하지 아니하였느냐 14 네 것이나 가지고 가
라 나중 온 이 사람에게 너와 같이 주는 것이 내 뜻이니라 15 내 것을
가지고 내 뜻대로 할 것이 아니냐 내가 선하므로 네가 악하게 보느냐 16
이와 같이 나중 된 자로서 먼저 되고 먼저 된 자로서 나중 되리라

본문은 마태복음에만 나오는 천국 비유의 말씀인데, 마태가 말하고자 하는 천국운동이 어떤 것인지를 잘 보여주고 있다.

【1】 1 천국은 마치 품꾼을 얻어 포도원에 들여보내려고 **이른 아침**에 나간 집 주인과 같으니

예수님께서는 누구나 알아들을 수 있도록 그들의 실생활에서 비유의 소재를 찾으셨다. 포도 수확은 우기와 겹치기 때문에 우기가 시작되기 전에 서둘러 수확하려고 많은 일꾼들을 동원한다. 천국 비

유를 이런 포도원 품꾼의 이야기로 시작하셨다. 포도원 주인은 아침 6시에 포도원에서 일을 시작하게 했다.

> 【2】 3 **또 제삼시에 나가 보니**… 5 **제육시와 제구시에 또 나가** 그와 같이 하고 … 6 **제십일시에도 나가 보니** 서 있는 사람들이 또 있는지라 이르되 너희는 어찌하여 종일토록 놀고 여기 서 있느냐 7 이르되 우리를 품꾼으로 쓰는 이가 없음이니이다 이르되 **너희도 포도원에 들어가라** 하니라

그런데 이상한 것은 포도원 주인의 관심은 포도 수확에 있지 않고, 포도원에서 일을 시키고 한 데나리온 품삯 주는 데에 있다. 해뜰 무렵인 6시에 일을 시켜놓고 9시, 12시, 오후 3시와 오후 5시 등 하루 종일, 일자리 찾는 사람들을 찾아다니며 포도원으로 보냈다. 실제로 이렇게 일을 시키는 주인은 없다.

그런데 더 이상한 것은 저녁 6시에 일당을 계산해주는데 저녁 때 와서 한 시간 일한 사람과 아침부터 와서 하루 종일 일한 사람에게 구분하지 않고 똑같이 한 데나리온씩 주었다. 실제로 이렇게 일당을 주는 주인은 없다.

그러자 아침부터 일한 사람들이 불평을 늘어놓았다.

> 【3】 12 나중 온 이 사람들은 한 시간밖에 일하지 아니하였거늘 그들을 종일 수고하며 더위를 견딘 우리와 같게 하였나이다

당연한 불평이다. 포도원 주인은 무슨 일을 한 것일까? 계약법으로 보지 않으면 해석이 쉽지 않다. 그러나 계약법으로 보면 하나님나라 운동의 핵심을 잘 말해주는 비유이다.

❶ 하나님의 관심은 최저 생계비 보장에 있다.

하루 일당인 한 데나리온은 한 가정의 최저 생계비이다. 날품팔이는 매일의 품삯으로 살아가는 사람이다. 아침 일찍 새벽밥을 먹고 일자리를 찾아 나섰다. 일자리를 찾으면 다행이지만 일자리를 얻지 못하면 하루 양식을 구할 길이 없다. 점심때가 지나고 저녁때가 되

어 집에 가야 할 시간이 되었지만 그는 돌아갈 수가 없다. 빈손으로 가면 하루의 양식을 기다리던 늙은 부모, 어린 자식들은 모두 굶어야 하기 때문이다.

이런 상황을 너무 잘 아는 주인은 똑같이 한 데나리온을 줄 수밖에 없었다.

❷ 하나님은 일하려는 사람을 찾으신다.

포도원 주인은 날품팔이들에게 배급을 주려고 하지 않고, 저녁 늦게까지 포기하지 않고 일자리를 찾는 사람을 불러 단 한 시간이라도 일을 시킨 후 한 데나리온을 주었다. 가난한 사람, 굶주리는 사람은 많이 있었다. 어떻게 이 문제를 해결해야 하는가? 일 하려는 사람에게 일을 시키는 방식으로 해결해야 한다. 하나님께서는 일하기 싫은 자는 먹지도 말라고 하시며, 스스로 돕는 자를 도우신다. 가난한 자를 덮어 놓고 돕는 것만이 능사가 아니다. 노숙자들에게 무작정 끼니를 공급하는게 하나님의 사랑이 아니다. 돕는 방식이 더 중요하다. 물고기를 나누어 주기보다는 고기 잡는 방법을 알려 주는 게 진정한 사랑이다.

【4】 16 이와 같이 나중 된 자로서 먼저 되고 먼저 된 자로서 나중 되리라

이 구절은 도대체 무슨 뜻일까? 이 구절은 영생의 질문을 하고 있는 부자 청년의 이야기와 포도원 품꾼의 비유의 결론에 쓰이고 있다. 두 이야기의 공통점은 경제문제의 해결이다. 말은 쉽지만 실현은 불가능할 만큼 어렵다. 어떻게 해야 하나?

사람으로는 할 수 없으되 하나님으로서는 다 할 수 있느니라(마19:26)

부자 청년처럼 할 수 있을 것 같은 사람은 그냥 돌아가지만 의외로 전혀 그런 일을 할 것 같지 않은 사람 중에서 포도원 주인처럼 이 문제를 해결할 사람이 틀림없이 있으리라는 말씀이다.

물음 75 예수님, 왜 제자들에게 실망하지 않으실까?

본문 : 〈 20장 〉

17 예수께서 예루살렘으로 올라가려 하실 때에 열두 제자를 따로 데리시고
길에서 이르시되 18 보라 우리가 예루살렘으로 올라가노니 인자가 대제
사장들과 서기관들에게 넘겨지매 그들이 죽이기로 결의하고 19 이방인들
에게 넘겨주어 그를 조롱하며 채찍질하며 십자가에 못 박게 할 것이나
제삼일에 살아나리라

20 그 때에 세베대의 아들의 어머니가 그 아들들을 데리고 예수께 와서 절
하며 무엇을 구하니 21 예수께서 이르시되 무엇을 원하느냐 이르되 나의
이 두 아들을 주의 나라에서 하나는 주의 우편에, 하나는 주의 좌편에 앉
게 명하소서 22 예수께서 대답하여 이르시되 너희는 너희가 구하는 것을
알지 못하는도다 내가 마시려는 잔을 너희가 마실 수 있느냐 그들이 말
하되 할 수 있나이다 23 이르시되 너희가 과연 내 잔을 마시려니와 내
좌우편에 앉는 것은 내가 주는 것이 아니라 내 아버지께서 누구를 위하
여 예비하셨든지 그들이 얻을 것이니라 24 열 제자가 듣고 그 두 형제에
대하여 분히 여기거늘

25 예수께서 제자들을 불러다가 이르시되 이방인의 집권자들이 그들을 임
의로 주관하고 그 고관들이 그들에게 권세를 부리는 줄을 너희가 알거니
와 26 너희 중에는 그렇지 않아야 하나니 너희 중에 누구든지 크고자 하
는 자는 너희를 섬기는 자가 되고 27 너희 중에 누구든지 으뜸이 되고자
하는 자는 너희의 종이 되어야 하리라 28 인자가 온 것은 섬김을 받으려
함이 아니라 도리어 섬기려 하고 자기 목숨을 많은 사람의 대속물로 주
려 함이니라

예수님께서는 갈릴리 사역을 마치고 제자들을 집중 교육시킬 때부터 수난에 대해 예고하셨다. 특히 유대지방에 들어와서 예루살렘이 가까워지자 세 번째로 다시 예고하셨다. 왜 수난에 대하여 자주 예고하셨을까?

【1】 17 예수께서 예루살렘으로 올라가려 하실 때에 열두 제자를 따로 데리시고 길에서 이르시되

공관복음서에 의하면 예수님께서는 주로 갈릴리에서 활동하셨다. 그러다가 유월절 절기에 맞추어 예루살렘으로 올라가시자 많은 사람들이 예수님을 따라나섰다. 그들은 예수님이 그들이 기다리던 메시야라고 생각했는데, 어쩌면 이번에 예루살렘에 올라가셔서 왕이 되실 수도 있다고 생각했다. 예루살렘이 가까워지자 사람들은 긴장하기 시작했다. 마가복음에는 이때의 분위기를 이렇게 기록하고 있다.

> 예루살렘으로 올라가는 길에 예수께서 그들 앞에 서서 가시는데 그들이 놀라고 따르는 자들은 두려워하더라(막10:32)
>
> 그들이 이 말씀을 듣고 있을 때에 비유를 더하여 말씀하시니 이는 자기가 예루살렘에 가까이 오셨고 그들은 하나님의 나라가 당장에 나타날 줄로 생각함이더라(눅19:11)

이에 예수님께서는 열 두 제자들을 따로 부르셔서 수난을 진지하게 다시 예고하셨다. 제자들도 예수님께서 왕이 되시리라고 생각했기 때문에 서로 누가 높은 자리에 앉을 것인가에 관심을 가지고 있었다. 이제 예루살렘에 올라가면 예수님께서 왕이 되시거나 하나님나라가 당장 실현되리라고 생각했다. 다음의 말씀이 그 증거다.

> 【2】 22 예수께서 대답하여 이르시되 너희는 너희가 구하는 것을 알지 못하는도다

야고보와 요한의 어머니는 예수님을 찾아와 자신의 두 아들이 높은 자리에 앉게 해 달라고 노골적으로 요청했고, 다른 제자들은 이에 대하여 분개했다.

복음서는 이 일이 있은 후 대략 40여년 뒤에 기록되었다. 그런데 왜 자신들의 이런 치부를 그대로 기록해 놓았을까? 사실 복음서는 사도들의 자화상과 같다. 젊은 시절 예수님을 따라나섰지만 예수님의 말씀과 의도를 몰라도 너무 몰랐음을 있었던 그대로 그려놓았다. 현대 자유주의 신학자들은 복음서 기록자들이 확대하여 신화로 기록했다고 말하는데, 이들의 이런 솔직함을 생각해 볼 때 예수님께서

하신 일들을 과장하여 초자연 사건들로 확대하여 기록하거나 없던 이야기를 만들어내지는 않았을 것이다.

제자들의 이런 솔직함과 용기는 어디서 나온 것일까?

【3】 28 인자가 온 것은 섬김을 받으려 함이 아니라 도리어 섬기려 하고 자기 목숨을 많은 사람의 대속물로 주려 함이니라

예수님께서는 제자들의 이런 실망스러운 모습에 대하여 어떤 생각이 드셨을까? 이제 예수님은 세상을 떠나야 되고, 제자들이 예수님을 대신 할 때가 가까워지는데, 제자들은 아직 서로 높은 자리를 차지할 생각만 하고 있으니 얼마나 답답하셨을까? 그런데 어디에도 예수님께서 실망하셨다는 기록은 보이지 않는다. 부활 승천하시면서도 예수님께서는 제자들을 믿으시고 땅 끝까지 이르러 증인이 되리라고 말씀하셨다. 왜 예수님은 실망하지 않고 제자들을 믿으셨을까?

영성의 길을 가다보면 어디쯤에서부터 지난날 자신의 신앙을 돌아보며 어디에서 무엇이 잘못되었는지가 보이기 시작하며 회개하게 된다. 그런데 가장 많이 회개하는 부분은 자신의 잘못된 기도와 하나님을 잘못 이해한 것에 대한 회개다. 돌이켜보니 나름대로는 하나님의 뜻을 따른다고 했지만 하나님을 몰라도 너무 몰랐고, 기도조차도 전혀 잘못된 기도였다. 뭐하나 제대로 된 것이라곤 찾아볼 수 없어 하늘을 향하여 얼굴을 들지 못하게 된다. 이즈음 하나님 면전 체험 중 눈빛이 마주치는 경험이 일어났는데, 그 눈빛은 나를 더 견딜 수 없게 하며 한없이 오열하게 했다. 눈빛은 이렇게 말하기 때문이다

나는 너만 믿는다.

과거의 이런 수치스런 모습들은 나를 다시 발견하고 나 자신을 부정하게 하는 데에 크게 도움이 된다. 이스라엘 사람들이 바벨론에

서 왕정기의 실패를 돌이켜 보며 다시 출발하는 이치와 같다. 사실 제자들도 예수님의 부활과 승천을 경험하고 나서 자신들이 얼마나 잘못되었는지를 새삼 깨닫고 다시 출발할 수 있었다. 하나님께서는 항상 더 좋은 것을 주시며, 더 좋은 길로 인도해 주신다.

물음 76 예수님, 왜 여리고에 가셨을까?

본문 : 〈 20장 〉

29 그들이 여리고에서 떠나 갈 때에 큰 무리가 예수를 따르더라 30 맹인
두 사람이 길 가에 앉았다가 예수께서 지나가신다 함을 듣고 소리 질러
이르되 주여 우리를 불쌍히 여기소서 다윗의 자손이여 하니 31 무리가
꾸짖어 잠잠하라 하되 더욱 소리 질러 이르되 주여 우리를 불쌍히 여기
소서 다윗의 자손이여 하는지라 32 예수께서 머물러 서서 그들을 불러
이르시되 너희에게 무엇을 하여 주기를 원하느냐 33 이르되 주여 우리의
눈 뜨기를 원하나이다 34 예수께서 불쌍히 여기사 그들의 눈을 만지시니
곧 보게 되어 그들이 예수를 따르니라

예수님께서는 예루살렘으로 올라가시면서 여리고에 들르셨다. 왜 여리고에 가셨을까? 가는 길목이기 때문일까? 여기에 만나야 할 두 사람이 있었기 때문이다. 첫 번째 사람은 세리장 삭개오였다.(눅 19:1~9) 삭개오는 예수님을 따르는 사람들에게 보여주신 믿음의 스승이었다. 삭개오는 예수님을 따른다는 것이 무엇인지를 잘 알고 있었다. 그리고 또 한 사람의 스승이 있었다. 거지 소경이었다. 누가복음에 의하면 이 맹인은 디매오의 아들이어서 바디매오라고 불렸다.[81] 왜 이 사람이 믿음의 표본일까?

81) 여리고에 가까이 가셨을 때에 한 맹인이 길 가에 앉아 구걸하다가 무리가 지나감을 듣고 이 무슨 일이냐고 물은대 그들이 나사렛 예수께서 지나가신다 하니 맹인이 외쳐 이르되 다윗의 자손 예수여 나를 불쌍히 여기소서 하거늘 앞서 가는 자들이 그를 꾸짖어 잠잠하라 하되 그가 더욱 크게 소리 질러 다윗의 자손이여 나를 불쌍히 여기소서 하는지라 예수께서 머물러 서서 명하여 데려오라 하셨더니 그가 가까이 오매 물어 이르시되 네

맹인으로 태어난 천덕꾸러기, 이름조차 없던 길거리의 걸인, 그는 소문으로 예수님이라는 분이 자신과 같은 맹인을 고친다는 것을 알았다. 그러나 그는 멀리 갈릴리에 계시는 예수님을 찾아갈 방법이 없었다, 어느 누구도 데려다 주는 사람도 없고, 부탁할 사람도 없고, 맹인이니 혼자 갈수는 더더욱 없고, 어찌할 방법이 없었다.

그런데 갑자기 사람들이 몰려들었다. 사람들이 말하는 것을 들으니 예수님께서 자신이 있는 여리고에 오셨다는 것이다. 바디매오는 이 기회를 놓칠 수 없었다. 그런데 어느 누구도 그를 예수님에게 데려다 주는 사람이 없었다. 어찌해야 하나? 사람들을 따라가며 예수님을 향하여 무작정 소리를 질렀다.(ἐβόησεν) 거지 소경이 너무 크게 계속 소리를 지르니 사람들이 짜증을 내며 조용히 하라고 야단쳤다. 그러자 소경 바디매오는 더 크게 죽어가는 짐승처럼 비명을 지르며 소리를 질렀다.(ἔκραζεν) 예수님께서는 이때를 기다리셨다가 멈추어 서셨다. 그리고 바대매오를 부르시고 말씀하셨다. “네 믿음이 너를 구원하였느니라.” 무슨 뜻일까?

가나안 여인처럼, 바디매오처럼 갈급하게 하나님나라를 구하는 사람이 없다. 굶주린 나그네를 위하여 한밤중에 떡을 꾸러 가서 문전박대당하며 떡을 꾸어줄 때까지 문을 두드리는 사람이 없다. 안타까운 마음으로 하늘 문이 열리도록 부르짖는 사람이 없다. 포기되지 않는 상한심령으로 구하는 사람이 없다. 인류의 멸종을 막기위해 견딜 수 없는 마음으로 찾고 또 찾는 사람이 없다.

그 사람 없는가?
내가 기꺼이 찾아갈 사람.
그 사람 없는가?

게 무엇을 하여 주기를 원하느냐 이르되 주여 보기를 원하나이다 예수께서 그에게 이르시되 보라 네 믿음이 너를 구원하였느니라 하시매 곧 보게 되어 하나님께 영광을 돌리며 예수를 따르니 백성이 다 이를 보고 하나님을 찬양하니라(눅18:35~43)

하늘의 권세 맡길 사람.
그 사람 없는가?
하늘의 돈 맡길 사람.
그 사람 없는가?
그 사람.

물음

예루살렘 입성, 어떻게 하셨을까? 77

본문 : 〈 21장 〉

1 그들이 예루살렘에 가까이 가서 감람 산 벳바게에 이르렀을 때에 예수께
서 두 제자를 보내시며 2 이르시되 너희는 맞은편 마을로 가라 그리하면
곧 매인 나귀와 나귀 새끼가 함께 있는 것을 보리니 풀어 내게로 끌고
오라 3 만일 누가 무슨 말을 하거든 주가 쓰시겠다 하라 그리하면 즉시
보내리라 하시니

4 이는 선지자를 통하여 하신 말씀을 이루려 하심이라 일렀으되 5 시온 딸
에게 이르기를 네 왕이 네게 임하나니 그는 겸손하여 나귀, 곧 멍에 메는
짐승의 새끼를 탔도다 하라 하였느니라

6 제자들이 가서 예수께서 명하신 대로 하여 7 나귀와 나귀 새끼를 끌고
와서 자기들의 겉옷을 그 위에 얹으매 예수께서 그 위에 타시니 8 무리
의 대다수는 그들의 겉옷을 길에 펴고 다른 이들은 나뭇가지를 베어 길
에 펴고 9 앞에서 가고 뒤에서 따르는 무리가 소리 높여 이르되 호산나
다윗의 자손이여 찬송하리로다 주의 이름으로 오시는 이여 가장 높은 곳
에서 호산나 하더라

10 예수께서 예루살렘에 들어가시니 온 성이 소동하여 이르되 이는 누구냐
하거늘 11 무리가 이르되 갈릴리 나사렛에서 나온 선지자 예수라 하니라

드디어 예수님께서 예루살렘에 도착하셨다. 지금까지는 갈릴리에서 주로 병자들을 고치시고 율법을 재해석하시는 일을 하셨다. 사람들이 자신을 유대인의 정치적인 메시야로 생각하고 왕으로 추대할 것을 염려하여 조용하게 활동하셨으나, 이제 유월절 절기에 맞추어

예루살렘에 도착해서는 정면으로 유대교에 도전하셨다. 그리고 준비하신 순서대로 진행하셨다. 자 이제부터 예수님께서 어떻게 예루살렘에서 활동하셨는지 살펴볼 차례다.

【1】 1 그들이 예루살렘에 가까이 가서 감람 산 벳바게에 이르렀을 때에

예수님의 예루살렘 사역은 베다니(벳바게와 베다니는 인근 지역)에서 시작되었다. 예루살렘에 아무런 연고가 없으신 예수님께서 유월절에 활동하시는 방법은 유월절에 참석한 사람들을 적극 활용하는 방법이었다. 이 일을 위하여 준비된 사람이 있었다. 그는 베다니에 살던 나사로였는데, 유월절을 앞두고 중병이 들었다. 마침 예루살렘으로 오고 계시던 예수님은 이 전갈을 받고서 "이 병은 죽을 병이 아니라 하나님의 영광을 위함이요 하나님의 아들이 이로 말미암아 영광을 받게 하려 함이라."(요11:4)라고 하셨다. 예수님께서 베다니에 도착하셨을 때 나사로는 이미 죽어 장사를 지낸지 나흘이나 되었다. 잘 아는 대로 예수님께서 무덤에 찾아가 "나사로야, 나오너라!"라고 외치자 무덤에서 썩어 냄새나던 나사로가 걸어 나왔다. 베다니와 예루살렘은 지척이었다. 삽시간에 이 소문은 유월절을 맞아 예루살렘에 와 있던 수많은 사람들에게 퍼져 나갔다. 소문을 들은 사람들은 베다니로 몰려와서 죽었다가 다시 살아난 나사로를 확인하고 놀랄 수밖에 없었다.

유월절은 당시 유대인들이 지키던 가장 큰 명절인데 대략 250여 만 명이 참석했다. 그런데 이들에게 단연 화제의 대상은 나사로의 소생과 나사로를 살리신 예수님이었다. 그들은 그동안 예수님께서 활동하셨던 이야기를 전해 들으면서 열렬한 추종자들이 되었다. 이제 유월절 행사에 참석한 사람들의 모든 관심사는 예수님의 일거수일투족(一擧手一投足)에 쏠렸다.

예수님께서는 갈릴리를 출발하여 예루살렘으로 올라오시면서 이 모든 것들을 내다보면서 준비하시고 예정하신 대로 진행하셨다.

그 시작은 베다니에서부터였다. 무슨 일을 시작하셨을까?

【2】 1 …예수께서 두 제자를 보내시며 2 이르시되 너희는 맞은편 마을로 가라 그리하면 곧 매인 나귀와 나귀 새끼가 함께 있는 것을 보리니 풀어 내게로 끌고 오라 3 만일 누가 무슨 말을 하거든 **주가 쓰시겠다 하라 그리하면 즉시 보내리라** 하시니

제자들을 한 마을로 보내시며 나귀를 끌어오게 하셨다. 주인이 묻거든 주님께서 쓰신 후 돌려주겠다고 하면 된다고 하셨다. 나귀 주인에게 따로 연락을 해 놓으셨을까? 아니다. 그런 방법은 예수님에게 적절하지 않다. 다시 말하지만 예수님께서는 미리 내다보시면서 활동하셨다. 나귀 주인은 어떤 사람이었을까? 물론 예수님을 소문으로 또는 직접 보았거나 말씀을 들었을 것이다. 그리고 예수님에 대하여 대단히 호의적이었을 것이다. 그런데 예수님께서 자기가 키우던 나귀를 타고 입성하신다니 마다할 이유가 없고 오히려 영광이라고 생각하며 기꺼이 내어 주었다. 하나님께서는 늘 이렇게 준비된 사람을 통해서 일하신다.

【3】 6 제자들이 가서 예수께서 명하신 대로 하여 7 나귀와 나귀 새끼를 끌고 와서 자기들의 겉옷을 그 위에 얹으매 예수께서 그 위에 타시니 8 무리의 대다수는 그들의 겉옷을 길에 펴고 다른 이들은 나뭇가지를 베어 길에 펴고 9 앞에서 가고 뒤에서 따르는 무리가 소리 높여 이르되 **호산나 다윗의 자손이여 찬송하리로다 주의 이름으로 오시는 이여 가장 높은 곳에서 호산나** 하더라

이런 장면은 아마도 예수님께서 제자들에게 미리 준비시키지 않으셨을 것이다. 예수님 말씀대로 나귀를 끌고 왔으나 안장이 없었다. 갑자기 안장을 준비할 시간이 없어서 한 제자가 자기가 입었던 겉옷을 벗자 너도 나도 따라서 벗었다. 겉옷을 개어 안장삼아 나귀 등에 깔고 예수님은 그 위에 앉으셨다. 그러자 이를 지켜보던 다른 이들은 자신들의 옷을 벗어 길에 깔기 시작했다. 또 어떤 사람들은 나뭇가지를 꺾어다가 길에 깔기도 하고 깃발삼아 들고 흔들면서 '호산나'를 외치며 예수님을 따랐다.[82] 수많은 사람들이 이와 같은

모습으로 예수님을 따르며 호산나를 외치니 예루살렘성에는 일대 소동이 벌어졌다.

예수님께서는 왜 이런 모습으로 예루살렘에 입성하셨을까? 유대교 당국자들은 물론이고 유월절 명절을 맞아 예루살렘에 몰려온 사람들에게 극적인 장면을 연출하시기 위함이었다. 구약의 예언자들은 자신들의 말이 하나님으로부터 주어졌음을 나타내기 위하여 독특한 행동(performance)을 했다. 예언자 예레미야는 예루살렘성이 멸망하고 포로로 잡혀가리라는 것을 보여주기 위해 벌거벗은 몸으로 멍에를 목에 매고 거리를 활보하며 설교했다.

나사로의 소생 사건과 예수님께서 극적인 장면을 연출하며 예루살렘에 입성하심으로써 이제 모든 사람들의 관심은 예수님에게 집중되었다. 예수님은 이런 관심을 어디로 이끌고 가셨을까?

물음 78 성전정화, 어떻게 가능했으며, 무슨 뜻일까?

본문 : 〈 21장 〉

12 예수께서 성전에 들어가사 성전 안에서 매매하는 모든 사람들을 내쫓으시며 돈 바꾸는 사람들의 상과 비둘기 파는 사람들의 의자를 둘러 엎으시고 13 그들에게 이르시되 기록된 바 내 집은 기도하는 집이라 일컬음을 받으리라 하였거늘 너희는 강도의 소굴을 만드는도다 하시니라

14 맹인과 저는 자들이 성전에서 예수께 나아오매 고쳐주시니 15 대제사장들과 서기관들이 예수께서 하시는 이상한 일과 또 성전에서 소리 질러 호산나 다윗의 자손이여 하는 어린이들을 보고 노하여 16 예수께 말하되 그들이 하는 말을 듣느냐 예수께서 이르시되 그렇다 어린 아기와 젖먹이들의 입에서 나오는 찬미를 온전하게 하셨나이다 함을 너희가 읽어 본 일이 없느냐 하시고 17 그들을 떠나 성 밖으로 베다니에 가서 거기서 유하시니라

82) '호산나'는 히브리어로 "구하옵나니 이제 구원하옵소서!"라는 뜻이다.

예루살렘에 입성하신 예수님께서는 수많은 사람들의 시선을 한 몸에 받으시며 성전으로 향하셨다. 성전에는 유월절 행사가 철저하게 준비되어 있었다. 유대인들은 포로기 이후 그들의 신앙을 공고히 하기 위하여 이스라엘 안팎의 모든 유대인 동포들을 정기적으로 예루살렘에 모이게 했다. 성벽공사를 끝내고 초막절을 맞아 모였던 에스라 집회가 그 효시였다. 그 이후 유대인들은 유월절에는 예루살렘 성전으로 모이게 되었다. 예루살렘 반경 30km 이내에 있는 남자들은 다 참석하게 했고, 해외에 나가있는 교포들도 평생에 한번은 예루살렘의 유월절 행사에 참석해야 한다고 독려했다.

그 결과 유월절 행사에는 250여만 명이 모여들었다. 행사의 중심은 제사였다. 기록에 의하면 유월절 기간에는 25여만 마리의 양들이 제물로 바쳐졌다고 한다. 대략 10명당 한 마리의 양을 제사로 드린 셈이다. 한주일 동안에 25만여 마리의 양을 제사로 드린다는 것은 보통일이 아니다. 내장과 기름 등은 태워야 하는데, 제단 하나로는 어림도 없고 수많은 임시제단을 만들어 태워야 했다. 매일 평균 4만여 마리를 태우려면 얼마나 많은 제단이 필요했을지 도무지 가늠이 되지 않는다. 예루살렘 인근은 사람으로 꽉찼고 온 성은 양을 태우는 연기와 냄새로 구름기둥을 이뤘을 것이다. 어떻게 제사를 드렸는지는 여전히 의문으로 남아있다.

【1】 12 예수께서 성전에 들어가사 **성전 안에서 매매하는 모든 사람들을 내쫓으시며** 돈 바꾸는 사람들의 상과 비둘기 파는 사람들의 의자를 둘러엎으시고

예수님께서 제일 먼저 하신 일은 제사중심의 유월절 행사를 중단시킨 것이었다. 제사를 드리기 위하여 준비된 양과 비둘기 등을 내쫓으시고 성전세를 바꾸어주는 시설들을 다 뒤집어 엎으셨다. 예수님께서는 이런 과격한 행동을 전혀 서슴지 않으셨다. 성전을 맡은 제사장들과 이스라엘의 장로들은 매년 유월절 행사를 대대적으로

준비해놓고 있었다. 그런데 예수님으로 말미암아 유월절 행사 자체가 무산되고 말았다. 이는 보통 심각한 사건이 아니다. 그런데 어떻게 이런 일이 가능했을까?

본문의 기록에 의하면 예수님께서는 이런 일을 위하여 어떤 행동대원을 동원하지도 않았던 것 같다. 만일 제자들이 함께 거들었다면 폭동이라고 생각하여 성전 경비병들이 출동했을 수도 있다. 거의 예수님께서 단독으로 채찍을 휘두르며 짐승들과 상인들을 내쫓으셨다. 예수님에게서 풍기는 보이지 않는 어떤 권위에 짓눌려 속수무책으로 성전 당국자들은 일격을 당하고 말았다.

예수님의 이런 사역은 이를 지켜보는 수많은 군중들의 말없는 지원이 있었기에 가능했다. 예수님께서 하시는 일을 지켜보던 군중들은 어떤 대리 만족감을 느끼며 하나같이 예수님을 성원했다. 왜 그랬을까?

【2】 13 그들에게 이르시되 기록된 바 내 집은 기도하는 집이라 일컬음을 받으리라 하였거늘 **너희는 강도의 소굴을 만드는도다** 하시니라

저질 정치꾼에 불과한 예루살렘 제사장들은 유월절을 정치적으로 이용해서 돈벌이의 기회로 삼았다. 제사를 드리기 위하여 개인이 가져온 양은 이런저런 이유로 퇴짜놓고 성전에서 전매하는 양과 비둘기만 받아주었다. 문제는 가격을 시중가의 10~20여 배나 받았고, 성전세를 바꾸어 주는 환전에서도 폭리를 취했다. 유월절 행사는 제사장들에게 돈벌이 사업이었다. 숙박비는 무료였지만 250여만 명이 장기간 머물며 쓰는 기타 경비까지 포함한다면 유월절은 천문학적인 돈벌이 기회였다. 이런 돈으로 예루살렘 제사장들은 초특급의 사치생활을 일삼았다.

당시 예루살렘에 거주하는 부자들은 혼례에서 예물은 신랑, 신부의 체중에 육박하는 귀금속들을 주고받았고, 미리암이라는 신부의 지참금은 일백만 데나리온이었다. 귀족부인들의 사치가 도에 지나

치다고 생각하여 율법학자들이 귀부인들의 하루 사치품 구입대금을 400데나리온(한 데나리온은 장정의 하루품삯)으로 제한하자 나크디몬의 딸은 율법학자들을 저주했다고 전해진다. 하르솜의 아들 엘르아잘이 물려받은 상속은 1천 개의 마을과 배 1천 척이었고 노예들이 하도 많아 주인의 얼굴을 보지 못한 자들도 많았다고 한다.[83]

예수님께서 제사장들을 향하여 성전을 강도의 굴혈로 만들었다는 말씀은 이를 지적함이다. 예수님께서 이렇게 질타하셨을 때 이를 지켜보던 군중들의 마음은 어떠했을까? 어디에서도 예수님에 대하여 반대하는 군중들의 움직임이 있었다는 기록은 없다. 군중들의 반응은 과연 어떠했을까? 또 예수님은 유월절 기간 동안 무엇을 하셨을까? 이렇게 기록되어 있다.

【3】 14 맹인과 저는 자들이 성전에서 예수께 나아오매 고쳐주시니

23 예수께서 성전에 들어가 가르치실새

(눅21:37~38)예수께서 낮이면 성전에서 가르치시고 밤이면 나가 감람원이라 하는 산에서 쉬시니 모든 백성이 그 말씀을 들으려고 이른 아침에 성전에 나아가더라

유월절 제사를 중단시키신 예수님께서는 성전에서 두 가지 일을 하셨다. 하나는 병자를 치료하신 일이다. 성전 안에서 유대교에서 죄인으로 낙인찍은 소경과 절름발이를 고치셨다. 예수님의 마지막 치유사역은 예루살렘 성전에서였다. 이에 대한 군중들의 반응은 어떠했을까? 어른들은 잠잠했지만 어린아이들은 "호산나, 다윗의 자손이여!"라고 외치며 돌아다녔다. 다른 하나는 사람들을 가르치신 일인데, 사람들은 예수님 말씀을 듣기 위하여 이른 아침부터 몰려들었다.

이를 지켜보는 제사장들과 서기관들은 분통이 터졌지만 속수무책으로 지켜볼 수밖에 없었다. 모든 군중들이 예수님을 절대적으로 지

83) 이 시대의 예루살렘의 실제적인 상황에 대하여서는 요아킴 예레미야스의 「예수시대의 예루살렘」(한국신학 연구소)에 상세히 나와 있다.

지하며 설교에 귀를 기울이고 있었기 때문에 어떻게 해 볼 도리가 없었다. 성전 경비병들을 동원하여 예수님을 체포하면 군중들이 폭동을 일으킬 태세여서 어떤 강제력을 행사하지도 못하고 전전긍긍할 뿐이었다.

하나님께서 일하시는 방식의 특징은 이러하다. 사람들이 온갖 방법을 동원하여 행사를 준비하는 방법과 예수님께서 준비하여 진행하시는 방법은 너무나도 큰 차이가 난다. 이런 이야기들은 예수님 사후 제자들이 이끌어가던 예루살렘교회에서도 같은 방식으로 이어졌다.

물음 79 무화과나무, 왜 저주하셨을까?

본문 : 〈 21장 〉

18 이른 아침에 성으로 들어오실 때에 시장하신지라 19 길 가에서 한 무화
과나무를 보시고 그리로 가사 잎사귀 밖에 아무 것도 찾지 못하시고 나
무에게 이르시되 이제부터 영원토록 네가 열매를 맺지 못하리라 하시니
무화과나무가 곧 마른지라
20 제자들이 보고 이상히 여겨 이르되 무화과나무가 어찌하여 곧 말랐나이
까 21 예수께서 대답하여 이르시되 내가 진실로 너희에게 이르노니 만일
너희가 믿음이 있고 의심하지 아니하면 이 무화과나무에게 된 이런 일만
할 뿐 아니라 이 산더러 들려 바다에 던져지라 하여도 될 것이요 22 너
희가 기도할 때에 무엇이든지 믿고 구하는 것은 다 받으리라 하시니라

성경을 읽고 해석하다가 이런 구절을 만나면 우선 난감해진다. 도대체 예수님은 무슨 일을 하신 것일까? 기록자는 왜 이런 것들을 기록해 놓았을까?

【1】 18 이른 아침에 성으로 들어오실 때에 **시장하신지**라 19 길 가에서
한 무화과나무를 보시고 그리로 가사 잎사귀 밖에 아무 것도 찾지 못하

시고 나무에게 이르시되 **이제부터 영원토록 네가 열매를 맺지 못하리라** 하시니 무화과나무가 곧 마른지라

시장하셔서 열매를 기대하고 가셨는데 열매가 없었다. 마가복음에 의하면 **아직 무화과가 열릴 때가 아니었다**고 한다.(막11:13) 나무에 열매가 없자 나무를 저주하셨고 나무는 즉시 말랐다. 제자들이 놀라서 묻자, 믿고 의심하지 않으면 산을 바다로 옮길 수도 있다고 하셨다. 열매가 열릴 때가 아닌데 열매가 없다고 저주하셨다는 것도 납득이 안 되고, 나무가 즉시 말랐다는 것도 믿기 어렵고, 기도로 산을 들어 바다로 옮긴다는 것은 더더욱 받아들이기가 어렵다. 믿기만 하면 뭐든지 가능하다고 해야 하나? 아니면 실제로 있었던 일이 아니라 지어낸 신화에 불과하다고 해야 하나? 아니면 여기에 담겨진 무슨 영적인 의미를 찾아내야 하나? 뭐라고 해야 하나? 참으로 어려운 노릇이다.

그런데, 여기에 하나의 길이 있다. 기도를 통하여 예수님께서 이 일을 하실 때의 상태를 경험해보면 된다. 아마 이런 말을 하면 이는 더 말이 안 되고, 더 어렵고, 또 어떻게 그런 일이 가능하냐는 생각이 들 것이다. 맞는 말이다. 이를 경험해보지 않으면 도무지 믿기 어려운 이야기일 뿐이다. 어쨌든 일련의 영성체험 과정을 겪고 난 후 이런 구절을 대하면 전혀 다르게 보인다. 무엇이 어떻게 보인다는 것인가?

이는 예수님께서 제자들에게 어떤 중요한 교육의 효과를 기대하고 행하시는 독특한 교육의 일환이다. 본문에서도 예수님께서 제자들과 같이 계실 때 한 일이었다고 기록하고 있다. 예언자들은 자신들의 설교를 각인시키기 위하여 어떤 독특한 행동(퍼포먼스 performance)을 했는데. 이 이야기는 예수님께서 제자들에게 하신 특별한 교육이었다. 영성 훈련에 들어있는 여러 신비체험도 마찬가지로 교육의 목적을 가지고 있다. 필자가 겪었던 신비체험들은 성경해석을 위함이었다. 성경을 해석하게 하시려고 그에 필요한 신비체험을 하게 하신 것이다. 신

비체험을 통해 주어지는 당부는 불가능에 도전하라는 말씀이다.

예수님께서 갈릴리 출신의 제자들에게 요청하신 소명은 사실상 불가능한 사역이었다. 예루살렘에서 정통 유대인들을 대상으로 하나님 나라의 모형을 만들어 내라는 요청은 사실 불가능 그 자체다. 그런데 신비체험의 과정에서 초자연의 세계를 경험하고 나면 불가능이 가능으로, 초자연적인 기적은 역사적인 기적으로 다가온다. 성경에서는 이를 믿음이라고 한다. 예수님께서는 무화과나무 사건을 통해서 제자들에게 너희가 하려는 일에서 절대로 물러서지 마라. 믿음을 가지면 이 정도가 아니라 산을 바다로 옮길 수도 있다. 제철이 아닌 무화과에서 열매를 구하시는 이상한 행동은 인간의 양식 문제는 계약공동체가 언제나 해결해 주어야 할 중차대한 과제이며, 이를 어기면 저주를 받을 수밖에 없다는 경고의 말씀이다. 믿음으로 산을 옮길 수 있다는 말씀은 계약공동체가 믿고 기도하며 실천하려고 한다면 하나님께서는 반드시 초자연적인 방법을 통해서라도 되도록 하시겠다는 말씀인데, 이는 단순한 비유가 아니라 그 후 교회사에 실제로 실현된 말씀이다.

예수님 사후 제자들은 예루살렘에서 교회를 시작했다. 무슨 일이 벌어졌는가? 누구도 예상치 못한 사건이 준비되어 있었다. 오순절에 갈릴리 출신의 사람들이 함께 모여 기도하고 있을 때, 성령이 임하시면서 모인 사람들이 각국에서 온 사람들에게 외국어로 말하는 기적이 일어났다. 그 날로 삼천여 명이 회심하고 이어서 오천 명이 회심했다. 예루살렘 주민 중 오천 명이 교회에 나오는 사건은 혁명 수준의 충격이었다. 당시 예루살렘 주민은 최대한으로 추산해도 삼만을 넘기 어려웠다. 그런데 예루살렘의 정통 유대인들 중 5천명이 갈릴리 어부들의 가르침을 따라 자신들의 전 재산을 가지고 와서 사도들의 임의 처분에 맡겼다. 수백 년 이어오던 유대교 중심지 예루살렘은 그 기초부터 흔들리기 시작했다. 박해기간 동안에도 교인이 되려면 생명과 재산을 포기해야 했다. 그 결과 기독교는 로마제국의 국교가 되었고, 이어서 교회가 제국을 운영하게 되었다.

이는 역사적으로 산이 옮겨지는 기적이었다.

【2】 22 너희가 기도할 때에 무엇이든지 믿고 구하는 것은 다 받으리라

하나님나라를 이 땅에 실현하라는 하나님의 말씀 속에는 그 말씀을 실현할 방법도 같이 들어있다. 제자들에게 선교훈련을 시키실 때에는 하나님나라를 선포하라고 하셨을 뿐만 아니라 그것을 가능하게 하는 방법도 같이 주셨다. 인간이 무슨 재간으로 하나님의 일을 할 수 있겠는가? 하나님의 도우심, 즉 하나님의 방법으로만 가능하다.

성경에서 쉽게 납득이 가지 않는 이상한 이야기 속에는 독특한 의미가 들어있는 경우가 많다.

물음 80

성전정화, 누구의 권세로 행하는가?

본문 : 〈 21장 〉

23 예수께서 성전에 들어가 가르치실새 대제사장들과 백성의 장로들이 나
아와 이르되 네가 무슨 권위로 이런 일을 하느냐 또 누가 이 권위를 주
었느냐 24 예수께서 대답하시되 나도 한 말을 너희에게 물으리니 너희가
대답하면 나도 무슨 권위로 이런 일을 하는지 이르리라 25 요한의 세례
가 어디로부터 왔느냐 하늘로부터냐 사람으로부터냐 그들이 서로 의논하
여 이르되 만일 하늘로부터라 하면 어찌하여 그를 믿지 아니하였느냐 할
것이요 26 만일 사람으로부터라 하면 모든 사람이 요한을 선지자로 여기
니 백성이 무섭다 하여 27 예수께 대답하여 이르되 우리가 알지 못하노
라 하니 예수께서 이르시되 나도 무슨 권위로 이런 일을 하는지 너희에
게 이르지 아니하리라

28 그러나 너희 생각에는 어떠하냐 어떤 사람에게 두 아들이 있는데 맏아
들에게 가서 이르되 얘 오늘 포도원에 가서 일하라 하니 29 대답하여 이
르되 아버지 가겠나이다 하더니 가지 아니하고 30 둘째 아들에게 가서
또 그와 같이 말하니 대답하여 이르되 싫소이다 하였다가 그 후에 뉘우

치고 갔으니 31 그 둘 중의 누가 아버지의 뜻대로 하였느냐 이르되 둘째
아들이니이다 예수께서 그들에게 이르시되 내가 진실로 너희에게 이르노
니 세리들과 창녀들이 너희보다 먼저 하나님의 나라에 들어가리라 32 요
한이 의의 도로 너희에게 왔거늘 너희는 그를 믿지 아니하였으되 세리와
창녀는 믿었으며 너희는 이것을 보고도 끝내 뉘우쳐 믿지 아니하였도다

33 다른 한 비유를 들으라 한 집 주인이 포도원을 만들어 산울타리로 두르
고 거기에 즙 짜는 틀을 만들고 망대를 짓고 농부들에게 세로 주고 타국
에 갔더니 34 열매 거둘 때가 가까우매 그 열매를 받으려고 자기 종들을
농부들에게 보내니 35 농부들이 종들을 잡아 하나는 심히 때리고 하나는
죽이고 하나는 돌로 쳤거늘 36 다시 다른 종들을 처음보다 많이 보내니
그들에게도 그렇게 하였는지라 37 후에 자기 아들을 보내며 이르되 그들
이 내 아들은 존대하리라 하였더니 38 농부들이 그 아들을 보고 서로 말
하되 이는 상속자니 자 죽이고 그의 유산을 차지하자 하고 39 이에 잡아
포도원 밖에 내쫓아 죽였느니라 40 그러면 포도원 주인이 올 때에 그 농
부들을 어떻게 하겠느냐 41 그들이 말하되 그 악한 자들을 진멸하고 포
도원은 제 때에 열매를 바칠 만한 다른 농부들에게 세로 줄지니이다

42 예수께서 이르시되 너희가 성경에 건축자들이 버린 돌이 모퉁이의 머릿
돌이 되었나니 이것은 주로 말미암아 된 것이요 우리 눈에 기이하도다
함을 읽어 본 일이 없느냐 43 그러므로 내가 너희에게 이르노니 하나님
의 나라를 너희는 빼앗기고 그 나라의 열매 맺는 백성이 받으리라 44 이
돌 위에 떨어지는 자는 깨지겠고 이 돌이 사람 위에 떨어지면 그를 가루
로 만들어 흩으리라 하시니 45 대제사장들과 바리새인들이 예수의 비유
를 듣고 자기들을 가리켜 말씀하심인 줄 알고 46 잡고자 하나 무리를 무
서워하니 이는 그들이 예수를 선지자로 앎이었더라

【1】 23 예수께서 성전에 들어가 가르치실새 대제사장들과 백성의 장로들이 나아와 이르되 네가 무슨 권위로 이런 일을 하느냐 또 누가 이 권위를 주었느냐

예수님께서는 유월절 기간 동안 제사를 중지시키고 날마다 성전에서 가르치셨다. 심혈을 기울여 준비한 유월절 행사가 파행을 맞았을 때 제사장들이 얼마나 분개하며 심각하게 받아들였을지는 능히 짐작이 간다. 드디어 대제사장들과 장로 등 실세들이 직접 등장했다. 그들은 예수님에게 물었다.

"도대체 무슨 권위로 유월절 행사를 중단시키느냐?, 누가 너에게 이런 권위를 주었느냐?"

유대교 최고 권부와 정면으로 맞서신 예수님은 이런 위기에 어떻게 대처하셨을까? 사람의 방법으로는 대처가 쉽지 않은데, 예수님께서 극복하시는 방법은 어떤 것이었을까?

【2】 24 예수께서 대답하시되 나도 한 말을 너희에게 물으리니 너희가 대답하면 나도 무슨 권위로 이런 일을 하는지 이르리라 25 요한의 세례가 어디로부터 왔느냐 하늘로부터냐 사람으로부터냐

예수님의 대처 방식은 역질문이었는데 도무지 누구도 대답할 수 없는 곤란한 내용으로 역질문하셨다. 유대인이라면 누구나 알고 있는, 세례 요한이 죄 사함을 위하여 제사를 폐지하고 세례를 주었는데 이 권위는 하나님께서 주신 것인가, 아니면 요한 개인의 자격으로 한 것인가라는 질문이었다. 예수님을 몰아내기 위하여 밤새도록 대책을 세우며 여러 가지 방법을 모색했던 제사장들은 아마도 예수님의 이런 역질문은 예상도 못했을 것이다. 많은 군중들이 지켜보고 있으니 질문을 무시할 수도 없었다. 즉석에서 대답을 못하고 한참을 논의한 끝에 한 대답은 "우리가 알지 못하노라."였다. 무슨 대답인가?

유대교 총 책임자들이고 또 제사드리는 일을 맡은 제사장들이, 요한이 제사를 폐지한 일대 사건의 권위가 어디로부터인지를 모르겠다고 유월절에 수많은 군중 앞에서 공식적으로 말하는 것은 스스로 개망신을 자초하는 꼴이다. 또 모른다고 말했지만 우회적으로 요한의 권위는 하나님으로부터 온 것임을 인정한 셈인데, 이는 곧 예수님께서 지금 제사를 폐지하신 일도 하나님께서 하시는 일이라는 것을 인정해준 것이 되고 말았다. 예수님을 일거에 몰아내려던 공작은 완전 참패로 돌아갔고 대제사장들의 권위는 땅바닥에 내동댕이쳐졌다.

【3】 31 … 내가 진실로 너희에게 이르노니 세리들과 창녀들이 너희보다 먼저 하나님의 나라에 들어가리라

"우리가 알지 못하노라."라는 대제사장들의 궁색한 답변에 "나도 무슨 권위로 이런 일을 하는지 너희에게 이르지 아니하리라."라고 대답하신 후 예수님께서는 다시 그들에게 두 아들의 비유로 질문하셨다. 포도원에 일하러 가겠다고 말하고 가지 않은 큰 아들과, 싫다고 했지만 뉘우치고 간 작은 아들 중 누가 옳은 행동을 했는가라는 질문인데, 당연히 작은 아들이라고 대답할 수밖에 없었다. 그런데 그 대답이 함정이었다. 첫째 아들은 요한의 세례를 거부한 제사장들과 서기관, 바리새인들이고 둘째 아들은 요한에게 세례를 받은 창기와 세리들이기 때문이다. 예수님께서는 그들의 대답대로 "너희는 세리와 창기들만도 못하며, 세리와 창기들이 너희보다 하나님나라에 더 가깝다"라고 결론 내셨다. 뭐라고 반박이나 변명할 여지가 전혀 없는 말씀이었다.

【4】 43 그러므로 내가 너희에게 이르노니 하나님의 나라를 너희는 빼앗기고 그 나라의 열매 맺는 백성이 받으리라

꿀 먹은 벙어리 신세가 되어 버린 대제사장 일당들에게 또 비유를 통해 질문하셨다. 포도원을 빌려서 쓰는 농부들의 비유인데, 농부들은 약속한 소작료를 내지 않을 뿐만 아니라 소작료를 받으러 온 종들을 때리고 심지어 죽이기까지 했다. 여러 번 이런 일이 반복되다가 주인이 마지막으로 아들을 보냈더니 농부들은 "이 아들이 상속자이니 이 아들을 죽이고 우리가 포도원을 아예 빼앗자!" 라고 생각하고 아들을 죽였다. 이럴 때 주인은 어떻게 해야 하는가라고 대제사장 일당에게 물으니 그들은 "그 악한 농부들을 죽이고 세를 잘 낼만한 다른 농부에게 세를 주어야한다."라고 대답할 수밖에 없었다.

예수님의 이 비유는 이스라엘의 역사를 함축하는데, 포도원을 세로 주었다는 것은 이스라엘과 계약을 맺고 가나안에 들여보내신 것을 말하며, 세를 받으려고 종들을 보냈다는 것은 예언자들을 보내어

계약법대로 살기를 촉구했으나 듣지 않고 오히려 죽인 것을 말한다. 마지막에 상속자 아들을 보냈다는 것은 예수님 자신을 말하는데, 이제 아들까지 죽이려한다는 뜻이다.

【5】 45 대제사장들과 바리새인들이 예수의 비유를 듣고 자기들을 가리켜 말씀하심인 줄 알고 46 잡고자 하나 무리를 무서워하니 이는 그들이 예수를 선지자로 앎이었더라

곤란한 질문으로 예수님을 곤경에 빠뜨리려 했으나, 예수님의 역질문 공세에 더 깊은 함정에 빠진 대제사장들과 바리새인들은 그제서야 자신들이 파놓은 함정에 스스로 빠진 줄 알고 예수님을 체포하려고 했다. 그러나 많은 군중이 예수님 편이 되어있고 그 군중이 두려워서 어찌해 볼 방법이 없었다. 인간의 술수와 하나님의 지혜가 어떻게 다른지 잘 보여주는 장면이다.

예수님은 유대교 당국자들과의 첫 충돌을 이렇게 극적인 반전의 기회로 만들어 가셨다. 이후 예수님께서는 성전에서 매일 가르치셨고, 백성들은 이른 아침부터 예수님 말씀을 듣기 위해 몰려들었다. 예루살렘에서 예수님의 유월절 사역은 이렇게 진행되었다.

물음 81

혼인잔치 비유, 무슨 뜻일까?

본문 : 〈 22장 〉

1 예수께서 다시 비유로 대답하여 이르시되 2 천국은 마치 자기 아들을 위하여 혼인 잔치를 베푼 어떤 임금과 같으니 3 그 종들을 보내어 그 청한 사람들을 혼인 잔치에 오라 하였더니 오기를 싫어하거늘 4 다시 다른 종들을 보내며 이르되 청한 사람들에게 이르기를 내가 오찬을 준비하되 나의 소와 살진 짐승을 잡고 모든 것을 갖추었으니 혼인 잔치에 오소서 하라 하였더니 5 그들이 돌아 보지도 않고 한 사람은 자기 밭으로, 한 사람은 자기 사업하러 가고 6 그 남은 자들은 종들을 잡아 모욕하고 죽이니 7 임금이 노하여 군대를 보내어 그 살인한 자들을 진멸하고 그 동네

를 불사르고 8 이에 종들에게 이르되 혼인 잔치는 준비되었으나 청한 사
람들은 합당하지 아니하니 9 네거리 길에 가서 사람을 만나는 대로 혼인
잔치에 청하여 오라 한대 10 종들이 길에 나가 악한 자나 선한 자나 만
나는 대로 모두 데려오니 혼인 잔치에 손님들이 가득한지라 11 임금이
손님들을 보러 들어올새 거기서 예복을 입지 않은 한 사람을 보고 12 이
르되 친구여 어찌하여 예복을 입지 않고 여기 들어왔느냐 하니 그가 아
무 말도 못하거늘 13 임금이 사환들에게 말하되 그 손발을 묶어 바깥 어
두운 데에 내던지라 거기서 슬피 울며 이를 갈게 되리라 하니라 14 청함
을 받은 자는 많되 택함을 입은 자는 적으니라

이 비유는 앞의 비유와 같은 맥락의 이야기로서 유대인들의 역사적인 오류를 고발하고 있다.

【1】 2 천국은 마치 자기 아들을 위하여 혼인 잔치를 베푼 어떤 임금과
같으니 3 그 종들을 보내어 그 청한 사람들을 혼인 잔치에 오라 하였더
니 오기를 싫어하거늘

예수님께서 이번에는 하늘나라에 대한 비유를 왕자의 결혼식에 하객을 초청하는 이야기를 소재로 말씀하셨다. 왕자의 결혼식에는 소와 살진 짐승들을 잡는 등 푸짐한 잔치상이 준비되어 있고 참석한 사람들 모두가 왕자의 결혼을 축하하며 기쁘게 배불리 먹는 자리이다. 이런 왕자의 결혼식에 초청장을 받는다는 것은 그 나라의 백성으로서는 가장 영광스러운 일이다. 왕자 결혼식의 참여는 계약법 실천을 말하며 초청장은 계약법의 실천에 대한 요청이다.

그런데 하나님과 계약을 맺은 유대인들은 이를 영광스럽게 생각하기는커녕 귀찮아했고, 계약법대로 살아야한다고 촉구하는 예언자들을 학대하거나 죽이기까지 했다. 왜 유대인들은 계약법 실행을 이토록 싫어했을까? 모든 사람이 공평하게 사는 것보다는 자신이 좀 더 특별한 지위를 차지하며 부귀와 영화를 누리고 싶었기 때문이다. 인간에게는 누구나 이런 욕심이 있다. 그렇게 되지 않아서 못하고 있을 뿐이다.

【2】 6 그 남은 자들은 종들을 잡아 모욕하고 죽이니 7 임금이 노하여
군대를 보내어 그 살인한 자들을 진멸하고 그 동네를 불사르고

누가의 병행본문(14:15~24)에는 이 구절이 없다. 유대인을 대상으로 활동한 마태가 이 구절을 삽입한 이유는 유대인들은 하나님과 계약을 맺은 자들이므로 계약법을 어기면 심판을 면할 수 없음을 강조하기 위함이다.

유대인들은 계약법 지키는 것을 싫어하고 거부할 뿐만 아니라 초청장을 가져온 종들인 예언자들과 예수님을 모욕하거나 심지어 죽이기까지 했다. 이제 남은 수순은 계약법이 폐지되고 유대인들은 다시 본래의 모습인 노예로 돌아가는 길이다. 실제로 AD 70년 유대인들은 로마제국에 멸망당하고 다시 비참한 신세로 돌아갔다.

역사는 계약의 법대로 진행이 되었고 또 지금도 진행되고 있다.

【3】 8 이에 종들에게 이르되 혼인 잔치는 준비되었으나 청한 사람들은 합당하지 아니하니 9 네거리 길에 가서 사람을 만나는 대로 혼인 잔치에 청하여 오라 한대

초청받은 사람들이 참석을 거부하자 왕은 초청받지 않은 사람들, 즉 이방인들을 초청하여 참석시켰다. 누구든지 왕자의 결혼식에 참석할 자는 오라고 하자 많은 사람들이 영광스럽게 생각하며 몰려왔다. 이 이야기는 복음이 유대인에게서 시작하여 이방인들에게 퍼져나갔고, 마태복음을 쓸 당시에는 교회가 이방인이 중심이 되었음을 말한다.

【4】 11 임금이 손님들을 보러 들어올새 거기서 예복을 입지 않은 한 사람을 보고 12 이르되 친구여 어찌하여 예복을 입지 않고 여기 들어왔느냐 하니 그가 아무 말도 못하거늘 13 임금이 사환들에게 말하되 그 손발을 묶어 바깥 어두운 데에 내던지라 거기서 슬피 울며 이를 갈게 되리라 하니라

왕이 참석자들을 둘러보니 예복을 입고 오지 않은 사람들이 있었다. 어떤 결혼식에 가서 축하하려면 최소한 예복은 입고 와야 예의에 어긋나지 않는다. 그런데 이를 무시하는 사람들이 있었다. 왕이 진노하여 이들을 내어 쫓으라고 명령을 내렸다.

이 구절도 마태복음에만 있다. 마태복음을 기록할 당시에 마태가 볼 때 이방인 중심의 교회는 계약을 지키는 사람과 지키지 않는 사람을 구분하지 않고 다 받아들여서, 교회에 다니는 것이 무엇인지도 모르는 예복입지 않은 사람들이 많았다. 마태는 예수님 당시의 이야기를 써 내려가면서 기록 당시의 교회 상황과 문제점을 동시에 기록하고 있다. 마태복음은 계약의 시각에서 쓰여졌기 때문에 이런 문제들이 계약의 관점에서 지적되고 있다.

【5】 14 청함을 받은 자는 많되 택함을 입은 자는 적으니라

이 구절 역시 마태복음에만 나온다. 청함을 받은 사람은 교회에 다니는 사람을 말하고, 택함을 입은 사람은 계약법대로 사는 사람을 말한다. 그런데 마태가 볼 때에 계약법을 제대로 이해하고 실천하는 사람들이 유대인 중에서도 그렇고 이방인 교회 중에서도 너무 적었다.

마태가 오늘 우리의 교회를 본다면 어떤 모습일까? 너무 놀라서 할 말을 잃거나 아니면 충격으로 기절할 것이다. 구원의 법인 계약법 자체가 사라지고 없는데 구원받았다고 하는 사람들은 넘쳐나고 있기 때문이다.

물음 82 유대인의 올무, 어떤 결과를 가져왔을까?

본문 : 〈 22장 〉

15 이에 바리새인들이 가서 어떻게 하면 예수를 말의 올무에 걸리게 할까
상의하고 16 자기 제자들을 헤롯 당원들과 함께 예수께 보내어 말하되
선생님이여 우리가 아노니 당신은 참되시고 진리로 하나님의 도를 가르
치시며 아무도 꺼리는 일이 없으시니 이는 사람을 외모로 보지 아니하심
이니이다 17 그러면 당신의 생각에는 어떠한지 우리에게 이르소서 가이

사에게 세금을 바치는 것이 옳으니이까 옳지 아니하니이까 하니 18 예수
께서 그들의 악함을 아시고 이르시되 외식하는 자들아 어찌하여 나를 시
험하느냐 19 세금 낼 돈을 내게 보이라 하시니 데나리온 하나를 가져왔
거늘 20 예수께서 말씀하시되 이 형상과 이 글이 누구의 것이냐 21 이
르되 가이사의 것이니이다 이에 이르시되 그런즉 가이사의 것은 가이사
에게, 하나님의 것은 하나님께 바치라 하시니 22 그들이 이 말씀을 듣고
놀랍게 여겨 예수를 떠나가니라

23 부활이 없다 하는 사두개인들이 그 날 예수께 와서 물어 이르되 24 선
생님이여 모세가 일렀으되 사람이 만일 자식이 없이 죽으면 그 동생이
그 아내에게 장가 들어 형을 위하여 상속자를 세울지니라 하였나이다 25
우리 중에 칠 형제가 있었는데 맏이가 장가 들었다가 죽어 상속자가 없
으므로 그 아내를 그 동생에게 물려 주고 26 그 둘째와 셋째로 일곱째까
지 그렇게 하다가 27 최후에 그 여자도 죽었나이다 28 그런즉 그들이
다 그를 취하였으니 부활 때에 일곱 중의 누구의 아내가 되리이까 29 예
수께서 대답하여 이르시되 너희가 성경도, 하나님의 능력도 알지 못하는
고로 오해하였도다 30 부활 때에는 장가도 아니 가고 시집도 아니 가고
하늘에 있는 천사들과 같으니라 31 죽은 자의 부활을 논할진대 하나님이
너희에게 말씀하신 바 32 나는 아브라함의 하나님이요 이삭의 하나님이
요 야곱의 하나님이로라 하신 것을 읽어 보지 못하였느냐 하나님은 죽은
자의 하나님이 아니요 살아 있는 자의 하나님이시니라 하시니 33 무리가
듣고 그의 가르치심에 놀라더라

34 예수께서 사두개인들로 대답할 수 없게 하셨다 함을 바리새인들이 듣고
모였는데 35 그 중의 한 율법사가 예수를 시험하여 묻되 36 선생님 율
법 중에서 어느 계명이 크니이까 37 예수께서 이르시되 네 마음을 다하
고 목숨을 다하고 뜻을 다하여 주 너의 하나님을 사랑하라 하셨으니 38
이것이 크고 첫째 되는 계명이요 39 둘째도 그와 같으니 네 이웃을 네
자신 같이 사랑하라 하셨으니 40 이 두 계명이 온 율법과 선지자의 강령
이니라

예수님께서 유월절 행사에 참석한 사람들을 성전에 모아놓고 매일같이 하루 종일 성경을 가르치자 유대교 지도자들은 비상이 걸렸다. 머리를 맞대고 모여 앉아 묘책을 고민했다. 바리새인과 사두개인, 헤롯당은 원래 서로 적대관계였는데, 적의 적은 동지이기에 서로 모여 작당을 했다. 이들이 머리를 짜내어 궁리한 방법은 무엇이었을까?

【1】 15 이에 바리새인들이 가서 어떻게 하면 예수를 말의 올무에 걸리
게 할까 상의하고 16 자기 제자들을 **헤롯 당원들과 함께** 예수께 보내어

…

본문의 올무(παγιδεύειν)는 짐승을 잡을 때 쓰는 올가미를 말한다. 이들이 찾아낸 방법은 예수님을 모든 사람들이 보는 앞에서 올가미를 씌워 체포하는 방식이었다. 그들이 찾아낸 올가미는 빠져나갈 수 없는 올가미였다. 유대인들에게는 영원히 풀리지 않고 대답할 수 없는 문제들이 몇 가지 있었다. 그들은 이 문제로 몇 개의 올가미를 만들었다. 그 첫 번째 올가미가 무엇일까?

세금문제였다. 로마제국의 지배를 받고 있는 유대인들은 로마정부에 토지세(곡물 1/10, 포도주와 기름 1/5)와 인두세(한 데나리온) 등의 세금을 내고 있었는데, 바리새인들과 민족주의자들은 이를 거부하고 있었다. 이들이 예수님께 질문한 문제는 세금을 내야 하는가 말아야 하는가였다. 내라고 하면 이스라엘 민족을 저버리는 것이고, 내지 말라고 하면 로마제국에 대한 반란죄에 해당된다. 헤롯당이 먼저 이런 풀 수 없는 문제를 제기하여 예수님을 올가미에 걸리게 했다. 어찌 대답을 해야 하는가?

【2】 21 …그런즉 **가이사의 것은 가이사에게, 하나님의 것은 하나님께** 바치라 하시니 22 그들이 이 말씀을 듣고 놀랍게 여겨 예수를 떠나가니라

이 질문을 받으신 예수님께서는 그들의 의도를 간파하시고, 세금으로 내는 동전 데나리온을 가져오라고 하셨다. 세금 징수를 위해 주조된 동전 데나리온에는 로마황제 티베리우스(Tiberius AD 14~37 재위)의 초상이 새겨져 있었다. 동전을 가져온 그들에게 “동전에 새겨진 화상이 누구의 것이냐?”라고 물으니 ‘가이사!’라고 대답하자 “가시아의 것은 가이사에게, 하나님의 것은 하나님에게 바치라.”라고 간단하게 대답하셨다.

회심의 미소를 지으며 만인이 보는 앞에서 올무를 놓았던 헤롯당은 전혀 예상치 못한 예수님 답변에 놀랐고, 올가미가 오히려 자신들에게 씌워져서 공개적으로 또 개망신을 당하고 말았다.

【3】 23 부활이 없다 하는 **사두개인들이** 그 날 예수께 와서 물어 이르되 28 그런즉 그들이 다 그를 취하였으니 부활 때에 일곱 중의 누구의 아내가 되리이까

첫 번째 올무에 실패한 유대인들은 사두개인의 두 번째 올무를 꺼내들었다. 이 또한 결론이 나지 않는 문제였다. 사두개인과 바리새인은 부활문제에서 대립했는데, 사두개인들은 부활을 부정했고 바리새인들은 인정했다. 사두개인들은 부활의 모순을 지적하기 위하여 유대인의 형사취수혼(兄死取嫂婚) 제도를 예로 들었다. 한 여자를 여러 형제가 데리고 살았을 경우 부활 후에는 누구의 아내가 되어야하는가의 문제였고, 대답이 쉽지 않아 미제로 남아있었다. 대답을 못하면 세금 문제처럼 구속하지는 못해도 공개적으로 예수님의 위신을 깎아내릴 수 있었기에 이 문제를 제기했다. 뭐라고 대답을 해야하나?

예수님께서는 "너희가 성경도 하나님의 능력도 모르는도다."라고 무식을 질책하신 후 부활의 삶은 세상의 삶처럼 시집 장가가는 삶이 아니라 하늘의 천사와 같으며, 하나님은 죽은 자의 하나님이 아니라 산 자의 하나님이라고 간단하고 단순하게 말씀하셨다. 사두개인들 또한 공개적으로 개망신을 당했고 이를 지켜보고 있던 무리들은 예수님의 답변에 놀라워했다.

【4】 34 예수께서 사두개인들로 대답할 수 없게 하셨다 함을 바리새인들이 듣고 모였는데 35 그 중의 한 율법사가 예수를 시험하여 묻되 36 선생님 율법 중에서 어느 계명이 크니이까

헤롯당과 사두개인이 실패하자 이번에는 바리새인이 모였다. 본문의 '모였다'(συνήχθησαν ἐπὶ τὸ αὐτο)는 예수님을 죽이기 위하여 모였다는 뜻이다. 바리새인들도 영원히 풀리지 않는 수수께끼가 있었다, 10계명 중 어느 계명이 가장 큰 계명인가의 문제였는데, 한 율법사가 이를 예수님에게 물었다.

이에 대해서도 다음과 같이 간단하게 대답하셨다.

【5】 37 예수께서 이르시되 네 마음을 다하고 목숨을 다하고 뜻을 다하
여 주 너의 하나님을 사랑하라 하셨으니 38 이것이 크고 첫째 되는 계명
이요 39 둘째도 그와 같으니 네 이웃을 네 자신 같이 사랑하라 하셨으니
40 이 두 계명이 온 율법과 선지자의 강령이니라

마가복음의 병행본문에 의하면 예수님의 이 대답을 들은 율법사는 예수님의 지혜로운 대답에 너무 탄복하여 다음과 같이 말했다.

선생님이여 옳소이다 하나님은 한 분이시요 그 외에 다른 이가 없다 하신 말씀이 참이니이다. 또 마음을 다하고 지혜를 다하고 힘을 다하여 하나님을 사랑하는 것과 또 이웃을 자기 자신과 같이 사랑하는 것이 전체로 드리는 모든 번제물과 기타 제물보다 나으니이다(막12:32~33)

헤롯당, 사두개인, 바리새인들이 궁리해 낸 올가미가 허사가 되었고, 마지막 올가미를 들고 왔던 바리새인은 공개적으로 예수님을 인정하고 말았다. 자기가 판 무덤에 자기가 빠지고 말았다.

이제 예수님은 그들에게 어떻게 하셨을까?

물음 83 메시야는 다윗의 자손인가?

본문 : 〈 22장 〉

41 바리새인들이 모였을 때에 예수께서 그들에게 물으시되 42 너희는 그리
스도에 대하여 어떻게 생각하느냐 누구의 자손이냐 대답하되 다윗의 자
손이니이다 43 이르시되 그러면 다윗이 성령에 감동되어 어찌 그리스도
를 주라 칭하여 말하되 44 주께서 내 주께 이르시되 내가 네 원수를 네
발 아래에 둘 때까지 내 우편에 앉아 있으라 하셨도다 하였느냐 45 다윗
이 그리스도를 주라 칭하였은즉 어찌 그의 자손이 되겠느냐 하시니 46
한 마디도 능히 대답하는 자가 없고 그 날부터 감히 그에게 묻는 자도
없더라

예수님에게 놓았던 올가미 질문을 역이용하여 유대인들을 올가미

에 걸려들게 하신 예수님께서는 이제 그들에게 질문하셨다.

【1】 42 너희는 그리스도에 대하여 어떻게 생각하느냐 누구의 자손이냐 대답하되 다윗의 자손이니이다

바리새인들에게 메시야가 누구의 자손이냐고 물으시자 더 생각할 것도 없이 다윗의 자손이라고 대답했다. 그들은 메시야가 다윗의 자손으로 와서 전 세계를 지배할 황제가 되리라고 믿어 의심하지 않았기 때문이다.

이에 예수님은 그들의 메시야 사상이 허구임을 지적하셨다.

【2】 45 다윗이 그리스도를 주라 칭하였은즉 어찌 그의 자손이 되겠느냐

예수님은 다윗이 지은 시편 110편 1절을 예로 들으셨다.

주께서 내 주께 이르시되 내가 네 원수를 네 발 아래에 둘 때까지 내 우편에 앉아 있으라 하셨도다

주께서는 '여호와께서'이고 내 주께는 '주님'(아도나이)이다. 다윗이 메시야를 주님이라고 불렀는데 어떻게 메시야가 다윗의 후손일 수가 있느냐는 해석이다. 예수님 말씀은 지극히 단순하고 또 명확했다.

【3】 46 한 마디도 능히 대답하는 자가 없고 그 날부터 감히 그에게 묻는 자도 없더라

예수님의 이런 말씀에 대하여 더 무어라고 반박할 말이 없어서 감히 묻는 자가 없었다.

예수님께서 유월절 절기를 맞아 모여온 250여만 명의 군중과 유대교 당국자들을 다루시는 방법을 보면 놀라움을 금치 못하게 된다. 인간으로서는 아무리 뛰어나다고 해도 불가능하다. 어떻게 이런 방법, 이런 지혜가 가능할까?

그런데 이 예수님을 영성으로 다가가서 경험해보면 아주 간단하게 이해가 된다.

그분은 하나님이시다.

그 이하도 그 이상도 아니다.

예수님은 지금도 살아계신 하나님이시다.

인간의 짧은 지식으로 재거나 경솔하게 평가할 분이 아니시다. 그분은 예배와 경배의 대상이시다. 이 말이 믿기 어려운 사람들에게 이렇게 말하고 싶다. 예수님 면전을 단 5초만 견뎌보아라. 예수님 면전 경험은 고압 전류에 감전될 때의 충격에 버금가는 두려움으로 다가온다. 단 5초, 아니 1초만 경험을 해도 감히 두려워서 그분의 이름을 부르지 못하리라. 예수님 이름을 함부로 부르는 사람들에게 딱 어울리는 말이 있다.

하룻강아지 범 무서운 줄 모른다.

무식하면 용감하다.

제6부 : 다섯 번째 설교

23~25장 : 계약파기선언, 종말 설교
서기관 책망, 저주선언, 종말의 징조 등

다섯번째설교

물음 84

마지막 당부, 마지막 경고, 어떤 말씀일까?

본문 : 〈 23장 〉

1 이에 예수께서 무리와 제자들에게 말씀하여 이르시되 2 서기관들과 바리
새인들이 모세의 자리에 앉았으니 3 그러므로 무엇이든지 그들이 말하는
바는 행하고 지키되 그들이 하는 행위는 본받지 말라 그들은 말만 하고
행하지 아니하며 4 또 무거운 짐을 묶어 사람의 어깨에 지우되 자기는
이것을 한 손가락으로도 움직이려 하지 아니하며 5 그들의 모든 행위를
사람에게 보이고자 하나니 곧 그 경문 띠를 넓게 하며 옷술을 길게 하고
6 잔치의 윗자리와 회당의 높은 자리와 7 시장에서 문안 받는 것과 사람
에게 랍비라 칭함을 받는 것을 좋아하느니라

8 그러나 너희는 랍비라 칭함을 받지 말라 너희 선생은 하나요 너희는 다
형제니라 9 땅에 있는 자를 아버지라 하지 말라 너희의 아버지는 한 분
이시니 곧 하늘에 계신 이시니라 10 또한 지도자라 칭함을 받지 말라 너
희의 지도자는 한 분이시니 곧 그리스도시니라 11 너희 중에 큰 자는 너
희를 섬기는 자가 되어야 하리라 12 누구든지 자기를 높이는 자는 낮아
지고 누구든지 자기를 낮추는 자는 높아지리라

23~25장은 마태복음의 마지막 다섯 번째 설교이다. 23장 전체는 서기관들과 바리새인들에 대한 경고와 저주의 말씀이다. 마태복음에서 어느 한 주제에 대하여 이렇게 길게, 중요하게 다룬 곳은 없다. 무엇이 그토록 중요할까?

【1】 1 이에 예수께서 **무리와 제자들에게** 말씀하여 이르시되

마지막 설교는 첫 번째 설교(5~7장)와 마찬가지로 예수님을 따르는 무리와(7:28) 제자들(5:1) 에게 한 말씀이었다. 산상수훈이라 불리는 첫 설교는 옛 계약법에 대한 재해석이었기에 중요하고, 마지막 설교는 마지막 당부이기에 중요하다. 예수님께서는 제자들에게 마지막으로 무슨 당부를 하셨을까?

【2】 2 서기관들과 바리새인들이 모세의 자리에 앉았으니 3 그러므로 무엇이든지 그들이 말하는 바는 행하고 지키되 그들이 하는 행위는 본받지 말라

예수님께서는 그들의 행위를 본받지 말라고 하셨다. 바리새인과 서기관의 누룩(16:6)을 조심하라는 말씀은 이미 하신 바 있었는데, 한 번 더 주의령(注意令)을 내리셨다. 예수님께서 지적하시는 이들의 문제점은 무엇이었을까?

첫째, 그들은 말만 하고 행하지 아니하며

유대교 설교자인 서기관과 바리새인들에 대한 첫 지적은 말과 행동이 다르므로 말은 따르되, 행동은 본받지 말라는 말씀이다. 설교자들에게 언행일치는 대단히 어렵다. 설교자는 이웃을 내 몸처럼 사랑해야 한다고 말하지 않으면 안 된다. 그런데 그 설교를 정작 자신이 실천하기란 대단히 어렵다. 설교자에게 언행일치 문제는 영원히 풀어야 할 과제다.

둘째, 또 무거운 짐을 묶어 사람의 어깨에 지우되 자기는 이것을 한 손가락으로도 움직이려 하지 아니하며

그 다음 지적은 유대교에서는 여러 가지 실천 규정을 만들어 놓았는데 그 중에서 일반서민으로서는 지킬 수 없는 규정들에 대한 지적이다. 유대교에서는 남녀가 같이 일하는 노동, 오물처리, 짐승가죽 가공 등에 종사하는 사람들은 사람취급을 하지 않았다. 서기관과 바리새인들은 규정을 지킬 수 없는 가난한 서민들에 대하여 불쌍하게 여기기보다는 규정을 지키지 않아 가난하고 병들고 고아와 과부와 나그네가 되었다며 그들을 죄인으로 취급했다.

"수고하고 무거운 짐 진 자들아 다 내게로 오라 내가 너희를 쉬게 하리라."라는 예수님 말씀은 이런 유대교의 무거운 규정의 짐에 대한 말씀이다.

셋째, 그들의 모든 행위를 사람에게 보이고자 하나니 곧 그 경문 띠를 넓게 하며 옷술을 길게 하고

'바리새' 라는 단어는 '구별' 이라는 뜻이다. 바리새인은 일반인과 구별된 유대교 수도사들이었다. 그들은 구별된 수도사 옷을 입었고, 하루에 세 번 기도하고, 한 주일에 이틀 금식을 하는 등 일반인은 실천할 수 없는 구별된 삶을 살았다. 매일 세 번의 기도(오전 9시, 정오, 오후 3시)시간에는 길거리, 시장 등을 가리지 않고 길게 기도했으며, 옷은 소매가 넓고 길어서 노동자는 입을 수가 없었고, 금식할 때에는 수염 등을 깎지 않아 표시가 났다. 또 자선 등의 선행은 알려야 한다는 명분으로 드러내놓고 자랑삼아 행했다.

예수님께서 기도는 골방에서 하고, 선행은 왼 손이 하는 것을 오른 손이 모르게 하라는 말씀은 이들을 두고 하신 말씀이다.

넷째, 시장에서 문안 받는 것과 사람에게 랍비라 칭함을 받는 것을 좋아 하느니라

이들의 이런 드러난 행동은 사람들에게 존경의 대상이 되었고 랍비(스승)로 추앙을 받아서, 보는 사람마다 그 앞에서 고개를 숙였고, 잔치자리와 회당 등의 모임에서는 상석에 모셔졌다.

예수님은 이런 모습들을 대단히 가증스럽게 여기셨다. 그리고 새로운 지침을 제자들에게 주셨다. 무엇일까?

【3】 8 그러나 **너희는 랍비라 칭함을 받지 말라** 너희 선생은 하나요 너희는 다 형제니라 10 또한 지도자라 칭함을 받지 말라 너희의 지도자는 한 분이시니 곧 그리스도시니라

왜 선생과 지도자가 되지 말라고 하시는가? 이 말씀을 어떻게 이해하며 실천해야 하는가?

❶ 영원한 학생이 되어라.

다른 분야라면 몰라도 종교와 신앙의 분야에서 스승의식, 지도자

의식은 용납될 수 없다. 인간이 무슨 재간으로 하나님에 대해 가르치며, 하나님의 일을 대신 할 수 있겠는가? 하나님에 대하여 그간 연구된 방대한 지식을 파악하는 것도 힘겨운 일이고, 또 하나님을 말하려면 경험으로 확인하고 말을 해야 하는데 그 경험은 끝이 없으니 뭘 좀 경험했다고 말하는 자체가 말이 안 되고, 알면 알수록 모르는 부분이 많아지고, 경험하면 할수록 미지의 구름 속을 헤맬 뿐이다.

뭘 좀 안다는 생각, 뭘 좀 경험했다는 생각, 뭘 좀 가르치겠다는 생각 자체가 용납이 안 된다. 아무 것도 모를 뿐만 아니라 깨우칠 수도 없으며, 배우기에도 아무런 자격이 없다는 생각과 마음만이 허용될 뿐이다. 이에서 벗어나면 하나님과의 관계가 그 순간 단절된다. 지금까지 익힌 것을 가르치지 않을 수 없고, 지금까지 경험한 바를 말하지 않을 수 없고, 그 길로 가지 마라, 이 길로 가야한다고 이끌지 않을 수 없지만, 그 마음의 자세는 항상 자기부정, 자기 비움의 상태여야 한다. 결코 쉽지 않지만 반드시 그래야만 한다.

❷ 아무 것도 아님, 없음이 되어라.

예수님의 당부는 다음과 같다.

11 너희 중에 큰 자는 너희를 섬기는 자가 되어야 하리라 12 누구든지
자기를 높이는 자는 낮아지고 누구든지 자기를 낮추는 자는 높아지리라

누차 말하지만 이 말씀은 무슨 윤리, 도덕 강령이 아니라 하나님 앞에서의 내 존재의 현주소다. 하나님은 가장 낮은 자리에서 섬김으로 계신다. 그러면 나는 어떻게 해야 하나? 내 자리는 어디인가? 아무것도 아님, 없음이다. 성경에서 말하는 겸손은 자기분수를 아는 것이다. 나는 무엇을 섬길 수도 없는, 없음에 불과하다. 섬김 자체가 나에게는 과분하며, 뭘 섬기고 있다는 생각조차도 용납되지 않는다. 여기 지금 내가 있다는 그것만으로도 과분할 뿐이다.

【4】 9 땅에 있는 자를 아버지라 하지 말라 너희의 아버지는 한 분이시

니 곧 하늘에 계신 이시니라

(마10:34~37)내가 세상에 화평을 주러 온 줄로 생각하지 말라 화평이 아니요 검을 주러 왔노라 내가 온 것은 사람이 그 아버지와, 딸이 어머니와, 며느리가 시어머니와 불화하게 하려 함이니 사람의 원수가 자기 집안 식구리라 아버지나 어머니를 나보다 더 사랑하는 자는 내게 합당하지 아니하고 아들이나 딸을 나보다 더 사랑하는 자도 내게 합당하지 아니하며

성경을 읽다가 이런 구절을 만나면 당황하게 된다. 문장 해석은 전혀 어렵지 않지만, 그대로 실천한다면 가정이 붕괴되어야 한다. 실제로 이단 집단에서는 이런 구절들 때문에 가정이 파탄 나는 일이 허다하다. 어떻게 해석해야 할까? 도대체 무슨 뜻일까?

이미 누차 말했지만 성경은 독특한 상황과 문화에서 만들어진 고대문서이다. 내용의 대부분이 단순한 이야기로 되어 있어 해석이 쉬울 것 같지만 전혀 그렇지 않다. 해석에 심혈을 기울이지 않으면 많은 문제가 발생할 수 있기 때문에 주의가 필요하다.

성경해석에서 기본 요건 중의 하나는 표면(문자)이해와 이면(의미)이해다. 표면적인 이해는 이면적인 이해와 반대되는 경우가 허다한데 본문이 대표적인 예이다. 땅에 있는 육신의 아버지를 아버지라 하지 말라, 하늘에 계신 하나님만이 너희 아버지라는 말씀을 문자대로 해석하면 본래 말하려는 의미와 정반대 해석이 되고 만다. 하늘에 계시는 하나님을 아버지로 모시는 사람은 땅에 있는 아버지를 하늘의 하나님처럼 모셔야 한다는 것이 본래의 뜻이다. 신명기의 십계명을 보면 다음과 같다.

너는 네 하나님 여호와께서 명령한 대로 네 부모를 공경하라. 그리하면 네 하나님 여호와가 네게 준 땅에서 네 생명이 길고 복을 누리리라(신5:16)

부모의 말씀을 하나님의 명령으로 받아들여야 세상에서 장수하고 복을 누린다는 뜻이다. 육신의 부모와 가족을 제대로 섬기지 않으면서 하늘의 하나님을 섬기겠다는 것은 상식에 맞지 않는다. 또 하늘

의 하나님을 아버지로 믿는 사람만이 세상에서 제대로 육신의 부모를 하나님처럼 섬길 수 있다는 말씀이다.

마태복음에는 이 말씀이 예수님의 마지막 당부에 들어있다. 그 이유는 가정을 그만큼 중요하게 여기라는 말씀이다. 당시의 유대교는 결혼을 가장 귀하게 여기면서 동시에 고르반 등과 같은 교리로 가정을 붕괴시키는 모순을 빚었다. 이에 대한 경고의 말씀이다.

예수님께서는 서기관과 바리새인의 문제점을 지적하시면서 이들의 시행착오를 따르지 말라고 제자들에게 경고하셨다. 그러고 나서 도무지 예수님께서 하신 말씀이라고 믿어지지 않는 무서운 말씀을 하셨다. 어떤 말씀일까?

물음 85 화있을진저!, 그 대상은 누구일까?

본문 : 〈 23장 〉

13 화 있을진저 외식하는 서기관들과 바리새인들이여 너희는 천국 문을 사람들 앞에서 닫고 너희도 들어가지 않고 들어가려 하는 자도 들어가지 못하게 하는도다

14 (없음) 화 있을진저 외식하는 서기관들과 바리새인들이여 너희는 과부의 집을 삼켜버리고 남에게 보이려고 길게 기도하는 도다 그러므로 무서운 심판을 받으리라[84)]

15 화 있을진저 외식하는 서기관들과 바리새인들이여 너희는 교인 한 사람을 얻기 위하여 바다와 육지를 두루 다니다가 생기면 너희보다 배나 더 지옥 자식이 되게 하는도다

16 화 있을진저 눈 먼 인도자여 너희가 말하되 누구든지 성전으로 맹세하면 아무 일 없거니와 성전의 금으로 맹세하면 지킬지라 하는도다 17 어

84) 다른 고대 사본에는 14절이 들어있으며, 새번역, 공동번역과 대부분의 영어성경에는 14절이 들어있다.

리석은 맹인들이여 어느 것이 크냐 그 금이냐 그 금을 거룩하게 하는 성
전이냐 18 너희가 또 이르되 누구든지 제단으로 맹세하면 아무 일 없거
니와 그 위에 있는 예물로 맹세하면 지킬지라 하는도다 19 맹인들이여
어느 것이 크냐 그 예물이냐 그 예물을 거룩하게 하는 제단이냐 20 그러
므로 제단으로 맹세하는 자는 제단과 그 위에 있는 모든 것으로 맹세함
이요 21 또 성전으로 맹세하는 자는 성전과 그 안에 계신 이로 맹세함이
요 22 또 하늘로 맹세하는 자는 하나님의 보좌와 그 위에 앉으신 이로
맹세함이니라

23 화 있을진저 외식하는 서기관들과 바리새인들이여 너희가 박하와 회향
과 근채의 십일조는 드리되 율법의 더 중한 바 정의와 긍휼과 믿음은 버
렸도다 그러나 이것도 행하고 저것도 버리지 말아야 할지니라 24 맹인
된 인도자여 하루살이는 걸러 내고 낙타는 삼키는도다

25 화 있을진저 외식하는 서기관들과 바리새인들이여 잔과 대접의 겉은 깨
끗이 하되 그 안에는 탐욕과 방탕으로 가득하게 하는도다 26 눈 먼 바리
새인이여 너는 먼저 안을 깨끗이 하라 그리하면 겉도 깨끗하리라

27 화 있을진저 외식하는 서기관들과 바리새인들이여 회칠한 무덤 같으니
겉으로는 아름답게 보이나 그 안에는 죽은 사람의 뼈와 모든 더러운 것
이 가득하도다 28 이와 같이 너희도 겉으로는 사람에게 옳게 보이되 안
으로는 외식과 불법이 가득하도다

29 화 있을진저 외식하는 서기관들과 바리새인들이여 너희는 선지자들의
무덤을 만들고 의인들의 비석을 꾸미며 이르되 30 만일 우리가 조상 때
에 있었더라면 우리는 그들이 선지자의 피를 흘리는 데 참여하지 아니하
였으리라 하니 31 그러면 너희가 선지자를 죽인 자의 자손임을 스스로
증명함이로다 32 너희가 너희 조상의 분량을 채우라 33 뱀들아 독사의
새끼들아 너희가 어떻게 지옥의 판결을 피하겠느냐 34 그러므로 내가 너
희에게 선지자들과 지혜 있는 자들과 서기관들을 보내매 너희가 그 중에
서 더러는 죽이거나 십자가에 못 박고 그 중에서 더러는 너희 회당에서
채찍질하고 이 동네에서 저 동네로 따라다니며 박해하리라 35 그러므로
의인 아벨의 피로부터 성전과 제단 사이에서 너희가 죽인 바라갸의 아들
사가랴의 피까지 땅 위에서 흘린 의로운 피가 다 너희에게 돌아가리라
36 내가 진실로 너희에게 이르노니 이것이 다 이 세대에 돌아가리라

37 예루살렘아 예루살렘아 선지자들을 죽이고 네게 파송된 자들을 돌로 치
는 자여 암탉이 그 새끼를 날개 아래에 모음 같이 내가 네 자녀를 모으
려 한 일이 몇 번이더냐 그러나 너희가 원하지 아니하였도다 38 보라 너
희 집이 황폐하여 버려진 바 되리라 39 내가 너희에게 이르노니 이제부
터 너희는 찬송하리로다 주의 이름으로 오시는 이여 할 때까지 나를 보
지 못하리라 하시니라

서기관과 바리새인들의 죄목을 열거하시고 이를 본받지 말라고

말씀하신 예수님께서는 이어서 이들에게 저주를 선언하시는데 14절을 포함하면 무려 8번을 반복하신다. 이는 첫 번째 설교인 산상수훈에서 복을 여덟 번 말씀하신 것과 대비된다. 왜 이들에게 이렇게 무서운 저주를 선언하실까?

잘못 가르쳤기 때문이다. 종교지도자가 잘못 가르친 것에 대해서는 어떤 경우에도 용서받을 수 없다. 용서를 받는다면 이는 모순이기 때문이다. 사람의 구원 문제를 다루는 신앙을 잘못 가르쳐 멸망에 이르게 되면 이는 전적으로 가르친 사람이 책임을 져야하며 변명의 여지가 없다. 잘못 배워서, 다들 그렇게 말하니까 등은 결코 변명이 될 수 없다. 신앙의 문제를 가르치려면 먼저 확인에 또 확인을 거듭하여 확실한 것만을 말해야 한다.

따라서 신앙을 잘못 가르친 서기관과 바리새인들은 예수님께서 저주를 선포하시기 이전에 이들은 저주받을 수밖에 없다. 단지 예수님께서는 이들이 저주를 피할 수 없음을 확인하셨을 뿐이다. 다른 어느 누구가 아닌 오직 교사들에게만 저주가 선포된 이유는 여기에 있다. 화 있을진저(Οὐαὶ)에는 '저주받으라!' 라는 심판과, '안타깝구나!' 라는 유감의 두 의미가 같이 들어있다.

오늘 우리는 어떠한가? 서기관과 바리새인보다 나을까? 이들과는 비교도 되지 않을 만큼 더 심각하다. 그러면서도 전혀 눈치를 채지 못하고 있다. 눈치 없음이 극에 달해 있고 옳다는 확신도 극에 달해 있다.

서기관과 바리새인이 저주를 받은 여덟 가지 죄목을 통해 오늘의 우리 자신을 돌아볼 필요가 있다. 편의상 순서대로 다루지 않고 관련된 내용을 같이 다루고자 한다.

【1】 13 화 있을진저 외식하는 서기관들과 바리새인들이여 너희는 **천국 문을 사람들 앞에서 닫고** 너희도 들어가지 않고 들어가려 하는 자도 들

어가지 못하게 하는도다

15 화 있을진저 외식하는 서기관들과 바리새인들이여 **너희는 교인 한 사람을 얻기 위하여 바다와 육지를 두루 다니다가** 생기면 너희보다 **배나 더 지옥 자식이 되게 하는도다**

아마도 서기관과 바리새인들에게 제일 억울한 부분은 이 고발장이었을 것이다. 유대인들은 율법을 연구하고 가르치는 일을 가장 귀하게 여겨서 유일하게 결혼하지 않을 수 있는 특권을 랍비들에게 주었고, 그들은 사람들에게 율법을 가르치기 위하여 평생의 헌신을 아끼지 않았다. 이들은 가난해서 율법을 공부하지 못하는 이가 없게 하기 위해서 수업료를 받지 않고 무료로 봉사했다. 또 해외에 있는 교포들에게도 율법을 배울 기회를 주기 위하여 배를 타고 바다를 건너가고 험한 산과 들을 걸어 다녔다. 여기에 드는 막대한 비용도 스스로 마련했다.

그런데 그들을 고발하는 고발장에는 천국 문을 가로막고 저도 못 가고 남도 못 가게 했으며, 배나 더 지옥자식이 되게 했다고 쓰여 있다. 열심히 헌신했다고 능사가 아니다. 가장 중요한 것은 똑바로 가르쳤느냐의 문제이다.

도대체 이들은 무엇을 어떻게 잘못 가르쳤을까?

【2】 16 화 있을진저 눈 먼 인도자여 너희가 말하되 누구든지 성전으로 맹세하면 아무 일 없거니와 성전의 금으로 맹세하면 지킬지라 하는도다

23 화 있을진저 외식하는 서기관들과 바리새인들이여 너희가 박하와 회향과 근채의 십일조는 드리되 율법의 더 중한 바 정의와 긍휼과 믿음은 버렸도다

25 화 있을진저 외식하는 서기관들과 바리새인들이여 잔과 대접의 겉은 깨끗이 하되 그 안에는 탐욕과 방탕으로 가득하게 하는도다 26 눈 먼 바리새인이여 너는 먼저 안을 깨끗이 하라 그리하면 겉도 깨끗하리라

27 화 있을진저 외식하는 서기관들과 바리새인들이여 회칠한 무덤 같으니 겉으로는 아름답게 보이나 그 안에는 죽은 사람의 뼈와 모든 더러운 것이 가득하도다

14 (없음) 화 있을진저 외식하는 서기관들과 바리새인들이여 너희는 과부의 집을 삼켜버리고 남에게 보이려고 길게 기도하는 도다 그러므로 무서

운 심판을 받으리라

그들은 성경 본문의 표면적인 의미와 이면적인 의미를 구분하지 못했다. 하나님의 이름으로 맹세하지 말라는 말씀을 문자대로 이해하여 맹세할 때 '하나님'이라는 단어만 들어가지 않으면 괜찮고, 성전, 제단, 하늘 등으로는 맹세해도 된다는 식으로 해석했다. 십일조를 드리라는 말씀도 문자대로 해석하여 상추나 고추를 따서도 정확하게 계산해서 1/10을 바쳐야 한다고 해석할 뿐 왜, 무엇을 위해서 십일조를 바쳐야 하는지 등은 중요하게 생각하지 않았다. 안식일에 쉬라는 말씀을 무노동으로 이해하여 어떤 노동도 죄악시 했다. 시체를 만지지 말라, 먹거리를 구분하라는 말씀도 마찬가지로 해석했다.

이들을 향한 죄목은 소경된 인도자, 하루살이는 걸러내고 낙타는 삼키는 자였다. 이런 해석은 다음의 죄목으로 이어졌다.

이면적인 의미를 읽지 못하고 표면적인 의미에 치중하면 정신은 사라지고 형식만 남는다. 마음에는 온갖 악한 생각과 음란한 마음을 가지고 있으면서도 행동으로 옮겨지지 않았으면 문제없다고 말하게 된다. 마음은 딴 데 가 있으면서도 기도의 횟수와 긴 시간을 채우면 기도를 잘하고 있다고 생각하게 된다. 부자들의 합법적인 횡포로 인해 힘없는 자들의 재산이 다 넘어가도 부자들에게는 아무런 책임이 없게 된다. 이들은 겉으로는 아무런 문제가 없고 모범적인 신앙인들이다.

이들에 대한 죄목은 외식하는 위선자이며, 가장 무서운 심판을 받아야 할 자들이다. 신앙을 잘못 가르치는 행위는 단순한 오류나 실수가 아니라 범죄행위이며 심판과 저주를 피할 수 없다. 그런데 이들의 범죄행위는 아직 끝나지 않았다. 이런 표면적인 해석은 더 큰 범죄행위로 이어진다.

【3】 29 화 있을진저 외식하는 서기관들과 바리새인들이여 너희는 선지

자들의 무덤을 만들고 의인들의 비석을 꾸미며 이르되 30 만일 우리가 조상 때에 있었더라면 우리는 그들이 선지자의 피를 흘리는 데 참여하지 아니하였으리라 하니 31 그러면 너희가 선지자를 죽인 자의 자손임을 스스로 증명함이로다 32 너희가 너희 조상의 분량을 채우라 33 뱀들아 독사의 새끼들아 너희가 어떻게 지옥의 판결을 피하겠느냐

서기관과 바리새인이 범한 가장 큰 모순과 죄악은 자신들의 해석과 가르침에는 절대 오류가 없다는 착각에 빠져서 선지자들의 바른 소리, 바른 해석을 잘못되었을 뿐만 아니라 죽여 없애야 한다고 결론내고 또 그렇게 하도록 가르쳤다. 이들은 선지자들을 박해하거나 죽였고, 예수님을 십자가에 못 박았다.

종교적인 가르침에서는 대부분의 경우 마침표를 찍을 수 없고 쉼표를 찍어 놓아야 한다. 결론을 유보하고 반대자들의 의견에도 진지하게 귀를 기울이며, 끊임없이 확인에 확인을 거듭하면서 결론을 향해 나가야 한다.

이를 등한히 하는 사람들에게 주어지는 죄목은 마귀의 역할을 충실하게 대행한 죄여서 다음과 같은 선고가 내려졌다.

뱀들아 독사의 새끼들아, 너희가 어떻게 지옥의 판결을 피하겠느냐!

그러면 이 선고는 언제 집행되는가?

【4】 37 예루살렘아 예루살렘아 선지자들을 죽이고 네게 파송된 자들을 돌로 치는 자여 암탉이 그 새끼를 날개 아래에 모음 같이 내가 네 자녀를 모으려 한 일이 몇 번이더냐 그러나 너희가 원하지 아니하였도다 38 보라 너희 집이 황폐하여 버려진 바 되리라

하나님의 심판은 먼 훗날 종말에 행해지기 전에, 지금 여기 역사의 현장에서 먼저 주어진다. 예수님께서 이 말씀을 하신 때로부터 40여년 뒤인 AD 70년 예루살렘성이 로마제국에 무너지고 비참하게 멸망함으로써 이 선고가 실현되었다. 두렵고 떨리는 일이다. 오늘 우리는 서기관과 바리새인에게 내려진 저주의 심판을 면할 수 있

을까?

그들이 천천이라면 우리는 만만이리라.

물음 86 구속사와 계약사의 종말론, 어떻게 다른가?

본문 : 〈 24장 〉

1 예수께서 성전에서 나와서 가실 때에 제자들이 성전 건물들을 가리켜 보
이려고 나아오니 2 대답하여 이르시되 너희가 이 모든 것을 보지 못하느
냐 내가 진실로 너희에게 이르노니 돌 하나도 돌 위에 남지 않고 다 무
너뜨려지리라

3 예수께서 감람 산 위에 앉으셨을 때에 제자들이 조용히 와서 이르되 우
리에게 이르소서 어느 때에 이런 일이 있겠사오며 또 주의 임하심과 세
상 끝에는 무슨 징조가 있사오리이까

4 예수께서 대답하여 이르시되 너희가 사람의 미혹을 받지 않도록 주의하
라 5 많은 사람이 내 이름으로 와서 이르되 나는 그리스도라 하여 많은
사람을 미혹하리라 6 난리와 난리 소문을 듣겠으나 너희는 삼가 두려워
하지 말라 이런 일이 있어야 하되 아직 끝은 아니니라 7 민족이 민족을,
나라가 나라를 대적하여 일어나겠고 곳곳에 기근과 지진이 있으리니 8
이 모든 것은 재난의 시작이니라 9 그 때에 사람들이 너희를 환난에 넘
겨 주겠으며 너희를 죽이리니 너희가 내 이름 때문에 모든 민족에게 미
움을 받으리라 10 그 때에 많은 사람이 실족하게 되어 서로 잡아 주고
서로 미워하겠으며 11 거짓 선지자가 많이 일어나 많은 사람을 미혹하겠
으며 12 불법이 성하므로 많은 사람의 사랑이 식어지리라 13 그러나 끝
까지 견디는 자는 구원을 얻으리라 14 이 천국 복음이 모든 민족에게 증
언되기 위하여 온 세상에 전파되리니 그제야 끝이 오리라

15 그러므로 너희가 선지자 다니엘이 말한 바 멸망의 가증한 것이 거룩한
곳에 선 것을 보거든 (읽는 자는 깨달을진저) 16 그 때에 유대에 있는
자들은 산으로 도망할지어다 17 지붕 위에 있는 자는 집 안에 있는 물건
을 가지러 내려 가지 말며 18 밭에 있는 자는 겉옷을 가지러 뒤로 돌이
키지 말지어다 19 그 날에는 아이 밴 자들과 젖 먹이는 자들에게 화가
있으리로다 20 너희가 도망하는 일이 겨울에나 안식일에 되지 않도록 기
도하라 21 이는 그 때에 큰 환난이 있겠음이라 창세로부터 지금까지 이
런 환난이 없었고 후에도 없으리라 22 그 날들을 감하지 아니하면 모든
육체가 구원을 얻지 못할 것이나 그러나 택하신 자들을 위하여 그 날들

을 감하시리라
23 그 때에 사람이 너희에게 말하되 보라 그리스도가 여기 있다 혹은 저기
있다 하여도 믿지 말라 24 거짓 그리스도들과 거짓 선지자들이 일어나
큰 표적과 기사를 보여 할 수만 있으면 택하신 자들도 미혹 하리라 25
보라 내가 너희에게 미리 말하였노라 26 그러면 사람들이 너희에게 말하
되 보라 그리스도가 광야에 있다 하여도 나가지 말고 보라 골방에 있다
하여도 믿지 말라 27 번개가 동편에서 나서 서편까지 번쩍임 같이 인자
의 임함도 그러하리라 28 주검이 있는 곳에는 독수리들이 모일 것이니라
29 그 날 환난 후에 즉시 해가 어두워지며 달이 빛을 내지 아니하며 별
들이 하늘에서 떨어지며 하늘의 권능들이 흔들리리라 30 그 때에 인자의
징조가 하늘에서 보이겠고 그 때에 땅의 모든 족속들이 통곡하며 그들이
인자가 구름을 타고 능력과 큰 영광으로 오는 것을 보리라 31 그가 큰
나팔소리와 함께 천사들을 보내리니 그들이 그의 택하신 자들을 하늘 이
끝에서 저 끝까지 사방에서 모으리라

24장과 25장은 제자들에게 주신 종말에 대한 설교이다. 마태복음의 마지막 설교에서 서기관과 바리새인에 대한 경고와 더불어 종말에 대하여 왜 이렇게 길고 중요하게 다루고 있을까? 그 이유는 이 두 주제가 실제 신앙생활과 밀접한 관련이 있기 때문이다. 서기관과 바리새인의 오류는 오늘도 반복되고 있으며, 지금도 종말에 대한 해석은 많은 혼란을 주고 있다.

복음서의 종말론은 유대인의 묵시문학과 성격을 같이 하면서도 많은 차이가 있는데, 이인칭 명령형(너희는 ~해라)으로 권면하고 교훈을 주는 유언 설교의 형식이다. 복음서, 종말을 어떻게 말하고 있을까?

【1】 2 …내가 진실로 너희에게 이르노니 돌 하나도 돌 위에 남지 않고
다 무너뜨려지리라

예수님 당시의 성전은 헤롯이 짓는 중이었다. BC 125년 하스몬 왕조의 5대왕 힐카누스는 에돔인(이두매인)을 강제로 개종시켜 유대인에 합병시켰다. 에돔 출신 헤롯은 정치적인 수완을 발휘하여 로마제국의 후광으로 유대인의 왕으로 임명되었지만 유대인들은 그를 인정하려 하지 않았다. 이에 헤롯은 유대인의 환심을 사고 로마제국

에 자신의 위상을 높이기 위하여 성전건축을 대대적으로 추진했다. BC 20년경 추진하여 성전 본 건물은 1년 반 정도에 지었지만 기타 부속건물을 웅장하게 짓느라고 시간이 오래 걸렸다. 예수님 당시까지 완공되지 않았으며, AD 70년 성전이 헐리기 직전에야 완공되었다. 전체 규모는 446m×296m 정도이며, 사용된 석재 중에는 길이가 12m, 높이가 6m, 넓이가 5.4m, 무게가 100여 톤이 나가는 돌들이 있어서 불가사의에 속하며, 후일 로마의 병사들이 돌을 허물어 버릴 때에도 너무 커서 대단히 애를 먹었다고 한다.

본문에는 갈릴리 출신의 제자들이 성전을 보면서 그 웅장함과 아름다움에 놀랐다고 기록되어 있다. 그런데 예수님은 그렇게 공들여 짓고 있는 건물이 계약법 정신과는 상관없이 강도의 소굴이 되었기 때문에 계약이 파기되어 돌 위에 돌 하나도 남기지 않고 다 헐리리라고 말씀하셨다. 성전건물의 웅장함에 감탄하고 있던 제자들은 성전 파괴 예고에 너무 놀라서 물었다.

【2】 3 예수께서 감람 산 위에 앉으셨을 때에 제자들이 조용히 와서 이르되 우리에게 이르소서 **어느 때에** 이런 일이 있겠사오며 또 주의 임하심과 세상 끝에는 **무슨 징조가** 있사오리이까

제자들은 예수님께 예루살렘 멸망의 시기와 더불어 주님의 재림과 세상 종말의 징조에 대하여 물었다. 따라서 계약공동체인 예루살렘 멸망의 시기와 세상 멸망의 징조를 구분하여 살펴볼 필요가 있다.

1. 종말의 관점

성경에서는 세상의 종말과 심판에 대하여 어떻게 말하고 있을까? 먼저 생각해 볼 종말론은 세속적인 종말론이다. 시간에는 시작과 끝이 있게 마련이므로 많은 사람들이 세상 종말의 시기에 대하여 관심을 가진다. 또 세상에는 선과 악이 공존한다. 선하게 산 사람과 악

하게 산 사람이 같은 결과에 도달한다면 모순이다. 선한 사람은 좋은 곳(천국)으로 가고, 악한 사람은 고통스러운 곳(지옥)으로 가는 심판이 있어야한다. 종말론과 구원론은 같은 맥락에서 전개되는데, 세속적인 종말과 심판의 줄거리는 대략 이러하다.

그러면 기독교의 종말과 심판은 세속의 그것과 어떻게 다른가? 두 관점이 가능하다.

1) 구속사 관점

구속사의 입장에서 종말과 심판을 보면 세속의 이론과 크게 다르지 않다. 단지 심판의 기준이 예수 그리스도에 대한 믿음의 여부여서, 종말에 예수님을 믿은 사람은 천국으로, 안 믿은 사람은 지옥으로 가고, 이 세상도 심판을 받아 사라진다. 종말의 시점은 그리스도의 재림과 겹쳐진다고 생각한다. 기독교의 종말론은 구속사적인 관점이 주류를 이루고 있다.

2) 계약사 관점

계약사의 입장에서 보면 종말과 심판이 전혀 다르게 보인다. 하나님과 세상, 하나님과 인간은 계약관계이다. 해와 달과 별과 동물, 식물들은 계약의 법인 자연의 법대로 살아간다. 그런데 하나님의 형상과 모양에 따라 지음 받은 인간은 자유의지의 오용으로 계약의 법을 따르지 않고 있다. 이에 하나님께서는 가장 비참한 삶을 살고 있는 노예들 중에서 계약법에 동의하고 계약대로 살겠다는 사람들과 다시 계약을 체결하시고 그들에게 특별한 은총을 베푸셔서 이 땅에서 하늘의 뜻이 실현된 나라를 만들게 하셨다. 하나님께서는 노예들을 해방시키시고 땅을 주시고 서로 도우며 행복하게 살아갈 수 있는 조건을 만들어 주셨다. 계약사에서는 이 나라에 참여하는 삶을 구원이라 한다. 하나님께서는 이들을 통해서 아직 계약을 맺지 않은 사람들도 다 계약의 법대로 살아서 영원한 행복인 구원에 이르게 하신다.

그런데 계약을 맺은 공동체가 계약을 지키지 않으면 어떻게 해야 하는가? 계약은 파기되고 심판을 받아 노예였던 본래의 모습으로 돌아갈 수밖에 없다. 계약사에서는 심판의 대상은 계약공동체이다. 구약의 이스라엘과 신약의 유대인들의 멸망은 이런 심판이었다. 그런데 만일 계약공동체가 계약대로 산다면 어떻게 될까? 마귀의 세력은 계약대로 살지 못하도록 온갖 방해공작을 한다. 그러면 이제 하나님은 어떻게 하셔야 하는가? 계약공동체를 괴롭히는 악의 세력을 심판하시고 계약공동체를 보고 많은 사람들이 구원에 동참할 수 있도록 도우신다. 계약사의 입장에서 보면 심판의 대상은 계약법을 지키지 않은 공동체와 세상 악의 세력이다.

계약사에서 볼 때 시간의 종말, 곧 세상 종말은 무엇인가? 계약 완성의 때이다. 인간이 이 땅에서 계약공동체를 통하여 하나님나라와 구원의 삶을 시작하지만 인간이 완성을 이루지는 못한다. 이 세상에서 하나님나라를 시작하고 완성을 향하여 가는 과정도 하나님의 도우심으로 가능하며, 완성 역시 하나님의 초자연적인 개입으로 가능하다. 이런 종말의 날에는 인간의 육체와 영혼이 부활에 참여한다. 마찬가지로 이 세상도 완전한 세상으로, 즉 새 하늘과 새 땅으로 거듭난다.

2. 종말의 징조

그동안 우리는 구속사라는 측면에서 종말과 심판과 구원을 이해했다. 그런데 이는 세속의 이론과 크게 다르지 않고 오히려 성경과는 거리가 멀다. 이제 계약사 입장에서 24장과 25장의 종말론을 해석하고자 한다.

1) 예루살렘 멸망의 징조

예루살렘의 멸망은 옛 계약의 공동체인 유대인의 심판을 말한다. 예수님께서는 심판의 징조를 다음과 같이 예고하셨다.

【3】 15 그러므로 너희가 선지자 다니엘이 말한 바 멸망의 가증한 것이 거룩한 곳에 선 것을 보거든 (읽는 자는 깨달을진저)

다니엘이 말한 바 멸망의 가증한 것은[85] 시리아의 왕 안티오쿠스 에피파네스가 BC 168년 예루살렘을 점령하고 성전에 제우스 신상을 세웠던 사건이다. 예루살렘이 로마에 다시 멸망하기 전에도 칼리굴라(AD 12~41) 황제가 그의 동상을 성전에 세우려고 시도했고, 멸망 후에는 황제 디도의 동상이 세워졌는데, 이를 예고한 말씀이다.

【4】 16 그 때에 유대에 있는 자들은 산으로 도망할지어다

전쟁의 징조가 보이면 집에 남아있거나 성전으로 피하지 말고 산으로 피하여 화를 당하지 말라는 말씀이다. 전쟁이 일어나면 임산부와 젖먹이를 둔 아녀자들이 가장 큰 화를 당할 것이니 미리 대비해야 한다. 안식일에 전쟁이 나지 않게 기도하라는 말씀은 무슨 뜻일까? 실제로 전쟁이 일어났을 때 로마군은 예루살렘 외곽부터 점령해 들어오기 시작했다. 그런데 유월절 절기가 가까워지자 전쟁 중인데도 유대인들은 전혀 두려워하지 않고 예전처럼 250여만의 인파가 몰려왔다가 그대로 포위되어 피해가 커졌다. 예수님 말씀은 이런 상황에 대한 예고였다.

【5】 21 이는 그 때에 큰 환난이 있겠음이라 창세로부터 지금까지 이런 환난이 없었고 후에도 없으리라

유대인들은 놀라운 데가 있다. 예루살렘을 향한 포위망이 좁혀오

85) 군대는 그의 편에 서서 성소 곧 견고한 곳을 더럽히며 매일 드리는 제사를 폐하며 멸망하게 하는 가증한 것을 세울 것이며(단11:31) 매일 드리는 제사를 폐하며 멸망하게 할 가증한 것을 세울 때부터 천이백구십 일을 지낼 것이요(단12:11)

는 데도 그들은 아랑곳하지 않고 평소와 다름없이 유월절을 지키기 위하여 예루살렘으로 모여들었고, 또 피하려고 하지도 않았다. 그 결과 그들은 고스란히 성안에 갇히고 말았다. 예루살렘성은 산성이어서 아무리 강력한 로마 군대도 멸망시킬 방법이 없어 성을 포위하고 굶겨죽이기 작전으로 나갔다. 성안의 유대인들은 과격분자들의 분열로 스스로 양식을 불태워 화를 자초했고, 대부분의 사람들은 굶어 죽었다. 예루살렘이 멸망할 때의 비참함은 인류 전쟁 역사에서 손꼽힐 정도였다. 요세푸스의 「유대인의 전쟁사」에 생생하게 기록되어 있다. 이 책은 계약이 파기되면 얼마나 무서운 심판이 주어지는지 기록해 놓은 증거물이다.

하나님의 심판은 세상 이전에 계약 당사자들에게 먼저 주어진다. 오늘 우리 기독교인들은 유대인보다 더 심각한 오류에 빠져있다. 종말이 오면 세상은 심판을 받고 기독교인은 예수님 공로로 구원받아 천국에 들어간다는 생각은 하나님과 계약법에 대한 모독이다. 그런 가르침은 천국 문을 가로막고 저도 남도 못 들어가게 하는 무식한 범죄행위이며, 유대인의 시행착오를 더 악하게 답습하는 멸망의 길이다. 유대인들은 자신들이 계약의 백성이며 세상구원에 책임이 있다는 사실을 망각하고 하나님으로부터 선택받았다는 구원의 확신을 가지고 있다가 인류 역사상 가장 비참한 심판을 받았다.

세상은 심판을 받아도 나는 구원을 받는다고 생각하는 어리석은 자들이여,
복음서와 「유대인의 전쟁사」를 읽으며 정신을 차리라.
도끼가 이미 나무뿌리에 놓여있다.
지금 당장 돌이키지 않으면 도려내 불속에 던져지리라.
이는 만군의 여호와의 말씀이다. 귀 있는 자는 들을진저!

【6】 22 그 날들을 감하지 아니하면 모든 육체가 구원을 얻지 못할 것이나 그러나 택하신 자들을 위하여 그 날들을 감하시리라

로마군의 포위망이 좁혀올 즈음 유대인들은 유월절과 항전의지로 예루살렘으로 몰려들었지만 그곳에 머물던 기독교인들은 하나님의 인도하심으로 인근 데가볼리에 있는 펠라성으로 도피해서 피해를 당하지 않았다고 전해진다. 누가복음에는 이에 대하여 좀 더 상세하게 예고했다.

> 너희가 예루살렘이 군대들에게 에워싸이는 것을 보거든 그 멸망이 가까운 줄을 알라 그 때에 유대에 있는 자들은 산으로 도망갈 것이며 성내에 있는 자들은 나갈 것이며 촌에 있는 자들은 그리로 들어가지 말지어다 이 날들은 기록된 모든 것을 이루는 징벌의 날이니라 그 날에는 아이 밴 자들과 젖먹이는 자들에게 화가 있으리니 이는 땅에 큰 환난과 이 백성에게 진노가 있겠음이로다 그들이 칼날에 죽임을 당하며 모든 이방에 사로잡혀 가겠고 예루살렘은 이방인의 때가 차기까지 이방인들에게 밟히리라 (눅21:20~24)

하나님께서는 옛 계약공동체가 계약을 지키지 않아 심판을 당할 때 그 불꽃이 새 계약공동체인 교회에 튀지 않도록 미리 예고하셨고, 또 직전에는 펠라성으로 대피시키셨다.

2) 악한 세력 방해의 징조

예수님께서는 교회가 바른 길을 갈 때 당하게 될 악한 마귀 세력의 공격에 대하여 예고하셨다

> 【7】 9 그 때에 사람들이 너희를 환난에 넘겨 주겠으며 너희를 죽이리니 너희가 내 이름 때문에 모든 민족에게 미움을 받으리라 10 그 때에 많은 사람이 실족하게 되어 서로 잡아 주고 서로 미워하겠으며

마귀의 첫 번째 공격은 박해다. 실제로 교회가 시작되자 유대교로부터의 심한 박해가 시작되었고 교인들은 예루살렘에서 흩어져 피난을 가야했다. 그 다음은 로마제국으로부터의 박해였다. 네로황제는 로마시의 화재 사건을 기독교인들에게 덮어씌워 많은 기독교인들을 죽였다. 베드로와 바울도 이때 순교했다고 전해진다. 이어서 황제숭배 문제로 교회는 로마제국 차원에서 박해를 받아야 했다. 요

한계시록은 로마제국의 박해를 배경으로 하고 있다. 계시록은 세상의 멸망이 아니라. 교회를 핍박하는 악의 세력인 로마제국의 멸망을 말하고 있다. 요한계시록을 오해하지 말아야 한다.[86] 교회가 제국으로부터 박해받아 사라질 위기에 처했는데, 이 위기를 다루는 책에서 세상 종말을 말한다는 것은 상식에도 맞지 않고, 말이 되지 않는다.

> 【8】 4 예수께서 대답하여 이르시되 너희가 사람의 미혹을 받지 않도록
> 주의하라 5 많은 사람이 내 이름으로 와서 이르되 나는 그리스도라 하여
> 많은 사람을 미혹하리라
>
> 23 그 때에 사람이 너희에게 말하되 보라 그리스도가 여기 있다 혹은 저
> 기 있다 하여도 믿지 말라 24 거짓 그리스도들과 거짓 선지자들이 일어
> 나 큰 표적과 기사를 보여 할 수만 있으면 택하신 자들도 미혹 하리라
> 25 보라 내가 너희에게 미리 말하였노라 26 그러면 사람들이 너희에게
> 말하되 보라 그리스도가 광야에 있다 하여도 나가지 말고 보라 골방에
> 있다 하여도 믿지 말라
> 11 거짓 선지자가 많이 일어나 많은 사람을 미혹하겠으며 12 불법이 성
> 하므로 많은 사람의 사랑이 식어지리라

박해가 통하지 않자 이번에는 마귀가 잘못된 신앙을 가지도록 미혹한다. 그 중의 하나가 적그리스도의 등장이다. 요한계시록에는 이런 적그리스도에 대하여 많은 지면을 할애하고 있다. 또 교회사를 보면 온갖 적그리스도와 거짓 선지자들이 등장했다.

지금도 교회 안에서 활개를 치는 거짓 선지자들은 늘 세상종말을 운운하며 요한계시록을 왜곡되게 해석하며 물의를 일으킨다. 그러나 요한계시록에서 말하는 종말은 세상종말이 아니라 교회를 박해하는 악의 세력의 종말이다. 이들은 요한계시록을 접근하는 첫 걸음부터 잘못 내딛고 있다. 이에 미혹당하지 말하야 한다.

> 【9】 13 그러나 끝까지 견디는 자는 구원을 얻으리라 14 이 천국 복음
> 이 모든 민족에게 증언되기 위하여 온 세상에 전파되리니 그제야 끝이
> 오리라

86) 계시록에 대한 자세한 설명은 졸저 「요한계시록」에 들어있다.

지중해를 중심으로 하는 로마제국에는 수많은 나라와 민족이 속해 있었다. 따라서 신약성경에서 땅 끝과 온 세상은 로마제국의 모든 나라를 말한다. 이런 사실은 "오직 성령이 너희에게 임하시면 너희가 권능을 받고 예루살렘과 온 유대와 사마리아와 땅 끝까지 이르러 내 증인이 되리라."(행1:8) 는 말씀에서 잘 나타난다. 본문의 땅 끝은 로마제국의 모든 나라를 말한다.

교회는 로마제국으로부터 심한 박해를 받으면서도 성장에 성장을 거듭하여 제국 모든 곳으로 확산되어 나갔고, 로마제국 인구의 10% 정도가 기독교인이 되었다. 그러자 로마제국은 박해를 종식하고 기독교를 국교로 받아들였다. 본문에서 끝까지 견디는 자는 구원을 얻으리라는 말씀과 복음이 땅 끝까지 전해지면 끝이 온다는 말씀은 이를 말한다.

요한계시록에서 말하는 종말은 교회를 박해하던 세력인 로마제국의 종말을 말한다. 이렇게 해석을 해야 말의 앞뒤가 맞는다. 마귀는 신학에 개입하여 핵심을 놓치게 했다. 그 대표적인 증거가 계약사의 관점을 무시하고 구속사 중심의 관점을 가지게 했다는 데에 있다.

3) 세상 멸망의 징조

앞에서 말한 바와 같이 계약사의 입장에서 보면 세상의 멸망은 계약 완성을 말한다.

【10】 6 난리와 난리 소문을 듣겠으나 너희는 삼가 두려워하지 말라 이런 일이 있어야 하되 아직 끝은 아니니라 7 민족이 민족을, 나라가 나라를 대적하여 일어나겠고 곳곳에 기근과 지진이 있으리니 8 이 모든 것은 재난의 시작이니라

계약공동체인 교회가 제 역할을 하면 세계 질서는 재편될 수밖에 없다. 공동체 구성원 모두가 행복하게 사는 모범적인 하나님나라의 공동체가 만들어지면 도미노 현상을 일으키며 모든 나라와 민족으

로 파급될 수밖에 없다. 인간이 사는 세상에는 전쟁과 지진이 늘 있게 마련이다. 이 본문에 담긴 이면적인 의미를 읽어야 한다.

【11】 27 번개가 동편에서 나서 서편까지 번쩍임 같이 인자의 임함도 그
러하리라 28 주검이 있는 곳에는 독수리들이 모일 것이니라 29 그 날
환난 후에 즉시 해가 어두워지며 달이 빛을 내지 아니하며 별들이 하늘
에서 떨어지며 하늘의 권능들이 흔들리리라 30 그 때에 인자의 징조가
하늘에서 보이겠고 그 때에 땅의 모든 족속들이 통곡하며 그들이 인자가
구름을 타고 능력과 큰 영광으로 오는 것을 보리라

31 그가 큰 나팔소리와 함께 천사들을 보내리니 그들이 그의 택하신 자
들을 하늘 이 끝에서 저 끝까지 사방에서 모으리라

이 본문은 종말에 이 세상도 거듭 태어난다는 것을 말하고 있다. 인간이 영원한 삶을 살려면 육체와 영혼이 부활해야 하며, 인간이 영원히 살아갈 세상도 영원에 맞도록 부활해야 한다. 요한계시록에서 말하는 새 하늘과 새 땅은 이를 말한다.

물음 87 무화과나무 비유, 깨어 있으라, 무슨 뜻인가?

본문 : 〈 24장 〉

32 무화과나무의 비유를 배우라 그 가지가 연하여지고 잎사귀를 내면 여름
이 가까운 줄을 아나니 33 이와 같이 너희도 이 모든 일을 보거든 인자
가 가까이 곧 문 앞에 이른 줄 알라 34 내가 진실로 너희에게 말하노니
이 세대가 지나가기 전에 이 일이 다 일어나리라 35 천지는 없어질지언
정 내 말은 없어지지 아니하리라

36 그러나 그 날과 그 때는 아무도 모르나니 하늘의 천사들도, 아들도 모르
고 오직 아버지만 아시느니라

37 노아의 때와 같이 인자의 임함도 그러하리라 38 홍수 전에 노아가 방주
에 들어가던 날까지 사람들이 먹고 마시고 장가 들고 시집 가고 있으면
서 39 홍수가 나서 그들을 다 멸하기까지 깨닫지 못하였으니 인자의 임
함도 이와 같으리라 40 그 때에 두 사람이 밭에 있으매 한 사람은 데려
가고 한 사람은 버려둠을 당할 것이요 41 두 여자가 맷돌질을 하고 있으
매 한 사람은 데려가고 한 사람은 버려둠을 당할 것이니라

42 그러므로 깨어 있으라 어느 날에 너희 주가 임할는지 너희가 알지 못함
이니라 43 너희도 아는 바니 만일 집 주인이 도둑이 어느 시각에 올 줄
을 알았더라면 깨어 있어 그 집을 뚫지 못하게 하였으리라 44 이러므로
너희도 준비하고 있으라 생각하지 않은 때에 인자가 오리라

45 충성되고 지혜 있는 종이 되어 주인에게 그 집 사람들을 맡아 때를 따
라 양식을 나눠 줄 자가 누구냐 46 주인이 올 때에 그 종이 이렇게 하
는 것을 보면 그 종이 복이 있으리로다 47 내가 진실로 너희에게 이르노
니 주인이 그의 모든 소유를 그에게 맡기리라 48 만일 그 악한 종이 마
음에 생각하기를 주인이 더디 오리라 하여 49 동료들을 때리며 술친구들
과 더불어 먹고 마시게 되면 50 생각하지 않은 날 알지 못하는 시각에
그 종의 주인이 이르러 51 엄히 때리고 외식하는 자가 받는 벌에 처하리
니 거기서 슬피 울며 이를 갈리라

종말을 왜 무화과나무에 비유하셨을까? 생각보다 종말론은 많은 혼란을 일으켰고 지금도 그러하다. 이런 까닭에 누구나 다 알 수 있도록 종말에 대한 해석의 기준과 방법을 알려 주셨다. 기준과 방법은 무엇일까?

【1】 32 무화과나무의 비유를 배우라 그 가지가 연하여지고 잎사귀를 내
면 여름이 가까운 줄을 아나니 33 이와 같이 너희도 이 모든 일을 보거
든 인자가 가까이 곧 문 앞에 이른 줄 알라

종말에 대한 예수님의 해석은 아주 단순하다, 무화과는 여름에 열리는 과일이다. 나무에 잎사귀가 나서 자라면 여름이 가까워지듯이 계약공동체인 유대인들의 멸망의 징조가 명확하리라는 말씀이다. 그 징조란 전쟁의 소식이다. 로마제국과 유다의 전쟁소식이 나면, 이는 하나님께서 로마제국을 통해 유다를 계약파기로 인해 징계하시는 증거로 알라는 말씀이며, 이를 "인자가 가까이 곧 문 앞에 이른 줄 알라."고 말씀하셨다. 인자의 오심을 재림으로만 이해하려고 할 일이 아니다. 계약파기에 대한 심판은 반드시 이루어진다는 말씀을 이렇게 하셨다. "이 세대가 지나가기 전에 이 일이 다 일어나리라. 천지는 없어질지언정 내 말은 없어지지 아니하리라."

【2】 36 그러나 그 날과 그 때는 아무도 모르나니 하늘의 천사들도, 아

들도 모르고 **오직 아버지만 아시느니라**

종말의 때를 왜 예수님도 모르실까? 하나님만 아신다는 것은 무슨 뜻일까? 이 문제는 하나님과의 계약을 어떻게 이해하는가와 관련이 있다. 성서 원어(原語)인 ברית διαθήκη를 언약(言約) 즉 약속(約束)으로 이해하면 옛 계약은 예수님의 오심에 대한 약속이며, 예수님의 오심과 죽으심, 부활, 승천 등에서 다 실현되었으며, 새 계약은 예수님의 다시 오심과 종말에 대한 약속에 비중을 둔다. 이런 언약신학에서는 종말의 시기에 관심과 비중을 두는데, 그 시기는 우리는 모르고 오직 하나님만 아신다고 생각한다.

그러나 ברית διαθήκη를 계약(契約)으로 보면 이해가 전혀 달라진다. 옛 계약은 하나님과 계약을 맺은 이스라엘이 계약을 지키지 않아 폐기되었고, 그 결과 그들은 심판을 받았고, 예수님으로 말미암아 새 계약이 체결되었으며, 이제 교회는 하나님을 대신하여 이 땅에서 하나님나라를 실현해가야 한다. 하나님의 약속은 계약공동체가 계약을 실천하려고 하면 도와주셔서 계약이 실현되게 하신다는 데에 있다. 즉 하나님나라가 실현되도록 도와주시겠다는 약속이다. 계약에 의하면 종말은 계약의 완성이다. 따라서 그 완성의 시기는 결정되어 있는게 아니라 계약공동체가 어떻게 실천하느냐에 따라 결정되며, 미리 결정되어질 수 없다. 왜냐하면 하나님과 계약공동체의 계약조건에는 그 완성의 시기를 정해놓지 않았으며. 계약기간을 정하지 않은 이유는 정할 수 없기 때문이다.

계약과 종말을 이해하려면 한 사람의 경우를 예로 들면 쉽다. 하나님은 개인의 운명과 죽을 시기를 정해 놓지 않으신다. 정해 놓으면 인간의 자율성과 공평성, 책임성이 무시되기 때문이다. 그가 어떻게 사느냐에 따라 그의 미래의 모습과 수명은 결정된다. 이를 무시하면 결정론이 되며, 마귀는 개인의 길흉화복이 정해져 있다거나 또는 미리 알 수 있다고 속인다. 결정론, 운명론, 팔자론 등이 다

거짓인 이유는 여기에 있다.

예수님께서 종말의 시기는 하나님만 아신다고 하신 말씀은 그 시기는 결정되어 질 수 없다는 뜻이다. 성경구절의 표면적인 의미만 보지 말고 이면적인 의미를 보아야 한다. 하나님은 전지전능(全知全能)하시니까 미리 다 아시지 않느냐라고 물을 수 있다. 그러나 그 질문은 말이 되지 않는다. 그 질문은 결정론을 전제로 하기 때문이다. 전지하신 하나님께서는 우리의 가능성(可能性)을 보시며, 우리의 가능성을 끝까지 믿으신다. 부모가 자식을 낳아 기르면서 그 자식이 악한 자가 될 거라고 생각하는 부모는 없다. 지금은 좀 모자라도 언젠가는 바른 인간이 되리라고 믿고 또 믿고 싶어진다. 마찬가지로 하나님께서는 우리의 가능성을 보시되 악한 쪽이 아니라 선한 쪽으로 보신다.

하나님께서 선악과를 만드실 때 인간이 따 먹을 줄 아셨을 텐데 왜 만드셨을까? 예수님께서 유다를 제자로 선택하실 때에 유다가 배반할 것을 미리 아셨을 텐데 왜 뽑으셨을까? 이런 질문은 말이 되지 않는다. 왜냐하면 하나님께서는 우리의 선한 가능성을 끝까지 포기하지 않으시기 때문이다.

종말론을 언약과 약속으로 이해하면 오류를 피할 길이 없다. 언약신학에서는 종말의 시기가 중요해지는데, 초기 교인들은 처음에는 종말이 임박하여 자신들의 생애에 온다고 생각했고 종말이 오지 않자 지연된 종말론으로 변경되었다고 말한다. 심지어는 예수님께서도 종말이 곧 온다고 생각하셨는데, 그 예측을 잘못했다고 말하는 신학자들도 있다. 그 대표적인 신학자가 슈바이쳐이다. 언약신학의 종말론은 임박한 종말론과 지연된 종말론이며, 하나님나라는 종말 이후에 시작된다고 생각한다.

그러나 종말론을 계약으로 이해하면 전혀 다르다. 종말의 시기는 결정되어진 것이 아니며, 하나님나라는 이미 계약공동체에서 시작되었기 때문에 시작된 종말론, 현재적 종말론, 내재적 종말론이다. 단지 하나님나라의 완성으로서의 종말이 미래에 있지만, 그 시기는 계약공동체가 어떻게 하느냐에 따라 결정된다.

〈 종말론적 윤리와 계약공동체 윤리 〉

언약신학에서는 초대교회 교인들이 생명을 포기하고 재산을 공유하는 삶을 살 수 있었던 것은 임박한 종말을 믿었기 때문이라고 해석하여 이를 종말론적 윤리라고 한다. 그런데 그 박해기간이 수십 년도 아니고 250여년 지속되는데 어떻게 종말론적 윤리가 가능했을까? 박해기간 내내 교인이 되려면 목숨과 재산을 포기해야 했는데, 그런데 교인이 줄어들거나 현상 유지가 아니라 급증했다는 것을 어떻게 설명해야 할까?

계약신학으로 보면 단순하게 이해된다. 초대교회는 계약공동체로서 계약법의 정신을 실천한 공동체였다. 박해기간 내내 교회는 이런 삶을 살았으므로 이는 계약공동체 윤리라고 해야한다. 그들의 이런 고귀한 삶을 임박한 종말 때문이었다고 말하는 것은 그들을 모독하는 평가다. 초기 이단종파인 마르시온파와 몬타누스파 등에서는 종말을 약속으로 이해하여 시기에 관심을 가지는 경향이 있었으나, 대부분의 교회는 종말을 계약의 입장에서 이해했기에 박해시대에 놀라운 성과를 거둘 수가 있었다.

【3】 42 **그러므로 깨어 있으라** 어느 날에 너희 주가 임할는지 너희가 알지 못함이니라

이 구절을 표면적으로 해석하면 예수님 오실 날을 준비하고 기다리라는 말씀이 된다. 그런데 그 날을 알 수 없는데 어떻게 그 날을 대비하는가? 예수님 오실 날을 손꼽아 기다리라는 말씀일까? 또 노아홍수 때와 같이 인자의 날이 임한다는 것은 무슨 뜻일까? 두 사

람이 맷돌질 하다가 버려진 한 사람은 왜 그렇게 되었을까? 구원받았다는 확신이 없어서였을까? 깨어 있으라는 것이, 준비하고 있으라는 것이, 도대체 무엇을 어떻게 하고 있으라는 것일까? 깨어 준비하라는 말씀의 이면적인 의미는 무엇일까?

마태복음에서는 이에 대하여 네 비유로 설명하고 있다. 청지기, 열 처녀, 달란트, 심판 등이 그것이다.

【4】 5 충성되고 지혜 있는 종이 되어 주인에게 그 집 사람들을 맡아 **때를 따라 양식을 나눠 줄 자가 누구냐**

충성되고 지혜로운 청지기는 어떤 종일까? 주인집의 관리를 맡아서 그 집안 식구들의 끼니를 때에 따라 잘 챙겨주는 종이다. 누가복음에 보면 이렇게 하고 있는 종을 만나면, 주인이 너무 기쁜 나머지 종을 상전자리에 앉혀 놓고 직접 수발들어주겠다고 한다.(눅12:37) 주인의 고민은 주인의 재산을 맡아 관리하면서 관련된 식구들을 잘 보살펴서 굶지 않게 하는 종이 너무도 없다는 데에 있다. 계약법의 정신은 바로 하나님의 재산을 맡아서 계약공동체의 모든 이들이 다 행복하게 살 수 있도록 해 주는 것이다.

깨어 있어 준비하라는 말씀의 이면적인 의미는 청지기처럼 계약을 충실하게 이행하라는 말씀이다. 그런데 계약공동체인 유대인들은 이런 사실을 망각했다. 거룩한 공동체를 정결례법으로 이해해서 시체, 죄인, 이방인 등은 부정하므로 이들을 멀리해야 한다고 생각했다. 하나님의 재산을 맡아서 가난한 사람이 없게 하며, 때에 따라 끼니를 챙겨주는 일에는 전혀 관심이 없었을 뿐만 아니라, 가난한 자들은 죄 때문에 그런 어려움을 겪는다고 정죄했다. 그 결과 이들은 악한 청지기가 되었고, 무서운 심판을 받고 말았다. 마태는 지금 유대교는 악한 청지기와 같다고 고발하고 있다.

【5】 7 내가 진실로 너희에게 이르노니 **주인이 그의 모든 소유를 그에게 맡기리라**

하나님도 고민이 있으실까? 있다면 무엇일까? 하늘의 돈을 맡길 사람이 없다는 데에 있다. 상석에 앉혀 놓고 수종들어 줄 사람이 없다는 데에 있다. 응답해줄 기도가 없다는 데에 있다. 인장반지를 끼워줄 사람이 없다는 데에 있다. 가장 좋은 옷을 입혀줄 사람이 없다는 데에 있다. 살진 소를 잡아 잔치를 벌여줄 사람이 없다는 데에 있다. 온 세상을 믿고 맡길 사람이 없다는 데에 있다. 계약을 바르게 이해하는 사람이 없다는 데에 있다.

사람을 찾노라!

네가 그 사람이 되어다오!

물음 88 열 처녀의 비유, 무엇을 말하는 것일까?

본문 : 〈 25장 〉

1 그 때에 천국은 마치 등을 들고 신랑을 맞으러 나간 열 처녀와 같다 하
리니 2 그 중의 다섯은 미련하고 다섯은 슬기 있는 자라 3 미련한 자들
은 등을 가지되 기름을 가지지 아니하고 4 슬기 있는 자들은 그릇에 기
름을 담아 등과 함께 가져갔더니 5 신랑이 더디 오므로 다 졸며 잘새 6
밤중에 소리가 나되 보라 신랑이로다 맞으러 나오라 하매 7 이에 그 처
녀들이 다 일어나 등을 준비할새 8 미련한 자들이 슬기 있는 자들에게
이르되 우리 등불이 꺼져가니 너희 기름을 좀 나눠 달라 하거늘 9 슬기
있는 자들이 대답하여 이르되 우리와 너희가 쓰기에 다 부족할까 하노니
차라리 파는 자들에게 가서 너희 쓸 것을 사라 하니 10 그들이 사러 간
사이에 신랑이 오므로 준비하였던 자들은 함께 혼인 잔치에 들어가고 문
은 닫힌지라 11 그 후에 남은 처녀들이 와서 이르되 주여 주여 우리에게
열어 주소서

12 대답하여 이르되 진실로 너희에게 이르노니 내가 너희를 알지 못하노라
하였느니라 13 그런즉 깨어 있으라 너희는 그 날과 그 때를 알지 못하느
니라

종말의 시기에 대해 깨어 준비하라는 말씀의 의미를 설명하는 두 번째 비유는 신랑을 맞으러 나간 열 처녀의 이야기이다. 무슨 뜻일까?

【1】 1 그 때에 천국은 마치 등을 들고 신랑을 맞으러 나간 열 처녀와 같다 하리니

이 비유를 이해하려면 유대인의 독특한 결혼식 문화에 대한 이해가 필요하다. 유대인들은 창조이야기와 율법에 따라 결혼을 중요한 의무로 생각했다. 유일하게 결혼에서 예외되는 경우는 율법연구였다. 결혼식은 한주일 동안 진행되는 동네잔치인데, 신랑 신부의 친구들은 한주일 동안 신랑 신부를 왕과 왕비처럼 섬긴다. 신랑이 신부를 맞으러 갈 때는 시간을 예고하지 않아 언제 올지 모르며, 밤에는 등불을 들지 않은 사람은 밖에 나올 수 없으므로 신부의 친구들은 등불을 준비하고 기다려야 한다. 신랑은 일부러 한밤중이나 새벽 등 가장 취약한 시간에 온다고 한다. 올 때는 조용히 오지 않고 신랑이 온다고 외치는 사람이 먼저 온다. 이 때 등불을 들고 나가 신랑을 맞은 친구들만 결혼식에 참석할 수 있다.

【2】 3 미련한 자들은 등을 가지되 기름을 가지지 아니하고 4 슬기 있는 자들은 그릇에 기름을 담아 등과 함께 가져갔더니

어리석은 처녀들은 등만 들고 가고 기름을 따로 준비하지 않아 기름이 떨어졌다. 그러나 지혜로운 처녀들은 기름을 같이 준비했다. 비유의 초점은 등과 기름 준비 여부에 있다.

【3】 5 신랑이 더디 오므로 다 졸며 잘새 6 밤중에 소리가 나되 보라 신랑이로다 맞으러 나오라 하매 +

신랑이 새벽에 왔는데 졸고 있었느냐 아니냐는 문제가 되지 않았다. 단지 등불을 켜고 준비하고 있었느냐가 중요하다. 깨어 있으라는 말씀은 졸거나 잠을 자지 말라는 뜻은 아니다. 자칫 깨어 있으라는 말씀을 밤중에 기도하라는 말씀으로 이해하는 사람들이 있다. 사

람이 어떻게 잠을 자지 않고 살 수가 있는가?

【4】 13 그런즉 깨어 있으라 너희는 그 날과 그 때를 알지 못하느니라

이 비유에서 깨어 있으라는 말씀은 언제나 불이 꺼지지 않도록 등을 잘 수리해 놓고 기름을 충분히 준비해 두라는 말씀이다. 여기에 담겨진 이면적인 의미는 무엇일까?

계약공동체의 역할은 사람이 어떻게 살아야하는가를 공동체를 만들어 보여주는 데 있다. 개인마다 능력의 차이가 있기 때문에 개인으로서는 보여줄 수가 없고 공동체로만 가능하다. 가장 모범적으로 잘 사는 공동체를 만들어 살아가고 있으면 된다. 그러면 사람들이 와서 배워가게 마련이다. 이것이 교회가 가야할 길이며, 어두움을 몰아내는 세상의 빛의 역할이다.

그런데 유대교는 기름이 떨어져 불 꺼진 등잔을 가진 미련한 처녀들과 같이 빈껍데기만 남아서 아무짝에도 쓸모없이 되고 말았다.

물음 89 달란트의 비유, 무슨 뜻일까?

본문 : 〈 25장 〉

14 또 어떤 사람이 타국에 갈 때 그 종들을 불러 자기 소유를 맡김과 같으
니 15 각각 그 재능대로 한 사람에게는 금 다섯 달란트를, 한 사람에게
는 두 달란트를, 한 사람에게는 한 달란트를 주고 떠났더니 16 다섯 달
란트 받은 자는 바로 가서 그것으로 장사하여 또 다섯 달란트를 남기고
17 두 달란트 받은 자도 그같이 하여 또 두 달란트를 남겼으되 18 한
달란트 받은 자는 가서 땅을 파고 그 주인의 돈을 감추어 두었더니 19
오랜 후에 그 종들의 주인이 돌아와 그들과 결산할새 20 다섯 달란트 받
았던 자는 다섯 달란트를 더 가지고 와서 이르되 주인이여 내게 다섯 달
란트를 주셨는데 보소서 내가 또 다섯 달란트를 남겼나이다 21 그 주인
이 이르되 잘하였도다 착하고 충성된 종아 네가 적은 일에 충성하였으매
내가 많은 것을 네게 맡기리니 네 주인의 즐거움에 참여할지어다 하고

22 두 달란트 받았던 자도 와서 이르되 주인이여 내게 두 달란트를 주셨
는데 보소서 내가 또 두 달란트를 남겼나이다 23 그 주인이 이르되 잘하
였도다 착하고 충성된 종아 네가 적은 일에 충성하였으매 내가 많은 것
을 네게 맡기리니 네 주인의 즐거움에 참여할지어다 하고

24 한 달란트 받았던 자는 와서 이르되 주인이여 당신은 굳은 사람이라 심
지 않은 데서 거두고 헤치지 않은 데서 모으는 줄을 내가 알았으므로 25
두려워하여 나가서 당신의 달란트를 땅에 감추어 두었었나이다 보소서
당신의 것을 가지셨나이다 26 그 주인이 대답하여 이르되 악하고 게으른
종아 나는 심지 않은 데서 거두고 헤치지 않은 데서 모으는 줄로 네가
알았느냐 27 그러면 네가 마땅히 내 돈을 취리하는 자들에게나 맡겼다가
내가 돌아와서 내 원금과 이자를 받게 하였을 것이니라 하고 28 그에게
서 그 한 달란트를 빼앗아 열 달란트 가진 자에게 주라 29 무릇 있는
자는 받아 풍족하게 되고 없는 자는 그 있는 것까지 빼앗기리라 30 이
무익한 종을 바깥 어두운 데로 내쫓으라 거기서 슬피 울며 이를 갈리라
하니라

달란트는 본래 무게의 단위이다. 장정 한 사람이 먼 거리를 지고 갈 수 있는 무게인데 대략 30kg이다. 금 한 달란트는 6천 데나리온이며, 상당히 큰 금액이다. 누가의 병행본문(눅19:12~27)에 나오는 므나는 달란트의 1/50이다.

【1】 14 또 어떤 사람이 타국에 갈 때 그 종들을 불러 자기 소유를 맡김
과 같으니 15 각각 그 재능대로 한 사람에게는 금 다섯 달란트를, 한 사
람에게는 두 달란트를, 한 사람에게는 한 달란트를 주고 떠났더니

주인이 먼 길을 가면서 자기의 재산을 종들의 능력에 맞도록 각기 다섯 달란트, 두 달란트, 한 달란트를 맡겨주고 떠났다. 돌아와서 보고를 받았는데, 다섯 달란트와 두 달란트 받은 종은 장사를 해서 두 배로 남겼다고 보고했다. 이들에 대하여 주인은 어떤 평가를 내렸을까?

【2】 21,23 그 주인이 이르되 잘하였도다 착하고 충성된 종아 **네가 적은 일에 충성하였으매 내가 많은 것을 네게 맡기리니** 네 주인의 즐거움에 참여할지어다 하고

주인은 다섯 달란트 남긴 자와 두 달란트 남긴 자에게 똑같은 평가를 하셨다. 그런데 그 평가는 "작은 일에 충성했으니 더 큰 일을

맡기겠다."이다. 왜 작은 일에 충성한 것을 중요하게 여기실까? 하나님에게는 가장 작은 일이 곧 가장 큰 일이 때문이며, 가장 작은 일에 충실한 사람을 가장 높게 평가하신다. 이에 대해서는 다음 물음인 〈물음90〉을 보면 더 명확해진다.

그런데 문제는 한 달란트 받은 사람이었다. 그는 무엇을 했을까?

【3】 24 한 달란트 받았던 자는 와서 이르되 주인이여 당신은 굳은 사람이라 심지 않은 데서 거두고 헤치지 않은 데서 모으는 줄을 내가 알았으므로 25 두려워하여 나가서 당신의 달란트를 땅에 감추어 두었었나이다 보소서 당신의 것을 가지셨나이다

한 달란트 받았던 사람은 혹시 장사를 하다가 본전을 잃을까봐 걱정되어 그 돈을 땅에 잘 감추어 두었다가 가지고 왔다. 금을 이렇게 감추어 두는 방식은 고대에 실제로 흔히 있었다고 한다. 그러자 주인은 크게 화를 냈다. 최소한 은행에 맡겨두었다가 이자라도 남겼어야 하지 않느냐는 질책이었다. 한 달란트를 빼앗아 다섯 달란트 남긴 자에게 맡겼다.

【4】 30 이 무익한 종을 바깥 어두운 데로 내쫓으라 거기서 슬피 울며 이를 갈리라 하니라

그리고 그 종을 크게 책망하며 심한 죄로 다스려 슬피 울며 이를 갈게 했다. 한 달란트 받은 사람은 왜 악하고 게으르다는 평가와 함께 심한 책망을 받아야 했을까? 주인의 바람은 무엇이었을까?

우선 한 달란트 받은 종은 유대교를 말한다. 이들은 물려받은 전통과 정통신앙을 그대로 간직하는 데에만 관심을 기울였다. 그들이 만들어 놓은 법은 대부분 금지법령이었다. 안식일법은 하지 말아야 할 노동에 대한 규정들이었고, 정결례법도 시체, 이방인 등과의 접촉 금지였으며, 하라는 규정은 유향과 채소의 십일조, 제사, 식사할 때 손 씻기 등 신앙적인 행위 규정에 불과했다. 적극적으로 계약법의 정신을 실현하기 위한 실천규정은 찾아 볼 수 없었다.

마태복음에서는 마지막 설교인 종말에 관한 설교를 통하여 심판을 받지 않도록 깨어 준비하고 있으라고 말하고 있다. 무화과나무, 청지기, 열처녀, 달란트 등의 비유로 무엇이 깨어 준비하는 것인지를 쉽게 설명했다. 이 비유의 핵심을 다시 정리하면 어떤 것일까?.

❶ 죄의 기준이 무엇일까?

무엇이 죄인가? 이런 질문이 왜 필요할까? 생각할 필요도 없이 악을 행하는 것이 죄라고 생각되기 때문이다. 그러면 죄를 짓지 않으려면 어떻게 하면 될까? 악한 행동을 하지 않으면 된다. 이는 세상의 사회법과 윤리와 도덕에서 말하는 죄의 기준이다. 이 기준에서의 최고 덕목은 "네가 하기 싫은 것을 남에게 하지 말라."이다.

그런데 성경, 특히 계약법에서는 무엇이 죄일까? 최고의 선인 계약법을 실천하지 않으면 죄가 된다. 남에게 피해를 주지 않으면 된다는 생각은 한 달란트 받은 사람의 생각인데, 이는 악하고 게으른 자의 생각일 뿐이다. 계약법에서의 요청은 "네가 대접받고 싶은 대로 대접해 주어라."이다. 이 보다 더 큰 덕목은 없는데, 율법과 예언자, 즉 계약법은 이것을 지향하고 있다.

❷ 구원의 기준이 무엇일까?

구속사의 관점에서 보면 예수님을 그리스도로 믿는가의 여부가 구원의 기준이다. 예수님께서 십자가에서 나의 죄를 대속하셨다는 것을 믿는 믿음이 구원과 직결된다. 이런 믿음을 가진 사람은 사후에 천국에 들어간다.

그런데 계약사의 관점에서 보면 구속사에서 말하는 구원은 구원 공동체에 들어오는 자격에 불과하며, 구원은 지금 공동체의 삶 속에서 시작된다. 구원을 받으려면 이제 공동체의 삶에서 계약조건을 실천해야 한다. 그런데 그 실천에서 가장 중요한 비중을 차지하는 것은 경제균형의 실천이다. 복음서에 나타난 예수님의 비유 중에는 경제정의 실천과 관련된 이야기들이 많이 있다. 특히 누가복음을 보면 예수님께서 갈릴리를 떠나 예루살렘으로 올라가시면서 하시는 말씀의 대부분은 경제문제다. 그 이유는 계약법에서는 경제균형의 문제가 중심이라고 해도 과언이 아닐 만큼 중요하기 때문이다.

계약법에서는 경제문제를 왜 가장 중요하게 다룰까? 경제는 사람의 삶에 가장 큰 비중을 차지할 만큼 중요하지만 그 균형의 실현은 인간의 방법으로는 불가능하기 때문이다. 이는 인류 역사에서 증명되었다. 대부분의 국가에서 신분제도의 철폐 등 법과 인권에서의 평등은 실현되었지만 경제정의 실현은 요원한 문제로 남아있다. 성경에서는 이 문제는 신앙의 차원에서만 해결될 수 있다고 말하고 있다.

구원의 기준이 구속사와 계약사에서는 판이하게 다르다. 구속사에서는 예수님을 그리스도로 믿는 믿음이지만, 계약사에서는 계약법의 실천이다.

❸ 심판의 기준은 무엇일까?

이 질문에 대한 답은 마태복음의 마지막 설교의 마지막 결론인 다음 물음에서 다루게 된다. 심판의 기준에는 앞에서 다룬 죄의 기준과 구원의 기준이 포함되어 있다. 하나님께서 인간을 심판하시는 기준은 무엇일까?

물음 90 예수님께서 심판하시는 기준은 무엇일까?

본문 : 〈 25장 〉

31 인자가 자기 영광으로 모든 천사와 함께 올 때에 자기 영광의 보좌에
앉으리니 32 모든 민족을 그 앞에 모으고 각각 구분하기를 목자가 양과
염소를 구분하는 것 같이 하여 33 양은 그 오른편에 염소는 왼편에 두리
라

34 그 때에 임금이 그 오른편에 있는 자들에게 이르시되 내 아버지께 복
받을 자들이여 나아와 창세로부터 너희를 위하여 예비된 나라를 상속받
으라 35 내가 주릴 때에 너희가 먹을 것을 주었고 목마를 때에 마시게
하였고 나그네 되었을 때에 영접하였고 36 헐벗었을 때에 옷을 입혔고
병들었을 때에 돌보았고 옥에 갇혔을 때에 와서 보았느니라 37 이에 의
인들이 대답하여 이르되 주여 우리가 어느 때에 주께서 주리신 것을 보
고 음식을 대접하였으며 목마르신 것을 보고 마시게 하였나이까 38 어느
때에 나그네 되신 것을 보고 영접하였으며 헐벗으신 것을 보고 옷 입혔
나이까 39 어느 때에 병느신 것이나 옥에 갇히신 깃을 보고 가서 뵈었니
이까 하리니 40 임금이 대답하여 이르시되 내가 진실로 너희에게 이르노
니 너희가 여기 내 형제 중에 지극히 작은 자 하나에게 한 것이 곧 내게
한 것이니라 하시고

41 또 왼편에 있는 자들에게 이르시되 저주를 받은 자들아 나를 떠나 마귀
와 그 사자들을 위하여 예비된 영원한 불에 들어가라 42 내가 주릴 때에
너희가 먹을 것을 주지 아니하였고 목마를 때에 마시게 하지 아니하였고
43 나그네 되었을 때에 영접하지 아니하였고 헐벗었을 때에 옷 입히지
아니하였고 병들었을 때와 옥에 갇혔을 때에 돌보지 아니하였느니라 하
시니 44 그들도 대답하여 이르되 주여 우리가 어느 때에 주께서 주리신
것이나 목마르신 것이나 나그네 되신 것이나 헐벗으신 것이나 병드신 것
이나 옥에 갇히신 것을 보고 공양하지 아니하더이까 45 이에 임금이 대
답하여 이르시되 내가 진실로 너희에게 이르노니 이 지극히 작은 자 하
나에게 하지 아니한 것이 곧 내게 하지 아니한 것이니라 하시리니

46 그들은 영벌에, 의인들은 영생에 들어가리라 하시니라

이 심판의 비유는 마태복음에만 나오고 있다. 마지막 설교의 마지막 부분, 즉 결론에서 가장 중요한 구원의 문제를 다루고 있다.

그런데 여기서 제시하는 구원과 심판의 기준은 전혀 예상을 뛰어 넘는다. 무슨 큰 죄를 지었거나 혹은 위대한 일을 한 것과는 아무런 상관이 없으며, 심판을 받고 있는 사람들도 그 기준을 전혀 모르고 있다.

〈 오른편에 있는 자들 : 구원받은 자들 〉

【1】 34 그 때에 임금이 그 오른편에 있는 자들에게 이르시되 내 아버지께 복 받을 자들이여 나아와 창세로부터 너희를 위하여 예비된 나라를 상속받으라

하나님께 복 받을 사람들, 창세로부터 준비된 나라를 상속받을 사람들은 어떤 사람들일까? 무슨 일을 한 사람들일까?

【2】 35 내가 주릴 때에 너희가 먹을 것을 주었고 목마를 때에 마시게 하였고 나그네 되었을 때에 영접하였고 36 헐벗었을 때에 옷을 입혔고 병들었을 때에 돌보았고 옥에 갇혔을 때에 와서 보았느니라

이 사람들은 예수님을 극진히 섬긴 사람들이다. 이들의 섬김은 현실적이며 구체적이다. 예수님께서 주릴 때, 목마를 때, 나그네 되었을 때, 헐벗었을 때, 병들었을 때, 옥에 갇혔을 때 돌보아 드린 사람들이다. 무슨 특별한 일을 한 사람들이 아니라 지극히 작은 일에, 평범한 일에, 보잘것없어 보이는 일에, 사소한 일에, 누구나 마음만 먹으면 할 수 있는 일을 했을 뿐이다. 그런데 이런 일들을 가장 높이 평가하신다. 또 놀라운 것은 이런 평가를 받은 사람들의 반응이다.

【3】 37 이에 의인들이 대답하여 이르되 주여 우리가 어느 때에 주께서 주리신 것을 보고 음식을 대접하였으며 목마르신 것을 보고 마시게 하였나이까 38 어느 때에 나그네 되신 것을 보고 영접하였으며 헐벗으신 것을 보고 옷 입혔나이까 39 어느 때에 병드신 것이나 옥에 갇히신 것을 보고 가서 뵈었나이까 하리니

이 사람들은 자신들은 예수님을 섬긴 적이 없다고 말하고 있다. "언제 우리가 주님을 뵙기나 했습니까?"라고 오히려 반문한다.

【4】 40 임금이 대답하여 이르시되 내가 진실로 너희에게 이르노니 너희가 여기 내 형제 중에 지극히 작은 자 하나에게 한 것이 곧 내게 한 것이니라 하시고

예수님께서 말씀하신다. "너희 가운데 있는 가장 작은 자 하나에게 한 것이 곧 나에게 한 것이다. 그들을 대접한 것이 곧 나를 대접한 것이다."

〈 왼편에 있는 자들 : 멸망받은 자들 〉

【5】 41 또 왼편에 있는 자들에게 이르시되 저주를 받은 자들아 나를 떠나 마귀와 그 사자들을 위하여 예비된 영원한 불에 들어가라

하나님께 저주를 받은 사람들, 마귀의 일을 대행한 사람들, 마귀가 받아야 할 형벌을 받을 사람들, 이들은 도대체 어떤 사람들일까? 무슨 일을 했을까?

【6】 42 내가 주릴 때에 너희가 먹을 것을 주지 아니하였고 목마를 때에 마시게 하지 아니하였고 43 나그네 되었을 때에 영접하지 아니하였고 헐벗었을 때에 옷 입히지 아니하였고 병들었을 때와 옥에 갇혔을 때에 돌보지 아니하였느니라 하시니

이 사람들은 예수님을 섬기지 않은 사람들이다. 이들은 의인들과 반대로 예수님께서 주릴 때, 목마를 때, 나그네 되었을 때, 헐벗었을 때, 병들었을 때, 옥에 갇혔을 때 거들떠보지도 않은 사람들이다. 무슨 특별한 잘못을 한 사람들이 아니라 지극히 작은 일에, 평범한 일에, 보잘것없어 보이는 일에, 사소한 일에, 누구나 마음만 먹으면 할 수 있는 일을 하지 않았을 뿐이다. 그런데 이런 일들을 가장 악하게 평가하신다. 또 놀라운 것은 이런 평가를 받은 사람들의 반응이다.

【7】 44 그들도 대답하여 이르되 주여 우리가 어느 때에 주께서 주리신 것이나 목마르신 것이나 나그네 되신 것이나 헐벗으신 것이나 병드신 것이나 옥에 갇히신 것을 보고 공양하지 아니하더이까

이들도 같은 방식으로 대답한다. 자신들은 예수님을 박대한 적이

없다고 말하고 있다. "언제 우리가 주님을 뵙기나 했습니까?"라고 오히려 반문한다.

【8】 45 이에 임금이 대답하여 이르시되 내가 진실로 너희에게 이르노니 이 지극히 작은 자 하나에게 하지 아니한 것이 곧 내게 하지 아니한 것이니라 하시리니

예수님께서는 의인들에게 하신 말씀과 같은 방식으로 말씀하신다. "너희 가운데 있는 가장 작은 자 하나에게 하지 않은 것이 곧 나에게 하지 않은 것이다. 그들을 대접하지 않은 것이 곧 나를 대접하지 않은 것이다."

【9】 46 그들은 영벌에, 의인들은 영생에 들어가리라 하시니라

예수님의 심판의 기준은 이와 같이 지극히 단순하고 간단하다. 이런 심판의 기준은 많은 의문을 가지게 한다.

❶ 왜 심판의 기준이 작은 자에게 행한 작은 실천일까?

예수님께서 제시한 심판의 기준은 너무 의외여서 구원받은 자와 멸망받은 자 모두가 자신들이 무슨 일을 했는지를 전혀 모르고 있다. 그 이유는 심판의 기준이 너무 작은 일의 실천이기 때문이다.

첫째, 곡선적인 원리이기 때문이다. 하나님께서 만드신 만물은 구(球)의 형태로 되어있다. 지구, 태양 등 행성과 우주를 비롯하여, 물질의 작은 단위인 분자, 원자 등이 다 구의 형태로 되어있다. 직선에서는 양극이 서로 반대이지만 곡선에서는 양극이 서로 만난다. 그런데 우주 자체가 둥글기 때문에 직선은 존재하지 않는다. 단지 작은 단위에서 직선처럼 느껴질 뿐이다. 우리의 생각과 사고방식에서도 직선적 사고를 버리고 곡선적 사고를 해야 한다.

하나님의 존재원리는 직선이 아니라 곡선이다. 이런 이유로 가장 높고 크신 하나님께서는 가장 낮고 작은 모습으로, 가장 비천하고 보잘것없는 종의 모습으로 경험된다. 하나님에게는 가장 높음이 가

장 낮음이고, 가장 큼이 가장 작음이고, 다스림이 섬김이다. 이는 하나님의 존재양식이고 영성의 원리이고 사물의 이치이다.

이런 곡선적인 원리에서는 가장 작은 자에게 가장 작은 것을 실천한 것이 곧 가장 크신 하나님께 한 일이 된다. 하나님께서는 가장 작은 자를 가장 귀하게 보시며, 가장 작은 실천을 가장 크게 평가하신다. 예수님께서는 큰 산을 옮기는 믿음을 말씀하실 때 가장 작은 씨인 '겨자씨 한 알만한 믿음'을 강조하셨다. 그런데 마귀는 가장 큰 것, 높은 것, 특별한 것을 추구하는 직선적인 사고를 하게하며, 무슨 큰 능력, 큰 일 등에 관심을 가지게 한다.

둘째, 누구나 실천할 수 있어야 하기 때문이다. 심판의 기준이 공평하려면 모든 사람이 실천할 수 있어야 한다. 가장 작고 비천한 사람들은 높은 위치에 있는 사람에게 가까이 갈 수도 없고, 또 그들에게 물 한 그릇을 대접한다고 해도 전혀 달가워하지도 않는다. 또 부귀영화를 즐기는 자들은 가장 작은 자들을 업신여기기 쉽다. 가장 작은 자들에게 가장 작은 일을 실천하는 것은 누구나, 언제나 마음만 먹으면 실천할 수 있다.

하나님께서는 할 수 있는 것을 하라고 하시며, 할 수 있었던 것을 심판의 기준으로 삼으신다.

❷ 왜 복음서에는 구속사(십자가) 구원론이 없을까?

이런 명확한 말씀이 있음에도 불구하고 왜 기독교에서는 죄와 구원과 심판의 기준에서 이것을 빼놓았을까? 복음서에서는 십자가의 대속을 통한 구원의 개념을 찾아보기 어렵다. 복음서들은 예수님 당대나 사건 직후에 기록된 것이 아니다. 바울 서신보다 훨씬 뒤에 기록되었다. 그런데 왜 복음서에는 십자가 사건과 예수님의 대속을 통해서 구원받는다는 이야기가 없을까? 요한복음은 가장 늦게 기록되었는데, AD 90년대 후반으로 추정된다. 그런데도 불구하고 십자가 구원론은 찾아볼 수가 없다. 요한복음에서 '믿음'이라는 용어가 등장하지만 십자가의 대속을 믿는 신앙의인(信仰義認)의 개념이 아니다. 복음서에 십자가 구원론이 없는 이유는 무엇일까?

그 대답은 간단하다. 예수님과 사도들에게는 십자가 구속사 구원론이 없었기 때문이다. 예수님께서는 십자가 사건 이전에 중풍병자(마9:2)와 향유를 부은 여인(눅7:46~48)에게 사죄를 선언하셨다. 또 삭개오와 로마인 백부장에게도 구원을 말씀하셨다. 지금까지 마태복음에서 보았듯이 사도들은 구원의 문제를 구속사가 아닌 계약사 구원론으로 이해했다. 지금 25장의 심판의 기준이 그 증거다.

❸ 왜 기독교 구원론에는 계약사 구원론이 배제되었을까?

성경 중에서도 기독교에 가장 중요한 복음서에서는 계약사 구원론을 말하고 있다. 그런데 왜 교회사에서 교리를 만들 때 구원론에 계약신학이 빠졌을까? 도무지 이해가 되지 않는다. 어떻게 복음서와 상관없는 구원교리가 만들어 질 수 있었을까? 대답이 쉽지 않은 질문이지만 아는 대로 추정해보고자 한다.

기독교에서 교리가 본격적으로 만들어지기 시작한 것은 밀란칙령(AD 313년) 이후이다. 신론(삼위일체론), 기독론 등이 오랜 기간의 논쟁을 거쳐서 만들어졌다. 이 당시 교리를 만들어낸 사람들은 헬라철학에 익숙한 이방인들이었다. 이들은 예수님이 그리스도로 믿어지는 회심의 경험을 통해 기독교인이 되었다. 또 헬라의 이원론 문화에 익숙했던 그들은 구약에 대한 깊은 이해가 없었기 때문에 자연스럽게 예수님의 십자가 사건과 부활, 영혼구원과 내세의 천국에 관심을 가졌다.

오랜 논쟁을 통해 정통교리가 만들어진 후에는 십자가의 구속사 구원론이 아무런 의심없이 널리 받아들여졌다. 세대가 교체되면서 계약신학은 서서히 자취를 감추고 그 자리를 언약신학이 차지했다.

언약신학은 구속사의 한 방편이기 때문에 계약의 정신은 전혀 반영되지 못했다.

❹ 계약신학이 배제된 결과는 어떻게 되었을까?

기독교 신학에서 계약사가 배제된 것은 그 이후의 역사에서 치명적인 오류와 비극을 불러일으켰다.

첫째, 중세기의 비극을 몰고 왔다. 밀란칙령 이후 교회는 사실상 제국의 운영자가 되었는데, 계약신학이 없다보니 교회가 무슨 일을 해야 하는지를 전혀 모르고 교리논쟁을 일삼다가 회교에게 지중해의 절반을 내어주었다. 그 이후에는 황제와 교황이 서로 권력다툼을 일삼았고 민생은 헌금과 세금의 이중고에 시달리며 이교국가보다 더 심한 도탄에 빠지고 말았다. 교회는 이에 대하여 죽은 후에 천국에 가면 다 보상받는다고 가르쳤다.

둘째, 인문주의의 반발을 몰고 왔다. 중세 기독교의 만행은 결국 계몽주의가 등장하는 배경을 제공했다. 계몽주의는 중세 기독교를 미신으로 규정하고 타파하려고 해서 교회는 궁지에 몰리고 말았다. 인문주의자들은 하나님, 계시, 교리 등을 거부하고 이성과 양심, 교육으로 이 땅에 천국을 건설하려고 시도했다. 이들의 이런 노력은 대대적인 호응을 불러왔고, 그 결과 기독교왕국은 사라졌다. 이어서 시민혁명과 공산주의 혁명으로 왕조와 신분제도가 사라졌다. 이와 더불어 과학기술의 발전으로 인류의 삶에는 획기적인 변화가 일어나서 오늘에 이르렀다.

셋째, 세속의 학문과 철학의 발전은 기독교에 영향을 주어 소위 자유주의 신학이 등장했다. 자유주의 신학은 세속의 사상에 호응하여 천국을 내세가 아닌 지금 여기의 이 세상에 실현하자는 운동이었다. 이를 위해 합리적인 신학, 철학적인 신학을 전개하여 전통적인 신관과 교리, 성경해석 등을 전면적으로 거부하기에 이르렀다. 자유주의 신학의 등장으로 교회 내에서는 보수와 진보사이에 큰 갈등이 일어나서 현재까지 진행되고 있다.

❺ 구속사와 계약사가 만나야 한다.

계몽주의에서 시작되어 현대가 추구한 세속적인 하나님나라 운동과 현대 자유주의 신학이 주장한 내재적인 하나님나라 신학은 모두가 계약신학 속에 들어있다. 계약신학은 교회를 통해 이 땅에 하나님나라의 모형을 만들어 온 세상이 천국의 모형이 되게 하려는 신학이다.

계약신학의 실종으로 인류역사의 비극이 일어났다면, 이제 우리가 당면한 문제의 해결은 다시 계약신학으로 돌아가는 데에 있다. 하나님과 인간, 초월과 내재, 계시와 이성, 하나님나라와 세상나라, 보수신학과 진보신학, 구속사와 세속사 등 양극단의 가치관들이 계약신학에서는 자연스럽게 만날 수 있다.

계약사로의 회귀, 계약신학과 언약신학의 만남이 대책이며, 가야할 방향이다.

제7부 : 수난 죽으심 부활 승천

(26 ~ 28장)

수난부활승천

물음 91
향유 부음, 왜 중요할까?

본문 : 〈 26장 〉

1 예수께서 이 말씀을 다 마치시고 제자들에게 이르시되 2 너희가 아는 바
와 같이 이틀이 지나면 유월절이라 인자가 십자가에 못 박히기 위하여
팔리리라 하시더라

3 그 때에 대제사장들과 백성의 장로들이 가야바라 하는 대제사장의 관정
에 모여 4 예수를 흉계로 잡아 죽이려고 의논하되 5 말하기를 민란이 날
까 하노니 명절에는 하지 말자 하더라

6 예수께서 베다니 나병환자 시몬의 집에 계실 때에 7 한 여자가 매우 귀
한 향유 한 옥합을 가지고 나아와서 식사하시는 예수의 머리에 부으니 8
제자들이 보고 분개하여 이르되 무슨 의도로 이것을 허비하느냐 9 이것
을 비싼 값에 팔아 가난한 자들에게 줄 수 있었겠도다 하거늘 10 예수께
서 아시고 그들에게 이르시되 너희가 어찌하여 이 여자를 괴롭게 하느냐
그가 내게 좋은 일을 하였느니라 11 가난한 자들은 항상 너희와 함께 있
거니와 나는 항상 함께 있지 아니하리라 12 이 여자가 내 몸에 이 향유
를 부은 것은 내 장례를 위하여 함이니라 13 내가 진실로 너희에게 이르
노니 온 천하에 어디서든지 이 복음이 전파되는 곳에서는 이 여자가 행
한 일도 말하여 그를 기억하리라 하시니라

26장부터는 예수님의 수난 이야기가 시작된다. 예수님께서 걸어가신 십자가의 길은 어떤 길이었을까?

【1】 1 예수께서 이 말씀을 다 마치시고 제자들에게 이르시되 2 너희가 아는 바와 같이 **이틀이 지나면 유월절이라** 인자가 십자가에 못 박히기 위하여 팔리리라 하시더라

'예수님께서 이 말씀을 다 마치시고'는 마태에 수록된 다섯 편의 설교를 다 마치셨음을 의미한다. 예수님께서는 유월절 절기에 맞추어 예루살렘에 입성하셔서, 유대인의 유월절 행사를 중단시키시고 성전에서 군중들에게 말씀을 가르치셨다. 그리고 이제 마지막 말씀을 마치셨다. 그날이 유월절 이틀 전이었으므로 수요일이었다. 예수

님께서는 유월절에 십자가에 못 박히신다고 제자들에게 마지막으로 예고하셨다.

예수님께서는 갈릴리를 출발하실 때부터, 아니 사역을 시작하실 때부터 알고 계셨다. 세상을 지배하고 있는 죄의 권세를 깨뜨리기 위하여 유월절 어린양으로 죽으시리라는 사실을 미리 다 내다보고 계셨다.[87] 예수님 사역의 특징은 이처럼 모든 것을 미리 내다보고 움직이셨다는 데에 있다.

【2】 3 그 때에 대제사장들과 백성의 장로들이 가야바라 하는 대제사장의 관정에 모여 4 예수를 흉계로 잡아 죽이려고 의논하되 5 말하기를 **민란이 날까 하노니 명절에는 하지 말자** 하더라

예수님에게 유월절 행사의 주도권을 빼앗기고, 백성들에게는 웃음거리가 된 대제사장 무리와 장로들은 가야바의 집에 모여 논의를 거듭하여 예수님을 죽이기로 했으나, 지금 실행하면 민란이 나게 생겼으므로 유월절이 지난 다음에 실행에 옮기기로 결정했다.

【3】 13 내가 진실로 너희에게 이르노니 온 천하에 어디서든지 이 복음이 전파되는 곳에서는 이 여자가 행한 일도 말하여 그를 기억하리라 하시니라

이즈음 예수님께서 베다니 시몬의 집에서 식사하실 때 한 여인이 찾아와 예수님께 300데나리온에 해당되는 비싼 향유를 부어드렸다. 갑작스러운 일로 모인 사람들은 다 놀랐고, 제자들은 일 년 치 품삯에 해당되는 이 향유를 왜 허비하는가 하고 분개했다. 제자들이 분개한 사실을 보면 그동안 예수님에게 헌금된 돈들을 어떻게 사용했는지 엿볼 수 있다. 앞에서도 언급한 바와 같이 계약정신에 따라 계약에 동의하는 사람들에게 분배했었다.

그런데 예수님께서는 이 여인의 행동을 다르게 해석하셨다. 유대인들은 장례에 향유를 바르는 관습이 있었는데, 이 여인은 이틀 후

87) 이튿날 요한이 예수께서 자기에게 나아오심을 보고 이르되 보라 세상 죄를 지고 가는 하나님의 어린 양이로다(요1:29)

에 돌아가실 장례식을 위하여 미리 향유를 부은 결과가 되었기 때문이다. 아마 이 여인도 자신이 무슨 일을 했는지 몰랐을 것이다. 누가복음(7:36~50)의 병행본문은 동일한 사건인지에 대한 의문의 여지가 있기는 하지만 동일한 사건으로 볼 때 향유를 부은 여인은 죄인이었고, 예수님 발에 엎드려 통곡하다가 예수님 발이 눈물로 범벅이 되자 머리카락으로 닦고 향유를 감히 예수님 머리에 붓지 못하고 예수님 발에 부었다.[88]

예수님께서는 이 여인에게 사죄를 선포하시면서, 복음이 전파되는 곳에는 이 여인의 이야기도 같이 전해지리라고 높이 평가하셨다. 하나님께서 보시는 기준은 사람의 기준과 다른 경우가 많이 있다.

물음 92 성만찬 말씀, 무슨 뜻일까?

본문 : 〈 26장 〉

14 그 때에 열둘 중의 하나인 가룟 유다라 하는 자가 대제사장들에게 가서
말하되 15 내가 예수를 너희에게 넘겨 주리니 얼마나 주려느냐 하니 그
들이 은 삼십을 달아 주거늘 16 그가 그 때부터 예수를 넘겨 줄 기회를
찾더라

17 무교절의 첫날에 제자들이 예수께 나아와서 이르되 유월절 음식 잡수실
것을 우리가 어디서 준비하기를 원하시나이까 18 이르시되 성안 아무에
게 가서 이르되 선생님 말씀이 내 때가 가까이 왔으니 내 제자들과 함께
유월절을 네 집에서 지키겠다 하시더라 하라 하시니 19 제자들이 예수께
서 시키신 대로 하여 유월절을 준비하였더라

20 저물 때에 예수께서 열두 제자와 함께 앉으셨더니 21 그들이 먹을 때에
이르시되 내가 진실로 너희에게 이르노니 너희 중의 한 사람이 나를 팔
리라 하시니 22 그들이 몹시 근심하여 각각 여짜오되 주여 나는 아니지
요 23 대답하여 이르시되 나와 함께 그릇에 손을 넣는 그가 나를 팔리라

88) 요한복음 11:1~2, 12:1~8 에 의하면 향유를 부은 여인은 나사로의 누이 마리아이다.

24 인자는 자기에 대하여 기록된 대로 가거니와 인자를 파는 그 사람에
게는 화가 있으리로다 그 사람은 차라리 태어나지 아니하였더라면 제게
좋을 뻔하였느니라 25 예수를 파는 유다가 대답하여 이르되 랍비여 나는
아니지요 대답하시되 네가 말하였도다 하시니라

26 그들이 먹을 때에 예수께서 떡을 가지사 축복하시고 떼어 제자들에게
주시며 이르시되 받아서 먹으라 이것은 내 몸이니라 하시고 27 또 잔을
가지사 감사 기도 하시고 그들에게 주시며 이르시되 너희가 다 이것을
마시라 28 이것은 죄 사함을 얻게 하려고 많은 사람을 위하여 흘리는 바
나의 피 곧 언약의 피니라 29 그러나 너희에게 이르노니 내가 포도나무
에서 난 것을 이제부터 내 아버지의 나라에서 새것으로 너희와 함께 마
시는 날까지 마시지 아니하리라 하시니라 30 이에 그들이 찬미하고 감람
산으로 나아가니라

31 그 때에 예수께서 제자들에게 이르시되 오늘 밤에 너희가 다 나를 버리
리라 기록된 바 내가 목자를 치리니 양의 떼가 흩어지리라 하였느니라
32 그러나 내가 살아난 후에 너희보다 먼저 갈릴리로 가리라 33 베드로
가 대답하여 이르되 모두 주를 버릴지라도 나는 결코 버리지 않겠나이다
34 예수께서 이르시되 내가 진실로 네게 이르노니 오늘 밤 닭 울기 전에
네가 세 번 나를 부인하리라 35 베드로가 이르되 내가 주와 함께 죽을지
언정 주를 부인하지 않겠나이다 하고 모든 제자도 그와 같이 말하니라

유다는 왜 예수님을 배반했을까? 예수님께서 제자들과 마지막으로 식사하실 때 떡과 포도주를 축사하시고 나눠주시면서 하신 말씀들은 무슨 뜻일까? 이런 문제들에 대하여 세밀하게 물어보고자 한다.

【1】 14 그 때에 열둘 중의 하나인 가룟 유다라 하는 자가 대제사장들에
게 가서 말하되 15 내가 예수를 너희에게 넘겨 주리니 얼마나 주려느냐
하니 그들이 은 삼십을 달아 주거늘 16 그가 그 때부터 예수를 넘겨 줄
기회를 찾더라

유다는 무슨 배반을 어떻게 했을까? 돈에 매수가 되었을까? 그렇다면 왜 돈을 돌려주고 자살을 했는가? 예수님이 계신 곳을 알려주거나 체포를 해서 넘겼다는 것일까? 그런 것은 제사장들도 얼마든지 할 수 있었다. 유월절에 모인 군중들이 전적으로 예수님 편이어서 예수님을 체포하면 반란을 일으킬 태세여서 실행할 할 수 없었을 뿐이다. 도대체 유다는 무슨 배반을 한 것일까? 그 단서는 마가

(14:10~11)와 누가의 병행본문에 있다. 누가복음에는 이렇게 기록되어 있다.

> 열둘 중의 하나인 가룟인이라 부르는 유다에게 사탄이 들어가니 이에 유다가 대제사장들과 성전 경비대장들에게 가서 예수를 넘겨 줄 방도를 의논하매 그들이 기뻐하여 돈을 주기로 언약하는지라 유다가 허락하고 예수를 무리가 없을 때에 넘겨 줄 기회를 찾더라(눅22:3~6)

사두개인들의 고민은 군중들 때문에 예수님을 체포할 수 없는 데에 있었다. 그래서 유월절 절기가 끝나고 군중들이 흩어진 뒤에 체포하여 죽이기로 결정했었다. 그런데 유다가 가서 어떤 방책을 제시하자 그들이 기뻐했다고 했다. 유다의 제안이 무엇이었는지는 기록해놓지 않았다. 성경은 늘 이렇게 은폐, 함축, 암시적인 방식으로 기록한다. 이를 찾아내려면 유다의 입장에서 생각해 보아야 한다. 우선 유다가 무슨 방책을 제시했기에 대제사장들과 성전 경비대장들이 기뻐했을까? 유다는 이런 제안을 했을 것으로 추정해 볼 수 있다.

• 대제사장들과 서기관들의 실추된 위신을 회복하기 위해서는 군중들이 흩어지기 전에 예수님의 잘못을 찾아내어 공개적으로 재판해야 한다. 그런데 문제는 예수님을 체포할 명분이 없는데, 그 명분을 만들 묘책이 있다. 그것이 무엇인가?

• 예수님의 제자들이 예수님을 고발하고 체포하여 넘겨주면 된다. 그렇게 되면 군중들이 동요할 하등의 이유가 없어진다. 그런데 문제는 제자들이 그런 일을 할 리가 없다. 이 문제를 어떻게 푸는가?

• 그 일은 내가(유다) 맡겠다. 어떻게 할 것인가? 다른 제자들을 설득해서 동참시키는 것은 불가능하고, 위협을 해서 도망치거나 흩어지게 하면 된다. 그 후 내가 예수님을 체포하여 넘겨주겠다. 어떻게 제자들을 위협해서 도망가게 할 것인가?

• 한밤중에 군사들을 이끌고 가서 공포분위기를 조성하면 제자들은 틀림없이 도망할 것이고, 그 후에는 두려워서, 또는 도망했다는 자책감으로 나서지 못할 것이다. 내가(유다) 그들과 몇 년 동안 같이 있어봐서 그들을 잘 안다. 예수님만 체포하고 제자들은 도망가게 해야 한다. 이 부분은 내가 책임지겠다.

유다의 이런 작전은 예수님 체포과정에서 그대로 적용되었다. 한밤중에 군사들이 횃불을 들고 칼과 창을 번득이고 서로 부딪치면서 최대한의 공포분위기를 조성하자 졸고 있던 제자들은 놀라서 다 도망가 버렸다. 문제는 베드로였는데, 그는 칼을 빼들고 끝까지 저항할 태세였다. 제자들과의 충돌은 어떻게 해서든 피해야 했는데, 의외로 이 문제는 예수님께서 베드로에게 칼을 내려놓으라고 하셔서 쉽게 해결되었다. 그런데 베드로는 도망가지 않고 법정까지 따라왔다. 이에 군병들은 온갖 위협을 동원하여 베드로가 결국 예수님을 모른다고 저주하면서 부인하고 울며 돌아가게 했다.

예수님은 유다의 이런 계획을 이미 다 알고 계셨다. 제자들이 그 밤에 예수님을 버리고 도망가리라는 말씀과 베드로를 향해 오늘밤 닭이 울기 전에 세 번 나를 모른다고 하리라는 말씀은 제자들에게 하신 말씀이면서 동시에 유다를 향한 경고였다.

• 제자들이 도망가고 예수님이 체포되면 새벽부터 제자들이 예수님을 체포하여 넘겨주었다고 거짓 소문을 내서 군중들이 동요하지 않게 해라. 그리고 유대교 법정에서 밤새 심문과 재판을 하여 이른 아침에 공개적으로 빌라도에게 재판을 받게 해라. 이때에는 군중을 동원해서 빌라도를 압박해라. 이 부분은 당신들이 맡아라.

• 내가(유다) 예수님을 배반하는 이유는 예수님에 대해 실망해서이다. 예수님이 우리나라를 해방시킬 자로 알았는데 전혀 아니었다. 그러니 내게 거액을 달라. 그러면 내가 이 일을 추진하겠다.

유다는 아마도 대제사장들과 자체 성전 경비대장을 설득시킬만한 말주변이 있었던 것 같다. 유다의 이런 계책을 들은 대제사장들은 마다할 이유가 없었다. 만약 체포에 실패한다 해도 책임은 유다에게 돌아가고 예수님은 제자에게 배반당했다는 치명상을 입기 때문이다. 자신들은 손해 볼 일이 전혀 없었으므로 그들은 이를 대단히 기뻐하며 유다에게 착수금과 예수님을 체포할 병력을 지원해 주었다. 유다는 상황 판단력과 지략이 대단히 뛰어났다고 생각된다.

그러면 유다가 예수님을 배반한 진짜 이유는 무엇일까? 유다는 유대지방 출신이며, 학식이 높고 유능했으며, 이스라엘의 독립을 추구하는 민족주의자였다. 그는 예수님을 지켜보면서 예수님이야말로 정말로 조국을 해방시킬만한 능력이 있다고 확신하여 예수님을 따르는 제자가 되었다. 그의 판단력은 틀리지 않아서 유월절 절기에 참석한 250여 만 명의 사람들이 예수님의 절대 지지자가 되어 새벽부터 저녁까지 예수님 말씀에 귀를 기울이고 있었다. 부패한 사두개인들과 무능한 바리새인들은 유월절 행사가 중단되는 초유의 사태를 보고도 속수무책으로 당하고 있었다.

이를 지켜본 유다는 이 절호의 기회를 놓치지 않기 위하여 사두개인들을 이용하여 예수님을 벼랑 끝으로 압박하여 유대교 당국과 로마제국을 향해 저항할 수밖에 없게 하기로 했다. 그 후 예수님을 지지하는 수백만의 군중들로 하여금 예수님을 따르게 하면 충분히 승산이 있다고 생각했다. 유다는 군중을 이끄시는 예수님의 출중한 능력을 믿어 의심하지 않았다.

유다의 예상은 단 하나를 빼고는 다 적중했다. 제자들도 도망가서 숨어버렸고, 예수님을 체포하여 유대교 법정으로 넘겼고, 끝까지 남아있던 베드로도 겁박을 이기지 못하고 돌아섰다. 이른 아침부터 제자들이 예수님을 고발했다는 거짓 소문을 들은 군중들은 체포당하지 않은 제자들이 보이지 않으니 그대로 믿을 수밖에 없었다. 유다의 지략대로 되었다.

그런데 예수님께서 체포를 당하시고 재판과정에서 사형을 언도받으면 분명히 저항하시리라고 생각했는데, 그런데 예수님은 죽음을 회피하지 않고 그대로 받아들이셨다. 예수님께서 저항하지 않으시고 죽음의 길을 선택하시자 유다는 자신의 잘못을 뉘우치고 받은 돈을 돌려주고 죽음으로써 자신의 실패를 인정했다. 유다는 무슨 악한 의도로 한 일은 아니었지만, 자신의 생각을 앞세웠기 때문에 이런 비극을 불러왔다.

유다의 지략은 놀라운 데가 있었다. 그런데 누가는 유다의 이런 지략은 마귀로부터 온 것이라고 말하고 있다. 영성의 경험 가운데 마귀와의 막바지 싸움에서 마귀의 회유가 있는데, 탄복할만한 지략들을 제시한다. 목적을 위해서 수단을 가리지 않는 온갖 지략의 근원지는 마귀이다. 아마도 유다는 자신이 마귀의 속임수에 넘어갔다는 사실을 전혀 몰랐을 것이다. 마귀에게 이용당하지 않으려면 잔꾀를 부리지 말아야 한다. 하나님의 일을 하면서 잔머리 굴리는 사람은 마귀의 표적이 되어 스스로 자기 함정에 빠지게 된다. 하나님께서는 절대로 간교한 지략을 사용하지 않으신다. 하나님께서 쓰시는 방법은 정도(正道)와 정공(正攻)이며, 간교한 마귀는 자기 꾀에 빠져 자멸한다. 십자가 사건이 대표적인 예이다. 마귀는 유다의 잔꾀와 대제사장들의 적대감을 이용하여 예수님을 죽였지만 하나님의 큰 뜻을 실현시키는 자충수가 되고 말았다.

【2】 17 무교절의 첫날에 제자들이 예수께 나아와서 이르되 유월절 음식
잡수실 것을 우리가 어디서 준비하기를 원하시나이까 18 이르시되 성안
아무에게 가서 이르되 선생님 말씀이 내 때가 가까이 왔으니 내 제자들
과 함께 유월절을 네 집에서 지키겠다 하시더라 하라 하시니 19 제자들
이 예수께서 시키신 대로 하여 유월절을 준비하였더라

마태의 본문을 보면 예수님께서 제자들과의 마지막 식사를 위하

여 누군가에게 미리 준비시키셨다는 느낌을 받는다. 그러나 마가(14:12~16)나 누가(22:7~13)을 보면 전혀 다르다.

> 예수께서 제자 중의 둘을 보내시며 이르시되 성내로 들어가라 그리하면 **물 한 동이를 가지고 가는 사람을 만나리니** 그를 따라가서 어디든지 그가 들어가는 그 집 주인에게 이르되 선생님의 말씀이 내가 내 제자들과 함께 유월절 음식을 먹을 나의 객실이 어디 있느냐 하시더라 하라 그리하면 자리를 펴고 준비한 큰 다락방을 보이리니 거기서 우리를 위하여 준비하라(막14:13~16)

물을 긷는 것은 주로 여인들의 몫이다. 그런데 예수님께서는 베드로와 요한에게 성에 들어가면 물동이를 들고 가는 남자를 만나리라고 이야기하신다. 이것도 미리 정할 수가 있을까? 물을 남자가 길을 수도 있겠지만 시계가 없던 시절에 정확한 시간을 어떻게 맞추나? 예수님께서는 사람의 방법을 쓰지 않으신다. 동시에 모든 사람의 생각과 마음을 읽으시는 예수님께서는 그 중에서 가장 적절한 사람을 찾으신다. 필요한 경우 그 사람을 자연스럽게 만나게 하신다.

성내의 어떤 사람이 다락방에 자신들의 가족을 위하여 유월절 식사를 준비해 놓았었다. 그리고 어떤 이유 때문에 직접 물을 길러 갔다가 베드로와 요한을 통하여 예수님께서 제자들과 유월절 식사하실 방을 찾으신다는 소식을 듣고 기꺼이 자신의 방을 내어 주었다. 예수님은 장례식을 위해 무덤을 미리 준비시키지 않으셨다. 아리마대 요셉이 예수님의 갑작스런 죽음을 보면서 자신을 위해 준비해두었던 무덤을 내어 드렸다. 하나님께서는 늘 이런 사람들을 통하여 이런 방식으로 일을 하신다. 필자는 영성 경험 과정에서, 예수님께서 모든 사람의 마음과 생각과 상황을 동시에 보시는 것과 비슷한 상태가 잠시 되어 보았기에, 하나님께서 인도하시는 이런 방식에 대해서는 틀림없다고 단정할 수 있다. 하나님께서 하시는 일을 우리의 머리로 다 이해하려고 하면 늘 자기 한계에 빠진다. 늘 빈 마음, 겸허한 마음을 가져야 한다. 마지막 유월절 식사의 자리는 이렇게 마련되었다.

식사자리에서 예수님께서 처음으로 하신 말씀은 무엇일까?

【3】 20 저물 때에 예수께서 열두 제자와 함께 앉으셨더니 21 그들이 먹을 때에 이르시되 내가 진실로 너희에게 이르노니 **너희 중의 한 사람이 나를 팔리라** 하시니

유다를 향한 경고와 권고의 말씀을 하셨다. 예수님께서는 인간의 죄의 문제를 해결하시기 위해 유월절 어린양으로 제물이 되셔야 하지만, 또 그 일을 위해 누군가가 악역을 맡아야 하지만, 자신의 제자가 그 일을 할 필요는 없기 때문이다. 예수님의 이 말씀을 다른 제자들은 무슨 뜻인지 못 알아들었지만, 유다는 알아듣고 생각을 돌이키도록 수차례 반복해서 권고하셨다. 그러나 결국 유다는 듣지 않았다. 자기 생각과 자기 확신이 너무 컸다.

【4】 26 그들이 먹을 때에 예수께서 떡을 가지사 축복하시고 떼어 제자들에게 주시며 이르시되 받아서 먹으라 이것은 내 몸이니라 하시고 27 또 잔을 가지사 감사 기도 하시고 그들에게 주시며 이르시되 너희가 다 이것을 마시라 28 **이것은 죄 사함을 얻게 하려고 많은 사람을 위하여 흘리는 바 나의 피 곧 언약의 피니라** 29 그러나 너희에게 이르노니 내가 포도나무에서 난 것을 이제부터 내 아버지의 나라에서 새것으로 너희와 함께 마시는 날까지 마시지 아니하리라 하시니라 30 이에 그들이 찬미하고 감람산으로 나아가니라

이 본문만큼 교회사에 큰 영향을 끼친 구절은 없을 것이다. 본문을 기초로 성례전이라는 예식이 만들어졌고, 인간의 구원과 직접 관련있다고 생각하여 가톨릭에서는 화체설을 기초로 성만찬을 재현하는 예식(missa)을 예배로 드리고 있다. 개신교에서는 종교개혁기에 성만찬에 대한 견해의 차이로 교파가 나뉘어졌고, 지금도 성만찬을 가장 중요한 예전으로 생각하고 있다.

성례전이 예배의 설교를 대신할 만큼 중요할까? 성례전이 우리의 구원과 직결될까? 구원과 직결된다면 요한복음에서는 왜 성만찬 제정이 없을까? 성만찬 신학인 화체설(化體說), 공재설(共在說), 임재

설(臨在說), 상징설(象徵說)[89] 등이 교단과 교파가 분리될 만큼 중요한 교리일까? 예수님은 이 마지막 식사를 통하여 제자들에게 무엇을 말씀하신 것일까? 이에 대하여 선입견을 버리고 진지하게 물어볼 필요가 있다.

❶ 인간구원이라는 중요한 문제가 성만찬 예식의 참여와 직결될까? 하나님께서 원하시는 예배가 떡은 예수님의 진짜 살이고, 포도주는 예수님의 진짜 피라고 믿으며 받아먹는 것일까?

❷ 사도행전의 초대교회에서는 성만찬을 어떻게 실천했을까? 예수님께서 제자들과 가지신 성만찬은 유월절의 저녁식사였다. 초대교회에서도 예배 이후에 공동으로 식사를 했는데[90], 이 공동식사는 예배의 차원이어서 성만찬(주님의 만찬)이라고 했다.[91] 왜 공동식사를 성만찬이라고 했을까? 굶주림의 시대에 먹거리 문제 해결이 교회가 해야 할 가장 중차대한 사명이었기 때문이다. 구약공동체의

---

89) 화체설(化體說) : 성례전의 떡과 포도주의 형태는 그대로 있지만 그 본질은 예수님의 살과 피로 변화된다는 가톨릭의 주장.
공재설(共在說) : 성례전의 떡과 포도주는 떡과 포도주이면서 동시에 예수님의 살과 피라는 루터의 주장.
임재설(臨在說) : 성례전의 떡과 포도주에 예수님의 살과 피가 영적으로 임재한다는 칼빈의 주장.
상징설(象徵說) : 성례전의 떡과 포도주는 예수님의 살과 파를 상징한다는 쯔빙글리의 주장.

90)그들이 사도의 가르침을 받아 서로 교제하고 떡을 떼며 오로지 기도하기를 힘쓰니라(행2:42)

91) 다음에 지시하려는 일에 대해서는 나는 여러분을 칭찬할 수 없습니다. 그것은 여러분이 모여서 하는 일이 유익이 되기보다는 오히려 해가 되기 때문입니다. 첫째로, 여러분이 교회에 모일 때에 여러분 가운데 분열이 있다는 말이 들리는데, 그것이 어느 정도는 사실이라고 믿습니다. 하기야 여러분 가운데서 바르게 사는 사람들이 환히 드러나려면, 여러분 가운데 파당도 있어야 할 것입니다. 그렇지만 여러분이 분열되어 있으니, 여러분이 한 자리에 모여서 먹어도, 그것은 주님의 만찬을 먹는 것이 아닙니다. 먹을 때에, 사람마다 제가끔 자기 저녁을 먼저 먹으므로, 어떤 사람은 배가 고프고, 어떤 사람은 술에 취합니다. 여러분에게 먹고 마실 집이 없습니까? 그렇지 않으면, 여러분이 하나님의 교회를 멸시하고, 가난한 사람들을 부끄럽게 하려는 것입니까? 내가 여러분에게 무슨 말을 해야 하겠습니까? 여러분을 칭찬해야 하겠습니까? 이 점에서는 칭찬할 수 없습니다.(고전11:17~22 현대어)

만나이야기와 신약공동체의 오병이어 이야기 등은 계약공동체 내에서는 굶는 사람이 없어야 한다는 뜻이다. 초대교회에서는 예배를 드리러 오면서 음식을 각자 준비해가지고 와서 서로 나누어 먹었는데, 여유가 있는 사람들이 음식을 넉넉히 가지고 와 가난한 자들과 같이 나누어 먹었다. 초대교회의 성만찬 예식은 공동식사였다. 이방인 교회가 세워지면서 유대인들이 음식 제한 규정 때문에 이방인과 같이 식사하기를 꺼려하자, 교회는 공동식사에 피와 목매어 죽인 것을 제한하도록 했다.(행15장)

❸ 예수님께서는 포도주를 계약의 피로 해석하셨다. 누가복음에서는 영원히 기념할 새 언약의 피라고 기록되어 있다.[92] 마태복음의 **"이것은 죄 사함을 얻게 하려고 많은 사람을 위하여 흘리는 바 나의 피 곧 언약의 피니라"**는 말씀은 십자가에서 죄의 문제가 해결되지 않으면 계약을 지킬 수가 없다는 뜻이다. 옛 계약공동체인 유대인을 대상으로 하는 마태복음에서는 예수님의 유월절 사역에도 불구하고 유대인들이 끝까지 돌이키지 않았을 뿐만 아니라, 예수님을 돌아가시게 했는데, 예수님께서 흘리신 피가 새로운 계약체결의 피가 되리라고 강조했다.

❹ 요한복음에는 성만찬 시간에 예수님께서 제자들의 발을 씻기셨으며 성만찬 예식사가 나오고 있지 않다. 요한복음의 특징은 수난사화 이외에는 공관복음과 겹치는 이야기가 거의 없는데, 6장 전체에서 오병이어의 이야기를 다루면서 "내 살과 내 피를 먹고 마시면 너희가 살리라."라는 성만찬 예식사가 나오고 있다.[93] 왜 오병이어

92) (눅22:19)또 떡을 가져 감사기도 하시고 떼어 그들에게 주시며 이르시되 이것은 너희를 위하여 주는 내 몸이라 너희가 이를 행하여 나를 기념하라 하시고 (눅22:20)저녁 먹은 후에 잔도 이와 같이 하여 이르시되 이 잔은 내 피로 세우는 새 언약이니 곧 너희를 위하여 붓는 것이라

93) 내 살을 먹고 내 피를 마시는 자는 영생을 가졌고 마지막 날에 내가 그를 다시 살리리니 내 살은 참된 양식이요 내 피는 참된 음료로다(요 6:54~55)

의 이야기와 성만찬 예식사를 연결했을까? AD 100여년 경 교회에서 공동식사가 예전으로 흐르려는 조짐이 있기 때문에 이를 경고하기 위함이었다.

예수님의 살과 피를 마시면 살리라는 말씀은 무슨 뜻일까?

❺ 하나님께서 정해놓으신 먹이사슬의 원리와 정신을 말한다. 하나님께서는 모든 동식물들에게 살과 피를 먹고 살도록 하셨다. 사람이 먹는 낟알과 채소, 과일, 육류 등 모든 먹거리는 동식물의 생명체이다. 즉 살과 피이다. 먹이사슬의 원리에서는 먹은 자는 먹히게 되어있다. 먹이사슬의 정점에 서 있는 사람의 육체도 흙에 묻히면 미생물의 먹이가 되어 분해되고 다시 식물의 먹이가 된다. 사람의 육체가 다른 생명체의 살과 피를 먹고 사는 것처럼, 사람의 정신과 삶은 누군가를 살리는 삶을 살아야 한다. "내 살과 내 피를 먹고 너희가 살리라."는 말씀의 의미는 "내가 너희를 위하여 살았듯이 너희도 서로를 위하여 살라."는 뜻이며, 이를 교훈으로 하면 "네 이웃을 네 몸과 같이 사랑하라."이다. 예수님께서 걸어가신 십자가는 성만찬의 또 다른 의미이다.

❻ 동식물 등 모든 생명체는 태어나면서부터 부모의 살과 피를 먹고 산다. 식물은 모체의 양분을 빨아먹고 포유류는 젖을 빨아먹으며, 조류는 어미가 물어다 주는 먹이를 먹고산다. 사람은 독립할 때까지 가정에서 부모의 살과 피를 먹으며 산다. 어렸을 때는 젖을 먹고, 젖을 뗀 다음에는 부모가 죽을 힘을 다해 농사짓고 돈을 벌어서 먹여 살리고 늙어가며 세대를 교체한다. 사람은 가정에서 태어나서 가정에서 먹고 살다가 가정에서 죽어간다. "내 살과 내 피를 먹고 너희가 살리라."는 말씀은 이 원리를 뜻한다.

❼ 한 가정을 보호해주고, 한 가정의 먹거리를 보장해주는 것이 계약법의 정신이다. 유월절 식사는 가정단위의 식사였다. 하나님께

서는 계약공동체가 가정의 울타리가 되어주고 먹거리를 보장해주는 본연의 임무에 충실하려고 하다가 현실이라는 한계에 부딪히면 하늘의 초자연을 통해서라도 책임지겠다고 말씀하신다. 구약의 거룩한 전쟁의 이야기는 하나님께서 직접 각 가정의 울타리가 되어주시는 이야기이며, 만나와 메추라기, 오병이어의 이야기는 하나님께서 직접 먹거리를 공급해주시는 이야기이다.

❽ 성례전의 떡은 밥그릇이고 포도주는 국그릇으로 해석되어야 하며, 세상의 굶주림을 해결하는 이론이어야 한다. 이 세상에 태어나서 굶주리다가 죽어가는 것보다 더 비참한 삶은 없다. 무슨 영생의 예전으로 해석하는 화체설, 공재설 등은 구름을 잡자는 잠꼬대이며 이슬을 빨아먹고 살자는 정신 나간 헛소리에 불과하다. 성경의 이야기들은 무슨 소리인지도 잘 모를 형이상학적인, 철학적인 해석을 필요로 할 만큼 어려운 이야기가 아니다. 동시에 어떤 형이상학, 철학이 말하는 것보다 더 깊고 높은 의미를 담고 있다.

너희가 성경도, 하나님의 능력도 모르는도다.
너희가 어찌 지옥의 판결을 면할 수 있겠느냐?
귀 있는 자는 들을진저!

【5】 22 그들이 몹시 근심하여 각각 여짜오되 주여 나는 아니지요 23
대답하여 이르시되 나와 함께 그릇에 손을 넣는 그가 나를 팔리라 24 인
자는 자기에 대하여 기록된 대로 가거니와 인자를 파는 그 사람에게는
화가 있으리로다 그 사람은 차라리 태어나지 아니하였더라면 제게 좋을
뻔하였느니라 25 예수를 파는 유다가 대답하여 이르되 랍비여 나는 아니
지요 대답하시되 네가 말하였도다 하시니라

이 본문은 예수님께서 유다에게 마지막으로 경고와 더불어 뜻을 돌이키도록 권고하시는 말씀이다. 하나님께서는 마지막 순간까지 우리를 믿고 신뢰하시며 권고하신다. 우리에게 있는 긍정적인 가능성을 끝까지 포기하지 않으신다.

【6】 31 그 때에 예수께서 제자들에게 이르시되 오늘 밤에 너희가 다 나

를 버리리라 기록된 바 내가 목자를 치리니 양의 떼가 흩어지리라 하였
느니라 32 그러나 내가 살아난 후에 너희보다 먼저 갈릴리로 가리라 33
베드로가 대답하여 이르되 모두 주를 버릴지라도 나는 결코 버리지 않겠
나이다 34 예수께서 이르시되 내가 진실로 네게 이르노니 오늘 밤 닭 울
기 전에 네가 세 번 나를 부인하리라 35 베드로가 이르되 내가 주와 함
께 죽을지언정 주를 부인하지 않겠나이다 하고 모든 제자도 그와 같이
말하니라

이 말씀은 제자들 모두에게 하시는 말씀이면서 동시에 특히 유다에게 하시는 말씀이다. 유다는 예수님만 체포하고 나머지 제자들을 다 도망하게 하려는 계획을 세우고 있었기 때문이며, 베드로도 결국 굴복하리라는 말씀이다.

그런데 유다는 왜 끝까지 돌이키지 않았을까? 여러 이유가 있겠지만 자신이 세운 계획은 정말로 예수님을 배반하고 제자들을 해치자는 것이 아니라, 민족해방운동이라는 더 큰 방향으로 이끌기 위한 고육지책이라는 생각 때문이었을 것이다. 선한 의도가 능사가 아닐 수 있다. 방법 또한 하나님의 방법이어야 한다. 아무리 좋은 뜻으로 했다고 해도 결과적으로 하나님의 뜻을 거스를 수 있다.

물음 93 예수님, 마지막 시간에 무엇을 하셨을까?

본문 : 〈 26장 〉

36 이에 예수께서 제자들과 함께 겟세마네라 하는 곳에 이르러 제자들에게
이르시되 내가 저기 가서 기도할 동안에 너희는 여기 앉아 있으라 하시
고 37 베드로와 세베대의 두 아들을 데리고 가실새 고민하고 슬퍼하사
38 이에 말씀하시되 내 마음이 매우 고민하여 죽게 되었으니 너희는 여
기 머물러 나와 함께 깨어 있으라 하시고 39 조금 나아가사 얼굴을 땅에
대시고 엎드려 기도하여 이르시되 내 아버지여 만일 할 만하시거든 이
잔을 내게서 지나가게 하옵소서 그러나 나의 원대로 마시옵고 아버지의
원대로 하옵소서 하시고 40 제자들에게 오사 그 자는 것을 보시고 베드
로에게 말씀하시되 너희가 나와 함께 한 시간도 이렇게 깨어 있을 수 없

더냐 41 시험에 들지 않게 깨어 기도하라 마음에는 원이로되 육신이 약
하도다 하시고 42 다시 두 번째 나아가 기도하여 이르시되 내 아버지여
만일 내가 마시지 않고는 이 잔이 내게서 지나갈 수 없거든 아버지의 원
대로 되기를 원하나이다 하시고 43 다시 오사 보신즉 그들이 자니 이는
그들의 눈이 피곤함일러라 44 또 그들을 두시고 나아가 세 번째 같은 말
씀으로 기도하신 후 45 이에 제자들에게 오사 이르시되 이제는 자고 쉬
라 보라 때가 가까이 왔으니 인자가 죄인의 손에 팔리느니라 46 일어나
라 함께 가자 보라 나를 파는 자가 가까이 왔느니라

47 말씀하실 때에 열둘 중의 하나인 유다가 왔는데 대제사장들과 백성의
장로들에게서 파송된 큰 무리가 칼과 몽치를 가지고 그와 함께 하였더라
48 예수를 파는 자가 그들에게 군호를 짜 이르되 내가 입맞추는 자가 그
이니 그를 잡으라 한지라 49 곧 예수께 나아와 랍비여 안녕하시옵니까
하고 입을 맞추니 50 예수께서 이르시되 친구여 네가 무엇을 하려고 왔
는지 행하라 하신대 이에 그들이 나아와 예수께 손을 대어 잡는지라 51
예수와 함께 있던 자 중의 하나가 손을 펴 칼을 빼어 대제사장의 종을
쳐 그 귀를 떨어뜨리니 52 이에 예수께서 이르시되 네 칼을 도로 칼집에
꽂으라 칼을 가지는 자는 다 칼로 망하느니라 53 너는 내가 내 아버지께
구하여 지금 열두 군단 더 되는 천사를 보내시게 할 수 없는 줄로 아느
냐 54 내가 만일 그렇게 하면 이런 일이 있으리라 한 성경이 어떻게 이
루어지겠느냐 하시더라 55 그 때에 예수께서 무리에게 말씀하시되 너희
가 강도를 잡는 것 같이 칼과 몽치를 가지고 나를 잡으러 나왔느냐 내가
날마다 성전에 앉아 가르쳤으되 너희가 나를 잡지 아니하였도다 56 그러
나 이렇게 된 것은 다 선지자들의 글을 이루려 함이니라 하시더라 이에
제자들이 다 예수를 버리고 도망하니라

이제 예수님께서 제자들과 보내실 마지막 시간에 이르렀다. 이 시간에 예수님은 무엇을 하셨을까?

【1】 36 이에 예수께서 제자들과 함께 겟세마네라 하는 곳에 이르러 제자들에게 이르시되 내가 저기 가서 기도할 동안에 너희는 여기 앉아 있으라 하시고

예수님의 공생애는 40일 금식기도로 시작하셨으며, 낮에는 활동하시고 밤에는 기도하셨다는 기록이 여러 곳에 있다. 유월절 기간 동안에 감람산에 머무르셨는데 기도하기 위함이었다고 보인다. 유월절 식사를 제자들과 마치신 후에도 감람산의 겟세마네에 이르러

마지막 기도의 시간을 가지셨다.

❶ 예수님께서는 왜 기도에 전념하셨을까?

성경을 읽고 묵상하거나 명상하는 것과 기도는 전혀 성격이 다르다. 초보단계의 기도는 하나님께 무언가 구하며 말씀드리는 시간이지만, 깊은 기도는 하나님께 가까이 나아가 하나님과 대면하여 있으면서 하나님과 마음으로 소통하는 시간이다. 대면하여 있는 동안에는 하나님으로부터 사역에 필요한 것들이 공급된다. 예수님께서는 신성으로는 하나님이셨지만 인성으로는 동일한 인간이셨기에 늘 기도에 전념하시며 제자들에게 본을 보이셨다. 예수님의 독특한 초자연적인 사역은 기도를 통해서 가능했다.

특히 마지막 날, 마지막 시간에는 기도에 전념하셨다. 예수님의 사역은 기도의 사역이었다.

❷ 예수님께서는 무슨 기도를 하셨을까?

예수님께서 무슨 기도를 하셨는지에 대해서는 기록이 없는데, 마지막 기도는 기록되어 있다. 각 복음서마다 내용이 조금씩 다르지만 핵심은 "내 뜻대로 마옵시고 아버지의 뜻대로 하옵소서!"였다. 또 제자들에게 "내 마음이 매우 고민하여 죽게 되었으니 너희는 여기 머물러 나와 함께 깨어 있으라."라고 기도요청을 하셨다. 왜 마음이 매우 고민하여 죽게 되었다는 말씀을 하셨을까? 기도 시간은 하나님께로 나아가는 만큼 마귀와 싸우는 시간이기 때문이다. 마귀는 온갖 방법을 동원하여 기도를 방해하고 공격한다. 예수님은 마지막 기도시간에 가장 힘든 시간을 보내셨다. 예수님의 치유능력은 병자와 불구자의 고통을 대신 짊어지심이고, 사죄의 능력은 죄의 대가를 대신 치루심이다. 문자 그대로 대속(代贖)이며 속죄양(贖罪羊)이기에 그에 버금가는 고통이 따르게 마련이다. 인간에게 주어지는 사죄의 은총은 그냥 값없이 주어지는 게 아니라 하나님이신 예수님의 가장 비싼 고통과 죽음의 값으로 주어지는 것이다.

'내 뜻대로 마옵시고' 라고 기도하신 이유는 마귀가 "십자가의 길만은 가지 말라. 네 제자 유다가 추진하는 대로 세상의 왕이 되어라."라고 유혹하고 있었기 때문이며, 하나님의 뜻만이 이루어지기를 바라시는 마음의 표현이다. 유다에게 마귀가 들어갔다는 말은 유다가 추진하는 일이 곧 마귀의 방해라는 뜻이다. 유다는 자신도 모른 채 마귀의 앞잡이가 되어 있었다. 마귀는 예수님께서 공생애를 시작하실 때부터 유대인의 메시야가 되어 전 세계를 다스리는 황제가 되라고 끈질기게 유혹했다. 마귀의 이런 유혹은 십자가에 매달려 계시는 동안에도 들려왔다.

지금 십자가에서 내려올지어다. 그리하면 우리가 믿겠노라!

【2】 45 이에 제자들에게 오사 이르시되 이제는 자고 쉬라 보라 때가 가까이 왔으니 인자가 죄인의 손에 팔리느니라 46 일어나라 함께 가자 보라 나를 파는 자가 가까이 왔느니라

예수님의 제자들은 그 중요한 마지막 시간에 무슨 일이 일어나고 있는지도 모르고 예수님의 부탁을 저버리고 잠에 빠져 있었다. 제자들은 마귀에게 완패 당하고 말았다. 그 결과 그들은 예수님을 버리고 다 도망가 버렸다. 마귀는 각 사람의 가장 약한 부분을 집중 공격한다.

【3】 53 너는 내가 내 아버지께 구하여 지금 열두 군단 더 되는 천사를 보내시게 할 수 없는 줄로 아느냐 54 내가 만일 그렇게 하면 이런 일이 있으리라 한 성경이 어떻게 이루어지겠느냐 하시더라

마귀의 앞잡이가 된 유다는 군졸들에게 예수님만을 체포하도록 했고 그 신호는 예수님과의 입맞춤이었다. 예수님께서는 아무런 저항을 하지 않으셨다. 그런데 제자 중 베드로는 칼을 빼어들고 예수님을 체포하려는 대제사장의 부하 말고를 내리쳤는데, 귀가 잘려나갔다. 예수님께서는 베드로에게 칼을 내려놓게 하신 뒤, "내가 지금

하늘의 천사들을 동원할 수 없는 줄 아느냐? 그러나 그것은 하나님의 방법이 아니다."라고 말씀하신 뒤 잘려나간 말고의 귀를 다시 회복시켜 주셨다.

그리고 그 말고에게 체포되어 가셨다. 여기까지 지켜보던 제자들은 다 도망가 버렸다.

물음 94 가야바 법정, 재판 어떻게 진행되었나?

본문 : 〈 26장 〉

57 예수를 잡은 자들이 그를 끌고 대제사장 가야바에게로 가니 거기 서기
관과 장로들이 모여 있더라 58 베드로가 멀찍이 예수를 따라 대제사장의
집 뜰에까지 가서 그 결말을 보려고 안에 들어가 하인들과 함께 앉아 있
더라 59 대제사장들과 온 공회가 예수를 죽이려고 그를 칠 거짓 증거를
찾으매 60 거짓 증인이 많이 왔으나 얻지 못하더니 후에 두 사람이 와서
61 이르되 이 사람의 말이 내가 하나님의 성전을 헐고 사흘 동안에 지을
수 있다 하더라 하니 62 대제사장이 일어서서 예수께 묻되 아무 대답도
없느냐 이 사람들이 너를 치는 증거가 어떠하냐 하되 63 예수께서 침묵
하시거늘 대제사장이 이르되 내가 너로 살아 계신 하나님께 맹세하게 하
노니 네가 하나님의 아들 그리스도인지 우리에게 말하라 64 예수께서 이
르시되 네가 말하였느니라 그러나 내가 너희에게 이르노니 이 후에 인자
가 권능의 우편에 앉아 있는 것과 하늘 구름을 타고 오는 것을 너희가
보리라 하시니 65 이에 대제사장이 자기 옷을 찢으며 이르되 그가 신성
모독 하는 말을 하였으니 어찌 더 증인을 요구하리요 보라 너희가 지금
이 신성 모독 하는 말을 들었도다 66 너희 생각은 어떠하냐 대답하여 이
르되 그는 사형에 해당하니라 하고 67 이에 예수의 얼굴에 침 뱉으며 주
먹으로 치고 어떤 사람은 손바닥으로 때리며 68 이르되 그리스도야 우리
에게 선지자 노릇을 하라 너를 친 자가 누구냐 하더라

69 베드로가 바깥 뜰에 앉았더니 한 여종이 나아와 이르되 너도 갈릴리 사
람 예수와 함께 있었도다 하거늘 70 베드로가 모든 사람 앞에서 부인하
여 이르되 나는 네가 무슨 말을 하는지 알지 못하겠노라 하며 71 앞문까
지 나아가니 다른 여종이 그를 보고 거기 있는 사람들에게 말하되 이 사
람은 나사렛 예수와 함께 있었도다 하매 72 베드로가 맹세하고 또 부인
하여 이르되 나는 그 사람을 알지 못하노라 하더라 73 조금 후에 곁에

섰던 사람들이 나아와 베드로에게 이르되 너도 진실로 그 도당이라 네
말소리가 너를 표명한다 하거늘 74 그가 저주하며 맹세하여 이르되 나는
그 사람을 알지 못하노라 하니 곧 닭이 울더라 75 이에 베드로가 예수의
말씀에 닭 울기 전에 네가 세 번 나를 부인하리라 하심이 생각나서 밖에
나가서 심히 통곡하니라

【1】 57 예수를 잡은 자들이 그를 끌고 대제사장 가야바에게로 가니 거기 서기관과 장로들이 모여 있더라

성전 경비병들이 예수님을 체포하여 대제사장 가야바가 주도하는 법정으로 가자 이미 유다가 제시한 대로 준비되었던 재판은 일사천리로 진행되었다. 예수님에게 사형을 언도하기 위하여 거짓 증거를 찾았는데 성전모독죄였다. 예수님께서 성전을 헐고 사흘 만에 다시 짓겠다고 말씀하신 것을 빌미로 고발을 했다. 그러나 예수님께서는 침묵을 지키셨다. 가야바는 사형의 증거를 확보하기 위하여 심문하다가 예수님께서 하나님의 아들 그리스도이신지를 물었다.

【2】 64 예수께서 이르시되 네가 말하였느니라 그러나 내가 너희에게 이르노니 이 후에 인자가 권능의 우편에 앉아 있는 것과 하늘 구름을 타고 오는 것을 너희가 보리라 하시니

그러자 예수님께서는 "네가 말하였느니라. 그러나 내가 너희에게 이르노니 이 후에 인자가 권능의 우편에 앉아 있는 것과 하늘 구름을 타고 오는 것을 너희가 보리라."라고 말씀하셨는데, 이는 곧 그들에게 다가올 심판을 선언하시는 말씀이었다. 그러나 이 말씀의 뜻을 전혀 이해하지 못한 가야바는 사형을 언도할 확실한 증거라고 기뻐하며 옷을 찢고, 다른 재판관들의 생각을 물으니 다 사형에 해당된다고 대답하여 사형 판결이 확정되었다. 이들은 예수님의 말씀이 얼마나 무서운 심판의 말씀인지에 대해서는 전혀 귀를 기울이지 않고 예수님을 죽이는 데에만 혈안이 되어 있었다.

유대인들은 예수님에게 사형을 언도하기 위하여 거짓증인, 밤중의 재판, 군중동원 등 불법을 자행하는 것을 서슴지 않았을 만큼 예

수님을 죽이기 위하여 수단 방법을 가리지 않았다. 그만큼 이들은 궁지에 몰려 있었다.

【3】(눅22:61~62)**주께서 돌이켜 베드로를 보시니** 베드로가 주의 말씀 곧 오늘 닭 울기 전에 네가 세 번 나를 부인하리라 하심이 생각나서 밖에 나가서 심히 통곡하니라

네 복음서는 가야바 법정의 마지막 이야기를 베드로의 통곡 이야기로 채워 놓았다. 왜 이 이야기를 그렇게 중요하게 다룰까?

누가복음에는 닭이 울자 예수님께서 법정까지 따라온 베드로를 돌이켜 보셨고, 베드로는 예수님과 눈이 마주치자 통곡했다고 기록했다. 베드로를 바라보시는 예수님의 눈빛은 어떤 눈빛이었을까? 영성경험에서 하나님을 뵈옵는 경험이 일어나는데, 하나님과 눈빛이 마주치며 눈빛으로 하나님의 마음과 뜻이 전달되며, 하나님의 눈빛은 통곡하지 않을 수 없게 한다. 이 눈빛이 와 닿을 때 내 마음의 상태는 자기 절망이 절정에 이르러 있을 때인데, 그런데 나를 향한 하나님의 눈빛이 차라리 책망의 눈빛이라면, 차라리 실망의 눈빛이라면 편하겠는데, 나를 향한 절대신뢰, 절대인정, 절대기대의 눈빛이어서 견딜 수가 없어 통곡하게 된다. 그리고 그 기대를 저버릴 수 없어서, 그 믿음을 저버릴 수 없어서 내가 나 스스로를 포기하지 못하게 된다.

세 번씩이나 예수님을 저주하며 모른다고 하자 닭 우는 소리가 들려왔다. 닭 울음 소리는 베드로를 비웃고 있었다. 예수님을 위해서 죽겠다고 하더니, 다른 사람들은 예수님을 버려도 너는 버리지 않겠다고 맹세하더니, 예수님을 향하여 저주하며 모른다고 하다니, 그러고도 네가 예수님의 수제자냐 등등, 온갖 자책이 요동쳤다. 그런데 예수님의 눈빛은?

〈 베드로의 통곡 〉

베드로야, 너는 실패한 것이 아니라 아주 중요한 경험을 한 것이

다. 너는 나의 오른팔, 나의 수제자다. 너는 나를 지키겠다고 수많은 군병들을 향하여 칼을 빼들고 맞서지 않았느냐? 너는 이 법정까지 나를 따르지 않았느냐? 너는 이제부터 할 일이 있다. 나는 너를, 너 만을 믿는다. 너는 나의 자랑스러운 수제자다. ……

물음 95 가룟유다, 무엇이 문제였을까?

본문 : 〈 27장 〉

1 새벽에 모든 대제사장과 백성의 장로들이 예수를 죽이려고 함께 의논하
고 2 결박하여 끌고 가서 총독 빌라도에게 넘겨 주니라

3 그 때에 예수를 판 유다가 그의 정죄됨을 보고 스스로 뉘우쳐 그 은 삼
십을 대제사장들과 장로들에게 도로 갖다 주며 4 이르되 내가 무죄한 피
를 팔고 죄를 범하였도다 하니 그들이 이르되 그것이 우리에게 무슨 상
관이냐 네가 당하라 하거늘 5 유다가 은을 성소에 던져 넣고 물러가서
스스로 목매어 죽은지라 6 대제사장들이 그 은을 거두며 이르되 이것은
핏값이라 성전고에 넣어 둠이 옳지 않다 하고 7 의논한 후 이것으로 토
기장이의 밭을 사서 나그네의 묘지를 삼았으니 8 그러므로 오늘날까지
그 밭을 피밭이라 일컫느니라 9 이에 선지자 예레미야를 통하여 하신 말
씀이 이루어졌나니 일렀으되 그들이 그 가격 매겨진 자 곧 이스라엘 자
손 중에서 가격 매긴 자의 가격 곧 은 삼십을 가지고 10 토기장이의 밭
값으로 주었으니 이는 주께서 내게 명하신 바와 같으니라 하였더라

당시 유대인들은 로마의 식민지배를 받고 있었다. 로마제국은 식민국가들의 자치를 허용하고 있었지만 사형을 집행하는 경우에는 로마제국의 승락을 받아야 했다. 예수님은 유대인의 법정에서 대제사장 가야바의 재판을 받아 사형을 언도받으셨지만 사형이 집행되려면 로마제국 총독인 빌라도에게 또 재판을 받으셔야 했다. 본래 유대인들은 밤에는 재판을 못하도록 규정하고 있었다. 그러나 그들은 이런 것들을 다 무시하고 새벽에 빌라도에게 예수님을 넘겨주었

다.

이를 지켜보던 유다는 자신의 판단이 잘못되었음을 알았지만 이미 때는 늦었다. 아마도 유다는 제자들 중에 가장 유능하고 똑똑했던 것 같다. 예수님의 하나님나라 사역에는 많은 헌금이 들어왔고 또 이를 적절하게 나누어 주어야 했는데, 유다가 이 중책을 맡았었다. 한 여인이 예수님에게 300데나리온의 향유를 부어드리는 것을 보면서 가난한 자들에게 나누어 주어야 한다고 분개했던 제자도 유다였다. 그는 가난한 자들에 대한 관심도 있었고, 또 민족을 사랑하여 독립을 꿈꾸었다. 어떤 개인적인 야심이나 욕심이 있었다고 보이지는 않는다. 단지 하나님의 뜻을 따르기보다는 자기의 생각을 앞세웠다. 작은 실수 같지만 가장 큰 실수였다. 예수님을 따르려면 자기의 생각과 판단기준을 버려야 한다. 하나님의 생각과 판단이 더 정확하고 옳기 때문이다. 예수님은 유다를 안타까워 하셨다.

그 사람은 차라리 태어나지 아니하였더라면 제게 좋을 뻔하였느니라.

〈물음96〉 빌라도 법정, 재판 어떻게 진행되었나?

물음 96 빌라도 법정, 재판 어떻게 진행되었나?

본문 : 〈 27장 〉

11 예수께서 총독 앞에 섰으매 총독이 물어 이르되 네가 유대인의 왕이냐
예수께서 대답하시되 네 말이 옳도다 하시고 12 대제사장들과 장로들에
게 고발을 당하되 아무 대답도 아니하시는지라 13 이에 빌라도가 이르되
그들이 너를 쳐서 얼마나 많은 것으로 증언하는지 듣지 못하느냐 하되
14 한 마디도 대답하지 아니하시니 총독이 크게 놀라워하더라

15 명절이 되면 총독이 무리의 청원대로 죄수 한 사람을 놓아 주는 전례가
있더니 16 그 때에 바라바라 하는 유명한 죄수가 있는데 17 그들이 모
였을 때에 빌라도가 물어 이르되 너희는 내가 누구를 너희에게 놓아 주

기를 원하느냐 바라바냐 그리스도라 하는 예수냐 하니 18 이는 그가 그
들의 시기로 예수를 넘겨 준 줄 앎이더라

19 총독이 재판석에 앉았을 때에 그의 아내가 사람을 보내어 이르되 저 옳
은 사람에게 아무 상관도 하지 마옵소서 오늘 꿈에 내가 그 사람으로 인
하여 애를 많이 태웠나이다 하더라

20 대제사장들과 장로들이 무리를 권하여 바라바를 달라 하게 하고 예수를
죽이자 하게 하였더니 21 총독이 대답하여 이르되 둘 중의 누구를 너희
에게 놓아 주기를 원하느냐 이르되 바라바로소이다 22 빌라도가 이르되
그러면 그리스도라 하는 예수를 내가 어떻게 하랴 그들이 다 이르되 십
자가에 못 박혀야 하겠나이다 23 빌라도가 이르되 어찜이냐 무슨 악한
일을 하였느냐 그들이 더욱 소리 질러 이르되 십자가에 못 박혀야 하겠
나이다 하는지라 24 빌라도가 아무 성과도 없이 도리어 민란이 나려는
것을 보고 물을 가져다가 무리 앞에서 손을 씻으며 이르되 이 사람의 피
에 대하여 나는 무죄하니 너희가 당하라 25 백성이 다 대답하여 이르되
그 피를 우리와 우리 자손에게 돌릴지어다 하거늘 26 이에 바라바는 그
들에게 놓아 주고 예수는 채찍질하고 십자가에 못 박히게 넘겨 주니라

이제 예수님은 빌라도 법정에서 재판을 받으셨다. 마태복음의 본문은 간단하지만 누가복음과 요한복음에는 좀 더 자세히 기록되어 있다.

【1】 11 예수께서 총독 앞에 섰으매 총독이 물어 이르되 **네가 유대인의
왕이냐** 예수께서 대답하시되 네 말이 옳도다 하시고 14 한 마디도 대답
하지 아니하시니 총독이 크게 놀라워하더라

유대인들이 가야바 법정에서 사형을 언도한 죄목은 성전모독죄, 신성모독죄였다. 그런데 빌라도에게 고발한 죄목은 예수님이 로마제국에 세금을 내지 말라고 선동했고, 유대인의 왕이 되려고 로마제국에 반역했다는 반역죄로 고발했다. 로마제국은 종교적인 문제의 판단은 자국민들에게 맡겨서 관여하지 않았기 때문에 종교적인 문제로는 사형을 언도하지 않았다. 그러자 유대인들은 할 수없이 예수님을 로마제국에 대한 반역죄로 고발하고 군중을 동원하여 빌라도를 압박하는 방법을 선택했다. 유대인들은 치밀하게 작전을 세워 새벽에 다수의 군중을 동원하였다. 예수님을 죽이기 위하여 불법과 거짓을 자행하는 등 온갖 수단과 방법을 동원했다.

빌라도는 죄목이 정확한지 확인하려고 "네가 유대인의 왕이냐?" 라고 물었다. 본문에는 예수님께서 시인하신 것으로 되어 있는데, 요한복음에 의하면 예수님께서 '진리의 왕'이라고 대답하시며, 종교적인 역할을 강조하셨다. 그리고 더 이상은 변명하지 않으시고 침묵으로 일관하셨다.

【2】 26 이에 바라바는 그들에게 놓아 주고 예수는 채찍질하고 십자가에 못 박히게 넘겨 주니라

유대인의 유월절에는 예루살렘에 수백 만의 사람들이 모여들고 또 유대인들은 로마제국에 반감을 가지고 있었기 때문에, 폭동을 우려하여 가이샤라에 주둔해 있던 로마군도 예루살렘으로 이동하여 비상대기 상태에 있으면서 사태를 주시하고 있었다. 평소와 달리 파행으로 진행되는 유월절 행사를 지켜보던 빌라도는 예수님에게 사형에 해당되는 죄가 없다는 것과 유대인들이 시기심으로 예수님을 넘겨준 것을 잘 알았고, 또 빌라도의 아내는 꿈 이야기를 하며 사형 언도를 말렸다.

빌라도는 유대인들의 처사가 탐탁하지 않아 예수님을 석방하려고 방법을 찾아냈는데, 유월절 특사였다. 유월절 특사로 예수님을 석방하겠다고 제의하자, 유대인들은 로마제국에 반역한 사람을 석방하면 우리는 당신을 로마제국에 고발하겠다고 위협했다. 실제로 유대인들이 총독을 로마제국에 고발하여 곤경에 처하게 한 선례들이 있었다. 이 또한 미리 짜둔 계략이었다. 분위기를 보아하니 예수님을 석방하면 민란이 일어나고, 유대인에 의해 로마제국에 고발을 당하게 생겨 할 수 없이 예수님에게 십자가형을 언도했다. 십자가형은 로마제국이 가장 흉악한 죄인에게 내리는 사형 집행 방법이었다. 유월절 특사로는 유대인의 요청대로 바라바가 풀려났다.

물음 97 마지막 유혹, 무엇이었을까?

본문 : 〈 27장 〉

27 이에 총독의 군병들이 예수를 데리고 관정 안으로 들어가서 온 군대를
그에게로 모으고 28 그의 옷을 벗기고 홍포를 입히며 29 가시관을 엮어
그 머리에 씌우고 갈대를 그 오른손에 들리고 그 앞에서 무릎을 꿇고 희
롱하여 이르되 유대인의 왕이여 평안할지어다 하며 30 그에게 침 뱉고
갈대를 빼앗아 그의 머리를 치더라

31 희롱을 다 한 후 홍포를 벗기고 도로 그의 옷을 입혀 십자가에 못 박으
려고 끌고 나가니라 32 나가다가 시몬이란 구레네 사람을 만나매 그에게
예수의 십자가를 억지로 지워 가게 하였더라 33 골고다 즉 해골의 곳이
라는 곳에 이르러 34 쓸개 탄 포도주를 예수께 주어 마시게 하려 하였더
니 예수께서 맛보시고 마시고자 하지 아니하시더라

35 그들이 예수를 십자가에 못 박은 후에 그 옷을 제비 뽑아 나누고 36
거기 앉아 지키더라 37 그 머리 위에 이는 유대인의 왕 예수라 쓴 죄패
를 붙였더라 38 이 때에 예수와 함께 강도 둘이 십자가에 못 박히니 하
나는 우편에, 하나는 좌편에 있더라

39 지나가는 자들은 자기 머리를 흔들며 예수를 모욕하여 40 이르되 성전
을 헐고 사흘에 짓는 자여 네가 만일 하나님의 아들이어든 자기를 구원
하고 십자가에서 내려오라 하며 41 그와 같이 대제사장들도 서기관들과
장로들과 함께 희롱하여 이르되 42 그가 남은 구원하였으되 자기는 구원
할 수 없도다 그가 이스라엘의 왕이로다 지금 십자가에서 내려올지어다
그리하면 우리가 믿겠노라 43 그가 하나님을 신뢰하니 하나님이 원하시
면 이제 그를 구원하실지라 그의 말이 나는 하나님의 아들이라 하였도다
하며 44 함께 십자가에 못 박힌 강도들도 이와 같이 욕하더라

【1】 31 희롱을 다 한 후 홍포를 벗기고 도로 그의 옷을 입혀 십자가에 못 박으려고 끌고 나가니라

이제 예수님은 사형 집행인들에게 넘겨졌다. 사형 집행은 로마 군병들이 맡았다. 그들은 늘 하던 대로 사형을 집행했다. 예수님의 죄목이 '유대인의 왕'이므로 이를 빙자하여 희롱한 후에 채찍질을

하고 십자가를 지워 사형장으로 향했다. 본문에 의하면 구레네 시몬이 십자가를 대신 지고 갔다고 한다.

예수님을 십자가에 못 박은 후 병사들은 예수님의 옷을 차지하기 위해 제비뽑기를 했다. 예수님의 옷은 통으로 짠 것이었다. 예수님은 흉악한 두 강도 사이에서 십자가에 매달려 계셨는데, 빌라도는 '유대인의 왕'이라는 팻말을 붙여 놓았다. 그는 왜 이렇게 했을까?

유월절 기간 동안에 예수님을 지켜보았던 빌라도는 예수님이야말로 진정한 종교지도자라고 생각하고 집에 가서도 그런 말을 했던 것 같다. 그의 처가 예수님에 관한 꿈을 꾸었다는 구절은 이를 암시해 주고 있다. 빌라도는 자신의 이런 마음을 예수님에게 히브리어, 헬라어, 라틴어로 유대인의 왕이라는 팻말을 붙이는 것으로 나타냈을 수도 있다. 또 자신을 압박하여 불의한 재판을 하게한 유대인들에 대한 조롱이자 거부감의 표현이었다.

【2】 42 …지금 십자가에서 내려올지어다 그리하면 우리가 믿겠노라

예수님을 십자가에 죽게 한 유대인들은 사형장면을 지켜보며 온갖 모욕을 하며, 유월절 기간 내내 군중들 앞에서 당했던 개망신을 되갚아 주었다. 그런데 그들은 자신들이 무슨 일을 하는지 몰랐다. 마귀를 대신해서 마지막 유혹을 했다.

"지금이라도 십자가에서 내려오는 기적을 행해 보아라. 그러면 우리가 당신을 메시야로 인정하겠다."

예수님께서 세상에서 마지막으로 당한 유혹은 이제라도 네가 유대인의 메시야가 되라는 유혹이었다. 처음부터 끝까지 유대교의 정통신앙인 메시야 사상이 마귀의 유혹으로 이용되었다. 참으로 놀랍고도 무서운 일이다. 오늘 우리에게는 이런 부분이 없을까?

가장 중요하고 또 확실하다고 생각하는 구원론을 비롯하여 종말론 등 주요 정통교리가 마귀에게 이용당하고 있다. 이에 대해서는

마태복음의 본문을 해석하면서 누누이 언급한 바와 같다. 이를 돌이키지 않으면 그 다음 남은 수순은 비참한 심판이다. 계약공동체에 주어지는 심판은 죽은 다음 내세에서가 아니라 지금 여기의 역사에서다.

물음 98 돌아가시면서 보여주신 경고, 무엇이었을까?

본문 : 〈 27장 〉

45 제육시로부터 온 땅에 어둠이 임하여 제구시까지 계속되더니 46 제구시
쯤에 예수께서 크게 소리 질러 이르시되 엘리 엘리 라마 사박다니 하시
니 이는 곧 나의 하나님, 나의 하나님, 어찌하여 나를 버리셨나이까 하는
뜻이라 47 거기 섰던 자 중 어떤 이들이 듣고 이르되 이 사람이 엘리야
를 부른다 하고 48 그 중의 한 사람이 곧 달려가서 해면을 가져다가 신
포도주에 적시어 갈대에 꿰어 마시게 하거늘 49 그 남은 사람들이 이르
되 가만 두라 엘리야가 와서 그를 구원하나 보자 하더라 50 예수께서 다
시 크게 소리 지르시고 영혼이 떠나시니라

51 이에 성소 휘장이 위로부터 아래까지 찢어져 둘이 되고 땅이 진동하며
바위가 터지고 52 무덤들이 열리며 자던 성도의 몸이 많이 일어나되 53
예수의 부활 후에 그들이 무덤에서 나와서 거룩한 성에 들어가 많은 사
람에게 보이니라 54 백부장과 및 함께 예수를 지키던 자들이 지진과 그
일어난 일들을 보고 심히 두려워하여 이르되 이는 진실로 하나님의 아들
이었도다 하더라 55 예수를 섬기며 갈릴리에서부터 따라온 많은 여자가
거기 있어 멀리서 바라보고 있으니 56 그 중에는 막달라 마리아와 또 야
고보와 요셉의 어머니 마리아와 또 세베대의 아들들의 어머니도 있더라

57 저물었을 때에 아리마대의 부자 요셉이라 하는 사람이 왔으니 그도 예
수의 제자라 58 빌라도에게 가서 예수의 시체를 달라 하니 이에 빌라도
가 내주라 명령하거늘 59 요셉이 시체를 가져다가 깨끗한 세마포로 싸서
60 바위 속에 판 자기 새 무덤에 넣어 두고 큰 돌을 굴려 무덤 문에 놓
고 가니 61 거기 막달라 마리아와 다른 마리아가 무덤을 향하여 앉았더
라

62 그 이튿날은 준비일 다음 날이라 대제사장들과 바리새인들이 함께 빌라
도에게 모여 이르되 63 주여 저 속이던 자가 살아 있을 때에 말하되 내
가 사흘 후에 다시 살아나리라 한 것을 우리가 기억하노니 64 그러므로

명령하여 그 무덤을 사흘까지 굳게 지키게 하소서 그의 제자들이 와서 시체를 도둑질하여 가고 백성에게 말하되 그가 죽은 자 가운데서 살아났다 하면 후의 속임이 전보다 더 클까 하나이다 하니 65 빌라도가 이르되 너희에게 경비병이 있으니 가서 힘대로 굳게 지키라 하거늘 66 그들이 경비병과 함께 가서 돌을 인봉하고 무덤을 굳게 지키니라

모여 있던 유대인 군중들을 통한 마지막 유혹에 예수님께서는 침묵으로 일관하시며 마귀와의 마지막 싸움에서 승리하셨다. 그리고 그들의 기대와는 다른 방법으로 당신이 메시야이심을 나타내 보이시며 경고하셨다. 무엇이었을까?

【1】 45 제육시로부터 온 땅에 어둠이 임하여 제구시까지 계속되더니
46 제구시쯤에 예수께서 크게 소리 질러 이르시되 엘리 엘리 라마 사박다니 하시니 이는 곧 나의 하나님, 나의 하나님, 어찌하여 나를 버리셨나이까 하는 뜻이라

첫 번째 증거는 대낮에 세 시간 동안 온 땅에 어둠이 임하는 하늘의 징조였다. 또 예수님께서는 엘리 엘리 라마 사박다니라고 외치며 돌아가셨다. 예수님에게 주어진 고통은 세상 죄를 대신 지시고 하나님으로부터 대신 버림받으시는 고통이어서 큰 소리로 부르짖으셨다.

【2】 51 이에 성소 휘장이 위로부터 아래까지 찢어져 둘이 되고 땅이 진동하며 바위가 터지고

하늘의 어두움에 이은 두 번째 증거는 땅의 지진이었다. 하늘과 땅이 예수님의 메시야이심을 증거했다. 또 지성소와 성소를 구분하고 있던 성전의 휘장이 찢어져 지성소와 성소가 하나로 되었다. 이는 예수님으로 말미암아 제사가 폐지되고 모든 사람이 하나님께로 직접 나아가는 길이 열렸다는 뜻이다. 이를 위해 예수님은 당신의 몸을 모든 사람들을 위한 단번(單番)의 제물로 삼으셨다.

【3】 52 무덤들이 열리며 자던 성도의 몸이 많이 일어나되 53 예수의 부활 후에 그들이 무덤에서 나와서 거룩한 성에 들어가 많은 사람에게 보이니라

세 번째 증거는 무덤에 잠들어 있던 이들 가운데 여러 명이 다시 소생하여 예루살렘에 들어가 사람들에게 예수님께서 메시야이심을 보여주는 사건이었다. 이런 이야기들은 사실 그대로 믿기가 대단히 어려우며 다른 복음서에는 왜 이런 이야기가 없는가 등 많은 의문이 든다. 일천한 경험으로 말할 수 있는 것은 하나님께는 초자연과 자연이 다르지 않으며, 우리에게 필요한 경우 어떤 기적도 베푸신다는 사실이다. 성경의 기록이 고대의 문헌이기 때문에 우리와 다른 신화적인 표현이 전혀 없다고 할 수는 없겠지만, 과학으로 이해가 안 된다는 기준으로 성경의 초자연 사건들을 판단하는 어리석은 죄를 범하지 말아야 한다.

죽은 자들이 다시 살아난 사건은 죽음은 잠들어 있는 상태라는 예수님의 말씀을 입증함과 동시에 죽은 자들을 보내서 유대인에게 다시 경고하시는 사건이라고 볼 수 있다. 하나님께서는 계약파기로 인해 유대인들이 당할 비참한 멸망을 막기 위하여 할 수 있는 방법을 다 동원하셨다.

【4】 54 백부장과 및 함께 예수를 지키던 자들이 지진과 그 일어난 일들을 보고 심히 두려워하여 이르되 이는 진실로 하나님의 아들이었도다 하더라

이 사건을 지켜보던 로마인 병사들은 두려움에 떨면서 예수님은 하나님의 아들이었다고 고백하고 있다. 그런데 정작 유대인들의 반응은 어떠했을까?

【5】 65 빌라도가 이르되 너희에게 경비병이 있으니 가서 힘대로 굳게 지키라 하거늘 66 그들이 경비병과 함께 가서 돌을 인봉하고 무덤을 굳게 지키니라

대제사장을 비롯한 유대인 무리들은 전혀 돌이키지 않고 반대로 행동했다. 그들은 빌라도에게 가서 예수님이 생전에 부활하리라고 말을 했는데, 그의 제자들이 시체를 훔쳐간 후 부활했다고 거짓 소문을 낼 수 있으니 무덤을 지켜달라고 요청했다. 이에 빌라도는 그

것은 로마당국이 할 일이 아니고, 유대인에게도 성전 경비병이 있으니 자체로 알아서 지키라고 했다. 이에 유대인들은 병사들을 보내 무덤을 지키게 했다. 이로써 유대인들은 예수님께서 돌아가시면서 보여주신 여러 초자연적인 경고들을 무시하고 말았다.

【6】 57 저물었을 때에 **아리마대의 부자 요셉이라 하는 사람이 왔으니** 그도 예수의 제자라 58 빌라도에게 가서 예수의 시체를 달라 하니 이에 빌라도가 내주라 명령하거늘 59 요셉이 시체를 가져다가 깨끗한 세마포로 싸서 60 바위 속에 판 자기 새 무덤에 넣어 두고 큰 돌을 굴려 무덤 문에 놓고 가니 61 거기 막달라 마리아와 다른 마리아가 무덤을 향하여 앉았더라

유대인의 자치 기구는 산헤드린 공의회였다. 회장은 대제사장이고 장로, 서기관 등 70명의 지도자로 구성되었다. 그 관원 가운데서 아리마대 요셉은 평소에도 예수님을 존경하고 따르고 있었지만 밖으로 드러내지 않고 있었다. 그는 예수님의 사형언도에도 찬성하지 않았었다.

그런데 요셉은 예수님의 죽으심을 지켜보다가 예수님의 시제를 안식일 내내 십자가에 그대로 둘 수는 없다고 생각하여 빌라도에게 가서 매장허가를 받아 안식일이 시작되기 전에 서둘러 장례식을 치렀다. 마침 요셉에게는 자기가 쓰려고 준비해두었던 새 무덤이 있었다. 같은 공회원 니고데모도 용기를 내어 향료를 가지고 와서 장례식을 거들었다. 이들은 예수님의 장례를 위하여 준비된 사람들이었다.

【7】 55 예수를 섬기며 갈릴리에서부터 따라온 많은 여자가 거기 있어 멀리서 바라보고 있으니 56 그 중에는 막달라 마리아와 또 야고보와 요셉의 어머니 마리아와 또 세베대의 아들들의 어머니도 있더라

군중들 속에서 예수님의 죽음을 안타까워하며 지켜보는 이들이 몇 명 있었다. 그들은 예수님에게 병고침 등의 은혜를 입고 갈릴리에서부터 자비로 예수님과 제자들을 섬기며 따르던 여인들이었다. 이들은 예수님의 죽으심을 안타까운 마음으로 지켜보았으며, 먼 거

리에서나마 눈물과 오열로 장례식에 참여하였다.

인간의 몸을 입으셨던 하나님이신 예수님의 장례식은 이렇게 진행되었다.

물음 99 부활의 첫 증인, 어떤 사람이었을까?

본문 : 〈 28장 〉

1 안식일이 다 지나고 안식 후 첫날이 되려는 새벽에 막달라 마리아와 다
른 마리아가 무덤을 보려고 갔더니 2 큰 지진이 나며 주의 천사가 하늘
로부터 내려와 돌을 굴려 내고 그 위에 앉았는데 3 그 형상이 번개 같고
그 옷은 눈 같이 희거늘 4 지키던 자들이 그를 무서워하여 떨며 죽은 사
람과 같이 되었더라

5 천사가 여자들에게 말하여 이르되 너희는 무서워하지 말라 십자가에 못
박히신 예수를 너희가 찾는 줄을 내가 아노라 6 그가 여기 계시지 않고
그가 말씀 하시던 대로 살아나셨느니라 와서 그가 누우셨던 곳을 보라 7
또 빨리 가서 그의 제자들에게 이르되 그가 죽은 자 가운데서 살아나셨
고 너희보다 먼저 갈릴리로 가시나니 거기서 너희가 뵈오리라 하라 보라
내가 너희에게 일렀느니라 하거늘 8 그 여자들이 무서움과 큰 기쁨으로
빨리 무덤을 떠나 제자들에게 알리려고 달음질할새 9 예수께서 그들을
만나 이르시되 평안하냐 하시거늘 여자들이 나아가 그 발을 붙잡고 경배
하니 10 이에 예수께서 이르시되 무서워하지 말라 가서 내 형제들에게
갈릴리로 가라 하라 거기서 나를 보리라 하시니라

예수님께서 수차례 예고하셨음에도 불구하고 예수님을 따르던 사람들 중에는 어느 누구도 예수님께서 예루살렘에서 죽임을 당하시리라고 믿은 사람이 없었던 것 같다. 그의 부활하심에 대해서는 더 말할 필요도 없다. 예수님의 부활에 대한 첫 목격자는 여인들이었는데, 그들은 어떻게 부활의 첫 증인이 되었을까?

【1】 1 안식일이 다 지나고 안식 후 첫날이 되려는 새벽에 막달라 마리아와 다른 마리아가 무덤을 보려고 갔더니

막달라 마리아를 비롯한 몇 명의 여인들은 갈릴리에서부터 예수님과 제자들을 따르며 수발을 들고 있었다. 그런데 예수님께서 갑자기 돌아가시자 마지막으로 예수님의 무덤에 찾아가 향품을 넣어드리기로 했다. 유대인은 장례식 때 향품을 넣는 관습이 있었는데, 예수님의 장례식을 급히 치르는 바람에 넣어드리지 못했던 향품을 시체가 부패하기 전에 조금이라도 일찍 넣어드리기 위해 안식일이 끝나자마자 새벽에 무덤을 찾아갔다. 예수님의 무덤은 동굴묘여서 입구를 큰 돌로 막아놓았는데, 그 큰 돌을 여자들이 어떻게 열 수 있을지를 걱정하면서 무덤을 찾아갔다. 그런데 무덤에 도착해보니 놀라운 광경이 벌어져 있었다.

【2】 4 지키던 자들이 그를 무서워하여 떨며 죽은 사람과 같이 되었더라

무덤에는 대제사장이 보낸 성전 경비병들이 지키고 있었는데 천사들이 나타나면서 큰 지진이 일어났고, 병사들은 죽은 자처럼 기절해 있었다. 천사들은 무덤을 막았던 돌 위에 앉아있었는데, 그 형상이 번개와 같고 옷은 눈같이 희었다. 사람이 하나님을 맞선다는 게 얼마나 부질없는가를 잘 보여주는 장면이다. 하나님의 천사 앞에서는 아무리 강력한 군대와 무기라 하더라도 무용지물일 뿐이다. 예수님의 무덤을 지키던 군사들은 아무짝에도 쓸모가 없었다.

여인들도 천사를 보자 두려워 떨었다. 그런데 천사가 말했다.

【3】 5 천사가 여자들에게 말하여 이르되 너희는 무서워하지 말라 십자가에 못 박히신 예수를 너희가 찾는 줄을 내가 아노라

"너희는 두려움에 떨지 않아도 된다." 예수님께서 부활하실 때 왜 천사들이 등장했는가? 성전 경비병을 무력화시키고 무덤을 찾은 여인들을 돕기 위해서였다. 비록 이 여인들이 예수님의 부활을 믿고 찾아온 것은 아니지만, 예수님의 무덤에 향료라도 넣기 위해 찾아온 그 마음과 정성을 하나님께서는 귀하게 보셨다. 천사는 두려움에 떨고 있는 여인들을 안심시킨 후 친절하게 예수님의 부활을 설명해주

고 또 예수님께서 누워계시던 자리를 확인시켜 주었다. 그리고 제자들에게 가서 예수님의 부활 사실을 알리라고 말했다. 여인들은 기쁨에 넘쳐 제자들에게로 발걸음을 옮겼다. 그런데 그들에게 또 놀라운 일이 일어났다.

【4】 10 이에 예수께서 이르시되 무서워하지 말라 가서 내 형제들에게 갈릴리로 가라 하라 거기서 나를 보리라 하시니라

부활하신 예수님께서 직접 나타나셔서 그들을 반갑게 맞아 주셨다. 그리고 제자들에게 부활의 소식을 전하라고 당부하셨다. 여인들은 이런 연유로 부활의 첫 목격자와 증인이 되었다. 하나님께서는 남녀를 구분하지 않으시고 이런 사람을 통해서 일하신다.

지금도 이런 사람을 찾으신다.

물음 100 마지막 당부, 무엇이었을까?

본문 : 〈 28장 〉

11 여자들이 갈 때 경비병 중 몇이 성에 들어가 모든 된 일을 대제사장들
에게 알리니 12 그들이 장로들과 함께 모여 의논하고 군인들에게 돈을
많이 주며 13 이르되 너희는 말하기를 그의 제자들이 밤에 와서 우리가
잘 때에 그를 도둑질하여 갔다 하라 14 만일 이 말이 총독에게 들리면
우리가 권하여 너희로 근심하지 않게 하리라 하니 15 군인들이 돈을 받
고 가르친 대로 하였으니 이 말이 오늘날까지 유대인 가운데 두루 퍼지
니라

16 열한 제자가 갈릴리에 가서 예수께서 지시하신 산에 이르러 17 예수를
뵈옵고 경배하나 아직도 의심하는 사람들이 있더라 18 예수께서 나아와
말씀하여 이르시되 하늘과 땅의 모든 권세를 내게 주셨으니 19 그러므로
너희는 가서 모든 민족을 제자로 삼아 아버지와 아들과 성령의 이름으로
침례를 베풀고 20 내가 너희에게 분부한 모든 것을 가르쳐 지키게 하라
볼지어다 내가 세상 끝날까지 너희와 항상 함께 있으리라 하시니라

예수님께서 부활하셨다는 소식은 대제사장들과 장로들에게도 알려졌다. 그들의 반응은 어떠했을까?

【1】 11 여자들이 갈 때 경비병 중 몇이 성에 들어가 모든 된 일을 대제사장들에게 알리니 12 그들이 장로들과 함께 모여 의논하고 군인들에게 돈을 많이 주며 13 이르되 너희는 말하기를 그의 제자들이 밤에 와서 우리가 잘 때에 그를 도둑질하여 갔다 하라

하나님께서는 사람을 차별하지 않으시고 공평하게 대하신다. 부활의 소식도 마찬가지였다. 예수님을 죽인 사람들에게도 무덤을 지키던 병사들을 통해 예수님의 부활소식이 보고되었다. 이 소식을 접한 유대인들은 이를 덮을 뿐만 아니라 반대로 대응했다. 경비병들을 매수하여, 예수님의 제자들이 예수님의 시체를 도적질해갔다고 거짓 소문을 내게 했다.

한번 마귀에게 사로잡히면 벗어나기가 힘들다. 점점 더 깊은 수렁으로 빠져들고 만다. 종교적인 고정관념을 바로잡기란 불가능할 만큼 힘들다. 이 이야기는 오늘 우리 기독교인들에게도 무서운 경고의 말씀이다. 정통신앙이라는 고정관념에서 벗어나 신앙을 원점에서 다시 점검해보아야 한다. 빠르면 빠를수록 좋다.

【2】 16 **열한 제자가 갈릴리에 가서** 예수께서 지시하신 산에 이르러 17 예수를 뵈옵고 경배하나 아직도 의심하는 사람들이 있더라

마태복음에 의하면 예수님의 제자들이 부활하신 예수님을 만나는 장소가 갈릴리로 되어있다. 다른 복음서를 같이 참고해보면 막달라 마리아 등 여인들이 제자들에게 예수님께서 부활하신 소식을 전하자 베드로 등이 무덤을 찾아가서 비어있음을 확인했고, 제자들이 모여 있을 때에 예수님께서 몇 차례 직접 나타나셔서 부활을 확인시켰다. 그 후 제자들은 갈릴리로 돌아가서 예수님을 다시 만났다고 생각된다. 그런데 마태는 부활하신 예수님을 갈릴리에서 만났다는 부분을 강조하고 있다. 예수님을 갈릴리에서 만나는 것은 어떤 의미를 가질까?

❶ 무자격자 의식에 이르렀다.

예수님의 제자들은 여인들을 통해서 예수님의 부활 소식을 듣고 믿지 못했다. 그런데 예수님께서 직접 나타나셔서 확인시켜주시자 예수님께서 부활하셨다는 것을 믿지 않을 수 없었다. 부활하신 예수님을 대하는 제자들의 마음은 어떠했을까? 마냥 기뻤을까? 얼굴을 들 수가 없었다. 예수님께서 마지막 밤에 중보기도를 요청하셨지만 졸고 있었고, 예수님을 죽기까지 따르겠다고 맹세했지만 예수님께서 체포되실 때 다 도망가서 숨어 두려움에 떨고 있었다. 예수님께서 십자가에서 돌아가실 때도 현장에는 나타나지 않았고, 돌아가신 예수님을 장례지낼 생각도 하지 못했다. 여인들이 부활소식을 전해주었지만 믿지도 못했다. 아니 어쩌면 믿고 싶지 않았을지도 모른다. 왜냐하면 너무나 면목이 없어서다.

예수님의 부활을 확인한 제자들은 스스로 더 이상 예수님을 따를 자격이 없다고 생각했다. 이제 고향 갈릴리로 돌아가서 다시 어부로 살기로 했다. 예수님을 따르고 싶지 않아서가 아니라 따를 자격이 없다는 무자격자 의식에서였다. 이런 사실은 요한복은 21장에 잘 나타나 있다. 그 내용을 간추리면 다음과 같다.

❷ 찾아오신 예수님을 다시 만났다.

베드로가 고향으로 돌아가 고기잡이나 하겠다고 말하자 다른 제자들도 모두 같은 생각이어서 이들은 갈릴리 어부로 다시 돌아갔다. 갈릴리 바다로 돌아가 몇 년 만에 다시 고기를 잡으러 나갔다. 그런데 밤새도록 그물을 던졌지만 단 한 마리도 잡히지 않았다. 고기잡는 것은 언제든지 다시 할 수 있다고 생각했는데, 그것마저도 생각대로 되지 않아 실망이 더 컸다. 새벽바다에 빈 배를 몰고 항구에 이르니 고기를 사러 온 어떤 사람이 물었다.

"고기를 잡았소?"

"한 마리도 못 잡았습니다."

"저 쪽에다 그물을 한 번 더 던져 보시오."

자기들도 모르게 그 말에 이끌려 그곳에 그물을 던진 제자들은 깜짝 놀랐다. 고기가 그물 안에 가득 들어있었기 때문이다. 눈치 빠른 요한이 베드로에게 그물을 던지라고 말한 사람이 틀림없이 예수님인 것 같다고 말했다. 베드로도 직감으로 예수님이라고 생각되어 예수님께로 달려갔다. 예수님께서는 불을 피우고 떡과 물고기를 구워놓으셨다. 이어서 모여온 제자들에게 예수님께서 말씀하셨다.

"추운 몸을 녹이며 조반을 먹어라."

❸ 다시 시작했다.

누구도 감히 얼굴을 들 수가 없었고, 떡을 집어다 먹을 엄두조차 내지 못했다. 예수님께서 직접 떡을 집어 주셔서 할 수 없이 받아먹었다. 새벽 바다 모닥불 가에 둘러 앉아있는 제자들에게 예수님께서 말씀하셨다.

"다시 시작해라."

"너희는 결코 실패한 것이 아니다."

"이제 너희는 비로소 다시 시작할 조건이 갖추어졌다."

영성수련의 요건은 철저한 자기부정과 무자격자 의식이다. 그런데 이런 자기부정은 자기 실망을 통해서 얻어진다. 자기 속에서 가장 큰 죄와 악마적인 속성을 발견해야 비로소 자기긍정을 포기하고 자기부정에 도달한다. 예수님의 제자들은 자기실패를 통해서 자기부정을 경험했다. 내가 나를 부정하는 만큼 하나님으로부터 긍정이 되며 자기를 부정하는 만큼 하나님의 뜻을 따르게 된다. 마태복음에서 말하는 갈릴리로 가라는 말씀은 이런 뜻이다.

〈 마지막 당부 〉

갈릴리에서 승천하시면서 제자들에게 마지막으로 당부하셨다.

【3】 18 예수께서 나아와 말씀하여 이르시되 하늘과 땅의 모든 권세를
내게 주셨으니 19 그러므로 너희는 가서 모든 민족을 제자로 삼아 아버
지와 아들과 성령의 이름으로 세례를 베풀고 20 내가 너희에게 분부한
모든 것을 가르쳐 지키게 하라 볼지어다 내가 세상 끝날까지 너희와 항
상 함께 있으리라 하시니라

이 말씀은 무슨 뜻일까?

❶ 아버지와 아들과 성령의 이름으로 세례를 베풀고,

세례는 예수님을 그리스도로 믿고 고백하는 사람들에게 주는 예식이다. 세례 받았다는 것은 이제 새로운 계약공동체에 입회하여 정식회원이 되었다는 뜻이다. 따라서 이 말씀은 이제 새로운 계약공동체인 교회를 시작하라는 말씀이다.

❷ 내가 너희에게 분부한 모든 것을 가르쳐 지키게 하라.

예수님의 제자들은 몇 년 동안 예수님을 따르며 하나님나라에 대하여 배우고 훈련받았다. 세례 받은 사람들에게 교회가 어떻게 이 세상에서 하나님나라를 실현해야 하는지를 가르쳐서 지키게 하라는 말씀이다.

사도행전을 보면 제자들은 교회에서 예수님의 말씀을 가르쳐 지키게 하였다. 삼천 명, 오천 명의 교인이 등록했을 때 예수님을 주님(κύριός)으로 모시게 했다. 그 구체적인 방법으로 생명과 전재산을 교회 공동체에 바쳐서 공동소유로 하고 사도들에게 관리를 맡겼다. 이런 전통은 박해시대에 계속 이어졌고, 이를 본 많은 사람들이 교회의 하나님나라 운동에 동참하여 로마제국 인구의 10%이상이 되었으며, 마침내 밀란칙령 이후 기독교는 로마제국의 국교가 될 수 있었다.

❸ 볼지어다 내가 세상 끝날까지 너희와 항상 함께 있으리라.

마지막으로 제자들에게 이렇게 약속하셨다.

하나님께서 하늘과 땅의 모든 권세를 내게 주셨다.

그런데 이제 그 권세를 **교회**에 주리라.

내가 영원히 그 **교회**에 함께 하리라.

교회를 통해 하나님나라가 실현되게 하리라.

아멘.

교회가 바른 길을 찾아

바른 길로 가게 하시옵소서!

케노시스영성원 안내

새로운 패러다임을 요구하는 2천 년대의 시대적 요청을 직시하면서 케노시스 영성원은 다음과 같은 목표를 추구합니다.

1. 영성의 경험과 이론의 겸비
2. 성경과 역사에 대한 재해석
3. 고대영성에 대한 재해석
4. 실천가능한 수련 및 적용

소재지 : 경기도 군포시 둔대로 11번길 16(둔대동 433~2)

Homepage www.kenosis.or.kr, www.kenosis.kr

Email kenosis@hanmail.net

세미나 안내

15주 세미나(년 2회) : 매주 수요일 오전 10시 ~ 오후 4시

2박3일 세미나(년 2회) : 동계(1월), 하계(8월)

도서/DVD안내

도서 : 영성의 시각으로 본 성경, 역사, 교리, 신학

하비루의 길(구약/이스라엘 역사) 죄인의 길(신약/교회사)

비움의 길(수도원영성 재해석) 창세기(영성으로 해석)

요한계시록 마가복음 복음서신학 用 대조서

십계명 & 주기도문(영성으로 해석) 사도신경 다시고백하기

성서로 본 우리역사 3.1운동과 한국사 재조명

DVD : **녹화/녹음**

자기비움의 길(1,2.3부), 창세기, 율법서, 사무엘상하(다윗재해석)
열왕기상하(솔로몬~엘리사), 역대기, 역사서&예언서, 소예언서,
지혜서(욥기 잠언 전도서), 시편, 복음서, 사도행전&바울서신,
요한복음, 요한계시록, 역사/헤브라이즘에 길을 묻다

구입방법

홈페이지 구입안내 : **www.kenosis.or.kr**

전화 : 0502-111-1937/ 010-3311-1937

계좌 : **농협** 211044-51-040266 **케노시스영성원**